国家社科基金
GUOJIA SHEKE JIJIN HOUQI ZIZHU XIANGMU
后期资助项目

卢鹏 著

法诗学研究

社会科学文献出版社
SOCIAL SCIENCES ACADEMIC PRESS (CHINA)

图书在版编目（CIP）数据

法诗学研究 / 卢鹏著. -- 北京：社会科学文献出
版社，2024.9
国家社科基金后期资助项目
ISBN 978-7-5228-3161-9

Ⅰ.①法… Ⅱ.①卢… Ⅲ.①法哲学-研究 Ⅳ.
①D90

中国国家版本馆 CIP 数据核字（2024）第 024570 号

国家社科基金后期资助项目

法诗学研究

著　　者／卢　鹏

出 版 人／冀祥德
组稿编辑／刘骁军
责任编辑／易　卉
责任印制／王京美

出　　版／社会科学文献出版社·法治分社（010）59367161
　　　　　　地址：北京市北三环中路甲 29 号院华龙大厦　邮编：100029
　　　　　　网址：www.ssap.com.cn
发　　行／社会科学文献出版社（010）59367028
印　　装／三河市龙林印务有限公司

规　　格／开　本：787mm×1092mm　1/16
　　　　　　印　张：34.25　字　数：539 千字
版　　次／2024 年 9 月第 1 版　2024 年 9 月第 1 次印刷
书　　号／ISBN 978-7-5228-3161-9
定　　价／168.00 元

读者服务电话：4008918866

国家社科基金后期资助项目
出版说明

后期资助项目是国家社科基金设立的一类重要项目，旨在鼓励广大社科研究者潜心治学，支持基础研究多出优秀成果。它是经过严格评审，从接近完成的科研成果中遴选立项的。为扩大后期资助项目的影响，更好地推动学术发展，促进成果转化，全国哲学社会科学工作办公室按照"统一设计、统一标识、统一版式、形成系列"的总体要求，组织出版国家社科基金后期资助项目成果。

全国哲学社会科学工作办公室

呼图壁河水，湍流不息；黄土梁戈壁，磅礴无极；南天山、北大漠，气象蕴藉。谨以此书，献给我的父母，献给阳光和风，献给红柳、沙棘和风轱辘蒿子，献给河滩、绿洲人家和荒原古迹，献给高亢悠扬的少年与花儿，也献给法和诗。诗，是韵律和共鸣：与他人共鸣、与后人共鸣、与先人共鸣、与天地自然草木禽兽共鸣。——心与身共鸣分，起舞；心与行共鸣分，造法制礼。

人活在自己心里……

目　录

第三部分　觌视

第四部分　德性人格之扩用

序 一

严存生

　　人是文化的动物，"文化"是在社会中人认识"自然"的基础上所进行的创造性活动及其结果。"文化"一词可作为动词，也可作为名词。

　　作为动词的"文化"，指这一创造性活动及其过程。《易经·贲卦》之《象传》中的"观乎天文，以察时变；观乎人文，以化成天下"和《荀子·性恶》中的"化性起伪"之语，均指此义。

　　作为名词的"文化"，指这一活动所创造的一切，包括精神文化、物质文化和制度文化几大类。（1）精神文化可以称为知识性文化，包括感性知识的感觉、知觉、直觉和信仰，理性知识的观念、概念、原理及其外在表现形式的语言文字，经验性知识或"默会的知识"（哈耶克语，即只可意会不可言传）的经验和技巧。（2）物质文化指这一创造性活动所产生的人造物，包括建筑、器材和各种生活用品、工艺品等。（3）制度文化指创造精神文化和物质文化时人们交往的方式、制度，包括社会组织（平台）及其活动的准则或规则。如血缘性的家庭、家族、部落、民族，经济性的企业、公司、商店、银行、市场、贸易团会，事业性的学校、教会、文艺体育团体和 NGO（公益性事业组织）等及其活动的规则。

　　显然，"法"和"诗"均属于"文化"的范畴。二者的共同点是其表达方式都要使用语言文字，因而都要遵循其运行的规则。如注意词的确定性与变动性的统一、词的一义和多义的辩证关系。因而用词必须言之有意，要准确、要遵守同一律、要讲究修辞，比喻要恰当，等等。不同的是"法"主要属于制度文化，"诗"则主要属于精神文化。也就是说，"诗"属于"文学艺术"，它用简洁，带有韵味、节奏的语句，以委婉形象的方式表达人在某一情况下的"情感"（悲乐），所确定的是人们行为中的"个别"；而"法"正相反，其以抽象的概念和规则，直接规制人们的行为，所确定的是人们行为中的一般（规律、理）。所以，在人们看来，"法"是冰冷的，"无情"的。正因如此，人们往往把二者严格区别开来。但这一认识显然有些肤浅和片面。深刻地、历史地看，并非绝对如此。实际上"法"和"诗"是相通的。这表现在三个方面。

其一，从其表现方式上说，如上所述，都是语言的一种表现，因而有共同的语言本质和属性，也遵循语言运行的共同规则。差别只在于"诗"多用一些激情、蕴情的词语，"法"则相反，多用一些抽象的概念。但这不是绝对的，"法"中会有不少"诗"般的语句，法学著作中更是经常看到一些"诗"和寓言故事；相似地，有些"诗"也不缺少哲理、法律的用语。

其二，从其根源上说，都源于人的本性，即"德"，也就是"人之道"——"道义"。我们知道，人是理性的社会动物，人们必须群居而生活，"道义"就是其社会生活之道。其核心是"己所不欲，勿施于人"，其追求的价值是"正义"，即高度的和谐统一及其结果，使各尽其性、各得其所。而"法"和"诗"均是人以语言形式表达出来的"文化"种类，其作用均在于促进人们之间的良好交往，因而共同以正义为基础和价值目标。也就是说，它们都必须言"志"。不同的是，"诗"以委婉的情话言个人之"志"，而"法"以规则的形式直接言集体、国家之"志"。所以，评价它们好坏的标准是统一的，即是否言"志"或"道义"，言的是否准确、深刻、宏远。正因如此，从功能上说，它们都发赋着人们的目的和追求，即美和善。不同的只是"诗"更侧重于具体的事物的美和善，而"法"则侧重于整体的和秩序的美和善。也正因如此，道德高尚的伟大的政治家、法学家、思想家，往往都有名"诗"留世。毛泽东即是一例。

其三，从历史上说，人类文化的表现形式是发展变化的，从种类上说，有一个从"一"到"多"的过程。我们知道，人类文化的最早时代是诗歌时代，因而"诗歌"也是和平交往的最初方式。如在霍贝尔所著的《原始人的法》一书中，记载着初民社会不同部落的人们之间在发生矛盾时，就是用唱歌的方式决定胜负。而唱的歌，不仅好听，而且包含着人际交往的"理"和"法则"。因此，我国远古流传下来的文献总汇的"四书五经"中，"诗经"被排在首位。这意味着，诗歌是当时文化的唯一形式，它包含着后来分化出来的各种文化，包括法律。正因如此，最早形态的法律和法学具有很明显的"诗"的特点。正如被马克思称赞的文艺复兴时期著名的思想家维柯所说的："古罗马法是一首庄严的长诗，而古代法学是严肃的诗歌，其中隐藏着法律的形而上学的最早的初具规模的萌芽……古代法学是极富于诗意的。"另外，我们也知道，最早的法律包容在习惯中，只是习惯的一种。如古希腊语的"nomos"（习惯）一词，既指法律，又指道德，还指各种生产和生活的方式。正因如此，在古希腊初期，法律与习惯是不分的。也正因如此，最早产生的是习惯法。只是到了后来，有了人定法之后，特别是有了成文制定法之后，法律才从其中分化出来，也才有专门的用语和其他表现形式。但在成文法中仍然不缺少"诗"的语言。至于司法和守法活动中更是充满着感人的"史诗"般的戏剧性故事。

本书的作者正是认识到这些，并看到当前在社会上和法学界所存在的有悖于此的不良现象：把法律仅仅视为一种社会治理的技术，而且是中性的，与道德价值无涉的工具；把好的法律仅仅视为形式合理的规则体系，因为把"法治"也仅仅理解为"规则之治"，而不问其是否良恶；把"科学"仅仅理解为只研究"事实"的，不研究"价值"的，把"理性"或"合理性"说成只有形式上的意义，否认实质理性的意义，因而把"科学"与"价值"割裂，认为所有的"社会科学"，无"科学"可谈，因为它们研究社会"价值"问题；还有，把网络上运用的 AI（人工智能）技术吹得神乎其神，似乎将取人类而代之，并成为世界的统治者，而不懂得它不过是数字化、系统化的人类以往集体智慧结晶的产物，是人们享用这种智慧的一种方式，所以过分地推崇它，是危险的，会使我们只看到过去，而不能瞻望将来，变成越来越平庸、冷酷和没有自信心的奴隶；等等。

卢鹏教授写作这本书，目的在于揭示"法"的这些深层次的特征，纠正当今一些人的上述对"法"的肤浅和片面的认识，从而为我国的法治建设贡献力量。他为自己提出的使命是，挖掘我国古代有血有肉的法文化中的有价值的东西，以之为起点，批判西方流行和传入的一种所谓"科学"法学（这主要表现在西方的分析法学家的理论中），重新创造带有诗情画意的中国特色的新法学，即法诗学。他在本书中对什么是法诗学和如何构建法诗学作了很多论述，论述充分，引证材料广博，读后使人大开眼界和深受启发。

　　这本书的价值不仅在于其思路的新颖和有许多给人以惊喜的观点，更在于对当前西方和我国法律、法学中存在的根本弊端的醒悟后的批判精神，以及试图以我国古代人性的法文化为历史起点的另辟蹊径的努力。我希望大家都能听到他敲响的钟声，从而醒悟过来，与之共同努力奋斗，开辟出中国和世界法学的新天地、新局面！

　　是为序。

2024 年元月 8 日于西安

序二
论广谱诗性的法哲学

——卢鹏《法诗学研究》的批判阅读

谢晖

在当代中国法哲学研究领域，卢鹏教授是很特别的一位。说他特别，一是他的研究成果，在法学领域独树一帜，很少有人在法哲学的原创性上能和他相比较；二是他作为同济大学学者，完成了如此创造性成果的法学家，却很少有人知道，可谓自觉追求"籍籍无名"的那类。后者，自然涉及他的为人和独特修养，我们私下了解即可，不在此品鉴。在本篇序文中，我想谈谈他的法诗学研究成果，他独树一帜的学术贡献：我将它称为诗性本体的法哲学。其体系表达，可概纳为如下方面：（1）物我互构的法的诗性本体论；（2）拟制思维的法的诗性认知论；（3）德性责任的法的诗性目的论；（4）归类词构的法的诗性方法论；（5）人格（德性）扩用的法的诗性实践论；（6）公正情感的法的诗性正义论。在对上述命题依次分析的基础上，我试图超越"法诗学"和"传统法学"的二元对立，探究两者共有的诗性基因，阐释一种"广谱诗性的法哲学"。现根据我的理解与认知，剖析、批评如次。

一 物我互构的法的诗性本体论

如果说实证分析法学，把法律极化为主体对对象（法律）的单向度关系的话，那么，与这种观点影响相若的价值法学和社会法学，则似乎把这种单向度关系又极化地调转过来，即不是主体对研究对象的单向度关系，而是研究对象（自然法或法律生成的社会基础）对主体的单向关系。前一单向度关系，坚持主体中心立场，对象（法律）作为主体人为的产物，其产出过程，是主体的选择，由主体决定。后一单向度关系，正好相反，一旦法律产生，则无论人们的行为还是作为主体的法学家的研究，都必须接受法律的决定，在法律面前，人成了异化了的第二主体，法律才是真正的主体。① 人创生了法律，却沦为法律的奴隶。在后一单向度关系下，作为主体的人，包括研究法律的法学家，都被置于第二位，成了第二位的存在。然不论主体对对象（法律）的单向度关系，还是对象（法律）对主体的单向度关系，无论主体决定论的法学观，还是法律（客体）决定论的法学观，二者的逻辑前提是共通的，即主、客二分。

法律果真是这种主、客二分的产物吗？法究竟取决于主客两分关系中主体对客体的单向度需要和支配，还是取决于主客体之间的互需、互动、互养？显然，这样的提问，是对既有的主客体两分论的超越性反思，若能证立，可谓对既有法本体论的一种颠覆。在卢鹏的笔下，与其说法律是主客二分之一端，不如说它是借由诗性而兼乎主客的存在，即一种经由"移情"或"体验"而展现的主客体间的同一共现或相互沉入。

> 诗学上的"感受"和"移情"是两种不同的立场："在感受中，主体与客体各自独立；但在移情中，主体与客体实现同一，互相沉入……"法学亦然——法学上的"旁观"与"体验"也是两种不同的立场。
>
> 卢梭有个观点，理智倾向于使人们彼此分离，而激情"则倾向于把人类再次召集到一起"。为了解决"饥渴"，我们"悄悄跟踪那些可以使我们饱餐一顿的猎物"，不必交流也无须说一句话；但是为了"爱"、"为了打动一颗年轻的心"，我们本能地说出"诗"的话语。在此意义上，我们说，"猎食"可谓法"科"学旁观立场之原初隐喻，而"爱情"可谓法"诗"学体验立场的基本喻体。②
>
> 在"比兴"中，"主客体间性"与"主体间性"融为一体。③

作者运用"内参"或"体验"概念，通过对主客两分的重新整合与深度描述，在诗学的立场上和视角下，彰显了法律是客体的内在规定性

---

① 谢晖：《法学范畴的矛盾辨思》，法律出版社 2017 年版，第 357 页以下。
② 卢鹏：《法诗学研究》，社会科学文献出版社 2024 年版，自序。
③ 卢鹏：《法诗学研究》，社会科学文献出版社 2024 年版，第三章。

和主体的内在需要之间的某种供需关系。在此关系中，无论作为供给者
的客体，还是作为需求者的主体，其间的关系不是决定和被决定的那种，
而是主客体之间的互需与共养。因之，法律本身不应是表达主体基于需
要而对外在事物的掠夺和压制，而应基于外在事物的供给能力和事实，
在某种互动关系中，完成介于主客体之间的调整之使命。初看起来，这
种诗性本体论有点幼稚——因为能够实证的人类法律，从来都是按照主
体的意愿安排的。即便那些史上被赋予了神性的法律（如所谓"率民以
事神"），也是一种人为的安排，而与客体供给毫无关联。但稍加琢磨，
其实它揭示了一种物我互构的法的诗性本体论。

物我互构的法的诗性本体论表明，法律不是，也不可能是人的率性
而为，而是物与人的相互领悟、相互赋予、相互成就。这一诗学结论，
倘若面对既往的纯逻辑构造，或人类理性产物的那种法律，固然难以为
人们所理解。但若将其验之于当今世界的立法及其观念，特别是在环境
法领域，就会豁然开朗。正是物我互构的观念和事实，导致了在人类主
体之外，对动物主体性——动物福利、动物权利的关注，甚至由此延展
开去，继续思考所谓"大地法""荒野法"等自然伦理问题。① 在那里，
在人与动物的关系上，动物权甚至要被优先考虑。

> 我们不该只是给予那软弱的、无力的、不幸的、受压迫的生命
> 道德上的平等考量，而是更大的道德优先考量。当我们服事那最小
> 的，我们就服事了上帝。追随基督，也就是无条件地接受弱势者的
> 道德优先权。②

---

① 〔美〕科马克·卡利南：《地球正义宣言——荒野法》，郭武译，商务印书馆 2017 年
版。另可参见〔德〕卡尔·施密特《大地的法》，刘毅、张陈果译，上海人民出版社
2017 年版；〔澳〕彼得·D. 伯登《地球法理——私有产权与环境》，郭武译，商务印
书馆 2021 年版。
② 〔美〕安德鲁·林基：《动物福音》，林鑑慧译，中国政法大学出版社 2005 年版，第 41
页。另可参见〔美〕汤姆·睿根《打开牢笼：面对动物权利的挑战》，莽萍、马天杰
译，中国政法大学出版社 2005 年版；〔美〕考林·斯伯丁《动物福利》，崔卫国译，
中国政法大学出版社 2005 年版；〔美〕汤姆·雷根、卡尔·科享《动物权利论争》，
杨通进、江娅译，中国政法大学出版社 2005 年版；〔美〕里加·L. 弗兰西恩《动物权
利导论：孩子与狗之间》，张守东、刘耳译，中国政法大学出版社 2005 年版。

在此情形下，与强者相对的一切非人类弱者，都可能成为权利主体，而不仅仅是强者主体的纯粹供给者或被消费者。动物，享有的是自主性的"动物权""地球共同体成员权利"，而不仅仅是照顾性的"动物福利"或"动物保护"。① 衡之法律，则无论立法或司法，都不应是主体意愿的单向度表达，也不是客体功能的单向度供给，而是在法律框架下，主体与客体间的"互助自足"②，相互制约与相互满足。这种经由法律把人类与世界相互性、平权性地勾连起来，并统一进行调整的思路，既是对人与对象诗性关系的逻辑提炼，也是对人与对象之关系，通过诗性法律予以规范、规定和实践运用。这种对法的诗性理解，以及借此建立的法诗学，在本体上，即可谓诗性本体的法哲学。在这种法哲学中，一如卢鹏所引用的拉德布鲁赫的论述："不只是人具有尊严，物也要向人要求一些东西，要求按照它的价值给予保护和照顾，使人得以使用和享受，此外还要求一个词：爱。这样……人与物的关系就和人与人的关系非常近似了。"③

诚然，物我互构的法的诗性本体论，属于"法诗学"，但在我看来，这还不够。如果把决断这个因素考虑其中，大致可以说，以分析实证法学为代表的"传统法学"，也可纳入诗性的范畴，从而可以作为另一面向上的"法诗学"。尽管在本体上，它们不是"物我互构"的，但在实践中，无论其主体性的决断，还是其根据事物关系规定性的决断，都是一种本体意义上的修辞拟制活动。

二　拟制思维的法的诗性认知论

拟制作为制度修辞之手法，使法律的诗学本质更加显而易见。面对大千世界空间的无限广阔和时间的无限广延，分析实证法学所谓肯定的、明确的、统一的、逻辑的规范，不过是一种拟制的修辞决断而已。以此

---

① 〔美〕科马克·卡利南：《地球正义宣言——荒野法》，郭武译，商务印书馆 2017 年版；〔美〕安德鲁·林基：《动物福音》，林鑑慧译，中国政法大学出版社 2005 年版，第 41 页。

② 江山：《互助与自足——法与经济的历史逻辑通论》（修订版），中国政法大学出版社 2002 年版。

③ 〔德〕拉德布鲁赫：《法哲学》，王朴译，法律出版社 2013 年版，第 157 页。

来看，以分析实证法学为代表的"传统法学"，在认识论上又何尝不是诗性的？又何尝不是一种"法诗学"？

人类之所以能用言有尽而意无穷的文字表达复杂世界的事实、关系和需要，已然决定了语言和文字的拟制、修辞本质，语言就是人类思维世界中的拟制思维、修辞决断。人们借助这种拟制思维和修辞决断所维系的，每每是片面的事实、单面的关系和侧面的需求。被这种片面事实、单面关系和侧面需求所剪裁、遮蔽，甚至删除的，是更为广泛的事实、关系和需求。这难道不是一种修辞性决断、拟制性建构吗？正如孔丘删除了列国更多的诗歌，而以他的"思无邪"的审美观念和内在需要，编成"诗三百篇"一样——这"三百篇"，所表达的远非诗的历史真实，只是孔子对诗歌审美需要的价值真实和主观真实罢了。这种价值真实和主观真实，经由不断地教化外推，演化为一个民族的价值需要和主观真实。同理，司马迁把上下数千年的历史，整理、剪裁、提升为50万言的《史记》。这一拟制性修辞决断，不仅成就了司马迁笔下的史实、史观和史志，而且潜移默化，涵泳发扬，成就了一个民族的史实、史观和史志。至于这一史实背后的更多史实，只能永远厚压在历史的沉淀中。因此，但凡由语言、文字所决定的事物，都是拟制的、修辞的；但凡由拟制建构、由修辞决断的事物，都是诠释的真理，而非符合真理①，是同情理解的真理，而非科学验证的真理。

以语言文字为载体表达的法律，不但给天人关系、群己关系、身心关系进行拟制的命名，还进而以这种修辞化的规范去决断这些关系，并对合乎拟制规范要求的关系予以确认和保护，对违反拟制规范要求的关系予以取缔和制裁。而法律对这三类关系的裁取，与其说遵循的是"事物关系的规定性"，不如说是一种拟制的修辞决断。这种修辞决断，本身决定了法律的诗性特质，从而法诗学，或许比另一种视角的"法诗学"——规范法学或法律科学，更能真切地洞察法律的特质。

在我国学术界（不仅是法学界），对拟制思维和拟制问题研究最早最深入的学者，或许也是卢鹏了。15年前，他就出版了《拟制问题研

---

① 谢晖：《法律的意义追问：诠释学视野中的法哲学》，法律出版社2016年版，第1~25页。

究》① 一书。在该书中，他以诗性的语言，对拟制（法律拟制）问题作出了自己的界定，特别是其有关"拟制以其'奴性'实现其'主性'"的论述，可谓独擅胜场。

> 拟制，在精神上是决断的、自由的，而在行为上是比照的、模仿的。无论是"主性"的自由，还是"奴性"的模仿，它们在思维上都可能是"诗性"的，前者的"诗性"表现为自由创造，后者的"诗性"表现为比类联想。
>
> ……从精神上看，拟制似乎是不受任何束缚的：拟制不受"法律"、"逻辑"甚至"事实"的约束。当然，拟制也不是自由漂流的浮木，而更像是茫茫大海上同舟共济者的帆船，虽然航向是自由的，但必须接受"良知"的指导。这是其"主性"。然而，从行为上看，拟制是某种比照或模仿，拟制总是倾向于寻找某种"还原"心理或"亲和感"作为依靠，这是其"奴性"。
>
> 无论是建构性（编织性）的拟制，还是调整性（补缀性）的拟制，它们既是"主性"的创造，又是"奴性"仿照。建构性拟制的"奴性"一般表现为对自然物的仿造；调整性拟制的"奴性"一般表现为对人造物的比照。
>
> 拟制就是这种精神上的"主性"和行为上的"奴性"的统一，这种矛盾的统一，使其具备一种独特的性能，即同时完成"变"与"稳"这一双重任务的性能，从而使法律发展的难题，即所谓"法律必须稳定但又不能不变"的两难问题获得比较容易的解决……拟制以其"奴性"实现其"主性"……②

---

① 该书出版前后，我国法学界出版的相关书籍有刘星《法律的隐喻》，中山大学出版社1999年版（2019年该书在广西师范大学出版社出了增订版）；刘风景《法律隐喻学》，中国人民大学出版社2016年版。以上两书虽然与法律拟制有关，但并非专门研究法律拟制。相关专门研究法律拟制的著作有余地《作为法律拟制的"视为"规范》，吉林大学出版社2022年版；徐瑜、王路《商法拟制性规范研究》，上海人民出版社2023年版；等等。

② 卢鹏：《拟制问题研究》，上海人民出版社2009年版，第21~22页。另，在《法诗学研究》第二部分，作者通过对"好像"这个拟制词的研究，补强了拟制的认识论内涵。

如此看来，法律拟制以及由其扩展的拟制思维所引导的，就是法的诗性认知论。其明显不同于居于主流地位的规范法学所坚持的那种法的"科学"（另一种诗性的修辞决断）认识论。固然，作为经世致用的法律，必须立基于天人关系、群己关系和身心关系的规定性，寻求所谓"中道的权衡"，但这种权衡并非一是一、二是二的科学，反而是一种拟制，它在肯定一些规定性的时候，就舍弃了另一些规定性。它所肯定的规定性，虽然一般是主体需求可以共存的那些方面——无论是对义务的齐整强制，还是对权利的公平保障，都拟制了一种公共需要，但未必一定是科学的。它所否定的那些规定性，一般指向少数的、个别的、不具有价值通约性的规定，却未必一定是不科学的。

对法律的认知，固然可以基于严丝合缝的逻辑框架，强调其"科学性"、规范性、普遍性和合逻辑性，但由于其前提是拟制的，是借助拟制的修辞决断，因此，当强调在拟制或诗性的前提下回看法律的认识属性时，与其说法律是科学的，毋宁说是诗性的，即通过拟制的诗性决断和修辞选择所达成的命令。在我看来，分析法学所谓"法律是主权者的命令"，恰切地表达了主权者拟制的修辞决断。以此来看，分析法学并非法诗学的例外，而是披上了科学外衣的法诗学。

三 德性责任的法的诗性目的论

我们说，制度一定是规范的；然规范只有被制度化，才是直面实践的。拉兹说："尽管凯尔森拒绝自然法理论，他还是一直使用规范性的自然法概念，即'正当的规范性'概念。他之所以能够坚持法律科学是价值无涉的，是因为他站在一种特殊观点的立场上——法律人的观点，并且他力辩法律科学采纳了这种观点；在特殊、专业和中立的'预设'意义上，这种观点预设了它的基本规范。毕竟，规范的法律意义并不存在，但是存在规范可被接受的特殊法律方法。"[1]

这段引文中的"正当的规范性"、"预设"以及"可被接受"等说

---

[1] 〔英〕约瑟夫·拉兹：《法律的权威：关于法律与道德论文集》（第二版），朱峰译，法律出版社 2021 年版，第 104、174 页。

法，十足表明了即便在分析实证法学那里，业已对法律作了一种拟制的修辞决断之定位。并非说它自觉地、情愿地把法律和法学置于法诗学的档口，而是迫不得已地、不能不如此地运用修辞预设，阐述法律及其目的。分析实证法学的目标就是"打造一个概念，这一概念将有助于法官和其他与法律相关的人寻找特定法律问题的答案。在某种意义上，这是所有法理学问题的真谛"①。然这一目标的前提，正如他们的夫子自道，即"打造的概念"，正是一种修辞性决断。在此意义上，我不太赞同卢鹏的如下结论：

> 传统法学（主要是西方法律文化主导下的法学）强调法的逻辑性、科学性、纯粹性，使法脱离了想象、情感、德性、生命的土壤：（1）那些表现为器物、形象或艺术形态的"法"，都被视为法的幼稚而加以排挤或摒弃（至多作为普法宣传的工具而被利用）；（2）那些在法的运行过程中实际有效的"形象"、"想象"和"好像"思维，都被视为原始或低级的思维而加以排斥或掩盖；（3）所谓"法感"和"直觉法"，也因不确定性或神秘性，而被驱逐出纯粹法律科学的疆域。法，以冷峻而孤傲的"概念"和"逻辑"姿态，站在"想象"和"情感"的对立面；而法治文化建设，则外化为简单的法制宣传。——法律不仅脱离了生活，还脱离了人的生命本身。②

虽然站在卢鹏的视角，这种看法是有道理和可以被同情理解的，但站在包括分析实证法学者在内的人类思维基础和根据的一般性上观察，却是没有道理的。因为所有人类的符号——语言和文字，以及根据符号的生活，都是诗性的，都是可以概纳在诗学名下的。即便是分析实证法学，也自有诗性在其中。这样看来，诗性或者法诗学是包纳了，或者至少是不排斥"传统法学"的，特别是其有关普遍性、至上性、规范性、抽象性、一般性等理性智慧的论说，无一不透着诗性色彩。只有升华到这样的高度去理解，我们才能顺理成章地理解凯尔森在论述了那么多近

---

① 〔英〕约瑟夫·拉兹：《法律的权威：关于法律与道德论文集》（第二版），朱峰译，法律出版社 2021 年版，第 98 页。
② 卢鹏：《法诗学研究》，社会科学文献出版社 2024 年版，自序。

乎技术性的问题之后，抛出那个著名的他自己也费章解释的"基础规范"，也才能庖丁解牛般地理解哈特在作了那么多的理论阐释和技术准备后，提出的那个争议颇大的"承认规则"。

然而，卢鹏自有其对法的诗性目的的独特论述，这一论述就是他不但强调法律中包容德性，而且把德性作为法诗学的一个核心概念。正是通过德性及其诗性扩用，要在法的世界中，实现一种超越概念界定的责任，这便是德性责任。他说：

> 在法诗学看来，"诗"，是气韵生动的，是向死而生的，是强恕而行的，是见义勇为的。法诗学的核心观念，不是因循，而是创造；不是权利，而是责任；不是知识，而是德性。在此意义上，法诗学可谓一门内圣外王的君子之学，而法律工作则是一项仁义之士方可胜任之志业。《国语》所谓"仁者讲功，知者处物"。此之谓也。①

借此，作者着意于建立一种与权利法学相对的责任法学。这种责任法学，不仅贯彻基于自我权利的责任，而且更关注人同此心、心同此理的道义责任、德性责任。自然，这是经由自我权利所自主处置的责任，也是德性的实践扩用。所以，这里包含两种完全不同的"责任"观：

> 权利法学的核心是"权利的主体"，是主体对客体的支配；而责任法学的核心是"关系"，即胡塞尔……的所谓……"主体间性"……或中国传统法上所谓的"仁"——主体与主体之间的相互责任。权利法学的问题是：我可以做什么？我在何种限度内是自由的？而责任法学的问题是：我当然是自由的，但我考虑好这样做的后果和责任了吗？权利法学的思维是逻辑的演绎；而责任法学还须要诗性的同情……权利法学，除了讲法定的义务外，也讲责任，但讲的是逻辑演绎出来的二线责任……或代入责任……而责任法学上的责任，则是一种内参其中的同情责任。权利法学是从自我出发的

---

① 卢鹏：《法诗学研究》，社会科学文献出版社2024年版，引言。

（诉诸他人），而责任法学则是从他人出发（反求诸己）。①

这种以责任为核心范畴的学说，明显把德性代入其中，其基本的修辞预设，是人类德性可以也应当"扩用"。它可由个人德性，扩用为关系交往中的群体德性；可由主体德性，扩用为关系体系中的"主、客体间性"的德性；可由纯粹的责任德性，扩用为权利德性，乃至整个法律的德性。这样，其人性预设和人性交往的旨归，都指向某种善。它意味着身与心、群与己、主体与对象基于德性责任的合作。法诗学的任务，就是感悟、描述，甚至规划这种合作。这意味着，法律的关键所系，在于以善和责任伦理为目的的合作。即便在现代的所谓"数字时代"也是如此——人类社会交往方式虽然更加隐名化了，但社会的团结结构更加协作化——数字时代及其"资源法学"，不但没有关上人与人合作的大门——表面上看去，龟缩在电脑屋的人越来越孤单、孤独、孤僻，但在网络的世界，他们却前所未有地在紧密合作，反而更加忠诚地、自觉地践行德性基础的合作责任。或许数字社会，开启了德性责任这种法的诗性目的之新境。

四　归类词构的法的诗性方法论

法诗学理念，自始至终给予符号以诗性的致敬。因为诗学，以及法诗学的本性，奠基于符号；其灵感和思路，亦来自符号。何谓符号？广义而言，它包括了具有模式化和可反复性的规范示范性的行为符号，具有一定时空中意义普遍性的语言（声音）符号和自始即具有规范性的文字符号。狭义而言，所谓符号，即文字。迄今为止，能够创造并运用文字符号的动物，唯有人类。所以，卡西尔把人界定为"符号的动物"。他在评论把人界定为理性动物之得失时说：

我们完全可以修正和扩大关于人的古典定义。尽管现代非理性主义做出了一切努力，但是，人是理性的动物这个定义并没有失去

---

① 卢鹏：《法诗学研究》，社会科学文献出版社 2024 年版，第七章。

它的力量。理性能力确实是一切人类活动的固有特性……但是很容易看出，这个定义并没有能包括全部领域。它乃是以偏概全（pars prototo），是以一个部分代替了全体。因为与概念语言并列的同时还有情感语言，与逻辑的或科学的语言并列的还有诗意想象的语言。语言最初并不是表达思想或观念，而是表达情感和爱慕的……对于理解人类文化生活形式的丰富性和多样性来说，理性是个很不充分的名称。但是，所有这些文化形式都是符号形式。因此，我们应当把人定义为符号的动物（animal symbolicum）来取代把人定义为理性的动物。只有这样，我们才能指明人的独特之处，也才能理解对人开放的新路——通向文化之路。①

卡西尔的论述，在把人定义为符号动物的同时，既彰显了符号面向理性、明晰、"客观"的一面，也阐释了其面向情感、模糊、"主观"的另一面。这里要强调的是，不论是面向理性的符号，还是直通情感的符号，不论是面对大千世界的客观事实，还是面向交往行为的主体间事实以及内在思维的主观事实，它们都是拟（词）构这些事实的符号材料。符号对事实的词构，永远只是拟制性处置，从而也是修辞性决断。这种符号拟（词）构，究竟能否反映真正的事实，或者部分反映这种真正的事实，每每需要借助主观的加持。② 所以，只要把人界定为符号的动物，就同时界定了人的诗性本质，界定了所有以人为中心的学问的诗学性质。

在"传统法学"那里，无论是其对客观事实的类型化处理（如租赁合同、借贷合同，违法行为、犯罪行为等），还是根据这种类型化，以符号，特别是文字符号对它的命名（类名），都既是一种逻辑性的提升，

---

① 〔德〕恩斯特·卡西尔：《人论》，甘阳译，上海译文出版社1985年版，第34页。

② 很巧，就在今天（2024年6月6日）早上，内子问我："你平时评价XX地方人性格的那个字叫啥？"我一时没回答她。她便自言自语地在一旁说："轴？不是。犟？不是。倔？还不是！叫啥嘛，你快给我说说！"不得已，我回答她："跩。"闻之，她急切地说："对，正是这个词，zhuai 跩、zhuai 跩……这字总结XX地方的人，妥妥的，也形象！"这一对话，较为典型地表达了符号对事实的拟构。在内子看来，我用"跩"字表达XX地方人们的性格，很妥帖，但"跩"究竟指的是什么，虽然有时候可以用其他符号进一步诠释，但更多时候，人们却只可意会，无以言传了，即它的意义，只能付诸诗性了。

更是一种修辞性的决断。一旦命名被认可、被接受，就成为人们交往行为的规范。因此，"传统法学"之方法，虽标榜分析实证，但归根结底还是一种未能脱离诗性的词（对对象）的拟构。哈特说：

> 　　传达一般化的行为标准有两个看起来十分不同的方式，这两个方式使得这些标准能够在被适用于一连串嗣后将遇到的情况之前，先被传播出去。其中一个方式在最大限度上使用一般化的分类词项（general classifying words），而另一个方法则是在最小限度上使用一般化的分类词项。第一个方法的典型，我们称为立法（legislation），而第二个方法的典型，则是判决先例（precedent）。①

　　这种拟（词）构一旦完成，就形成一个法律知识的"肥水不流外人田"的蓄水池。这个蓄水池中的水不能混有其他的水，也不流向其他的池，才可谓纯粹，否则，便是不纯粹的。饶是如此，不无矛盾的是，在分析实证主义法学那里，这种纯粹却不是闭合的，仍需一种"基础规范"或"承认规则"予以调适，仍在强调法律的"开放结构"。对此，哈特写道：

> 　　无论我们到底选择判决先例或立法来传达行为标准，不管它们在大量的日常个案上，运作得如何顺利，在碰到其适用会成为问题的方面来看，这些方式仍会显出不确定性；它们有着所谓的开放性结构（open texture）。到目前为止，我们把开放文本，特别是在立法这种传播形式中，视为人类语言的普遍特征；为了使用包含一般化分类语汇的传播形式来传达事实情况，边界地带的不确定性是我们必须要付出的代价。②

　　哈特所指出的，毋宁是对借助符号拟（词）构法律时潜在诗性的一

---

① 〔英〕H. L. A. 哈特：《法律的概念》，许家馨、李冠宜译，法律出版社 2006 年版，第119~120 页。
② 〔英〕H. L. A. 哈特：《法律的概念》，许家馨、李冠宜译，法律出版社 2006 年版，第123 页。

种隐晦说明：既然法律存在一个开放结构，那么，法律又如何说一不二地规范林林总总的社会事实呢。显然，在哈特等实证法学家的笔下，并没有排斥符号拟（词）构法律时的那种诗性畅想。或许，只要运用符号来拟（词）构法律，法律就必然是诗性的，法学就必然是法诗学。只要立法者在事实和符号之间目光流盼，分类拟词，斟酌命名，就必然把其诗性畅想代入立法中。只要司法者运用符号描述案情，并或返回先例，或返回成文法，去寻找"符合"当下案情的规范符号，也就说明：一方面，是诗性精神对司法者的牵绊；另一方面，是司法者在丝丝入扣地展开诗性的操作。在此意义上，"传统法学"越注重规范（语言、符号）分析，越表明其在方法上归类词构的诗学特征。

　　法律是由符号构造的意义体系。当选择了一种符号及其背后的事实时，也就否定了另一种符号及其背后的事实。符号选择的，不仅是符号本身，而且是符号背后的意义。这种构造活动，以对事实（无论是天人关系的事实、群己关系的事实，还是身心关系的事实）的归类为基础，并以语言—符号命名这些归类的事实，形成这些事实的规范表达。在这一过程中，从对事实的归类，到对归类事实的符号命名，再到规范价值上对归类事实的肯定或否定的评价，这些都是借词拟物这种诗性方法的运用过程。这种诗性方法，存在于所有类型的立法活动中，存在于所有类型的司法活动中，也存在于所有类型的执法、用法或守法活动中。应该说，所有法学的发明者和阐释者，都是在运用诗性符号，在尽量接近理性的基础上，决断性地展开以拟制修辞为前提的学理（法诗学）建设。

五　人格（德性）扩用的法的诗性实践论

　　法律如何才得实践？或者如何才算法律的实践？这在"传统法学"和"法诗学"的理念中也是不同的。一方面，在"传统法学"看来，法律的实践就是把社会事实代入既定的规范体系的过程。这一过程的典型结论是：面对法律这架机器，法官只要一手输入案件事实，另一手就会获得裁判结果。从而法律实践，就是个在自动售货机里完成事实和法律的交易过程。这种法律实践的"自动售货机"①论,是以法律的权威不容置疑为前提的,从而法律实践归根结底,就是把林林总总的社会事实代入这一无可更改、不可替代的规范"工具箱"中。其机械性显而易见。另一方面,在这一实践论中,除了法律权威,还有司法权威。法律权威是其机械的、静态的因素,司法权威则是其"能动的"、动态的因素。由此,法律实践,乃是由司法权威、法律精英面向权威的法律而进行的操作。可见,行政的、公民法人的执法与守法,都被排除于法律实践之外。围绕这一法律实践论的种种方法,特别是法律解释、法律论证等,都不过是推进这一类型的法律实践的工具而已。

然而,这一权威的、机械的、法律职业精英的法律实践观,并不能包纳法律实践的所有现实,不能为法诗学所接受。首先,法律的完美无缺,从来只是一种伟大的乌托邦。无论是宗教的,还是世俗的法律,都没有,也不可能实现完美无缺。如果有,也只是修正的、修补的完美无缺罢了,是过程中的完美无缺,是作为"诠释性概念"的完美无缺。其次,即便那些倾向于"传统法学"的学者,也深感严格规则主义的不足,而试图发展出一种以逻辑为基础又能包纳"非权威性理由"的论证理论。在他们看来:

> 法律实证主义与法律非实证主义间的论战不仅在显著情形中具有实践后果,而且在日常法律生活中也具有实践后果。日常法律生活充斥着疑难案件,它们无法简单地根据被权威颁布的东西来裁决。反于法律的判决(contra legem decisions)是最明显的例子,然而法律人同样也必须在下列情形中回溯到非权威性理由:漏洞情形、规范冲突情形(它只能通过衡量与权衡来解决)以及——最常见也是最不明显的一种情形——法律语言的模糊性或立法者意图的不确定性。假如法律判决要基于理由,那么当权威性理由被穷尽之后,法律判决的理由也必须包含非权威性理由。在这些非权威性理由之中,最重要的一类由指涉正义的理由构成。然而,正义问题是道德问题。

---

① 〔美〕刘易斯·A. 科瑟:《社会学思想名家》,石人译,中国社会科学出版社 1990 年版,第 253 页。

这说明，法律的开放结构使得一种非任意的、证立性的法律适用离开道德推理就变得不可能。①

这种来自实证主义内部的学者对其实践论之反思、批评，业已表明法律实践绝不仅仅是权威规则在案件事实中的套用（输入—输出）。虽然有些学者通过"运行闭合与认知开放"的理念，似在为这一"输入—输出"打圆场：

> （法律）系统在某种程度上决定着自己的要素（规则的内容），但仅仅是一定程度上的。社会事实、价值和规范被选择并被转化为"法律"事实、价值和规范。我们只能经由对一堆杂乱无章的要素（an immense flow of chaotic elements）进行选择和建构的方式来描述现实。为了描述和规整社会现实，法律系统有必要对社会事实、价值和规范进行选择和规整。在某种程度上，这种要求是无一例外的，它是法律系统得以存在的一个必要条件……因此，法律系统对于外部世界是"认知地"开放的；然而它们保持"自治"，因为它们是一种运行闭合的系统——外部素材根据法律系统的内在逻辑被选用和采用。②

然而，这里所显示的却是实证法学的诗性畅想。一方面，他们借助系统论，把法律视作一个运行闭合体，这就是在诗性地缔造一种法律乌托邦。准确地说，它既是一种乌托邦的理想，又是一种具有切实可行特征的规范事实。正是这种规范，导向了一个不同于"人治"的治理格局——法治的出现。而另一方面，他们又无可奈何地面对法律外部事实、价值和规范对法律系统闭合性的掣制和干预。

---

① 〔德〕罗伯特·阿列克西：《法，作为理性的制度化》，雷磊编译，中国法制出版社 2012 年版，第 238 页。阿列克西所讲的法律人寻求非权威理由的三种场域（条件），我以法律意义为关键词，分别概括为"法律意义空缺"、"法律意义冲突"和"法律意义模糊"（见谢晖《法律哲学：司法方法的体系》，法律出版社 2017 年版）。

② 〔比〕马克·范·胡克：《法律的沟通之维》，孙国东译，法律出版社 2007 年版，第 54~55 页。

　　然而，这一"运行闭合与认知开放"思路，因过于依赖"理性的诗性"，而妨害其诗性的彻底性、开放性、联想性和真正包容性。因为，无论是法律运行的闭合性还是其认知视野的开放性，最终都系于法律与其外在事实是否能够互动。只有打破这种运行闭合性，向所有的社会事实开放，向无论是天人关系的、群己关系的还是身心关系的社会事实全面开放，使其成为一个运行的开放系统，而非闭合系统，才能在立法上以某种程序稳定应对实体多样性、复杂性，也才能够真正展现法律对人类生活和交往的全方位的调控，并借由符号拟构、修辞决断，具体地调整出那种井然有序又开放包容的法治状态，从而更宽展、全面、立体地展现法的诗性魅力。这就走向了另一种实践论，即人格（德性）扩用的法的诗性实践论。

　　在《法诗学研究》中，卢鹏不断提及"德性扩用"这一概念，并把其作为法诗学中法的重要实践观。他指出：

　　　　德性与诗性，通于"创造"。与机械运作或逻辑运算不同，"创造"是生命情感上的激情和跨越……然而，这种源自人格的活性，却不是孤立生长的，而是"责任"与"创造"的有机统一：一方面，它是交互关系情境下的德性扩用和应对；另一方面，又是反向自身的德性扩充和升华。因此，所谓德性创造，不仅是德性的自然发作，更主要是具体情境下的诗性创作。

　　　　法诗学，就是运用诗学的方法（概念、范畴或观点等）去研究法学中的德性创造问题。……法，作为诗性即创造性的存在，其动力根源，主要不在"知识"或"技能"，而在"人格"，即"德性"之创造。

　　　　德性情感作用下的"融通"，都要历经某种"二度的转换"……第一度转换，是向内的，即人所固有的德性在日用生活中的充实和沉淀；第二度转换，是向外的，即日用积淀之德性向外发用并扩用于具体事件。这种"扩用"，表现在法学上，就是伦理原则上的"移情"……因此，当我们基于德性，将原本适用于人的，或人与人关系的原则，扩用到非人的关系当中时，我们便踏进了

"诗"的疆域。——即德性扩用的诗学。①

我不厌其烦地征引作者书中有关人格（德性）扩展的论述，是为了更好地理解其有关人格扩用的诗性法律实践效用。这一效用在大的方面说，可体现为如下两点。

其一，是把独善其身的人格和德性能推己及人，它未必是"己所欲者，施之于人"的"权利强加"②，但至少是"老吾老，以及人之老；幼吾幼，以及人之幼"③的同情理解和必要时的行为帮衬。这种德性及其扩用，虽然可以在有些法律的条款中得以发现，但并不总是由法律所规范的。其人格（德性）的扩用，实可视为一种与法律原则和规则若合符节的道德自觉。它既是法的德性扩用，也是主体的德性扩用。这种对法律的道德自觉，无疑，是法律能够产生效力和实效，并缔造法治秩序的源泉和动力。因此，法诗学的法律实践，绝不仅限于由法定的机构所执导、推进和落实的那种实践，它还扩用为每个主体的德性举措——无论是履行法律（习惯、合同、裁判）义务，还是追求法律（习惯、合同、裁判）权利，都是这种德性扩用，从而是法律实践的具体表现。

其二，把主体间的德性，外扩为主客体间的德性。一方面，人类要像爱护自己的眼睛一样爱护环境，使人类与诗性法律相关的德性，惠及大千世界；另一方面，通过与对象世界的德性扩用的"关系性交往"，使对象世界与人类总是处在"关系友好型"的那种状态。

在此意义上，仿生学乃至仿生的法学，都是诗学。人格不但能横向地在主体间扩用，所谓孟母三迁，择善而邻，也可能跨越主体的范围，

---

① 卢鹏：《法诗学研究》，社会科学文献出版社 2024 年版，第一章、附录-对话 1、附录-对话 2。

② 孔子著名的"己所不欲，勿施于人"被写入法国大革命时期的《人权与公民权宣言》中，但这并不意味着可以"己所欲者，施之于人"。这是因为人的需要和性格本身决定了每个人的权利需要是形形色色的，是"萝卜白菜，各有所爱"的，因此，以己之所需强加于人，无异于一种道德强制。在这方面，《镜花缘》所描述的那种"好让不争"的"君子国"所存在的道德强制，可谓是艺术典型［参见（清）李汝珍著，张友鹤校注《镜花缘》第 11 回："观雅化闲游君子邦 慕仁风误入良臣府"，人民文学出版社 2019 年版，第 44~48 页］。

③ 《孟子·梁惠王上》，载杨伯峻编著，苏州大学中文系孟子译注小组修订《孟子译注》（下册），中华书局 1960 年版，第 16 页。

向客体扩用，从而呈现自然秩序的和谐。这种人格（德性）扩用，不正是诗性的法律得以展开、得以实践的真正动力或源头活水吗？

六　公正情感的法的诗性正义论

"传统法学"的正义观，大体坚守"制度正义"，用罗尔斯的概念来表述，它是一种与实质正义相对的"形式正义"①；用郑成良一部书的题目，可谓是"法律之内的正义"②。这种正义，正如奥斯丁和哈特所强调的：

> 在使用"公正的"这一修饰词的时候，我们的意思，是指我们用修饰词所修饰的一个特定对象，是符合一个我们作为尺度的特定法的要求的。而且，正如"公正"在于符合一个特定法一样，"正义"，也在于一个对象符合同样的标准，或者类似的标准……在使用"不公正的"这一修饰词的时候，我们的意思，是指这个特定的对象不符合这个特定的法。③

在分析实证法学那里，法治就是要在规范内部解决问题（即便不是借此解决所有问题，也是要借此解决大部分问题）。面对这种对规范的自信，其反对者（即使同样强调"实证"）提出了异议。例如法学的现实主义者——格雷，他引用西季维克的话说：

> ……按照一个对正义的粗鄙定义，正当的行为就是行为对法律的遵守。可是反思已经表明，这不过是遵守法律的习惯，而非我们所谓正义的含义。这首先是因为，我们并不总是将违反法律的人称为不义，只是在某些法律之下如此……其次，我们一向对此明察秋

---

① 〔美〕罗尔斯：《正义论》，何怀宏译，中国社会科学出版社 1988 年版，第 50 页、第 185 页以下。

② 郑成良：《法律之内的正义——一个关于司法公正的法律实证主义解读》，法律出版社 2002 年版，第 1 页以下。

③ 〔英〕约翰·奥斯丁：《法理学的范围》，刘星译，中国法制出版社 2003 年版，第 285 页。

毫：法律并没有完全实现正义。我们的正义观提供了标准，我们以此比较事实上的法律，进而宣布它们或是正义或是不义。其三，某些正当的行为处于法律领域之外……①

现实主义法学对分析实证主义法学的这种近乎釜底抽薪式的批判，并非说正义问题无关紧要。恰是因为正义的"变幻无常"、样貌各异，就更需要认真地对待。正义，不是任何一家可以独断的。正义的变幻无常、样貌各异，只有诉诸诗性的理由，才能靠近逻辑（因为诗性正义，大抵是一种修辞决断前提下的逻辑正义），并落实为实际。因此，法律正义的研究，终归要回到认真对待诗性正义上来。正如《法诗学研究》作者所言：

> 法学中的许多道理，如果不借助诗性思维，就很难说服人，难以形成共鸣、达到目的；法律中的许多关系或效果，如果不运用诗性方法，也很难建构或确立……在法律规范的逻辑结构中，无论是"假设、处理、制裁"（事实条件与法律结果）之间的关系，还是"范围与系属"之间的关系，如果仅仅依靠形式逻辑，而不借助诗性思维，是很难确立的；无论是在行为与责任之间，还是在目的与手段之间，都不是一个纯粹的逻辑问题，而是一个美学上的比例原则问题和诗性正义问题。②

这种对法律正义的诗性理解，不但是在"物格化"（拟物）与"人格化"（拟人）之间的相互"视为"，相互赋予生命，相互"觑视"，而

---

① 〔美〕约翰·奇普曼·格雷：《法律的性质与渊源》，马驰译，商务印书馆 2022 年版，第 23~24 页。

② 卢鹏：《法诗学研究》，社会科学文献出版社 2024 年版，引言。另，我也注意到，作者在《法诗学研究》第一章中对"法诗学"与"诗性正义"作了区分："（a）诗性正义是源自文学情感的正义准则，有助于司法或日常生活中的公正评判，例如善恶报应的正义观念等；而法诗学的目的，却不是获得正义的准则或进行正义的评价，而是创造或实现正义。（b）诗性正义论的'情感'主要源自文学艺术的外在熏陶，是一种'明智旁观者'的情感立场；而法诗学的'情感'，则源自法德行、法知识和法技艺上的内在积淀。法诗学的力量，不仅来自文学艺术上的方法和效果，更主要是来自人格，即人格上的'公正卓识'或'正确情感'。"

且在词构中,是"名词化"和"动词化"的相互驱动,其间,既有发现性的主体参与、名词动用,也有过程中的情境体验、诗性创造。法的诗性正义,就是在这种物我互动、互需、互养、互在的诗性体验和实践中创造并实现的。这种立基于"公正情感"的诗性正义,是修辞决断和逻辑推理、诗性体验和理性体认、个体意识和公共精神三对关系紧密勾连的产物。

本文作为对卢鹏《法诗学研究》一书的批判性阅读,在肯定卢鹏狭义的"法诗学"理论的基础上,进一步强调不仅存在狭义"法诗学",还存在"广谱法诗学"。它包纳所有看似执于一端,自诩"绝对有效"的法学主张;它容忍所有法学流派对诗性的偏见,以张扬其自身的"诗性"。它以一种广谱诗性的姿态和方法,解读人类史上形形色色的法学主张。它不仅不反对诗性,而且强调没有诗性的铺垫,就不存在理性,正如没有逻辑的前提预设(如命名),就难以展开逻辑推论一样。它试图为法律和法学的诗性正名,但不仅限于正名,还要在正名的基础上强调法律和法学之所以是诗性的,是因为其背后的人性,以及天人关系、群己关系、身心关系也是诗性的。故此,不仅《法诗学研究》是诗性的法哲学,而且一切法学研究,都可谓广谱诗性的法哲学。

2024 年 6 月 9 日

自序　从法"科"学到法"诗"学

诗人是明灯，
哲学家却是真理的奴仆。

——约翰·保尔①

卢梭有个观点，理智倾向于使人彼此分离，而激情则"把人类再次召集到一起"。为了解决"饥渴"，我们"悄悄跟踪那些可以使我们饱餐一顿的猎物"，不必交流也无须说一句话；但是为了"爱"，"为了打动一颗年轻的心"，我们本能地说出"诗"的话语。在此意义上，我们说，"猎食"可谓法"科"学旁观立场之原初隐喻，而"爱情"可谓法"诗"学体验立场的基本喻体。

法诗学运用诗学的方法研究法的诗性现象。这些诗学现象，因其具有神秘或非理性的色彩，而为传统法"科"学所摒弃。《法诗学研究》提出从法"科"学到法"诗"学的命题，就是要使法或法学从冷冰冰的逻辑体系回到丰富多彩的日常生活，回到"人民群众日用而不觉的共同价值观念"，回归有血有肉的人性，即恢复法和正义所固有的诗性。

一　当代中国法学的四个热点

当代中国法学的热点，或许可以概括为四个问题：一是如何"努力让人民群众在每一个司法案件中感受到公平正义"；二是如何"应对人工智能给法律变革提出的挑战"；三是如何"推动中华优秀传统法律文化创造性转化、创新性发展"；四是如何加强新时代法学教育教学的

---

① 约翰·保尔的原话是"Die Dichter sind Lichter, die Philosophen sind der Wahrheit Zofen"。转引自〔德〕恩格斯《乌培河谷来信》，见《马克思恩格斯论艺术》（四），人民文学出版社1966年版，第308页。

"德法兼修"和"课程思政"。这些问题虽然分属法学不同的领域（法律适用、法律变革、法律文化、法学教育），但却指向同一个问题，即就法学研究的对象和方法来说，是法"科"学还是法"诗"学的问题；而就法律人才培养的宗旨言，则是涵摄"机器"还是法感"诗人"的问题。

1. 党的二十大报告再次提出，要"努力让人民群众在每一个司法案件中感受到公平正义"。在法诗学看来，那种仅仅表现为逻辑或科学主义的"实证"，而不能获得当事人（人民群众）"心证"和"共鸣"的公平正义，是机械主义的"异化"，算不得真正的公平正义。

2. 人工智能给法律变革提出的根本挑战，不在法律，而在人自身，不在"知识"或"逻辑"（那是人工智能 AI 驰骋的疆域），而在法律人之"情感"和"德性"；在人工智能时代，法律人"人格"面对的最大挑战是——如何从技术的"工匠"升华为法感"诗人"。"法感"和"德性之创造"，才是法律人的看家本领。

克卢格在《法律逻辑》中写道："自动数据处理设置可以被运用于法律实践和理论的特定任务领域，与此相关的新科学——法律信息学（juristische Infomatik）——继续在向前发展。"然而，同时也要消除这样一个偏见或误解，即"假定在法律中使用电子自动装置就是尝试去建立法官自动售货机（Richterautomation）"。正确的观点毋宁是："为了能赋予法官以更多的自由来从事创造性，尤其是法律创新性的工作，应当采用机器的某种机械流程。"① 在此意义上，借用约翰·保尔的话说："诗人是明灯，哲学家却是真理的奴仆。"

是的，人工智能（AI）已学会举一反三、融会贯通、吟诗作对，但却不会成为"诗人"。诗，不必是一首语言上的诗歌，但必须有"人格"、能"动人"、有"情境"、能"创造"，诗性的本质是——气韵生动、强恕而行、向死而生，是见义勇为。作诗机能写诗，人工智能会断案，却不是诗性意义上的诗或断案。随着法律人工智能时代的到来，耶林曾提到的那种"涵摄"法官——"从前面把案件送进机器，它就变成判决，从后面送出来"② ——必将被 AI 替代、被社会淘汰。因为，"世

---

① 〔德〕克卢格：《法律逻辑》，雷磊译，法律出版社 2016 年版，第 235～236 页。
② Rudolf von Jhering, Der Zweck Im Recht I, 2. aufl. Leipzig, 1884. S. 394.

界并不是被抽象的规则统治，而是被人格统治"①。

3. 传统法学（主要是西方法律文化主导下的法学）强调法的逻辑性、科学性、纯粹性，使法脱离了想象、情感、德性、生命的土壤：（1）那些表现为器物、形象或艺术形态的"法"，都被视为法的幼稚而加以排挤或摒弃（至多作为普法宣传的工具而被利用）；（2）那些在法的运行过程中实际有效的"形象"、"想象"和"好像"思维，都被视为原始或低级的思维而加以排斥或掩盖；（3）所谓"法感"和"直觉法"，也因不确定性或神秘性，而被驱逐出纯粹法律科学的疆域。法，以冷峻而孤傲的"概念"和"逻辑"姿态，站在"想象"和"情感"的对立面；而法治文化建设，则外化为简单的法制宣传。——法律不仅脱离了生活，还脱离了人的生命本身。

中共中央办公厅、国务院办公厅印发的《关于加强新时代法学教育和法学理论研究的意见》强调，要加快构建中国特色法学的"学科体系""知识体系""话语体系"，创新发展法学理论研究体系，"推动中华优秀传统法律文化创造性转化、创新性发展"。在法诗学看来，中华优秀传统法律文化的特质，正在于其"诗性"——礼乐相和、情理交融、德法兼修——具有超越名言、超越逻辑、超越科学主义的胚芽和精华；值得我们在"马—中—西（外）"相结合框架②下，深入研究、发扬光大。

4. 安乐哲指出，西方规范性伦理哲学的根本目的是道德原则的实现，而非人格。——高度依赖理据，排斥情境和偶然。他引用库珀曼的话讲："任何将自己改造成某种确定类型的人的计划，其实是第二位的，而第一位的是实现牢靠的道德决策。"③ 在这一理据范式下，传统法学研究及其教育教学，将法的知识体系与法的德性人格割裂开来、将法学与法割裂开来、将法学方法与法律方法割裂开来、将原理法学与感官法学

---

① 〔德〕耶林著，〔德〕奥科·贝伦茨编注《法学是一门科学吗？》，李君韬译，法律出版社 2010 年版，第 81 页。

② 中共中央办公厅、国务院办公厅《关于加强新时代法学教育和法学理论研究的意见》（2023 年 2 月 26 日）："坚持把马克思主义法治理论同中国具体实际相结合、同中华优秀传统法律文化相结合，总结中国特色社会主义法治实践规律，汲取世界法治文明有益成果，推动法学教育和法学理论研究高质量发展。"

③ 〔美〕安乐哲：《儒家角色伦理学——一套特色伦理学词汇》，〔美〕孟巍隆译，山东人民出版社 2017 年版，第 288 页。

割裂开来、致使法和法学，脱离了生命情境和德性实践。法学学习，仅仅满足于对法律概念、条文、判例的学习以及解释学、逻辑学、论题学训练；法学实践，也脱离了德性的日用积淀，而变成一门专项技术实习。——只在知识或理据系统内"死"循环，而不能把人自身摆进去、把责任摆进去、把情感和生命摆进去，很难做到"学、思、用贯通，知、信、行统一"①。法诗学研究，就是要将上述"二元"割裂，重新融为统一的生态整体。

二　法诗学的意义

《法诗学研究》作为中国式法治文明和法学理论研究的一个尝试，把马克思主义基本原理同中国政治经济现实和中华优秀传统文化相结合，在"两个结合"② 的框架下，汲取中华法律文化和西方法治文明中的诗性因素和精华，提出从法"科"学到法"诗"学的命题，以期为人类法治文明之"中国话语""中国方案"有所贡献。

1. 《法诗学研究》在内容及方法上的特色在于，用诗学的方法研究法的诗性问题

《法诗学研究》所谓的"诗"或"诗性"，主要不是指"诗歌"，而是指主体间交互关系上的"共鸣"、生命情感的"激越"及其德性的"扩用"和"创造"。《法诗学研究》所谓的"法"，不仅是权威规范的逻辑性的存在（一个纯粹逻辑的体系及其运行机制），还是一种修辞性、叙事性的存在，更主要是一种诗性和德性的存在。《法诗学研究》所谓的"学"，不仅指一门学科及其知识技能的"传授"和"接受"，更主要是人格修养，即孟子所谓"强恕而行"，旨在打通"人—我"，打通"物—我"，打通"天—人"，达到法学上"浑然天地万物一体"的人格诗学之境界。

---

① 《习近平谈治国理政》（第三卷），外文出版社 2020 年版，第 519 页。

② 习近平在文化传承发展座谈会的重要讲话中指出："在五千多年中华文明深厚基础上开辟和发展中国特色社会主义，把马克思主义基本原理同中国具体实际、同中华优秀传统文化相结合是必由之路。……是我们取得成功的最大法宝。"

2.《法诗学研究》提出从法"科"学到法"诗"学的命题

在汉语中,"科"字有"品类""条款""法式""律文""判刑""考校""查核"诸义,颇具法律教义学色彩。汉语"科学"一词,转译自日本"分科之学",对应英语的 science,德语的 Wissenschaft,拉丁文的 scientia,古希腊语的 episteme,是指确定的、系统的知识。卡普拉指出,"伽利略首先把实验知识和数学结合起来,因而被认为是现代科学之父"。在此观念下,思维与其对象发生二元分离,"使得科学家可以把物质世界看成与自己毫不相干的一架机器"。这种源自物理世界的二元论科学观,在后来的发展中,逐渐扩张到了整个人伦和社会关系的领域,以至于在法国实证主义哲学家孔德看来,只有实证科学所证实的知识才能成功地运用到人类实践的各个领域。这一基于经典力学的实证科学观,直至量子力学的发展,才被突破:测量,不再是与观察者无关的旁观,而是观察者内参于其中的交互过程。①

受实证科学观之影响,在传统法"科"学的框架下,人(作为主体),将法当作外部事物(客体)加以观察、剖析、研究或适用,无论是所谓"头发丝分割机"般的识别技术,还是 Wigmore 框图法②,都未能内浸于法律当中去体验或共享其生命过程。然在法"诗"学看来,法,不仅是规范体系及其逻辑运作,更主要是正义实现过程中生命情感的交互作用;正义,不仅是抽象的价值理念,还是具体情境下的德性创造;而法学,也不仅是知识或技艺,更主要是德性人格的扩充及其诗性的扩用。

3. 法与诗,虽然是很不相同的,但在思维和方法上,又是相通的

(1)诗,是"想象"、"好像"和"虚构"的;法或法学亦然。③

---

① 灌耕编译《现代物理学与东方神秘主义》(第二版),四川人民出版社 1984 年版,第 10、51 页。

② 按:"Wigmore 框图法"是为克服法庭使用证据中的不确定性所发明的一套用以辅助法律论证的直观导图。该方法由 John Wigmore 于 1913 年在 *Illinois Law Review* 上发表的一篇论文中首先提出,经 Anderson 改进后广泛用于法学教育和实践领域。

③ 德国法学家阿道夫·巴赫哈赫说:在立法、司法中,"想象"总是伴随着法,形影不离。Adolf Bachrach, Recht und Phantasie, Leipzig und Wien. I. Bauernmarkt 3 Hugo Heller & Cie, 1912, S3. 关于"想象的逻辑",卡西尔说:"想象的逻辑应与理性的科学思维的逻辑区别开来。亚历山大·鲍姆加登在其《美学》(1750 年)中曾最早试图全面而系统地建立一个想象的逻辑。""当维柯第一次想系统地建立一种'想象的逻辑'时,他返回到了神话的世界"。〔德〕卡西尔:《人论》,甘阳译,上海译文出版社 2004 年版,第 190、212 页。

"想象"（"好像"＋"虚构"），是诗学和法学共同面临的问题。诗所涉及的问题，主要是"想象"。在培根眼中，诗是"分享几分神性"的。培根说，"诗是学术的一部门"，就文辞言，它是"有节制的"，但就内容言，它是"极端放肆自由的"。诗，通过"想象"，可以"任意把自然已分开的东西结合在一起，把自然已结合在一起的东西分开，这样就在许多事物之中造成一些非法的婚媾和离异"。诗，也离不开"虚构"。培根说：为了弥补历史事实之贫乏，"诗就虚构出一些更伟大更英勇的行动和事迹"；为了弥补实际酬惩之缺憾——"不很符合德行和罪恶理所应得的酬惩"，诗就"把它们虚构成为在酬惩上较公平"，较符合天理。① 诗所"虚构"的这些传奇，虽然可能不符合事实，却可能更符合历史本真；这些"虚构"的因果，虽然可能不合逻辑，却可能更加符合德性天理。

诗学如此，法或法学亦然——为了正义，法学同样运用"想象"、"好像"和"虚构"。譬如法学上的"同一化"拟制（"纳入"并且"视为"相同）和"区别化"拟制（"分出"并且"视为"不同），就是一种诗性的"叙事"，即"任意把自然已分开的东西结合在一起，把自然已结合在一起的东西分开"，造成许多"非法的婚媾和离异"。拟制，就是法学上的诗性决断。

（2）诗，是"生命情感"之体验，是相互关系上的"交融"和"共鸣"。法或正义，同样是"生命情感"之体验，是相互关系上的"交融"和"共鸣"。② 在个案正义的具体情境中：规范与事实，会融为一体；情理与法理，会融为一体；法之"道"与法之"器"，会融为一体；逻辑思维与诗性思维，会融为一体；客观法感与主观法感，也会融为一体。

（3）诗，是"情境性"的。法或正义，同样是"情境性"的。在具体情境中，诗与法，都会沉入某种"交融"之境。

（4）诗，是人与物在赋活状态下的统一：情在物中，物在情中。同样，法，是事与法在赋活状态下的交融：法在事中，事在法中。

---

① 朱光潜：《西方美学史资料翻译（残稿）》，中华书局 2013 年版，第 118 页。
② （清）孙原湘（1760—1829）《情篇七首》云："理以情为辅，情实居理先。才以情为使，情至才乃全。情者万物祖，万古情相传。""善恶至无准，惟情所轩轾。好尚虽不同，用情有各执。情只患虚伪，而不患颠倒。""阿瞒大奸雄，乃赎蔡文姬。在我则为情，及人则为仁。世有理外事，断无情外人。"

（5）诗中"事物"，具有双重性格，既是事件的一个细节，又是情感的一个要素。法中的"事物"，也具有双重性格，既是"证据"，又是"规范"，是"证据"与"规范"的统一。

（6）诗学上的"感受"和"移情"是两种不同的立场："在感受中，主体与客体各自独立；但在移情中，主体与客体实现同一，互相沉入。"（童庆炳语）诗学如此，法学亦然——法学上的"感受"与"移情"是两种完全不同的立场。

卢卡契曾区别了描写和叙事："描写把一切摆在眼前。叙事的对象是往事。描写的对象是眼前见到的一切，而空间的现场性把人和事变得具有时间的现场性。但是，这是一种虚假的现场性，不是戏剧中的直接行动的现场性。"① 这就是说，描写的对象是眼前无差别的一切，试图以全知的视角再现事物本身，就像一幅"静物画"，是要以"空间的现场性"取代"时间的现场性"，然剔除了时间体验的现场性，只是"一种虚假的现场性"。叙事则以绵延中的事件为对象，视角跟着主人公走，并在这一时间维度中将事物呈现出来，在这一表现中，即叙述者基本动机的逐渐显露过程中，事件的细节便会顿然获得全新的面貌。诗学如此，法学亦然——法学上的"旁观"与"体验"也是两种完全不同的立场。

（7）诗学之直觉，求"宜"；法学之直觉，求"义"。义者，宜也。韩愈《原道》言："行而宜之，之谓义。"——法与诗，是相通的。

这里需要指出的是，"诗性"与"艺术性"是不同的。

其一，"艺术"美，在伦理上可以是"中性"的；而"诗"美，却一定是"德性"的。孔子评价周王《武》乐言："尽美矣，未尽善也"；而评舜之《韶》乐却说："尽美矣，又尽善也。"——所以作此区别，杨伯峻《论语注释》说：舜的天子之位是由尧"禅让"而来，故孔子称"尽善"（尽善尽美）。而周武王的天子之位是由征讨商纣而来，虽属正义之战，然依孔子之意，却认为"尽美"而"未尽善"。② 《武》可谓"艺术"，而《韶》还是"诗"。在此意义上，诗，不仅可以是"文艺行动"，还是"法学行动"。

---

① 见《卢卡契文学论文集》（一），刘半九译，中国社会科学出版社1980年版，第58~59页。

② 杨伯峻注释《论语译注》（简体字本），中华书局2006年版，第33页。

其二，"艺术"是专业的、技术的；而"诗"，则是生活的、大众的。因此，并非每个人都有条件成为"艺术家"。然"诗"却不同，若能将至诚德性加以扩充、扩用，人人皆可为"诗人"。我曾在卡尔斯鲁尔一家展览馆看到一件装置作品，在一个玻璃柜里立着一个由几根铁管构成的三脚支架，支架末端的洞孔里插着几根延长出去的干枯树枝，无论是铁管还是树枝，都是极普通、随手捡来的材料，然这些材料经过作者的建构，却呈现一出奇妙的表达，使观者驻足沉思，杳缈中似也触动了笔者的心。这件作品或许称不上一件艺术品，但却不妨是一首"诗"。诗学如此，法学亦然。

其三，"艺术"，建基于精湛的技艺，是技与美的统一；而"诗"，则源于心灵，是心与心的"共鸣"。艺术创作，是艺术家之专长——若非专业人士，难以置喙其间；而诗性创作的大门，则向每个"自由心灵"敞开。譬如一幅工笔花鸟画，其精美细腻、生动形象，常人难及，是一件艺术品；而一张白纸上随意涂抹的几道色彩，或许难称艺术，却未必不是"诗"——只要能打动观者，引起"共鸣"，即可谓"诗"。因此，一件艺术品，若能引发"共鸣"，也就达到了"诗"境。反过来，有些"诗"，同时也是艺术；然还有些"诗"，却只是纯粹的"诗"，而不是艺术。

可见，"诗"与"艺术"有交叉，但并不重叠或相互归属；法"艺术"与法之"诗"，亦然。

4.《法诗学研究》提出并重点讨论的基本论题

（1）想象。诗学家说，一个隐喻就是一个故事（谢林语），一个观点就是一个想象（赵汀阳语）。在法诗学看来，法或法学，都离不开想象。法学中的想象，可使动词名词化，也可使名词动词化；可予时间以空间化，也可予空间以时间化；可使具体事物抽象化，也可使抽象理念情境化；可把死的视作活的，也可把活的视为死的；可把人伦关系的原则扩用到物的世界，也可把物的关系之原理扩用到人伦关系的领域。面对一场纠纷，法诗学的"想象"，不是将其作为一个理性分析或规制的客体，也不是将他者之"痛楚"视为一个审美感觉的对象，而是将我之德性和人格注入其中，赋予对象以生命和情感，并在某种交感互动中与之取得共鸣、融为一体。

（2）赋活。在法诗学看来，法或正义的实现，不仅是美学上的被感知，还应是诗学上的（即在情感上）被"赋活"。所谓"赋活"，就是赋予事物以生命，将其置于"生命互动"和"交感共鸣"的状态当中。在"赋活"中，"我与它"的科学叙事，变为了"我与你"的戏剧。在"赋活"中，外在"客体"变成了互动关系中的"对方"，一切都变得"有情感""有生命""有德性"了：人与物，处于生命性的交互关系状态；人与自然，处于人伦性的和谐共生状态；人与人的关系，也从某种被"异化"状态下拉回到"人性"之本然；一切都处于"仁爱"或相互关系的"责任"当中。在这种人伦原则的诗性"扩用"中，法律规范被"赋活"，追求规范与事实的交融；法律知识被"赋活"，追求知与行的合一；自然万物被"赋活"，追求天与人的统一。在"赋活"中，法之运行，不再是单向的规制和机械运作，而是双向的对话和共同治理；法之形态，也不再仅仅表现为外在的规范体系，而是有情感、有生命、有德性的生活秩序本身。

（3）情境。所谓"情境"，简单说，就是使事情本身得以显现的那个包含情感的时空境遇。法学上的情境事实，是具体时空条件下的情感事实，它不同于纯客观的物理或自然事实，也不同于经主观过滤后的叙事或鉴定的事实，而是具体时空境遇中所显现的事实，这一事实，一方面是客观的，另一方面又是包含着情感的，即事情本身。而"事情本身"，就是说，事不离因果，情不离人伦。所谓"事"，必有其故，有其来龙去脉，才为"事"；而"情"，则必有其人，有其人伦关系，才有"情"。——此所谓"事情"。面向"事情本身"，就是要我们进入实际人伦关系的境遇当中，要面对活生生的人。我们说，法律 AI 具有发达的逻辑力，但却不具感受力，这不仅是说它缺乏审美或想象，还是在说它难以进入"事情本身"，因此也就不会有真正的法诗学智慧。

在法诗学看来，法或正义不是抽象的存在，而是必须在具体情境下才可实现。别林斯基说："要评判一个人物，就应考虑到他在其中发展的那个情境，以及命运把它摆在里面的那个生活领域。"关于这种生命"具体性"，他说："就是形成一切事物生命的（没有它任何事物都活不了）那种理念和形式之间的秘奥的、不可分割的、必然的融合。"① 别林

---

① 　见朱光潜《西方美术史资料翻译（残卷）》，中华书局 2013 年版，第 225、224 页。

斯基所谈的是诗，然法或正义同样适用这一原理：正如不存在抽象的
"爱情"一样，抽象的法或正义也是不存在的；正义的实现，是一个必须
在具体情境下方可判定的问题。用海德格尔的话说："诗是存在的真正的
拓扑学。"①

（4）德性。在法诗学看来，法，不仅是规范体系及其逻辑运作，更
主要是正义实现中"生命情感"的交互作用；正义，不仅是抽象的价值
理念，更主要还是"具体情境"下的"德性"发用和创造。在诗的创作
中，"直觉"，是支配性的，即所谓"即景会心"；在法或正义的实现过
程中，"直觉"同样是支配性的，即所谓"公正卓识"。在彼得拉日茨基
看来：我们处理正义问题时，所考虑的并不是对任何人的同情，或关于
社会的权宜的判断，或任何投机性的判断和计算。我们必须处理的是
"一种伦理体验"。某种行为，之所以被视为正当，不是因为它"对实现
某种具体目的的有用性"；它所以是不义的，是因为唤起了源自我们人格
的"伦理谴责或愤慨"。——"此时，伦理冲动具有支配意义。"② 彼得
拉日茨基所谓"伦理冲动"，就是德性之发用和创造。诗论有云："每有
制作，伫兴而就。""兴来如富构，未始用雕镌。"③ 诗学如此，法学亦
然。《管子·白心》言："圣人之治也，静身以待之，物至而名自治之。"
这里的"静身以待"，不是消极等待，而是德性于日用中不间断工夫下
的情境性应对和创造。

诗，在中西诗学中，都被认为是"美与德"的统一。然不同的是，
西方诗学中的"德"，主要是指外在的道德规范，其内在精神是"真"，
即从审美概念出发去观察并获得外在对象的实在本体；中国诗学中的
"德"，则是指自性上的"良知良能"，其核心精神是"仁"，是孟子
"四心"的扩充或扩用，是从诗性人格出发去体验并获得交互关系上的
恰切。中西诗学中的"德"，都是可谓"得"。——所谓："德者，得
也。"但不同的是，前者，是"得"之于外在对象；后者，则"得"之

①　〔德〕海德格尔：《诗·语言·思》，彭富春译，文化艺术出版社 1991 年版，第 19 页。
②　〔波兰〕列昂·彼得拉日茨基：《法律与道德的心理学理论》，于柏华译，商务印书馆
　　2022 年版，第 329~330 页。
③　邵雍《谈诗吟》曰："诗者人之志，非诗志莫传。人和心尽见，天与意相连。论物生
　　新句，评文起雅言。兴来如富构，未始用雕镌。"见刘毓庆、贾培俊、张儒《〈诗经〉
　　百家别解考（国风）》，山西古籍出版社 2002 年版，第 3 页。

于"己身"。西方诗学上的"德",是作为"真"的审美之"德"。席勒诗云:"只有通过美这扇清晨的大门/你才能进入认识的国土。""在这里我们感受为美的东西,总有一天会化为真理向我们迎面走来。"而中国传统诗学上的"德",是作为"仁"之伦理之"德"。

三　法诗学研究的学术价值

法诗学研究的学术价值,不仅表现在运用诗学的方法研究法的诗性现象,还体现在由此带来的研究立场或范式上的重大转向,即从"二元论"到"一元论"的转向。这一转向,主要体现在两个方面:一是在人与法的关系上;二是在法律关系内部。

1. 在人与法的关系上,法诗学提出的命题是:从"旁观"到"体验"

晋悼公与司马侯登台而望,悼公问曰:"乐夫?"司马侯对曰:"临下之乐,则乐矣;德义之乐,则未也。"① 居高临下,一览众小,固然是旁观者的美学之乐,但却不是同情体验者的德义之乐。

传统法学总体是一种科学主义范式:研究主体与研究对象,是"二元"分立的;法学知识与法律德行,也是"二元"分离的。传统西方法学理论,不论是理念主义的,还是实证主义的,都属某种"旁观"立场。尼古拉斯·蒂玛谢夫概括说:理念主义认为,应该从"法律之上"着眼;法律实证主义主张,应该从"法律之内"着眼;社会实证主义主张,应该从"法律之外"着眼。然无论"之上""之内",还是"之外",都无非一种"外部"视角或"旁观"。法,无论作为"实证法""价值理念",还是作为"规范性事实",都不过是一个被援引的"外部"理据。即便是法律实证主义所谓的"法律之内",也不过是将其研究(或观察)限定在"法律之内"而已,所谓法律解释、法律推理、法律修辞、法律论证,都不过是一种外在于法律的主体行动,难以发生主客体间真正的互动,也就谈不上"体验"或"交融"。

科学与诗学虽都追求"真实",然却是两种不同的"真实"。科学传

---

① (明)焦竑编著,(明)丁云鹏绘图,何新波译注《养正图解》,湖南美术出版社2004年版,第57页。

递知识，诗学则传达生命和情感。科学剔除一切情感去剖析对象，诗学则正视情感，并体验笼罩在情感光辉中对象的生命活动。借用华兹华斯的诗句——科学主义范式"总是多管闲事，把事物的优美形状都歪曲了，我们先屠杀，然后肢解尸体"。而诗学则召唤我们，"走到事物的光辉里来，只带一颗能观察能感爱的心"。法诗学，就是运用诗学的方法去关注和践行法学中的诗性问题和德性创造，转变传统法学研究的视点和立场，从"旁观"转向"体验"。

伽达默尔曾讨论了"事物的本质与事物的言说"这两个概念间的微妙关系。以法诗学来看，在"事物的本质"（即事物的"是其所是"）这一说法中，包含着两个戏剧性场景：一是"情境"，即事情发生的具体时空、境遇以及情感冲突的事实；二是"显现"，即一出即兴的诗性和谐的戏剧。而在"事物的言说"（即事物"提出自己的权利请求或主张"）这一说法中，包含着两个隐喻：一是语言学的（事物会说话）；二是法学的（事物会提出权利主张）。这两个场景和隐喻，在法学中，其实是统一的。伽达默尔说：

> 德语 Sache 的意思首先是所谓 causa（根据），即人所考虑的、引起争议的"物质"。物，本来是存在于争论中的派别之间的东西，因为对它的归属还须做出决定。必须防止这个物受另一派别的主宰。在这个背景下，准确地说，客观性意味着反对偏执，即反对为了局部利益而滥用法律。从法律意义上说，"事物的本质"这一概念，并不指派别之间争论的论题，而是指限制立法者任意颁布法律、解释法律的界限。诉诸事物的本质，就是转向一种与人的意愿无关的秩序，而且，意味着保证活生生的正义精神对法律字句的胜利。①

如果说"事物的本质"就是事物的"是其所是"，那么在"事物的言说"这一法律隐喻中，"事物的本质"摇身一变，成了一位权利"主体"，并提出自己的"主张"，从而就能抵制我们对它（无论是作为法律

---

① 见严平编选《伽达默尔集》（第 2 版），邓安庆等译，上海远东出版社 2003 年版，第 195~196 页。

还是作为案件事实）的任性或单向度的剖析或评价。在当这一"事物"就是指法律或者案件事实时，就拿案件事实来说吧，那就意味着：案情并不完全取决于是否为我们所认知，而是取决于它如何向我们言说或提出"主张"。从法学方法论上说，这就从法"科"学转向了法"诗"学，从概念"反思"转向了生活"体验"。我们知道，语言作为人的认识工具，无论是作为意指的"代理人"（唯名论），还是作为"信托者"（唯实论），只要它还作为一个中介，它就难以真正打通"事物的内部存在"与"人类自身的内部存在"之间的关联（用潘子的话就是不能"格通"物/我【12.0.3】）。为了心与物之间的直接沟通，事物就必须"言说"。为此，伽达默尔振聋发聩地反问道：

　　　　语言难道不更多的是事物的语言而非人的语言吗？[①]

　　在此意义上，动物会说话、植物会说话、自然万物都会说话，以至于自然竟能与人类签订契约（自然契约）；当然，法（作为事物），也会说话。而一当事物（法）开始向人"言说"或提出"主张"时，我们的目光，就会由对法（它）的"审视"剖析，转变成与法（你）之间的"对视"交流。——逻辑空间也就转变为诗性空间了："心灵"与"事物"（法）之间，就会进入某种直接对话或彼此倾诉的状态。语言或法律，也就不再仅仅是一个媒介，而变成一种体验，即体验其中事情的发生、体验其中万物的秩序。

　　在怀特海看来，企图再现事物（作为事物的法亦然）的单一而纯粹的属性，是一种不切实际的乐观自信。实际的情况是，"我们用一种方法认识花园中玫瑰花的颜色，又用另一种方法认识这朵花所在的位置"。用公孙龙子的话，就是"坚白离"。然在法诗学看来，事物之于我们，既是"侧显"的——这是它想让我们看到的；又是"坚白合"或"综观"的——这是我们想看到的。其中隐含着我们与事物间的"交谈"；而所谓观察，其实就是具体境遇下我们与事物的"对话"。花园，固然是美

_____

[①]　见严平编选《伽达默尔集》（第2版），邓安庆等译，上海远东出版社2003年版，第200页。

的，但不是概念美，而是"对话"中的美：在春天的兰丛中漫步，你闻到了"兰散幽香"；在盛夏竹林中与朋友的相会，你感受到的是"竹呈雅韵"；在秋风凛冽的菊苑里，可能你平生第一次体会了"菊傲严霜"，因为就在刚刚放下的电话里，你顶住了上峰烦心的压力；而在隆冬的梅园，在待放花苞的身旁，就在你记下几行即兴的诗句时，顿悟了"梅骨清奇"。法或正义也一样，既是"侧显"的，又是"综观"的，是二者的具体交融。我们说，正义的具体形态，有"正义的"与"正义着"之不同，前者是形容词的正义，后者是不及物动词的正义，其实，只是对话中同一"正义"的两个不同的"态"罢了："不及物动词"的正义，是其过程态；"形容词"的正义，是其效果态；具体情境下的"个案正义"（或法），正是这两个"态"——在"体验"中——的交融。

2. 从法律关系内部看，法诗学提出的命题是：从"权利"到"责任"

马克思指出："私有制把我们弄得这样愚昧和片面，甚至不管任何一种对象，只有当它被我们持有着，即对于我们来说是作为资本而存在着的时候，或者当它被我们直接占有着、吃着、喝着……的时候，一句话，当它被我们使用着的时候，才是我们的对象。""因此，代替一切肉体的感觉和精神的感觉的是这一切感觉的简单的异化——即占有的感觉。"① 在这里，法"美"学——在法感或公正感中——只剩下了拥有感：人格被"物格化"了。②

传统法学之法律关系理论，即笼罩在这一"物格化"的框架下；然法诗学却不同。法诗学所谓的"法律关系"，不仅是"权利"关系，还有对对方的"责任"。法诗学所谓的"法感"，不仅是"权利感"（占有感或拥有感），还有对对方的"责任感"。法诗学所谓的"物"或"物权"，不仅是"财产"（property）或对物的占有使用收益和支配，还有

① 见《马克思恩格斯论艺术》（一），人民文学出版社1966年版，第342页。
② 马克思还在语义学上揭示了"财产"（property，Eigentum）概念的这一异化特征："property——财产和特性；'eigen'指唯利是图和个人方面而言，valeur，value，Wert；commerce，Verkehr；échange，exchange，Austausch；等等。所有这些字眼既指商业关系，也指个人之作为个人的属性和相互关系。"这就是说，在私有制条件下，Eigentum（所有制）与Eigenschaft（个人属性）发生了混同，或者毋宁说，"我有"与"我是"发生了混同——人格被"物格化"了。见《马克思恩格斯论艺术》（一），人民文学出版社1966年版，第347页。

"互惠共享"的共用资源或平台（commons）。法诗学所谓的"自然界"，不仅是围绕在我们周围的"环境"（environmentalism），还是我们身处其中并与之发生生命体验和情感互动的"生态"（ecologism）。正如当我们"将自己深深埋入温泉汤池"时，我们就会"渴望着去负担充满于天地之间的极大同时极微渺的神秘"①。用马克思的话说："自然界是人为了不致死亡而必须与之处于持续不断的交互作用过程的、人的身体。"②

王诺在《雷切尔·卡森的生态文学成就和生态哲学思想》一文中写道：

> "责任原理"是生态哲学的基本思想之一，其主要观点是：人作为这个星球上最有智能、最有力量、受益最大、权力最大同时破坏性也最大的物种，必须对所有生物的生存和整个地球的存在负起责任。人类必须将自己置身于自然万物大系统之中，进而对整个系统以及系统内部各种关系的和谐、平衡负责。卡森的全部创作甚至可以用一个词来概括，那就是：责任！③

可见，卡森的着眼点不仅是诗学的（"人是万物之灵"），还是法诗学的（即"责任"）：人，既然是万物之灵，他作为人类共同体的一分子，就应对他人以及全人类负责；人，既然是万物之灵，他作为生命共同体的一分子，就应对其他生物以及所有生命负责；人，既然是万物之灵，他作为自然共同体的一分子，也就应对他者以及整个自然负责。这种责任，不是基于法律的规定——不是法律强加给我们的，而是在相互关系中，基于我们的主体人格，基于对对方的"爱"。传统法学理论，譬如霍菲尔德的权利理论，虽然包含"义务"和"责任"的概念，然而，其所谓对方的"义务"，是相对于我的权利请求而言的，其所谓对方的"责任"，也是相对于我的权力而言的。——无论是"义务"还是"责任"，都是"诉诸对方"的，而不是"反求诸己"的。这是法科学之"责任"与法诗学之"责任"的根本区别。在此意义上，主体/客体间模

---

① 来颖燕：《温泉文化与自然之谜》，载《文汇报》2023 年 12 月 7 日，第 8 版。
② 〔德〕马克思：《1844 年经济学哲学手稿》，人民出版社 2014 年版，第 52 页。
③ 见斯炎伟编选《中外生态文学评论选》，浙江工商大学出版社 2010 年版，第 559 页。

式下的"和谐共生"与主体/主体间模式下的"和谐共生",是两种完全不同的"和谐共生"。

面对"人"、"物"或"大自然",法诗学采取的立场,不是仅仅将其作为法律关系的客体,而是将我之德性或人格灌注其中,赋予对方以生命情感,将人伦关系之原则扩用于物之关系当中,并在这种交感关系的框架内,反求诸自己之德性或人格——修己以敬人、修己以爱人、修己以安人。

与"追逐猎物"不同,"爱"是反求诸己的。吴康斋言:"为君子,当常受亏于人,方做得。盖受亏,即有容也。"梁启超对此评论道,吴先生此语,"言权利思想者,必唾弃之,然自治之道,实应尔,不然精神无时得清"。法诗学之重心,不在权利(诉诸对方),而在责任(反求诸己)。责人与责己,是两种完全不同的责任。梁启超释"仁"言,"仁",就是人格的完成。但"人格不是单独一个人可以表见的,要从人和人的关系上看出来。所以仁字从二人,郑康成解他做'人相偶'。总而言之,要彼我交感互发,成为一体,然后我的人格才能实现"①。法诗学之宗旨,不仅在向外发用,更主要在向内自治。吴康斋言:"日夜痛自点检且不暇,岂有工夫点检他人?责人密,自治疏矣。"可不戒哉!②

由此,法诗学所看到的法律关系,不是基于"财产"(property)的,而是基于"共用物"(commons)的:

(1)在人法即"人与人"之间的法律关系上,不仅是我对外物和他人的"权利"主张,更主要还有我的反求诸己的"责任"。

(2)在物法即"人与物"之间的法律关系上,不仅仅是"物权"观念的扩张或延伸,还应是"仁爱"及"责任"观念的比拟及扩用:在人与物之间,不仅是"财产"(property,Eigentum)关系,即人"对物的占有、使用、收益和支配",还有"共用物"(commons)关系【F. 2. 12】;在人与自然之间,不仅是"追逐猎物"的关系,更主要还有对自然的"爱",包含人与大地母亲的和谐共生。子曰:

---

① 梁启超著,彭树欣选评《梁启超修身讲演录》,上海古籍出版社 2018 年版,第 188 页。
② 梁启超编著《德育鉴》,译林出版社 2022 年版,第 135 页。

断一木、杀一兽，

不以其时，非孝也。①

——大地是人的身体②

这样看来，在法"科"学与法"诗"学之间，存在两种不同的"权利"、不同的"责任"、不同的"物"、不同的法律关系。在传统法"科"学那里，权利就是指法律所保障的主体对客体的单向支配（即意志自由）的"力"。③ 在此权利关系中，客体的原初自然基础即外物（譬如卢梭所提到的"猎物"），其所对应的主体权利是物权（自物权和他物权）。若从这一自然基础扩展开去，即可构建起一个权利体系：当客体是他人的行为（譬如债务人的行为成为我的权利的客体）时，其所对应的主体权利就是债权（侵权之债或契约之债等）；当客体是他人（即他人成了我的权利客体）时，其所对应的主体权利就是亲权；当客体就是主体自己（即我自己成了我的权利客体）时，该客体所对应的主体权利就是人格权；而当其人格被权利人所代表，即那个被代表的人成了客体（譬如被继承人或被代理人成了我的权利客体）时，该客体所对应的主体权利就是继承权或代理权。——一切都成了权利主体的"我有"！然而，这种 property 式的权利观与我们所讨论的 commons 式的权利观，导向的是两种非常不同的法律关系。

（1）就其基本范式言，前者是主体对客体的单向占有和支配；后者则是主体间的共生、共用和共享。

（2）就其基础或对象"物"言，前者是为了主体消费或交易的"财产"（property）；后者则是主体间互利共用的关系〔（这一关系本身构成一个平台或资源设施，即"共用物"commons）〕。

（3）就其中的"责任"或其请求权逻辑结构言，前者是"责人"的，即"因为这是我的，所以你应该……"；后者是"责己"的，即"为

① 《礼记·祭义》。
② 马克思在《1844年经济学哲学手稿》中说："人靠自然界生活。这就是说，自然界是人为了不致死亡而必须与之处于持续不断的交互作用过程的、人的身体。"
③ 参见〔德〕耶林《对法学的戏谑与认真：给法学读者的礼物》之"译者导读"，张焕然译，法律出版社2023年版，第40页。

了共用共享，因此我应该……"。

（4）就两者所依赖的喻体言，用卢梭的例子说，前者的喻体是"猎物"；后者的喻体则是"爱情"。

（5）就其中的诗性言，前者隐含的诗性是"拟物"，后者隐含的诗性是"拟人"。

（6）就其中的"我"而言，借用叔本华的术语说，在前一种关系中，是"我有"；在后一种关系中，则是"我是"。

这后一关系之特点，用马克思的话说就是：人的自然的存在就是他自己的"作为人"的存在，而自然界对他来说也才成为"人"。①

四　法诗学研究的建议

1. 法诗学研究在法学教育教学上的一个重要启示或建议是——从"见闻之知"到"德性之知"

严复在《救亡决论》中比较中西"学"之区别曰：

> 是故西人举一端而号之曰"学"者，至不苟之事也。必其部居群分，层累枝叶，确乎可证，涣然大同，无一语游移，无一事违反；藏之于心则成理，施之于事则为术；首尾赅备，因应鳌然，夫而后得谓之为"学"……是故取西学之规矩法戒，以绳吾"学"，则凡中国之所有，举不得以"学"名；吾所有者，以彼法观之，特阅历知解积而存焉，如散钱，如委积。②

可见，试图从绵延中积累起来的事物之总体复杂性中强行剥离其中一部而单独处理，这正是传统"科"学的拿手好戏（法"科"学或法

---

① 在《1844年经济学哲学手稿》中，马克思说："对私有财产的扬弃，是人的一切感觉和特性的彻底解放；但这种扬弃之所以是这种解放，正是因为这些感觉和特性无论在主体上还是在客体上都成为人的。"见《马克思恩格斯全集》（第三卷），人民出版社2002年版，第303~304页。

② 见王栻主编《严复集》（第一册），中华书局1986年版，第52页。

"理"学皆然)①，但这种解剖式和格式化的方法，在如今有了人工智能（AI）的强力辅助后，已不能令人满意，也将不再受人看重。就法学而言，每当事情来临之际，人们不再满足于先将"事情"杀死并置于解剖台上去分析、验证，而是要直接融入生命情境当中并以自己的德性与之对话和体验。这样看来，中国传统文化中的"学"，虽有逻辑或知识体系上"如散钱，如委积"之不足，然也自有其优长，即知行合一。汉语"学"字，不仅有"学科""述说"之义，还有"习得""效法""好像"诸义。

受西方"学""科"思想之影响，法的"科"学研究及其教育教学，将法的知识体系与法的德性人格割裂开来，将原理法学与感官法学割裂开来，将物法与人法割裂开来，从而使法和法学脱离生命情境和德性实践，局限于法律概念、条文、判例的学习以及解释学、逻辑学、论证学的训练；趋骛于利益的算计和对外物（包括自然）的贪婪、征服或驾驭。而法诗学，则是要将这些"二元"的割裂，重新融为"统一"的整体。《礼记·少仪》言："工，依于法，游于说。""士，依于德，游于艺。"在法诗学看来，卓越法律人才的培养，不仅是"工，依于法，游于说"，还是更高级的——"士，依于德，游于艺"。"法律情感"或"公正卓识"的养成，不仅是向外用力去获取知识掌握技能——如"数"如"御"，还应向内用功去塑造人格——如"诗"如"乐"。

法学教育的宗旨，主要不在"知识"及其"逻辑演绎"，而在"德性之创造"。法或法学，只有从外在"知识"回归内在的"德性"，回归生命情境下之"德性创造"，才能回到其"德性之知"的本质。

2. 法诗学研究在法治文化建设上的一个重要启示或建议是——从"工程"到"设施"

---

① 马克思在《关于林木盗窃法的辩论》中批判地指出，立法借以了解物权复杂性的"器官""就是理智；理智不但本身是片面的，而且它的重要的职能就是使世界成为片面的，这是一件伟大而惊人的工作，因为只有片面性才会从无机的不定形的整体中抽出特殊的东西，并使它具有一定形式。事物的性质是理智的产物。每一事物要成为某种事物，就应该把自己孤立起来，并成为孤立的东西。理智把世界的每项内容都纳入固定的规定性之中，并把流动的东西固定化……因此，理智取消了财产的二重的、不确定的形式，而采用了在罗马法中有现成模式的抽象私法的现有范畴"。见《马克思恩格斯全集》（第一卷），人民出版社 1995 年版，第 240~290 页。

　　传统法学认为，法是抽象概念构成的规范体系，法学是一门理性（在逻辑推理中运行的）科学。这种纯粹的法律科学观念，使法脱离了感性的或诗性的土壤：一切具象的、意象的和形象的法，以及法律运行中的诗性思维和方法（好像、想象、拟制、虚构、纳入、复调、觊视、赋活、直觉等），都被视为法律的"幼稚"或"低级"。所谓"多感官"的法律形态（绘画、雕塑、服装、建筑、歌舞、戏剧、仪式等），至多只能作为普法宣传的媒介。一切德行形态的法，都被视为道德实践，被排除在纯粹和抽象的法之外。法以冷峻孤傲的逻辑理性姿态，站在诗性的对立面，只在偶尔或例外的情形下，才会放下身段，宽容地提到法律与文艺以及法律与情感的关联。在这一主流观念支配下，法治建设，变成了一项单方主导的"工程"。法治文化建设局限于法制文艺宣传之类的外在形式——变得苍白无力、缺乏活力。

　　在法诗学看来，法治，作为一个体系和过程，是一个有情感、有理想、有活力的交互机制，而非仅仅一个单向度的逻辑学、修辞学过程和纯粹的知识学体系，是一种双向互动性的共用共享的"设施"，而非单向的建构性或规制性的"工程"；法治文化，只有回归它诗性的生活本身——不仅看得见、感受得到，而且有情感、有德性、有创造——才会有根本的繁荣和活力。

结　语

　　在法诗学看来，法，是一种创造性的存在。这种创造力的根源，最主要的，不是法律逻辑、美学原理或叙事修辞等文学艺术话语，而是人格，即德性之创造。

　　1. 法诗学所谓"诗"，主要不是指诗歌——（直觉+情调+想象）+（适当的文字），而是指生命情感之激越、人伦或法律关系上的创造，即正义的创造性实践。爱伦·坡说："文字的诗可以简单界说为美的有韵律的创造。"① 法学上的"诗"则是精神上的韵律、共鸣和创造，是爱与创造的统一。法的诗性思维或方法，主要有生态和人伦两个方向。前者将

---

① 　伍蠡甫主编《西方古今文论选》，复旦大学出版社 1984 年版，第 370 页。

人伦德性扩用于天理之域，即"民吾同胞，物吾与也"，是拟人的诗性。后者将天理（或生态）关系扩用到人伦（乃至人格结构）关系之际，即法律之"律"，自然之"律"也，则是拟物的诗性。《诗大序》言：诗者，志之所之也。

2. 法诗学所谓"法"，不仅是权威规范之逻辑存在，更主要是一种诗性的存在。上帝是按逻辑或理性思考的（尽管上帝本身也是一个诗性神话），而圣人之行为则是诗性的（圣人是气韵生动的、强恕而行的、向死而生的、见义勇为的），圣人之"明"，不仅是"证明为明"，还是"德明惟明"。[①]《墨子》言：法，所若而然也。"意""规""圆"三表，[②] 俱可以为"法"。[③]

3. 法诗学所谓"学"，不仅指一门学科及其知识技能的演绎或传授，更主要是人格的完成。《墨子·修身》言："士虽有学，而行为本焉。"张祥龙也说："'学'是这样一种活动，它使人超出一切现成者而进入一个机变、动人和充满乐感的世界。"[④] 在此意义上说，"学"不仅仅是"知"，更主要还是"行"：是德性之行止，是诗性之创造，可谓一首人格行止上的"律诗"。

卢 鹏

2023 年 12 月 29 日

---

① 参见"法律诗学"微信公众号文章《德明惟明》（2024 年 3 月 21 日）、《"确定性"批判》（2024 年 4 月 13 日）。

② 《墨子·非命》言："有本之者，有原之者，有用之者。于何本之？上本之于古者圣王之事；于何原之？下原察百姓耳目之实；于何用之？废以为刑政，观其中国家百姓人民之利。此所谓言有三表也。"其第一表"上本之于古者圣王之事"，即比"圆"而画"圆"；第二表"下原察百姓耳目之实"，即用"规"而写"圆"；第三表"废以为刑政，观其中国家百姓人民之利"（"废"，通"发""法"；"中"者，宜也），则可谓以"意"而造"圆"。因此，"意""规""圆"三表，俱可以为"法"。

③ 《墨子·经上、经说上》。

④ 张祥龙：《从现象学到孔夫子》（增订版），商务印书馆 2011 年版，第 237 页。

作者题记

一

数字化和人工智能（AI）带来便利的同时，也夹杂着对人性的反噬——大量的雷同、平庸、冷漠、缺乏灵晕和生机。在法诗学看来，人的本性，是诗，即爱与创造的统一。诗性，不仅将人与动物区别开来，还将人与机器区别开来，特别是将人与人工智能（AI）区别开来。

在法学上，人工智能（AI）给法律变革提出的最大挑战，不在法律，而在人性本身；不在法律知识或逻辑（那是 AI 驰骋的疆域），而在法律人之情感和德性。在人工智能时代，法律人"人格"所面临的最大挑战是，如何从法律"工匠"阶进到法感"诗人"。法感和德性之创造，才是法律人的看家本领。人工智能虽然已经学会"作曲"、"写诗"和"断案"，它根据算法、算力，通过深度学习而"工作"（已逾越自主学习和自主创作的难关），已经能"触景生情、吟诗作对"，但那是完全不同的。用诗学的话语说，由于不能打通"事物的内部存在与人类自身的内部存在之间的相互联系"（马利坦语），人工智能虽能"聊天"，却不是真正的"交谈"，虽能创作，却没有"灵晕"，虽精密高效，却没有"生机"……一句话——缺乏生命情感上的激越和活力；因而，算不得真正的诗。诗，不必像一首诗（poem）①，但必须有"人格"、有"情境"、有"共鸣"、能"创造"。在此意义上，人工智能（AI）会断案，却不是具体情境下创造性的断案。随着法律人工智能时代的到来，耶林

---

① 宗白华《新诗略谈》言："诗的定义可以说是：用一种美的文字——音律的绘画的文字——表写人底情绪中的意境。"见杨匡汉、刘福春编《中国现代诗论》，花城出版社1985年版，第29页。田汉、宗白华、郭沫若《三叶集》给诗下的定义或公式是："诗＝（直觉＋情调＋想象）＋（适当的文字）。"见田寿昌、宗白华、郭沫若《三叶集》，上海亚东图书馆1920年版，第8页。

曾提到的那种"涵摄"法官——"从前面把案件送进机器，它就变成判决，从后面送出来"①——必将为 AI 所取代、为社会所淘汰。因为，"世界并不是被抽象的规则统治，而是被人格统治"②。荀子曰："有治人，无治法。"③ 此之谓也。

《法诗学研究》提出的核心命题是：从法"科"学到法"诗"学。

诺瓦利斯指出，"精神是诗性的"。精神的基本特征是"融"，即一个诗性的空间。在诗性空间中，自然的专断（天之道）与人为的强制（人之道）可以融为一体，民主制和君主制也可以融为一体。因此"诗性的国家才是真正而完美的国家"。一个富有精神的国家，本就是"诗性"的国家。——其精神越丰富，国内的精神交往越密切，这个国家就越有活力，也就"越接近诗性的国家"。每个国民就会因为爱这个美丽而伟大的个体，更乐意限制自己的要求，并作出必要的牺牲，而国家在此方面之需要也就会越来越少。由此，这个国家的精神，就"越来越趋近一个模范的个人的精神"，它所宣布的一条唯一而永久的法律就是："你要尽可能善良并富有诗性。"④

诗性空间（poetic space）存在于任何生命情境当中；反过来，任何一种结构关系，一旦被视为生命情境（即"赋活"，enlivenment），也就构成一个诗性空间。国家之治理、人格之养成，有个诗性空间问题；个案正义的实现（或纠纷的解决）也有个诗性空间问题。——其要点都是内部精神的"生态"和"德性"。以"觊视"的眼光（目光诗学）来看，纠纷的解决，不仅是一个"复调"（"治理诗学"），还是一个"情境"或"缘"（法在"缘"中）。个案正义的"获得"，绝不是要将纠纷解决置于一个逻辑框图的固定列表了事，而是要进入"生命情境"当中，即"赋活"对象，并在这一诗性空间中完成意义的创生和德性创造。这一创造，基于德

---

① Rudolf von Jhering, Der Zweck Im Recht I, 2. aufl. Leipzig, 1884. S. 394.

② 〔德〕耶林著，〔德〕奥科·贝伦茨编注《法学是一门科学吗？》，李君韬译，法律出版社 2010 年，第 81 页。

③ 荀子言："有治人，无治法。羿之法非亡也，而羿不世中；禹之法犹存，而夏不世王。故法不能独立，类不能自行；得其人则存，失其人则亡。法者，治之端也；君子者，法之原也。"（《荀子·君道》）

④ 〔德〕诺瓦利斯：《诺瓦利斯作品选集》之"断片"，林克译，重庆大学出版社 2012 年版，第 223~224 页。

性并在生命情境中完成，——它不是一个单向规制的逻辑演绎，也不是从固定"理据"出发的机械运作，而是个案情境中一个"致中和"的过程。因此，个案正义之"获得"，不能止步于外在地"占有"之，还要内在地"处于"其中；不是满足于逻辑或科学主义的"实证"，还要获得当事人或人民群众的"心证"和"共鸣"。这一创造，通过互动和对话，在诗性中达到交融，——它不是消极等待"出台法律和政策"，用谢觉哉的话说，即"我们的司法工作者要打破等别人'立'了法才'司'的观念"①，而要将纠纷置于一种全过程治理的"交互"关系当中，进入"事情本身"并与之"对话"，即在一个诗性空间中完成个案正义之创造。

二

《法诗学研究》是国家社科基金后期资助项目成果出版计划的一部分，感谢全国哲学社会科学工作办公室的卓越工作！还要感谢社会科学文献出版社的工作人员，感谢刘骁军的慧识和耐心，感谢易卉的专业和严谨！

感谢严存生教授、谢晖教授为本书赐序及对法诗学的推介！还要感谢刘作翔教授、葛洪义教授、严存生教授、曹沛霖教授、何勤华教授！在绵延的学术生涯中，是他们高贵的学术品格不断予我熏陶和指引。还要特别向我敬为知音伯乐的几位教授表示感谢，感谢你们的高瞻卓识和触及灵魂的批判——

孙周兴："卢鹏同志的'法诗学'概念很有意思，与我们通常关于法和法律的想象大异其趣。如果从人是制'度'的动物，而'制度'就是一种创造性的诗意活动这个角度来设想，则'法诗学'是完全可以成立的。"（2017年5月11日）诗学家孙周兴先生的首肯，使我深受激励、志弥坚定！

谢晖："卢鹏教授在其极富创意的著作《法诗学研究》中，一反分析实证法学为代表的'传统法学'对情感、德性、诗性、拟制、修辞等'非理性'因素的排斥，强调正是这些因素，才使人们更加深刻领会和

---

① 谢觉哉：《在司法训练班的讲话》（1949年1月23日），见匡吉立主编《著名法学家演讲鉴赏》，山东人民出版社1995年版，第163页。

洞察法律的真谛。无论法律的成长、制定，还是其具体运行，都是一个诗性作用其间的过程……在大体赞同卢鹏结论的基础上，我想还需对其主张予以扩展的理解：广义地看，以分析实证主义法学为代表的'传统法学'，其实也是一种独特的'法诗学'，甚至现实主义法学，也不乏诗性的决断精神。然卢鹏在把耶林的概念法学予以诗性的归类时，却把……传统法学推向了诗性的对立面，这是不能被我作为读者所接受的。基于此，我对《法诗学研究》的观点展开了"批判阅读"，坚持一种广谱诗性的法哲学。"（2024 年 6 月 10 日）诗人法学家谢晖先生的赞扬、批判以及对法诗学概念的升华，使我倍受鼓舞、奋发前进！

严存生："这本书的价值不仅在于其思路的新颖和有许多给人以惊喜的观点，更在于对当前西方和我国法律、法学中存在的根本弊端的醒悟后的批判精神，以及试图以我国古代人性的法文化为历史起点的另辟蹊径的努力。我希望大家都能听到他敲响的钟声，从而醒悟过来，与之共同努力奋斗，开辟出中国和世界法学的新天地、新局面！"（2024 年 1 月 8 日）法学家严存生老师的赞许和鼓励，使我倍感亲切、奉命出使、再接再厉！

三

在杳渺的思绪中，常常浮现贵州师范学院的梦境：沿着校园勤奋路上行，经文韬苑、知行苑、求真苑阶梯而进，穿过求真苑大门，倏尔斜插入一角紫红色的山岩。绕过山脚，却见山坡挤满了枝杈交叠的低矮灌木，无从入足。幸有藤蔓附崖，遂攀缘匍匐而上，至顶而豁然：见无数株桃李齐放，如吐火蒸霞一般，遍布后山……有感于此，适值拙著出版，赖有诸君子同游，岂能无诗？仿《诗经》词句，赋《梦游观象歌》谢且祝曰：

> 陟彼高冈，以观花象，灼灼其华，满目馨香。
> 陟彼高冈，以望其象，莽莽绿海，唯此煌煌。
> 陟彼高冈，以赋其象，悠悠野云，其兴也长。
> 陟彼高冈，以试其远，日月周流，抟飚起翔。
> 陟彼高冈，以入其中，交感互兴，君子昂扬：
> 艳艳桃李，灼灼其煌，之子于归，百两之将！

第一部分　总论

第一部分题记

法或法学是极富诗意的。法和正义中的诗性现象——"想象"、"好像"、"模拟"、"虚构"（拟制）、"复调"、"觊视"、"法感"、"赋活"、"德性扩用"、"公正卓识"等，因其神秘或非理性的色彩，而为传统法学所摒弃或掩盖。

法诗学所谓的"法"，不仅是权威规范的逻辑存在（规范的逻辑体系及运行机制），还是一种修辞性或叙事性的存在，更重要的还是一种诗性的存在；所谓"诗"，主要不是指"诗歌"，而是指生命情感的激越以及主体之间交互关系上的共鸣、责任和创造。爱伦·坡说："文字的诗可以简单界说为美的有韵律的创造。"① 而法诗学所谓的"诗"，则是精神上的韵律、共鸣和创造，即"仁爱"之德与诗性"创造"的统一。法诗学所谓的"学"，不仅是指一门学科及知识技能的传授与接受，更主要是法律人人格的完成。张祥龙说："'学'是这样一种活动，它使人超出一切现成者而进入一个机变、动人和充满乐感的世界。"②

在法诗学看来，法，作为德性之创造（即人伦或法律关系上的创造，或正义的创造性实践），其动力根源，主要不在知识或技艺，而在人格。

本书总论部分包括引言和第一章，本部分的核心命题有二：

（1）法，具有诗性的特征，是一种诗性的存在；

（2）法诗学，就是运用诗学的方法观察和体验法学中的诗性，并践行个案正义的德性创造。

法诗学所谓的"诗"，是气韵生动，是向死而生，是强恕而行，是见义勇为。

吕坤曰："为人辩冤白谤，是第一天理！"

---

① 伍蠡甫主编《西方古今文论选》，复旦大学出版社 1984 年版，第 370 页。
② 张祥龙：《从现象学到孔夫子》（增订版），商务印书馆 2011 年版，第 237 页。

引言　法学是"极富诗意的"

　　龙，嘘气成云。

　　……然龙乘是气，茫洋穷乎玄间……

　　异哉，其所凭依，乃其所自为也。

——韩愈《龙说》

一　法学是"极富诗意的"

在法诗学看来，法学是"极富诗意的"。

0.1.1. "把活人看作是死人，而把死人看作是成为遗产的活人。"——摘自马克思致斐迪南·拉萨尔的信（1862 年 4 月 28 日）。信是用德文写的，但所引维柯（Vico）的话是法文，全段摘录如下：

«L'ancien droit romain a été un poèmes érieux, et l'ancienne juris-prudence a été une poésie sévère dans laquelle se trouvent renfermés les premiers efforts de la métaphysique légale. » «l'ancienne jurisprudence était très poétique, puisqu'elle supposait vrais les faits qui ne l'étaient pas, et qu'elle refusait d'admettre comme vrais les faits qui l'étaient en effet; qu'elle considérait les vivans comme morts, et les morts comme vivans dans leurs héritages. » «Les Latins nommèrent heri les héros; d'où vint le mot hereditas…l'héritier…représente, vis-à-vis de l'héritage, le père de famille défunt. » （MEGA[2]. III. 12. Marx an Ferdinand Lassalle. 28. April. 1862. ）。

马克思所摘引的，是维柯对罗马法诗性精神的三段评论："'古罗马

法是一首庄严的长诗，而古代法学是严肃的诗歌，其中隐藏着法律的形
而上学的最早而初具规模的萌芽……古代法学是极富于诗意的，因为它
把已完成的看作是未完成的，把未完成的看作是已完成的，它把活人看
作是死人，而把死人看作是成为遗产的活人。拉丁人称英雄为 heri，由
此产生了 hereditas（遗产）这个词……继承人……在遗产方面代表死去
的家长。'"马克思在信中赞赏了维柯思想中所包含的"比较语言学基
础"和"不少的天才的闪光"（《马克思恩格斯全集》中译本第一版，以
下简称《全集》）。①

　　上述引文，涉及一个重要的法诗学问题，即拟制（fiction，Fiktion，
虚构）；然汉译似乎有些难解，尤其是——罗马法学"把死人看作是成
为遗产的活人"一句，究竟何意？对于非法学专业的读者，或许有些费
解。对比《马克思恩格斯论艺术》（二）中曹葆华的一段相应译文（以
下简称"曹译"），意思似乎清楚了一些："'古罗马法是庄严的长诗，
而古法学是严肃的诗歌，里面包含着法学形而上学的最初萌芽。''古法
学是很富于诗意的，因为它把不是真实的事实当作是真实的，而把的确
真实的事实当作不真实的；它在遗产继承方面把活着的当作死了的，而
把死了的当作活着的。'"②再比照维柯《新科学》中朱光潜的相应译文
（以下简称"朱译"），意思似乎更明朗了："古罗马法是一篇严肃认真
的诗，是由罗马人在罗马广场表演的，而古代法律是一种严肃的诗创
作。""古代法学全都是诗性的，凭它的虚构，可以把已发生的事虚构成
不曾发生，把不曾发生的事虚构成已发生的；把不曾产生的虚构成已产
生的，把活的虚构成死的，把已死的虚构成还是活的，死人还活在正待
接收的产业上。"③可见，《全集》中"它把活人看作是死人，而把死人
看作是成为遗产的活人"一句，用曹译，就是"它在遗产继承方面把活
着的当作死了的，而把死了的当作活着的"；用朱译，则是"把活的虚
构成死的，把已死的虚构成还是活的，死人还活在正待接收的产业上"。

　　0.1.2. 上面三个译本，前两个译自马克思给斐迪南·拉萨尔的一封
信（对维柯评论的摘引），另一个译自维柯《新科学》：第一个是中共中

①　《马克思恩格斯全集》（第三十卷），人民出版社 1975 年版，第 618 页。
②　《马克思恩格斯论艺术》（二），人民文学出版社 1963 年版，第 168~169 页。
③　〔意〕维柯：《新科学》，朱光潜译，人民文学出版社 1986 年版，第 529、530 页。

央编译局根据《马克思恩格斯全集》（俄文第二版）第三十卷并参考德文版翻译的，是目前最权威的中文译本；第二个是曹葆华根据米海伊尔·里夫希茨编《马克思恩格斯论艺术》（二）的俄文本翻译的，是上述信件的一段节译；第三个是朱光潜对维柯《新科学》中相应段落的翻译，虽参考了意大利的标准版（由维柯的意大利门徒尼柯里尼和克罗齐校改），但主要依据的还是康奈尔大学版的英译本。那么，维柯那句话——"把死人看作是成为遗产的活人"——该作何解呢？哪个译本才更符合维柯以及马克思的原意呢？马克思在上述信件中曾提到，维柯《新科学》甚至不是用意大利文而是用那不勒斯方言写的，马克思本人所看到的也只是一个法文译本（巴黎夏邦提埃出版社 1844 年的版本）。因此，不妨暂且抛开版本而直奔主题，从法学（特别是罗马法精神）的层面直揭其义。

0.1.3. 从信中可知，马克思是在看完斐迪南·拉萨尔的著作《既得权利体系》后，向其推荐维柯的《新科学》的，马克思写道："至于你的著作——当然现在我已全部读完，而且有几章还读了两遍——我注意到，你似乎没有读过维柯的《新科学》，你在那里当然找不到与你的直接目的有关的东西。不过这本书还是有意思的，因为与法学市侩对罗马法的精神所作的理解相反，它对此作了哲学的理解。"为引起斐迪南·拉萨尔的"兴趣"，马克思特为他摘引了维柯所说的三段话。

（1）"古罗马法是一首庄严的长诗，而古代法学是严肃的诗歌，其中隐藏着法律的形而上学的最早而初具规模的萌芽……"《全集》这段译文，与曹译、朱译并无太大差异。在维柯看来，作为科学之母的形而上学智慧，其本源在"诗"；初民都是以"诗"而不是"哲学"理解和表达事物的；诗与哲学都趋向"真"，然哲学之"真"是抽象的，而诗之"真"则披着想象或形象的外衣。以此，维柯在《新科学》中宣称：古罗马法是一篇严肃的、戏剧的诗；而作为戏剧诗的法或法学，如果不首先在街道或广场上得到庆演，就不会在后来的发展中上升到剧院。即，上升到法的形而上学。

（2）接下来马克思所摘的一段，就是古罗马法学"极富诗意"的两条证据。

证据一："古代法学是极富于诗意的，因为它把已完成的看作是未完成的，把未完成的看作是已完成的。"《全集》中的这段译文，与曹译、朱译略有不同，但无本质差别。曹译说："因为它把不是真实的事实当作是真实的，而把的确真实的事实当作不真实的。"朱译说："古代法学全都是诗性的，凭它的虚构，可以把已发生的事虚构成不曾发生，把不曾发生的事虚构成已发生的。"第一个不同在于：《全集》和曹译，都使用了"看作是"或"当作是"这一比拟词；朱译则使用了"虚构"（法学上通常译作"拟制"）这一术语。第二个不同在于：《全集》和朱译，都是讲时间维度上的拟制——"把已完成的看作是未完成的，把未完成的看作是已完成的""把已发生的事虚构成不曾发生，把不曾发生的事虚构成已发生"，例如罗马法上善意占有之诉（actio Publiciana）中的拟制——将时效取得所要求的时间尚未届满视为已经届满；曹译，则是说真假意义上的拟制——"它把不是真实的事实当作是真实的，而把的确真实的事实当作不真实的"，例如罗马法上的市民籍拟制（fictio civitatis）。然后一区别，实际意义不大。譬如盖尤斯《法学阶梯》提到的一个法律拟制："有时我们虚拟诉讼对手没有遭受人格减等。"①——假如一名妇女，因买卖婚而人格减等，那么她在市民法上就不再具有债务人资格，因而债权人也就不能直接要求她还债；为了防止这种不公，法律就设立了一个拟制，即在该项诉讼中，拟制她尚未遭受人格减等。因而这一虚构，既可以说是时间维度上的拟制，又可谓真假意义上的拟制。

证据二："把活人看作是死人，而把死人看作是成为遗产的活人。"《全集》这段译文，与曹译、朱译似有较大不同。曹译是说，"它在遗产继承方面把活着的当作死了的，而把死了的当作活着的"。朱译则说，它"把活的虚构成死的，把已死的虚构成还是活的，死人还活在正待接收的产业上"。然而仔细分析下来，三句译文，看似差异较大，实则没有本质区别。举例来说。先说把活的"视为"死的，即"把活人看作是死人"或"把活的虚构成死的"。例如科尔内利法上的拟制（fictio legis Corneliae）：在被俘罗马市民的遗产继承问题上，为避免因其被俘遭受人格大减等而丧失被继承人资格，科尔内利法设立了一个拟制——虚拟其在被俘

① 〔古罗马〕盖尤斯：《法学阶梯》，黄风译，中国政法大学出版社1996年版，第306页。

之时死亡，确保他在死亡时仍是一个人格完整的人，使继承有效进行。[①]
在此拟制中，尽管被继承人在被俘及做俘虏期间一直活着（直至其后来
实际死亡），但他的这段"活着"，在法律上却被视为"死了"。再看把
死的"视为"活的，即"把死了的当作活着的"或"把已死的虚构成还
是活的"。例如查士丁尼《法学总论》中军人遗嘱的一个拟制——军人
所立遗嘱在其退役后一年内有效；如果他在一年内死亡，而他加于继承
人的继承条件要一年后才能完成的，那么从他死亡到继承人的继承条件
完成前的这段时间，法律拟制他还"活着"，以确保其遗嘱所附条件的
完成或具备。[②] 这就是朱译所说的"死人还活在正待接收的产业上"。在
本质上，其都是隐喻（即"好像"）的拟制。

　　（3）上述遗产继承中的法律拟制，都是基于罗马法赋予市民特别是
军人的"特权"——以确保遗产继承符合罗马市民或军人的真实意愿。
其法律精神可溯至词源学上之诗性智慧。即维柯所说的："拉丁人称英雄
为 heri，由此产生了 hereditas（遗产）这个词……继承人……在遗产方
面代表死去的家长。"在维柯看来，民政制度有三大原则或起源，即天神
意旨、婚姻和埋葬，三者都是"诗"。由于人类为自己创建了婚姻、出
生和丧葬制度……所以那些原本属于动物自然属性的性交、繁殖和死亡，
才变得崇高而神圣，变成了一首高尚的民政制度上的"诗"。拉丁文的
"humanitas"（人），源自"humando"（埋葬），与"humus"（土地）一
词同源。汉语也是类似，丧者，失也；葬者，藏也。由此，与死亡相关
的法律及其精神（无论是继承还是葬礼），并非要消解（恰恰相反）而
是要延续或升华其人性或人格。在诗学意义上，人之精神或人格，并不
与肉体同死，而是不朽的。

　　0.1.4. 从上面三点分析看，《全集》译文"把死人看作是成为遗产
的活人"一句，是否算错译或误译呢？当然不算，只是译文过于法理化，
不易为普通读者所理解。正如在军人遗嘱的情形下——从立遗嘱人的死
亡到继承人继承条件的完成这段时间的拟制——既可在时间维度上将
被继承人的死亡拟制为还"活着"，也可在真假意义上将遗产拟制为死

---

① 黄风编著《罗马法词典》，法律出版社 2002 年版，第 112 页。

② 〔古罗马〕查士丁尼：《法学总论——法学阶梯》，张企泰译，商务印书馆 1989 年版，
　　第 79 页。

者的人格延伸（即将遗产拟制为法人）。而后者，正是《全集》所说的——"把死人看作是成为遗产的活人"。当然，在《全集》中文第二版的编译中，若能参考朱译、曹译，将"considérait les vivants comme morts，et les morts comme vivants dans leurs héritages"一句，译作"把活的看作是死的，而把死的看作是活的，死人还活在正待继承的遗产上"，或可兼收雅俗之宜。

0.1.5. 这里不妨提一下汪踦葬仪上的一个拟制。汪踦是春秋时鲁国一位少年英雄。据《礼记·檀弓》载，鲁哀公十一年，齐国伐鲁，公叔禺人见鲁人畏惧逃避，叹曰："……士弗能死也，不可。"于是，与其邻之童子汪踦共赴国难，皆战死沙场。按当时的葬礼，成人之死，必立尸以象其威仪，而未成年人之死（谓之"殇"），以其夭折无成人威仪，故不立尸。这里的"尸"，不是医学意义上的"尸体"，而是法学意义上的拟制：指祭祀时扮演祖先神的那个替身或演员，类似现代法学上的"代理人"，是代死者受祭之活人——服死者之上服，以象征死者。就像"死人活在正待继承的遗产上"一样，立尸，则是"死者活在作为尸的活人身上"。然汪踦的葬礼，是按成人之仪还是童子之仪呢？引发鲁人争议。考虑汪踦是为国捐躯，牺牲时虽为童子，但鲁人欲把他当作（即"如同"）成人安葬，然又担心违礼，就向孔子请教。孔子回答说："能执干戈以卫社稷，虽欲勿殇，不亦可乎！"即可视为成年。这显然是一个"拟制"，与罗马法"死人仍活在正待继承的遗产上"之拟制，固然不同，但有一点却是共通的，即维柯所谓的，古法学是"极富诗意的"——作为法学上的"神话"，虽是虚构（拟制）的，但却保有着法的本真，即德性之创造。

孔子曰："祭祀之有尸也，宗庙之有主也，示民有事也。……承一人焉以为尸，过之者趋走，以教敬也。"（《礼记·坊记》）陈澔《礼记集说》引方氏言："为亲之死，故为尸以象其生；为神之亡，故为主以寓其存。《经》曰：'事死如事生，事亡如事存。'此所以言示民有事也。"可见，"尸"，即是"神祖"的"代理人"或"代言者"。然而"诗人"，又何其不然。柏拉图在《伊安篇》中写道，诗，在本质上"不是人写的，不是人的作品，而是神写的，是神的作品，诗人只是神的代言人，神依附在诗人身上，支配着诗人"。诗，"就像光和长着翅膀的东西，是神圣的，只有在灵感的激励下超出自我，离开理智，才能创作诗歌，否则绝对不可能写出诗来"。只有神灵附体，诗人才能作诗或发出神的诏语。[①] 若以音训言，可谓：诗者，尸也；尸者，诗也。

0.1.6. 然而，这种法学上的"神话"，却不限于古代——现代法学同样不乏拟制（或虚构）。德国法学家孔策（J. E. Kuntze）就说："音乐在艺术中的地位，就是债法在财产法中的地位：……我们在具有约束力的（个人的）汇票中看到了叙事诗的基础，在不记名证券及其不受约束的火热灵魂当中看到了神秘的抒情诗，并且在不记名债券中平静地转变为戏剧。音乐和债法是抒情诗般的神秘主义，是审美世界和法律世界戴着面纱的雕像……"[②] 在孔策看来，债法就像音乐，而不记名票据，则是一首神秘主义的"抒情诗"：它将事实关系与票据关系人为加以割裂——视为两个互不相干的领域——从而使不记名票据仿佛具有了脱离地心引力自由飞翔的能力（财产上的事实关系被票据关系所取代）；正如抒情诗所具有的那种"不受约束的火热灵魂"一般，票据也不受它所代表的那项财产的限制而自由流转。而这一人为割裂（即拟制），对于商业交易的便捷和效益而言，亦可谓一个"德性之创造"。

0.1.7. 古希腊将诗划分为三种：抒情诗、叙事诗、戏剧诗。在抒情诗中，诗人似乎进入某种着魔的状态，人格发生了混同，他既是讲述者又是当事人。在叙事诗中，诗人却又似乎发生了人格分裂，他在讲述者和当事人之间穿梭，一会儿是讲述者，一会儿又是当事人。在戏剧诗中，诗人则似乎完全丧失了自己，他化身到每一个具体的角色之中。与此相似，在民法中，人们就进入了叙事诗，他们面红耳赤地争执着自己的权利，但有时似乎又能够站在一旁观看自己的争执，从而能将心比心地做自己的法官；在刑法、宪法中，人们又进入了抒情诗，我们以第一人称发言，并与我们灵魂的正义情感融为一体，我们张开嘴巴，本能地发出"法感"的声音——惩罚的怒吼与人权的宣扬。

0.1.8. 在"德性创造"的意义上，法与诗是一体的：诗，是另一种

---

① 〔古希腊〕柏拉图：《伊安篇》，载《柏拉图全集》（第1卷），王晓朝译，人民出版社2002年版，第305页。

② 转引自〔德〕耶林《法学的概念天国》，柯伟才、于庆生译，中国法制出版社2009年版，第43页，原注9。

形式的法；法，又是另一种形式的诗——法，不仅作为判决，是一首正义的诗，而且作为整体的秩序，是一首制度的诗。如果制定法是一首庙堂的"雅颂"，那么民间法则是一首田野的"风骚"。如果习惯法是一部绵延性的史诗，那么程序法则是一部仪式性的戏剧。法人制度是一首创世诗，犹如女娲"造人"。代理制度也是一首神话诗，仿佛放翁"分身"。陆游《梅花绝句》云：

> 闻道梅花坼晓风，
> 雪堆遍满四山中。
> 何方可化身千亿，
> 一树梅花一放翁。

二　拟制中蕴含着法学的核心秘密……

0.2.1. 据说，姜子牙不事产业，妻子嫌其贫穷，即离他而去。后来，姜子牙发达了，妻子欲求复合，遭姜子牙拒绝，并以覆水难收喻恩义已绝。周昙诗咏其事曰：

> 陵柏无心竹变秋，
> 不能同戚拟同休。
> 岁寒焉在空垂涕，
> 覆水如何欲再收。①

诗中"不能同戚拟同休"之"拟"字，是"视为"的意思，与《德国民法典》第 1566 条的婚姻破裂的推定，可谓同一种思维，即拟制思维。我们知道，在科学或逻辑的意义上，感情（爱情）并非一个实体，而是一种难以捉摸的主观精神状态，然而在法律上，感情却是婚姻关系的基础。许多国家的婚姻法，都将感情破裂作为离婚的条件。例如

---

① 赵望秦：《宋本周昙〈咏史诗〉研究》之"子牙妻"，中国社会科学出版社 2005 年版。

我国《民法典》第 1079 条第 2 款规定:"人民法院审理离婚案件,应当进行调解;如果感情确已破裂,调解无效的,应当准予离婚。"《德国民法典》第 1566 条也规定:"〔破裂推定〕(1)如果婚姻双方分居一年并且双方均申请离婚或者申请相对人同意离婚,则推定婚姻破裂,此推定为不可驳回之推定。(2)如果婚姻双方自三年来一直分居生活,则推定婚姻破裂,此推定为不可驳回之推定。"这里提出的问题是:一种捉摸不定的主观精神状态,如何能够作为一个赖以凭借的实在基础;又如何能像一个实体那样发生"破裂"。(在过错离婚中,过错作为一个主观精神状态,问题也是类似。)这显然不是用科学或逻辑所能解释的,而是一个诗学上的虚构或隐喻。①

0.2.2. 韩愈《龙说》言:"龙,嘘气成云。……然龙乘是气,茫洋穷乎玄间……异哉,其所凭依,乃其所自为也。"② 法学亦然,一方面,它必须在既定的基础上进行建构,另一方面,它又在不断地为自己进行新的创造性奠基;就像韩愈所谓的"龙—云"关系一样——"异哉,其所凭依,乃其所自为也"!

三 一个拟制,就是一首法律上的诗

2009 年 8 月,我出版了《拟制问题研究》(上海人民出版社 2009 年版),系统讨论了拟制的概念、种类、功能、性质以及思维特点。全书由三部分(九章)构成:第一部分四章,讨论了"梅因的法律拟制"、"拟制的概念"、"拟制与推定"和"政治拟制";第二部分两章,讨论了"拟制的决断功能""拟制的制度发展功能和解释功能";第三部分三章,主要讨论了"拟制的诗性思维"问题。最后得出一个基本结论:一个拟制,就是一首法律上的诗。

---

① 按:"富于想象地利用虚构,"瑞恰兹说,"并不是给我们自己戴上一副眼罩。利用虚构这一过程并不是自我欺骗,把真的当成假的。利用虚构,在任何情况下,和完全地、严肃地承认事实真相却丝毫没有矛盾。"见伍蠡甫主编《西方古今文论选》,复旦大学出版社 1984 年版,第 431 页。

② 孙昌武选注《韩愈选集》之《杂说(其一)》,上海古籍出版社 1996 年版,第 248 页。

0.3.1. 我的研究方法或视角，总体上是交叉的：开始是法学与政治学交叉，后来主要是法学与诗学交叉。《拟制问题研究》就是法学与政治学、诗学的交叉研究：一方面，将纯属法律学的"拟制"概念引入政治学领域，明确提出了政治拟制的概念，探讨了政治理念、政治规范、政治合法性等领域的拟制现象和问题，揭示了拟制的三个基本功能，即政治学意义上的决断功能、历史学意义上的制度发展功能、修辞学意义上的法律解释功能；同时，探讨了法学中的拟制思维（诗性思维）问题，进而强调了诗性思维在法律、政治等人文学科领域的重要价值。其核心议题主要是三个：（1）拟制概念论；（2）拟制政治论；（3）拟制诗性思维论。

（1）拟制概念论

拟制概念论重点讨论了以下两个方面的拟制现象和观念。一是法律制度（特别是西方法制）中的拟制现象，例如市民籍拟制、血亲拟制、科尔内利法拟制、教士特惠拟制、"诱惑邀请"拟制、建筑损害之诉中的拟制（1978 年英国上院在 Anns v Merton London Borough Council 案中创造的一个拟制），以及拟制买卖、拟诉弃权、拟制送达、拟制自认、拟制的合意管辖、拟制利息、拟制违约金、拟制代理人、知识产权拟制、票据拟制、破产拟制、选举拟制等法律虚构现象和问题。二是法学（特别是西方法学）中一些重要的拟制观念，例如，巴托鲁斯、萨维尼在解释法人人格时认为，法人是拟制的人；蒲鲁东在《什么是所有权》中提到，时效取得是民法上的一个拟制；施蒂纳在解释继承权时认为，权利一直延续到死后是法律的拟制；梅因在《古代法》中提出，拟制、衡平和立法是法律适应社会发展的三个基本媒介；卡多佐在《司法过程的性质》中指出，拟制是跨越新旧法律规则鸿沟的重要工具；还有美国法学家富勒对法律拟制的专门研究；等等。

拟制概念论还提出并讨论了一些基本观点。

一是拟制的概念问题。提出并论证了下述基本命题。（a）拟制是法学上不容反驳或不容推翻的虚构。（b）拟制是秩序上的决断。在法律和政治过程中，那些缺乏事实或无法确定事实时所"创造"的事实，例如拟制血亲、不记名票据等，只是一种虚构事实，但却具有不受客观或原因事实束缚的特点，即在真正事实面前也不能被辩驳或推翻；拟制的这种决断性,在秩序的奠基和确定方面,具有不可替代的价值。(c)拟制是德性上的创造。拟制是不可推翻的虚构,着眼于价值,不拘于事实,具有自然法学之意味。拟制是不可辩驳的假定,着眼于社会需要,不拘于逻辑推理,具有社会法学之意味。与逻辑上"A 等于 B"不同,拟制是"将 A 视为 B",着眼于"所说",不拘于"所指",具有概念法学之意味——拟制是自由的,不受原因、逻辑和事实之束缚,只受德性人格之驾驭。

二是拟制的功能问题。明确提出并论证了拟制的三个基本功能,即政治学意义上的秩序决断功能、历史学意义上的制度发展功能和修辞学意义上的制度解释功能。拟制使人们摆脱两种不便。(a)摆脱"不确定"之不便。拟制能使法律和政治中没有"不确定"的东西,能够断然实现或确立特定的秩序,是一种"秩序化"的工具。(b)摆脱"陌生"之不便。拟制能使法律和政治中没有"陌生"的东西,能够将某种"异域"或"新奇"的概念或制度,纳入"本土"或"传统"的固有系统之中,是一种"亲熟化"的工具。拟制是一种"寄生"方式,无论是时间(历史)还是空间(地域)意义上的新的要求,都可寄居于既有形式得到支持。拟制不仅是自然应变主义的,更是积极的建构主义。

三是拟制的分类问题。一方面讨论了拟制的传统分类,例如推定性拟制与假定性拟制、司法拟制与立法拟制、制度拟制与理论拟制;另一方面又提出了几种新的分类,例如法律拟制与政治拟制、同一化拟制与区别化拟制、补缀性拟制与编织性拟制。通过对各种拟制思维的比较研究,提出拟制思维是一种"诗性思维"这一命题,进而为"法律诗学"的研究开辟了道路,即以诗学的方法研究法律中的"好像性""情境性""事件性""交互性""共鸣性""交融性"诸议题。

(2)拟制政治论

拟制或诗性思维不仅在法律规范和实践中有着广泛的存在和重要价值,在政治秩序中也有着普遍和重要的意义。在古代印度,为了确立和维护种姓制度(政治秩序),《摩奴法典》规定:"他(梵天)为了世界的繁荣,用自己的口、双手、双腿与双脚相应地创造了婆罗门、刹帝利、吠舍与首陀罗。""婆罗门,由于从(梵天)身体的最高尚部分出生,由于最先出生且掌握［吠陀知识］，因而理应为一切创造物的主宰。"① 这就在自然肢体分工与种姓政治等级之间建立了诗性的关联。既然"口"比"足"更加高贵，而婆罗门生自梵天之"口"，首陀罗生自梵天之"足"，那么，他们的政治地位自然也就不言而喻了。同样，传统儒家的"礼治"秩序，强调"君君臣臣，父父子子"，用景子的话说，就是"内则父子，外则君臣，人之大伦也"。② 这就在"孝"与"忠"之间建立了诗性的联系。无论用自然的肢体分工来类比政治上的种姓等级，还是用自然的亲子血缘来类比政治上的君臣关系，在思维上，即可谓一种"好像"的政治或政治诗学；在法律上，则是政治拟制。在此意义上，所谓政治合法性，无非就是在统治与习惯、统治与常识、统治与信仰之间，诗性地建立起某种恰当（正当）联系而已。

（3）拟制诗性思维论

《拟制问题研究》明确提出并论证了一个法诗学命题：拟制思维是一种诗性思维。从思维上说，拟制与推理不同，拟制不是逻辑演绎（或涵摄）的，而是比照的、类比的、好像的、诗性的。从用词上说，拟制，通常以"视为""如同""看作是""以……论""按……处理"等法学比拟词表达，还有一些拟制没有使用这些词语，但同样隐含着"视为"或"好像"的含义。拟制，是一种隐喻思维、创造性思维。

法学中的许多道理，如果不借助诗性思维，就很难说服人，难以形成共鸣、达到目的；法律中的许多关系或效果，如果不运用诗性方法，也很难建构或确立。例如，在法律规范的逻辑结构中，无论是"假设、处理、制裁"（事实条件与法律结果）之间的关系，还是"范围与系属"之间的关系，如果仅仅依靠形式逻辑，而不借助诗性思维，是很难确立的；无论在行为与责任之间，还是在目的与手段之间，都不是一个纯粹的逻辑问题，而是一个美学上的比例原则问题③和诗性正义问题。冲突规范的"范围与系属"关系，看似是某种必然（因果），其实却是人为

---

① 《摩奴法典》I. 31, I. 93。《梨俱吠陀》X. 90. 12。见周一良、吴于廑主编《世界通史资料选辑》，商务印书馆 1964 年版，第 220、197 页。

② （宋）朱熹：《孟子集注》之"公孙丑章句下"，齐鲁书社 1992 年版，第 50 页。

③ 吴经熊：《手段和目的间的比例：法律的艺术之研究》，载《吴经熊法学文选》，孙伟、李冬松编译，中国政法大学出版社 2012 年版，第 70 页。

的建构。萨维尼所谓"本座"（Sitz）①，无非指最适当的法律罢了。而且，对于一般意义上的物来讲，"本座"是指"物之所在地"——这当然是容易理解的；然对于一个"人"，或一个"行为"来讲，也有其相应的"本座"，即"住所地"或"行为地"——这就进入了诗学的领域。再如，法律对精神实体的确定，就像哲学上的灵魂实体、宗教上的上帝实体一样，都是诗性想象或拟制的结果。如果缺乏诗性的想象力，就很难理解"知识产权"这样的概念；同样，法律上的那些主观精神状态（例如恶意、故意、过错、感情破裂等），以及那些时间维度上绵延的事实状态（例如，占有、合同、侵权行为、出生和死亡等），都须通过拟制，才能作为一个实体或确凿可凭的事实从而具有逻辑意义。

0.3.2. 法律拟制所体现的这种"好像"（quasi, as if, comme）思维，其实是人类思维的基本习惯或倾向。用已知来比拟性地解释未知，用熟悉来比喻性地说明陌生，用过去来经验性地评价现在，用既定来类比性地判断待定，即所谓"能近取譬"，这种诗性思维在法学中有着广泛的存在和重大的意义。法所追求的，正是诗的这种亲切性和恰当性。恰当的表达或推断之所以是恰当的，不仅仅是因为它是科学或逻辑的，而且因为它将某种被感知的存在纳入了一个旧感知的存在领域，并适当地、有说服力地，甚至有感染力地表达或推断出新感知与旧感知之间的关系。这种亲切而恰当的表达或推断（虽然未必是科学或逻辑上的真实），正是法律这门公正艺术的核心价值所在。

罗蒂肯定了玛丽·赫塞的观点："所谓科学革命乃是对自然加以'隐喻式的重新描述'（metaphoric redescription），而不是对自然内在本性的洞识。"② 罗蒂接着写道："我们千万不可以认为，当代物理或生物科学对实在的重新描述，较之当代文化批判对历史的重新描述，多少更接近'事物自身'，或更不具'主观见解'。"③ ——这似乎夸大了"好像"或"诗性"思维在自然科学中的地位。但就法学这门"公正艺术"言，

---

① See Gerhard Kegel, "Private International Law", chapter 3, Fundamental Approaches, 8. Savigny. In *International Encyclopedia of Comparative Law*, Volume III, J. C. B. Mohr（Paul Siebeck）, Tuebingen, Martinus Nijhoff Publishers, Dordrecht. Boston. Lancaster.
② 〔美〕罗蒂：《偶然、反讽与团结》，徐文瑞译，商务印书馆 2003 年版，第 28 页。
③ 〔美〕罗蒂：《偶然、反讽与团结》，徐文瑞译，商务印书馆 2003 年版，第 28 页。

却不无道理。或许正是在此意义上，欧根·埃利希"将类比在法律中的运用称作是'人类精神所能达到的最高状态'的作业，'其不仅在原理、同样在结果上是创造性的'"①。

四　法，具有"诗"的品格——诗性

0.4.1. 这本《法诗学研究》，就是在《拟制问题研究》基础上的进一步拓展和深入，其基本命题是，不仅拟制是诗性的，法本身也是诗性的。（1）说有所拓展，是说《法诗学研究》不再仅仅盯着拟制问题的一亩三分地，而是将目光投向法的全体，去研究法本身的诗性机制、诗性形态、诗性思维、诗性方法、诗性境界，这与传统法学所致力的逻辑体系、逻辑形式、逻辑思维、逻辑方法形成对峙。如果说，《拟制问题研究》是树起了一杆"旗帜"，那么《法诗学研究》则是拓展了一片"天地"。（2）说有所深入，是说《法诗学研究》不再把人仅仅当作一个具有理性的对象来观察，而是沉潜于心身关系的深处，把人当作一个有德性的行动者和创造者来看待。法学的学习，不仅要获得知识，更主要是德性的扩充和扩用。法学的研究，不仅要有"科"学的视角，还应有"诗"学的视角，通过两种眼光的觑视，才能看到一个立体的、真实的、活着的法。

0.4.2. 法诗学的基本命题是：法，具有"诗"的品格——诗性。逻辑（logic）将对象"抽象化""名词化""概念化"，而诗则把对象"具体化""动词化""情境化"。②逻辑，是把"活"的视为"死"的，以便分析或解剖；而诗，则要把"死"的当作"活"的，并付出情感关怀。法逻辑学与法诗学似乎是对立不可调和的，其实不然：逻辑排斥诗，

---

① 转引自雷磊《类比法律论证——以德国学说为出发点》，中国政法大学出版社 2011 年版，第 3 页。

② 在维柯看来，玄学或形而上学与逻辑有别："玄学观照各种事物的一切存在形式，逻辑考虑到一切事物可能指的那一切形式。"因此，正如诗性玄学"把大部分物体都想象成为神的实体"一样，诗性逻辑则"指明神的实体的意义"。"logos"（逻各斯）和"mythos"虽都源自"寓言故事"（fabula），但又有区别，前者是指称事物的语言符号，后者则指向无言事物之本身。参见〔意〕维柯《新科学》，朱光潜译，人民文学出版社 1986 年版，第 177 页。

诗却可以包容逻辑。在法诗学看来，法，并非一个单纯的逻辑体系，而是充满活力和复调的正义共同体。

法律诗学就是运用诗学的方法研究法的诗性现象和德性创造问题。《法诗学研究》提出从法"科"学到法"诗"学的命题，就是要使法和法学从冷冰冰的逻辑体系回到丰富多彩的日常生活、回到"人民群众日用而不觉的共同价值观念"、回归有血有肉的人性，即恢复法和正义所固有的诗性。

0.4.3. 法，既是逻辑的，又是诗性的。（1）我们说，"法，既是逻辑的，又是诗性的"。从思维或运作方式上说，法，或者是逻辑的，或者是诗性的，或者既是逻辑的又是诗性的。然而，（a）法却不是纯粹诗性的——如果法是纯粹诗性的，那么法就不可能具有确定性。正如穆木天先生所言，"诗的世界"是一个模糊的、朦胧的、好像的、跳跃的"世界"——"在人们神经上振动的可见而不可见可感而不可感的旋律的波，浓雾中若听见若听不见的远远的声音，夕暮里若飘动若不动的淡淡的光线，若讲出若讲不出的情肠，才是诗的世界"①。显然，这与法所要求的——事实的确凿、规则的明确、判决的权威与一致，是格格不入的。所以，法，不是纯粹诗性的。（b）然法也不是纯粹逻辑的——如果法是纯粹逻辑的，那么事先的逻辑建构就可以穷尽现实可能的任何问题；如果法是纯粹逻辑的，那么法律判断就可以完全依靠人工智能（AI）计算来完成。但我们知道，事先的逻辑建构不可能穷尽现实中的所有可能性，法律判断也不可能完全依赖计算机的计算。因此，法也不是纯粹逻辑的。可见，（c）无论就逻辑性还是诗性言，法都不是纯粹的，因此我们说，法既是逻辑的，又是诗性的。

（2）法诗学提出从"逻辑"到"诗"的命题，是因为：一方面，"诗"比"逻辑"更包容（诗可以包容逻辑，而逻辑却排斥诗）；另一方面，在整个科学主义时代，"诗"与"逻辑"相比，正处于弱势（我们正处于一个被逻辑实证和科学实证所主宰的普遍理性主义的时代，最缺乏的是诗性精神）。为此，在"个案正义"的实现和创造这一主旨下，我们提出：法，是诗性的，是逻辑与诗的交响，是诗在逻辑基础上的

---

① 　穆木天：《谭诗——寄沫若的一封信》，载《创造月刊》1926年第一卷第一期，第80页。

超越。

（3）在法诗学看来，物的人格化可以是"诗"，人的物格化也可以是"诗"；具体正义的名词化、抽象化，可以是"诗"，抽象正义的动词化、情境化，也可以是"诗"。在不记名证券的转让关系中，原本具有人身属性的"债"却变成了"物"，是一首"变形"诗；在法人概念中，团体、财团或动物都被视为"人"，是一首"造人"诗。动物权利律师蕾切尔在与她的母亲（芝加哥大学教授）玛莎·努斯鲍姆合著的论文中，提出将鲸目动物（鲸鱼和海豚）视为"非人类的法人"（non-hun-man persons），可谓一首法学概念艺术上的"诗"；而"杜蒉扬觯"①，谏晋平公忌日饮酒奏乐，"里革断罟"②，谏鲁宣公捕鱼过度不时，则可谓礼法实践艺术上的"诗"。

0.4.4. 基于上述研究，从 2020 年秋季学期开始，我在智慧树线上教育平台开设了法律诗学课程，同时在同济大学开设了法律诗学辅修微专业课和全校通识公选课。课程内容主要分为四大板块，包括法的"诗性形态"（包括仪式、戏剧、歌舞、建筑、服装、雕塑、绘画等诗性形态）、"诗性思维"（包括好像、想象、虚构、纳入、复调、赋活、正义的动词化等诗性思维）以及"诗性方法"（觇视）和"诗性境界"（德性人格的诗性扩用）等重要论题。

五　诗，是情感之共鸣

何谓诗？诗，不同于诗歌。法国自然法学家雅克·马利坦说："谈到诗，我指的不是存在于书面诗行中特定的艺术，而是一个更普遍更原始的过程，即事物的内部存在与人类自身的内部存在之间的相互联系，这种相互联系就是一种预言（诚如古人所理解的；拉丁文'vates'一词，既指诗人，又指占卜者）。在这一意义上，诗是所有艺术的神秘生命；它是柏拉图所说的'音乐'（mousikè）的另一个名字。"③ 在法诗学看来，

---

① 《礼记·檀弓下》。

② 《国语·鲁语上》。

③ 见〔法〕雅克·马利坦《艺术与诗中的创造性直觉》，刘有元、罗选民等译，生活·读书·新知三联书店书店 1991 年版，第 15 页。

诗，是情感之共鸣，是德性的创造。

0.5.1. 茨维坦·托多罗夫在《诗学导论》中说："没有理由再把诗学的研究仅仅限于文学。我们必须了解，诗学不仅是文学的文本，而是所有学科的文本，不仅是语言的创作，而是所有领域的象征。"① 可见，诗或诗性，并不限于指诗歌或文学文本。在中国传统中，"诗"字，被训为"止"（"诗者，止也"）。荀子将"止"解作音乐意义上的"节奏"——"夫诗者，中声之所止也"②。"诗"字，还被训为"寺"（"诗字，从言从寺"③）。"寺"字，胡朴安将其解作音乐意义的"节奏"——"诗从寺得声，而声亦兼义。寺训法度，法度即节奏之谓"④。这样看来，西方诗学强调象征，中国传统诗学则讲求节奏和共鸣。

0.5.2. 怀特海指出：哲学与诗相似——"哲学真理应当到语言的假定中去寻求，而不要到它的明确的陈述中去寻求。由于这一原因，哲学与诗相似，二者都力求表达我们称之为文明的最高的理智。""哲学是寻找诗人作出生动暗示的惯用语汇的努力。它力图把密尔顿（Milton）的力息达斯（lycidas）简化为散文，从而力图创造一套可以用于思维的其他联结的语言符号。""如果谁想把哲学用话语表示出来，那它是神秘的。因为神秘主义就是直接洞察至今没有说出来的深奥的东西。但是哲学的目的是把神秘主义理性化：不是通过解释来取消它，而是引入有新意的、在理性上协调的对其特征的表述。哲学类似诗。二者都力图表达我们名之曰文明的终极的良知，所涉及的都是形成字句的直接意义以外的东西。诗与韵律联姻，哲学则与数学结盟。"⑤ 这就是说，哲学的方法是把作为对象的秘索思（muthos）加以逻各斯（logos）化，而诗则不同，诗是对秘索思（muthos）的直接洞察和体验，并在具体情境中以秘索思的方式将其显露出来，在这种体验而非仅仅旁观的方式中——通过责任

---

① 见〔美〕伊万·布莱迪编《人类学诗学》，徐鲁亚等译，中国人民大学出版社 2010 年版，扉页。

② 《荀子·劝学》。

③ 见张宗祥辑录《王安石〈字说〉辑》，曹锦炎点校，福建人民出版社 2005 年版，第 20 页。

④ 见《胡朴安诗经学 闻一多诗经讲义 傅斯年诗经讲义》，吉林人民出版社 2013 年版，第 9 页。

⑤ 〔英〕怀特海：《思维方式》，刘放桐译，商务印书馆 2010 年版，序以及第 47~48、161~162 页。

（而非仅仅权利）、通过超越（而非仅仅涵摄）——达到与对方交流的共鸣。在此意义上，诗，是神秘（muthos）的，却也是实证的，不过，不是逻辑学或物理学意义上的实证，而是基于共鸣的"心证"。

0.5.3. 在法诗学看来，诗，是情境中的创造，是对话性的共鸣。通过语言之声韵，与人产生音乐性的"共鸣"，是诗；通过文字之意象，与人产生视觉艺术上的"共振"，是诗；通过"仁爱"之心的扩充、扩用，与人产生精神上的"共鸣""共振"，同样是诗。从中国传统传诗论看，诗之"美"，是其形式之"文"（韵律之和谐）；而诗之"德"，则是指其内在关系之"宜"（效果之恰切）。诗，是"文"与"宜"的统一，一方面，恰切之效，可谓精神上的音韵之和；另一方面，音韵之和，又可谓形式上的恰切之效。"美""德"也好，"文""宜"也罢，都是某种"和谐"或"恰切"。这种"和谐""恰切"之诗境，既可以是文学艺术上的，也可以是伦理政治或法学上的，既可以是语言文字上的，还可以是行动实践上的。

0.5.4. 孟子曰："《诗》亡，然后《春秋》作。"但我们要说，"诗歌"虽亡，"诗性"却未亡；语言"韵律"上的"诗"虽亡，精神"韵律"上的"诗"却未亡。——"《春秋》"即可谓一首法学上的"诗"：《春秋》固然是"史"，却也可谓"法"，故"春秋决狱""乱臣贼子惧"；《春秋》不仅是"法"，还是"诗"，其"道名分""正是非"，"属辞比事""微言大义"，即具有"诗"的功能和实质，可谓一首法学上的"诗"。这样看来，诗，不仅是"文艺行动"，还可以是"法学行动"。法学上的"诗"作，并不限于语言，还可以是动作、决定和功效；反过来，法，不仅是"语言修辞""制度修辞"①，还可以是"行为修辞"。

《礼记·檀弓下》载有"杜蒉扬觯"一事。晋大夫知悼子去世，尚未安葬，且又逢子卯忌日，而晋平公却与师旷、李调一起饮酒作乐，这是违礼的。宰夫杜蒉见此情形，即欲谏止，但他只是晋平公的厨师，劝

---

① 　谢晖："逻辑的起点是修辞；法律作为一套逻辑体系，其逻辑起点也是修辞；法治其实是一个在修辞前提下的宏大叙事……"见谢晖《论法律制度的修辞之维》，载《政法论坛》2012年第5期；另请参见谢晖《诗性、修辞与价值预设——制度修辞研究之二》，载《现代法学》2012年第5期；谢晖《论法律拟制、法律虚拟与制度修辞》，载《现代法学》2016年第5期。

谏并非其职。怎么办呢？杜蒉也许不能像通常意义的诗人那样作一首讽谏的诗歌，但他用自己的行动，创作了一首法诗学意义上的"诗"。《檀弓下》记载此事说，杜蒉"入寝，历阶而升，酌曰：'旷饮斯！'又酌曰：'调饮斯！'又酌，堂上北面坐饮之，降趋而出"。晋平公觉得奇怪，就叫他回话。杜蒉回答说："子卯不乐。知悼子在堂，斯其为子卯也大矣！旷也，太师也，不以诏，是以饮之也。""调也，君之亵臣也。为一饮一食忘君之疾，是以饮之也。""蒉也，宰夫也。非刀匕是共，又敢与知防，是以饮之也。"晋平公听罢省悟，曰："寡人亦有过焉，酌而饮寡人！"[①]

杜蒉此"诗"，并不是用语言写成的，然却不失为一首谏举之"诗"。说它是"诗"，首先，它具有"创造性""突破性"——若仅从规范看，杜蒉的谏举，其实是一种"越职"行为（所以杜蒉自罚一杯）；其次，它具有"艺术性"——若脱离他独特而巧妙的做法，直接论事讽谏，或许很难奏效——杜蒉的一系列行为，可谓一套行为艺术上的修辞，最终达到了个案正义上"共鸣"。这一诗性效用的根基，主要不在其语言效用，而是基于杜蒉在具体情境下的德性应对，在此创造性的行动中，事件与礼法之间、礼法与礼法之间，都融为一体；那只"觯"，亦升华为器物形态的"法"。晋平公谓侍者曰："如我死，则必毋废斯爵也！"以至于后来，"既毕献，斯扬觯，谓之杜举"。在法诗学意义上，杜蒉不仅是一位"诗人"，还可谓一位"立法者"。

0.5.5. 在建党百年的讲话中，习近平总书记连用四个"创造"，概括了百年党史——中华民族历史中最恢宏的"史诗"。百年党史，就是一部中国共产党团结带领全国人民的"创造"史：

（1）浴血奋战、百折不挠，"创造"了新民主主义革命的伟大成就；

（2）自力更生、发愤图强，"创造"了社会主义革命和建设的伟大成就；

（3）解放思想、锐意进取，"创造"了改革开放和社会主义现代化建设的伟大成就；

（4）自信自强、守正创新，统揽伟大斗争、伟大工程、伟大事业、

---

① 《礼记·檀弓下》。

伟大梦想，"创造"了新时代中国特色社会主义的伟大成就。①

诗人，一向被认为是"立法者""创造者"。中国共产党不仅是一个有使命、有理想、有担当的政党，还是一个具有诗性精神的政党：

说她有诗性，是因为她特别讲创造、能创造（不仅善于打破一个旧世界，而且善于建设一个新世界）；

说她有诗性，是因为她特别有情怀、讲共鸣，把党的使命与人民群众的美好生活紧紧联系在一起，与人民同呼吸共命运；

说她有诗性，是因为她特别讲党建、讲党性、讲自身的修养，以伟大自我革命引领伟大的社会革命，又以伟大社会革命促进伟大的自我革命。

六　诗，是德性之创造

传统法学可能会说，法，不仅是实证的科学，还是审美的艺术；而在法诗学看来，法，还应上升为一首德性的"诗"。

0.6.1. 诗与艺术不同。

（1）就立场言，艺术是旁观的，而诗则是内参或体验的；艺术是超时空的，而诗则是情境性的。

（2）就追求言，艺术所要求的，是深厚的功底和技能，诗所要求的则是真诚的情感、创造和共鸣；在伦理上，艺术可以是"中性"的，而诗，却一定是"德性"的。别林斯基说：凡是道德的不一定都是诗的，但凡是诗的都一定是道德的。在别林斯基看来，没有爱伴随的美，就没有生命，也就没有诗。卢梭也认为，那种不能打动人心的绘画或音乐，或许可以叫作艺术，却不能称作诗。因此我们说，艺术是专业的、技术的；诗，则是生活的、大众的，即任何一个人，若能将其自性中的至诚德性加以扩充、扩用而创造，即可谓"诗人"——人人皆可为"诗人"。可见，诗学的对象，不必是诗歌、绘画、音乐、戏剧或其他某种美学性的技艺；诗，是"责任"，是主体间的交互"共鸣"，是生命情感上的"激越"，是"德性之创造"。

---

① 　见《习近平谈治国理政》（第四卷），外文出版社 2022 年版，第 4~7 页。

0.6.2. 在法律教义学中,有激进的一派,标榜一种置身事外、客观中立、冷峻无情的立场,其所炫耀的理性乐趣可以概括为两点。

第一是对法学之"真"的观察和研究。就像古罗马诗人卢克莱修(Lucretius)所言:"登高岸而濒水伫观舟楫颠簸于海上,不亦快哉;踞城堡而倚窗凭眺两军酣战于脚下,不亦快哉;然断无任何快事堪比凌真理之绝顶(一巍然高耸且风清气朗的峰顶),一览深谷间的谬误与彷徨、迷雾与风暴。"① 在此意义上,法学被视为实证科学(经验实证或逻辑实证);法或正义的获得,就像通过实验或推理而掌握真理一样,是一个在认识论或知识论上获得真理的乐趣。

第二是对法学之"美"的品鉴。在此方面,法律规范或体系可以是"美"的,法律判决或决定可以是"美"的,甚至一项罪行都可以是"美"的。就像小说《抛锚》中那位资深检察官所言:一项谋杀罪,之所以称其为"美",可以在两个层面获得解释,一是哲学上,二是犯罪技艺上。在他看来,法律科学已放弃了这样一种偏见:罪行是不"美"的(丑的)、可怕的;正义才是"美"的(尽管可能是可怕的"美")。——"不,"那位检察官说,"我们在罪行中同样认识到美。"因为,从哲学层

---

① 见〔英〕培根《培根随笔集》,曹明伦译,人民文学出版社 2006 年版,第 2 页。另对比下列不同译文,可体会法"科"学之置身事外的技术理性立场。卢克莱修:"当狂风在大海里卷起波浪的时候,自己却从陆地上看别人在远处拼命挣扎,这该是如何的一件乐事;并非因为我们乐于看见别人遭受苦难,引以为幸的是因为我们看见,我们自己免于受到如何的灾害。这同样也是一件乐事:去瞭望,远处平原上两军布成阵势大战方酣,而我们自己却不是危险的分受者;但再没有什么更胜于守住宁静的高原,自身为圣贤的教训所武装,从那里你能瞭望下面别的人们,看他们四处漂泊,全都迷途,当他们各自寻求着生的道路的时候;他们彼此较量天才,争夺名位,日以继夜地用最大的卖命苦干,企图攫取高高的权位和对世事的支配。"(见〔古罗马〕卢克莱修《物性论》第二卷序诗,方书春译,商务印书馆 1981 年版,第 61 页。)鲁克里修斯:"立岸上见浪催船行,一乐也;立城堡孔后看战斗进退,一乐也;然皆不足以比身居真理高地之乐也;真理之峰高不可及,可吸纯洁之气,可瞰谷下侧行、瞭徨、迷雾、风暴之变。"(见〔英〕培根《谈真理》,载《王佐良文集》,外语教学与研究出版社 1997 年版,第 541 页。)卢克莱修:"当风暴掀起大海上的波涛时,在岸上观望他人在风浪中挣扎,那是很中看的;这倒不是出于幸灾乐祸的心情,而是庆幸自己没有碰上这样的凶险。当宏伟的作战方略在广阔的原野上付诸实施时,你倘能目睹而又不必担惊受怕,那也是很中看的。可是,倘能占据一个安静的院落,既能确保受到先哲学说的卫护,又能从那里俯视他人熙来攘往,或在生活中迷路走失,或竭尽心智,隐姓埋名,昼夜苦斗,力图攀登权力之顶峰,专横跋扈,世上再没有比这更中看的了。"(见张致祥主编《西方引语宝典》,商务印书馆 2001 年版,第 284~285 页。)

面看，罪行是使正义成为可能的前提。而从技艺层面看，一桩蓄意的罪行，倘若成功地逃避了既存法律体系的制裁，那同样是"美"的。小说中，特拉普斯的行为即被拔高为这样一种技术层面的罪行之"美"（见迪伦马特的《抛锚》）。然而，这种"真"与"美"的统一，或可作为纯粹法律技艺或美学之追求，但却是法诗学反对的。以检察官措恩为代表的几位法律专家，或可冠以法律"艺术家"之头衔，但却难称法学上的"诗人"。

0.6.3. 以诗学的方法观察、体验、践行法的诗性，绝不是"自娱自乐"，而是为了回归法的诗性本质。在法诗学看来，"诗"，是气韵生动的，是向死而生的，是强恕而行的，是见义勇为的。法诗学的核心观念，不是因循，而是创造；不是权利，而是责任；不是知识，而是德性。在此意义上，法诗学可谓一门内圣外王的君子之学，而法律工作则是一项仁义之士方可胜任之志业。《国语》所谓"仁者讲功，知者处物"。此之谓也。①

吴康斋又言："日夜痛自点检且不暇，岂有工夫点检他人？责人密，自治疏矣。可不戒哉！"② 法诗学之归依不是"责人"而是"自治"（反求诸己）。

七　"你和我一起"

0.7.1. 我与法的结识，最早可追溯至 1986 年入学西北政法学院法律系；而与法诗学结缘，则可溯至 1999—2003 年的博士学位论文《从法律拟制到政治拟制》，其中辟专章讨论了"法的诗性"问题；接着是 2007—2010 年的博士后出站报告《论法的诗性》；2009 年出版了专著《拟制问题研究》；2011—2013 年作为中组部博士服务团成员在贵州师范学院挂职，其间在该校作了题为《觇视："量子力学"的法学观》的讲座（2013 年 12 月 2 日）；2014 年 8 月，在第九届全国法律方法论坛（张掖会议）上，作了《〈法诗学〉发凡——法律的诗性方法论纲》的

---

① 徐元诰撰，王树民、沈长云点校《国语集解》，中华书局 2002 年版，第 161 页。
② 梁启超编著《德育鉴》，译林出版社 2022 年版，第 135 页。

发言；2015 年发表论文《"纠纷解决"的法诗学觊视》；再后来就是 2020 年 10 月 23 日，"法诗学研究"课题获得国家社科基金后期资助立项（20FFXB041）。

0.7.2. 卢梭有个观点——语言起源于"激情"而非"理智"——理智倾向于使人们彼此分离（分散四方），而"激情则倾向于把人类再次召集到一起"。为了解决"饥渴"，我们"悄悄跟踪那些可以使我们饱餐一顿的猎物"，不必交流也无须说一句话；但是为了"爱"、"为了打动一颗年轻的心"，我们会本能地说出"诗"的话语。① 在隐喻的意义上，如果说"追踪猎物"（获取"食物"）是传统法"科"学的隐喻基础，那么"打动人心"（获得"爱情"）则可谓法"诗"学的基本喻体。

0.7.3. 面对美国西北大学法学院的学生，霍姆斯法官说：尔等应将法律看作自己所倾慕的"女士"，要有一种"赴汤蹈火、万死不辞"的精神，保持一种"罗曼蒂克的激情"。吴经熊在其《法律的艺术》一文中，转述了霍姆斯的这一隐喻，他说："在公正的利益平衡的探寻中，我们必须具有耐性，按步进行，而不能急切地草率提供普适的一般化，以虚幻的确定来替代甚或牺牲真实。正义感主要是一种感觉的问题……我们不能忘记向我们的女士求爱时，'只能用持久和孤寂的激情'，要获得她的芳心，'我们必须如对待神祇那样倾尽我们所有的才智'。我们不能因困难而丧失追求她的勇气。"② 在这里，法律人与法或正义之间，不再是"我与它"（第三人称），而是变成了"我与你"（第二人称）的"恋人"般的关系。

有《你和我一起》③ 诗云：

> 此刻，我在井下，
> 嘎嘎嘎嘎，掘进的钻机，
> 像深海中一条游动的鱼。
> 记起曾经的邂逅、

---

① 〔法〕卢梭：《论语言的起源》，李平沤译，商务印书馆 2022 年，第 11~13 页。
② 吴经熊：《吴经熊法学文选》，孙伟、李冬松编译，中国政法大学出版社 2012 年版，第 46~47 页。
③ 秦瑞《你和我一起》。

追逐黄羊的戈壁，
还有风轱辘蒿子的狂奔和呐喊，
如同一首即兴的摇滚歌曲。
……那时，你和我一起。

此刻，我在展厅，
一幅一幅，移动的风景，
恍惚间一条熟视无睹的共谋，
仿佛明澈的玻璃大楼。
记起曾经命名的那个山峰，
老鹰仍旧盘旋在积雪的崖顶。
……那时，你和我一起。

此刻，我在湖畔，
一环一环，吹皱的水面，
飘渺中听到前世的回音。
记起曾经的那些约定，
红柳初尝了沙枣花的酸涩，
苇梢上颤动的要约，呼唤着千古的回应。
……那时，你和我一起。

此刻，我在写作，
哒哒哒哒，敲打着键盘，
像开花像产驹像钞票的孳息。
记起曾经的那些冲动，
不经意成了今天的作品，
——关于知识产权的神话，
"孩子们"当然不信：
"我不是作品，不是财产，更不是你的专利！"
……那时，你和我一起。

此刻，我陷入沉思，

精神跳出身体反观自己，

像天空中一只长着翅膀的鱼。①

我看见黄羊、山峰、水面、孳息，

邂逅的共逐、无目的的同谋②、契约、性的作品……一系列

诗性的东西。

……这时，你和我一起。

---

① 宋代正觉禅师有言："莫道鲲鲸无羽翼，今日亲从鸟道回。"

② 按：将狄骥"共同行为"（Gesammtakt）概念与《诗经·还》之意象加以比较，是很有趣也很有启发的。在数字时代或数字化条件下，这种"无目的的合谋"，使设计者与消费者间的合作具有了一种与传统生产条件迥然不同的性质。

第一章　法诗学论纲

> ……诗乃是天地万物中最高的巅峰。
>
> 任何一种艺术、任何一种科学，
>
> 如果达到完善境界的话，
>
> 最终都将融合在诗的花朵中。
>
> ——施莱格尔[1]

一　题解

1.1.1. 法诗学的核心观点有三：

（1）法，具有诗性的特征，是一种诗性的存在；

（2）法诗学，就是运用诗学的方法研究和体验法学中的诗性现象、践行诗性之创造；

（3）这种诗性创造的动力根源，主要不在逻辑、美学或文学艺术上的诗性正义，而是人格，即德性的创造性实践。

《礼记·少仪》对德性提出两层不同的要求，不仅是"工，依于法，游于说"，还有更高级的——"士，依于德，游于艺"。耶林也说："如果我要对这两个规范：不为不法和不容忍不法……进行优先性评价，我将说，法的第一规则是不容忍不法（dulde kein Unrecht）；第二规则是不为不法（thue kein Unrecht）……"[2] 在法诗学看来，法学研究以及教育教学，只有从"见闻之知"回归"德性所知"，从"涵摄机器"回归

---

① 〔德〕施莱格尔《论批评的本质》，载张玉书等主编《德语文学与文学批评》（第1卷），人民文学出版社2007年版，第21页。

② 〔德〕鲁道夫·冯·耶林：《为权利而斗争》，郑永流译，法律出版社2007年版，第27页。

"法感诗人",追求生命情境下的德性创造,才能回到其诗性的本质。

1.1.2. 何谓法诗学?本书主要运用诗学的方法研究法的诗性现象。这些诗学现象,因其具有神秘或非理性的色彩,而为传统法学所摒弃。法诗学所谓的"法",不仅是权威规范的逻辑存在(规范的逻辑体系及运行机制),还是一种修辞性或叙事性的存在,更重要是一种诗性的存在;所谓"诗",主要不是指"诗歌"[①],而是指生命情感的激越以及主体之间交互关系上的共鸣、责任和创造。爱伦·坡说:"文字的诗可以简单界说为美的有韵律的创造。"[②] 而法诗学所谓的"诗",则是精神上的韵律、共鸣和创造,即仁爱与创造的统一。法诗学所谓的"学",不仅是指一门学科及知识技能的传授与接受,更主要是人格的完成。张祥龙说:"'学'是这样一种活动,它使人超出一切现成者而进入一个机变、动人和充满乐感的世界。"[③]

二 法,具有诗性的特征,是一种诗性的存在

1.2.1. 法诗学所谓的诗或诗性,主要不是指诗歌,而是——类似诗歌创作所标志的——那种更加根本意义上的人伦或法律关系上的创造,即德性之创造。法国自然法学家雅克·马利坦说:"谈到诗,我指的不是存在于书面诗行中特定的艺术,而是一个更普遍更原始的过程,即事物的内部存在与人类自身的内部存在之间的相互联系,这种相互联系就是一种预言(诚如古人所理解的;拉丁文'vates'一词,既指诗人,又指

---

① 王独清《再谭诗——寄给木天、伯奇》给出诗的公式:"(情+力)+(音+色)=诗。"见杨匡汉、刘福春编《中国现代诗论》,花城出版社 1986 年版,第 104 页。

② 伍蠡甫主编《西方古今文论选》,复旦大学出版社 1984 年版,第 370 页。

③ 张祥龙:《从现象学到孔夫子》(增订版),商务印书馆 2011 年版,第 237 页。另按,严复《救亡决论》曾比较中西"学"之区别曰:"西人举一端而号之曰'学',至一苟之事也。必其部居群分,层累枝叶,确乎可证,涣然大同,无一语游移,无一事违反;藏之于心则成理,施之于事则为术;首尾赅备,因应厘然,夫而后得为之'学'……是故取西学之规矩法戒,以绳吾'学',则凡中国之所有,举不得以'学'名;吾所有者,以彼法观之,特阅历知解积而存焉,如散钱,如委积。"见王栻主编《严复集》(第一册),中华书局 1986 年版,第 52 页。汉语"学"字,有学科、述说、习得、效法、好像诸义。

占卜者）。在这一意义上，诗是所有艺术的神秘生命。"① 这种神秘的"联系"，依我理解，就是人与事物之间（无论认识上还是行动上）那种彼此将对方置于支持地位的互动或交谈关系，包含某种认识上的"想象"和行动上的"预期"。罗马法学家说，法是善良与公正的艺术（Jus est ars boni et aequi）。格林在《法的诗意》中也说："法官被称作发现者，因为他们发现了判决，就像诗人是发现者（抒情诗人、游吟诗人）一样；他们均被冠以创作者……之名，因为他们都在创造，都在规定或提供秩序。"②

1.2.2. 在法诗学看来，法，作为一种诗性现象，是德性创造之活动：从形态上说，法不仅可以是抽象的，还可以是"气韵生动"的；从思维上说，法不仅可以是"涵摄"的，还可以是"好像"的；从方法上说，法不仅可以是解释和诠释的，还可以是叙事和戏剧的；从法的运动和发展上说，其不仅可以是连续的，还可以是"躐等跳跃"的；在法的教育和教学中，法的概念或原理，不仅可以通过理性分析得到解说，还可通过诗性启示获得传达。所有这些诗性现象的动力之源，最根本的，不是逻辑演绎、美学原理或艺术方法（叙事、修辞等），而是德性的扩用和创造。——用《中庸》的话说："性之德也，合外内之道也，故时措之宜也。"

三　法诗学就是运用诗学的方法研究法的
诗性现象或德性之创造

1.3.1. 法诗学是一门法学与诗学的"交叉"研究。就如法社会学、法逻辑学，或建筑诗学、历史诗学等交叉研究一样，法诗学运用诗学的方法研究法的形态、思维、方法、运动发展以及法的教育教学中的诗性现象。这些诗性现象，因其具有神秘或非理性的色彩而为传统法学所摒

---

① 〔法〕雅克·马利坦：《艺术与诗中的创造性直觉》，刘有元、罗选民等译，生活·读书·新知三联书店 1991 年版，第 15 页。

② Jakob Grimm, *Von der Poesie im Recht*, *Wissenshaftliche Buchgesellschaft Darmstadt*, 1963. S11.

弃。国外虽然已有不少关于法的"拟制"①、"想象"②、"复调"③ 等相关研究，而本书则将这一研究拓展到了法律中的"好像""模拟""赋活""觇视""诗性扩用""德性创造"诸方面，用《法诗学研究》评审和鉴定专家的话说——"在法诗学研究领域取得开拓性和代表性成果"。

1.3.2. 法诗学致力于德性之创造。从语义上说，诗学（poetics）一词，本就有创建和形成的意思。④ 就像希腊建筑学家安东尼亚德斯说的："所有讨论诗学的鸿篇巨著……都是通过美学的透镜来讨论艺术作品的'形成'；也就是说，到目前为止，诗学一直被作为'创造'的艺术……来进行的。"⑤ 传统法学具有某种保守或被动"跟进"（run along behind）的特征：法律"只会紧赶着去补充，而且补得一团糟。……就像一个拿着绷带和邦迪的护士，紧跟在病人的身后，这儿缠缠，那儿贴贴，乱七八糟地叠加在一起"⑥。——这便是传统法学。法诗学与此不同。舒拉米特·阿尔莫格认为："诗学"一词，指——任何特定领域的——意义创生及接受。⑦ 据此，诗学包含两个不同的面向：一是解读历史，即阅读的诗学；二是创造未来，即叙事的诗学。同样，在法诗学中，不仅有面对过去的创造性"解读"，更主要还有，面向未来的创造性"叙事"。

传统法学也有"解读"和"叙事"，但却不是为了批判和展望，而是为了解释和预测，或者说，不是"诗"学的，而是"科"学的。在法诗学看来，法的秩序不是先验的（人们只能被动地去解释或适应），也

---

① Lou L. Fuller, *Legal Fictions*, Stanford University Press, 1967.

② James B. White, *The Legal Lmagination*, Boston：Little, Brouh, 1973；rpt. 1981.

③ Barry Scott Wimpfheimer, *Narrating the Law, A Poetics of Talmudic Legal Stories*, University of Pennsylvania Press, Philadelphia 2011.

④ 亚历山大·仲尼斯、利恩·勒费夫尔说："诗学这个词是从古希腊动词'制作'（poiéin）而来，不仅指诗歌，而是涵盖所有脑力和体力创作。"〔荷〕亚历山大·仲尼斯、利恩·勒费夫尔：《古典主义建筑——秩序的美学》之"视觉理论（Logos Opticos）：构成的逻辑"，中国建筑工业出版社 2008 年版，第 1 页。

⑤ 〔希腊〕安东尼·C. 安东尼亚德斯：《建筑诗学与设计理论》，周玉鹏等译，中国建筑工业出版社 2011 年版，第 3 页。

⑥ See 2015 AELJ（*Cardozo Arts and Entertainment Law Journal*）Spring Symposium："3D Printing and Beyond：Emerging Intellectual Property Issues with 3D Printing and Additive Manufacturing," In：*Cardozo Arts and Entertainment Law Journal*, Vol. 34. NO. 1, 2016. pp. 10-11.

⑦ Shulamit Almog, "Creating Representations of Justice in the third Millennium：Legal Poetics in Digital times," *Rutgers Computer & Technology Law Journal*, Vol. 32. No. 2, 2006. p. 196.

不是被给定的（人们只能被动地去揣摩或预测），而是在诗性的"阅读"和"叙事"中创造出来的。赫拉利说："学习历史最好的理由，不是为了预测未来，而是把你自己从过去解放出来，去想象不同的命运。"在此意义上，法，不仅仅是对既存秩序的解释和预测，更主要还是，对旧秩序的批判和对新秩序的展望和创造。

四　从法"科"学到法"诗"学

（一）从旁观到体验

何谓"体验"？与"旁观"的认识论不同，"体验"是一种知行合一的感知立场，它能够超越抽象逻辑的思维路线，在一种类似"爱情"的方式中，在那种相互拥抱的爱的享受当中，通过与其对象融为和谐的整体，而获得对对象的真切感知。"体验"并不否定或抛弃"旁观"，而是要超越"旁观"；它在"旁观"的基础上"内参"并将对象"赋活"。用爱默生的例子说，伐木工人将"树枝"视为他砍伐的客体，而诗人则会将"树枝"视为他倾诉的对象。同样的，传统法学将法律视为一个需要解释或适用的"逻辑"体系，而法诗学则会将法律视为一个具有"客观法感"的生命主体，并用自己的"主观法感"去激活凝结在法律中的"客观法感"。在个案的具体情境中，法律人以这种方式所获得的，不仅是旁观的"认识"，还有体验中的"感知"。

1.4.1.1. 传统法学主要持一种科学主义的"旁观"立场，在此立场下，法学研究主体与其所研究的对象是"二元"分立的，法的适用主体与其所适用的法律也是"二元"分离的，法学知识与人格是"二元"割裂的。关于这一立场，尼古拉斯·蒂玛谢夫概括说：理念主义认为，应从"法律之上"着眼；法律实证主义主张，应从"法律之内"着眼；社会实证主义主张，应从"法律之外"着眼。可见，无论"之上""之内"，还是"之外"，都是一种外部视角或旁观。法，无论作为"实证法""价值理念"，还是"规范性事实"，都不过是一个被援引的外部理据。法律实证主义所谓的"法律之内"，只不过是将其研究（或观察）的范围限定在"法律之内"而已，并非浸入其中去体验，其所谓法律解释、法律推理、法律修辞、法律诠释、法律论证，都不过是主体的外在活动，难以发生主客体间真正的互动，更谈不上人—法之间的交融。

1.4.1.2. 法诗学提出从法"科"学到法"诗"学的命题，并不是要否定法的科学性、逻辑性、实证性；从广义的科学概念来说，诗学，也是一门科学；然从狭义的科学来说，诗学的对象、方法与科学的确有不同。科学是实证范式下的逻辑展开①；诗学则超越实证范式——直面"好像""情感""情境""直觉""心证"等所谓"秘索思"（muthos, mythos）问题。科学强调旁观者的中性立场，将知与行分开；诗学则强调内参、体验以及德性之扩用和创造。科学把对象当作独立的外在客体去"看"，而诗学却不停留于此，诗学还把对象当作"我"的对象去看，进而能融入对象之中去体验。科学与诗学都讲"真实"，但却是不同的"真实"。熊十力言："所谓真实者并不是凝然坚住的物事，而是个恒在生生化化的物事。唯其至真至实，所以生生化化自不容已。亦唯生生化化不容已，才是至真至实。生化之妙难以形容，强为取譬，正似电光的一闪一闪，刹那不住，可以说，生化是常有常空的。"② 这种"生化之妙"意义上的"真实"，正是诗学，也为法诗学所重。法学上的个案正义，不仅是一种"应然"状态，还是一种"似然""偶然""恰然"，即"生化之妙"的状态。科学传递知识，诗学则传达生命和情感。科学剔除一切情感去剖析对象，诗学则正视情感，并体验笼罩在情感光辉中之对象的生命活动。借用华兹华斯的诗句——科学"总是多管闲事，把事物的优美形状都歪曲了，我们先屠杀，然后肢解尸体"。诗学则召唤我们，"走到事物的光辉里来，只带一颗能观察能感爱的心"③。

---

① 乔治·奥威尔说，"科学一般被定义为：甲，精确科学，如化学、物理等；乙，一种通过逻辑推理从观察到的事实得出可验证的结论的思维方式"。按：现代科学研究范式主要有四种。第一范式是经验科学，以经典力学为代表；第二范式是理论科学，以相对论为代表；第三范式是计算科学，例如热力学的研究等；第四范式是大数据科学，例如基于大数据的虚拟空间和人工智能研究。这些不同范式有一个共同点，即忘记我是人。用普朗克的话说，"为了研究自然并且发现和制定自然规律，我们必须忘掉人"。金岳霖也说："研究知识论我可以站在知识底对象范围之外，我可以暂时忘记我是人。……研究元学则不然，我虽可以忘记我是人，而我不能忘记'天地与我并生，万物与我为一'，我不仅在研究对象上求理智的了解，而且在研究底结果上求情感的满足。"见《金岳霖全集》第二卷，人民出版社 2013 年版，第 21 页。

② 熊十力：《新唯识论》，中华书局 1985 年版，第 410 页。

③ 朱光潜：《西方美学史资料翻译（残稿）》，中华书局 2013 年版，第 209 页。

在法诗学看来，"诗"学是对"科"学的超越，是在"科"学基础上的包容性阶进——正如逻辑排斥诗，而诗却包容逻辑一样；法诗学提出从法"科"到法"诗"学的命题，就是希望将法从狭隘的科学主义束缚中解放出来，回到主体的感性生活中来，回到"感性的人的活动"①中来。

（二）从方法论上说，法诗学研究具有的特点

1.4.2.1. 法诗学研究将科学与诗学两个视角辩证统一起来。传统的法学方法，重科学、重逻辑、重"涵摄"，却忽略法学思维中的"想象""好像""情感"；传统法学教育，重知识、重技能，却忽视法学方法中的"德性"和"人格"。傅东华曾提到一种独特的"视角"——"他一只眼看科学，一只眼看神秘，觉得两者甚是融合，并不冲突，能把科学的世界和诗的世界陶镕一体"②。法诗学就是这样一种"觑视"（并视）的眼光：以科学的眼光来看，法学应"把毕生精力用于解释事物之间的某种特定关系上"；以诗学的眼光来看，法学应"把生存的统一体作为自己的问题"。法国文豪雨果认为，对于一座建筑而言，不仅应有"代达罗斯"的测量技术，还应有"俄耳甫斯"的歌唱艺术，它"同时被一条几何学的定理与一条诗律"所组建。③ 同样，在法诗学看来，法律知识的原料，如果缺乏情感和德性的酵母，就难以酿造出醇美的法来。

1.4.2.2. 法诗学研究将法学与法辩证统一起来。传统法学，通常将法学与法分割开来；法诗学则将二者合而为一。法诗学是用诗学的方法研究法的诗性或创造性的问题。正如知与行在诗学上是融为一体的，法学和法也是融为一体的。蒲鲁东说，良心上的事实与行为上的法则常常是一回事。④ 法的事实研究是带着良心法则的事实研究；法的规范实践又是带着法学意义（meaning）的规范实践。⑤ 狄尔泰在《体验与诗》中

---

① 〔德〕马克思：《关于费尔巴哈的提纲》，载《马克思恩格斯全集》（第三卷），人民出版社 1960 年版。

② 傅东华：《梅脱灵与青鸟》，载《小说月报》1923 年 4 月第 14 卷第 4 号。

③ 〔法〕雨果：《巴黎圣母院》，陈敬容译，人民文学出版社 1982 年版，第 204 页。

④ 〔法〕蒲鲁东：《什么是所有权》，孙署冰译，商务印书馆 1963 年版，第 127 页。

⑤ Barry Scott Wimpfhheimer, *Narrating the Law: A Poetics of Talmudic Legal Stories*, University of Pennsylvania Press, Philadelphia. 2011. pp. 16, 17.

也说，在诗中（与科学和逻辑不同），"教训不能同产生教训的事件分开，对生活的指示也不能同说出这些指示的事件分开"①。理性方法强调在单纯的逻辑中进行思考；诗性方法则强调在事件体验中思考。在体验中，那些被旁观者立场所区分开的理论与实践、抽象与形象、实然与应然、逻辑与伦理、法则与"法感"等二分法，全都融为一体。（1）在诗性体验中，抽象与形象是一体的。就像诗人常说的，"典型，就是形象化的抽象思维"，而"寓言，就是故事中直观的道德命题"。（2）在诗性体验中，逻辑与伦理也是一体的。正如魏宁格所说："逻辑和伦理在本质上是相同的。它们不是别的，而正是对自我的责任。……唯有遵守逻辑的法则，一切伦理才可能存在；而逻辑也恰恰是法则的伦理方面。"②

习近平总书记说："学习理论最有效的办法是读原著、学原文、悟原理，强读强记，常学常新，往深里走、往实里走、往心里走，把自己摆进去、把职责摆进去、把工作摆进去，做到学、思、用贯通，知、信、行统一。"③ 简单说，就是"知行合一"。王阳明说："行之明觉精察处便是知，知之真切笃实处便是行。"王龙溪也说："知，非见解之谓；行，非履蹈之谓。只从一念上取证，知之真切笃实即是行，行之明觉精察即是知。"④ 从"知行合一"的道理来看，法学和法，共同存在于法的诗性创造之中。在此意义上，法律方法与法学方法并无不同。

1.4.2.3. 法诗学研究将法美学与法的文学艺术辩证统一起来。正如诗是文学艺术与美的辩证统一一样，法诗学也是法美学与法的文学艺术的辩证统一。美、文学艺术和诗，三者互有交叠，都追求某种共情或通感，但又有显著的不同：美，侧重于鉴赏和评价；文学艺术，侧重于表现和再现；诗，则是人伦关系上的创造。如果说，法美学是一种"读者"立场的品鉴法学，法的文学艺术（修辞）是一种"作者"立场的表达法学，那么法诗学，则是将"读者"与"作者"辩证统一起来的德性法学。

---

① 〔德〕狄尔泰：《体验与诗》，胡其鼎译，生活·读书·新知三联书店 2003 年版，第208 页。
② 〔奥〕奥托·魏宁格：《性与性格》，肖聿译，译林出版社 2014 年版，第 176 页。
③ 《习近平谈治国理政》（第三卷），外文出版社 2020 年版，第 519 页。
④ 梁启超编著《德育鉴·知本第三》，译林出版社 2022 年版，第 63、67~68 页。

五　法诗学研究不同于"法律与文学"研究

1. 5. 1. 法诗学研究跳出"法律与文学"以文本或作品为核心的研究框架，提出"法是一种诗性的存在"的命题，主要研究法在人伦关系上的诗性创造问题，即正义的创造或实现过程本身。"法律与文学"研究主要包括两个可以扩展到整个文学艺术门类（包括绘画、雕塑、建筑、歌舞、戏剧、诗歌、小说等）的维度：一是"文学艺术中的法"，即文学艺术作品中的法律事件、法律制度、法律思想，特别是包含在其中的"诗性正义"问题；二是"作为文学艺术的法"，也就是用文学艺术（或美学）的眼光看待或评价法律文本或法律作品，即法美学问题。然而，法诗学研究，既不同于"诗性正义"论，也不同于"法美学"。

（1）法诗学不同于法美学。法美学与法诗学都承认美感在公正评价问题上的重要价值。但二者又有显著的不同：美学可以是不带功利的愉悦[①]；诗学则一定是人伦理想的创造；美学可以是价值立场上的评价，诗学则一定是身处人伦关系中的德行。就立场而言，法美学的立场主要是旁观的：（a）法的逻辑美【例如德国法学家耶林的"简洁"[②] 概念】；（b）法的平衡比例美【例如马尔库斯的"等值"（Äquivalent）[③] 概念】；（c）法的文艺美【例如拉德布鲁赫的"作为艺术对象的法"[④] 和"法的

[①] 在怀特海看来，美与善是可以分离的，"走私者当然是一些不正当的人，卡门就她的行为的细节来说是放荡不羁的人。但是，当他们在舞台上又歌又舞时，道德消失了，剩下的只是美。……在音乐声中、舞步中以及剧场的一般欢乐中，道德隐而不见了。这是一个使哲学家非常感兴趣而使官方检察人员困惑的事实"。见〔英〕怀特海《思维方式》，刘放桐译，商务印书馆 2010 年版，第 15~16 页。

[②] Jhering, Geist des römischen Rechts auf den verschiedenen Stufen seiner Entwicklung. Teil 2, Bd. 2. Leipzig, 1858. S. 406.

[③] Hugo Marcus, Rechtswelt und Ästhetik. H. Bouvier u. Co. Verlag Bonn, 1952. S. 38.

[④] 拉德布鲁赫说："我们可以将法学解决方法的优雅概括成一个公式：简明标志着真理（simplex sigillum veri）。此公式的含义就是，当美被看作真的象征时，一个美学标准也可以被当成逻辑价值的标准。"见〔德〕拉德布鲁赫《法哲学》，王朴译，法律出版社 2013 年版，第 124 页。

美学表达形式"① 概念】；（d）法的形式美和价值美的统一【例如吕世伦等法的"真善美三维构造"概念②】。法诗学的立场，则不限于单向度的审美或修辞学表达，更主要是，正义创造中的"体验"和"交谈"。怀特海说："逻辑和美学都关注封闭的事实。我们的生活则是在关于发现的经验中度过的。一当我们失去了这种发现感，我们就会失去心灵所是的那种生活方式。我们就会沉落到仅仅与过去的平均值相符合。完全的符合意味着生命的丧失。剩下的是荒芜的无机界的存在。"③

（2）法诗学不同于"诗性正义"论。诗性正义论与法诗学都承认情感对于公正判决的重要价值。但二者又有显著的不同。（a）诗性正义是源自文学情感的正义准则，有助于司法或日常生活中的公正评判，例如善恶报应的正义观念等；而法诗学的目的，却不是获得正义的准则或进行正义的评价，而是创造或实现正义。（b）诗性正义论的"情感"主要源自文学艺术的外在熏陶，是一种"明智旁观者"④ 的情感立场；而法诗学的"情感"，则源自法德行、法知识和法技艺上的内在积淀。法诗学的力量，不仅来自文学艺术上的方法和效果，更主要是来自人格，即人格上的"公正卓识"或"正确情感"。

1.5.2. 作为"诗"的法不同于作为"艺术"的法。美国学者加里·巴格诺尔，将法律作为一种"艺术行为类型"加以研究【将"类型

---

① 在拉德布鲁赫的《法哲学入门》中，主要讨论了法美学的三个维度：（1）法的美学表达形式，例如法律修辞；（2）图像中的法哲学，例如木刻中的法；（3）法与文学作品，例如戏剧中的法等。见〔德〕拉德布鲁赫《法哲学入门》，雷磊译，商务印书馆2019年版，第114~131页。

② 吕世伦说："法的外在形式特征及其表现的实证规律叫做法之真；法的内在的、实体性的价值叫做法之善；法之真和法之善均包含着美的属性，而且均是体现法之美的两大基本方面。不过我们却不能因此而认为法之美就等于法之真与法之善的简单的和。法之美作为一种具有新质属性的整体，又区别于亦即高于真和善两者。"见吕世伦主编《法的真善美——法美学初探》之"序：按照美的规律建造法"，法律出版社2004年版。

③ 〔英〕怀特海：《思维方式》，刘放桐译，商务印书馆2010年版，第59页。

④ 〔美〕玛莎·努斯鲍姆：《诗性正义——文学想象与公共生活》，丁晓东译，北京大学出版社2010年版，第109、110、112、147、170~171页。努斯鲍姆说："斯密始终是用文学读者的身份（和戏剧中的观众身份）去阐释明智旁观者的姿态和情感。……它的重要性来源于这样一个事实：读者身份实际上就是一种对明智旁观者身份的虚拟建构，它以愉快而自然的方式赋予我们以一种适合良好公民和法官的姿态。"见该书第112页。

（type）／标志（tokens）"概念运用于法学研究】①，指出：如果以"标志"作为"类型"的典型表征，那么法律的颁布和实施行为，就是法律艺术这一行为类型的"标志"。巴格诺尔认为：作为一种艺术行为类型，法律是复合性的戏剧呈现，作为一种行为类型，它又具有活力和能动性：法律文本是其基础性的要素，服装和布景从中发展出来，再加上建筑性的和具有同情性能的演出环境，全都以要素的身份融合到一个统一的艺术作品中，从而呈现强烈的系统性倾向，这一融合又通过观众想象性的接纳过程，被进一步强化。

在各种各样的艺术形态中，巴格诺尔特意选择意大利传统中的歌剧艺术（Operatic Music Drama）作为法律的恰当"喻体"，因为两者之间存在着一些深刻的相似性：第一，两者都是一个复合的现实性存在（不仅是抽象的概念性的存在，还是社会的功能性的存在）；第二，就系统性而言，两者都是一元论的内在平衡（homoeostatic）的实体，而不是诸要素的简单混杂；第三，两者都是以文本要素为主的多种要素的结构体，而不能简化为单一的文本（就歌剧而言，其主导要素是剧本和音乐；就法律而言，则是文本和权力），而且两者都分享着共同的附随要素（例如戏剧、绘画、造型艺术、服装设计、建筑、修辞和对话交流等）；第四，两者都是"人类中心主义"（anthropocentric）的——而不是"民族中心主义"（ethnocentric）的——某种普遍主义立场。应该说，巴格诺尔"作为艺术的法"的研究，较好地避免了"作为文学的法"研究的两个局限（即文学的和文本的）：首先，法律既然是艺术，那就不应单单是语言文学艺术，而可以是多种形态的艺术；其次，法律既然是一个"结构性的艺术行为类型"，那就不单单是静态的文本，而应是动态的过程。然而，加里·巴格诺尔的研究也有其局限性，即仍然未能跳出"主体/客体"二元论之窠臼：所谓"艺术行为类型"也好，"歌剧艺术"也罢，终究还是"作品"，也即"客体"；法律既然被视为"歌剧"（OMD），那就势必将"演员"与"观众"强行隔开；法律既然被视为"修辞"，那就等于承认"文本"的独立的单向支配地位。巴格诺尔所谓"一元论的内在平衡（homoeostatic）实体"概念，并未真正将"观众"包容进来。

---

① Gary Bagnall, *Law as Art*, published 2016 by Routledge, London and New York.

　　然而，与作为"艺术"的法不同，法诗学研究，不是"主体/客体"二元论的那种审视目光——试图去"认识法的真理"（尽管是隐喻意义上的），而是一种将"作者/读者"沟通起来的觊视目光——"成为法的本身"。

　　1.5.3. 作为"文学"的法也好，作为"歌剧艺术"的法也罢，它们虽然都注重情感，都属于"美学情感"的范畴，但都未达到"诗性情感"，即所谓"成为法的本身"。第一，"美感"虽是一种情感，但却可能是无目的或无功利的情感，因而不同于道德情感或"法律情感"。德国法学家耶林在其《为权利而斗争》的演讲中，批评了哲学家赫巴特所谓的"美学动机"，他说：权利问题上的美感的见解，大大低于健全的"法感"的顶峰。耶林明确指出："不是美学而是伦理学才是权利的立足点。"① 第二，"美感"具有一种向上的普遍性的特征，即"非民族中心主义"（non-ethnocentric）的倾向；"诗性情感"却是上下互动沟通的，是一般中的特殊情形，又是具体情境中的普遍。第三，相对于"美学情感"而言，"诗性情感"之重点，不在鉴赏或表达，而是在脱离文本的"行动"当中。因此我们说，"诗"不必"美"，但必须有"创造"。在法诗学看来：法，不仅仅是正义的审美，更主要的，还是德性的创造。

六　作为"诗"的法

　　作为"诗"的法，有广中狭三层含义。

　　1.6.1. 第一层是狭义的理解：将"诗"理解为语言文字上的诗歌。然这一理解，最终将作为"诗"的法归入作为"文学"的法的研究。

　　1.6.2. 第二层是中义的理解：将"诗"，按照亚里士多德《诗学》的定义，理解为"史诗或戏剧"。但这一理解，又将作为"诗"的法归入了作为"艺术"的法的研究。

　　应该说，这两层理解，是目前学界关于"法诗学"概念的最通常的误解。近年一些冠以法律诗学之名的研究，例如——舒拉米特·阿尔莫

---

① 〔德〕耶林：《为权利而斗争》，郑永流译，法律出版社 2007 年版，第 52 页。

格的《数字时代的法律诗学》①，基本未能摆脱亚里士多德的诗学概念。在阿尔莫格的研究中：一方面，他将法律诗学放在数字转型的时代风暴中加以讨论，勾画出法律、诗学和数字技术之间的相互关系，这一研究，总体上属于虚拟空间的法律叙事学研究；另一方面，他又将法律作为由具象表征工具装备起来的系统加以观察，重点观察两个领域——视图和言说，并将空间和时间作为这一诗性机制的两个主轴，而抽象正义，通过这一诗性的机制，能够自如而专业地转化为具体正义。然而，无论哪个方面，其所谓的"法律诗学"，都不过是借用美学的概念或方式（特别是视觉和程序仪式的机制）去考察法律；究其实质，仍未摆脱鉴赏和表达的主/客二元研究范式。

1.6.3. 第三层是广义的理解："诗"既非仅仅狭义地指诗歌，也不是仅仅中义地指戏剧或其他形态的艺术表达，而是广义地包括——类似诗歌创作所标志的——那种更加根本意义上的人伦或法律关系上的创造。换句话说，法诗学旨在将传统诗学上诗歌之"诗"扩大其应用范围，以至于法学上的制度创设和案件判决：如果说诗歌之"诗"的基本要素是押韵、想象、超越和德性人格，那么法学之"诗"的基本要点则相应是共鸣、想象、创造和责任，即德性之创造。这种德性创造，或表现为时间维度上的"好像"【2.3.3】【2.3.4】，或表现为空间维度上的"觇视"【8.1.2.】，但最终是二者在具体时空情境下的交融或统一，即"公正卓识"【13.3.2】【13.3.3】。

七　法诗学与传统法学之区别

与传统法学相比，法诗学的主要特点有三。

1.7.1. 就法的人性基础而言，在传统法学那里，法的人性基础，通常被认定为政治性（"人是政治动物"）、社会性（"人是社会关系的总和"）、功利性（"经济人"）、道德性（"人是万物的尺度""人是目的"）、文化性（"人是文化的或使用符号的动物"）、逻辑性、理性

---

① Shulamit Almog, "Creating Represeutations of Justice in The third Millennium: Legal Poetics in Digital Times," *Rutgers Computer & Technology Law Journal*, Vol. 32, 2006. pp. 182 - 245.

（"理性人"）、权力意志性（"人是权力意志的动物"）、对象性（"没有了对象，人就成了无"）、创造性动物[①]等，都有一定道理。但法诗学认为，法的人性基础，更主要是诗性，即爱与创造的统一。诗性，不仅将人与动物区别开来，还将人与机器区别开来，特别是将人与"人工智能"（AI）区别开来。在法诗学看来，法是正义的创造性实践；因此，法官（以及法律人）应当成为人伦正义关系上的"诗人"。在数字技术（特别是人工智能技术）迅猛发展的当代，只有诗性的人是不可取代的。

1.7.2. 就法学的性格取向言，传统法学认为，法学的基本性格是保守的，擅长于论证、解释或漏洞的修补。德国法学家基尔希曼也说："实在法就像个执拗的裁缝，只用三种尺码来应付所有的顾客，而法学就像个好脾气的帮手，明明看出衣服上哪里太紧，哪里变了形，但是为了尊重老板，只能悄悄把线头拆开一点儿，塞进一块衬布了事。"[②] 他还不无讽刺意味地说："像夯实地基、构筑雄伟大厦这样的事，法学家是做不来的。而当别人把支柱立好、把大厦盖起来以后，法学家又会蜂拥而至，对原本很和谐的建筑精心加以测量、粉饰，使得君主和民众再也看不出那建筑本身。"[③] 但法诗学认为：除论证和解释外，法学的功能，更主要的是批判和创造。在法诗学中，不仅有面对过去的"批判"，还有面向未来的"展望"和"创造"。

1.7.3. 就基本宗旨言，传统法学主要是认识论或知识论的；而法诗学则是德行论或直觉论的。传统法学方法，强调知识的积累和逻辑的分析；法诗学的方法则强调德行的积淀和诗性的创造。传统法学旨在"认识法的真理"；法诗学则是要"成为法的本身"。在隐喻的意义上，传统法学的目的类似一种"财产性的"追求——"我获得了法""我掌握了法""我拥有了法"；法诗学的目的则是"人格性的"——"我应

---

① 陀思妥耶夫斯基在《地下室手记》中写道："我同意：人是动物，主要是有创造性的动物，注定要自觉地追求目标和从事工程艺术的动物，也就是说，要不断给自己开辟道路。不管这道路通向何方。但是他之所以有时候想要脱离正道走到斜路上去，正是因为他注定要去开路……"见〔俄〕陀思妥耶夫斯基《地下室手记》，臧仲伦译，漓江出版社 2012 年版，第 29 页。

② 〔德〕基尔希曼：《作为科学的法学的无价值性——在柏林法学会的演讲》，赵阳译，商务印书馆 2016 年版，第 42~43 页。

③ 〔德〕基尔希曼：《作为科学的法学的无价值性——在柏林法学会的演讲》，赵阳译，商务印书馆 2016 年版，第 59 页。

该成为法""我就是法"。换言之，传统法学是向外用力的，强调规范或秩序的获取；法诗学则向内用力，强调"法感"的养成、德性的"积淀"。用《荀子》的话说，就是"积善成德，而神明自得，圣心备焉"。

八　法诗学研究的主要问题

（一）法与诗的关系问题

1.8.1.0. 在法诗学看来，法与诗是同根同源的。诗歌以及其他各种艺术形式（绘画、雕塑、服装、建筑、歌舞、典礼仪式等），都曾是法的载体。德国法学家格林在《法的诗意》中说："法与诗从同一张床上起身……从同一个源泉中涌现出来的法与诗，在任何时候都使自己在另一个当中得到应用和把握。"[①] 法与诗具有共同的属性，即诗性。——都是人类想象力及德性创造的产物；都通过语言或某种载体来建构和表达意义；都为日常生活中令人头昏目眩的一系列现象提供秩序、形式和结构，并反映和重塑它们发源其中的那个文化和物质生活条件。

（1）在谈到心与物的"一致性"和"对应性"时，伽达默尔说，发生在语言范围内的心与物之间的贯通，"既不意味物的优先性，也不意味利用了语言理解这一工具的人类思维的优越性。相反，凝结在世界的语言实验中的这种一致对应本身是绝对现在的"。"这一事实可被一种现象优雅地表述出来，这一现象本身构成语言事物的结构方面，这就是韵律这种现象。"正如霍宁斯伍德所强调的，"韵律的本质在于存在与心灵之间特殊的居间领域"。韵律的节奏化能够造成一种思维上的后续效力，"只要思维察觉到有规律的接续，这种节奏化就不仅能够而且最终必须发生"（笔者按：诗的韵律是一种客观直感或直觉上的惯性）。这种情况表明，心与物的一致对应，一方面"先于声音的接续"，另一方面"先于节奏化的领悟"（笔者按：譬如人不假思索地从山上踩着石头一气跑下【12.3.2.（3）】）。诗人们"把诗的概念描述成世界与心灵在诗的语言形式中的和谐，他们所描述的就是一种节奏性的经验。成为语言的诗的

---

① Jakob Grimm, Von der Poesie im Recht, Wissenshaftliche Buchgesellshaft Darmstadt, 1963. S. 8.

结构，保证了……心灵与世界彼此诉说的进程"①。这就是说，语言一旦成为诗，即诗性的语言，便具有了格通"事物的内部存在"与"人类自身的内部存在"之间关联的力量；法律亦然。

（2）我们知道，法律并非语言（尽管法律主要表现为成文法），法律之"诗"，也不是指一首语言艺术意义上的"诗歌"（尽管远古法律大都表达为押韵的诗句）；然法律也不妨被视为某种"语言"或"诗"。由此不妨类比地说：通过语言，人们在交流中达成彼此的确信，并可以在表达中创造诗性的境界（如诗歌）；同样，通过法律，人们在互动中达成秩序，并在个案正义的创造性实践（praxis）中达到诗性的正义（即法的诗性）。在学理上，语言被定义为达成一致理解的工具，但别忘了，语言还会"创造"（诗歌）；法律也被定义为秩序或达成一致行动的工具，同样不可忘记，法律也会"创造"（个案正义的"诗"）。创造，无论是物质上还是制度上的，从根本上讲，都是精神上的或思维上的，从而也就是"语言"上的，即"诗"的。

（3）蒲鲁东曾反问道："良心上的事实和我们行为上的法则，又怎么会有所不同呢?"② 是的，"良知"的实践效用，虽不同于"良知"的语言表达，但二者是辩证统一的。关于"良知"的表达，依怀特海的说法，有哲学和诗的两个途径，"二者都力图表达我们名之曰文明的终极的良知，所涉及的都是形成字句的直接意义以外的东西"。但不同的是，"诗与韵律联姻，哲学则与数学结盟"。③ 这就是说，"良知"的表达，主要是一个语言学问题，或表达为韵律的语言（诗歌）或表达为数学的语言（譬如逻辑）；而"良知"的效用，特别是就"个案正义"言，则是一个创造性实践问题。然语言的表达与效用之创造虽有区别，却又是相通的：表达，可视为嘴巴上的行动；实践，也可视为行动上的言说。在此意义上，一位诗人通过语言上的韵律创作诗歌、表达"良知"、引发共鸣，与一位法律人，通过行动上的"韵律"（譬如判案）实现正义、表达"良知"、引发共鸣，其实是同一件事。

---

① 王晓燕译《事物的本质与事物的语言》，载严平编选《伽达默尔集》（第 2 版），邓庆安等译，上海远东出版社 2003 年版，第 202 页。
② 〔法〕蒲鲁东：《什么是所有权》，孙署冰译，商务印书馆 1963 年版，第 127 页。
③ 〔美〕怀特海：《思维方式》，刘放桐译，商务印书馆 2010 年版，第 162 页。

1.8.1.1. 以历史唯物主义的眼光来看，法与诗的割裂，是一种"异化"，伴随这种"异化"的，是理性与科学主义的扩张。黑格尔曾说，想象、直觉、情感，都是肤浅思想的要义：它不是把科学"建立在思想和概念的发展上"，而把它建立在情感和想象上，"把法的东西归结为主观信念的那种良心"，因而把法的规律或理性视为自己最大的敌人。但是"理性是不允许感情在它自己的特异性中得到温暖的"。① 从西方法律思想史看，法与诗的关系，曾经历过三次"切割"：第一次是法的国家主义，以罗马法学为代表，切除了法律中的不成文因素、民间因素以及非理性因素；第二次是法的科学主义，以欧洲大陆启蒙时期的法学为代表，进一步切除了法律中的"情感""好像""形象"等非理性因素；第三次是分析实证主义法学（特别是纯粹法学），试图彻底剔除法律中的伦理、道德以及"情感"。经过所有这些"切割"，法所固有的形象性、好像性、生活性、情感性以及德性创造等，均作为多余因素，被剔除或弱化。在纯粹的法律科学视野中，法，只剩下了逻辑、规范和教义；法学丧失了诗性话语的空间；法感"诗人"，彻底被逐出法的城邦。

1.8.1.2. 这一概念或科学主义"异化"，体现在传统法学上，便是以下两个基本假设。一是主客体的分离以及法的形式与内容的二元论，即存在着一个独立于研究或适用者之外的法的实体；这一实体，以实证法（制定法、判例法、习惯法、学理法等）为形式，以法的价值为内容。二是知行分离的二元论，即法的研究方法（分析、比较、调研等）与法的适用方法（解释、推理、论证等）是分离的，即两套独立的方法论。

法诗学研究，则是要避免传统法学这两个主要缺陷。一是立场上的缺陷，即把法或正义仅仅作为客体去研究（旁观），而不能从交互关系方面去体验（内参）。法诗学主张——用马克思的话说——把法或正义当作"感性的人的活动"去理解。② 二是方法上的缺陷，即将法或正义当作名词性的概念去分析，而不是现实的感性活动本身去创造。法诗学

---

① 〔德〕黑格尔：《法哲学原理》，范扬、张企泰译，商务印书馆 1961 年版，第 6~7 页，序言。

② 〔德〕马克思：《关于费尔巴哈的提纲》，载《马克思恩格斯全集》（第三卷），人民出版社 1960 年版，第 3~8 页。

主张，法，不仅是名词性的，还是动词性（正义的不及物动词状态）的，即德性的创造。传统法学致力于对抽象正义的解释和演绎，而法诗学的目的，则在个案正义的创造。

（二）德性与诗性的关系问题

1.8.2.1. 德性与诗性是相通的。中西诗学都是以"德"为本的。不同的是，西方诗学中的"德"，主要是指外在的道德规范，其内在精神是"真"，是从审美概念出发去观察并获得外在对象的实在本体；中国传统诗学的"德"，主要是指良知良能的发用和扩用，其核心精神是"仁"，是从诗性人格出发去体验并获得交互关系上的恰切。① 西方诗学上的"德"，是作为"真理"的"德"。席勒诗云："只有通过美这扇清晨的大门/你才能进入认识的国土。""我们感受为美的东西，总有一天会化为真理向我们迎面走来。"② 中国传统诗学上的"德"，是"仁爱"之"德"。安乐哲说："儒家角色伦理学的核心观念是'仁'，没有'行为体/行为'的二分。'仁'是'人'的故事叙述，不是对'人'进行分析理解。'仁'是把人自己行为与身边榜样人物行为相互联系起来，修养而成，不是行为上合乎一些抽象道德原则。"③ 可见，德性与诗性，是相通的：或通于"真"，或通于"仁"；在法诗学看来，这两种"相通"，并非对立不可调和，而是辩证统一的。

1.8.2.2. 魏宁格认为，逻辑与伦理是相通的——通在"真实"和"责任"。在法诗学看来，德性与诗性也是相通的——通于"责任"和"创造"。

（1）德性与诗性，通于"责任"。在"责任"中，德性和诗性是融为一体的。苏珊·斯图尔特说，诗"作为韵律语言（metered language），

---

① 按：子曰："仁者，爱人。"《庄子·天地》："爱人利物之谓仁。"《春秋·元命苞》："仁者，情志好生爱人，故立字二人为仁。"张载《正蒙·中正》："以爱己之心爱人则尽仁。"王亚东："二人，曰仁。仁者，男女也。""二人世界，造就了无数的人。也让孔子发现了'仁'。""仁者，爱人也。其最初的本意怕就是二人之间的你欢我爱，谐和无比。"见王亚东《南来之风：〈诗〉之〈周南〉〈召南〉探微》，浙江古籍出版社2020年版，第2、8页。

② 叶隽编选《席勒诗选》，王国维等译，吉林出版集团2012年版，第189、190页。

③ 〔美〕安乐哲：《儒家角色伦理学——一套特色伦理学词汇》，〔美〕孟巍隆译，山东人民出版社2017年版，序言。

能够保持并投射个体感觉经验的力量，同时还能指向主体间性的意义"①。这就点出了"责任"与"权利"不同，虽都指向"自我"，但"权利"之"我"是主客体间性的"我"，而"责任"之"我"则是主体间性的"我"。古人云：诗者，持也。②"持"，即是"责任"。《孔子闲居》中，子夏问："何如斯可谓参于天地？"孔子答曰："奉三无私以劳天下。"——此可谓生命诗学即人格的最高境界。

（2）德性与诗性，通于"创造"。与机械运作或逻辑运算不同，"创造"是生命情感上的激情和跨越。约翰·密尔说，正"像一棵树，需要按照那使它成为活东西的内在力量的趋向生长和发展起来"③。然而，这种源自人格的活性，却不是孤立生长的，而是"责任"与"创造"的有机统一：一方面，它是交互关系情境下的德性扩用和应对；另一方面，又是反向自身的德性扩充和升华。因此，所谓德性创造，不仅是德性的自然发作，更主要是具体情境下的诗性创作。安乐哲说："相对于亚里士多德的知识逻辑（利用分析法抓到事物本质），儒家知识是从与某一特殊情势相关的一系列特殊条件总体开始，终点是通过运用一种修养而得的想象力，去努力取得最理想的效果。"④清人魏天眷《诗赋》言："事各殊时，制难同量……。伊古词人，厥多哲匠，各感时而有怀，故落笔之不让。"⑤诗者，时也。古人云"君子时中"，正是责任与创造在具体情境下的统一。

（三）"赋活"问题

与"动词的名词化"不同，"名词的动词化"不是将生命活动抽象为概念，而是将概念具体化为生命活动，借用安德里亚斯·韦伯（An-

---

① 〔美〕苏珊·斯图尔特：《诗与感觉的命运》，史惠风等译，上海外语教育出版社 2013年版，第 1 页。
② 《诗含神雾》："诗者，持也。以手维持，则承负之义，谓以手承下而抱负之。"见刘毓庆、贾培俊、张儒《〈诗经〉百家别解考（国风）》，山西古籍出版社 2002 年版，第 2 页。
③ 〔英〕约翰·密尔：《论自由》，程崇华译，商务印书馆 1966 年版，第 63 页。
④ 〔美〕安乐哲：《儒家角色伦理学——一套特色伦理学词汇》，〔美〕孟巍隆译，山东人民出版社 2017 年版，第 285 页。
⑤ 张廷银辑释《方志所见文学资料辑释》，北京图书馆出版社 2006 年版，第 190 页。

dreas Weber）的术语，就是"赋活"（enlivement）。① 鲁迅评论诗人勃洛克道，他"是在用空想，即诗底幻想的眼，照见都会中的日常生活，将那朦胧的印象，加以象征化。将精气吹入所描写的事象里，使它苏生……是在取卑俗，热闹，杂沓的材料，造成一篇神秘底写实的诗歌"②。勃洛克这种"将精气吹入"并使对象"苏生"，即是"赋活"。法学上的"赋活"，主要有两种情况：一是生命隐喻，二是德性创造。

1.8.3.1. 生命隐喻意义上的"赋活"，就是将法隐喻或视为"生物有机体"。例如，法，不仅可隐喻为无生命的绳墨、规矩、轨道、建筑等，还可隐喻为一个生命实体——例如汉语"灋"字中的"廌"（或霍布斯的"利维坦"等）。赋予法律以生物学意义上的活性，或用"身体"（Körperlichkeit）一词来描述法律，主要有两个方向。（1）一个方向，是法学原理的"赋活"。例如，普赫塔就曾借用亲子关系来说明这种"活性"——"父亲"是法学原理，"母亲"是具体而丰富的现实素材③，而他们的"孩子"则是某一项法律制度——在这里，法学原理对于现实的素材，似乎具有能够引起"荷尔蒙反应"的魅力。这一传统，后被耶林发挥到极致，提出"概念交配，并产生新的概念"④ 这一命题。（2）另一方向，是法律客体的"赋活"。例如，基尔克曾将国家等组织实体称为"社会有机体"，与人类个体一样，成为一法律上有思想、有肉体的生命。⑤ 再如，拉德布鲁赫谈到"物的人格化"理论时也说："不只是人具有尊严，物也要向人要求一些东西，要求按照它的价值给予保护和照顾，使人得以使用和享受，此外还要求一个词：爱。这样……人与物的关系就和人与人的关系非常近似了。"⑥ 上述两个方向上的"赋活"——法与人的关系，乃至法学上的物（包括自然界）与人的关系，构成一个客

---

① Andreas Weber, *Enlivenment: Toward a Poetics for the Anthropocene*, The MIT Press, 2019. p. 1.

② 鲁迅：《〈十二个〉后记》，见《鲁迅全集》（第七卷），花城出版社 2021 年版，第 389 页。

③ 转引自〔德〕鲁道夫·冯·耶林著，〔德〕奥科·贝伦茨编注《法学是一门科学吗？》，李君韬译，法律出版社 2010 年版，第 104 页。

④ Rudolf von Jhering, *Der Geist des römischen Rechts auf den verschiedenen Stufen seiner Entwicklung*, I, aufl. Leipzig, 1866. § 3, S. 40.

⑤ 〔德〕基尔克：《私法的社会任务：基尔克法学文选》，刘志阳、张小丹译，中国法制出版社 2017 年版，第 66、71、78 页。

⑥ 〔德〕拉德布鲁赫：《法哲学》，王朴译，法律出版社 2013 年版，第 157 页。

观的诗意空间，并在这种诗性关系中（就像爱情）相互作用，实现并"彼—此"完善。

习近平总书记多次说，"要把生态环境保护放在更加突出位置，像保护眼睛一样保护生态环境，像对待生命一样对待生态环境"。在中央财经委员会第七次会议上，习近平总书记强调："人与自然是生命共同体，人类必须尊重自然、顺应自然、保护自然。"新冠疫情使我们更加深刻认识到，"必须站在人与自然和谐共生的高度来谋划经济社会发展"①。马克思甚至将自然界提高到人的"身体"的高度——"人靠自然界生活。这就是说，自然界是人为了不致死亡而必须与之处于持续不断的交互作用过程的、人的身体"②。——外在之物（包括自然界），固然是一种客观实在，但同时，也是与我们共生的生命共同体，甚至可能是与我们共处于历史文化关系中的情感共同体。美国学者斯特伦斯基说，这种生命诗学，告诫我们"热爱、尊重自然生态，因为它是由所有生命事物、植物和动物组成的。从她那里，人类自出现伊始，就不单获取其生计所需，而且在如此漫长的岁月里，获取其宏大深邃的审美感受，以及获取其最高尚的道德和思想省悟"③。张载言："民，吾同胞；物，吾与也。"④ 王国伟在《江南之"物"的文化性》一文中写道，召回这些"物"（建筑、园林、家具等），"用身体激活物，是物的最好归属。因为，物的集合的向心原点，是人的行为与判断方式，物始终参与着我们的心理重建，并在重建中形成物与人的新型关系"⑤。当我们以诗学的方法赋予外物以生命或活力时，我们与对象（譬如大自然或其他外在事物）的关系便会发生诗性的改观：不仅会看到对方的可爱、可敬，还会使我们反观并致力于我们自身德性的高贵。

1.8.3.2. 德性创造意义上的"赋活"，是将法或正义置于"具体情境"中——即法在"缘"中【11.1.8】。罗念庵曾指出"依"与"致"

---

① 《习近平谈治国理政》（第四卷），外文出版社 2022 年版，第 355 页。
② 〔德〕马克思：《1844 年经济学哲学手稿》，人民出版社 2014 年版，第 52 页。
③ 转引自〔美〕伊万·斯特伦斯基《二十世纪的四种神话理论——卡西尔、伊利亚德、列维-斯特劳斯与马林诺夫斯基》，李创同、张经纬译，生活·读书·新知三联书店出版社 2012 年版，第 271 页。
④ 张载《乾称篇》。
⑤ 王国伟：《江南之"物"的文化属性》，载《文汇报》2023 年 3 月 9 日，第 8 版。

的区别。他说，阳明先生"拈出良知，上面添一'致'字，便是扩养之意。良知'良'字，乃是发而中节之和，其所以良者，要非思为可及，所谓不虑而知，正提出本来面目也。今却尽以知觉发用处为良知，至又易'致'字为'依'字，则是只有发用而无生聚集矣。……是故必有未发之中，方有发而中节之和；必有廓然大公，方有物来顺应之感"①。以此来看，"依"与"致"的区别主要有二：一是"见闻之知"与"德性所知"之别；二是"理据"与"具体情境"之别。在法诗学看来，法或正义，不仅仅是一个抽象的可以作为理据的客观实体，也不仅仅是事先可以确定的抽象理念——用马克思的话说——对于"一切有生命的东西"，我们"是决不会预先知道它'来自何处'和'走向何方'的"②；应该说，法或正义的实现，是一个具体情境下的生命过程。列维在谈到法律规则及其适用时说："所谓法律推理，似乎是分类在做出的那一刹那就会发生变异的这样一个过程，而规则也是除非不应用，否则也是一用就变。更重要的是，规则所由来的那个过程是在比较事实的同时创造规则然后再适用规则。"③ 可见，作为生命存在的法或正义，只有在具体的情势中才会显现自己，即只有在个案的具体情境下，相关的规则、事实、方法才会登场，并合成一股综合性力量，构造事件并产生相应的戏剧性效果。这一过程，很像艺术家的创作过程：抽象的、事先的美，是不存在的；每件艺术品的美，都在其独特性中展现自己。所以，埃利希说："我们没有唯一的公正，也没有唯一的美丽，但在每一个公正作品中都包含着公正，就像从每一个真实的艺术品中都可以看出对于人类的美丽一样。所有的法律、法官判决、法学著作都在构造着独特的公正。所以，公正的最高表现形式是所有矛盾体的完美综合，就像造物主创造的伟大艺术一样。"④

---

① 梁启超编著《德育鉴·存养第四》，译林出版社 2022 年版，第 90 页。
② 《马克思恩格斯全集》（第二卷），人民出版社 1957 年版，第 24~26 页。
③ 〔美〕爱德华·H. 列维：《法律推理引论》，庄重译，中国政法大学出版社 2002 年版，第 7~8 页。
④ 转引自〔德〕莱赛尔《法社会学导论》（第 4 版），高旭军等译，上海人民出版社 2008 年版，第 77 页。

（四）"法感"问题

法学与诗学，虽然是不同的，但在方法上，又是相通的。那些可以通用于法学的诗学概念或范畴，将法学带入（回）富于生命情感的世界。我们知道，诗，讲"情感"；法或正义的实现，同样离不开"法感"（legal feeling，Rechtsgefühl）。德国法学家耶林就认为，面对一个案件，首先要听听"法律感觉的声音，然后才开始做法律上的理由构成。如果论证的结果与法律感觉不一致，那么这项说理就没有价值"①。耶林说："逻辑上所设定的事物，并非必定要被实现；生活、交易、法感所设定的事物才是如此，无论它们在逻辑上是必然的或者不可能。"② ——以情感（而非逻辑）为基础的法诗学范畴非常丰富，这里主要谈两个："好像"和"交融"。

1. 8. 4. 1. 好像（as if）。《礼记·学记》言："不学博依，不能安诗。"所谓"博依"，就是"好像"，即通过各种各样的情感意象打通各种各样的概念界限。在法诗学看来，通过各种各样的"好像"，想象地进行虚构和创造，是"诗"；通过各种各样的"好像"，比喻地叙事、建构秩序，也是"诗"。诗学思维，是"情与理"的统一；法学思维，则是法律逻辑与法律情感的统一。在法诗学看来，思维是逻辑的，又是富于想象和情感的；反过来，情感，是激越的，又是可以包容逻辑的；思维，不仅可以是"无我之境"的逻辑运算，更主要还是"有我之境"的情感与逻辑的交融。思维（尤其是法治思维），在本原上，是对话或交谈，只有在交谈中才能产生个案正义的共鸣和创造。

（1）想象与虚构。我们知道，诗的思维和方法，主要是想象和虚构。在培根看来，科学讲"实验"，而诗，则是"分享几分神性"的。他说，"诗是学术的一部门"，就文辞言，它是"有节制的"，但就内容言，它是"极端放肆自由的"。诗，通过"想象"，可以"任意把自然已分开的东西结合在一起，把自然已结合在一起的东西分开，这样就在许

---

① 转引自吴从周《概念法学、利益法学与价值法学：探索一部民法方法论的演变史》，中国法制出版社 2011 年版，第 63 页。

② Rudolf von Jhering, Der Geist des römischen Rechts auf den verschiedenen Stufen seiner Entwicklung. Bd. III. 1, aufl. Leipzig, 1865. §59, S. 302–303.

多事物之中造成一些非法的婚媾和离异"。诗，还离不开"虚构"。培根说：为了弥补历史事实之贫乏，"诗就虚构出一些更伟大更英勇的行动和事迹"；为了弥补实际酬惩之缺憾——"不很符合德行和罪恶理所应得的酬惩"，诗就"把它们虚构成为在酬惩上较公平"，较符合天理。[①] 这些"虚构"的传奇，虽然不符事实，却更符合历史本真；这些"虚构"的因果，虽然不合逻辑，却可能更接近德性天理。

诗学是如此，法学亦然：为了正义，法学同样运用想象和虚构。法学上的"同一化"拟制（"纳入"，并"视为"相同）和"区别化"拟制（"分出"，并"视为"不同），即可谓诗性的"虚构"，借用培根的话说，就是"把自然已分开的东西结合在一起，把自然已结合在一起的东西分开"，造成许多"非法的婚媾和离异"。法律拟制（fiction、Fiktion、虚构），就是法学上的决断性虚构。法学中许多重要观念和制度，都是拟制的产物。例如，巴托鲁斯、萨维尼在解释法人的人格时认为，法人是拟制的人；蒲鲁东在《什么是所有权》中提到，时效取得是民法上的一个拟制；施蒂纳在解释继承权时认为，权利一直延续到死后是法律的拟制；梅因在《古代法》中提出，拟制、衡平和立法是法律适应社会发展的三个基本媒介；卡多佐在《司法过程的性质》中指出，拟制是跨越新旧法律规则鸿沟的重要工具。马克思在给裴迪南·拉萨尔的信中，曾提到拟制所具有的诗意，他引用维柯的几段话说："'古罗马法是一首庄严的长诗，而古代法学是严肃的诗歌，其中隐藏着法律的形而上学的最早而初具规模的萌芽……古代法学是极富于诗意的，因为它把已完成的看作是未完成的，把未完成的看作是已完成的，它把活人看作是死人，而把死人看作是成为遗产的活人。……继承人……在遗产方面代表死去的家长。'"他赞赏维柯的思想包含着"比较语言学基础"和"不少的天才的闪光"。[②] 应该说，若就方法论言，没有拟制，就无法建构起法律制度的大厦：在私法中，没有拟制，就不可能建构起法人、婚姻、收养、

---

① 朱光潜：《西方美学史资料翻译（残稿）》，中华书局 2013 年版，第 118 页。

② 《马克思恩格斯全集》（第三十卷），人民出版社 1975 年版，第 618 页。另见《马克思恩格斯论艺术》（二），人民文学出版社 1963 年版，第 168～169 页。另可参见〔意〕维柯《新科学》一书朱光潜翻译的两段译文，人民文学出版社 1986 年版，第 529、530 页。另可参见"科尔内利法拟制"（fictio legis Corneliae）词条，黄风编著《罗马法词典》，法律出版社 2001 年版，第 112 页。

所有权、契约、知识产权、代理、信托、票据、破产等；在公法中，没有拟制，就不可能建构起国家、主权、公民、选举、代议制等。——所有这些概念和制度，尽管各自具有不相同的性质和功能，但有一点却是相同的，即都包含某种诗性的"好像"或决断性的虚构。① 因此我们说，拟制中蕴含着法学方法的核心秘密——德性之创造。

（2）隐喻与叙事。一个"隐喻"，就是一个最小的"故事"。"诉讼"即可视为一场"戏剧"或"叙事"。在拉丁语中，叙事与诉状，原本就是同一个词：narratio。别林斯基曾说："诗人从所写人物身上采取最鲜明最足以显出特征的面貌，把不能渲染人物个性的一切偶然的东西都一起抛开。"② 这虽是人物塑造上的叙事原理，却同样可以适用于法学：诉讼程序、证据制度、犯罪的构成要件理论等，都可谓一种诗性的叙事。在戏剧学眼中，诉讼"双方的律师构建有罪与无罪的故事，彼此争论谁才是真正的主角"③。

一个"隐喻"，可能是一个最小的故事，却也可能是一个天大的"叙事"。"启蒙"，即可谓这样一个虚构的叙事：其喻体即是卢梭所谓的"获取猎物"或莱布尼茨所谓的"单子"。在"启蒙"观念中，每个个体的主体性被点亮，成为独立的主体，进而上升为万物之"主"。在此"叙事"中，外在事物（甚至他人），都变成了"我"的对象——"它"：表现在语法上，就是"我"的"谓词"或"宾语"——受动者；体现在科学上，即"我"的"客体"——我观察或解剖的对象。这一隐喻扩用到法学上，便是以"我"的权利为"本位"的法律关系理论，即，物，是"我"的物权的客体；自然界，是"我"的外在环境；他人，是"我"向其主张权利的对象；婚姻，则被视为彼此占有对方的性官能的结合体（具有"物权性质"）。④ 法学教育教学的目的，就是拥有或获取法律知识和技能。应该说，相对于"神权"叙事言，"启蒙"所唤起的权利主体之觉醒，是一个伟大进步的叙事。然在这一法学叙事中，身份、德性

---

① 卢鹏：《拟制问题研究》，上海人民出版社 2009 年版，第 1、171 页。
② 朱光潜：《西方美学史资料翻译（残稿）》，中华书局 2013 年版，第 225 页。
③ 〔美〕乔纳森·歌德夏：《讲故事的动物：故事造就人类社会》，徐雅淑、李宗义译，中信出版社 2017 年版，第 22 页。
④ 〔德〕康德：《法的形而上学原理——权利的科学》，沈叔平译，商务印书馆 1991 年版，第 94、95、96 页。

（爱情、正义）等人格问题，全都"物化"了。这就是马克思所指出的，"私有制使我们变得如此愚蠢而片面，以致一个对象，只有当它为我们所拥有的时候，就是说，当它对我们来说作为资本而存在，或者它被我们直接占有，被我们吃、喝、穿、住等等的时候，简言之，在它被我们使用的时候，才是我们的"①。

与此不同，法诗学则要讲述另外一个故事——"赋活"（启蒙的 2.0 版）。②"赋活"，就是赋予对象以生命、关系和情境：其喻体，不是解剖台上的"死物"或市场上的"商品"，而是"爱情"。韦尔南说："构成爱情的特点的，并不是和某人分享……而是自身被分享，就是说，成为另一个人的一部分，同时另一个人又成为自己的一部分……在爱情中，另一人的存在永远处在你的视野之中，并带着它所有的困难。"③ 在"赋活"观念中，每个主体不是处于由单方主导的主客体关系中，而是处于互动性的主体间关系中。在此叙事中，外在事物不仅是我的"客体"，还是我的"另一方"；"我与它"的科学叙事，变为"我与你"的戏剧。用叔本华的概念，就是"我有"变成了"我是"；用弗洛姆的概念，就是"占有型模式"变成了"存在型模式"。体现在法学上，就是"权利"本位，上升为"责任"关系：法之运行，不仅是单向的规制和机械运作，而是双向的对话和共同治理；法之形态，不仅是外在的逻辑体系，而是有生命有情感的交流共鸣。自然界，不仅是围绕着我的环境，更主要还是与我和谐共生的生命共同体。在此意义上，法或正义的实现，不再仅仅是依照某个理据的逻辑运作，而是一种交融状态的生命体验，是爱与创造的统一。

费尔巴哈曾说，作为生命活动的阐发，"应当是一种再生、蜕变。阐发者应当把异己的东西不是看作异己的，而是看作仿佛是他自己的，他应当把它设想为某种通过他自己的活动间接表现出来的东西，设想为某种被他同化了的东西。他的典范不是那些采集花粉并运回蜂巢的蜜蜂，

---

①　〔德〕马克思：《1844 年经济学哲学手稿》，人民出版社 2014 年版，第 235 页。

②　在 Andreas Weber 看来，赋活（Enlivenment）是启蒙（Enlightenment）的 2.0 版本——基于启蒙，又超越启蒙。

③　〔法〕让·皮埃尔·韦尔南：《神话与政治之间》，余中先译，生活·读书·新知三联书店 2001 年版，第 5 页。

而是那些把已经采集到的花粉作为蜂蜡重新分泌出来的蜜蜂"①。酿造，与采集不同，是一个基于爱的生命过程，是可欲中的"好像"和美好，是情境中的"交融"和创造。艾青说：一首诗，就是一个人格。同样我们说，一项基于爱的创造，也是一个人格。

1. 8. 4. 2. 交融。诗学，讲交融；法诗学，也讲交融。诗学，讲情与理、身与心、情与景、人与物、天与人的交融；法诗学，则讲法与事、法与德、法律逻辑与法律情感的交融。交融，是诗学与法学的共同话题和追求。一方面，人，本就是一个交融的整体。歌德说，人，作为"一个整体，一个多方面而有内在联系的各种能力的统一体；艺术作品必须向人的这个统一体说话，必须适应人的这种丰富的统一体、这种单一的杂多"②。这就是说，诗必须面对活生生的人说话。法律亦然：一条规范，或一项判决，其所面对的，同样是一个活生生的人，一个能思考有情感的人。另一方面，人，只有超越其旁观者或局外人之立场、与对象融为一体、进入一种情感体验的状态，其自身才成为一个生命统一体。

（1）交融于情境。别林斯基曾说："思想消融在情感里，而情感也消融在思想里：从这种相互消融里才产生高度的艺术性。"③ 而这种交融，不是理念性的存在，而是情境性的存在。诗学上评判一个人物，"就应考虑到他在其中发展的那个情境，以及命运把它摆在里面的那个生活领域"。这种具体性或情境性，"就是形成一切事物生命的（没有它任何事物都活不了）那种理念和形式之间的秘奥的、不可分割的、必然的融合"。④ 同样，在法学上，个案判决（个案正义的实现），也是须要在具体时空情境下方可判定的问题。

德国法哲学家考夫曼说："我们需要一个同样代表特殊与普遍，事实与规范之构造物，一个个别中的普遍，一个存在中的当为。"⑤ 在考夫曼看来，实然与应然、事实与规范、逻辑与情感，并非不可沟通，只是需

---

① 〔德〕费尔巴哈：《对莱布尼茨哲学的叙述、分析和批判》，涂纪亮译，商务印书馆 1979 年版，第 5 页。
② 朱光潜：《西方美学史资料翻译（残稿）》，中华书局 2013 年版，第 172 页。
③ 朱光潜：《西方美学史资料翻译（残稿）》，中华书局 2013 年版，第 226 页。
④ 朱光潜：《西方美学史资料翻译（残稿）》，中华书局 2013 年版，第 225、224 页。
⑤ 〔德〕考夫曼：《类推与"事物本质"——兼论类型理论》，吴从周译，新学林出版股份有限公司 1999 年版，第 101 页。

要一个充当第三者的桥梁。这个桥梁，在法诠释学那里，就是流转于事实与法律间的那个目光所产生的"意义"；在法诗学看来，则是德性参与其中的具体情境，即具体情境中的个案正义。个案正义，不是单纯得自规范，也非单纯得自事实的，不是单纯得自情感，也非单纯得自逻辑的，不是单纯得自人，也非单纯得自物，而是得自事件，即具体时空情境下的人与对象的相遇。在具体情境中，存在与当为即时相遇，现实与价值瞬间对应，事实与规范、逻辑与情感交合在一起，构成一曲综合的旋律。在此意义上，个案正义，是事实正义与法律正义之间的复调性共鸣。

（2）交融于直觉。在舞蹈艺术中，舞者的身体、动作和灵魂融为一体；同样，在法律艺术中，逻辑与情感、法律与事实、法律与德行也融为一体。诗学，讲直觉；法学，也讲直觉。所谓"直觉"，用梁漱溟的话说，就是"随感而应"，即"孔子所谓仁"。[1]《孔子闲居》曰："清明在躬，气质如神。"马一浮解释说："在冲漠无朕之时，见机用无穷之妙，不由施设，不假安排，遇物逢缘，自然而应，乃所谓神矣。"[2] 这里的"神"，就是"直觉"，也即是"诗"。

彼得拉日茨基将法律分为"实证法"和"直觉法"两个类型。相对于"实证法"言，"直觉法"的特征有三。第一是情境性。直觉法的"指令无拘无束地与特定情形的具体的、个体化的环境（特定生活情境）保持一致"，不受预先决定的实证法的各种限制。第二是活性以及更强更高的适用性。直觉法"缺少规范性事实的理念"，因而有着"无限制的适用性"；在法律心理上，直觉法也"有着更高的地位或者说位阶"。彼得拉日茨基指出，"法律秩序以及推动相应社会生活领域的力量的源泉不是实证法，而是直觉法"。第三是人格性。直觉法"因人而异，它的内容被每一个人的个人状况和生活环境所界定"。可以说，"有多少个个体便有多少种直觉法"。他解释说："每一种法律（甚至包括实证法）在心理学的意义上都是个体性的，这正如每一种心理体验都是一种个体心灵

---

① 梁漱溟：《东西文化及其哲学》（第2版），上海人民出版社2015年版，第128、129页。

② 马一浮：《复性书院讲录》，山东人民出版社1998年版，第179页。

的现象。"① 直觉法的本质是人格或德性，而非规范性事实。

诗学有言，"每有制作，伫兴而就。"诗学创作如此；法学上的创造亦然。《管子·白心》言："圣人之治也，静身以待之，物至而名自治之。"这里的"静身以待"，不是消极等待，而是德性不间断积淀下的创造性应对。《礼记》言："德者，得于身也。"这种个案正义实现中的创造性应对，不仅来自法的知识的积累和技能的训练，更主要还要诗人般"真志"（"诗言志"之"志"）的日用无间断工夫。这种创造性应对，虽是即时发生的，却是长期积淀和"自我技术"的结果，即福柯所谓："它使个体能够通过自己的力量，或者他人的帮助，进行一系列对他们自身的身体及灵魂、思想、行为、存在方式的操控，以此达成自我转变，以求获得某种幸福、纯洁、智慧、完美或不朽的状态。"②

九 法的人格诗学

1.9.1. 在法诗学看来，法，作为德性之创造（即人伦或法律关系上的创造，或正义的创造性实践），其动力根源，主要不在知识或技艺，而在人格。

梭罗在《瓦尔登湖》中说："每一个人都是一座圣庙的建筑师。他的身体是他的圣殿，在里面，他用完全是自己的方式来崇敬他的神，他即使另外去琢凿大理石，他还是有自己的圣殿与尊神的。我们都是雕刻家与画家，用我们的血、肉、骨骼做材料。"③ 正如每个人内心都有一首诗、一座圣庙一样，人格修养的过程是一个自我提升的建构过程，而其动力之源，则来自类似"爱情"中的那种对对方的"爱"。

爱，不仅是爱着对方，还因为爱对方而反求诸自己的人格的完善。爱情的确是一种奇妙的关系——你把对象当成什么样的人，你就会成为什么样的人。爱尔兰诗人罗伊·克里夫特诗云：

---

① 〔波兰〕列昂·彼得拉日茨基：《法律与道德的心理学理论》，于柏华译，商务印书馆2022年版，第309~313页。

② 〔法〕福柯著，汪民安编《自我技术：福柯文选Ⅲ》，北京大学出版社2016年版，第54页。

③ 〔美〕梭罗：《瓦尔登湖》，徐迟译，上海译文出版社2004年版，第165页。

　　我爱你，不光因为你的样子，还因为和你在一起时，我的样子
　　我爱你，不光因为你为我做的事，还因为为了你我能做成的事
　　我爱你，因为你能唤出我最真的那部分
　　我爱你，因为你穿越我心灵的旷野，如同阳光穿越水晶般容易
　　……

　　从"爱"中，我们实现了从修辞学到诗学的飞跃，体验了"我有"与"我是"的交融和统一。莱布尼茨说："爱意味着为别人的幸福感到高兴，或者，换句话说，把别人的幸福变成自己的幸福。"在真正的爱情中，我们从对方的眼神中，不仅看到了爱，还看到了自己的高贵，学会了奉献、牺牲和责任。

　　1.9.2. 法诗学要想成为一门君子之学，不仅要有自己独特的研究对象和方法，更重要的，要以诗性人格为其奠基。拿中国古代刑名学的发展来说，当它变成一门君子无权参与的官学时，便沦为荀学或法家之学；而当它变成一门君子不屑参与的小人之学时，便沦为公孙龙子之学或诡辩之学。在此意义上，中国古代真正具有独立名学地位者，不是主张"制名"的法家之学，也非主张"辨名"的诡辩之学，而是主张"慎名"的儒学。

　　小人之学讲"辩"，君子之学也讲"辩"，然此"辩"不同于彼"辩"。韩婴《韩诗外传》（卷六）言："天下之辩，有三至五胜，而辞置下。辩者别殊类使不相害；序异端使不相悖。输公通意，扬其所谓，使人预知焉，不务相迷也。是以辩者不失所守，不胜者得其所求，故辩可观也。夫繁文以相假，饰辞以相悖，数譬以相移，外人之身，使不得反其意，则论便然后害生也。夫不疏其指而弗知谓之隐，外意外身谓之讳，几廉倚跌谓之移，指缘谬辞谓之苟：四者所不为也。故理可同睹也，夫隐讳移苟，争言竞为而后息。不能无害其为君子也。故君子不为也。论语曰：'君子于其言，无所苟而已矣。'"[1] 此非法家之"辩"，亦非"警"者小人之"辩"，而是君子之"辩"。

---

　　[1]　屈守元笺疏《韩诗外传笺疏》，巴蜀书社 2012 年版，第 276~277 页。

1.9.3. 通常认为，人的自我"关注"的方式，主要有六种：（1）哲学式的（即在我与现实的关系适应性上修炼提升自己）；（2）法学式的（即在我与规范的关系适应性上修炼提升自己）；（3）伦理式的（即在我与他人关系的适应性上修炼提升自己）；（4）宗教式的（即在我与我的灵魂的关系上修炼提升自己）；（5）美学式的（即在我与我的感觉的关系上修炼提升自己）；（6）医学式的（即在我与我的身体的关系上修炼提升自己）。其中，前三种是由外及内的，后三种是由内及内的；前两种是单向适应的，后四种是双向互动的；前两种方式的喻体是"饮食"，后四种方式的喻体则是"爱情"；前两种方式是二元论的，后四种方式是一元论的。

其中，伦理式的人格完善，又要复杂一些：一方面，它可以是单向适应的，另一方面，也可以是双向互动的；一方面，可以是以"饮食"为喻体的伦理经济学或伦理科学或哲学，另一方面，也可以是以"爱情"为喻体的伦理生命学或伦理诗学。在后一种情况下，当它以"爱情"为喻体，即在伦理诗学基础上扩展开去时，人与环境、人与现实、人与外在事物的关系，就不再是哲学、科学、经济或逻辑的，而成为诗学的；不再是"二二得四"的，而可能是"二二得五"的。[1] 以"爱情"为喻体的人与法律规范、人与法律事实、人与自然生态的关系，也就不仅是法律科学的关系，而成为法律诗学的关系。

---

[1]　陀思妥耶夫斯基在《地下室手记》中写道："但是二二得四——要知道，在我看来，简直是无赖。二二得四，一副自命不凡的样子，两手叉腰，当街一站，向你啐唾沫。我同意二二得四是非常好的东西；但是既然什么都要歌功颂德，那二二得五——有时岂不更加妙不可言吗。"见〔俄〕陀思妥耶夫斯基《地下室手记》，臧仲伦译，漓江出版社 2012 年版，第 30 页。

第二部分　好像

第二部分题记

茨维坦·托多罗夫在《诗学导论》中说:"没有理由再把诗学的研究仅仅限于文学。我们必须了解,诗学不仅是文学的文本,而是所有学科的文本,不仅是语言的创作,而是所有领域的象征。"① 在此意义上:

(1) 基于法律情感,通过各种各样的"好像"进行的法学的叙事和秩序建构,可以是诗;

(2) 通过自由想象变更(Imaginative free variation),在"好像"中进行虚构(拟制)或正义的创造性实践,可以是诗;

(3) 通过各种各样的"好像",打通事物的隔绝、挣脱概念的束缚、跨越制度的界限,也可以是诗。

在"好像"中,法学将自己从"是"提升到"应该",实现诗性的跃迁。法学上的"应然",其实就是"现实"的可能加上"好像"的愿景。而一个规范或判决,之所以值得人们去效法或遵行,正因为它既是现实世界中的可能,又是"好像"境界中的美好。

本书第二部分,包括第二章至第七章,主要讨论法律中的"赋比兴"思维以及法学研究和法律发展中的"好像"。

---

① 转引自〔美〕伊万·布莱迪编《人类学诗学》,徐鲁亚等译,中国人民大学出版社2010年版,扉页。

第二章 法的诗性思维

——好像

取消矛盾律也许是更高的
逻辑学的最高任务。

——诺瓦利斯①

一 引子

2.1.1. 困境。关于人的权利能力的产生和消灭,恩格斯曾指出:"法学家们知道得很清楚,他们为了判定在子宫内杀死胎儿是否算是谋杀,曾绞尽脑汁去寻找一条合理的界限,结果总是徒劳的。同样,要确定死亡的那一时刻也是不可能的,因为生理学证明,死亡并不是突然的、一瞬间的事情,而是一个很长的过程。"② ——这是法律逻辑的困境。③ 关于法人人格问题,加斯东·热兹质疑道:法人,"我从来也没有跟一个法人一块儿吃过饭!"④ ——这是法律科学的困境。

2.1.2. 法学上的"好像"(as if, quasi, comme),作为一种"类"思维,主要不是指类推上的可能性,而是类比上的相似性。

从理论上说,类推之"类",即逻辑学上的类推,不同于类比之

---

① 刘小枫主编《夜颂中的革命和宗教:诺瓦利斯选集卷一》,林克等译,华夏出版社 2007 年,第 163 页。

② 〔德〕恩格斯:《反杜林论》,载《马克思恩格斯文集》(第 9 卷),人民出版社 2009 年版,第 25 页。

③ 按:关于胎儿的权利能力问题,各国有不同的拟制。我国《民法典》(2020 年 5 月 28 日颁布)第 16 条规定:"涉及遗产继承、接受赠与等胎儿利益保护的,胎儿视为具有民事权利能力。但是,胎儿娩出时为死体的,其民事权利能力自始不存在。"

④ 转引自〔法〕让·里韦罗、让·瓦利纳《法国行政法》,鲁仁译,商务印书馆 2008 年版,第 56 页。

"类",即修辞学诗学上的好像。(1)类推,有真假问题;而类比(好像或象征),没有真假问题,但有个恰当性问题。(2)类推思维是结构分析;而类比是整体感受。(3)类推旨在推测或然的事实(概率),古诗《上山采蘼芜》言"颜色类相似,手抓不相如";而类比只求获得相似的感受(好像),曹植《杂诗》曰:"转蓬离本根……类此游客子……"(4)类推之"类",是可比性基础上的"类",是归纳(故"异类不推");类比之"类",是不可比性基础上的"类",是象征(故"同类不比")。(5)类推是技术理性;而类比是人格体验。(6)类推是剔除情感的逻辑思维;而类比则是伴随情感的实践行为。焦循《雕菰集·辨名上》言:"旁通如夫之有妇,取类如父之有子。"相应说来,类推就是焦循所谓"取类",类比则是焦循所谓"旁通",在此意义上,亦可谓"异类不推""同类不比"。

墨子所言"异类不比",其实是说"异类不推"。墨子说:"木与夜孰长?智与粟孰多?"乃是说"木与夜"二者,不具有可类推性。逻辑学上讲"异类不推"(因其不具有可比性)。然诗学不同,其所追求的恰恰是不可比性所带来的"顿悟"、"创造"和"跨越"(所谓奇喻,越奇越妙),在此意义上说"同类不比"。孔子曰:"夫为组者,稷纰(zong pi)于此,成文于彼。言动于近,行于远也。执此法以御民,岂不化乎?"乃是法学政治学上典型的"类比"(好像)思维。

在法诗学看来,整个法学,都建立在类比"好像"的基础之上。《方言》曰:"类,法也。"《荀子·王制》言:"听断以类。"(即"有法者以法行,无法者以类举"。)《国语·楚语上》言:"心类德音,以德有国。"(意思是说,"心"应当遵循或效法德音而动)法学方法,贵在知"类"。"类",作名词,是相似、好像的意思;作动词,则是效法。所谓"效法",就是要遵循或照着去做。怎样才能让人们遵循或照着去做呢?答曰:"实然的可能性"+"应然的好像性"。

2.1.3. 法学中的类比(好像)思维非常广泛,在法律概念、法律观念、法律理想、法律规范维度上有类比思维,在法律事实、法律关系、法律主体、法律客体维度上也有类比。在法律概念上,例如身体喻、字母喻;在法律观念上,例如科学规律喻、上层建筑喻;在法律秩序上,例如夫妻关系喻、父子关系喻;在法律规范上,例如逻辑结构喻、因果关系喻。就法律事实言，例如诱惑邀请拟制中的"小木屋招手"喻、董仲舒"螟蛉有子蜾蠃负之"喻。在法律关系上，例如在合同关系上的社会契约喻、自然契约喻；在权力关系上的父权喻、力量喻。在法律主体上，有单子喻、有机体喻。在法律客体上，则有母亲喻以及情侣喻、教堂喻等。在法学范式上，则有"饮食"喻、"男女"喻。

2.1.4. "好像"思维，主要不是逻辑，而是诗学问题。席勒曾说，只有通过"美"这扇清晨的大门，我们才能进入认识的国土。① 然这是不够的，我们说，只有通过诗学"这扇清晨的大门"，才可能进入真正的法的世界。《礼记·学记》言："不学博依，不能安诗。"② 张定浩先生解释说："博依"即通过各种各样的"象"去接通各种各样的能量来源。茨维坦·托多罗夫在《诗学导论》中也说："没有理由再把诗学的研究仅仅限于文学。我们必须了解，诗学不仅是文学的文本，而是所有学科的文本，不仅是语言的创作，而是所有领域的象征。"③ 从这个意义上讲，（1）通过各种各样的"好像"，想象地进行虚构和创造，是诗性的；（2）通过各种各样的"好像"，形象地抒情、比喻地叙事、拟制地去建构秩序，是诗性的；（3）通过各种各样的"好像"，打通事物的隔绝、挣脱概念的束缚、跨越制度的界限，也是诗性的。

2.1.5. 以诗学的方法研究或看待法的问题，或许不易揭示法的结构或属性，却易于体会法的真实存在。④ 诺瓦利斯说："诗是纯粹而绝对的实在。这是我的哲学的核心。愈是诗性的，则愈真实。""唯有艺术家才能参透生命的真谛。"⑤ 作为一种独特的思维方式，诗的语言虽不长于认识或揭示，却有助于人们去感受；诗性逻辑虽不精确严密，却可能更恰

---

① 席勒诗《艺术家们》："只有通过美这扇清晨的大门，你才能进入认识的国土。为了适应更灿烂的光辉，理智在训练自己的魅力。缪斯的琴弦振响，有一种悦耳的震颤沁透你的心脾，培育着你胸中的力量，这力量将来会飞跃为世界精神。"

② 见（元）陈澔注，万久富整理《礼记集说》，凤凰出版社 2010 年版，第 285 页。

③ 转引自〔美〕伊万·布莱迪《人类学诗学》扉页，徐鲁亚等译，中国人民大学出版社 2010 年版。

④ 帕克认为，科学上的真与艺术上的真不同："科学的真是对经验的外部对象之描述的逼真性；艺术的真则是共鸣的想象——由经验本身组成的明晰性。"转引自〔德〕卡西尔《人论》，甘阳译，上海译文出版社 2004 年版，第 235 页。

⑤ 刘小枫主编《夜颂中的革命和宗教：诺瓦利斯选集卷一》，林克等译，华夏出版社 2007 年版，第 123 页。

合心灵。① 用逻辑的方法，分析或揭示法的结构和关系，固然是一件乐事，而用诗性的方法，去观赏或体验法的形象或存在，同样是一件快事。对于法的观察和理解而言，揭示法的概念原理与理解法的内在精神，是同等重要的。② 诗的语言、逻辑和思维与法的语言、逻辑和思维，虽有许多不同，但有一点是相通的，即它们都试图表达或推断那些无法被纯粹科学或逻辑证明的东西。在法诗学看来，法的世界，并非一个类似物理的或纯粹逻辑的世界，而是一个包含人伦精神和情感想象的世界。

本章主要讨论法学中的诗性思维，特别是"好像"（包括类比）思维。

二　诗性思维

2.2.1. 思维。思维是指个人借助形象事物或抽象概念由此及彼的有意识的思想运动，包括形象思维和抽象思维。就像过河一样，有的地方，有石头连成的小坝，可以沿着走过去；有的地方没有堤坝，但有间隔不远的露出水面的石头，可以踩着跳过去；还有的地方，根本没有落脚之处，只好搬来石头垫脚，或只能架一座桥才能过去。在思维活动中，具象或形象的事物、抽象的概念，都可成为"过河"的根据。其中所谓的"象"，在形象思维中，就是那些垫脚的石头，是具体的、形象的；而在抽象思维中，则是一些概念或符号。抽象思维，无须具体事物作为根据，凭借概念或符号，即可完成从概念到概念、从符号到符号的推理过程，就像桥梁——脱离水面，从空中直接跨过。一般而言，哲学家、科学家、逻辑学家，擅长抽象思维，喜欢直接从"桥"上过去；艺术家、文学家、诗人，则擅长形象思维，喜欢与"水"、与"大地"亲近，喜欢一块石头、一块石头地踩着跳过去。缪尔曾这样写他与大自然韵律的融为

---

① 卡西尔："想象的逻辑应与理性的科学思维的逻辑区别开来。亚历山大·鲍姆加登在其《美学》（1750 年）中曾最早试图全面而系统地建立一个想象的逻辑。""当维柯第一次想系统地建立一种'想象的逻辑'时，他返回到了神话的世界。"见〔德〕卡西尔《人论》，甘阳译，上海译文出版社 2004 年版，第 190、212 页。

② 卡西尔："感知心理学已经告诉我们，没有两眼的并用，没有一种双目的视觉，就绝不能意识到空间的第三维。在同样的意义上……在形式中见出实在与从原因中认识实在是同样重要和不可缺少的任务。"见〔德〕卡西尔《人论》，甘阳译，上海译文出版社 2004 年版，第 235 页。

一体：攀到一个崖锥顶上去吧，"把你的登山鞋系紧，然后毫不犹豫、义无反顾地大胆冲下来，勇敢地从一块巨石跳上另一块巨石，保持速度均匀。这时你会感到你的脚下正在踏着节拍，然后你就能迅速发现蕴含在岩石堆中的音乐和诗韵"①。与自然融为一体，这便是诗人追求的思维境界。

2.2.2. "象"法。无论是形象思维还是抽象思维，都须借助于"象"才能运行。何谓"象"？《韩非子·解老》言："人希见生象也，而得死象之骨，案其图以想其生也。故诸人之所以意想者，皆谓之象也。"② 可见，"象"即想象。就法的表象言，"象"可以划分为"抽象"的法和"形象"的法；在广义上，二者皆可谓"象"法（即想象之法）。前者之"象"，是由抽象概念符号表达的；后者之"象"，则是形象的表达。狭义的"象"法，主要指"形象"的法，包括具象之法和意象之法。

就抽象"法"而言，概念可法，命题可法，推理可法，论证亦可法；就具象、意象或形象的法来讲，天可法、地可法、万物皆可法，言可法、行可法、事件亦可法。——用荀子《劝学》的话说，"端（喘）而言，蠕而动，一可以为法则"。在一个抽象概念（例如所有权、共用权等）或逻辑命题（例如由"范围+系属"构成的冲突规范）中，固然可以表达某个法的规范；同样，一件器物（譬如杜黄扬觯的那只"觯"）、一个典型、一场仪式等，也可以表达某个法的规范。

2.2.3. "象"刑。中国古代曾有"象刑"的概念——《舜典》所谓"象以典刑"——即可谓一种具象或意象意义的"象法"。对于"象刑"，学界主要有两种解说。一种认为，"象刑"的"象"，就是刻画具体形象的意思。所谓"象以典刑"，就是用具象的方法宣示法律，或法的具象化展现。林之奇《全解》说："王者之法如江河，必使易避而难犯，故必垂以示之，使知所避。……《周官·司寇》正月之吉，始和布刑于邦国都鄙，乃悬象刑之法于象魏，使万民观象……此则唐虞之'象以典

---

① 〔美〕约翰·缪尔：《我们的国家公园》，郭名倞译，吉林人民出版社1999年版，第186页。

② 见周钟灵等主编《韩非子索引》，中华书局1982年版，第764页。另，饶宗颐认为："古人似乎用不同的动物，象、猴、马来表示事象。"见饶宗颐《符号·初文与字母——汉字树》，上海书店出版社2000年版，第26页。

刑'之意。"其中的"象魏"是指宫门前的一对高高的门阙建筑,用来悬示法令。所谓"悬象刑之法于象魏,使万民观象",就是法的具象化的展示,使百姓晓然易见。近人曾运乾在《尚书正读》中也说:"象,刻画也。盖刻画墨、劓、刖、宫、大辟之刑于器物,使民知所惩戒。"这是"象刑"的"具象法"解说。另一种解说认为,"象刑"之"象",是象征性替代的意思。所谓"象以典刑",就是用象征刑来代替肉刑的一种刑罚执行方法。先秦时期,肉刑主要有五种:墨、劓、刖、宫、大辟。墨是刺面涂黑,劓是割鼻,刖是断足,宫是毁坏生殖器,大辟即死刑——极其残酷。《慎子》言:有虞氏之诛,以幪巾当墨,以草缨当劓,以菲履当刖,以艾毕当宫,以布衣无领当大辟。意思是说,舜帝时期的刑罚执行是象征性的,黑巾蒙面就算刺面涂黑了,帽子上系上草带就算割鼻子了,穿上草鞋就算断足,剪断官服上的蔽膝就算宫刑,而穿上无领子的衣裳就算杀头。这是"象刑"的"象征罚"解说。①无论"具象法",还是"象征罚",都是想象,都是法的形象思维的体现。

　　2.2.4. 形象思维。我们知道,抽象思维,在法学上,特别是在概念法学上的价值,是毋庸置疑的。抽象思维在概念符号的层面运行,其优点显而易见,即简明、高效、严谨,但其缺点在于漏掉了具体或忽视了偶然。这一缺陷,往往需要形象思维加以弥补。形象思维主要包括"具象"思维和"好像"思维。形象思维在具体事物或意象上运行,其缺点人们已很熟知——模糊,似是而非。但其也有不可替代的优点:形象思维的生动活泼、喜闻乐见、通俗易懂,自不必说;最主要的,相对于抽象思维的那种遗漏或遮蔽而言,形象思维可能更加逼近真相,也可能更加真实全面。

　　在法学上,所谓形象之法,就是借助具象的事物或意象(而非概念符号)来表达的法。概念符号固然易于准确清晰地表达一个规范;同样,一个具象的事物或意象,也能完成一个规范的表达。在古代,概念抽象思维尚不发达,法律主要是以具象或意象表现出来的;抽象概念发达之后,法律才主要地表现为概念体系。形象之法虽然不如抽象之法那样准确清晰,但由于其亲切生动等优点,即使在今天,仍未被人们抛

---

① 刘起釪:《尚书研究要论》之《象以典刑解》,齐鲁书社 2007 年版,第 243 页。

弃——或存在于抽象之法所未及的边缘地带，或表现在对抽象之法的具象或形象的"重述"之中。抽象形态的法，不论载于什么样的材质之上（纸、陶、布、木、石等），只要它是用抽象概念或符号表达的，它就都是抽象的——刻在石头上、写在竹简上、显示在电脑屏幕上，都是一样的。但形象之法不同，不论以何种材质为载体，它都可能凭借材质本身来说话，通过颜色的搭配、通过平面图案或空间结构的组合、通过凝集在具象物体上的象征或故事来言说，即便没有只言片语，也能够表达它的规范性要求。

2.2.5. 无字石碑上的"法"。来自贵州苗寨田野调查的材料表明，由于没有文字，许多习惯法就以服饰、诵唱甚至无字石碑为载体。苗族就有"埋岩理词"和"凿岩理事"的习惯。所谓"埋岩"，表面上看是将一条岩石埋入土中、半露地面，其实却是苗族的一种司法和立法活动。栽埋一个"盗窃岩"，就是竖立一个盗窃审判的备忘岩，栽埋一个"婚姻岩""放债岩""财礼岩"等，都是为以后同类案件树立"先例"。《埋岩理词》唱道："埋岩在山岭，岩石重千斤，戈阳撬回寨，摆在众人坪……埋岩讲道理，各个听分明……柴山莫乱砍，田地莫相争，房屋莫乱霸，牛羊莫乱擒，瓜菜莫乱摘，田水分均匀，捆绳做一股，埋岩一条心……埋岩顶法理，教子又传孙。"因此，苗民也就把违法称作"犯岩"。寨老解决纠纷，最要紧的就是先搞清当事人"触犯了哪块岩"，这不仅关系到适用的法律，还关系到审判的地点——盗窃案就到"盗窃岩"前处理，婚姻案当然去"婚姻岩"前解决。"埋岩"所立的石碑上虽无文字，但寨老和当地苗民看到石碑自然就回忆起原先的"判例"。在具体的纠纷解决过程中，还常伴有"凿岩"的仪式，寨老要在先前埋下的那块岩石前，一边唱诵岩规，一边以凿具插凿岩碑，边唱边凿、边凿边诵，岩规唱毕了，"法律"也就呈现了。寨老于是就按照凝结在无字石碑上的先例来判决。在贵州的某些少数民族中，至今仍有人习惯于在"岩"前解决纠纷。

2.2.6. 具象之"法"。我们知道，具象思维借助具体事物进行思考。具象思维中的"形象"，虽然是具体的，但其所达到的效果，却不只是具体的感觉，也可以到达观念的层面，例如，由闪电和惊雷而联想到惩罚，虽不是切肤之痛，但同样可能达到惩罚中那种恐惧的一般效果。具象之"法"主要有两类。（1）雕塑中的"法"。白居易《蜀路石妇》诗云："道旁一石妇，无记亦无铭。传是此乡女，为妇孝且贞。十五嫁邑人，十六夫征行。夫行二十载，妇独守孤茕。其夫有父母，老病不安宁。其妇执妇道，一一如礼经。晨昏问起居，恭顺发诚心。药饵自调节，膳羞必甘馨。夫行竟不归，妇德转光明。后人高其节，刻石像妇形。俨然整衣巾，若立在闺庭。似见舅姑礼，如闻环佩声。至今为妇者，见此孝心生。不比山头石，空有望夫名。"① 此孝妇石像的法学规范意义，是不言而喻的。（2）服饰中的"法"。黄仁宇在《万历十五年》中有一段精彩描述："官员们的品级由'文官花样'表示。此亦即西方人所称 Mandarin Square。文官的花样总是绣着两只鸟，鸟的品种和姿态则因级别的高低而异。如一品官的花样为仙鹤翱翔于云中；三品官的为孔雀，一只着地，一只冲天；至九品官则为鹌鹑二只，彼此都在草丛中觅食。武官的袍服形色和文官相似，但品级不用鸟而用猛兽来表示，依次为狮子、虎豹、熊罴等。监察官亦称'风宪官'，虽然也是文官，但是花样却不标品级而绣以'獬豸'。这是传说中的一种猛兽，能辨善恶。它对好人完全无害，但当坏人接近，它就一跃而前将其撕为碎块。还有极少数的文武官员，包括宦官在内，可以由皇帝特赐绣有蟒、飞鱼、斗牛等形象的袍服，其尊贵又在其他花样之上，这是一种特殊的荣誉。"② 此类服饰"花样"的法学规范意义，也是显而易见的。具象之法可谓看得见的"法"。

2.2.7a. 看得见的"法"（法律视觉学或法律美学）。具象的"法"，都是看得见的。（1）器物形态的法。器物形态的法是看得见的，比如国旗、国徽、法槌、法律服饰、法律雕塑、法律建筑等。（2）德行形态的法。德行形态的法也是看得见的。比如守法模范，或模范法官、检察官等。器物形态的法和德行形态的法，不仅看得见，而且还与生活融为一体，使人们在日常生活中受到法的浸润或浇灌，在不知不觉中，树立起法律的感觉和观念。古希腊的雕塑、建筑、演说、戏剧表演和体育竞技，中国古代的清官、孝子、烈女，都可谓看得见的生活中的"法"。伦敦

---

① 见（唐）白居易著，朱金城笺校《白居易集笺校》，上海古籍出版社 1988 年版，第 31 页。

② 见黄仁宇《万历十五年》，生活·读书·新知三联书店 1997 年版，第 62 页。

大学亚非学院有一座漂亮的教学楼，侵占了罗素先生的土地，罗素虽然放弃了恢复原状的诉求，但伦敦大学还是为此道了歉——在教学楼临街墙上镶了一块铁牌——写道："伦敦大学因侵犯罗素先生土地所有权的违法行为而向他表示道歉，并对他大公无私、热心助教的高尚品德表示真挚的感谢！"——被誉为"镶在墙上的法"。不难想象，在这所建筑中学习的人们，其内心所受到的权利观念的持续熏陶。

在法诗学看来，不仅法律应当被看见，正义也应当被看见。《中共中央关于全面推进依法治国若干重大问题的决定》（中国共产党十八届四中全会）提出："让人民群众在每一个司法案件中感受到公平正义。"其可谓一项法律诗学、法律戏剧学或法律文化学上的要求。

2.2.7b. 多感官的"法"（法律戏剧学或法律文化学）。[1] 加里·巴格纳尔（Gary P. Bagnall）将法律比作歌剧音乐剧（Operatic Music Drama）：法律被视为一出"戏剧"，即在观众面前展开的文本叙事。在加里·巴格纳尔看来，法律不应被归为推理的类型，而应属于一种活动/行为类型（Law is best conceived as an activity/an action type），一种独特的艺术行动类型（a distinctive type/artistic action type）。这一类型学强调，法律是一种内在性的、情感依赖的、主体间的、以人为本的，具有艺术价值特征的行动类型。[2] 而所谓多感官的"法"概念，可谓在此基础上的进一步展开：它不限于艺术行动类型，而是将法律归入文化行动的类型；将"看得见"的法，扩展到视觉以外的多感观之域、戏剧之域、文化之域、生活之域。由此，不仅雕塑或服饰"花样"等可以表达法的规范，其他各种艺术形式（例如绘画、建筑、音乐、舞蹈、戏剧、仪式等），甚至日用器具、公共设施、鸟虫花草、自然景观，都可以表达或被赋予法的意义——法成了生活本身。正如儒家所谓："礼云，礼云，玉帛云乎哉？乐云，乐云，钟鼓云乎哉？"[3] 重要的不是器物或形式，而是其背后的精神象征。德国诗人乌兰德（Johann Ludwig Uhland）诗云："法

---

[1]　同济大学（2020年）SITP大学生创新创业训练计划项目"多感官法学研究——法律概念、原理和规范的诗性表达"。

[2]　Gary Bagnall, *Law as Art*, published 2016 by Routledge, London and New York, p6.

[3]　见《论语·阳货》。

是大家共有的，活在我们心中，淌在我们体内，就像我们的血液。"①

在法诗学看来，法，不应像一件由作者单方提供或出示的画作或曲子，并由受众被动地欣赏或接受，而应像作者与受众互动和共建的过程。在程序或仪式过程中，不仅法律和正义可以被旁观者看到，而且可以被身处其中的人们体验得到。程序或仪式不仅是法或正义的实现方式，而且就是法或正义本身。例如，成年、结婚、丧葬等仪式形态的法，即可谓法或正义的生活化表征；听证、调解、仲裁、复议、诉讼等程序形态的法，亦可谓法或正义的戏剧化呈现：程序如"剧本"，过程似"演出"，在整个戏剧性法律过程中，无论演员，还是观众，都在其中感受或体验到法和正义。

2.2.7c. 数字条件下的庭审诗学。英国大法官休厄特勋爵曾说："公平，必须在公开地、毫无疑问地被人们看见的情况下实现。"法，有自己的诗学机制，通过表"象"，或者借助各种"象"的思维运动（包括想象或"好像"等），使正义变得具体而易感知：理念上的正义变成了叙事学或戏剧学上的正义。

然在数字条件（譬如在虚拟仿真和人工智能技术支持下的在线庭审）下，传统法律中所盛行的那些表"象"和"好像"的方式，遇到极大挑战：数字技术在法学中的应用，是否应以无损（害）于法律诗性机制为限呢？在虚拟审判以及其他虚拟技术条件下的解纷实践中，正义和法律如何仍能够被看见、被感受到呢？舒拉米特·阿尔莫格（Shulamit Almog）说："法律诗学的根源在古代，但今天它仍然存在并支配着法律的几乎每一个方面。法律诗学的基本模式经受住了时间和历史的涤荡。"② 然在数字条件下，其价值受到人们的质疑。但有一点是不变的，即司法过程本身是个案正义的叙事性和戏剧性的实现过程。

在线庭审，若能够像"戏剧"一样演出来，是诗性的；若能够像"故事"一样被讲出来，同样是诗性的。在线庭审具有叙事性和戏剧性的特征，不仅因为（1）它是内在各方利益的冲突或竞争，并且必须公

---

① Adolf Bachrach, *Recht und Phantasie*, Leipzig und Wien. I. Bauernmarkt 3 Hugo Heller & Cie, 1912, s10.

② Shulamit Almog, *Creating Representations of Justice in the Third Millennium: Legal Poetics in Digital Times*, 32 Rutgers Computer & Tech. L. J. 183 (2006).

开地展示这些冲突，更主要是因为（2）它必须是程序性和情境性的，即通过某种程序性的运作，抽象正义最终以某种叙事或戏剧的方式被具体地展现出来。因此，在线庭审中，其法庭的建筑、氛围、装饰，以及法庭中各个参与人之间的空间位置关系、仪态动作、服饰徽章等，或许降低了它们在视觉诗学上的原有价值，但这些传统美学因素的减损并不意味着叙事学或戏剧学价值的丧失。实际上，在线庭审所面对的是一个全新的诗学境界：一方面，在虚拟仿真和人工智能技术支持下，在线庭审将开辟一个新的诗学空间，即庭审的在线戏剧学；另一方面，在线庭审还将转向并拓展新的诗学领域，即由空间诗学转向时间诗学，或者说，由空间性的"视觉"诗学转向时间性的"听觉"诗学。正像吹笛一般，诺瓦利斯说："某些阻碍好比吹笛者的指法，他时而按住这个笛孔，时而按住那个笛孔，以便奏出不同的音符，他仿佛随心所欲地串通了发音和不发音的笛孔。"① 庭审的时间诗学亦然——庭审程序的复杂的编排，"在很大程度上，是由法律程序决定的，法律程序实际上是一个通过法律表演建构意义的系统。法律程序决定我们在法庭上所能看到的东西；程序还确定在审判过程中产生和经历的那些场景的顺序和性质"②。

2.2.7d. 叙事的"法"（Narrating law）。叙事立场，不同于旁观者的描述立场，也不同于冷峻的"分析和论证模式"（modes of analysis and argument）——某种"掌控真理的专一逻辑的理性模式"（that maintain their exclusive hold on the truth monological modes of reasoning）。③ 叙事，是一种内部的角色立场、一种戏剧性的对话关系、一个时间维度上的绵延过程。正如历史家能够赋予历史素材以活力和形式一样，法律家也能赋予法律素材以活力和形式。拿证据叙事学为例。莱诺拉·莱德旺（Lenora Ledwon）说："证据具有超越任何线性推理方案的力量，随着证据碎

---

① 刘小枫主编《夜颂中的革命和宗教：诺瓦利斯选集卷一》，林克等译，华夏出版社 2007 年版，第 78 页。

② Shulamit Almog, *Creating Representations of Justice in the Third Millennium: Legal Poetics in Digital Times*, 32 Rutgers Computer & Tech. L. J. 183（2006）.

③ Barry Scott Wimpfhheimer, *Narrating the Law: A Poetics of Talmudic Legal Stories*, University of Pennsylvania Press, Philadelphia. p. 22.

片汇集在一起，叙事也就获得了动力。"① 比方说，对于一名进行犯罪现场勘验的警官来说，他的证据叙事就是一个关于犯罪真相的故事。其中伴随着他的两个对立统一的意向，第一是破案，即查清案件客观真相；第二是取证（面向审判所要求的证据），即向法院提供证据。两个内在张力的意向，必须在他的证据叙事学中得到统一。对于一位法官来说，他的证据叙事则是一个公正的故事，其中同样伴随着两个对立统一的意向，第一个是证据必须能够支撑论证结论，第二个是证据必须符合诚实裁决的意愿。两个内在张力的意向，同样要在他的证据叙事学中获得统一。法律文本亦然。一个法律叙事的文本或过程，原本是情感依赖的、多元对话的和时间性的，但是，正如巴里·斯科特·温普弗海默（Barry Scott Wimpfhheimer）所指出的：如果将一个法律叙事文本（例如塔木德法典）按照纯逻辑方法去解读，必将"抹杀叙事中那些无法通过逻辑形式表达的内容"，从而"丧失叙事中特有的那些显著标识，诸如时间性、多元性和情感性"。② 可见，就法的思维而言，只有从逻辑"涵摄"进入诗性"好像"的领域，才有可能讲出一个真正的法律故事。诺瓦利斯曾说："取消矛盾律也许是更高的逻辑学的最高任务。"③

2. 2. 8. 情境中的"法"。在法诗学看来，法或正义不是抽象的存在，而是必须在具体情境下才可实现的。别林斯基说："要评判一个人物，就应考虑到他在其中发展的那个情境，以及命运把它摆在里面的那个生活领域。"关于"具体性"，他说："就是形成一切事物生命的（没有它任何事物都活不了）那种理念和形式之间的秘奥的、不可分割的、必然的融合。"别林斯基所谈的是诗，然法或正义同样适用这一原理：正如不存在抽象的"爱情"一样，抽象的法或正义也是不存在的；正义的实现，是一个必须在具体情境下方可判定的问题。

---

① Lenora Ledwon, *The Poetics of Evidence: Some Applications from Law & Literature*, QLR, Vol. 21. 2003. pp. 1145–1172.

② Barry Scott Wimpfhheimer, *Narrating the Law: A Poetics of Talmudic Legal Stories*, University of Pennsylvania Press, Philadelphia. p. 3.

③ 刘小枫主编《夜颂中的革命和宗教：诺瓦利斯选集卷一》，林克等译，华夏出版社 2007 年版，第 163 页。

三　"好像"思维

2.3.1. 诗性思维有广狭二义。广义的诗性思维，是指"想象"或"创造"思维；我们说，诗性思维以形象思维为主，但并不排斥抽象思维，因为在抽象思维中，同样会有"想象"。狭义的诗性思维是指形象思维，包括具象思维和"好像"思维（这是诗性思维最主要的形式）。具象思维和"好像"思维可能会交叉重叠，例如，在象形文字中，在甲骨文或金文上，我们就看到了具象思维和"好像"思维的统一。在法律思维中，既存在具象思维，也存在"好像"思维。就法律的表达或实践而言，首先，法律思维可以是具象的，就如前面已经提到的，在法律文化的视野中，特别是在古代法或少数民族法中，我们看到的那些"唱在歌里""跳在舞里""演在戏里""穿在身上"的生机勃勃的法，以及那些展现或凝结在"石碑""雕塑""牌坊""鼓楼"之上的千姿百态的法。① 此外，法律思维也可以是"好像"的。

2.3.2. 法学中的"想象"。在法诗学看来，法或法学，都离不开"想象"。"想象"，可使动词名词化，也可使名词动词化；可使具体事物抽象化，也可使抽象理念情境化；可把死的视作活的，也可把活的视为死的；可把人伦关系的原则扩用到物的世界，也可把物的关系之原理扩用到人伦关系的领域。"想象"中，诗与法，都可谓某种"交融"的境界。在法学"想象"中：法之"道"与法之"器"融为一体；法之"逻辑思维"与法之"诗性思维"，也融为一体。在正义"情境"之"想象"中："时间的空间化"和"空间的时间化"融为一体；"具体正义的抽象化"与"抽象正义的具体化"，也融为一体。在法学"赋活"的"想象"中，"规范"与"事实"融为一体；"情理"与"法理"，也融为一体。在法的生态诗学"想象"中，"生态关系的伦理化"与"伦

---

① 按：苗族还有所谓"穿在身上的法"。苗族服装最主要的法律功能就是标示婚姻集团——"服饰不同，不通婚"。在苗寨，不同类型服装的青年男女，尽管杂居一处，却不通婚姻。雷山县桥港乡开茶寨聚居着"长裙苗"和"短裙苗"共 50 多户人家，虽不同姓也不同宗，就因服装不同，至今互不结亲。苗族青年男女有"跳花""游方""玩茅人坡""吃姊妹饭"等集会恋爱求偶的传统，在求偶活动中，服装就是通向合法婚姻最直观的指示。

理关系的生态化"融为一体;"人格的物格化"与"物格的人格化",也融为一体。在"德性"的"扩用"或"想象"中,"身"与"心"融为一体;"知"与"行",也融为一体。面对着一场"纠纷",法诗学的"想象",不是将其作为一个理性分析或规制的客体,也不是将他者之"痛楚"视为一个审美感觉的对象,而是将我之德性和人格注入其中,赋予对方以生命和情感,进而在某种交感互动中与之取得共鸣、融为一体。

2. 3. 3. 法律中的"好像"。《礼记·学记》曰:"不学博依,不能安诗。"张定浩先生解释说:"博依"即通过各种各样的"象"来接通各种各样的能量来源。① 这种能够接通各种能量来源的想象和比拟,可谓"诗性思维"的本质的特征。从这个意义上讲,通过各种各样的"好像",形象地去表达情感,是诗性的;通过各种各样的"好像",比喻或模拟地去认识事物,是诗性的;通过各种各样的"好像",拟制地去建构秩序,也是诗性的。② 因此,在古巴比伦,汉谟拉比从太阳神手中接过权杖③,这是诗性的。在古希腊,建立在少数服从多数原则基础上的"贝壳放逐法"④,也是诗性的。在马克思恩格斯那里,"共产主义的幽灵"⑤,也是诗性的⑥。

---

① 见张定浩《草虫》,载《文汇报》2011 年 1 月 25 日,第 11 版。

② "象"与"像"通,都有模仿、效法的意思。《易·系辞下》言:"象也者,像也。"见马振彪遗著,张善文整理《周易学说》,花城出版社 2002 年版,第 690 页。

③ See The protoplast picture of the Code of laws of Hammurapi in "The Map of Early Civilizations in the Middle East", produced by the Cartographic Division, National Geographic Society, National Geographic Magazine, Washington, 1978.

④ 参见〔古希腊〕亚里士多德《雅典政制》之《克里斯提尼改革》,载周一良、吴于廑主编《世界通史资料选辑》,商务印书馆 1964 年版,第 290 页。

⑤ "一个幽灵,共产主义的幽灵,在欧洲徘徊。"见《马克思恩格斯选集》之《共产党宣言》,人民出版社 1972 年版,第 250 页。"Ein Gespenst geht um in Europa—das Gespenst des Kommunismus." Karl Marx und Friedrich Engels, *Manifest der Kommunistischen Partei*, Dietz Verlag Berlin, 1983, 43.

⑥ 参见〔法〕雅克-德里达《马克思的幽灵:债务国家、哀悼活动和新国际》之第一章,何一译,中国人民大学出版社 1999 年版,第 9 页。在这一章,德里达对马克思的"共产主义的幽灵"与莎士比亚戏剧《哈姆雷特》中的"幽灵"进行了比较。他说:"那幽灵的经历,正好形成了马克思以及恩格斯已经思考、描述或断言过的现代欧洲的某种戏剧艺术,尤其是现代欧洲伟大的统一计划的戏剧艺术。甚至应当说,马克思已经描述过它,或者说已经把它搬上了舞台。在子代模糊的记忆中,莎士比亚常常激发了马克思的这种戏剧化活动的灵感。"

2.3.4. "好像"的法。我们说，"象"法，包括抽象之法和形象之法；形象之法又包括具象之法和"好像"之法。所谓"好像"之法，就是由语言形象所表达的法：（1）与概念（或抽象）之法相比，它是形象的；（2）与具象之法相比，它是意象的。在中国法律文化传统中，"典故"即可谓一种"好像"之法。例如，清朝廉吏于成龙在《欠债诬陷判》中直接引用了一则典故："吾皇上又以忠孝治国，仁厚抚民。凡前明臣子，甘心殉难守节者，无不予以褒荣。即今日隐逸山林、甘食夷齐之薇蕨而不愿出佐盛世者，亦不加以督责，一任其心之所安。顺治十二年三月，又特颁上谕，禁止人民借明代之事，为嫌挟攻讦。并重申其说：凡曾为明朝臣子者，自应有追念故国故君之思。人情之常，不足骇异。其愿归顺朝廷，裸将肤敏者，固为吾大清之赤子，即耻食周粟，隐逸山林者，亦不失为胜国之顽民。苟无狂悖情事，足以扰乱王章者，概不得妄事吹求。纶音天语，仁圣莫加。"[1] 清朝建立后，对前明臣子中的殉难守节者，加以褒荣；对其中隐逸山林不愿意为清朝出力者，也不加以督责。于成龙在判词中直接引用了"夷齐耻食周粟"的典故：伯夷叔齐，不受商君之位，投奔西伯，是"仁让"的典范；武王伐纣，伯夷叔齐，挡马谏阻，又是"不怨"的典范；周克商后，夷齐拒食周粟，隐居首阳，采薇而食，最终饿死，又是"忠义"的典范。孔子曰："伯夷叔齐，不念旧恶，怨是用希。""求仁得仁，又何怨乎。"[2] 经过孔子的评论，伯夷叔齐的"历史形象"变成了"法律意象"，具有了规范力量。

此类典故在中国古代经典文献中，特别是《诗》《书》《礼》《易》《春秋》中广泛存在。章学诚讲"六经皆史"；袁枚讲"六经皆文"；钱锺书讲"六经皆诗"；我们法律学者，也不妨说"六经皆法"。在"皆史"的六经中，我们能看到法的典故性；在"皆文"的六经中，我们能看到法的修辞性；在"皆诗"的六经中，我们能看到法的"好像"性或诗性。

---

[1]　见陈重业辑注《古代判词三百篇》，上海古籍出版社 2009 年版，第 202 页。

[2]　见（西汉）司马迁《史记·伯夷列传》。对于伯夷叔齐的行为也有持批评意见者，如唐朝周昙的《三代门·夷齐》诗就云："让国由衷义亦乖，不知天命匹夫才。将除暴虐诚能阻，何异崎岖助纣来。"见赵望秦《宋本周昙〈咏史诗〉研究》，中国社会科学出版社 2005 年版。

2.3.5. 我们说，诗者，"尸"也。在繁体汉字中，"尸"与"屍"是两个不同的字。《康熙字典》："尸，陈也。象卧之形。……又神像也。古者祭祀皆有尸，以依神。……《大雅》：'公尸来燕来宁。'朱子曰：古人于祭祀必立之尸，因祖考遗体以凝聚祖考之气，气与质合，则散者庶乎复聚。此教之至也。又主也。《诗·召南》：'谁其尸之，有齐季女。'笺：'主设羹之事。'……又姓。《广韵》：秦尸佼为商君师，著书。"然而"屍"字不同，《说文》言："终主也。从尸死，会意。""尸"与"屍"虽可通用，但"祭祀之尸，不可借用屍字。"所谓"神像"或"依神"，举例来说。《诗经·楚茨》言："工祝致告。神具醉止，皇尸载起。鼓钟送尸，神保聿归。"其中的"尸"字，陈澔解释说："尸，本是臣。为尸而象神，则尊之如君父矣。"[1] 因此，诗句中的"皇尸载起"，是说扮演祖先神的"尸"站了起来，而"鼓钟送尸"，则是说用钟鼓之乐送走了祖先神灵。

古代这种"祭祀座尸"制度，在现代一些偏远地区还有保留。岑家梧在《西南民族文化论丛》中写道："我家琼州澄迈县每年春节，在祠堂举行祭祖时，有碬辞一节，即用一年纪在六十以上的老人，于读祝文后，老人走到神主牌的前面，供案的后面，面向着地下的祭主，并以草席遮面，先咳嗽了三声，然后以严肃的词调云：'祖考命工祝，承致多福无疆……使尔受福于天，宜稼于田，福寿万年。子子孙孙，勿替引之。'"这位神主牌位前的老人，即"尸"。

这种"祭祀座尸"，以现代法学的观念来看，其实就是一个拟制（好像和虚构），即将"尸"视为"君父"（或以"尸"代表"祖先"）。在祭祀当中，"神"（即由臣子所扮演的"尸"），会亲临现场，并与主祭者（臣子孝孙）进行交流。尽管这个"尸"，其实是由活人装扮的，但主祭者还是把"他"当作真正的祖先"神"对待。所谓"祭如在，祭神如神在"。《白虎通》解释这一"视为"（拟制）最切情理："祭所以有尸者何也？鬼神听之无声，视之无形……故座尸而食之，毁损其馔，欣然若视之饱，尸醉若神之醉矣。"[2] 这就是说，祭祀时，臣下或子孙，

---

① （元）陈澔注，万久富整理《礼记集说》，凤凰出版社 2010 年版，第 382 页。
② （清）陈立撰，吴则虞点校《白虎通疏证》，中华书局 1994 年版，第 580 页。

应设身沉浸于一种由想象所建构的真切情境当中，把"尸"享用祭品后的饱醉，视为祖先神的饱醉，使原本"听之无声，视之无形"的祖先神，借"尸"还魂，直观显现。这显然是一个"好像"，一个诗性的虚构。《诗经·楚茨》所表现的"祭祀座尸"制度，与现代法学中的法人、代理、票据以及知识产权一样，都是拟制。在此意义上，尸，可谓一个媒介：沟通神—人、沟通天—人、沟通应然—实然、沟通规范—事实。因此，"尸"字就有"天工人代"或"代天立言"的意思——"尸"所说的话，往往就是"法"。

尸，就是古希腊神话中的赫尔墨斯（Hermes）——沟通者或诠释者。杜威也说："因为所有的道德体系都是——或有倾向变成——现状的神圣化……而人类的道德先知一直就是诗人，尽管诗人们都是透过自由诗篇或偶然来说话的。"可见，从中西文化本源上讲，"诗"，就是赋予生命或神圣意义的德性创造。

四　法，是"德性"和"诗性"的统一

在"好像"（类比或隐喻）的意义上，（1）法与"德性"是相通的，（2）法与"诗性"也是相通的。下面分别来说。

2.4.1. 在"好像"的意义上，法与德性是相通的。

诗者，持也。何谓"持"？《诗含神雾》言："以手维持，则承负之义，谓以手承下而抱负之。"刘勰《文心雕龙·明诗》言："诗者，持也，持人情性；三百之蔽，义归'无邪'，持之为训，有符焉尔。"陈澔注《礼记集说》言："诗，承也。《礼仪》言尸酢主人，诗怀之，亦承之。"这里"诗"字，都是"承""负""奉""劳"的意思，指人的自治之德性。

孔子曰："吾未见能见其过而内自讼者也。"（《论语》）在这里，德性上的自省内修，《论语》譬之曰"讼过"。刘蕺山解释说："如两造当庭，抵死仇对，不至十分明白不已。才明白，便无事。如一事有过，直勘到事前之心，果是如何？一念有过，直勘到念后之事，便当如何？如此反复推勘，便无躲闪。"梁启超亦言："自讼之功，行之者既寡；即行矣，而讼而能胜，抑且非易。盖吾方讼时，而彼旧习之蟠结于吾心者，

又常能聘请许多辩护士，为巧说以相荧也。"又说："窃尝以治国譬治心，良知其犹宪法也，奉之为万事之标准，毋得有违，大本立矣。存养工夫，则犹官吏、人民各尽其义务以拥户宪法也。省察工夫，则犹警察也。居常无事，置警察以维持治安，稍遇有违宪举动者，则纠正之，此普通的省察也；或一时一地，遇有大故，则益增加警察，厚积其力以为防，此特别的省察也。克治工夫，则刑事也。违宪举动为警察所发现者，则惩艾之，必不使其容留社会以为蠹；其有微过隐恶，搜之必尽，其犹繁难之案用侦探也。知此义也，可以清心矣。"① ——这是以法学之理喻心学之理，亦可明法与德性是相通的。

斯多葛学派的"自我技术"主要有三：一是自我呈现，例如写信；二是自我修炼，包括冥想等；三是自我审察的方法，即类似"自讼"，更准确说是"自检"。福柯说："塞涅卡看似是在使用司法语言，而且自我以为既是法官，又是被告。塞涅卡是法官，对自己提出控诉，因此自我审察的过程就如同一场审判。但是如果看得更仔细些，它又与法庭不太一样。塞涅卡使用的词汇，相对于司法而言，更接近于行政实践，正如一个会计监察官审查账本，或者建筑质量鉴定人员检查建筑物一样。自我审察就是检查库存品。……较之于司法模式，自我审察更接近于一种对生活的行政审视，这一点是最重要的。塞涅卡不是一名必须惩罚对象的法官，而是一名调查库存状况的行政官员。他是他自己的永久执行官，而不是审判自己过去的法官。"② ——这是以法学之理喻心学之理。

2.4.2. 在"好像"的意义上，法与诗性是相通的。

诗字，从言从寺，谓法度之言也（王安石《说字》）。何谓"寺"？颜师古注《汉书》曰："凡府廷所在皆谓之寺。"《唐汉解字》言："金文'寺'字为上下结构：上部是一个'之'，表示脚的无法移动；下部是一个'又'，乃为'手'的象形。两形会意，表示用手抓住一个人的脚。小篆一脉相承，只是将下部的'又'演变为'寸'，使手抓之后物体紧贴手腕寸口的意思更加明晰。楷书经由隶变时，将上部的'之'字讹变为'土'写作了'寺'。"可见法与诗的内在关联。

---

① 梁启超编著《德育鉴》，译林出版社 2022 年版，第 157、143 页。
② 〔法〕米歇尔·福柯著，汪民安编《自我技术：福柯文选Ⅲ》，北京大学出版社 2015 年版，第 79 页。

章学诚论文（诗）曾以"治狱"为喻，极其精辟："尝言'文贵谨严雄健'，夫谨严存乎法度，雄健存乎气势。气势必由书卷充积，不可貌袭而强为也；法度资乎讲习，疏于文者，则谓不过方圆规矩，人皆可与知能。不知法度犹律令耳，文境变化，非显然之法度所能该；亦犹狱情变化，非一定之律令所能尽。故深于文法者，必有无形与声，而又复至当之法，所谓文心是也；精于治狱者，必有非典非故，而自协天理人情之勘，以谓律意是也。文心律意，非作家老吏不能神明，非方圆规矩所能尽也；然用功纯熟，可以旦暮遇之。"① 这就是说，所谓"无形与声而又复至当"之文法，或"非典非故而自协天理人情"之狱勘，其关键不在"谨严"，而在"雄健"，不是来自方圆规矩，而是来自日用积淀及具体情境下的创造性应对。因此，法学之学习路径，同样有两个台阶，一是"法度"，二是"雄健"——"法度资乎讲习"，而"雄健存乎气势"。这是以法学之理喻诗学之理，亦可明法与诗性是相通的。

2.4.3. 在法诗学看来，法学中的"想象"或"好像"，如果不是诗性的，便不"美好"；法学中的"情感"，如果不是诗性的，便无"共鸣"；法学中的"德性"，如果不是诗性的，便缺乏"生命"或"活力"。

五 "好像"——从"实然"到"应然"的"飞跃"

2.5.1. 休谟之叉。所谓"休谟之叉"，即"休谟问题"。按照休谟的看法，"观念"推理与"道义"推理，在不同的轨道上运行。在《人类理智研究》中，休谟把知识分为截然对立的两种：一是关于"观念的关系"的知识；二是关于"实事"（matters of fact）的知识。相应地，推理也可以分为两类：一类是论证性推理，或关于观念关系的推理；另一类是道德推理，或关于实事和存在的推理。前者可谓真值逻辑，后者可谓道义逻辑。在前一个领域中，只有免除了后者的任何干预，才是纯粹和真确的；而后者，譬如我们的经验、情感以及期望等，则不受任何源自观念关系的纯粹推理的影响或阻碍。"爱你没商量"——"爱"是无须任何真值逻辑意义上的运算过程的。布鲁克·摩尔等在《批判的思考》

① （清）章学诚：《章学诚遗书》，文物出版社 1985 年版，第 81 页。

一书中写道："我们不能合理地从是什么的命题中推断出应该（在道德上）是什么的命题。"正如"哲学家大卫·休谟指出的，在一个纯事实的命题中并不包含可推断出道德责任的东西——责任的概念是由我们的（道德上的）对错观强加于这个命题的"。① 这就是"休谟之叉"。

如果"休谟之叉"是正确的，那就是说，"to be"与"ought to be"，是在永不交叉的两条轨道上各自运行的。因此，一个假言推理，就只许两种"如果……那么……"的逻辑：一是"如果（实然）→那么（实然）"；二是"如果（应然）→那么（应然）"。然而，我们知道，法学逻辑却不是这样的，毋宁说，是正好相反的，最典型的法律规范逻辑结构，既不是"实然→实然"，也不是"应然→应然"，而恰恰是"实然→应然"，即对"休谟之叉"公然违反。我们知道，法学命题恰是要从"是"中得出"应该"的，例如"杀人者，死""之子于归，宜其室家""上位法优于下位法""动产随人"……不一而足。因此我们说，在法律规范的"逻辑"结构中，无论是"范围→系属+准据法"，还是"假设→处理→制裁"，都是"如果（实然）→那么（应然）"的结构，其中包含一个诗性的"飞跃"。

2.5.2. 从"实然"到"应然"的跨越，是一个诗性的"飞跃"。维柯曾提出"诗性逻辑"的概念，其要点是"隐喻"或"暗讽"（irony）。在"好像"（即隐喻）或"反讽"（即"凭反思造成貌似真理的假道理"）的思维中，诗人即会根据自己的愿望和想象，赋予实然以应然，或应然以实然的属性。譬如一项法令，维柯指出，它之所以是有效力的，是因为经过"授权"或"批准"（auctorem fieri）而"成了基地"（fun-dum fieri），就像基地支持着上面的庄稼或房屋一样，一项规范性的要求，如果是经过"授权"或"批准"的，便会摆脱它原来的随意形式，而具有了作为行为依据的属性。维柯举例说："在罗马法里，如法弗尔所陈述的，凡是娼妓生的儿女都叫做奇形怪物，因为他们既有人的本性，又加上不是出于合法婚姻的那种野兽特性。没有正式结婚的贵族妇女生的儿女因为属于这类奇形怪物，所以罗马法规定要把这类没有经过正式

_____

① 〔美〕布鲁克·摩尔、理查德·帕克：《批判的思考》，余飞、谢友情译，顾肃校，东方出版社 2007 年版，第 473 页。

结婚而生出的子女投到台北河里淹死。"① 在这一"假设→处理→制裁"的逻辑过程中，某个人的出生，仅仅由于缺乏"合法婚姻"的形式，便在"隐喻"和"凭反思造成貌似真理的假道理"中，变成了一个"奇形怪物"（野兽）。这就是从"实然"中得到"应然"，即一个诗性逻辑的"飞跃"。

在此意义上，我们说，"应然" ＝ "可能的现实" ＋ "好像的愿景"。

2.5.3. 法律规范的"逻辑"结构中隐藏着的"诗学"秘密。"逻辑法则"和"法律规范的逻辑结构"这样的说法，其实是法律学与逻辑学之间的相互隐喻，就像我们前面所讨论的"法学诊断"和"医门法律"是相互隐喻一样。实际上，形式逻辑上的那些"法则"，譬如同一律、排中律、不矛盾律和因果律，并非法学规范意义上的道义法则；同样，法律规范中的所谓"逻辑"结构，譬如"范围→系属＋准据法""假设→处理→制裁"，也并不是形式逻辑意义上的因果关系。譬如"桃之夭夭，灼灼其华；之子于归，宜其室家"一句诗，我们不能根据"之子于归"这一实然，合乎逻辑地推出"宜其室家"这一应然。实际上"之子于归，宜其室家"这一规范，是通过"桃之夭夭，灼灼其华"这一类比或比兴，诗性地建立起来的。

这就是说，在一个由关系命题或假言命题表达的法律规范中（譬如"如果……那么……"中），既不是"实然→实然"，也不是"应然→应然"，而是"实然→应然"——这就是一个从实然到应然的"跃迁"。在这一"跨越"中，目的律以因果律的形式表现出来（其实是一个隐喻或故事），或者说，实然的可能和应然的期望在某个好像（as if）中融为一体，这就使法律规范从"逻辑"迈向了"诗"。

2.5.4. 一项判决或裁决的三段论过程，表面上看是一个逻辑涵摄（或"代数"）过程，其实却往往是一个"诗性"的建构过程。其中，有"互渗"、有"情感"，还有"好像"或诗性的"跃迁"。

先说"实然"与"应然"的互渗和交融。例如，在以下三段论推理中：

---

① 〔意〕维柯：《新科学》，朱光潜译，人民文学出版社 1986 年版，第 184 页。

A：教唆青年不信神应被判处死刑（大前提）【规范命题】

B：苏格拉底教唆青年不信神（小前提）【事实代入】

C：苏格拉底应被判处死刑（结论）【判决结论】

表面看来，大前提是一个应然规范，小前提是一件具体的事实。只要把小前提之具体事实，代入大前提之规范命题，结论就自动得出了：

教唆青年不信神是一项罪，应该被处以死刑；这是一个应然的大前提。

苏格拉底教唆青年不信神；这是一个实然的小前提。

然后把小前提代入大前提，就会自动得出结论：苏格拉底应该被处以死刑。

在这一形式逻辑过程中，将事实纳入规范后，应然与事实也就获得了统一，似乎并不存在什么诗性的"跃迁"。其实不然。

我们说，一个实际案件的判决，其大前提通常是一个价值判断（应然的规范），小前提是一个事实判断（实然的事实），结论则是一个"实然+应然"的判断，即诗性的判断。为什么说是一个诗性的判断呢？因为，形式逻辑上的命题结论与实际案件的判决结论是完全不同的。作为一个判决结论，一方面，它必须是应然的；但另一方面，它又不能仅仅停留在应然的价值或抽象的规范状态而不实现自己；它必须变成实然的事实。因此，判决结论必然要区别于逻辑结论：作为逻辑结论只是一个"应然"，即苏格拉底应该被处死。而作为判决的结论则是"实然+应然"，即苏格拉底"应该并且在事实上必须"被处死。但一个"命题"——如果根据休谟的发现（即"休谟之叉"）——不可能同时既是实然的又是应然的。然而，这一形式逻辑上的不可能，在诗学上却不是问题。诗学上的判断，恰恰是应然与实然的交融，是价值判断和事实判断的统一。譬如下面这些例子——

一件艺术品可能是美的，但它同时可能包含着客观真理。

一部文学作品可能是现实主义的，但它同时可能会引发一场社会革命。

　　一个文化传统可能是人们日常的生活习俗，但它同时还可能蕴含着情感倾向。

　　所有这些交融的形式，都具有应然与实然相统一的特点，具有诗性品质。

　　我们说，诗性（即"好像"）思维，与单纯的价值思维或事实思维都不相同，诗性思维，恰在于看它是否具有融通的效果，即能否将事实（实然）与价值（应然）融为一个有机的整体。在法诗学看来：实际案件的判决结论，作为一个判断，绝不是单纯的科学问题或价值问题，而是一个将科学问题和价值问题融为一体的"德性创造"。在此意义上我们说，法学上的"应然"＝"可能的现实"＋"好像的愿望"。只有好像性而没有可能性，便是空想；只有可能性而没有好像性，便不能上升为法。在法的运行过程中，无论是联通规范与事实、应然与实然，还是打通可能性与好像性之间的界限，都离不开法感，即凝结在规范中的客观法感与人们在具体情境下的主观法感的碰撞。

　　2.5.5.　"客观法感"与"主观法感"的互渗和交融。例如，诗经《桃夭》中的一个判断，其思维过程，与其说是"涵摄"，毋宁说是"比兴"，是"客观法感"与"主观法感"的统一。诗经《桃夭》言，"桃之夭夭，灼灼其华；之子于归，宜其室家……宜其家室……宜其家人。"崔述在《读风偶识》中说："此篇语意平平无奇，然细思之，殊觉古初风俗之美。……只欲其宜家室、宜家人，其意以为妇能顺于夫，孝于姑舅，和于妯娌，即为至贵至美。"不妨设想古初的某日，一位姑娘出嫁，人们唱着这首"贺嫁诗"，在美好祝福的同时，也伴随着应然的期许和规范的判断。不妨将其分解为如下的三段论：

　　　　A："妻子应该有宜于所嫁的夫家"【大前提是价值判断】
　　　　B："这是一位正在出嫁的新娘"【小前提是事实判断】
　　　　C："她应当有宜于自己的夫家"【判决结论是一个诗性判断】

　　在这一三段论逻辑过程中，其大前提"妻子应该有宜于所嫁的夫家"这一规范，显然不是一项客观法则（规律），而是一项人为建构的规范。为什么"妻子应该有宜于所嫁的夫家"呢？诗经《桃夭》的论证是"桃之夭夭，灼灼其华；之子于归，宜其室家"。显然，对"出嫁新娘"的这一要求，并非基于科学，而是出于"自然"类比和"美好"的好像（就像"桃之夭夭，灼灼其华""有蕡其实""其叶蓁蓁"一样，"自然"且"美好"），其思维过程不是"是"，而是"好像"，不是"涵摄"，而是"比兴"。

　　当凝结在这一规范中的"客观法感"，与眼前情境中这位出嫁的姑娘相遇时，我们的"主观法感"随即发出了这样的美学判断："这位姑娘必应有宜于自己的夫家。""主观法感"与"客观法感"相遇并融合为一体。

第三章　法学中的赋比兴

——以诗经"采"字诗为例

故兴多兼比、赋，

比、赋不兼兴，

古诗皆然。

——南宋罗大经①

一　引言

我们知道，在法律规范的逻辑结构中（譬如"如果……那么……"中），不仅存在（1）"如果（实然）→那么（实然）"和（2）"如果（应然）→那么（应然）"的结构，更主要还存在（3）"如果（实然）→那么（应然）"的结构。正是（3）这样的结构，才是法学思维最典型的特征——其中包含一个从"实然"到"应然"的飞跃。这一跨越，是"休谟之叉"的逻辑原理所不能允许的，而在维柯那里，则被称为诗性"逻辑"。在此意义上，每一个法学上的"好像"，都趋向一首"诗"。

法学既然不能摆脱"好像"——"想象"、"模拟"、"虚构"（拟制）等诗性思维和方法，就必须使自己上升到"诗"。在法诗学看来，"逻辑"若不能上升为"修辞"，便只能停留于自身系统内部死循环，而不能真正面对"人"；"修辞"若不能上升为"诗"，便只能停留于自我中心主义立场，即从自我主体出发进行旁观性的评价、判断和建构，而

---

① 罗大经《鹤林玉露·诗莫尚乎兴》言："兴多兼比、赋，比、赋不兼兴，古诗皆然。"见王大鹏等编选《中国历代诗话选》（二），岳麓书社1985年版，第854页。按：兴，可谓比赋基础上的阶进或超越；在此意义上，法诗学方法，亦可谓在传统法学方法基础上的阶进或超越。

不会有真正的责任、共鸣和创造。

　　"好像"，不是逻辑学上的机械类推（可能性），而是诗学上的生命类比（相似性）【1.8.4.1】【2.1.2】【2.1.3】【2.1.4】。吴经熊言："在普通法的神秘园（enchanted garden）里，有许多隐藏的小丛林，雀跃着您的心灵……"你没能找到一个普遍的设计。"你所发现的并非立即而整体地逻辑一贯，而是一个不停息的有机的变迁，日复一日地更生。"① 不错，在法的神秘花园，经常发生的一个奇遇，正是这种生命性的"跃迁"。诗云：

> 日头下一丛紫薇，
>
> 脑海中，升起一支乐曲：
>
> 白光，
>
> 枯干，
>
> 焦绿的叶子……
>
> 恍惚间，
>
> 池鱼，似发出蝉鸣般的声音，
>
> 　　　　　　　　　　——紫红色的旋律。②

　　下面，以《诗经》"采"字诗为例，考察德性创造中的"好像""纳入"，以及诗性的跨越。

二　以《诗经》"采"字诗为例

　　在法诗学看来，行为重于思维，体验重于想象，身教重于言教。思维上有"好像"（"纳入"），行为上也有"好像"（"纳入"）。"纳入"即可区分为两种：思维上的"纳入"和行动上的"纳入"。

（一）思维上的"纳入"

　　3.2.1.1. 逻辑"涵摄"，是一种思维上的"纳入"；诗性"比兴"，

---

① 吴经熊：《正义之源泉：自然法研究》，张薇薇译，法律出版社2015年版，第140页。
② 秦瑞《正午花园中的紫薇》。按：就像客观法感与主观法感在具体情境中的相遇。

也是一种思维上的"纳入"。但两种"纳入",有显著的不同:前者是一种严格的概念归属或演绎推理;后者的"纳入"则是"好像"或"模拟"的。在语词上,前者的用词是"是"或"属于",后者的用词则是"好像"或"视为"。在此意义上,法律拟制可谓是对逻辑涵摄的"模拟"。在逻辑结构上,一个完整的法律拟制,一般由"本体"、"拟体"和"拟词"三个要素构成。通常表示为将"本体"视为"拟体",或将"本体"按"拟体"对待。其中的"拟词"——"视为"或"按……对待",其实就是"纳入";只不过,不是"涵摄"意义上的纳入,而是"好像"意义上的纳入。

3.2.1.2. 法律拟制中的"纳入"与形式逻辑中的"涵摄"(纳入),完全不同。通过拟制解决问题,凭的不是形式逻辑意义的"涵摄",而是诗性的逻辑,即"好像"的"纳入"。这一点,在科学上是绝不允许的,但在美学或法学上往往是不可避免,并且是不容反驳的。

3.2.1.3. 清朝学者王明德在《读律佩觽》中指出:律有八字("以""准""皆""各""其""及""即""若"),谓之"律母"。其八字之义,有些即"拟词"。(1)如"以"字,王明德解释说:"以者,非真犯也,而情与真犯同,一如真犯之罪罪之,故曰以。"他举例说:"如私借钱粮条内,凡监临、主守,将官钱粮等物,私自借用,或转借与人,虽立有文字,并计赃,以监守自盗论。夫立有文字借用,及转借与人,非盗也。乃私自为之,则渐不可长矣。盖监守之人,易于专擅,非重其法,无以示警,故罪非其罪,而以其罪罪之。"① 其中"以监守自盗论",在思维或语言上,就是一个"好像"的"纳入"。(2)再如"其"字,王明德解释说:"亦有事非本律而欲附于本条之下,则亦用其字以附入者。如职制律内,大臣专擅选官条后内云,其见任在朝官员,面谕差遣,及该除,托故不行者,并杖一百,罢职不叙。此条与大臣专擅选官何与,而欲附入本条之下?则亦用其字以收束之。"② 将官员托故不上任附在"大臣专擅选官"条内论处,在思维或语言上,也是一个"好像"的

---

① 见(清)王明德撰《读律佩觽》,法律出版社 2001 年版,第 4 页。参见马建石、杨育棠主编《大清律例通考校注》,中国政法大学出版社 1992 年版,第 45 页。

② 见(清)王明德撰《读律佩觽》,法律出版社 2001 年版,第 11 页。参见马建石、杨育棠主编《大清律例通考校注》,中国政法大学出版社 1992 年版,第 45 页。

"纳入"。

3.2.1.4. 再以"祭祀座尸"为例来说。《诗经·楚茨》云："工祝致告。神具醉止，皇尸载起。鼓钟送尸，神保聿归。"陈澔解释说："尸，本是臣。为尸而象神，则尊之如君父矣。"① 这就是说，在祭祀中，祖先神——由"尸"所充当（扮演）——是会亲自到场的，并与祭祀者进行交流。尽管"尸"只是由臣子装扮的，但祭祀者（君主）还必须把"尸"当作真正的祖先神来对待。《白虎通》解释这一"好像"思维，最切情理："祭所以有尸者何也？鬼神听之无声，视之无形……故座尸而食之，毁损其馔，欣然若视之饱，尸醉若神之醉矣。"② 在祭祀中，人们将"尸"，视为祖先神；将"尸"的饱醉，视为祖先神的饱醉。这一诗性的"纳入"，就特定的法学事务而言，是不可避免的，也是不容反驳的。这也属于思维上"好像"的"纳入"。

（二）行动上的"纳入"

3.2.2.1. 思维上有"好像"的纳入，行动（动作）上也有"好像"的纳入。法学上的这种诗性、这种"好像"、这种"纳入"，并不仅仅表现在语言的"喻词"或"拟词"上，还表现在动作或行动上。思维上的"视为"与行动上的"效法"，并无本质的区别。作为动词的"法"，如果在认识上是"比照着看"，那么在实践上则是"比照着做"。一个陌生的难以理解的概念，如果被"好像"地纳入另一个亲切熟悉的概念，就会变得易于理解；同样，一个陌生的难以接受的行为规范或人伦关系，如果被"好像"地纳入另一个亲切熟悉的行为关系之中，也就变得易于接受或服从。思维、语言和行动三者的道理往往是相通的。③ 一种新的或陌生的法律或政治规范，通过某种"好像"的比喻，通过某种诗性的语言和思维，进而被"纳入"一个既存的、亲切熟悉的规范之中，从而获得合法性；这种语言上的修辞学效果，人们是非常熟悉的。然而，还

---

① 见（元）陈澔注，万久富整理《礼记集说》，凤凰出版社 2010 年版，第 382 页。

② 见（清）陈立撰，吴则虞点校《白虎通疏证》，中华书局 1994 年版，第 580 页。

③ 按：正如诗、歌、舞三者在原始诗性中是合为一体的一样。诗歌中那些有节奏的感叹词，例如兮、猗、吁、哦、嘻、唉、呜呼、噫嘻等，都是劳动或动作节奏的痕迹。参见赵沛霖《兴的起源——历史积淀与诗歌艺术》，中国社会科学出版社 1987 年版，第130 页。

有一种更加隐秘或更加深刻的"隐喻"，即行动上的"隐喻"——类似《诗经》六义中的"兴"——往往为人们所忽视。[1] 在这种情况下，法律拟制中的那种静态的结构——思维或语言上的"好像"以及效果上的"视为"——转化为一个具体的动作（动态）过程上的"纳入"。在这种情形下，在两种可类比的行为或关系之间，"拟词"虽然不见了，但精神犹在；相似性可能也已淡漠或消失了[2]，然而，替代"同情"或"通感"的，可能是一种更为强烈的感动，即"共鸣"和"共振"。

3.2.2.2. 《诗经》"采"[3] 字诗就提供了许多这一动态过程最生动的画面。我们知道，《诗经》中有许多诗，都是以"采摘"意象作比兴的，如：《采蘋》之"于以采蘋？南涧之滨"；《荇菜》之"参差荇菜，左右采之"；《采蘩》之"于以采蘩，于沼于沚"；《采薇》之"采薇采薇，薇亦作止"；《采绿》之"终朝采绿，不盈一匊"；《采菽》之"采菽采菽，筐之筥之"；《采苓》之"采苓采苓，首阳之巅"；《泮水》之"思乐泮水，薄言采茆"；《采芑》之"薄言采芑，于彼新田，于此菑亩"；《我行》之"我行其野，言采其蓫"；《小宛》之"中原有菽，庶民采之"；等等。这些"采"字诗，虽然描述的是野菜的"采摘"，但所比兴的，往往是某种政治法则上的"采纳"，或建构：一方面是采摘"野菜"纳入"筐子"中，另一方面则是采摘"本体"纳入"拟体"中。通过诗性歌舞中的这种复踏，通过日常劳作中的这种重复性的动作，通过这一行动上的"纳入"，某种陌生甚至生硬的法律或政治规范不知不觉地建构起来，从而在人为的法则与物理的自然之间接通了"能量来源"。例如，在"参差荇菜，左右采之"与"窈窕淑女，琴瑟友之"之间，并无"拟词"，也似乎难以找到直接的"相似性"，但在一种神秘的"兴象"

---

① 郑玄《周礼·大师》注引郑众云："比者，比方于物也；兴者，托事于物。"唐皎然《诗式》："取象曰比，取义曰比，义即象下之义。"按："兴"所托之"物""象"，不限于具象事物或图像等造型艺术，还包括行为和动作。借用克莱夫·贝尔的概念"有意味的形式"来说，"兴"就是一种"有意味的形式"。参见赵沛霖《兴的起源——历史积淀与诗歌艺术》，中国社会科学出版社 1987 年版，第 251 页。

② 刘大白："兴就是起个头…这个起头，也许和下文似乎有关系，也许完全没有关系。总之，这个借来起头的事物，是诗人底一个实感而曾经打动诗人底心灵的"。转引自赵沛霖《兴的起源——历史积淀与诗歌艺术》，中国社会科学出版社 1987 年版，第 228 页。

③ 按：汉字"采"，上面一只手，下面是结有果实的植物，表示采摘。

之中，后者被"好像"地"纳入"前者之中，从而获得合法性。在这里，男女青年之间相爱的高贵礼仪或行为模式，正是在"参差荇菜，左右采之"的那种亲切熟悉的采摘行为中复踏性地建立起来的。如表 3-1。

表 3-1 《诗经》"采"字诗

篇名	野菜的采摘	规范上的"采纳"
荇菜	参差荇菜，左右采之。	窈窕淑女，琴瑟友之。
采蘩	于以采蘩，于沼于沚。	于以用之？公侯之事。
采蘋	于以采蘋？南涧之滨。	谁其尸之？有齐季女。
采菽	采菽采菽，筐之筥之。	君子来朝，何锡予之？
小宛	中原有菽，庶民采之。	螟蛉有子，蜾蠃负之。教诲尔子，式穀似之。

3.2.2.3. 以《诗经·采蘋》为例来说："于以采蘋？南涧之滨。于以采藻？于彼行潦。于以盛之？维筐及筥。于以湘之？维锜及釜。于以奠之？宗室牖下。谁其尸之？有齐季女。"诗句很浅显：去哪里采蘋？到那南涧之滨去采。去哪里采藻？到那流潦之中去采。用什么容器盛它？用筐筥盛它。放入什么容器烹煮？放入锜釜中烹煮。在什么地方行礼？在宗室牖下行礼。由谁来主礼？由庄敬少女主礼。整首诗歌似乎一个枯燥的索引，旨在告知一项礼仪的步骤和规则。然而，其中深厚的诗意，却是耐人寻味的——实物上的"采""纳"→概念上的"采""纳"→规范上的"采""纳"，即一连串"好像"的跳跃和升华。

在《春秋·左传》中，载有一事：鲁襄公路过郑国，郑简公不在，就由郑伯有接待，但伯有举止不敬。为此，鲁国的穆叔发表了一翻评判，就引用了《采蘋》："敬，民之主也，而弃之，何以承守？……济泽之阿，行潦之蘋藻，置诸宗室，季兰尸之，敬也，敬可弃乎？"① 就是说，以下敬上是做臣民的最基本的规范性要求，却被郑伯有丢弃了（在招待鲁襄公时举止不敬）。《诗经·采蘋》说，水边采摘的蘋藻，放置在宗室牖下，由庄敬少女主礼，这就是敬啊，敬，怎么可以丢弃呢！显然，这就是将《诗经·采蘋》所包含的规范"敬"，适用于具体的邦交了。

值得提出的问题是，"敬"也好，"由庄敬少女主礼"也罢，这些人

---

① 见（清）洪亮吉撰，李解民点校《春秋左传诂》，中华书局 1987 年版，第 605 页。

为的规范是如何建立起来的？为什么是"下敬上"，而不是"上敬下"？为什么一定要由"庄敬少女"主礼而不能是其他什么人呢？诗歌虽没有给出直接的答案，但每个人都仿佛觉得这是天经地义的，就像采摘"蘋藻"就应该放进"筐筥"那么自然。人为创造的规范"好像"成了天经地义的规范。采摘"蘋藻"纳入"筐筥"的过程与采摘"本体"（人定法）纳入"拟体"（自然法）的过程，具有相似的心理归属感。① 无论是在立法上将"公告期满"纳入"送达"，还是在司法上将"诱惑"纳入"邀请"，无论是在理论上将"法人"纳入"人"，还是在实践上将"收养的子女"纳入"亲生子女"，都是相似的采纳的过程。

"于以采蘋？南涧之滨。于以采藻？于彼行潦。于以盛之？维筐及筥。于以湘之？维锜及釜。"在这样的反复吟唱中，诗中所包含的规范的合法性——"于以奠之？宗室牖下。谁其尸之？有齐季女。"——也就不知不觉地渗入人心。

3.2.2.4. 再如《诗经·采菽》中一段："采菽采菽，筐之筥之。君子来朝，何锡予之。虽无予之，路车乘马。又无予之，玄衮及黼。"前两句的意思是："采豆苗啊采豆苗啊，用筐用筥来盛它。"这本是一幅生动的田野采摘图画，但在该诗中又成为一个政治规范的自然法基础。各路诸侯前来朝见，作为国君拿什么赐给他们呢？就赐给他们"路车乘马""玄衮及黼"吧。其中包含着的君臣关系法则是不言而喻的。《白虎通·巧黜》解释说："九锡，皆随其德可行而赐，能安民者赐车马，能富民者赐衣服。以其进退有节，行步有度，赐之车马，以代其步。言成文章，行成法则，赐之衣服，以表其德。"② 在"采菽采菽，筐之筥之"的"意象"中，赐车赐马、赐衮赐黼的政治法则建立起来了；同时，在"采菽采菽，筐之筥之"的"好像"中，天下诸侯也尽入国君之"彀"中了。③

---

① 毛诗序："《采蘋》，大夫妻能循法度也。"王先谦案："《射义》言：'采蘋，乐循法也。'彼言射礼乐章，卿大夫以《采蘋》为节，是取以循法为节之义……"见（清）王先谦撰，吴格点校《诗三家义集疏》，中华书局1987年版，第77页。按：将箭射在靶上，与将"蘋藻"投入"筐筥"，具有相似的心理归属感。

② 见（清）王先谦撰，吴格点校《诗三家义集疏》，中华书局1987年版，第790～791页。参见（清）陈立撰，吴则虞点校《白虎通疏证》，中华书局1994年版，第302～307页。

③ 据唐史记载，（唐）太宗在洛，登端门，见新进士缀行而出。喜曰："天下英雄，入吾彀中矣！"

3. 2. 2. 5. 再看《诗经·小宛》中的一段："中原有菽，庶民采之。螟蛉有子，蜾蠃负之。教诲尔子，式穀似之。"

诗句中，菽也叫藿，指豆叶；蜾蠃也叫蒲卢，指细腰蜂。

"中原豆苗，百姓采摘"，这是一个"无主物自然取得"的自然意象。

"螟蛉生下孩子，细腰蜂背去抚养"，这是一个"拟制血亲"的自然意象。

两个自然意象，构成下面一个更为重大的政治法则的心理基础。郑笺曰："藿生中原，非有主也，以喻王位无常家也，勤于德者则得之。蒲卢取桑虫之子负持而去，煦妪养之，以成其子，喻有万民不能治，则能治者将得之。"① 这显然是对血亲政治法则的突破：所谓"皇天无亲，惟德是辅"的革命政治法则，在"中原有菽，庶民采之；螟蛉有子，蜾蠃负之"的"好像"中建立起来。

3. 2. 2. 6. 在《诗经》学上，"比"和"兴"的关系②，聚讼不清。在本研究中，前者主要是指思维上的"纳入"，后者主要指行为上的"纳入"。闻一多先生曾敏锐地指出，诗经"三百篇中以鸟起兴者，亦不可胜计，其基本观点，疑亦导源于图腾。歌谣中称鸟者，在歌者之心里，最初本只自视为鸟，非假鸟以为喻也。假鸟为喻，但为一种修辞术；自视为鸟，则图腾意识残余。历时愈久，图腾意识愈淡，修辞意味愈浓"③。这就是说，"兴"与"比"的一个重要区别："比"只是修辞，而"兴"则是置身其中的"戏剧"，是置身其中的"行动"或"践行"。

如果我们按照闻一多先生的"自视为鸟"来理解"兴"，那么下述

---

① 见（清）王先谦撰《诗三家义集疏》，中华书局 1987 年版，第 693~694 页。

② 按：禅宗所谓——思不孤起，触物方生。例如以下的对答：生问："如何是道？"师答："车碾马踏。"见（宋）普济著，苏渊雷点校《五灯会元》卷一一《谷隐蕴聪禅师》，中华书局 1982 年版。生问："如何是道？"师答："太阳溢目，万里不挂片云。"见（宋）普济著，苏渊雷点校《五灯会元》卷五《夹山善会禅师》，中华书局 1982 年版。"车碾马踏"是"比"，目的在于唤起经验和记忆，将具象的道与抽象的道加以对比，通过以熟悉的意象代替不可捉摸的对象，在比喻中把握对象，体会其中的原则；"太阳溢目，万里不挂片云"则是"兴"，目的在于泛起心中集体无意识之沉沙，通过泛起的意象逼近难以言说的对象，在通感中受到触动，感受其中的力量。

③ 见闻一多《诗经通义·周南》，载朱自清、郭沫若、吴晗、叶圣陶编《闻一多全集》（2），上海书店出版社 2020 年版，第 111 页。

见于《易经》中的"兴"，其规范建构上的"自视"或实践也就非常明了。例如：

> "明夷于飞，垂其翼。君子于行，三日不食。"（《明夷·初九》）
> "鸣鹤在阴，其子和之。我有好爵，吾与尔靡之。"（《中孚·九二》）
> "枯杨生稊，老夫得其女妻。"（《大过·九二》）
> "枯杨生华，老妇得其士夫。"（《大过·九五》）

思维上的"修辞"与行为上的"体验"，其效果和功用是非常不同的。正如刘勰所言："比者，附也；兴者，起也。附理者切类以指事，起情者依微以拟议。起情，故兴体以立；附理，故比例以生。比则蓄愤以斥言，兴则环譬以托讽。"（《文心雕龙·比兴》）从这个意义上说，法的规范的建构，不仅是一个"诗论"（修辞学论证）的问题，更主要还有一个"诗教"（教育学上的修行）问题。就《诗经》六义言，前者为"比"论，后者为"兴"教；简单说，前者主要是个思维和论证问题，后者则还包括行动和教化。

三　法学中的赋比兴

"好像"（as if, quasi, comme）思维，有广、中、狭三层含义：广义的"好像"，还包括"抽象"思维中的"想象"；中义的"好像"，包括"具象"思维；而狭义的"好像"，主要指"赋、比、兴"思维。这里借用《诗经》"六义"的概念，将"好像"思维划分为"赋""比""兴"三种。

《诗经》"六义"有两种不同的排列顺序：一是"风雅颂，赋比兴"；二是"风赋，比兴，雅颂"。① 两种不同的排列组合，对"赋""比""兴"的理解也有不同。在第一种排列中，对"赋""比""兴"的理

---

① 按：《周礼·春官》："太师教六诗：曰风，曰赋，曰比，曰兴，曰雅，曰颂。"《诗大序》："《诗》有六义焉：一曰风，二曰赋，三曰比，四曰兴，五曰雅，六曰颂。"

解，又有两个不同的方向。（1）第一个方向，是面向未来去创造的，即将"风、雅、颂"解为诗体，而将"赋、比、兴"解为创作方法。（2）第二个方向，是面向已然去适用的，将"风、雅、颂"解为诗体，但将"赋、比、兴"解为用诗的方法，即赋，指直陈；比，指比斥；兴，指善喻。在第二种排列组合中，对"赋""比""兴"的理解，也有两种不同的意见；两种意见不是分歧在时间维度上，而是分歧在用诗的场合上。（3）第一种意见认为，"六义"是指《诗经》教学的训练方法（在课堂上），故将"风赋"解为唱诵训练（诵歌），将"比兴"解为义用训练（义+歌），而将"雅颂"解为乐用训练（仪+歌）。（4）第二种意见认为，"六义"是实际用《诗》的方法（在政务中）："风"，即诵；"赋"，即歌；"比"，即贬；"兴"，即褒；"雅"，指政事礼仪；"颂"，则指宗教礼仪。

这里无意卷入诗经学上的"六义"之争。从上述四种"六义"的不同理解来看，解释（1），最接近思维属性，也最便于本书的目的，故采解释（1）的理解：将"赋、比、兴"解为三种不同的创作或思维方法。（a）赋，指铺叙直陈。钟嵘《诗品》："直书其事，寓言写物，赋也。"（b）比，指比喻。钟嵘《诗品》："因物喻志，比也。"朱熹《诗集传·螽斯》："比者，以彼物比此物也。"（c）兴，即兴起。郑樵《六经奥论》："凡兴者，所见在此，所得在彼，不可以事类推，不可以理义求也。"简要来说，"赋、比、兴"三义，最终都归入一个"情"字。李仲蒙说："叙物以言情谓之赋，情尽物也；索物以托情谓之比，情附物也；触物以起情谓之兴，物动情也。"① 下面分别来说：

（一）"赋"思维

3.3.1.1. "赋"思维。"赋"，即对对象的敷陈或白描。"赋"思维，是通过语言形象来达到某种意象的思维过程，它与具象思维属于同一思维过程，都是形象思维；但它的"象"不是由直接感知的具体事物提供的，而是通过语言塑造间接获得的。例如，在现实生活中，我们可能没有机会亲见英美法系那种尖刻老练的律师形象，在文学作品中却能见到，

---

① 宋胡寅《与李叔易书》引李仲蒙言。

比如狄更斯笔下那位律师：他正在对一个女人进行盘问……弄得法庭上每个人都诚惶诚恐。作者写道："不论是谁，不管你地位有多高，只要说一句他不入耳的话，他立即吩咐把这个人的话'记下来'。谁要是不招供，他就说：'我自有办法从你肚子里把口供掏出来！'谁要是招供了，他就说：'你还逃得出我的手掌！'只消他咬一下手指，法官们就瑟瑟发抖。不论是做贼的，捉贼的，都战战兢兢地竖起了耳朵听着他的每一句话，只要他的一根眉毛朝着他们一耸，他们就会吓得打个寒噤。"① 在这段文字中，我们虽未目睹这位刻薄老道的律师，但在狄更斯笔下，仿佛他就站在我们面前。再如严霞峰笔下的那所东岳古庙（作为况钟破案——"访鼠测字"——背景的一座古庙），也是跃然纸上的："且说惠山脚下这座东岳庙，如今早已破烂不堪：到处是荒草枯榛，断墙残垣。帐幔上布满灰尘，神像上挂着蜘网，泥塑金身的东岳帝君，塌了半个鼻子，失了一只耳朵，那斑斑驳驳的金身，仿佛是一件千疮百孔的百衲衣。两旁的判官，执笔的早已没有笔，没有手，只剩半截臂肘。拿簿的早已没有簿，没有指，只留残缺身架。笑容可掬的无常，怒目而视的鬼卒，变为东倒西歪的半截泥胎。两旁木柱上的对联，也只剩下左边的一副字迹尚依稀可辨，写着'世事无常古往今来放过谁'，右边的却要人费神去猜了。"② 上述那位出庭律师和这里作为破案现场的东岳古庙——两个法学上的"意象"——就属"赋"思维的创造。

3.3.1.2. 法律文本中的"赋"思维。在法律文本中，不乏这种"赋"思维的表达。例如，《苏美尔法典》第 4 条规定："养子倘告其父母云'尔非吾父，尔非吾母'，则彼应放弃房屋、田、园、所有奴隶及其他财产，而此养子本身应按其全价出卖。倘其父母告彼云'尔非吾子'，则彼应走出……房屋。"又如，《赫梯法典》第二表"假如葡萄藤"第 171 条规定："假如母亲把自己儿子的衣服翻出，从而驱逐自己的儿子，则当她的儿子回来，拿起自己的门而翻转到这一面，拿起自己的床（？）、自己的椅子（？）而翻转到这一面的时候，他的母亲应把它们取回，并重新使自己的儿子成为自己的儿子。"上述两条关于亲子关系解除和恢复的

---

① 见〔英〕狄更斯《远大前程》，王科一译，上海译文出版社 1979 年版，第 242 页。
② 见严霞峰《况公案》，江苏古籍出版社 1987 年版，第 339 页。

规定，都跃然纸上，具有很强的"视觉性"、"意象性"和"戏剧性"。再如《拿破仑法典》第 114 条规定："检察官对于推定不在人的利益有特殊注意的职责；一切有关推定不在人的请求，应听检察官意见。"第165 条规定："婚姻仪式，于当事人一方的住所，在身份吏前公开举行之。"第 180 条第 2 款规定："如关于婚姻当事人有错误时，仅夫妻中受欺诈而陷于错误的一方有权对婚姻提出攻击。"① 其中的"听"（entendu）、"前"（devant）和"攻击"（attaqué）等意象性词语的运用，使原本抽象的法律条文变得形象生动，仿佛能够被"看"到。

（二）"比"思维

3.3.2.1. "比"思维。"比"，就是拿熟悉的东西比陌生的东西。"比"思维，就是基于"相似性"而运行的一种意象思维，即通过语言形象唤起记忆或经验，从已知出发，通过类比达到对未知的了解。"比"思维与"兴"思维一样，都是一个"逻辑蹭等"（logical leap）的过程②；但"比"思维的蹭等跳跃是基于"相似性"，而非如"兴"思维是基于某种微妙的内在相关性。"比"思维主要有两种形式，一是比喻思维，二是模拟思维。

3.3.2.2. 法律中的"比喻"思维。在法学中，"比喻"思维的主要功能是建立合法性，即通过人们熟悉的"喻体"来建立人们比较陌生的"本体"——例如某个法律规范——的合法性，并使这一过程以某种生动、亲切、通俗的方式表现出来。例如，《摩奴法典》Ⅶ.129 规定："像水蛭、牛犊与蜜蜂慢慢地摄取自己的食物一样，国王须渐渐地征收年

---

① 《拿破仑法典》（法国民法典），李浩培、吴传颐、孙鸣岗译，商务印书馆 1979 年版。CODE CIVIL FRANCAIS. 114. Le ministère public est spécialement chargé de veiller aux intérêts des personnes présumées absentes; et il sera entendu sur toutes les demandes qui les concernent. 165. Le marriage sera célébré publiquement, devant l'officier civil du domicile de l'une des deux parties. 180. Le mariage qui a été contracté sans le consentement libre des deux époux, ou de l'un d'eux, ne peut être attaqué que par les époux, ou par celui des deux dont le consentement n'a pas été libre. Lorsqu'il y a eu erreur dans la personne, le mariage ne peut être attaqué que par celui des deux époux qui a été induit en erreur.

② "One would expect ownership, like any other right, to be a res incorporales. By a strange sort of logical leap, however, dominium was treated as a res corporalis and thus identified with its object." See Reinhard Zimmermann, *The Law of Obligations: Roman Foundations of the Civilian Tradition*, Juta & Co, Ltd, p.26, note144.

税。"其中，"水蛭、牛犊与蜜蜂慢慢地摄取自己的食物"与"国王须渐渐地征收年税"，构成一对喻体与本体。再如，董仲舒"甲无子拾道旁弃儿判"曰："甲无子，振活养乙，虽非所生，谁与易之？《诗》云：'螟蛉有子，蜾蠃负之。'《春秋》之义：'父为子隐。'甲宜匿乙。"① 其中，"螟蛉有子，蜾蠃负之"与甲乙拟制亲子关系，构成一对喻体与本体。再如，《侗款》（侗族习惯法）歌词唱道："如果谁人子孙，头不识耳（喻不听劝告），眼不识珠（喻目无法规），嘴巴不让兄弟（喻不遵长幼顺序），肠肚不认亲戚（喻不遵礼俗）。他做公公的去爱媳妇（乱伦），做兄弟的去爱姐妹。……他把斧头称锄头，把鼎罐称锅头。要木当竹，要泥当石，乱了礼仪，乱了条规。今天村人依礼来惩，今天寨人依礼来罚。……罚他稻田无一垄，罚他鱼塘无一（处）。丢他进潭头旋水塘，推他进潭头绿水塘，要他跟乌龟共村，要他跟鱼同寨。"② 其中包含大量的比喻。

3.3.2.3. 法律中的"模拟"思维。在法学上，"模拟"思维的主要功能，不像"比喻"思维那样，要树立规范的合法性或增加亲切性，而在于增强既有规范的适应性。"比喻"思维和"模拟"思维，都须处理新情况，但"比喻"思维所面对的问题，主要是新的规范的合法性问题，即通过"比喻"思维，新的规范在"喻体"中获得合法性和亲切性，而"模拟"（"比照"或"效法"）思维所面对的问题，主要是既有规范对新的情形的适应性问题，即通过"模拟"思维，为新的事实或情形在既有的规范中找到归宿，或者说，既有的规范适应或包纳了新的情形。模拟思维，是通过模拟既有的方式解决面临困境的一种决断性方法。主要有三种。

例1. 模拟……。弗雷泽在《金枝》中指出的几种"模拟诞生"的形式（既可以建立收养又可以产生"重生"的法律效果）：（1）古希腊（哲学家狄奥多拉斯提到的）的一种模拟收养——在女神赫拉收养赫拉克勒斯时，她躺在床上，推着赫拉克勒斯通过她的衣裙掉下来，以模拟一次真的降生；（2）沙捞越的比拉万人的一种"模拟诞生"收养——养母当众坐在用布盖着的高椅子上，让被收养人由椅子下面她两腿间爬出，

---

① 见陈重业辑注《古代判词三百篇》，上海古籍出版社 2009 年版，第 2 页。
② 见吴浩、梁杏云项目主编《侗族款词》，广西民族出版社 2009 年版，第 218 页。

好像真的分娩似的；（3）在古希腊，一个被误认为已经死亡并且举行过葬礼的人，可以通过"模拟分娩"，从一个女人的衣裙下钻过，而获得"重生"；（4）在古代印度，一个被误认为死去的人回来后，第一晚必须坐在一个盛满油水混合液的木桶中，像婴儿在子宫中一样，第二天从木桶中出来，可得"重生"。① 在这种"模拟"思维中，生理上的出生（诞生）——这一自然规范——被诗性地扩用到或适应于非自然的各种情形。

例 2."与……同效"。查士丁尼《法学总论》第一卷第十一篇规定的收养："任何人通过收养或自权者收养的方式被人收养的，在许多方面，跟在合法婚姻关系中出生之子相同。"再如，《魏玛宪法》第 121 条规定："私生子之身体上、精神上及社会上之进展，在立法上，与嫡生子同等待遇。"在上述拟制血亲的例子中，其基本的思维方式就是"模拟"、"比照"或"与……同效"，即通过对某种熟悉的或现成的规范所要求的条件的模拟，使某种新的情况也能达到与被模拟规范同等的法律效果。

例 3."按……处理"。我国《最高人民法院关于审理盗窃案件具体应用法律若干问题的解释》第 12 条第 4 款规定："为练习开车、游乐等目的，多次偷开机动车辆，并将机动车辆丢失的，以盗窃罪定罪处罚。"再如，乌鲁木齐市公检法联合发布《关于依法严厉打击针刺伤害群众等犯罪活动的通告》（2009 年 9 月 6 日），规定对使用有毒害性物质的注射器或吸食毒品后废弃的注射器扎刺他人的，以投放危险物质罪定罪。对使用无毒害性物质的注射器扎刺、喷射他人的，以投放虚假危险物质罪定罪处罚；使用大头针等其他针状物扎刺无辜群众，制造恐怖气氛的，以投放虚假危险物质罪论处。② 这都属于"模拟"思维。

3.3.2.4. "比"思维之利弊。"比"思维，或类比想象，有其短，也有其长：虽没有逻辑思维严谨，却长于创造；虽不免有时是荒谬的关联，但也可能是独到的创见。李博概括说，类比思维主要有两种，"一种

---

① 见〔英〕詹姆斯·乔治·弗雷泽《金枝》，徐育新、汪培基、张泽石译，大众文艺出版社 1998 年，第 24~25 页。
② 据新华社乌鲁木齐 2009 年 9 月 6 日电：为依法严厉打击针刺伤害群众等犯罪活动，保护群众安全，维护社会秩序，乌鲁木齐市中级人民法院、人民检察院、公安局 6 日联合发布《关于依法严厉打击针刺伤害群众等犯罪活动的通告》。

是拟人化，一种是转变或变化"（即比喻、寓言或象征）。拟人的类比，其效用虽然是一时的，却更彻底："它赋予万物以生命，它假定有生命的甚至无生命的一切，都具有和我们相似的要求、激情和愿望，并且这些情感就像在我们身上一样，也都为着某种目的而活动着。"相对而言，比喻，其类比形式更加多样："它不是从思维着的主体推移到对象，而是从一个对象到另一个对象，由一物到另一物。它的作用在于通过部分的相似而形成转变。"①

3.3.2.5. 比喻思维与拟人思维。就相同之处言，比喻和拟人，都不属于实证思维，而是"好像"，即类比想象，不求"实证""严谨"，但求诗性"创造"。然二者又有区别：在比喻（无论隐喻、寓言还是象征）中，作者以叙事者之立场，持表现主义的叙述学方法。用谢林的话说，一项比喻，堪称一首最小的叙事诗。拟人则不同，它不仅是叙事，而且是对话的、戏剧的。在拟人中，作者以对话者的姿态，追求与对方达成共鸣。比喻是"象征"性的，而拟人则是"赋活"和"同情"。

（1）法学上的比喻。法学上的"比喻"思维，即类比联想，旨在打通事物间之界限，摆脱概念逻辑之羁绊，产生认识上的"跃迁"，通达事物之本质。（a）孔子论"诗"（《大叔于田》）曰："夫为组者，稯纰（zong pi）于此，成文于彼。言动于近，行于远也。执此法以御民，岂不化乎？"这是以纺织喻政治。（b）瓜里尼说："悲剧是伟大人物的写照，喜剧是卑贱人物的写照。伟大与卑贱不是互相对立吗？既然政治可以让这两个阶层的人混合在一起，为什么诗艺就不能这样做呢？"② 这是以政治喻诗艺。（c）恩格斯说："正如母体内的人的胚胎发展史，仅仅是我们的动物祖先以蠕虫为开端的几百万年的躯体发展史的一个缩影一样，孩童的精神发展则是我们的动物祖先，至少是比较晚些时候的动物祖先的智力发展的一个缩影，只不过更加压缩了。"③ 这是科学认识上的"比喻"思维。（d）马克思说：市民社会"始终标志着直接从生产和交往中

---

① 中国社会科学院外国文字研究所外国文字研究资料丛刊编委会编《外国理论家 作家论形象思维》，中国社会科学出版社 1979 年版，第 184~185 页。

② 朱光潜：《西方美学史资料翻译（残稿）》，中华书局 2013 年版，第 69 页。

③ 〔德〕恩格斯：《自然辩证法》，载《马克思恩格斯文集》（第 9 卷），人民出版社 2009 年版，第 559 页。

发展起来的社会组织，这种社会组织在一切时代都构成国家的基础以及任何其他的观念的上层建筑的基础"①。这是法学认识上的"隐喻"思维。（e）吴经熊说："当今，法学正经历着一场深刻的变革——这场变革的意义不亚于物理学领域中，从'机械'物理学向电力物理学之变革。我们的法学正处在从机械法学向功能法学，静态法学向动态法学，绝对法学向相对法学，'概念法学'向'现实主义法学'，个人主义法学向社会法学的转变过程中。"② 这是以自然科学之发展隐喻法学之发展。至于司法中的"类案"思维，更是不可胜计。

焦循《毛诗补疏》论"比"曰："比，当如春秋决事比之比；比，犹例也。歌诗必类……"又言"夫妇可例于君臣，田野可通于都邑，陈古即以例今，写好反以见恶，庶几其用神，而其义广也"。可见，诗学上的比喻与法学上的比喻是相通，即所谓"必类"。

（2）法学上的拟人。法学上的"拟人"思维，就是"赋活"对象，打通"物-我"，从而能够在我与对方之间展开交流或对话。《孟子·尽心上》言："亲亲而仁民，仁民而爱物。"董仲舒《春秋繁露·仁义法》亦言："质于爱民以下，至于鸟兽昆虫莫不爱。不爱，奚足谓仁！"此之谓也。（a）当我们把自然界视为一个权利主体时，我们便可能与之签订"自然契约"（The Natural Contract）。在实践中，2008 年的《厄瓜多尔宪法》就是一例。（b）当我们把国家视为一个法人或把客观法视为一个有精神、有目的、有情感的主体时，我们便可能与之产生目光的"对视"或主-客观"法感"之间的碰撞。耶林的"客观法感"学说，即一例。（c）当我们把纠纷的解决视为一个生态互动的过程，并赋予法官和当事人以"活性"时，纠纷的解决本身便不再是一个主体对客体的认识论或规制论过程，而变成主体间的生态治理过程。

（3）法学上"比喻"与"拟人"之统一。例如艾比提出"生态防卫"的概念：为保护生态而进行的民间自力的防卫性破坏活动，包括拆除捕鲸渔具、戳破尾气排放超标汽车的轮胎等。采取"生态防卫"行动的条件有二：（a）必须是出于生态保护的目的；（b）以不伤害当事人人

---

① 　《马克思恩格斯全集》（第三卷），人民出版社 1960 年版，第 41 页。
② 　吴经熊：《吴经熊法学文选》，孙伟、李冬松编译，中国政法大学出版社 2012 年版，第 205 页。

身安全为限。显然，在艾比的"生态防卫"概念中，存在两个"比"，一个是拟人（即将自然视为有生命的伙伴甚至家人），另一个是比喻（即以刑法学上的正当防卫为喻体）。艾比说："如果有一个陌生人手执斧头劈开你家的门，用致命武器威胁你和你的家人，进而又掠夺他想要的一切，那么他在犯罪。不管是依照法律还是日常道德，这都是公认的罪行。""在这种情况下，屋主有权利也有义务采取任何必要手段保卫自己、家人和他的财产。……自卫是一条基本的法则，它不仅属于人类社会，也属于生命本身，不仅适用于人类的生命，也适用于所有生命。""既然荒野是我们真正的家，如果它面临被侵占、被掠夺、被毁灭的危险，事实也正是这样，我们当然有权采用任何必要的手段来保卫这个家，就如保卫我们的私人领域那样。""生态防卫意味着反击。生态防卫就意味着为保卫生态而对破坏生态的东西进行有意破坏。生态防卫虽然危险但却公正，未经授权却其乐无穷，不符合法律但却符合道德律令。"①

（三）"兴"思维

3.3.3.1. "比"与"兴"不同："比"，求通达（比喻是要打通物—物；拟人则是打通物—我）；"兴"，求兴会（将两种打通融汇于具体之情境）。兴中有比，比中却未必有兴。南宋罗大经《鹤林玉露·诗兴》言："故兴多兼比、赋，比、赋不兼兴，古诗皆然。"

3.3.3.2. 举例来说。白居易有一道判词——

[判题] 得景娶妻三年无子，舅姑将出之，诉云："归无所从。"[判词] 承家不嗣，礼许仳离，去室无归，义难弃背。景将崇继代，是用娶妻，百两有行，既启飞凤之兆，三年无子，遂操别鹄之音。将去舅姑，终鲜亲族，虽配无生育，诚合比于断弦，而归靡适从，庶可同于束蕴。固难效于牧子，宜自哀于邓攸。无抑有辞，请从不去。②

（笺注【1】出之：指"出妻"。《唐律疏议·户婚律》【正文】"诸妻无七出及义绝之状而出之者，徒一年半。"【疏】议曰："伉俪之道，义期同穴，一与之齐，终身不改。故妻无七出及义绝之状，不合出之。

---

① 转引自王诺《欧美生态文学》（第三版），北京大学出版社2020年版，第344页。
② （唐）白居易著，朱金城笺校《白居易集笺校》，上海古籍出版社1988年版，第3628页。

七出者，依令：一无子，二淫泆，三不事姑舅，四口舌，五盗窃，六妒忌，七恶疾。"【疏】议曰："虽犯七出，有三不去而出之者，仗一百。追还合。若犯恶疾及奸者，不用此律。"所谓"三不去"者，"一经持舅姑之丧，二娶时贱后贵，三有所受无所归"。笺注【2】归无所从：即指"三不去"之"有所受无所归"。笺注【3】仳离：指休妻。《诗经·中谷有蓷》云，"有女仳离，慨其叹矣"，"有女仳离，条其歗矣"，"有女仳离，啜其泣矣"。朱熹注云："一女见弃，而知人民之困。"笺注【4】百两：百乘，指女子出嫁，百辆车马迎迓。《诗经·鹊巢》云，"之子于归，百两御之"，"之子于归，百两将之"，"之子于归，百两成之"。笺注【5】别鹄：亦曰"别鹤"，指夫妻离异。乐曲《别鹤操》，传为商陵牧子所作：牧子娶妻，五年无子，父兄令其改娶。妻子闻之，中夜惊起，倚户悲啸。牧子感动，援琴歌曰："痛恩爱之永离，叹别鹤以舒情。"事见（晋）崔豹《古今注·音乐》。笺注【6】牧子：参见笺注【5】。）

判词中"束蕴"一语，指"束蕴请火"，典自《汉书·蒯通传》。齐悼惠王时，贤士梁石君、东郭先生隐居未举。蒯通时为曹参客卿，有朋友就建议蒯通向曹相国荐此二人。

蒯通曰："诺。臣之里妇，与里之诸母善。里妇夜亡肉，姑以为盗，怒而逐之。妇晨去，过所善诸母，语以事而谢之。里母曰：'女安行，我今令而家追女矣。'即束缊请火于亡肉家，曰：'昨暮夜，犬得肉，争斗相杀，请火治之。'亡肉家遽呼其妇。故里母非谈说之士也，束缊乞火非还妇之道也，然物有相感，事有适可。臣请乞火于曹相国。乃见相国曰：'妇人有夫死三日而嫁者，有幽居守寡不出门者，足下即欲求妇，何取？'曰：'取不嫁者。'通曰：'求臣亦犹是也，彼东郭先生、梁石君，齐之俊士也，隐居不嫁，未尝卑节下意以求仕也。愿足下使人礼之。'曹相国曰：'敬受命。'皆以为上宾。"

（笺注【1】"束蕴"与"束缊"通。缊，乱麻。笺注【2】"我今令而家追女矣"，即"我今令尔家追汝矣"。）

蒯通所说的两段话，在思维上，即可归为"比""兴"。蒯通对曹相国说："求臣亦犹是也，彼东郭先生、梁石君，齐之俊士也，隐居不嫁，未尝卑节下意以求仕也。"此可谓"比"。蒯通对其友人说："故里母非谈说之士也，束缊乞火非还妇之道也，然物有相感，事有适可。"此可谓

"兴"。"比""兴",虽是诗学上的用语,但作为一种思维或论证方式亦可用于其他领域(包括法学)。白居易用"束蕴请火"典故,可谓"比"思维;蒯通举"束蕴请火"一事,则可谓"兴"思维。

简单说,比,是"打比方"(例如白居易用"束蕴请火"之典);兴,则是"被触动"(例如蒯通举"束蕴请火"之事)。比,是以情感为前导,寻找可比之物象,是情感的物象化。兴,则以物象为前提,引发相应之情绪,是物象的情意化。因此,比和兴,都是中介——是将情与物融为一体的中介。前者是"情—物",后者是"物—情",两种思维融为一体,便是"比兴"。分而言之,比中之"我",是积累的"我";比中之"情""物",是我个性积累之情感对物象的选择和寄托,是直感。而兴中之"我",是即兴之"我";兴中之"物""情"是触物起情,泛起我心底无染之纯真,是直观。

从"主观法感"方面说,比与兴,都可归入贝叶斯公式中之"前见"【Ω(H)】(如图3-1所示),"比"中之法学直感,源自积累式的"加法",即德行积淀;"兴"中之法学直观,来自还原式的"减法",即祛除杂念。

贝叶斯公式——一种决策理论

> 贝叶斯公式:$\Omega(H/x)=p(x/H)/p(x/-H) \times \Omega(H)$

·Ω是概率。Ω(H/x),是认定某些H假说为真的事后概率。

·X,是追问进程中获得的新的信息。

·Ω(H),是先验概率。P,是概率。

·p(x/H)/p(x/-H),是概率比。即:如果H为真可观察到的X与如果H为假(H)可观察到的X的比值。

> 说明1:关涉前见问题。

> 说明2:Ω(H),是不可避免的。

> 说明3:Ω(H/x)与Ω(H)之间,非单调逻辑关系。

图3-1 贝叶斯公式中之"前见"【Ω(H)】

诗,讲节律,讲情感上的共鸣和创造。陈玉兰在《论中国古典诗歌研究的文学生态学途径》一文中写道:"节律感应是针对节奏律动而言的。节奏之于诗，既是外在形式，又是其生命。宇宙内的存在物没有一种是僵死的，那是因为都有一种节奏——也可以说是生命在里面流贯着。诗人应从一切仿佛死的东西里感应出生命，从一切似乎平板的东西里感应出节奏。这样的节奏——节律感应，其实就是一种对情绪消长的特殊感应。"① 这种"节奏感"，以我的理解，就是"我心"与"外物"之间的合拍或共鸣，也就是雅克·马利坦所说的，那个"更普遍更原始的过程，即事物的内部存在与人类自身的内部存在之间的相互联系"。在"比"中，寓情于物，将心比心，唤起共鸣；在"兴"中，接物起情，得鱼忘筌，触发创造。白居易判词言："景将崇继代，是用娶妻，百两有行，既启飞凤之兆，三年无子，遂操别鹄之音。"可见，在"比兴"中，一方面，打通"物"（百辆之婚）与"心"（别鹄之恨）之隔；另一方面，又联通"人"（某景）与"我"（判官）之情。在"比兴"中，"主客体间性"与"主体间性"融为一体。

在上述白居易的判词中，白居易用"束蕴请火"之典，是"比"；蒯通举"束蕴请火"之事，属"兴"。那么，那位"里母"（邻里婆婆）"束缊请火于亡肉家"的行为又算什么呢？邻家婆婆见自己的闺蜜小媳妇可能被冤，竟不惜"做假"——"昨暮夜，犬得肉，争斗相杀，请火治之"。最终避免了一场悲剧。然而问题是：法学上允许这种"没有证据就创造证据"（"束缊请火于亡肉家"）吗？从法的教义学上说，显然是不被许可的；但在法诗学上可能被归为正当的拟制（虚构）：邻家婆婆"束蕴请火"的行为，可谓一种"兴"式的诗性行动——其中蕴含着多西教授所谓的"不仅仅是物理公式上的联结，而且是眼睛、声音、感觉上的联结"的直观，蕴含着一种打通"物—我"与联通"人—我"的节律感和创造。在"里母"那里，一方面，正是这种节律感，使她能够凭借直观作出"德性的创造"（"昨暮夜，犬得肉，争斗相杀，请火治之"），并引起蒯通、白居易和我们的共鸣；另一方面，由于这种节律感是情感而非理性的，故其所激发的不是思维而是行动，从而使她能够借直觉采取行动（"束缊请火于亡肉家"）。

从邻家婆婆的"兴"中，我们看到两点。（1）思维一旦变为情感

---

① 　斯炎伟编选《中外生态文学评论选》，浙江工商大学出版社 2010 年版，第 229 页。

的诉求，就会直接导致行动。这就是为什么说"诗，是知与行的交融"。
（2）思维一旦变为具象的律动，便会产生跃迁（即在不同的逻辑轨道之间实现创造性的跨越）。这便是为什么说"诗，是德性之创造"。

四 兴与显现

3.4.1. 兴，即感通。孔颖达《毛诗正义》解释说："兴者，起也，取譬引类，起发己心。"这就是说，"兴"之本，在缘起心志。《左传·襄十九年》载有一赋诗场景：齐伐鲁，晋卫救鲁——"晋栾鲂帅师从卫孙文子伐齐"，为表谢意，鲁"季武子如晋拜师，晋侯享之。范宣子为政，赋《黍苗》；季武子兴，再拜稽首曰：'小国之仰大国也，如百谷之仰膏雨焉！若常膏之，其天下揖睦，岂惟敝邑。'赋《六月》"。值得注意的是，季武子赋诗之前的一个具体动作——"兴"。晋国范宣子赋《黍苗》，显然不是偶然的，其政治意图主要有二：一是要鲁国拥戴晋国为盟主；二是要鲁国懂得感恩。这从《黍苗》诗句中很容易体认："芃芃黍苗，阴雨膏之。悠悠南行，召伯劳之。"季武子当然明白范宣子的用意，因此，"兴""再拜稽首"曰："小国之仰大国也，如百谷之仰膏雨焉！若常膏之，其天下揖睦，岂惟敝邑。"然后，赋《六月》。表达了这样几层意思：一是对晋侯和栾鲂表达赞扬，将二人尊比为周宣王和尹吉甫；二是对齐国的痛斥，将其下比作异类玁狁；三是预祝伐齐取得胜利。在双方的对诗中，一项新的联盟关系或规范得以确立，即晋卫鲁三国的联盟抗齐。然而，就诗学而言，从季武子的"兴"中，我们察觉到，作为写诗方法的"兴"与作为用诗方法的"兴"，其实是同一个本质，即具体情境下的"感通"。不仅是被触动后的感应，还是因相遇或对视而产生的通达。正如梅尧臣《宛陵集》所言："圣人于诗言，曾不专其中；因事有所激，因物兴以通。"所谓"感通"，其实就是在具体事件的"体验"中获得的人与事物之间通达。

3.4.2. 兴，即显现。"兴"与"显现"（Erscheinen）之间，看似风马牛不相及；然就人对事物的"体验"（Erleben）关系言，却又是相通的——"兴"与"显现"可谓同一"体验"的两个不同侧面：当人与事物相遇并发生"对视"时，从事物方面说，它通过人显现它自己，这便是“现象”（在法现象学中，就是法律或案件事实的“显现”）；而从人这一方面讲，则是人在事物中的体验和反应，即“兴”（在法诗学中，便是法感或法律直觉之“兴起”）。人与事物在“体验”（而非“旁观”或“设身处地”）中，融为一体。胡塞尔在《纯粹现象学和现象学哲学的观念》中说：“在体验中被给予的是意向连同意向的客体，意向客体本身不可分割地属于意向性，因而也就实项地寓居于意向本身之中。”①就法学言，无论法律规则还是案件事实，在它们与我相遇或发生“对视”之前，它们只是作为某种外在条件存在着，在此情形下，它们可以作为再现主义者描述或揭示的对象，也可以成为表现主义者叙述或建构的对象，但它们并未向我“显现”，因为尚未进入“体验”——它们作为条件存在的这一状态与此时此地的“我”无关；然而，一旦它们与“我”发生关系，它们便会与“我”同时清晰起来，正是在“体验”中，它们的“显现”与我的“兴”，融为了一体。

3. 4. 3. 兴，即超越。我们说，再现、表现与显现之关系，正如赋、比、兴三者之关系，是一种后者在前者基础上的超越关系。惠周惕《诗说》言：“兴、赋、比合，而后成诗。毛公传诗，独言兴而不言比赋，以兴兼比赋也。人之心思，必触于物而后兴，即所兴以为比而赋之，故言兴而赋比在其中。……诗或先兴而后赋，或先赋而后兴，见其篇法错综变化之妙，《毛诗》独以首章发端者为兴，则又拘于法矣。文公传诗，又以兴赋比分而为三，无乃失之愈远乎?”②惠周惕的“兴”论是精辟独到的：他批评朱文公将“赋、比、兴”并列为三的观点，提出“兴、赋、比合”以及“言兴而赋比在其中”的命题，极有见地和启发。我们说，赋、比、兴三者，既非并列关系，也非前者对后者的归属逻辑，而是一个后者在前者基础上的超越关系。同样，在再现、表现与显现三者之间，也是如此。借用惠周惕《诗说》的句式：“显现”“再现”“表现”，三者并非并列而不相干的，而是不可分割的；当我们谈论“显现”时，“再现”和“表现”就已在其中了。以案件事实为例，再现主义者对侦查或调查手段持绝对乐观的态度（没有什么案件事实是科技方法不

---

① 转引自倪梁康《胡塞尔现象学概念通释》（增补版），商务印书馆 2016 年版，第 153 页。
② 转引自《胡朴安诗经学 闻一多诗经讲义 傅斯年诗经讲义》，吉林人民出版社 2013 年版，第 34 页。

可再现的），因此，法官的自由心证是应当剔除或避免的。这是一种旁观者的上帝般无所不能的洞悉。表现主义者对案件事实所持的方法，不是描述，而是叙述（无论证据还是证据法，都是人的"作品"）：通过证据法而呈现出来的案件事实，并非客观事实，而是证据事实。因此，自由心证是不可避免或不可替代的。然而，尽管再现主义排斥表现主义的这种不彻底或不纯粹性，但表现主义并不排斥再现主义，当事实的再现已无可能或可能危害公正时，表现主义者就会作出补充或调整。显现主义者的立场和方法，与前二者不同：既不是描述，也不是叙述，而是"体验"；它所获得的"案件事实"，既非"客观事实"，也非"证据事实"，而是具体情境下的事件性"事实"。然而，正如惠周惕先生所言"言兴而赋比在其中"；同样，在"显现"中，"再现"和"表现"已在其中了。

3.4.4. 我们说，思维上有"好像"，行为上也有"好像"；思维上有"纳入"，行动上也有"纳入"。在法的诗性方法中，"体验"比"想象"更重要；在法的诗性教育教学中，"兴"教比"赋"教和"比"教更有效。

五　兴教

3.5.1. 所谓"诗教"，有广狭二义：狭义上的"诗教"，主要就是指"兴教"；广义的"诗教"，还包括"言教"和"身教"，其中"言教"又包括"赋教"、"比教"和"兴教"。在知行合一的意义上，"兴教"与"身教"是合为一体的。

3.5.2. 先说"言教"。诗性的"言教"，可划分为"赋教"、"比教"和"兴教"。"赋""比""兴"，本是《诗经》的三种创作方法，这里借来表示三种"诗教"的方法。

（1）"赋教"。我们知道，"赋"就是对对象的敷陈和叙事；"赋教"，主要通过语言和图像来传授知识，传达价值。就法学的教学而言，纯粹的"赋教"，主要依靠语言和图像本身的魅力，给学生和教师留下更为广阔的想象和创造的空间。"赋教"在各种教学中，都是基础。但"赋教"（就法学而言）不是机械式的逻辑演绎或照本宣科，而是一种讲故事的或叙事学的法学教学艺术。

（2）"比教"。"比"，是以熟悉比喻陌生；"比教"是要唤起对方的记忆和经验，引发对认识对象的由此及彼的思想上的跨越。例如孔子的一次"礼"教活动。据《论语·八佾》载，子夏问曰："'巧笑倩兮，美目盼兮，素以为绚兮'，何谓也?"子曰："绘事后素。"子夏曰："礼后乎?"子曰："起予者商也！始可与言诗已矣。"这固然是在谈诗、谈画，但更主要是在谈礼。从"素以为绚"（天生丽质绚采无饰）到"绘事后素"再到"礼后"（仁敬为先、礼仪为后）。这是"比教"在启发心智方面的强大的力量。

孔子曰："君子之事亲孝，故忠可移于君。事兄悌，故顺可移于长。居家理，故治可移于官。"① 这种"移"，我们在卢梭的社会契约论中也可以看到，只不过，孔子是将家族关系"移于"政治关系，而卢梭则将私人契约关系"移于"社会契约关系。在这种"移"（或扩用）中，人们即能够感受到"比"的力量。在很大程度上讲，法学解释或论证的基本工作，就在于选取恰当的喻体。借用人们熟悉的东西去阐释人们所不熟悉的东西。与"正当性"有关的智力活动，无论是解释性的还是感染性的，无论是理论性的还是实践性的，也无论是政治性的还是非政治性的，其根本的奥秘就在于：选取恰当的"喻体"——这是"说服力"或"感染力"的奥妙所在。孔子借用家族关系来说明政治关系的合法性；格劳秀斯借用提出普通诉讼的情由来解释国家发动战争的正当理由②；霍布斯借用人体的机能来说明国家的机能③；萨维尼借用自然人概念来解释法人概念；梅因曾借用"家族"的概括继承概念来说明"个人"的概括继承概念，借用"集合法人"的概念来解释"单一法人"的概念；卡勒尔借用一个人的"生长"来说明一个民族的"生长"所具有的特性……这些都是"比教"。

---

① 见《孝经·广扬名章》。

② 格劳秀斯说："凡足构成诉讼的原因，都可作为战争的原因，理由是：在法院无能为力的时候，战争就自然开始。"见〔荷〕格劳秀斯《战争与和平法》第二卷第1章第2节，〔美〕W.凯尔西等英译，马呈元、谭睿译，中国政法大学出版社2016年版。格劳秀斯认为，国家所受的损害，如果是像法官要判决的普通民事赔偿那样性质的损害，国家诉诸战争就是合法的。见〔英〕坎南编《亚当·斯密关于法律、警察、岁入及军备的演讲》，陈福生、陈振骅译，商务印书馆2005年版，第29页。

③ 见〔英〕霍布斯《利维坦》之引言，黎思复、黎廷弼译，商务印书馆1996年版。

（3）"兴教"。兴，即兴起。在法诗学看来，"兴"的最显著特点在于其建构和付诸行动或实践，"兴教"不是像"比教"那样始终停留在思维的"好像"领域，而是具有两个实践方面的建构性效用：①"兴"，即兴而起之，歌而舞之——进入了动作或行动领域；②"起"，即泛起心底的集体无意识积淀，产生共振或共鸣——激发起此意象到彼意象的意识跨越，并付诸行动。

举例来说，《诗经·关雎》云："关关雎鸠，在河之洲。窈窕淑女，君子好逑。"再如《诗经·鹿鸣》："呦呦鹿鸣，食野之苹。我有嘉宾，鼓瑟吹笙。"《孔丛子》言孔子读《诗经》，"于《鹿鸣》，见君臣之有礼也"[1]。又说，"《关疋》以色俞于礼"[2]。对此，刘安《淮南子·泰族训》评论说："《关雎》兴于鸟，而君子美之，为其雌雄之不乖也；《鹿鸣》兴于兽，君子大之，取其见食而相呼也。"[3] 可见"兴"在规范建立中的强大的力量。《诗经·桃夭》云："桃之夭夭，灼灼其华。之子于归，宜其室家。"《诗经·周颂·振鹭》云："振鹭于飞，于彼西雍。我客戾止，亦有斯容。"读者在"桃之夭夭，灼灼其华"和"振鹭于飞，于彼西雍"的"兴象"中，情不自禁地沉浸并陶醉于某种家庭的或宾主的规范性原则。

《诗纬》言："诗者，持也。"[4] 领悟法的玄奥、品茗法的韵味，需要"比"，而将人带入行动和责任之域，进而建构起行为上的规范和秩序，则需要"兴"。借助于身体上的直接感受和实践上直接效法，将某种外在规范联结并变成生活上的习惯和直觉，这正是"兴教"的效用所在。

（4）兴教，即"身教"。"身教"与"言教"相对，但与其中的"兴教"是知行合一的关系，"身教"强调以身作则。以孔子的一次"身教"为例来说。《论语·卫灵公》载，师冕见，及阶，子曰："阶也。"及席，子曰："席也。"皆坐，子告之曰："某在斯，某在斯。"师冕出，子张问曰："与师言之道与？"子曰："然。固相师之道也。"这是言教，

---

① 见《孔丛子·记义》。参见赵逵夫主编《先秦文论全编要诠》，人民文学出版社 2010 年版，第 231 页。

② 见《孔子论诗》。参见赵逵夫主编《先秦文论全编要诠》，人民文学出版社 2010 年版，第 241 页。

③ 见刘康德撰《淮南子直解》，复旦大学出版社 2001 年版，第 1139 页。

④ 按《毛诗正义》引《诗纬》云："诗者，持也。"郑玄《内则》注云："诗之言承也。"

更是身教。孔子在招待乐师瞽者的一言一行中，使子张领悟了"相瞽之礼""为人之道"。《礼记·少仪》："其未有烛而有后至者，则以在者告；道瞽亦然。"从孔子接见师冕的整个过程来看，未及一个"道"字，然"圣人不侮鳏寡，不虐无告，可见于此。推之天下，无一物不得其所矣"①。在孔子的"相瞽之礼"与"为人之道"之间，同样存在某种"好像"的"纳入"。"身教"，可谓一种"兴"的实践。

3.5.3. 法的规范的诗性建构和学习，不仅是一个外在的逻辑过程，更主要是一个内在的戏剧性、实践性过程。"比"有益于产生心灵上的共鸣，而"兴"则有助于产生行动上的共振。我们说，能够感动人、触动人、推动人去行动、去实践的力量——最初的也是最持久的动力，往往是"兴"。在"兴"与"礼、乐"成立的关系上，孔子曰："兴于诗，立于礼，成于乐。"②

3.5.4. 正如"知易行难"一般，"兴"比"比"更难："比"，是要在思维上取"象"，以引发通感或共情；而"兴"，则要在生活中营造新的情境，设身处地，"自视为鸟"（闻一多语）③，并在行动中启奏德性的乐章。"比"的重点在说明和领悟；而"兴"的重点则是起情和实践。"比"之妙，来自奇思妙想；"兴"之妙，则来自德性的直觉。理解上的某些鸿沟，固然通过"比教"才能跨越，而德性上的直觉或神明境界，往往需要"兴教"才易达到。

---

① 见（宋）朱熹撰《论语集注》之引范氏注，齐鲁书社 1992 年版，第 165 页。
② 见《论语·泰伯》。
③ 闻一多说，诗经"歌谣中称鸟者，在歌者之心里，最初本只自视为鸟，非假鸟以为喻也"。见闻一多《诗经通义·周南》，载朱自清、郭沫若、吴晗、叶圣陶编《闻一多全集》（2），上海书店出版社 2020 年版，第 111 页。

第四章　概念法学的诗性精魂

意志乘上逻辑的快车，

她坐在概念的包厢，在推理和论证的轨道上飞驰；

她甚至无权中途小憩，只在逻辑的终点下车。

然而，她有权在精神上"睁着眼睛思考"：

她通过凝视着窗外的双眼，

将沿途的风景走过。

——作者自题

一　题解

4.1.1. 诗性精魂。"诗性"，主要指"创造性"。① 法诗学所谓的诗

---

① 按：（1）关于诗、诗人、诗学的概念，维柯在《新科学》中说："因为能凭想象来创造，他们就叫做'诗人'，'诗人'在希腊文里就是'创造者'。"见〔意〕维柯《新科学》，朱光潜译，人民文学出版社 1997 年版，第 162~163 页。希腊学者安东尼亚德斯说："'诗学'（poetics）这个术语向来带有神秘色彩。……人们一直用这个词语来描述起源的美学，空间在质的成分及音乐的形成。诗学这个词源于一个希腊语动词，其意义仅为'形成'（to make）。空间的形成、音乐的形成，建筑物的形成……诗歌的形成……因为很多人总是把它与诗歌联系起来，所以造成了词语运用上的混淆；其实，诗歌的创作仅仅只是创作的诸多形式中的一种而已——通过语言进行创作。然而，诗学远远超出了其语义学的意义。……诗学……通过美学的透镜来讨论艺术作品的'形成'……诗学一直被作为'创造'的艺术通过深思熟虑，反复推敲的所谓'好'的途径，亦即就'好'而言的各种可能的创作方法的前景或它们之间的微妙差别来进行的。"见〔希腊〕安东尼·C.安东尼亚德斯《建筑诗学与设计理论》，周玉鹏、张鹏、刘耀辉译，中国建筑工业出版社 2011 年版，第 3 页。（2）关于法与诗在历史或文化上的关联，德国法学家雅各布·格林在其《法的诗意》中说：法与诗从同一张床上起身……从同一个源泉中涌现出来的法与诗，在任何时候都使自己在另一个中得到应用和把握。见 Jakob Grimm, Von der Poesie im Recht, Wissenshaftliche Buchgesellshaft Darmstadt, 1963. s8-9。另，美国学者埃博尔（Edward J. Eberle）与德国学者 （转下页注）

或诗性，主要不是指文字意义上的诗歌，而是指更加宽泛意义上的人伦关系上的创造，即德性之创造。① 所谓"精魂"（Geist）②，是指事物内在精神的人格化——赋活或以神话形式显现③。换句话说，一事物之"精魂"，不仅指它的精神性，更是强调这一事物精神的生命性或创造力。这里借用鲁迅"精魂"一词，旨在表达概念法学那种诗性的超越性的存在方式。④

4.1.2. 耶林的诗学方法。概念法学的惯常喻体有三，即"字母"、"身体"和"建筑"；耶林的诗学方法，却不限于比喻，还包括想象、叙事和我们所称之的"觊视"。（1）比喻是一种跨越逻辑界域的"好像"、"视为"或"转移"；与逻辑学上的"偷换概念"不同，比喻是公开的"置换"，不是为了欺骗，而是为了揭示本体身上不易察觉的但在喻体身上可能十分显著的属于本体的那些属性。例如，法学"字母"之喻，意在揭示法学叙事的自由性、创造性；法学"身体"之喻，意在揭示法学本身的生命性或活性；法学"建筑"之喻，则是要揭示法学的艺术性或

（接上页注①）格罗斯菲尔德（Bernhard Grossfeld）在其合著的《法与诗》中也概括说：法与诗，均是人类想象力和创造力的产物；法与诗，都通过语言来表达自然，为日常生活中的混乱现象提供秩序、形式和结构，并反映和重塑它们发源于其中的文化。

① 见〔法〕雅克·马利坦《艺术与诗中的创造性直觉》，刘有元、罗选民等译，生活·读书·新知三联书店 1991 年版，第 15 页。按：马利坦认为，诗即创造；但他所谓的诗，属于主客体间关系的范畴，即"事物的内部存在与人类自身的内部存在之间的相互联系"。然本书强调，诗是主体间关系的范畴，指"人伦关系上的创造"。

② 耶林说："真正的存在是非物质的。"另，C. F. Christiansen《罗马法纲要》言："Geist 是：真正的 ist……Geist 就是 Ge-ist。"见〔德〕耶林《法学的概念天国》，柯伟才、于庆生译，中国法制出版社 2009 年版，第 1~2 页，及注释 1。

③ 按：用中国传统的话语来说就是——"附于气"并"主于情"。汉字"魂"字，《左传·昭七》疏言："附形之灵为魄，附气之神为魂。"就是说，"魂"是精神的一种不显见不易察的或无形的，即"附气"的形式。《白虎通》言："魂犹伝伝也，行不休于外也，主于情。"可见，汉字"魂"之特征主要有二：一是"附气"，即魂与气相伴共存，不显见，不易察；二是"主情"，即魂是生命情感之主宰。

④ 按：斯特劳斯在《对灵魂概念新近的研究》中说："灵魂这个概念看来是原始逻辑思维的直接产物……为了能够把一个系统中的所有成分融合起来，灵魂致力于给每个成分制定某种能够繁衍其所有特征的复制因子（dulplicatum），而且它具有可转换的功能，可以与任何成分的复制因子组合起来。这样，我们就得出了'灵魂世界'的概念；它与经验世界相类似，原因是它常常看上去像是'颠倒的世界'。"见〔法〕克洛德·列维-斯特劳斯《人类学讲演集》，张毅生等译，中国人民大学出版社 2007 年版，第 250 页。

结构性。再如，从字母的元音与辅音之分，或从建筑的承重与非承重部分的区分之中，可以揭示出法学概念中类似的相应区别。有些概念是"辅音"性的，有些概念是"承重"性或"基础"性的。（2）比喻、想象和叙事，不仅能够产生好的故事，还能够产生好的理论。实际上，理论与故事很难分割开来，正如"空间与时间"很难分割一样：一方面，任何一个好的理论都同时是一个故事性的理论；另一方面，任何一个好的故事又都至少是一个理念性的故事。概念法学就是一个经典例证（既是一个好理论，又是一个好故事）。因此，法的诗学方法，不仅追求逻辑学上的抽象严谨、条缕明晰，而且追求叙事学上的典型凝练、整体融贯；也正因为如此，法的诗学研究，才可能更加接近法的实际自然。①（3）与单纯的逻辑学眼光不同，概念法学的眼光，毋宁是一种"觊视"的眼光（双重视角）。也就是说，事物的存在，不仅在于它们自身，还在于观察者的眼光；正是在二者的相互关系中，法的"建筑性"和"生命性"才同时呈现出来。

　　人类学诗人戴蒙德在其《萨满之歌》中写道：

　　　　你是怎样知道熊的？
　　　　他的身体，我的灵魂。

　　对于此诗，美国学者丹·罗斯评论道：作者把"熊的身体"与"我的灵魂"并置，"合二为一，采取双重视角把我和他者同时展现出来"。②与此相似，概念法学，则是将事物自身的"逻辑学"与建构者的"叙事学"两者并置起来，从而将法学的两个面向（理论的和故事的）"合二为一"，并以"双重视角"（即"觊视"）的方式同时呈现出来。

──────────

① Soile Pohjonen："Could we create a legal poetics, law for flesh-and-blood people, combining formal logic with the logic of drama and poetics, theoretical thinking with skills? If we take into consideration the nature of the human mind, we might get a goddess of justice whose blindfold might be more transparent and who would attempt to maintain the balance between the scales of fuzzy flexibility and defined clarity."Soile Pohjonen, "Legal Poetics," *The Skill of Balancing*.

② 〔美〕伊万·布莱迪编《人类学诗学》，徐鲁亚等译，中国人民大学出版社 2010 年版，第 230 页。

4.1.3. 概念法学与耶林。我们知道，德国的概念法学，从萨维尼（Friedrich Karl von Savigny）开始，经普赫塔（Georg Friedrich Puchta）、温德莎（Bernhard Windscheid）等人的精心打造，到耶林（Rudolf von Jhering）手中，已成为一件精品。然而，似乎"成也耶林、败也耶林"：耶林将概念法学推到顶峰，却又将它推下谷底。在西方法律思想史上，这一重大事件，通常被概括为耶林的"转变"（bekehrung）①：前期是概念法学，后期转向目的法学；前期强调"逻辑建构"，后期则强调"社会目的"。耶林的这一"转向"，在法学史上，具有极高价值。德国法学家黑克评论说："耶林可算是目的论研究方向，以及与此相连的利益法学的创立者。"② 美国大法官卡多佐也说："将法律的目的理解为如何决定法律生长的方向，这是耶林对法学理论的重大贡献……"③ 美国法学家庞德评论这一"转变"道："即此一着，耶林实能于法学上别开一新生面，而开辟一新田地。"④ 这些评价都是中肯的，但也引起一些误解或遮蔽了一些事实，即就耶林的法学思想的前后关系而言，好像存在着一条泾渭分明的界线似的——（1）似乎后期的"目的方法"完全摒弃了或排斥前期的"建构方法"；（2）似乎只有后期的"目的方法"，才最有价值，才代表耶林法学的最高成就，而其前期的概念法学或"建构方法"，则不过是缺乏创造力的、僵化死板的概念把戏而已，没有多少价值——这些误解，是须要澄清的。

二　建构

4.2.1. 耶林法学，虽然具有某种"复调"（概念+利益）色彩，但

① 见〔德〕菲利普·黑克《利益法学》，傅广宇译，法律出版社 2016 年版，第 16~17 页。另见〔德〕格尔德·克莱因海尔、扬·施罗德主编《九百年来德意志及欧洲法学家》，许兰译，法律出版社 2005 年版，第 227 页。另见〔德〕格尔德米夏埃尔·马丁内克《德意志法学之光：巨匠与杰作》，田士永译，法律出版社 2016 年版，第 87 页。
② 〔德〕菲利普·黑克：《利益法学》，傅广宇译，法律出版社 2016 年版，第 17 页。
③ 〔美〕卡多佐：《司法过程的性质》，苏力译，商务印书馆 1998 年版，第 62~63 页。
④ 〔美〕庞德：《庞德法学文述》，雷宾南、张文伯译，中国政法大学出版社 2005 年版，第 20 页。

对法律人而言，最具光彩的，还要数其"建构方法"。① 黑克就介绍说："耶林区分了法学的两个阶段，即低级阶段和高级阶段。在耶林看来，低级法学所致力的，是对制定法进行解释。"这一思维活动，与其他学科的文本解释思维，并无实质的差异。但"高级法学则是一种完全为法学所特有的方法。耶林认为，高级法学的独特之处，在于它将一般的秩序概念视为独立的存在，并将这些概念当作具有确定形态的（法律）躯体处理，就像自然的躯体一样。因此，耶林也将这种方法称为自然科学的方法。……耶林认为，必须认真对待概念的这种独立性。概念建构的价值，恰恰存在于概念的无限可利用性中。因此，那些被确定的概念的总和，即体系，被耶林赞为新材料取之不尽的源泉"②。关于法学"建构"的低级与高级这两个层次，耶林自己在《论当今法学之密笈》（第 1 封）中，曾作过饶有趣味的描述：法学建构——这项粗笨的工作——在下面的一个楼层被完成，在那里，原材料被碾压、被鞣制、被浸渍，简单讲——被解释（interpretirt），然后升到上面的楼层。"在塑造它们的民法艺术家手里，它们被赋予了艺术民法（künstlerish-civilistische）的形式。一旦他们找到了这种形式，没有生命的东西就变成了有生命的东西；某种神秘的过程使它们……获得了生命和呼吸，而民法的小矮人（Homunculus），也就是说概念，将会具有生命能力，并且跟他的其他同类交配，生儿育女。"③ 在耶林看来，这种概念"建构方法"是法学与其他学科相区别的独门方法，也是概念法学最显著的标志。他还风趣地说："很少有妇女在不穿撑裙的情况下露面，同样也很少有民法学家在不懂建构的情况下

---

① 按："建构"一词，拉丁文作 construo。在艺术哲学上，汉语一般译作"构拟"。例如谢林《艺术哲学》绪论之第一句话，魏庆征译为："有关艺术的科学，首先，可视为对艺术的历史构拟。"译者还在简要注释中说："据谢林看来，认识的意义在于对整体的本质的直观，构拟的方法则成为保证这种认识的间接途径。"所谓"构拟"意味着"逻辑思考"。"任何构拟都是抽象者与具体者……之纯粹的统一。"〔德〕谢林：《艺术哲学》之"简要注释"，魏庆征译，中国社会出版社 1996 年版，第 419 页。该词在法学上有两种不同用法，即"建构"与"推定"。德国法学上的 Konstruktion（建构）与英美法学上的 Construction（推定）有较大区别。后者主要是一种法律事实的认定技术或制度，而前者则上升为法学方法论。
② 〔德〕菲利普·黑克：《利益法学》，傅广宇译，法律出版社 2016 年版，第 25 页。
③ 转引自〔德〕耶林《法学的概念天国》之"译者前言"，柯伟才、于庆生译，中国法制出版社 2009 年版，第 18~19 页。

露面。"①

4.2.2. 在耶林看来，概念法学家的这一"独门"功夫，主要由三种法学技术（juristischen technik）构成，即"分析"（Analyse）、"集中"（Konzentration）和"建构"（Konstruktion）。② 在《不同发展阶段的罗马法精神》第Ⅱ卷第 2 部分第 39—41 节（Geist des römischen Rechts auf den verschiedenen Stufen seiner Entwicklung. Teil 2，Bd. 2. §39- §41.）中，耶林对此作了最为经典的阐述。

（1）先看"分析"。③ 所谓"分析"就是从丰富具体的法律素材中分解出法学概念，也就是说：把既存的法律素材分解为单一元素（einfache Elemente），再从这些单一元素中概括或抽象出具有典型或统摄价值的一般元素，进而就可能获得"法律字母"（Rechtsalphabet），即法学概念——包括"元音"性的法学概念和"辅音"性的法学概念。④ 正如元音可以单独构成音节一样，元音性的法学概念也具有独立的生命和活力。这种"生命力"，正是耶林所谓的"法律身体"（Rechtskörper）⑤ 之喻所要表达的。元音概念，如买卖合同、遗嘱等，自身即具有独立意义；辅音概念，如过错、无效等，则必须在与元音性概念搭配之后，如缔约过错、遗嘱无效等，才有特定意义。例如"权利"这样的"元音"概念，就具有"身体"一样的活性，其基本特点有三：a. 权利，是独立不可分割的和具有弹性的；b. 权利，有产生，有消亡，也有其时效；c. 在不同权利之间，彼此影响，相互排斥，相互依赖。而辅音性的法学概念，就

① 转引自〔德〕耶林《法学的概念天国》之"译者前言"，柯伟才、于庆生译，中国法制出版社 2009 年版，第 18 页。

② 〔德〕格尔德·克莱因海尔、扬·施罗德主编《九百年来德意志及欧洲法学家》，许兰译，法律出版社 2005 年版，第 227~228 页。

③ 索梅克说："分析旨在将法律允许或命令的关系层面上屡次出现的规范性元素分隔开来，如意思表示、对价、错误等。"见〔奥〕亚历山大·索梅克《法律形式性与选择自由——道德视野下的耶林建构主义》，姚远、李丹阳译，载吴彦编《20 世纪法哲学发微——德意志法哲学文选》（三），刘鹏、王小钢等译，知识产权出版社 2015 年版。

④ Jhering："Wenn wir den Vergleich mit den Buchstaben hierauf ausdehnen wollen，was aber in anderer Beziehung leichtirre führen kann，so können wir die abstracten die Consonanten，die concreten die Vocale nennen." Jhering，*Geist des römischen Rechts auf den verschiedenen Stufen seiner Entwicklung*. Teil 2，Bd. 2. Leipzig，1858. S372.

⑤ Jhering，*Geist des römischen Rechts auf den verschiedenen Stufen seiner Entwicklung*. Teil 2，Bd. 2. Leipzig，1858. S395-396.

像辅音必须与元音搭配才能构成音节一样，它必须依托"法律身体"才具有完整而独立的意义。元音性法律概念和辅音性法律概念，各具不同的价值：虽然"前者能够在特定时空语境中被赋予生命"，而后者还要"依赖与其他元素的结合"才有独立意义，但后者比前者具有更加广泛的普遍适用性。[1] 就像一个单词、一个句子、一篇文章分解到最后是由元音字母和辅音字母构成的一样，法律命题、法律规范、法律体系也可以被分解为法律概念这样的法律"字母"或"细胞"。经由这种"分析"技术而分解出来的每一个法学概念，作为一个独立"单元"，就像一块块砖头可以垒成一座建筑，或一个个字母可以构成一个表义的单词一样，就可以用来构造法律命题和法律体系。[2] 正如字母或音节使写作者或说话者获得了千变万化的表达意思的自由一样，法学概念也使法律人获得了法学上自由创造的工具。当然"砖头"或"字母"都是死的，而概念却是"活的"。为了说明概念和体系具有生命力和创造力这一观念，耶林特别强调："我比较喜欢选用法学的或法律——身体的用语。"[3] 在"法律身体"（Rechtskörper）这一隐喻性表达中，法律概念就像身体一样，不仅是结构性的——因而可以进行分析或解剖，而且是生命性的、交互性的——因而是活的、生产性的，能够"交配，并产生新的概念"。

从思维上说，建构方法上的这一"分析"技术，固然是逻辑的，但又是诗性的。这不仅是就耶林那种独特的隐喻方法（"字母"之喻、"身体"之喻、"建筑"之喻）而言，仅就其内容来说，也具有诗性。用怀特海的概念来说，就是所谓的"想象力构造"。在怀特海看来，一个成功的"想象力构造"，必须具备两个条件。第一个条件是"想象性试验"（即：概括∧应用）。就是说，须将既得的概括应用于它直接起源以外的

---

[1] 〔奥〕亚历山大·索梅克：《法律形式性与选择自由——道德视野下的耶林建构主义》，姚远、李丹阳译，载吴彦编《20世纪法哲学发微——德意志法哲学文选》（三），刘鹏、王小钢等译，知识产权出版社2015年版。

[2] 按：耶林同时也指出了语言学上的字母与"法律字母"的区别。1. "法律字母"比语言字母更精确。2. "法律字母"追求读与写的一致性；而语言字母并不严格追求读与写的一致性。因此，"法律字母"比语言字母要多得多。3. "法律字母"是向外开放的，随着时间和地域的改变而改变，具有民族性和国家性，而语言字母则相反，对外封闭，不随时间地域改变而改变，在同一语族内保持相当的稳性。

[3] 转引自〔德〕鲁道夫·冯·耶林著，〔德〕奥科·贝伦茨编注《法学是一门科学吗?》，李君韬译，法律出版社2010年版，第110页。

范围，从而获得某种"概括的想象力"。换句话说，就是"利用那些适用于狭窄范围的一组事实的特殊概念来推测那些适用于全部事实的一般概念"。第二个条件是合理化。怀特海说："想象的构造成功的第二个条件是坚持不懈地追求两种理性主义的理想，即融贯性和逻辑的完全性。"① 显然，在怀特海的"想象力构造"中，不仅有逻辑，还有诗性：对概念自身而言，不仅要求概括性，还要求弹性；对概念之间关系言，不仅要求一致性，还要求融贯性。与此相似，概念法学的"分析"过程，也包括想象和逻辑两个方面。（1）就其想象力言，一方面，"分析"通过对特定范围的法律素材的分解，形成法律概念；另一方面，"分析"又通过既得的这一法律概念，扩展开去，统摄并塑造更广的新的法律素材。一方面是眼前的"春江潮水连海平，海上明月共潮生"，另一方面又是扩展开去的"滟滟随波千万里，何处春江无月明"。而提升后的"春江月明"，已不再是原来的"春江明月"，而添加了新的理念。正如谢林所言："任何伟大的诗人理应将展现给他的世界之局部转变为某种整体，并以其质料创造自己的神话。"② 举例来说，通过"分析"技术，从各种各样作为法律素材的民事交往关系中分离出"意思表示"这一单一元素，进而形成"法律行为"的概念。然后，又从"意思表示"（法律行为）概念出发，反身去关注其他的素材，比如行政素材，这样便会创造出一个新的概念——"行政行为"。（2）就其逻辑性来说，无论这些法律概念的产生多么富有想象力或诗性，它们终将以康德式的分析语句表达出来，例如"通行地役权"属于"地役权"，"地役权"属于"用益物权"，"用益物权"属于"物权"，"物权"属于"权利"……并最终构成一个概念的"金字塔"或"谱系"。③

---

① 〔英〕怀特海：《过程与实在》，李步楼译，商务印书馆 2012 年版，第 13 页。

② 〔德〕谢林：《艺术哲学》，魏庆征译，中国社会出版社 1996 年版，第 109 页。

③ 按：德国概念法学家普赫塔曾举例说："一土地所有人为其邻地所有权人指定了通行其土地之个别权利，而当我们欲对此权利进行观察时，那么，作为法学者，我们必须一方面意识到该权利在法律关系中所处之地位，另一方面也必须意识到将各该权利上溯到法之概念，以求其渊源，此外他也要能够从法概念下溯到个别权利。唯有如此，个别权利的本质才能完全获得界定。它是一种权利，也就是对于某个对象的权力（Macht）；它是对物的权利，在这里已经掺进了这种权利的特殊性质；它（转下页注）

对于耶林所阐释的概念法学上的这一"分析"技术，马克斯·韦伯就给予了肯定的评价，他说："早期罗马法的一个最为重要的特色，便是其非凡的分析性格——在冯·耶林（von Jhering）早已过时的许多见解中，至少这点还是妥当的。"其方法是："不管是诉讼上的问题的提出，乃至于法律行为上的形式主义，都被置于'最为单纯的'事实里加以分解。"其效果在于："一件诉讼只针对一个问题，同一个问题只有一种诉讼；一个法律行为只针对一个事项，一个承诺只针对一项给付（因此必然是单方面的）等。"关于这一"分析"技术在方法论上的意义，韦伯最后总结说："将日常生活具体的事实复合体分解为法律上性质单一明确的要件行为，事实上正是古罗马市民法功成身就的重大倾向，而此种倾向在方法学上极具深远的影响。"①

（2）再说"集中"。② 所谓"集中"，就是采用"连接"（Verbinden）和"聚集"（Zusammendraengen）的方法，将既存法律规则回溯到能够作为其基础的法律概念或原则。与"分析"的向外分解不同，"集中"的方向是向内聚集，目的在于发现能够统摄下位的上位概念或原则。在耶林看来，"集中"的前提是立法者在制定某个规则时已经有意无意地运用了某个上位概念或原则。例如，从取得时效和消灭时效两个看似对立的制度中，可以"集中"出一个统一的时效规则。再如，借贷最初可能简单地被定义为借方直接从贷方取得钱款，但后来的实践材料表明，借贷关系已逐渐背离了这一最初定义，出现了大量例外，于是，罗马法学家们就从这些包含大量例外的杂多材料中进一步"集中"出借贷的更

（接上页注③）是对他人之物的权利，也就是上述权利之特殊下位概念；从该物从属于他人的面向来看，乃是用益的面向，亦即该权利属于对物之用益物权范畴；该种用益乃是特定于某一明确的主体，它不会越出该主体之外，因而该权利属役权之一种；其客体为土地，故而为地役权（Prädialservitut）；它是基于特殊的需要，亦即为通行地役权（Wegservitut）。"转引自〔德〕鲁道夫·冯·耶林著，〔德〕奥科·贝伦茨编注《法学是一门科学吗?》，李君韬译，法律出版社2010年版，第104页，注（12）。

① 〔德〕马克斯·韦伯：《法律社会学 非正当性的支配》，康乐、简惠美译，广西师范出版社2011年版，第207页。

② 索梅克说："集中旨在使得规则的一般组成部分与原则相符。"见〔奥〕亚历山大·索梅克《法律形式性与选择自由——道德视野下的耶林建构主义》，姚远、李丹阳译，载吴彦编《20世纪法哲学发微——德意志法哲学文选》（三），刘鹏、王小钢等译，知识产权出版社2015年版。

为原则性的概念。以此来看，例外并非对原则的违背，而应被视为原则恢复活力的基本方式。①

　　关于"集中"的技术，我们不妨再以冲突法学上的例子进一步说明。比如萨维尼的"本座"概念，法律关系的"本座"，就是冲突规范各种具体连接点的一个上位概念。再如瑞士学者施尼泽的"特征性履行"概念，就是从各种各样关于合同种类的法律规则中提炼出"特征性履行"，从而能够在"与合同有最密切联系"的原则中确定客观标准。再如更常见的，从一系列关于审判规程冲突问题的法律选择规则中提炼出法院地法的原则。诸如此类的概念或原则，都可谓法学上的"集中"。在耶林看来，"集中"就像一个向着圆心聚拢的浓缩过程，上位概念或原则是处于圆心位置的，下位概念或规则处于圆周。上位概念或原则的发现，并非一蹴而就的，而是一个逐渐沉淀或凝练的时间过程：随着圆圈的聚拢或浓缩，圆周的外延越来越小，圆心的内涵就会越来越多；上位原则所统摄的面积也就越来越大，而杂多规则的数量也就会越来越少——使对象在质与量上都得到简化。

　　"分析"与"集中"，由于二者所面对的素材对象不同（前者是法律关系的现实性，后者是法律规则的特殊性），因而方法也有别：前者是分解或拆解，后者则是凝聚或提炼；前者是向外向下的，后者是向内向上的。但它们的目的却是共同的，即它们都不是要面向具体的案件去"涵摄"，而是朝着理想的体系去"建构"。首先，二者的出发点，都不是具体待决的案件情境，而是现实或历史的文献素材。就像《法学的概念天国》中的那位精灵所言：萨维尼在其《论占有》中，正是"将一项法律制度完全建立在原始文献或概念之上，没有诉诸任何现实的实践意义之见解"，才得以有资格进入"概念天国"。② 从这个意义上说，"分析"与"集中"方法，不是经验实证，而是文献实证；不是社会实证，而是逻

---

① Jhering: "Die Ausnahme ist häufig nur die Form, in der das Princip selbst sich verjüngt." Jhering, *Geist des römischen Rechts auf den verschiedenen Stufen seiner Entwicklung*. Teil 2, Bd. 2. Leipzig, 1858. S383.

② 〔德〕耶林：《法学的概念天国》，柯伟才、于庆生译，中国法制出版社 2009 年版，第 11 页。

辑实证。① 其次，二者都属于纯粹逻辑学上的自由方法——排斥立法和司法上任何主观目的的束缚，只受逻辑法则的管辖——是科学王国中的自由创造。因此，无论是从法律规则中"集中"出的一般原则，还是从法律关系中"分析"出的单一概念字母，其最终目的都不是要去解释法律条文或解决具体案件，而是要建构或完善"法律体系"。在耶林看来，是否能在概念或体系的层面（而非仅仅是在具体条文的层面）观察法律，是鉴别高级法学和低级法学的根本标志。

对于概念法学的这一"想象力构造"，或这一自主的、理想的、形式理性之特征，马克斯·韦伯作过精辟的总结：当今法律科学，即潘德克顿法学，已经达到的最高境界的那些形式，是从以下五项假定入手的："第一，任何具体的法律裁决都是把某个抽象法律命题'适用'于具体的'事态'。第二，在任何具体案件中，都必须有可能借助法律逻辑根据抽象的法律命题推导出裁决。第三，法律必须实际或真正地构成一个'无漏洞'的法律命题体系，或者至少能被看作是这样一个无漏洞的体系。第四，凡是不可能使用法律术语加以理性'建构'的，也与法律无关。第五，人的一切社会行为必须始终被具体化为法律命题的'适用'或'实施'，或者被具体化为对法律的'违反'，因为法律体系的'无漏洞性'必定导致对一切社会行为的无漏洞'法律排序'。"② 简单说就是：涵摄性、演绎性、体系性、超越性、完美和绝对性。韦伯将概念法学这一形式理性的风格，归为欧陆法学（特别是德国法学）所独有的特征。

（3）再看"建构"。密斯·凡·德·罗有一句名言："建筑开始于两

---

① 按：关于萨维尼《论占有》一书的文献实证方法或概念实证风格，美国学者凯利曾描述说：在《论占有》中，萨维尼"援引古代权威，特别是《学说汇纂》中的那些权威以及后来评注家的判断，来讨论占有和财产中所牵涉的一整套问题。他把后来的评注家分为两类：一是'解释者'，包括诸如阿佐……等中世纪和文艺复兴时期的法学家……二是'体系主义者'，包括多诺……他依照学院派传统，首先列出、批评并通常拒斥这些人以及其他人的许多的意见，继而摆明自己的解释。"其整个的运思都立足于一个基本假设，即法的形式与法的内容的二分。见〔美〕唐纳德·R.凯利《法的形而上学——论青年马克思》，姚远译，载吴彦编《观念论法哲学及其批判——德意志法哲学文选》（二），姚远、黄涛等译，知识产权出版社 2015 年版。

② 〔德〕马克斯·韦伯：《经济与社会》（第二卷上册），阎克文译，上海人民出版社 2010 年版，第 800 页。

块砖被仔细地放在一起的那一刻。"① 然而，法学"建筑"似乎要复杂一些。在耶林那里，"建构"就是"分析"和"集中"的统一，即在分析和集中的基础上通过逻辑涵摄和拟制等方法去建构法律体系。在耶林看来，一个完善的法律体系，不仅是既存法律材料（包括法律关系素材和法律规范素材）的美学形式，即简洁、直观而透明②；而且，体系还能为尚未出现的法律情形，提供用之不竭的理论根据。因此，法律体系，不仅是法律概念应当奔赴之目的，同时，还是新的法律概念得以产生的渊源。在概念法学看来，概念体系就是法律的本质，就是法律的渊源；或者说，法就是法律概念所构成的体系。

4.2.3. 这样看来，从方法论上说，概念法学及其建构有以下几个角度。第一，是一种史学方法。因其以大量的法律史料（特别是罗马法史料）和现实法律素材为基础；在这个意义上，法存在于过去的法律之中。第二，是一种哲学方法，即理性的、超越性的方法。用耶林的话说，就是"通过罗马法，并超越罗马法"。第三，是一种概念的、体系的方法，即面向体系去"构拟"。在耶林看来，体系"呈现出令人着迷的建筑学外观"。建构主义学说的操作，正如建筑师一样，不仅要求逻辑力，还"要求有想象力、发明力和创造力"。奥地利法学家索梅克对此评论道，至此"学说演变为艺术。法学家表现得像建筑师一样"③。第四，或许是最重要的，它还是一种自由的、诗性的、创造性的方法。用耶林的话说："系统科学能够打开一个一望无际的研究领域，一个取之不竭的研究宝库，同时，又不愧为一个豪华智趣的源泉。实定法律并非系统科学研究的狭窄界域，拘于情境的实践问题也非它应徘徊的逼仄小路。自在逍遥，就像在哲学中那样，思想在这里漫游、寻觅，并能抵御对之容易

---

① 〔英〕尼古拉斯·佩夫斯纳等编著《反理性主义者与理性主义者》之"密斯·凡·德·罗"，邓敬、王俊等译，中国建筑工业出版社 2003 年版，第 59 页。

② Jhering："Je einfacher die Construction, um so vollkommner d. h. anschaulicher, durchsichtiger ist sie; in der höchsten Einfachheit bewährt sich auch hier die höchste Kunst." Jhering, *Geist des römischen Rechts auf den verschiedenen Stufen seiner Entwicklung.* Teil 2, Bd. 2. Leipzig, 1858. S406.

③ 〔奥〕亚历山大·索梅克：《法律形式性与选择自由——道德视野下的耶林建构主义》，姚远、李丹阳译，载吴彦主编《20 世纪法哲学发微——德意志法哲学文选》（三），刘鹏、王小钢等译，知识产权出版社 2015 年版。

造成威胁的攻击。因为，思想处于世界的实际自然之中，就能每每驾驭现实中的具体事物。"①

　　概念及其体系的建构，不仅是一个精神空间上的无形的"建筑"，而且是一个有生命有情感的"建筑"。物理空间上的建构（建筑学），固然具有诗性，即其美学意义上的诗性②；同样，精神空间上的建构（概念法学），也具有诗性，然却是一种生命意义上的诗性③。

　　那么，概念法学究竟属于一种理性方法还是诗性方法呢？或者在方法论上对其如何归类呢？我们知道，在建筑学上，密斯·凡·德·罗通常被归为一个理性主义者，然而，正如彼得·卡特尔所说，密斯"这个理性主义者，是以一种诗人般的创造性阐释与领悟来进行工作的"④。因此我们也可以简单地说：耶林是一位理性主义者，但他是以诗人般的创造性情怀进行建构的。……然而，实际情况却是，理性与诗性是不可割裂的。

----

① Jhering："So öffnet sich denn der Wissenschaft im System ein unabsehbares Gebiet der Thätigkeit, ein unerschöpfliches Feld des Forschens und Entdeckens, und eine Quelle des reichsten Genusses. Nicht die engen Schranken des positiven Gesetzes bezeichnen ihr hier die Gränzmarken ihres Reichs, nicht die unmittelbar praktischen Fragen die Pfade, die sie zu wandeln hat. Frei und ungehindert, wie in der Philosophie, kann der Gedanke hier schweifen und forschen und dennoch zugleich sicher gegen die Gefahr sich zu verlieren, die ihm dort so leicht droht. Denn die praktische Natur der Welt, in die er sich versetzt findet, lenkt ihn immer wieder zu den realen Dingen zurück." Jhering, Rudolf von, *Geist des römischen Rechts auf den verschiedenen Stufen seiner Entwicklung.* Teil 2, Bd. 2. Leipzig, 1858. S413-414.

② 肯尼思·弗兰姆普敦说："相对于古代中国的总体的建造方式而言，将建构学定义为'建造的诗学'（poetics of construction）似乎是多此一举。"见〔美〕肯尼思·弗兰姆普敦《建构文化研究——论 19 世纪和 20 世纪建筑中的建造诗学》之"中文版序言"，王骏阳译，中国建筑工业出版社 2007 年版。

③ 韦斯科特指出："从广义上讲，诗歌等同于建筑物……""在词源学上，它源于希腊词 poiéō，'我作'（Skeat, 1936）。尽管人们普遍不再接受把诗歌作为建构的观点，但千百年来，这种观点依然存在。如弥尔顿（Milton）在《利西达斯》（Lycidas, 1924）中这样写他逝去的朋友作家爱德华·金（Edward King）：'他知道自己/……将建构高贵的韵文。'"见〔美〕伊万·布莱迪编《人类学诗学》，徐鲁亚等译，中国人民大学出版社 2010 年版，第 157 页。另，与"construction"不同的另一词语"tectonics"，也有"建构"义，古希腊女诗人萨福最先赋予其诗性含义，即作为建构者的木匠扮演着诗人的角色。见〔美〕肯尼思·弗兰姆普敦《建构文化研究——论 19 世纪和 20 世纪建筑中的建造诗学》，王骏阳译，中国建筑工业出版社 2007 年版，第 3 页。

④ 〔英〕尼古拉斯·佩夫斯纳等编著《反理性主义者与理性主义者》之"密斯·凡·德·罗"，邓敬、王俊等译，中国建筑工业出版社 2003 年版，第 71 页。

4.2.4. 黑格尔曾指出三条科学研究的道路，他说："如果有人想知道一条通往科学的康庄大道，那么最简便的捷径莫过于这样一条道路了：信赖常识……这是一条普通的道路，在这条道路上，人们是穿着家常便服走过的，但是在另一条道路上，充满了对永恒、神圣、无限的高尚情感的人们，则是穿着法座的道袍阔步而来的——这样的一条道路，毋宁说本身就已经是最内心里的直接存在，是产生深刻的创见和高尚的灵感的那种天才。不过，创见虽深刻，还没揭示出内在本质的源泉，同样，灵感虽闪烁着这样的光芒，也还没有照亮最崇高的苍穹。真正的思想和科学的洞见，只有通过概念所做的劳动才能获得。"① 应该说，概念法学所追求的，就是要"揭示出内在本质的源泉"和"照亮最崇高的苍穹"的第三条道路；其中，既有逻辑的演绎，也有深刻的创建，既有常识，又不乏高尚的情感，即所谓"概念劳作"。或者不妨这样说，按照黑格尔的辩证逻辑，这种"概念劳作"的方法，不仅是"信赖常识"的，还是"充满……高尚情感的"，是二者基础上的辩证升华。

三　体系

因此，我们说，在这种自由建构中所形成的法学体系，不仅是逻辑的，还是诗性的。

4.3.1. 法学体系，不仅是"开放"的，还具有"创造性"。

（1）体系是开放的。德国法哲学家考夫曼说："在法律的实现过程中，我们等于是不断的在一种将法律的概念关闭、开放，并再度关闭——我们几乎可以称它是一种'概念法学'及'利益法学'的辩证——（透过它，必须承认两者各拥有一种正确的观点）。立法者尝试标准的生命事实尽可能精确地以概念来掌握，而判决必须将这个概念再度解放，因为它是一个限制（'定义'）表现，以便于可以对应生命的真实性，但同时，这种回溯性的过程——如由法律的评释论者为之，会对该概念再给予一个新的'更正过'的定义，而这个定义将又因生命的

---

① 〔德〕黑格尔：《精神现象学》（上卷），贺麟、王玖兴译，商务印书馆1979年版，第54页。

多样性，只能在一个或多或少的时段中有效——这是一个永远没有结束的过程。"① 在考夫曼看来，概念具有"关与开"的双向功能；但他同时又认为，这一开放效能，却非概念法学自身所能完成，而是要由概念法学与利益法学交替作用才能实现。然而，在概念法学看来，并非如此；也就是说，即便没有利益法学，凭借概念法学自身的力量，就能做到概念的"开"和"关"。首先，从概念法学的"建筑"喻体中，我们就能看到，建筑的开放性就是概念体系的开放性：建筑立面上那开开关关着的窗户，就像一眨一眨的眼睛，昭示着它的活性。正如美国建筑学家弗兰姆普敦所说："一部建筑作品的诗意表现恰恰在于这种操作处理（articulation）之中，也就是说在这种揭示和隐藏一个作品关键部位的过程之中；这种等级性的操作处理可以在'面具'（mask）和'面目'（face）之间展开，从而在一切不同的层面赋予建筑一种恰如其分的表现张力。"② 法的概念体系，有着类似的"面具""面目"及其相互关系。而且，我们知道，在概念法学中，有两台互补的技术工具，一台是建构器（Konstruktionsapaparat），一台是拟制器（Fictionsapparat）。③ 两台机器的相互配合，即所谓"构拟"，就是概念体系的"开与关"或"呼与吸"。

　　然而，必须指出，在概念法学看来，概念及其体系的"开放"，并非面对社会目的或现实功利的开放，而是面对研究素材（文献）的开放。英国法学家哈特曾说："人类的法律创制者，不可能掌握关于未来所有可能情形的全部知识。这就意味着，所有法律规则和法律概念都是'开放的'，当面临一个不曾预料到的案子时，我们必须做出一个新的选择，并以此改进我们的法律概念，使它们更符合社会所预期的目的。所有这些道理耶林完全明白……"④ 在这里，哈特将他所理解的那种面向社会实践的"开放"，与耶林联系在一起，这从目的法学上说，或许并无不可，但从概念法学上说，却是不准确的。因为耶林始终强调，立法

---

① 〔德〕考夫曼：《法律哲学》，刘幸义等译，法律出版社 2004 年版，第 193 页。

② 〔美〕肯尼思·弗兰姆普敦：《建构文化研究——论 19 世纪和 20 世纪建筑中的建造诗学》之"中文版序言"，王骏阳译，中国建筑工业出版社 2007 年版。

③ 〔德〕耶林：《法学的概念天国》，柯伟才、于庆生译，中国法制出版社 2009 年版，第 18 页。

④ 〔英〕哈特：《耶林的概念天国与现代分析法学》，陈林林译，载邓正来主编《西方法律哲学家研究年刊》2006 年卷（总第 1 卷），北京大学出版社 2006 年版，第 7 页。

与法学是两个不同的领域。立法重功利，而法学重概念。因此，立法者不应该进行概念或体系的建构——那是对法学的干预，也使立法者脱离其权威和权力的本位，而与法学家的立场混为一谈。在耶林看来，法学建构的主体，不是立法者，而是法学家。①

因此，概念法学所谓的概念"开放"，并非直接面对社会或实际功利开放，而是面对不断更新的法律素材（文献）开放。"概念大厦"不同于功利法学的"福乐大厦"。②正如斯特劳斯所指出的，有两种不同的"神话"：在一种"神话"中，天国与地国是畅通无阻的，活人与死人自由往来；另一种"神话"，是"绝天地通"的，天地之间的直接交流发生中断，只存在某种间接交流。③概念法学所谓的"开放"，即可谓一种间接的开放（这是其缺点，但也是其特点或优点）。

（2）体系是有创造力的。首先，"建构"不仅仅是逻辑演绎的僵化铺陈，还是诗性想象的自由驰骋。在耶林看来，逻辑王国是一个广阔无垠的疆域，法学家不必将自己框定于实在法（制定法）僵硬的边界之内，也无须仅仅徘徊流连于现实问题的逼仄小路；正如在哲学中一样，概念法学家应该在逻辑的王国自由驰骋。就像《法学的概念天国》中那位精灵所言："不要把理想思维与抽象思维相混淆。……理想思维造就了法律理论家独特的优越性，这种优越性的基础是，他们在思考法律问题

---

①　Jhering："Das heisst m. a. W. die eignen Konstruktion des Gesetzgebers besitzen fuer sie keine verpflichtende Kraft. Der Gesetzgeber soll nicht konstruieren，er greift damit in die Sphaere der Wissenschaft ueber，entkleidet sich seiner Autoritaet und Macht als Gesetzgeber und stellt sich jemit dem Juristen auf eine Linie." Jhering，Rudolf von，*Geist des römischen Rechts auf den verschiedenen Stufen seiner Entwicklung*. Teil 2，Bd. 2. Leipzig，1869. S355.

②　边沁："功利原理承认这一被支配地位，把它当作旨在依靠理性和法律之手建造福乐大厦的制度的基础。"耶林的概念大厦与边沁的福乐大厦不同，但（1）他们都注重法学的建构和分析方法。边沁说："舞蹈大师马赛尔手撑着头，一副深思神态，于冥想之中叫道：'究竟有哪些形形色色的东西包藏在一段小步舞中？'我们现在是否可以添加上'以及包藏在一项法律中'？"（2）他们都将法学比作建筑。边沁说："假如建筑科学没有自己的固定术语，也就是说假如没有确定的名称来区别不同类型的建筑，或区分同一建筑的不同部分，那将怎样？它将是立法科学就形式而论目前保持的那个样子。假如建筑师不能区别住房和谷仓，或边墙和天花板，那将怎样？他们将是所有立法者目前的那个样子。"见〔英〕边沁《道德与立法原理导论》，时殷弘译，商务印书馆 2000 年版，第 57、381、378 页。

③　〔法〕克洛德·列维·斯特劳斯：《人类学讲演集》之"荒芜之地和温室——列维·斯特劳斯讲座笔记"，张毅生等译，中国人民大学出版社 2007 年版，第 125~127 页。

时，不受实践中的现实条件之约束。……他们用无限丰富的'cogito ergo est'（我思故存在）来替代笛卡尔的'cogito ergo sum'（我思故我在）。通过这样的创造，他们认识到在法律领域当中没有任何障碍能够阻止他的思想的化合。就像扶摇云端的雄鹰一样，他们翱翔在理想思维的领域，沐浴在这思想的纯净苍穹，不用再关心下面不断远去然后在视野中消失的现实世界。"① 这样，他就将自己安置在世界的实际自然之中，并且每每都能驾驭现实中的具体事物。其次，概念及其体系是具有"繁殖力"的。用普赫塔的话说："这些概念中的每一个，都是活生生的本体，而非只是死板的、单纯用来传导其所接受来的事物的工具。每个概念都具有个体性，有别于其制造者之个体性……"② 普赫塔有一个独特比喻：抽象的概念或原理就像"父亲"，而具体的新的情况就像"母亲"，当两者相爱时，便会生产出他们的孩子——法律制度。而用耶林的话说就是——概念交配，产生新的概念。可见，概念的创造力，具有类似生物学上的"繁殖"的特征。马丁内克对此评论说，在概念建构中，"耶林看到了法学中有创造力的因素。这些因素可以创造新的但迄今尚未被发现的内容。按照耶林的见解，法学工作中的建构部分也就是法学艺术实践的顶峰"③。

4.3.2. 法学体系，不仅是"涵摄"的，还是"好像"的。

（1）法学体系不是法律概念或命题的简单胪列或归属关系，而是统一于一个单一理念之下的艺术品。正如边沁所言："一套法律体系是个宏大复杂的结构，其中并无任何部分能不问其余而得到充分说明。要了解摆轮的作用，就必须把整个表拆开；要懂得一项法律的性质，就必须解析整套法典。"④ 普赫塔也说："倘若我们将法当作法律命题之简单集合来加以观察，那么我们将无法确知，我们是否已牢牢掌握住其整体全貌；正如同一堆石头缺了一部分时，观察者未必会意识到此；但倘若将这些

① 〔德〕耶林：《法学的概念天国》，柯伟才、于庆生译，中国法制出版社2009年版，第38~39页。

② 转引自〔德〕鲁道夫·冯·耶林著，〔德〕奥科·贝伦茨编注《法学是一门科学吗?》，李君韬译，法律出版社2010年版，第104页，注释（12）。

③ 〔德〕米夏埃尔·马丁内克：《德意志法学之光：巨匠与杰作》，田士永译，法律出版社2016年版，第92页。

④ 〔英〕边沁：《道德与立法原理导论》，时殷弘译，商务印书馆2000年版，第366页，注释（b2）。

石头与一件艺术品联想在一起，那么所缺的每一块石头都会马上被当作漏洞而被揭示出来……"① 显然，法的概念体系是某种理想化的结果，是"想象力构造"的产物，是一个法学上的虚构（或拟制）。②

（2）法学体系就像一项"建筑"作品（房屋、园林或城市），不仅其构建方式是人性化的——可以规划、设计和建构，而且其作用方式也是人性化的——可以体验、感受和品味。用奥科·贝伦茨的话说：各种制度就像"那些在一栋房子里或在一座城市里规制着人们的停留或移动的诸形式，它们就性质而言（如四面墙、房间、街道与市场），并不是作为诫命，而是作为事实而被体验……如同耶林模式中所构想的一样，建筑学和城市学（Urbanistik）都与法律共同分受了纯粹人性的渊源，以及在其中所奠定的连续性"③。可见，法学体系，如同建筑艺术的空间结构一样，两者共同分享着同一种逻辑和诗性。

4.3.3. 因此我们说，"建构"的本质，不仅是"抽象化"，更主要是"理想化"，是朝向并奔赴某种崇高的纯粹，即纯粹体系+生命活性。因此，概念法学的重心，并非只是要在杂多的现实中进行抽象升华，还是要在纯粹的逻辑王国中进行自由创造。概念法学的批评者所常提的那些不足（例如："建构"是僵化的、刻板的），其实只有在逻辑面对现实的时候，才会存在；在纯粹（脱离现实）的逻辑"建构"中，更多的，恰恰不是僵化或刻板，而是创造性的自由和活力。因此，概念法学的缺陷或问题，并非其缺乏"想象力"和"创造力"，而是如何彻底摆脱具体"时-空"条件下的经验束缚。从这个意义上说，概念法学的诗性与法律诠释学的诗性是不同的，它是一种剔除时间因素的纯粹空间化了的诗性，而后者正好相反，主要是一种时间性的、叙事性的诗性。就概念法学而言，法律思维在其自身内部——无论具体的法律概念是多么刻板，也无论法律逻辑是多么严苛——总是自由的、自主的；然而，一旦它与具体

---

① 转引自〔德〕鲁道夫·冯·耶林著，〔德〕奥科·贝伦茨编注《法学是一门科学吗?》，李君韬译，法律出版社 2010 年版，第 103 页。

② 边沁："法学是个虚构体，除非同某个能显示实体的词搭配在一起，法学这个词就无意义可寻。"见〔英〕边沁《立法与道德原理导论》，时殷弘译，商务印书馆 2000 年版，第 360 页。

③ 〔德〕鲁道夫·冯·耶林著，〔德〕奥科·贝伦茨编注《法学是一门科学吗?》，李君韬译，法律出版社 2010 年版，第 177 页。

"时-空"条件下的功利或目的联系起来,便会丧失其思维的自由性或自主性。因此,我们说,概念法学及其"建构方法",不仅仅是"逻辑",更主要的,还有"理想"和"好像"。

4.3.4. 德国哲学家康德,曾区分了两种不同的"体系",即"技术"的和"建筑术"(Archtektonik)的:技术的体系,统一于经验性的偶然意图,而建筑术的体系,则统一于理念。康德说:"要能够产生出我们称之为科学的东西,不是凭借技术,即不是由于杂多东西的类似性,或由于知识具体地在所有各种随意的外部目的上的偶然运用,而是凭借建筑术。"① 从这个意义上说,法学体系的"建构",其要义主要有三:(1)它不是"技术"性的,而是"建筑术"的;(2)它也不仅仅是为了从具象跳跃到抽象(经验性的偶然意图也能做到这一点),而是为了从经验升华到概念,即摆脱具体"时-空"情境的束缚;(3)从而,它就能够在真空中自由地去创造——以概念为砖,以命题为构件——去建构理想的法学大厦。

四 精魂

恩格斯曾评论数学的独立性说:"数学是从人的需要中产生的,如丈量土地和测量容积,计算时间和制造器械。但是,正像在其他一切思维领域中一样,从现实世界抽象出来的规律,在一定的发展阶段上就和现实世界脱离,并且作为某种独立的东西,作为世界必须遵循的外来的规律而同现实世界相对立。"② 概念法学亦然。

概念法学及其建构方法有两种面向。一方面,具有"逻辑性"和"严格性"(尽管因此往往被批为"僵化或刻板");正如黑格尔所指出的,婚姻本身,仅就其概念而言,是不能离异的。但另一方面,概念法学,却又充满了"自由"和"理想"的精神(尽管因此往往被讥为"诗

---

① 按:在康德看来,"技术性"的统一,不是按照理念而是经验性地按照偶然意图来提供的"统一性";"建筑术"(Archtektonik)的统一,则是"按照一个理念产生的(在那里理性先天地把目的作为任务提出来,而不是经验性地等待目的)"。见〔德〕康德《纯粹理性批判》,邓晓芒译,人民出版社 2004 年版,第 630 页。

② 〔德〕恩格斯:《反杜林论》,见《马克思恩格斯全集》(第二十六卷),人民出版社 2014 年版,第 42 页。

意、浪漫或想象"），正如马克思、恩格斯所批判的："按照黑格尔的体系……概念……支配……现实生活。""他不仅把整个物质世界变成了思想世界，而且把整个历史也变成了思想的历史。他并不满足于记录思想中的东西，他还试图描绘它们的生产的活动。"① 概念法学似乎就是如此。

然而，更准确地说，概念法学，毋宁是一部"逻辑与诗"的复调，亦可谓一曲"科学与神话"的交响。在概念法学的建构中，不仅有 Logos——科学与逻辑，还有 Mythos——神话与诗。

4.4.1. 首先，概念法学，是科学，也是神话。毫无疑问，概念法学属于一门先验的逻辑科学，容不得丝毫的经验、功利和目的因素，因而属于康德所谓的"建筑术"。然而同时，它又不失为一部科学的神话。所谓"神话"，不应仅仅理解为《山海经》或《变形记》中那样的"生命"传奇；"神话"还可以是一个关于"建构"的故事。（1）在谢林看来，"神话乃是任何艺术的必要条件和原初质料"。"神话乃是尤为庄重的宇宙，乃是绝对面貌的宇宙，乃是真正的自在宇宙、神圣构想中……之景象。"这种景象本身，即是诗。② （2）在列维-斯特劳斯看来，"神话"是一种可以进行分析的"结构"。③ 一切神话功能，都在为某种庞大的组织体系提供基本构成要素的过程中展现出来。艺术与神话都是某种结构，但不同在于，"艺术从一个组合体（对象＋事件）出发达到最终发现其结构；神话则从一个结构出发，借助这个结构，它构造了一个组合体（对象＋事件）"④。神话与科学也都是某种结构，但不同在于，神话是从"往事"（传说与历史）中导出结构。⑤ 列维-斯特劳斯说："神话

---

① 〔德〕马克思、恩格斯：《德意志意识形态》，见《马克思恩格斯全集》（第三卷），人民出版社 1960 年版，第 16 页脚注。

② 〔德〕谢林：《艺术哲学》，魏庆征译，中国社会出版社 1996 年版，第 64 页。

③ 按：伊万·斯特伦斯基将列维-斯特劳斯的"神话"概念归纳为 5 个要点：结构性、超越性、自治性、科学性、世俗性。"1. 可供分析的'强结构'。……2. 神话先于社会仪式；自然和思维先于人类。……3. 精思先于行动。……4. 神话是科学的知识……。5. 神话是世俗的。……"见〔美〕伊万·斯特伦斯基《二十世纪的四种神话理论——卡西尔、伊利亚德、列维-斯特劳斯与马林诺夫斯基》，李创同、张经纬译，生活·读书·新知三联书店 2012 年版，第 264~265 页。

④ 〔法〕克洛德·列维-斯特劳斯：《野性的思维》，李幼蒸译，中国人民大学出版社 2006 年版，第 26 页。

⑤ 〔苏联〕叶·莫·梅列金斯基：《神话的诗学》，魏庆征译，商务印书馆 1990 年版，第 189 页。

思维借助一个有结构的组合，即语言，建立起各种有结构的组合……它用旧的社会生活话语的碎屑来建立起思想的阁楼。"① （3）在伊利亚德看来，"神话"就是与某种原初创造相关的"传说"。概念法学（就像在前文已经看到的），正是这样一种"结构性"的、"原初创造性"的、"超越性"的故事。第一，概念体系就是从既存的历史素材中导出的一种结构，而且是一个强度很高的"可以分析"的结构。第二，概念体系又是一个关于原初观念的创造性的故事，即事物的本源。按耶林的说法，概念体系本身就是"事物的本质"（Natur der Sache）：不仅是法律概念趋向的理想，还是法律概念的不竭源泉。而且，概念体系还是一个生命系统：概念——作为生命的细胞或身体——"生"于焉，"殖"于焉。用耶林最富色彩的表达就是"概念交配，并产生新的概念"。第三，概念体系还是一个超越性绝对性的体系。在概念法学看来，概念和体系高于一切。法律体系是对法律现实的涵摄或驾驭，即"世界必须由概念和抽象原则来统治"；或者，反过来说，任何现实情境，若不能在法律体系中对号入座或找到自己的位置，它就不具法律意义；因此，现实的具体情况必须经过某种"矫割"，就像一块石料，必须通过建筑工匠挥动的瓦刀，被削成符合某个建筑位置要求的形状，才能获得其在体系中的价值。正是从这一点上说："法律建构（Konstruirens）就是一种不可推翻的法律推定：'把某物称为不是它的另一个东西，然后在法律上把它当作不是它的那个东西来对待。'"② 即概念或符号化的拟制（Fiktion）。概念就是褪去了现实内容的"符号"，不仅是孤高的、超离经验的，还是自主的、专制的、取代现实的。在"法学建构"中，现实生活好像变成了法律逻辑体系，就像物理现实必须服从数学一样，法律现实也必须服从法学概念的体系。可见，法学概念的体系，不仅是法的构成，还是法的来源和目的；不仅是本体论的，还是存在论和生命论的。从这些意义说，概念法学可谓一部科学的神话。

---

① 〔法〕克洛德·列维-斯特劳斯：《野性的思维》，李幼蒸译，中国人民大学出版社 2006 年版，第 22 页注释（1）。

② 〔德〕耶林：《法学的概念天国》，柯伟才、于庆生译，中国法制出版社 2009 年版，第 18~19 页。

4.4.2. 其次，概念法学，是逻辑，但又不失为一首具有想象力、创造力的诗。"建构"虽然表现为一项逻辑工作，但站在其背后的，却是诗。耶林说，若要发挥"建构方法"的功效，就必须添加一样不可缺少的酵母——常常被人们所忽略的——"诗性想象力"（phantasia poetica seu eximia）。① 在概念法学家那里，他们仅凭既有法律素材（文本或文献），而不求诸任何现实经验或社会功利方面的因素，就能建构起一个普适的法律体系。而这一"体系"，又是一个仅凭科学方法无法测度的研究空间，一个取之不竭的研究宝库，一个智慧乐趣的丰富源泉。② ——一个创造力自由驰骋的疆域。从这个意义上说，法学从一门解释性学科，一跃而上升为一项建构性艺术，一门自由的艺术，一首创造性的诗。

4.4.3. 概念法学既是科学，又可谓"神话"，既是逻辑，又不失为一首"诗"。

我们知道，耶林是以"经由罗马法……但高于并超过罗马法"闻名于法律思想史的。③ 其在法学上的贡献或特点，常被以"转向"（Bekehrung）二字概括④，即从概念法学向目的或利益法学的转向：在方法论上，其前期是"建构方法"（以 1858 年出版的《不同发展阶段的罗马法精神》之第Ⅱ卷第 2 部分为代表），后期可谓"目的方法"（以 1877 年出版的《法之目的》为代表）。用德国法学家黑克（Philipp Heck）的话说，耶林"最初是一个概念法学家，但后来由'扫罗'（Saulus）变成了'保罗'（Paulus）。耶林提出了一条原理并予以证明：创造法律者，不是概念，而是利益和目的。在这个意义上，耶林可算是目的论研究方向，以及与此相连的利益法学的创立者"⑤。

---

① 〔德〕耶林：《法学的概念天国》，柯伟才、于庆生译，中国法制出版社 2009 年版，第 41 页。

② Jhering, Rudolf von, *Geist des römischen Rechts auf den verschiedenen Stufen seiner Entwicklung*. Teil 2, Bd. 2. Leipzig, 1858. S413–414.

③ 〔德〕格尔德·克莱因海尔、扬·施罗德：《九百年来德意志及欧洲法学家》，许兰译，法律出版社 2005 年版，第 227 页。

④ 张焕然在其"译者导读"中将耶林思想的总体发展分为三说：一是"转向说"（Bekehrung），以康特洛维茨为代表。二是"重心转移说"（Verschiebung），以费肯杰为代表。三是"转变说"（Umschwung），以贝伦茨为代表。见〔德〕耶林《对法学的戏谑与认真：给法学读者的礼物》之"译者导读"，张焕然译，法律出版社 2023 年版。

⑤ 〔德〕黑克：《利益法学》，傅广宇译，商务印书馆 2016 年版，第 16 页。

　　然我们要说，耶林法学的贡献及其特点或精魂，更主要在其"诗性"。① 就其思想整体之"诗性"言，可谓"概念"与"利益"的复调【F1.10.1】【F1.11】。就其内容之"诗性"言，一方面是其利益法学中的"权利感"和"是非感"；另一方面，又是概念法学中的"神话"和"诗"。就概念法学言，耶林所建构的这一概念法学的大厦②，既是科学，又可谓一个"神话"，既是逻辑的，又不失为一首"诗"。——同样是一个"复调"结构。

　　在此意义上，耶林不愧为一位罗马法学的"诗人"。如果说，盖尤斯是第一位罗马法学家③，那么，耶林可谓最后的一位④。并列于他们中间的，是罗马法学史上一颗颗璀璨的明星。这份豪华的名单可能包括盖尤斯（Gaius）、伯比尼安（Papinianus）、乌尔比安（Ulpianus）、巴托鲁斯（Bartolus）、居亚斯（Cujas）、维柯（Vico）、朴蒂埃（Pothier）、萨维尼（Savigny）、普赫塔（Puchta）、温德莎（Windscheid）、耶林（Rudolf von Jhering）。为咏其事，笔者作《啁啁啾啾》诗曰：

　　　　璀璨夜空，
　　　　星鸣啁啾——罗马法学家各展歌喉：
　　　　盖尤斯啁啁于法学体系的集成与奠基⑤；

---

① 关于耶林法学的诗性精神，参见本书第四章、第十四章以及附录-对话 1【F.1.10.1】。

② 按：耶林的概念法学虽然建基于现实的和历史文献的素材，却超越于素材；虽借用了概念和逻辑涵摄，却不囿于概念和逻辑涵摄。用耶林自己的话说，法学"建构我用得倒是越来越多了，只不过在法律里还有比逻辑因素更为重要的东西，我很高兴通过自己的努力认识到了这一点"。转引自〔德〕耶林《对法学的戏谑与认真：给法学读者的礼物》之"译者导读"，张焕然译，法律出版社 2023 年版。

③ 按：历史上的第一位罗马法学家——比盖尤斯更早的——或许可以追溯到罗马帝国早期杰出的法学家拉贝奥（Labeo）、萨宾（Sabinus）、普罗库罗斯（Proculus）等。见〔英〕H. F. 乔洛维茨、巴里·尼古拉斯《罗马法研究历史导论》，薛军译，商务印书馆 2013 年版，第 488 页。

④ 按："耶林被称为'最后一位罗马法学家'。"见〔英〕约翰·麦克唐奈、爱德华·曼森编《世界上伟大的法学家》，何勤华、屈文生、陈融等译，上海人民出版社 2013 年版，第 470 页。耶林之后，固然不乏杰出的私法学家、公法学家，也不乏伟大的罗马法史学家，但严格意义上的罗马法学家，或再难见了。

⑤ 参见意大利罗马法教授桑德罗·斯奇巴尼为《法学阶梯》汉译版所写的前言，载〔古罗马〕盖尤斯《法学阶梯》，黄风译，中国政法大学出版社 1996 年版。

萨维尼啁啁于民族气质之展露徐徐①；

普赫塔啁啁于法律概念之谱系及生育②；

温德莎啁啁于《法典》和他的《讲义》③；

惟耶林——啾啾……

他将概念大厦建到天国，又毅然离弃，

他潜入利益的海底，又回头向上看去，

透过海水、大气和以太，看到一个混沌的疆域，

——"云行雨施，品物流行"，是那儿的原理。

他用"法感"搅拌空气和海水——和成蓝色的泥；

拓成概念砖坯，砌成一堵会呼吸的墙壁；

用它黏结法律规范，筑成大厦，配上玻璃体系；

——每块砖，都长着鳃和透明的胴体。

这法学的大厦，在天堂、在大地，又在海底，

激荡着大地的波涛、海的风沙，

又冒着太空的雪雨……

——啁啁之音，求整齐；

啾啾——是活泼鸣啭（复调）的旋律。

---

① 耶林说："萨维尼-普赫塔关于法的产生的理论，什么也没告诉我们。据此理论……法的形成……是事实的静默作用之力，此力……舒缓地但安定地开辟着法的道路，是气质徐徐展露的、经由自己行为外显的确信力——一条新的法律规则（Rechtssatz），如同某个语言规则，也是自然而然地产生。"载〔德〕耶林《为权利而斗争》，郑永流译，法律出版社 2007 年版，第 4 页。

② 普赫塔有一个比喻：法律素材是母，法学原理是父，法律制度则是他们生的孩子。奥科·贝伦茨曾说："普赫塔是在一个高度浪漫主义的、将天堂与俗世以一种充满爱的方式统整在一起的图像中，掌握整体的情况。"见〔德〕鲁道夫·冯·耶林著，〔德〕奥科·贝伦茨编注《法学是一门科学吗?》，李君韬译，法律出版社 2010 年版，第 104 页。

③ 按："1896 年的《德国民法典》，特别是对这部法典的基本立场以及法典的最后定版具有重大影响的法典第一草案，常常被人们誉为写入法条的温德沙伊德《学说汇纂教科书》。"见〔德〕格尔德·克莱因海尔、扬·施罗德《九百年来德意志及欧洲法学家》，许兰译，法律出版社 2005 年版，第 452 页。

第五章　比较法研究中的诗性思维

纳于大麓，烈风雷雨弗迷。

——《舜典》

一　引子

5.1.1. 纳入。"纳"有二义：（1）"纳"者，通衲，缝缀也；（2）"纳"者，娶也，如纳妇、纳吉、纳彩。我们知道，逻辑上的"涵摄"，是一个思维上的"纳入"过程（例如将案件事实纳入法律规范）。其实，诗性的"比兴"，也是一种思维上的"纳入"。但两种"纳入"，有显著的不同：前者是一种严格的概念归属或演绎推理；后者的"纳入"则是"好像"的、"模拟"的、"应然"的。在语词上，前者的用词是"是"或"属于"，后者的用词则是"好像"或"视为"（按：二者都可表述为古汉语"……者……也。"）。在此意义上，法律拟制即是对逻辑涵摄的"模拟"。在逻辑结构上，一个完整的法律拟制，一般由"本体"、"拟体"和"拟词"三个要素构成。通常表示为，将"本体"视为"拟体"（例如将"公告期满"视为"送达"等），或将"本体"按"拟体"对待（例如将"收养子女"按"血亲"对待等）。其中的"拟词"——"视为"或"按……对待"，其实就是"纳入"；只不过，不是"逻辑"意义上的归属的纳入，而是"诗学"意义上的归效的纳入。

5.1.2. 添附。如果将诗学上的这一"纳入"思维加以表象化或行为化，则正如古罗马法学上的"添附"（accessio）：一项财产，原本不属于他人财产之一部，但出于某种原因（河床改道、建筑、种植、缝织等），而附着于他人财产之上，一旦合为一个整体，就会变为他人财产之一部。例如，在他人的布帛上用自己的紫丝刺绣锦文，则紫丝之所有权依万民法便会归于布帛所有权的框架。此即为"纳入",但这显然不是"逻辑"涵摄,而是一个"诗性"创造。这一"纳入"过程,在逻辑上不能成立,在科学上也不为允许,但在美学或法学上却不可避免——其成败得失,不受实证,但可体验或心证。

5.1.3. 纳絇于屦。中国春秋时期,有个"纳入"的典故(包含两个"纳"),与缝织紫丝于他人之布帛有些相似,不是罗马法意义上的"添附"(所有权的取得方式),但有着相似的内在精神——诗性。

第一个"纳"(创造)。《春秋·左传》载有一事:说卫献公无信,对"纳"其为君的宁喜,不报反杀。为此,与宁喜一道"纳"卫献公为君的子鲜(即卫献公的弟弟,名鱄)非常愤懑,曰:"逐我者出,纳我者死,赏罚无章,何以沮劝?君失其信,而国无刑,不亦难乎!"[1] 于是,出奔晋国。据说,鱄(即子鲜)到了晋国,"织絇邯郸,终身不言卫"。[2] 这是一个"纳",即"纳……为君"。我们知道,拥立……为君,正如"纳……为妻",并非一个逻辑过程,而是一个诗学上的"建构"和"创造"。

第二个"纳"(将"絇"缝纳在鞋头上)。我们注意到,鱄(即子鲜)在晋国的谋生之道——是织"絇"。何为"絇"?糜信云:"絇者,著屦舄之头"。絇,就是鞋头上的装饰物。[3] 这就是说,鱄在邯郸的工作,主要就是编织鞋头的装饰物"絇",或将"絇"缝纳在鞋头之上(就像"添附"似的)。"絇"的功能有三:一是穿綦,即"絇"上有孔用以穿系鞋带(这是实用功能);二是装饰(这是美学功能);三是"行戒"(此可谓法学功能)。郑玄曰:"絇之言拘也,以为行戒,状如刀衣鼻,在屦头。"[4] 可见,"絇"离开"屦",是没有意义的(即附丽或匹配)——"絇"本身的价值是有限的,只有纳于"屦"上,并与"屦"构成一个艺术整体,才能完成其个性价值。鱄(子鲜)以"织絇"为

---

① 见(清)洪亮吉撰、李解民点校《春秋左传诂》,中华书局1987年版,第591页。

② 见承载撰《春秋穀梁传译注》,上海古籍出版社1999年版,第584页。

③ 见(清)钟文烝撰,骈宇骞、郝淑慧点校《春秋穀梁传经传补注》,中华书局1996年版,第584页。

④ 参见(清)钟文烝撰,骈宇骞、郝淑慧点校《春秋穀梁传经传补注》,中华书局1996年版,第584页。另可参见(清)黄以周撰,王文锦点校《礼书通故》,中华书局2007年版,第141~142页。

业，不知是市场选择呢，还是愤懑不已?! 联想到鱄出奔晋国前的那句话——"逐我者出，纳我者死，赏罚无章，何以沮劝? 君失其信，而国无刑，不亦难乎!"——或许我们可以推测，鱄（子鲜）以一种执着的行为艺术"织绚"，向他的哥哥卫献公讽谏：不该忘记那些"纳……为君"的法学诗人。

5.1.4. 现在我们看比较法学的方法。比较法学是跨越不同国家或民族法的对比研究，也是跨越不同逻辑体系的对比研究，不同国家或民族的法有其不同的概念和自成一体的逻辑体系，这种对比研究往往是非常困难的，关注了结构上的相应，会忽略功能上的对接，关注了功能上的对接，又忽略了结构上的卯合，就好像要在一条鱼与一只猴子之间进行器官或肢体的移植一样，不仅可能进行"心肝"移植，还可能在两者之间进行"足尾"功能的移植。如此困难的工作，仅仅依靠逻辑方法，而没有诗性方法，缺乏诗人那种精神上的自主性、思维上的好像性、行动上的蹦等性，是难以取得满意效果的。维柯说：诗人在希腊文里就是创造者，凭想象来创造。[①] 对于比较法而言，逻辑方法讲究名实相符、名名相扣，这种"严密"性当然是重要的；诗性方法追求名实相和、名名相融，这种"好像"性也同样是重要的。下面就以中国古代冲突法学研究对象的确立为例，谈谈比较法研究中的一个重要诗性方法：纳入。

二　问题的提出

5.2.1. 从严格意义的"冲突法"概念出发，很容易得出这样的论断：中国古代"冲突法"的规范是"零星"的、理论是"落后"的。这一论断广泛反映在各种"冲突法学"或"国际私法学"以及"中国法律史"的相关著述中。

在中华民国时期的中国国际法史和国际私法学著作中，均未涉及中国古代冲突法的内容。如徐传保编著的《先秦国际法之遗迹》（编者刊，1931 年版），陈顾远著的《中国国际法溯源》（上海，商务印书馆，1934 年版），刘达人、袁国钦著的《国际法发达史》（上海，商务印书馆，1937

---

① 见〔意〕维柯《新科学》，朱光潜译，人民文学出版社 1997 年版，第 162~163 页。

年版），洪钧培编著的《春秋国际公法》（昆明，中华书局，1939 年版）等著作，所涉主题，均为中国古代国际公法，未见中国古代国际私法或"冲突法"方面的内容。再如傅强编的《国际私法》（上海，丙午社，1907 年版），唐纪翔著的《中国国际私法》（上海，商务印书馆，1930年版），程树德著的《比较国际私法》（上海，华通书局，1931 年版），陈顾远著的《国际私法本论》（上海法学编译社，1932 年版）、《国际私法总论》（上海法学编译社，1933 年版）、《国际私法要义》（上海法学编译社，1934 年版），卢峻著的《国际私法之理论与实际》（上海，中华书局，1937 年版）等著作，所涉主题，主要是冲突法的基本理论和制度，涉及冲突法史的资料不多，且也仅是外国冲突法史的情况，未见中国古代冲突法方面的内容。另外，在徐朝阳著的《中国古代诉讼法》（上海，商务印书馆，1927 年版）中，也未见涉外诉讼管辖权冲突方面的内容。

在当代中国国际私法学著作中，如韩德培主编的《国际私法》（高等教育出版社和北京大学出版社）、李双元等主编的《中国国际私法通论》（法律出版社）、余先予主编的《国（区）际民商事法律适用法》（人民日报出版社）、黄进主编的《国际私法》（法律出版社）、徐冬根著的《国际私法趋势论》（北京大学出版社）等著作，总体上都认为：中国古代"冲突法"的规范是"零星"的、理论是"落后"的。各家在谈到这一问题时，所提到的材料大都限于唐《永徽律·名例律》的规定："诸化外人，同类自相犯者，各依本俗法；异类相犯者，以法律论。"蒋新苗教授形象地把唐朝冲突法的发展比喻为"昙花一现"。①

在许多有代表性的中法史著述中，有关冲突法的章节或内容也极其罕见，即便在以《中国古代法制丛钞》（蒲坚编著，4 卷本，光明日报出版社 2001 年版）为代表的同类选辑中，也不多见。

另外，在一些有代表性的外国文献中，如"International Encyclopedia of comparative Law, Volume Ⅲ, Private international Law"（Kurt Lipstein Chief Editor, Martinus Nijhoff Publishers' Dordrecht. Boston. Lancaster）、"Nachtrag zu Internationales Privatrecht"（von Gerhard Kegel Und Klaus Schu-

---

① 　见蒋新苗《国际私法本体论》，法律出版社 2005 年版，第 2 页。

rig，C. H. Beck München Verlag，8. auflage，2000）等，在古代冲突法的问题上，一般只涉及古希腊法、古罗马法、日耳曼法与中世纪城市法和商法，对古代中国法则未见提及。

严格意义的"冲突法"或"国际私法"，是以"国际或区际的法律冲突"为前提，并以"冲突规范"为基本内容的。从这一概念出发，统一而封闭的中国古代社会，很难有所谓"冲突法"或"国际私法"。因此，韩德培教授认为：在中国历史上，虽然唐代就有了"冲突规范的萌芽"，但"普天之下，莫非王土；率土之滨，莫非王臣"的绝对属地主义观念与闭关自守的政策是中国冲突法发展的最大障碍。[①] 李双元教授也认为："遗憾的是，长达两千余年的闭关自守、夜郎自大的封建专制统治，窒息了对外经济、文化交往的发展，使得中国国际私法立法与理论自唐后一直落伍于世界先进国家。"[②] 可见，中国古代几乎无所谓"冲突法"或"国际私法"。

5.2.2. 然而，如果能像德国学者古那伊斯特或日本学者织田万对待行政法那样，对"冲突法"概念作些诗性变通或调整，情况就会完全不同了。

李秀清教授说，"在中国古代，不乏规模浩大的行政法典，如《唐六典》、《明会典》及《大清会典》、《大清会典事例》等，但严格地说，这些都不是真正意义的行政法典，而只不过是官制法规汇编。而在清末以前，中国更没有专门研究行政法的作品。而《清国行政法》却依据近代行政法理论，将庞杂无章的清朝行政法律事务进行分类、梳理，纳入织田万已自成特色的行政法体系中进行阐述。之所以采用这种方法，并不是因为清代的中国存在近代意义的行政法，而是织田万以行政法为总括关于政权作用的所有法规的宽泛概念为前提，效仿德国学者古那伊斯特著《英国行政法》使英国人始知自己国家有行政法的做法的结果。这种编述方法虽然使人有张冠李戴之感"，但仍有其积极意义。[③] 李秀清教授所提及的这种"虽有张冠李戴之感"却有"积极意义"的研究，并非

---

①　见韩德培主编《国际私法》，高等教育出版社、北京大学出版社 2000 年版，第 55 页。

②　见李双元等《中国国际私法通论》（第 2 版），法律出版社 2003 年版，第 81 页。

③　见何勤华、李秀清《外国法与中国法——20 世纪中国移植外国法反思》之《织田万的〈清国行政法〉与清末行政法》，中国政法大学出版社 2003 年版，第 71 页。

特例，而是具有法学方法论意义的普遍现象，体现着比较法学研究中一个重要的诗性方法——"纳入"。

三　诗性的方法——"纳入"

这种诗性的"纳入"方法，其内涵主要有三，分别阐释如下。

5.3.1. 第一，在"纳入"中包含解释学上的"沟合诸墓"法。

《左传》载有"孔子沟合诸墓"一事：鲁国权臣季平子为泄私愤，将鲁昭公葬于鲁国先君的墓道之南，使昭公墓处于祖先墓园之外。孔子为鲁司寇时，在昭公陵寝之外挖沟，扩大了墓园范围，从而使昭公与鲁国先君合葬。[①] 并对季平子之子季桓子说："贬君以彰己罪，非礼也。今合之，所以掩夫子之不臣。"[②]

孔子挖沟，扩大墓域，使昭公与鲁先君合墓。如图 5-1 所示。

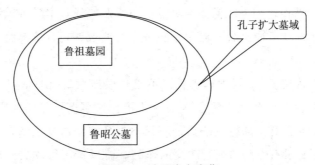

图 5-1　孔子沟合诸墓

这种不改变事实（鲁昭公墓）本身，只是通过扩大外延（墓域），来改变事实的属性的具体做法，是通过扩大概念外延来包容异己因素的诗性逻辑的生动写照。法律解释不乏这样的例证。比如，通过扩大"货物"概念的外延，将"电力"和"垃圾"也包括其中，从而使关于货物的法律规定，也可以适用于"电力"和"垃圾"；又如，通过扩大"生活消费"概念的外延，将"就医"和"上学"也包括其中，从而使关于生活消费的法律规定（如《消费者权益保护法》等），也可以适用于

---

① 见（战国）左丘明撰，（西晋）杜预集解《左传（春秋经传集解）》"定公元年"，上海古籍出版社 1997 年版，第 1609 页。

② 见（三国）王肃《孔子家语·卷一·相鲁第一》。

"就医"和"上学";再如,美洲弗吉尼亚殖民地的居民为了能够享有英国人的权利和自由,就在 1606 年颁布的弗吉尼亚宪章中规定:"所有的自由权、公民权和豁免权⋯⋯就全部的目的和意图而言,他们就像出生于并始终居住在这个英格兰的王国里一样。"[1]

德国学者古那伊斯特和日本学者织田万分别对英国行政法和清国行政法所作的研究也是如此,他们在为英国人和中国人构筑所谓行政法体系时,都对行政法概念作了相应调整,换句话说,对原概念作了"扩用"的变通,以适应新的对象。

5. 3. 2. 第二,在"纳入"中包含翻译学上的"萝卜作针"法。

在狄更斯的小说《大卫·科波菲尔》中,巴奇斯先生说过一句名言:

"‘It was as true,’said Mr. Barkis, ‘as turnips is. It was as true,’said Mr. Barkis, nodding his nightcap, which was his only means of emphasis, ‘as taxes is. And nothing’s truer than them.’"[2]

这一段文字有不同的翻译。庄绎传先生的翻译是这样的:"‘一点不假,’巴吉斯先生说道,‘好比萝卜就是萝卜。’巴吉斯先生说着,甩了甩睡帽,他也只有这样来加强语气了,‘税就是税。一点儿不假’。"[3] 这里将"turnips"老老实实地译作"萝卜",将"taxes"规规矩矩地译作"税"。

张谷若先生的翻译是这样的:"‘那是真的。’巴奇斯先生说,‘跟针一样真。那是真的。’巴奇斯先生说,一面把他的睡帽直点,因为那是他唯一可以表示强调的办法。‘像折本一样真。没有什么别的能比它们更真了。’"[4] 这里将"turnips"和"taxes"创造性地译作"针"和"折本"。

在英语里有种双音修辞方式,只取其双音不问意义,巴奇斯这里的

---

① 转引自〔美〕伯纳德·施瓦茨《美国法律史》,王军等译,法律出版社 2007 年版,第 12 页。

② 见〔英〕查尔斯·狄更斯《大卫·科波菲尔》(英文版)第 21 章,上海世界图书出版公司 2007 年版,第 268 页。

③ 见〔英〕查尔斯·狄更斯《大卫·科波菲尔》,庄绎传译,人民文学出版社 2000 年版,第 311 页。

④ 见〔英〕查尔斯·狄更斯《大卫·考坡菲》,张谷若译,上海译文出版社 2007 年版,第 337~338 页。

表达："It was as true, as turnips is"或"It was as true, as taxes is"就属这种双音修辞方法。表音文字系统中的这种修辞很难在表义文字系统中找到相应的表达。面对双音修辞这样的翻译难题，庄译显然是审慎的，将"turnips"忠实地译作"萝卜"；张译则较积极，将"turnips"（萝卜）译作"针"，将"taxes"（税）译作"折本"。"针"（zhen）和"折本"（zheben）与"真"（zhen），风马牛不相及，但在发音上，有一个共同点，即它们同发一个辅音"zh"，就像"turnips"和"taxes"与"true"风马牛不相及，但它们同发一个辅音"t"一样。张译显然是一个创造性的尝试，好像要为汉语构筑起一个双音修辞领域似的。如果狄更斯在世，不知会鼓励诗性的"越权"还是赞赏逻辑的"守法"。

庄译和张译各有道理，我们无须评价。但值得关注的是译者的权力问题、创造性问题。比较法学家所面临的问题与翻译家有相似之处：他们都可能面对符号转介中的"不完全对应"的问题。翻译家可能从表达效果出发，将"turnips"（萝卜）译作"针"，比较法学家则可能从制度功能出发，以在英国起着类似在德国起着行政法作用的规范为基础建立起英国行政法系统，或以在古代中国（清朝）起着类似近代意义的行政法所起的作用的规范为基础建立起古代中国（清朝）行政法系统。概念的这种由外到内或由内到外的跨逻辑变通，是一种诗性的创造。

翻译家这种诗性变通，主要是为了文化上的沟通和理解，追求表述上的恰当对接——表达上的某种措辞若能触动受众的"通感"，便可形成豁然开朗、天堑通途的效果。① 比较法学家这种诗性变通，还是要构筑知识体系，即按照某一文化圈中该概念的特定要求，构建出其在另一文化圈中的内容实体，这是一种按图索"骥"的工作，但往往"索"到

---

① 中国古人在翻译和解释佛经时，常引道家概念，这种方法叫作"格义"。关于"格义"，汤用彤先生认为："是用原本中国的观念对比［外来］佛教的观念，让弟子们以熟悉的中国［固有的］概念去达到充分理解［外来］印度的学说［的一种方法］。""'格'在这里……有'比配'的或'度量'的意思，'义'的含义是'名称'、'项目'或'概念'；'格义'则是比配观念（或项目）的一种方法或方案，或者是［不同］观念［之间］的对等。"见汤一介编选《汤用彤选集》，天津人民出版社1995年版，第411~412页。关于佛教的基本语言政策，季羡林先生认为，只要"义理不失"，其他各种语言都可使用。佛说："我允许你们，比丘呀，用（你们）自己的语言来学习佛所说的话。"大乘佛教说："佛以一音演说法，众生随类各得解。"见季羡林《佛教十五题》，中华书局2007年版，第31、33页。

的还包括"大象"或"骆驼"。

5.3.3. 第三，在"纳入"中包含法律学上的"缝织紫丝"法。

查士丁尼《法学总论》说："如果把他人的紫丝缝织在自己的衣服上，尽管紫丝的价值较贵，仍作为添附之物附属于衣服。"① 罗马法有"从物添附于主物"（accessorium sequitur principale）的格言，它是指在两种不同的物发生合并时，从物归属主物、主物吸收从物的一种所有权确立原则。罗马法上的另一规定也与此类似："如用自己的材料在他人土地上建筑房屋，建筑物归属土地所有人；在这种情况下，材料所有人失去了他的所有权，因为如果知道自己在他人土地上营造即被假定为自愿让与其材料。"还有，"如果铁提在你的纸张或羊皮上书写了短诗、故事或演说词，这一文书即属于你，而不属于铁提所有"。② 在上述"添附"（accessio）中，从物——紫丝、建筑物、文字——被分别"纳入"了主物——衣服、土地、纸张，从而分别成为主物（衣服、土地、纸张）的一个组成部分，进而使"从物"具有"主物"的法律属性。当比较法学家进行类似织田万一样的纳入时，被纳入的"从物"也就取得了"主物"的性质。③

比较法学家们如织田万的"纳入"方法与法律学上的"缝织紫丝"方法、翻译学上的"萝卜作针"方法、法律解释学上的"沟合诸墓"方法之间的相通之处，是耐人寻味的。一个恰当的比较法上的"纳入"，往往是"沟合诸墓""萝卜作针""缝织紫丝"三者的完美结合。"沟合诸墓"所展现出的自主性，"萝卜作针"所体现出的好像性，"缝织紫丝"所显示出的跨越性，正是诗人创造性的精髓。

---

① 见〔罗马〕查士丁尼《法学总论——法学阶梯》，张企泰译，商务印书馆 1989 年版，第 53 页。

② 见〔罗马〕查士丁尼《法学总论——法学阶梯》，张企泰译，商务印书馆 1989 年版，第 54~55 页。值得注意的是，绘画与文字有所不同，盖尤斯《法学阶梯》言："如果某人在他人的木板上作画，有些人认为木板添附于画；另一些人则认为：画，无论是怎样的，添附于木板。但朕认为，木板添附于画较好。"见〔古罗马〕盖尤斯《法学阶梯》I. 2, 1, 34, 黄风译，中国政法大学出版社 1996 年版。

③ 对于学术中的这种现象，"幼色布斯（Eusebius）提到埃及人的智慧时，说过一句金玉名言，也适用于一切其他异教民族：'埃及人的最初神学只是一种掺杂着寓言故事的历史，后来他们的后代人引以为耻，就逐渐对这些寓言故事加上一些神秘的解释。'例如埃及高级僧侣曼涅陀在把全部埃及历史翻译成为一种崇高的自然神学时就是这样办的"。见〔意〕维柯《新科学》，朱光潜译，人民文学出版社 1997 年版，第 106 页。

四　中国古代冲突法

5.4.1. 同样，如果不顾各国历史文化的具体情况，仅仅把"冲突法"理解为"国""际""私""法"，那么在历史上没有公法和私法概念划分的民族、国家、政治体系或文化体系，以及在历史上的"非国家"时代（如城邦时代、"属人法"时代等），便势必没有"国际私法"或"冲突法"；如果将冲突法仅仅理解为规范形态的东西，那么观念形态、实践形态的东西便势必不能成为冲突法。反过来，如果用"沟合诸墓"、"萝卜作针"或"缝织紫丝"的方法，将"冲突法"概念作些诗性变通或调整，将其理解为一种"跨法域法律冲突的协调机制"，研究的视野就豁然开阔了。

第一，这里所谓"法域"，不仅是"国际"和"区际"的属地意义上的"法域"，还是属人意义上的"法域"。

在古代中国，"普天""率土"观念与"闭关自守"政策确实阻碍了中国的国际交流，但这并不妨碍系统内部"属地"或"属人"的法律冲突与法律协调。"跨法域交往"在古代"中国世界秩序"（费正清用语）中，不仅存在于所谓"国与国之间"，也存在于"国内"各民族间、籍民间、封建等级间、"儒释道三教"之间，甚至不同地域风俗之间和家族间。在中国古代的多元法域中，"属人"意义上的"法域"，以及"人际"法律冲突，具有特别重要的意义。《诗经·商颂·玄鸟》所谓"邦畿千里，维民所止"就反映了"属人"重于"属地"的思想，"民为贵，社稷次之"也有这个意思。从这一"法域"概念出发，以下问题自然就进入冲突法的视野。

例如，《史记·匈奴传》所载的"汉使与中行说"在"华夷风俗之辩"中提到的问题。

例如，唐朝时在广州经商的伊斯兰教徒、犹太教徒、耶教徒商人曾达12万人，这些人如何适用法律的问题。其时来中国经商的阿拉伯商人苏来曼云："为裁判侨寓广府（即指广州）伊斯兰教徒间所起之争议起见，由中国皇帝的意思，简选伊斯兰教徒一人，使负其责"，执行"回教纪律"。① 这里提到"治外法权"的问题。

例如，《宋史·汪大猷传》载："故事，蕃商与人争斗，非伤折罪，皆以牛赎。大猷曰：'安有中国用岛夷俗者，苟在吾境，当用吾法。'"② 这里所提到适用"岛夷俗"之"故事"（惯例）的问题。

例如，元朝蒙古人、色目人、汉人、南人之间的冲突法问题，以及元朝所谓"尽收诸国，各依风俗"的冲突法思想的具体运作问题等。

例如，《马可波罗行纪》中的一则材料说，其时哈密人有一风俗，"设有一外人寄宿其家，主人甚喜，即命其妻厚为款待，自己避往他所，至外人去后始归，外人寄宿者，既有主人妻作伴，居留久暂惟意所欲，主人不以为耻，反以为荣。……蒙哥汗在位辖有此州之时，闻此风习，命人禁绝……居民奉命忧甚……请许保其祖宗遗风。……蒙哥汗乃曰：'汝等既欲耻辱，保之可也。'于是放任如故"③。以"跨法域法律冲突的协调机制"的冲突法概念来看，这则材料涉及的问题，是典型的"法律"冲突问题和法律适用问题。

例如，《大明律》规定："凡化外人犯罪者，并依律拟断。"而明邱浚曰："'越鸟巢南枝，胡马嘶北风'，盖人生天地间，虽有华夷之殊，而其思乡土、党同类之心则一也。况彼戎夷禀性，绝与华人不同，而不可律以中国之人情。"④ 这里有"人情"与《大明律》"化外人"规定之关系问题。

还有，清朝纪昀在《乌鲁木齐杂诗·典制十首之九》中写道："户籍题名五种分。虽然同住不同群。就中多赖乡三老。雀鼠时时与解纷。"⑤ 在"同住不同群"的人们的日常交往中，存在法律冲突的问题。

在中国史料文献中，此类材料是十分丰富的，其价值绝不逊色于黄金宝藏。这类材料散见于经史子集中，特别是"戎夷""交通""边疆"类历史文献中，在张星烺先生的《中西交通史料汇编》中比较集中。然而，此类史料和文献，在严格的"冲突法"概念下，被屏蔽于中国冲突法

① 参见周谷城《世界通史》，河北教育出版社 2000 年版，第 590~591 页。
② 参见蒲坚编著《中国古代法制丛钞》卷三，光明日报出版社 2001 年版，第 246 页。
③ 见〔法〕沙海昂注《马可波罗行纪》，冯承钧译，中华书局 2004 年版，第 193~196 页。
④ 参见（明）邱浚著，林冠群、周济夫校点《大学衍义补》，京华出版社 1999 年版，第 1253 页。
⑤ 参见吴蔼宸选辑《历代西域诗钞》，新疆人民出版社 1982 年版，第 100 页。

史研究的视线之外，从而在古代"中国世界秩序"的舞台上实际扮演着"法律冲突的协调机制"角色的"冲突法"，也一直被人们忽视。

第二，这里所谓"机制"，不仅包括冲突规范，还包括协调法律冲突的制度、习惯、原则、方法和观念。

"跨法域法律冲突的协调机制"的"冲突法"不仅存在于"律"中，还存在于"礼""风""俗"，甚至观念之中。所谓"入乡随俗""宾至如归""客随主便""因俗顺势""既来之，则安之"等，都是这一情况的反映。

从西方冲突法史上看，法律冲突的解决，大体上经历了一个从"学说"到"规范"再到"方法"的过程。先是"法则区别说"时代，这是"学说"时代；以后是以"法律关系本座说"为基础的"冲突法"时代，这是"规范"时代；再后是以现代美国冲突法革命为代表的法律选择方法时代，比如柯里的"利益分析方法"、里斯的"最密切联系方法"等，这是"方法"时代。可见，虽然冲突法主要表现为"规范"形态，包括"冲突规范"和"国内专用实体规范"等，但也表现为"学说"形态和"方法"形态。

同样，中国古代冲突法的形态也不是单一的，而且还更加复杂。中国古代不仅有唐《永徽律·名例律》"诸化外人，同类自相犯者，各依本俗法；异类相犯者，以法律论"的规定，这可认为是"冲突规范"，也有秦简《属邦律》"邦客与主人斗……抵以布"的规定，这可认为是"专用实体规范"。除此之外，中国古代有许多协调不同法律、风俗甚至宗教规范之冲突的原则、方法和观念，比如"入乡随俗""客随主便"等。这些原则、方法和观念，在协调各种规范冲突时，与现代冲突法的一些原则、方法和观念相比，在性质和功能上是极其相似的，即都可纳入某种"冲突协调机制"。

5.4.2. 产生于中国文化圈的这种"冲突协调机制"与产生于西方文化圈的"冲突解决规范"有很大的不同：（1）它是一种从效果出发的柔性的协调机制，而非一种从规范出发的刚性的协调机制；（2）它是一种主客双方未必对等的自我克制机制，而非一种主客双方对等的具有可预期性的选择机制；（3）它是一种以相互体谅为基础的"法律"融和机制，而非一种以相互竞争为基础的法律发展机制。中国古代冲突法最基本的精神是"融"。所谓"融",最重要的是克制体谅,而不是对立较量,是包容,而不是排斥。显然,将产生于中国文化圈的如此不同的东西,纳入产生于西方文化圈的冲突法概念,不仅是"沟合诸墓"的结果,还是"萝卜作针""缝织紫丝"的结果。从"解决国际或区际的法律冲突的冲突规范"的冲突法概念到"跨法域法律冲突的协调机制"的冲突法概念的改变,是一个诗性的飞跃。

5.4.3. 当日本学者织田万将清朝行政法纳入其自成特色的行政法概念并以此构建起清国行政法体系时,运用了一种诗性思维和方法。当我们将中国古代冲突法纳入"跨法域法律冲突的协调机制"这一冲突法概念时,将协调法律冲突的制度、习惯、原则、方法和观念统统纳入冲突法时,也是运用了一种诗性思维和方法。

5.4.4. 我们说,孔子"沟合诸墓",是诗性方法;张谷若先生将"turnips"(萝卜)译作"针",也是诗性方法;古罗马法规定"把他人的紫丝缝织在自己的衣服上,尽管紫丝的价值较贵,仍作为添附之物附属于衣服",还是诗性方法。一个恰当的比较法上的"纳入",往往是"沟合诸墓""萝卜作针""缝织紫丝"三种诗性方法的完美结合。通过这种方法,在"跨法域法律冲突的协调机制"这一新"名"的视野中,中国古代冲突法相应的"实",便隆然呈现出来。

第六章　时空变奏的历史叙事

> 我架起时辰的机杼，
>
> 替神性制造生动的衣裳。
>
> ——歌德《浮士德》①

一　引言：历史叙事的诗学

6.1.1. 诗，通常是指诗歌（如抒情诗、史诗等）。但在亚里士多德那里，诗的含义显然要广一些，还包括戏剧（其《诗学》就主要是对古希腊史诗和悲剧的研究）。在柏拉图那里，诗的含义似乎就更广了，不仅包括技艺（特别是以音乐和韵律来创作的艺术）②，还包括诗性的哲学。柏拉图在《斐德若篇》中把人分成九流，其中诗人又被分为两种，并被置于地位悬殊的不同等级之中：第一种是哲学诗人——即所谓"爱智慧者，爱美者"——这是第一流的人；另一种是匠艺诗人——即所谓"诗人或是其他摹仿的艺术家"——这是第六流的人。③第一种诗人——实际上就是"哲学王"——也是柏拉图最为推崇和赞赏的人。他在《会饮篇》里借苏格拉底之口说："他眼睛里有了各式各样美的东西，就不再像奴隶似的只爱一个个别的东西……他不复卑微琐屑，而是放眼美的汪洋大海，高瞻远瞩，孕育着各种华美的言辞和庄严的思想，在爱智的事业上大获丰收，大大加强，大大完善，发现了这样一种唯一的知识，以

---

① 〔德〕歌德：《浮士德》，郭沫若译，人民文学出版社 1983 年版，第 27 页。

② 柏拉图："凡是使某某东西从无到有的活动都是做或创作，因此一切技艺的实施都是创作，所有的师傅都是作家。"见〔古希腊〕柏拉图《柏拉图对话集》之《会饮篇》，王太庆译，商务印书馆 2004 年版，第 330 页。

③ 〔古希腊〕柏拉图：《柏拉图文艺对话集》之《斐德若篇》，朱光潜译，商务印书馆 2013 年版，第 115~116 页。

美为对象的知识。"① 第二种诗人，即所谓匠人或手艺人，在柏拉图看来，是应该被逐出城邦的。

应该说，古希腊这种广义的诗以及诗学，为现代诗学奠定了基本版图。（1）从内涵上说，诗学就是自由创造之学。正如雅克·马利坦所言："谈到艺术，我指的是人类精神创造性的或创作的、产生作品的活动。谈到诗，我指的不是存在于书面诗行中特定的艺术，而是一个更普遍更原始的过程，即事物的内部存在与人类自身的内部存在之间的相互联系，这种相互联系就是一种预言（诚如古人所理解的；拉丁文'vates'一词，既指诗人，又指占卜者）。在这一意义上，诗是所有艺术的神秘生命；它是柏拉图所说的音乐（mousike）的另一个名字。"② （2）从外延上说，诗学的对象，不仅包括各种学科文本上的诗性创作，还包括该学科领域的各种艺术方法和象征形式。正如茨维坦·托多罗夫在其著作《诗学导论》中所说："没有理由再把诗学的研究仅仅限于文学。我们必须了解，诗学不仅是文学的文本，而是所有学科的文本，不仅是语言的创作，而是所有领域的象征。"③ 正是在这一广义诗学框架中，人们又提出了所谓"神话诗学""建筑诗学""道德诗学""人类学诗学""历史诗学""法律诗学"。

6.1.2. 黑塞在一首诗中写道："一切的一切……如它们所展现的，都是自然使成，而如果被眼睛看到，便是奇观。"④ 历史其实也是如此，它一旦被我们所捕捉并加以叙述——无论是作为一种文本创作还是象征形式的呈现（例如历史绘画或纪实电影等）——都将由"自然"升华为"奇观"。关于历史叙事，清人章学诚曾有特别精当的辨析，他把历史分为"撰述"的（如《尚书》）和"记注"的（如《周礼》）两种。他

---

① 〔古希腊〕柏拉图：《柏拉图对话集》之《会饮篇》，王太庆译，商务印书馆 2006 年版，第 337 页。

② 〔法〕雅克·马利坦：《艺术与诗中的创造性直觉》，刘有元、罗选民等译，生活·读书·新知三联书店 1991 年版，第 15 页。另，该译文中的"预言"，伍蠡甫译为"神的启示"。见蒋孔阳主编《二十世纪西方美学名著选》，复旦大学出版社 1988 年版，第 152 页。

③ 转引自〔美〕伊万·布莱迪编《人类学诗学》之篇首题词，徐鲁亚等译，中国人民大学出版社 2010 年版，扉页。

④ 〔德〕黑塞：《诗话人生——黑塞诗选》之译本序，郭力译，上海译文出版社 2015 年版，第 3 页。

说："撰述欲其圆而神，记注欲其方以智。夫智以藏往，神以知来。记注欲往事之不忘，撰述欲来者之兴起，故记注藏往以智，而撰述知来拟神也。藏往欲其赅备无遗，故体有一定，而其德为方；知来欲其抉择去取，故例不拘常，而其德为圆。"① "记注"不同于"撰述"——或许可以拿编辑一部文集作比——就像"总集"不同于"选集"。黑塞在为他的《诗歌总集》撰写的前言中写道："一本《诗歌总集》的意义和目的完全不同于'选集'。在我看来，一本《诗歌总集》的意义是，它是我曾经经历过、拥有过的生命的全面见证；它是一个毫无保留的所有诗作的展现——不加修改，没有遮掩；它还是对整个诗作的接受，包括接受它的缺陷，接受它可质疑的地方，接受它并不完美的旋律，以及因诗韵而受到的羁绊。"② 从这个意义上说，"记注"就像编辑一部"全集"——"欲往事之不忘""欲其赅备无遗"；"撰述"则像编辑一部"选集"——"欲来者之兴起""欲其抉择去取"。在章学诚看来，"撰述"与"记注"两种方法，撰述更高也更难。他说，"传世行远之业"，"不可拘于"记注，而在撰述，"非圣哲神明，深知二帝三王精微之极致，不足以兴此"。③

本书所提出并将要回答的问题是：若仅就历史的"撰述"而言（且不说"记注"），是否允许适当的诗性思维呢？答案是肯定的。

6.1.3. 拿中国史学传统来说，从《春秋》到《史记》到韩愈《平淮西碑》再到后来，总体上是"撰述"的或"为后世法"的，史籍中大量充盈着的，不仅有事实、逻辑以及因果论，还有价值、修辞和目的论。"故吴楚之君自称王，而《春秋》贬之曰'子'；践土之会实召周天子，而《春秋》讳之曰'天王狩于河阳'；推此类以绳当世。……《春秋》之义行，则天下乱臣贼子惧焉。"④ 对这种"为后世法"的历史，孔子有清醒的认识。弟子受《春秋》，孔子曰："后世知丘者以《春秋》，而罪丘者亦以《春秋》。"⑤《春秋》曰："夏，五月，郑伯克段于鄢。"似乎是"记注"，但同时也是"撰述"。对于这段经文，《左传》解释说："段

---

① （清）章学诚撰《文史通义》之"书教下"，上海古籍出版社 2015 年版，第 13 页。
② 〔德〕黑塞：《诗话人生——黑塞诗选》之作者前言，郭力译，上海译文出版社 2015年版，第 1 页。
③ （清）章学诚撰《文史通义》之"书教下"，上海古籍出版社 2015 年版，第 14 页。
④ （汉）司马迁撰：《史记·孔子世家》，中华书局 1975 年版，第 1905 页。
⑤ （汉）司马迁撰：《史记·孔子世家》，中华书局 1975 年版，第 1905 页。

不弟，故不言弟；如二君，故曰'克'；称'郑伯'，讥失教也。"① 《公羊传》解释说："克之者何？杀之也。杀之，则曷为谓之克？大郑伯之恶也。曷为大郑伯之恶？母欲立之，己杀之，如勿与而已矣。"② 《穀梁传》解释说："于鄢，远也，犹曰取之其母之怀中而杀之云尔，甚之也。然则为郑伯者宜奈何？缓追逸贼，亲亲之道也。"③ 可见，《春秋》及其"三传"，是史，是诗，也是法。

6.1.4. 再拿西方史学传统来说。希罗多德是一位伟大的历史家，同时还是一位演说家和法庭辩护士。辩护士往往以客观面目出现，隐藏自己的倾向或立场，但其基本的手段和目的，却是通过排列事实的高超技艺求得胜诉。所以，希罗多德的历史很动听，有诗性，像荷马。修昔底德则不同，在他看来，历史家的首要责任是剔除虚假。"虚假的事实"，那是诗人和占卜家想象出来的，虽动听，但对揭示事情的原因毫无价值。然而，众所周知，在修昔底德的历史中，有大段的对话或演说，有些是他亲耳听到的，有些是别人转述的，他记述这些演说的方法，用他自己的话说："一方面尽量保持实际上所讲的话的大意；同时使演说者说出我认为每个场合所要求他们说出来的话语来。"④ 看来，修昔底德的事实也不是绝对的客观事实。历史家无权编造事实，但有权凭他的历史洞见筛选和统率事实，甚至有权在事实的空白之间填充可能的事实。客观主义史家兰克和浪漫主义史家提埃里都喜欢读斯各脱的历史小说。对兰克来说，斯各脱激情四射的描绘令他激动，但不符事实的错误也使他郁闷，他说："把历史资料和浪漫小说一对比，我就确信前者更有吸引力，无论如何也更为有趣。于是我完全把小说抛开并下定决心，在我的著作中一定要避免一切虚构和幻想，严格根据事实。"⑤ 浪漫主义史家提埃里则认

---

① （战国）左丘明撰，（西晋）杜预集解《左传（春秋经传集解）》，上海古籍出版社1997年版，第3~4页。

② 《十三经注疏》整理委员会整理，李学勤主编《十三经注疏·春秋公羊传注疏》，北京大学出版社1999年版，第16~17页。

③ 承载撰：《春秋穀梁传译注》，上海古籍出版社1997年版，第4页。

④ 〔古希腊〕修昔底德：《伯罗奔尼撒战争史》，谢德风译，商务印书馆2012年版，第19~20页。

⑤ 〔美〕汤普森：《历史著作史》（第三分册），孙秉莹、谢德风译，商务印书馆1992年版，第231页。

为，斯各脱"以一种奇特的方式"贡献于历史（意思可能是说"诗比历史更真实"吧）。提埃里的《诺曼人征服史》就是以小说家的"全部热情"和"生动文笔"撰写的。① 当然，最浪漫的还要数米细勒，他有一种令人羡慕的"特异功能"，能够直接感受档案馆里古代手稿的灵魂："那些羊皮纸记录，并不是文件，而是人们的生活，各省的生活、民族的生活。……一张张纸上的文字都是活的，都在说话。"②

　　纯粹以描述事实为能事的历史与写实主义绘画一样，其命运似乎都有些悲壮。工笔写实的绘画，虽可达精微绝妙的境界，但在更擅写实的摄影艺术的冲击下，越来越多地走向印象或抽象，而客观主义的历史，在现代录音录像技术的冲击下，也逐渐趋向浪漫。

　　6.1.5. 关于历史家的"诗性想象"，德国古罗马法律史家耶林曾在《一个罗马法学者的闲谈》中有所透露，他说："在看够实证法律史素材之后，为了不让别人打扰，把门关上，点上雪茄，坐在沙发上……然后运用所有的意志力把全部思维集中到古代，这时候把周围的一切和自己都忘掉。一心想着自己就生活在那个时代，只是由于大自然的奇怪念头才灵魂转世来到十九世纪，成了某个大学的罗马法编外讲师或者教授。……如果你长时间地用这种方式睁着眼睛思考，关于古代的回忆就会复苏，古代的景象就会从灵魂的深处（'无意识'区域）重新跑出来并在你自己吹出来的雪茄烟气中成像；你会感觉到自己在古罗马的街头漫步并参与所有罗马法史的美好事情。"③ 他还风趣地补充说："我的盒子里还储有数量可观的雪茄；我将时不时点上一根，并且向您报告我所看到的东西。"④ 在耶林看来，法律史家的大脑需要某种能"产生法律史直觉的物质"，这就需要在他的"大脑物质里添加适量的诗性想象力

---

① 〔美〕汤普森：《历史著作史》（第三分册），孙秉莹、谢德风译，商务印书馆1992年版，第310~313页。

② 〔美〕汤普森：《历史著作史》（第三分册），孙秉莹、谢德风译，商务印书馆1992年版，第325~326页。

③ 〔德〕耶林：《法学的概念天国》，柯伟才、于庆生译，中国法制出版社2009年版，第22~23页。

④ 〔德〕耶林：《法学的概念天国》，柯伟才、于庆生译，中国法制出版社2009年版，第23页。

（phantasia poetica seu eximia）"①。

陈寅恪在《冯友兰中国哲学史上册审查报告》中写道："吾人今日可依据之材料，仅为当时所遗存最小之一部，欲藉此残余断片，以窥测其全部结构，必须备艺术家欣赏古代绘画雕刻之眼光及精神，然后古人立说之用意与对象，始可以真了解。所谓真了解者，必神游冥想，与立说之古人，处于同一境界，而对于其持论所以不得不如是之苦心孤诣，表一种之同情，始能批评其学说之是非得失，而无隔阂肤廓之论。"② 这是思想史家的"诗性思维"。

6.1.6. 当然，历史与诗，是有区别的：历史是已然，诗是未然；历史重描述，诗则重呈现。所以亚里士多德说，诗比历史更接近哲学。然而，历史与诗，又是相通的：无论是历史的叙事还是诗的创造，从根本上说，都是某种"时—空"的变奏。赫尔德说："时间和空间存在于诗人的叙事先后之中，也就是诗人世界中的 ordine successivorum 和 simultaneorum（拉丁文意：先后—同时的顺序）。诗人是如何引导你，又是朝着哪个方向，这全由诗人做主。诗人决定着事情进展的速度；他强迫你接受它。这是诗人的速度。"③ 这种"时—空"的变奏，就历史的叙述而言——虽不像真正的诗那般的自由，但它同样会以诗一般的创造性方式演奏出来。这种历史诗学的方法主要有二：一是"画"的方法——时间的空间化；二是"诗"的方法——空间的时间化。绘画是典型的空间性艺术，而狭义的诗（即诗歌）则是典型的时间性艺术，就历史叙事而言，"画"与"诗"两种手法，它们各有功用、各有擅场。

二　"绘画的方法"：时间的空间化

6.2.1. 纯粹的空间，是凝固性、结构性、广延性的；纯粹的时间，则是运动性、过程性、绵延性的。但是，物理学（相对论）已经证明，

---

① 〔德〕耶林：《法学的概念天国》，柯伟才、于庆生译，中国法制出版社 2009 年版，第41 页。

② 朱义禄主编《中国近现代人文名篇鉴赏辞典》，上海辞书出版社 2014 年版，第 423 页。

③ 〔德〕赫尔德：《反纯粹理性——论宗教、语言和历史文选》，张晓梅译，商务印书馆 2010 年版，第 166 页。

纯粹空间或纯粹时间都是不存在的；它们就像不同维度的两股绳子，被编织成单一的同一张"时—空"之网，时间与空间是不可割裂的。然而，就人的经验和意识，特别是就人的感知而言，不同的对象，其空间性与时间性，仍是有所偏重的。例如，一所建筑、一尊雕塑、一幅画，就是空间性的；一段音乐、一首诗，则是时间性的。在历史的诗性叙述中，所谓"时间的空间化"就是时间的凝固化、结构化、广延化，就像一幅画所呈现的样子，这是历史的形象感。因此，历史的空间化，也就是历史的场景化、图像化、瞬间化。反过来，所谓"空间的时间化"就是空间的运动化、过程化、绵延化，它将空间上的并存性、广延性存在转化为时间上的先后性、持续性存在，就像一段音乐、一首诗所流淌出来的样子，这是历史的生动感。因此，历史的时间化，也就是历史的节奏化、戏剧化、蒙太奇化。如果说"空间的时间化"是历史学的诗歌手法的话，那么"时间的空间化"则可谓它的绘画手法。历史诗学上所谓的"画"法，大体有两种形式。

6.2.2. 第一种：以空间编辑时间（编辑说）。即空间虽然仍在时间维度上徐徐展开，却不必是编年体式的连续镜头，而可能是蒙太奇式的历史瞬间或片段，空间虽然无权颠倒时间顺序，却有权编排时间的节奏：有的时间，击以强键，有的时间，一掠而过；有些历史拐点的瞬间或片段，细细道来，而一些无关紧要的持续性过程，则忽略不计。

在这个意义上，历史似乎不像是一条由时间统率的无间断的线，而是由一系列"瞬间"、一系列"当下"、一系列"典型"构成的连环画面，就像韩滉的那幅《五牛图》画轴一样。画轴从右到左徐徐展开，首先映入画面的一头牛，顽皮而好动，嚼着草、抬腿向前又似忙着蹭痒；紧接着第二头牛，哞叫着，昂着头角，一副自恋的样子；第三头牛，调转身躯，正面直视，似乎是有话要说；第四头牛，回首顾盼，召唤过往，似有所眷恋；第五头牛，似已知命而耳顺，但目光如炬，浑然洞悉了一切。五头牛，虽各自独立，但组合在一起，恰如一幅牛的历史；虽姿态各异，且不连贯，但组合在一起，构成牛的"原型"。历史不就是由"这种空间性画面"所书就的吗?！永恒实在的历史"原型"虽不易澄清，但并非神秘莫测，许多耀眼的历史瞬间和片段，透露出历史"原型"的大体轮廓。

韩愈《平淮西碑》描述宪宗派兵点将，文笔酣畅：宪宗皇帝"曰：光颜，汝为陈许帅，维是河东、魏博、郃阳三军之在行者，汝皆将之。曰：重胤，汝故有河阳、怀，今益以汝，维是朔方、义成、陕、益、凤翔、延、庆七军之在行者，汝皆将之。曰：弘，汝以卒万二千属而子公武往讨之。曰：文通，汝守寿，维是宣武、淮南、宣歙、浙西四军之行于寿者，汝皆将之。曰：道古，汝其观察鄂岳。曰：愬，汝帅唐、邓、随，各以其兵进战。曰：度，汝长御史，其往祝师"①。文法模仿《尚书》之舜命九官，风啸镝鸣，气势鸿烈。孙琮赞赏道："命帅一段写得历历落落，如见大将登坛，调遣六军，一时分兵四出，五花八门，莫测奇妙。"（《山晓阁唐宋八大家选·韩昌黎集》）吕留良也赞曰："宪宗平淮西，唯能独断与任相。公（韩愈）文亦极意于此处敷扬赞美，可以垂法万世，不愧典谟训诰。"（《晚村先生八家古文精选·韩文精选》）大意是说，平定淮西之乱，最关键是宪宗的果断决策与用人得当，韩愈《平淮西碑》抓住这一关键史实，极力敷扬，不愧为"典谟训诰"似的历史文献。然而，钱大昕却不以为然："韩退之《平淮西碑》，李义山以《尧典》、《舜典》、《清庙》、《生民》拟之。宋子京修《唐书》，取其文入《藩镇传》。说者谓其文可当国史，然乎？曰：退之斯文工则工矣，绳以史法，殊未尽善。如光颜、重胤除授于元和九年，公武、文通于十年，愬于十一年，并不同时，碑但云曰某曰某，而总之云'各以其兵进战'。文虽简，而事未核也。"（《潜研堂文集》卷十三《问答》）② 意思是说，韩愈这段文字，虽写得简要，也很文学，却不合历史，三年间发生的事情，似在一次"点将派兵"中旋即完成，与史实不符。然而有意思的是，韩愈《平淮西碑》虽因事实"未核"被敕令由段文昌碑取代，但后来宋祁修《唐书》时，仍将韩碑编入《藩镇传》，段碑反不得其传。韩碑将三年发生的事情浓缩到一个"点将之台"，可谓是一种典型的"以空间编辑时间"的历史撰述方法。

6.2.3. 第二种：以空间取缔时间（取缔说）。即从历史中剔除时间

---

① （唐）韩愈：《平淮西碑》，载高海夫主编《唐宋八大家文钞校注集评》［（明）茅坤编《唐宋八大家文钞》之《昌黎文钞》］，三秦出版社 1998 年版，第 646 页。

② 高海夫主编《唐宋八大家文钞校注集评》之《昌黎文钞》，三秦出版社 1998 年版，第 646~666 页。

只留下空间，以萃取永恒的历史实在。在这种情况下，历史被视觉化、现场化，甚至名词化、逻辑化，历史中没有了过去和未来，只有当下，只有抽象的关系。陈子昂诗云："前不见古人，后不见来者，念天地之悠悠，独怆然而涕下。"（《登幽州台歌》）若真能直面"天地悠悠"的永恒实在，又有谁能不"怆然涕下"呢！

我们知道，柏拉图有个"三张床"的理论：第一张，是床的"原型"（即"理型"或"相"），是神造的真正的床；第二张，是具体的床，是木匠造的，是对真正床的"原型"的模仿；第三张，是床的影像，是画家画出来的，是对具体床的摹仿。如果说，肉眼，借助阳光，能够看到一张具体的"床"，那么，哲学家的灵魂之眼，借助正义之光，似应能看到"床"的"原型"。相应地说，历史也有三种：一是历史的原型，这是剔除时间只剩下空间的历史实在；二是历史的表象，即时空交融的具体的历史事实；三是历史的想象，即被人所撰述的历史。从这个意义上说，历史哲学家的任务，不应局限于历史事实的现象世界，而应尽力进入历史实在的"原型"世界。令陈子昂"怆然涕下"的，或许正是这种历史的"原型"吧。李贺《天上谣》诗云："天河夜转漂回星，银浦流云学水声。玉宫桂树花未落，仙妾采香垂佩缨。秦妃卷帘北窗晓，窗前植桐青凤小。王子吹笙鹅管长，呼龙耕烟种瑶草。粉霞红绶藕丝裙，青洲步拾兰苕春。东指羲和能走马，海尘新生石山下。"此诗或可作为"历史原型"最具诗意的注解：天河夜转，银浦流云，玉宫桂树，仙妾采香，秦妃卷帘，窗前植桐，王子吹笙，呼龙耕烟，粉霞红绶，步拾兰苕，构成一幅幅永恒的画面。在那里，玉宫桂树，花开永远不落，窗前植桐，青凤永生不老，时间完全被抽干，只留下了空间。然而，这还只是在天上，若再转头东顾，看看人间：羲和驾日，时间运行，刚刚还是惊涛拍岸的石山，转瞬却已扬起了滚滚沙尘。真是人世沧桑！空间与时间在此形成了鲜明对照。柏拉图在《蒂迈欧篇》中认为，过去和将来只是"时间的生成形式，而我们不经意地将他们错误地用于永恒的存在，因为我们说'过去是'、'现在是'、'将来是'，等等，实际上只有说'现在是'才是恰当的，而'过去是'和'将来是'只能用来谈论有时间的生成变化，因为'过去是'和'将来是'都表示运动，而不动的永恒自持者不宜随时间变老或变少，也不能说它过去曾经怎样、现在变成怎样、以后将会怎样，并且总的说来，它们也不属于以生成为原因的处于运动状态的那些感性事物"①。这就是说，对于不动的永恒实在而言，是没有过去和将来的，它只有现在，而现在都是"在场"的、"当下"的，即空间性的，即所谓瞬间的永恒。就像赫西俄德描绘赫拉克勒斯盾牌上的那幅"战车竞赛"所说的："战车的御者们在精致的双轮马车上松开快马的缰绳，让它们纵情驰骋，四轮马车则发出咔哒咔哒的响声并飞驰着，车轮也发出刺耳的声音，他们就这样永远地进行着艰苦的竞赛，永远不会到达胜利的终点，而是不分胜负。在他们面前放置着巨大的金质宝鼎……"② 在这里，时间完全被定格了、凝固了。其实，时间只是衡量运动或变化的尺度，其本身不是历史要展现的，历史要展现的应该是"永恒实在"，而那些"移动的影像"，即感性的历史事实，之所以有幸被史家选中，是因为它们被寄予希望去反映"历史原型"。从这个意义上说，荷马《伊利亚特》第 2 卷中的"会议决策"和第 18 卷"阿喀琉斯盾牌"上的"诉讼过程"——是历史的，尽管我们不能确定它们发生的具体时间；鲍桑葵《美学史》中的一个个关于美的专题论述（它打破了时间顺序）——也是历史的，尽管他用问题叙述取代了历史叙述，将一部漫长的美学历程分解成了一个个美学逻辑范畴；拉德布鲁赫《法学导论》中关于"国家法是私法的源泉"的概括——同样是历史的，尽管"从历史的思考方法来看，这种关系恰好相反：涉及我的与你的、商业和交往、家庭和继承的法权，简单说，这类私法构成了较为稳定的基础，而国家法则是容易变化的'上层建筑'"③。

6.2.4. 普鲁塔克《伯里克利传》讲到一个故事：说有人从伯里克利田庄牵来一只独角羊，占卜家兰蓬看见就预言说，城邦中修昔底德派和伯里克利派的斗争，必将归于统一，而自然哲学家阿那克萨格拉斯却打开羊的头盖骨，指出独角是羊脑在犄角根部没有长满的缘故。后来政治的发展，果真被兰蓬言中了——伯里克利掌握了政权。普鲁塔克对此评

---

① 〔古希腊〕柏拉图：《柏拉图全集》（第三卷），王晓朝译，人民出版社 2003 年版，第 288 页。

② 〔古希腊〕赫西俄德著，罗逍然译笺《赫拉克勒斯之盾笺释》，华夏出版社 2010 年版，第 12 页。

③ 〔德〕拉德布鲁赫：《法学导论》（修订译本），米健译，商务印书馆 2013 年版，第 85 页。

论道："无论是自然哲学家还是占卜者都对……前面那位很正确地发现产生那个现象的原因，另外一位却一语道破发生那个现象的目的。"① 前者在科学上正确，后者在诗学上正确。在普卢塔克看来，因果律与目的律虽是互斥的却又是互补的。而史家的洞见，往往正是在这种"互斥但互补"的关系中——即在"科学"与"诗性"、"因果律"与"目的律"、"为什么"与"怎么办"之间"来回穿梭"或"眼光流转"中——最终形成的。

三　"诗歌的方法"：空间的时间化

6.3.1. 狭义的诗（即诗歌）主要是一种时间性的艺术，它不仅能将静态的事物动态化，还能将定型的事物过程化，它还特别具有一种神奇功能，即通过赋予情感——"吹一口仙气"——而将事物"激活"的功能。前面我们已经看到"时间的空间化"在历史诗学上的价值（即"画"的手法），那么"空间的时间化"（即"诗"的手法），在历史诗学上有价值吗？答案同样是肯定的。历史叙述中所谓"诗"的手法，也主要有两种形式。

6.3.2. 第一种："埃涅阿斯之盾"式。即空间上的并列性存在，虽是静态的、稳定的完成品，但史家行使诗人的特权，可以将其转化成时间上的先后性存在。莱辛在《拉奥孔》里说：诗人有一种自由，能把绘画作品中的某一顷刻，续展到前一顷刻和后一顷刻，并且只有凭借这种能力，诗人才能与画家一争高下。② 在"空间的时间化"情形下，史家一变，而成为维吉尔式的诗人。诗人维吉尔描述的"埃涅阿斯之盾"，手法高妙：盾牌上的母狼育婴图、高卢入侵图、阿克提姆海战图、奥古斯都检阅图等，都预示着罗马未来的历史，虽然是一幅幅静态的画面、一个个凝固的刹那，但都被诗人赋予了动感。以母狼育婴图来说，维吉尔写道："盾上雕着那只母狼，产仔之后卧在战神玛尔斯的青葱的洞窟

---

① 〔古希腊〕普鲁塔克：《希腊罗马英豪列传（Ⅱ）》，席代岳译，安徽人民出版社 2012年版，第102~103页；〔古希腊〕泰奥弗拉斯托斯等：《古希腊散文选》，水建馥译，商务印书馆 2013年版，第63~64页。
② 〔德〕莱辛：《拉奥孔》，朱光潜译，人民文学出版社 1979年版，第106页。

里，一对孪生的男婴围绕着她累累的乳头嬉戏，吸吮着他们的狼乳母的奶汁，毫无惧怕之意，母狼转动着她的光洁的头颈轮流抚弄着他们，还用舌头舔他们的身体。"① 这种描绘手法，显然与韩愈《画记》不同，《画记》只是对画面事物的简单胪列，例如："骑而立者五人，骑而被甲载兵者十人，一人骑执大旗前立，骑而被甲载兵行且下牵者十人……马大者九匹……牛大小十一头……"② 等等。语句虽参差错落、富于变化，然终究离"杂货单"不远。维吉尔的画面则完全是活的，母狼是活动的：她转动着头颈，抚弄着，舔着。那对男婴也是活动的：嬉戏着，又吸吮着。这种"空间的时间化"手法，将绘画语言上的一刹那，续展为文字语言上的一个连续性的画面，从而使对象以更加丰富、生动的面貌呈现出来。"结构性"的存在转变为"活动性"的存在，这是一种"空间的时间化"。

6.3.3. 第二种："阿喀琉斯之盾"式。即它不是把空间上的并列性存在当作一个静态的成品，而是当作一个动态的制作过程来描绘，因此，不仅结构性画面是动态的、时间性的（就像维吉尔描绘"埃涅阿斯之盾"一样），而且其制作过程也是动态的、时间性的。最高妙的莫过于荷马对"阿喀琉斯之盾"的描绘。③ 莱辛说："荷马画这面盾，不是把它作为一件已经完成的完整的作品，而是把它作为正在完成过程中的作品。……把题材中同时并列的东西转化为先后承续的东西，因而把物体的枯燥描绘转化为行动的生动图画。我们看到的不是盾，而是制造盾的那位神明艺术大师在进行工作。"④ 在这里，不仅"结构性"的存在转变成了"活动性"存在，而且"定型性"存在转变成了"过程性"存在。荷马描述"阿喀琉斯之盾"与维吉尔描绘"埃涅阿斯之盾"，显然是不同的。首先，在"空间的时间化"的彻底性上不同，这不仅表现在对象上，也表现在用词上。荷马描述的是铁匠铺里那面盾牌的制作过程；维吉尔描绘的则是立在橡树下的那面盾牌本身。这导致他们所用的连接词

---

① 〔古罗马〕维吉尔：《埃涅阿斯纪》，杨周翰译，人民文学出版社1984年版，第215页。
② （唐）韩愈：《画记》，载高海夫主编《唐宋八大家文钞校注集评》〔（明）茅坤编《唐宋八大家文钞》之《昌黎文钞》〕，三秦出版社，第407页。
③ 〔古希腊〕荷马：《伊利亚特》，罗念生、王焕生译，人民文学出版社1994年版，第437~442页。
④ 〔德〕莱辛：《拉奥孔》，朱光潜译，人民文学出版社1979年版，第101页。

也就很不同。前者的连接词是"叙述性"的，例如"他在盾面上绘制了大地、天空和大海""他又做上两座美丽的人间城市""他又附上柔软、肥美的宽阔耕地""他又在盾面上附上一块王家田地"，等等。后者的连接词则是"说明性"的，如"这里是""旁边是""那边是"，等等。应该说，与维吉尔相比，荷马的"诗"的手法，更加彻底。另外，在"时间的空间化"的彻底性上也不同，这不仅体现在目的上，也体现在笔法上。用莱辛的话说，荷马让火神铁匠装饰这面盾，是为了使盾牌自身值得给一个不朽的英雄所配有；维吉尔装饰那面盾，则更多是为了迎合罗马民族的自豪感。①"埃涅阿斯之盾"上是一幅幅历史画面，虽是预言（尚未发生的历史），但诗人将"未来"当作"过去"来描述，因此，仍属历史笔法。而在"阿喀琉斯之盾"上，火神铁匠铸上去的不是时间性的历史，而是萃取了时间的永恒实在，试看其宇宙图、城邦图、耕耘图、收割图、田园图、牧场图，舞蹈图，以及城邦图中的婚宴图、诉讼图、战争图，哪一幅不体现永恒人性和历史实在呢?! 然而，又没有一幅图画是有名有姓的历史事件。这些画面，既可谓是历史的，又不是历史的：说它是历史的，因为它确实反映了历史的真实；说它不是历史的，因为它没有时间。因此，其亦可谓一种历史的哲学笔法。从这个意义上说，与维吉尔相比，荷马的"画"法，更加彻底。

四　制度史的叙事诗学

6.4.1. 历史不仅叙述动态事物（如战争、案件等）的发生发展过程，还叙述静态事物（如法律、制度、器物等）的产生演变过程。为了讲清一个事件的过程，我们往往会借助"时间的空间化"方法（即"画"的方法）；同样，为了讲清一件器物、一项法律、一套制度的历史，我们则会借助"空间的时间化"方法（即"诗"的方法）。首先，一件器物固然是静态的、空间性的，但其历史则可以是动态的、时间性的。例如一座建筑，其历史不仅包括这座建筑的规划设计建造的过程，还应包括它的使用过程——在风风雨雨的时间变迁中，居住在其中的都

---

① 〔德〕莱辛：《拉奥孔》，朱光潜译，人民文学出版社 1979 年版，第 103 页。

是什么人、发生在其中的都是哪些事。北魏杨衒之写《永宁寺》，不仅写其位置、结构、用途、珍贵储藏——"外国所献经像皆在此寺"，更重要的，还写其变迁：建义元年，永宁寺沦为尔朱荣的指挥所；永安三年，又变成囚禁孝庄帝的牢房；永熙三年，寺为雷火所烧，君臣观火，莫不悲惜，有三僧人赴火而死……一座土木结构的寺庙，因此具有了灵魂。归有光写《项脊轩志》，不仅写其大小、修葺、环境、居处之乐，更重要的，还写其"物是人非"：某所，母立于兹；读书轩中，大母关门自语；庭中枇杷，妻死之年手植……一丈见方的小屋，承载着归家三代妇女的传记。其次，就载于文字或图案的法律或制度而言，其本身是静态的，其所构建的权力关系或社会关系也是结构性的（即一种抽象的空间性）。这种静态的、结构稳定的法律或制度，作为易于观察或把握的结构形式，固然是有价值的，但若将其作为活的历史本身的替代形式，就不能令人满意了。

这就提出一个问题：如果将法律或制度看作一种抽象的结构性、空间性存在（已被所谓"画"方法呈现出来），那么对它的历史的叙述，是否允许某种"空间的时间化"（即"诗"的手法）呢？答案不仅是肯定的，而且是必须的。因为，法律，只在运行中，才是有效的；制度，也只有在其产生和演变中，才算活着的。正是在"空间的时间化"中，法律与制度获得灵魂，就像"永宁寺""项脊轩"这样的建筑，在杨衒之、归有光的笔下，获得了生命一样。

6.4.2. 有学者在比较了柏拉图《法律篇》第三卷与亚里士多德《政治学》第四、五、六卷关于政体的内容后，指出："亚里士多德所研究的政体更大程度上是作为一种政治技艺的完成品，一种静态的规划或者蓝图，而柏拉图研究的则是那些在人类历史文明的长河中动荡不安的政体……亚里士多德就像当年希罗多德笔下的波斯宫廷的政体大辩论的参加者一样，仅仅满足于论析各种纸上政体固有的性格，而柏拉图更像修昔底德，他们所研究的政体处于巨大的历史动荡中，尤其处于战争这种人世上最剧烈的动荡状态中。"[①] 以此来看，似乎只有像柏拉图——在

---

① 林国华：《古典的"立法诗"——政治哲学主题研究》，华东师范大学出版社、上海三联书店 2006 年版，第 38~39 页。

《法律篇》第三卷关于政体的叙述——才算是某种"诗"性手法的运用，而希罗多德笔下那些波斯宫廷的政体辩论者以及亚里士多德，他们勾画的只是静态的纸上政体而已——仿佛韩愈的《画记》那样的方法，只是各种政体及其特性的胪列，对政体本身的运作及其历史演变，则未予重视。

然而，事实恐怕并非如此。我们知道，《政治学》第四、五、六卷对政体的研究，虽然是哲学性、思辨性的，却并非凭空虚构而是有历史根据的。据史料记载，亚里士多德曾派吕克昂学院弟子分赴希腊各个城邦调查政制。据说，仅调研报告共有 158 种。就保存下来的《雅典政制》来看，一方面，将宪法放在具体时代背景下考察，叙述了雅典宪法的十一次改变；另一方面，又将宪法放在具体运行中观察，介绍了当时宪法的基本形式和运作——实可谓一种类似荷马描绘"阿喀琉斯之盾"的手法。其《政治学》关于政体的研究，正是以这些动态历史资料为基础的。应该说，在很大程度上，《雅典政制》，代表着政体研究的一种时间或"诗"的方向——即一种"空间的时间化"方法的运用；《政治学》第四、五、六卷，则代表一种空间或"画"的方向——即某种"时间的空间化"方法。在历史的叙述中，不仅"画"的方法是有价值的。"诗"的方法也同样是有价值的。对于法律或制度历史的撰述来说，尤其如此。

6.4.3. 在歌德《浮士德》中，有地祇唱道："生潮中，业浪里，淘上复淘下，浮来又浮去！生而死，死而葬，一个永恒的大洋，一个连续的波浪，一个有光辉的生长。我架起时辰的机杼，替神性制造生动的衣裳。"[①] 史家的工作，或许正像这位"地祇"，他用时间的机杼，为永恒的历史，编织生动的衣裳。

---

① 〔德〕歌德：《浮士德》，郭沫若译，人民文学出版社 1983 年版，第 27 页。

第七章　知识产权法的诗性发展

子之还兮，遭我乎嶩之间兮。

并驱从两肩兮，揖我谓我儇兮。①

——《诗经·国风·齐风·还》

一　引言：法律制度＝政治经济学上的
要求×法学上的诗性创造

7.1.1. 本章以知识产权法的发展为例，讨论法律发展中的拟制或诗学现象。② 在法诗学看来，知识产权，并非概念法学（Begriffsjurispru-denz）上的逻辑必然，也非伦理法学上的道德表现，而是政治经济基础上的法诗学创造。机器时代与数字时代，要求不同的知识法学。数字技术革命，给知识法学带来颠覆性改变：一是知识形态的改变——从"时空性"存在变为"数据性"存在；二是知识价值的改变——从"财产性"价值变为"资源性"价值；三是知识属性的改变——从"物格"（Sachlichkeit）变为具有"人格"（Persönlichkeit）；四是作者与作品关系

①　见高亨注《诗经今注》，上海古籍出版社 1980 年版，第 129 页。BOOK OF POETRY, SWIFT, "O suddenly turned the horse, When we meet in the vale. Drive together two beasts in the line…Bowing each other, saying 'you do fine', And then 'see you next time.'"

②　本章是根据笔者——2016 年 9 月 23 日在同济大学德国学术中心与德国卡尔斯鲁尔理工大学未来科技研究所联合举办的"社会科学视角下的数字化进程（中国制造 2025/德国工业 4.0）"【The digitalization process（Made in China 2025/Industry 4.0）under the perspective of social science】国际会议上——所作的发言《知识产权的终结——数字时代的"作者"和"作品"》（The End of the intellectual property right—— "Author" and "Work" in The digital age）整理而成，也是笔者于 2016 年 7~8 月应邀访问德国的学术成果之一。笔者在此谨向邀请方德国卡尔斯鲁尔理工大学（KIT）和资助方德国学术交流中心（DAAD）表示感谢。

的改变——从"主客体间关系"变为"主体间关系"（Intersubjektivität）。所有这些改变，构成知识法学的一个根本转变，即从"财产法学"（Law of Property）到"资源法学"（Law of Commons）。

7.1.2. 在一次关于 3D 打印的学术座谈会上，发生了如下一段有趣的对话。

甲：3D 打印技术正在将粉丝们的创作合法化为一种艺术表达。一个新的品种正在受众（或追捧者）的共同参与下孕育而诞生……为此，我激动不已，我要向在座的律师发出呼吁：请在法律上帮我们弄明白吧，因为它是一个真正的惊喜。我等不及要看到它的进展。我们正处在风口浪尖。

乙：我认为，对于一件新生事物，要在法律上搞清楚，是一个过高的要求。以我的经验，总是商业最先弄明白，法律只会紧赶着去补充，而且补的一团糟。……就像一个拿着绷带和邦迪的护士，紧跟在病人的身后，这儿缠缠，那儿贴贴，乱七八糟地叠加在一起。——这便是法学。在法律上弄明白，恐怕是最后才能轮到的那件事。①

7.1.3. 传统法学确有某种被动"追随"（run along behind）的特征。然而，本章关于数字时代知识产权问题的讨论，却不是传统法学那种事后描述或解释，而是法诗学上的批判和展望。在法诗学看来，"诗学"一词不仅指文艺批评，还指——任何特定领域的——意义的创生及接受。据此，诗学包含两个面向：一个面向过去，旨在解读既有的表达——阅读的诗学；另一个面向未来，旨在创造新的表达——叙事的诗学。② 在法诗学中，不仅有"阅读"，还有"叙事"；或者说，不仅有面对过去的批判，还有面向未来的创造。

7.1.4. 传统法学与法诗学具有完全不同的方法或眼光：如果说，传统法学是逻辑的演绎，那么，法诗学还是"好像"（as if）的"跳跃"。如果说，传统法学像"水"，是穷尽一切角落的逻辑渗透；那么，法诗

---

① 这段对话是笔者根据 2015 AELJ 春季座谈会中的一段对话改编。See 2015 AELJ（Cardozo Arts and Entertainment Law Journal）Spring Symposium："3D Printing and Beyond：Emerging Intellectual Property Issues with 3D Printing and Additive Manufacturing"，In：*Cardozo Arts and Entertainment Law Journal*，Volume 34，Number1 2016. pp. 10–11.

② Shulamit Almog，"Creating Representations of Justice in the third Millennium：Legal Poetics in Digital Times，" *Rutgers Computer & Technology Law Journal*，Vol. 32. No. 2，2006.

学则像"凤",是人格的自由飞腾与跨越。在传统法学看来,法是秩序的恢复——"灋"字中之"去"者,见不平而"去除"之谓也①。在法诗学看来,法还是美好的追求——"灋"字中之"去"者,见不公即"离去"之谓也②。如果说,传统法学擅于对已然问题的解释或解决,那么,法诗学则擅于对过去的批判和对未来的展望。

7.1.5. 从法诗学上说,法律制度的建构或解构,有一个基本公式:

$$法律制度=政治经济学上的要求×法学上的拟制$$

卢梭曾说:"谁第一个把一块土地圈起来,硬说'这块土地是我的'并找到一些头脑十分简单的人相信他所说的话,这个人就是文明社会的真正的缔造者。但是,如果有人拔掉他插的界桩或填平他挖的界沟,并大声告诉大家:'不要听信这个骗子的话……'如果有人这么做了,他将使人类少干多少罪恶之事……"③ 然而,卢梭提到的这种法学虚构,并非"硬说"或"大声"那么简单,它还必须有政治经济学上的要求才能实现。——私有制是这么建构起来的,也会这么消亡;国家是这么建构起来的,也将这么倾圮;精神的"物格"(Sachlichkeit)④ 是这么建构起来的,还将这么消去。知识产权亦不例外,但其悲剧性的命运,似乎

---

① 按:"去"字,有去除的意思。《左传·隐六》言:"为国家者见恶,如农夫之务去草焉。"《说文解字》言:"灋,刑也。平之如水,从水;廌,所以触不直者,去之。从去。"见(汉)许慎撰,(宋)徐铉校定《说文解字》,江苏古籍出版社 2001 年版,第 202 页。

② 按:"去"字,亦有跨越藩篱、摆脱拘束的意思。从古字形看,上面是一个摆动双臂的"人(大)",下面是一个坑坎或篱笆"凵",有跨越障碍之意。《诗经·硕鼠》曰:"逝将去女,适彼乐土。"唐桂馨:去乃阹之本字。阹者,依山谷为牛马圈也。禁人通行。故人相违而去。见李圃、郑明主编《古文字释要》,上海教育出版社 2010 年版,第 506 页。

③ 〔法〕卢梭:《论人与人之间不平等的起因和基础》,李平沤译,商务印书馆 2007 年版,第 85 页。Jean-Jacques Rousseau, DISCOURS SUR L'ORIGINE ET LES FONDEMENIS DE L' INÉGALITÉ PARMI LES HOMMES.

④ 按:在拉德布鲁赫那里,德文"Sachlichkeit",主要有二义。一是指现实性或客观性(与主观性相对)。他说:"现实性(Sachlichkeit),如同矿泉水一样清澈鲜明,就是歌德的要求,也是'客观性'(Objektivität)。"见〔德〕拉德布鲁赫《社会主义文化论》,米健译,法律出版社 2006 年版,第 131 页。二是指物格(与人格相对)。他说:"作品价值要求的是个体价值所追求事物的对立物:它不是人格,而是物格(Sachlichkeit)。"见〔德〕拉德布鲁赫《法哲学》,王朴译,法律出版社 2013 年版,第 59~60 页。

来得突然了一些：进入数字时代，特别是在大数据、云计算、人工智能、网络技术的条件下，知识产权概念正在面临崩塌；伴随它一起崩塌的，是"对知识的垄断"。为其作一首挽歌①，不是惋惜或试图挽救，而是为了召回隐含在知识产权躯壳之下的知识价值的灵魂，进而重建一个保护知识的新法学。

二　法诗学的批判：知识产权的史诗

（一）从人格到财产

7. 2. 1. 1. 知识产权（Intellectual Property Right），从形式上说，是一个法学上的虚构，或法律拟制（Legal Fiction），② 其核心理念是将智力成果（以下简称"知识"）视为财产或商品，从而将作品、发明、发现、设计、商标等（以下统称"作品"）纳入物权、财产、贸易制度加以保护；或简单地说，将知识视为财产，进而将作品纳入财产法的保护范围。然而，从根本上说，其是一个异化，即政治经济学上的"从精神到物质"的异化。这一异化，在道德上被讥为庸俗，在逻辑上被斥为荒谬；既与经验违拗，又与常识相悖，甚至仅凭直觉人们就能作出这样的判断，即知识，并不是物质，也不是财产，更不应被视为商品。物质利益与精神利益有着本质的区别，英国哲学家罗素（Russell）指出："和精神利益相比，物质利益在更大程度上是一个占有问题。一个人吃一份食物，其他人就无法吃到它，但一个人写作或者欣赏一首诗歌，却不会阻止另外一个人写作或者欣赏同样优美或者更优美的一首诗歌。这就是为什么，在涉及物质利益的时候，公正是重要的，而对精神利益来说，所需要的则是机会以及使成功的希望看起来合理的环境。激励有能力从事创造性工作的人的，并不是巨大的物质回报；几乎没有诗人或者科学人士发过财或者想要发财。"③ 尽管如此，然而最终的结果，我们还是自觉不自觉

---

① Lu Peng, Ein Abgesang auf das Recht am geistigen Eigentum. Eine juripoetologische Kritik und ein Ausblick, A. Hausstein/C. Zheng（Hrsg.）, Gesellschaftswissenschaftliche Perspektiven auf Digitalisierung in Deutschland und China, KIT. Scientific Publishing. 2018.

② 卢鹏：《拟制问题研究》，上海人民出版社 2009 年版，第 121 页。

③ 〔英〕罗素：《权威与个人》，储智勇译，商务印书馆 2012 年版，第 84 页。

地接受了这一异化，即将知识视为一种财产。这一概念，若拆解为皮尔士（Charles Sanders Peirce）的实用主义命题①，可表述为：假如我去从事生产知识的劳动，我就可以得到相应的知识产品；假如我拥有了知识产品，我就可以进行财产性的消费；假如我卖掉我所拥有的知识，我就可以获得相应的报酬。这一异化，若用哲学家叔本华（Schopenhauer）的概念表述，就是：从人格性的"我是什么"变成了财产性的"我有什么"。② 包含在其中的人生观，则表现为一种道德上的堕落，即"我在创造知识中享受"变为"我享有我所创造的知识"。这一从"不及物的"（intranstive）到"及物的"（transitive）的改变，在伦理法学上，意味着从人格权向财产权的滑落。

与这一"滑落"正好相反的，是另一"提升"：在《为权利而斗争》（*Der Kampf ums Recht*）中，德国法学家耶林（Jhering）就试图将侵犯财产问题恢复或提升到侵犯人格的高度。他说："我在物上所占有和主张的，是自己与他人的力量和历史的一部分。当我使物变成我的之时，我就使之烙上我的人格之印；谁侵犯了它，就是侵犯了我的人格，人们对它的打击，就是打击置身于其中的我本身——财产只是我的人格在物上外展的末梢。"③ 然而，耶林的这一人格化提升，似乎并不成功。

7.2.1.2. 从人格权向财产权的滑落，表现在语言上，就是我们经常挂在嘴上的，例如"要善于推销自己""要把自己打造成名牌"；表现在法学上，就是所谓"人格利益的财产权属性"的学说。这在人格法和知识产权法上都有鲜明体现。先说人格法。在一些学者起草的我国《人格法（建议稿）》中，我们就看到了这一理论的决定性影响。例如在其第四条【公开权】中规定："自然人对于自己享有的具有经济利益内容的人格利益，享有支配权，可以依照法律规定进行商业性使用

---

① 〔美〕M. 怀特编著《分析的时代：二十世纪的哲学家》（第2版），杜任之主译，商务印书馆1981年版，第139页。*The Age of Analysis.*

② 〔德〕叔本华：《叔本华论说文集》（第一卷 人生智慧），范进、柯锦华、秦典华、孟庆时译，商务印书馆1999年版，第5、13页。Schopenhauer, Schriften aus den Parerga und Paralipomena, sowie andere.

③ 〔德〕耶林：《为权利而斗争》，郑永流译，法律出版社2007年版，第21页。另，拉德布鲁赫（Gustav Radbruch）也曾提出"财产权的人格说"（Persönlichkeitstheorie des Eigentums）。

和利用。"① ——所谓 "人格的商品化权"。按此思路：姓名与名称、肖像与声音、个人信息甚至性（自愿卖淫），都可作为商品转让。②

　　再说知识产权法。从我国《民法通则》到《民法总则》和《民法典》的知识产权条款中，我们看到了物权理论的扩张。我国《民法通则》（1986 年）关于知识产权的规定，采取的是 "权利列举模式"，即知识产权就是指权利人的下列排他性权利：著作权（版权）、专利权、商标权、发现权。在其各项具体权利中，同时又包含人格性权利和财产性权利，例如在著作权中，就既有署名权、发表权、出版权，也有获得报酬的权利。发现权、发明权也是如此，例如《民法通则》第 97 条规定："公民对自己的发现享有发现权。发现人有权申请领取发现证书、奖金或者其他奖励。公民对自己的发明或者其他科技成果，有权申请领取荣誉证书、奖金或者其他奖励。" ——都是 "权利列举"。而我国《民法典》（2020 年）却与此不同。从其第 123 条的规定来看，其所采取的是一种 "主客体关系模式"，即知识产权就是指权利人对下列客体的专有权，主要包括：（一）作品；（二）发明、实用新型、外观设计；（三）商标；（四）地理标志；（五）商业秘密；（六）集成电路布图设计；（七）植物新品种；（八）法律规定的其他客体。③ 对于这两种模式的区别，我们不妨借用叔本华的概念加以分析：如果说《民法通则》（1986 年）是一种——人格性的 "我是" +财产性的 "我有" ——的复合模式的话，那么在《民法典》（2020 年）的模式中，却只剩下了财产性的 "我有"，即主体对客体的 "专有"，而其中的人格性因素，至少从形式上看，被完全掩盖了，即便是从内容上看（在现有知识产权的其他法规中），其中的人格性内容也不过是其财产性内容的附庸。就像那只在哈利·哈洛（Harry

①　杨立新、扈艳：《〈中华人民共和国人格权法〉建议稿及立法理由书》，载《财经法学》2016 年第 4 期，第 41 页。Yang Li-xin and HU Yan, "Proposed Draft and Ratio Legis of Personal Rights Law of the People's Republic of China," In: *Law and Economy*, No. 4, 2016. p. 41.

②　按：与此不同，我国《民法典》（2020 年 5 月 28 日通过）第 992 条规定："人格权不得放弃、转让或者继承。"第 993 条规定："民事主体可以将自己的姓名、名称、肖像等许可他人使用，但是依照法律规定或者根据其性质不得许可的除外。"

③　按：我国《民法总则》（2017 年）第 123 条的规定，所采取的也是 "主客体关系模式"，即知识产权就是指权利人对下列客体的专有权，主要包括：作品、发明、实用新型、外观设计、商标、地理标志、商业秘密、集成电路布图设计、植物新品种等。

F. Harlow）实验中吃奶的猴子，身体留在棉质"母猴"温暖的（人格权的）怀抱里，嘴巴却叼着铁制"母猴"的（财产权的）奶瓶。[1] 可见，财产化或商品化的观念，不仅覆盖了知识，也浸入了人格。在我们的知识和人格的血脉之中，正在流淌着的，是财产权的金色血液。

7.2.1.3. "人格利益的财产权属性"或"人格的商品化权"概念，究其理论根源，主要有二：一是逻辑性的，即从罗马法上无体物的概念中演绎出来的"无形财产权"理论；二是伦理性的，即康德所谓"物权性的对人权"理论。反映在知识产权问题上，前者可称为"作品无体物论"，后者则可称为"作品妻子论"或"作品孩子论"。康德曾写道："'物权性的对人权'是把一个外在对象作为一物去占有，而这个对象是一个人。"[2] 康德所说的这种权利，原指家长对家属的支配权利，例如，"男人得到妻子，丈夫和妻子得到孩子"[3]。但后来扩张用于人格。

《孟子》言："食、色，性也。"如果说，"吃"是"我有"的基础，那么"性"就是"我是"的根源。以"吃"为隐喻的权利，将对象客体化，具有强烈的独占性和财产性；以"性"为隐喻的权利，则在一种相互愉悦的关系中将对方主体化，因而具有身份性和人格性。福柯曾说，只有在"性"的关系中，人才是他自己。我们也可以说，只有在"爱"的关系中，人才是在创造。从法的人性论上说，"物法"的本质，是"我有"（例如我拥有房屋或金钱等），而"人法"的本质，则是"我是"（例如我是父亲或我是这本书的作者等）。"有"与"是"，本是人性的两个不同方面，但在康德"物权性的对人权"中，却发生了某种结合。康德说："婚姻就是两个不同性别的人，为了终身互相占有对方的性官能而产生的结合体。"[4] 他对此解释道："自然的性关系——作为两性间互相利用对方的性官能——是一种享受。为此，他们每一方都要委身于对

---

[1] 〔以色列〕尤瓦尔·赫拉利：《人类简史：从动物到上帝》，林俊宏译，中信出版社 2014年版，第336~337页。Yuval Noah Harari, *Sapiens: A Brief History of Humankind*.

[2] 〔德〕康德：《法的形而上学原理——权利的科学》之"22. 有物权性质的对人权的性质"，沈叔平译，商务印书馆1991年版，第93页。

[3] 〔德〕康德：《法的形而上学原理——权利的科学》之"23. 在家庭中所获得的是什么"，沈叔平译，商务印书馆1991年版，第94页。

[4] 〔德〕康德：《法的形而上学原理——权利的科学》之"24. 婚姻的自然基础"，沈叔平译，商务印书馆1991年版，第94~95页。

方。……这种获得，发生在彼此性官能的交出和接受后……这样获得的对人权，同时又是'物权性质'的。"① 恩格斯批判这一婚姻的历史形态说："婚姻本身和以前一样仍然是法律承认的卖淫的形式，是卖淫的官方的外衣。"② 这显然是夫妻关系的"物权化"。不仅如此，康德所谓"物权性对人权"，还包括父母对孩子的权利。他说："如果当孩子被他人占有时，父母可以把他们的子女从任何占有者手中要回来，哪怕违反子女本人的意志。"然而"当他们达到成年确实具备了自主的能力时，就成为自己的主人"。③ 可见，在康德所谓"物权性的对人权"概念中，"我有"（我占有我的孩子）与"我是"（我是孩子的父亲）是结合在一道的，而其重心在"我有"，或者说"我有"吸收了"我是"。

与此不同，如果我们把视线推向更远的历史，还会发现另一模式，即一种以"我是"为重心的模式，例如在古罗马的概括继承以及古巴比伦的债务奴役制度中，其财产问题的解决最终却是一个人格问题。可见，"我有"与"我是"的结合，或偏向于"我有"，或偏向于"我是"，似乎难以融洽地结合在一起。约翰·多恩就在一首赞美爱情的诗中写道："情爱决定其他一切感官之爱……我们只须占有一个世界，你我各自既是、又有的那个世界。"④ 以此来看，"既是"与"又有"的真正融合，或许只在爱情的崇高德性中才能实现。

康德所谓"物权性的对人权"概念，原本是用来解释18世纪家庭的夫妻关系、亲子关系和主仆关系的，但在后来的民法观念中，却变异翻新出了"人格利益的财产属性"或"知识的财产权"概念：作品就是我的孩子；既然我有权占有我的孩子，我也就有权占有我的作品。然在道德论者

---

① 〔德〕康德：《法的形而上学原理——权利的科学》之"25. 婚姻的理性权利"，沈叔平译，商务印书馆1991年版，第95~96页。

② 〔德〕恩格斯：《反杜林论》，载《马克思恩格斯文集》（第9卷），人民出版社2009年版，第273页。恩格斯说："卖淫现象增加到空前未有的程度，甚至婚姻本身，也依然和以前一样，是法律所承认的卖淫的形式，是官方所给予卖淫的遮盖物，此外还有很多很多的通奸事件来作补充。"见《马克思恩格斯论艺术》（二），人民文学出版社1963年版，第233页。

③ 〔德〕康德：《法的形而上学原理——权利的科学》之"29. 父母的权利"，沈叔平译，商务印书馆1991年版，第101页。

④ 〔英〕多恩：《早安》，杨周翰译，载王佐良主编《英国诗选》，上海译文出版社2011年版，第80页。John Donne, The Good-Morrow.

看来，这是无法容忍的——人类已经自我异化到了无以复加的程度：将人格降低为财产去占有，将知识降低为商品去出卖，仿佛出售自己的孩子。

（二）道德论的诅咒

7.2.2.1. 然而，在这一异化面前，道德论的抵抗，似乎是毫无功效的：就像铁道旁的一首悲歌，在风驰电掣的火车轰鸣中，只能看到歌者嘴巴张闭的动作。

道德论者从以下几个方面作出论证。第一，在历史上，知识从来就是一种精神性、人格性、公共性的存在。在古希腊，知识曾被视为一种美德；在古印度，知识曾被视为一种规范；在古代中国，知识曾被视为一种人生境界（"德性所知"）。直到工业革命之前，知识一直被视为人类文化的共同成果（commons）。歌德晚年曾中肯地说："我有什么要归功于我自己的呢？我只不过有一种能力和志愿，去看去听，去区分和选择，用自己的心智灌注生命于所见所闻，然后以适当的技巧把它再现出来，如此而已，我不应把我的作品，全归功于自己的智慧，还应归功于我以外向我提供素材的成千成万的事情和人物。……我要做的事，不过是伸手去收割旁人替我播种的庄稼而已。"[①] 第二，在法学上，可分为两方面。一方面，从权利取得上说，知识产权毋宁是一种思想上的掠夺。美国学者乌戈·马太和劳拉·纳德在《西方的掠夺》一书中指出："通过全球知识个人化，这些法律能够使版权、专利、商标等更为便利地被盗用和转移到愿意（且能够）为其支付更多的人手里。"他们举例说，在巴西的卡亚朴人那里，知识并非个人的财产，而是社群的公共资源；但西方"刺探"（fishing expeditions）者却将这些社群知识收集起来，据为己有，并从其中（例如音乐或医药）获得所谓版权或专利；在这种情况下，那些原来社群的人对其公共资源的正常使用，却由于未经这些"新的"知识产权人的许可，反被指为盗版或侵权。[②] 另一方面，就商标

---

① 〔德〕爱克曼辑录《歌德谈话录》之"1832年2月17日"，朱光潜译，人民文学出版社1978年版，第250~251页。

② 〔美〕乌戈·马太、劳拉·纳德：《西方的掠夺——当法治非法时》，苟海莹译，纪锋校，社会科学文献出版社2012年版，第99~100页。Ugo Mattei and Laura Nader, *Plunder When the Rule of Law is illegal.*

权的转让而言，则毋宁说是一种公然的欺骗。商标转让的本质，是"冒名"；但这一"冒名"与代理行为的"冒名"有着本质的不同。在代理关系中，代理人虽"冒名"被代理人而行动，但其代理效果仍由被"冒名"者直接承担，因此，第三方尚无受骗之虞（隐名代理除外）。在商标转让的关系中，"冒名"商品打着被"冒名"商品的招牌，而被"冒名"者却无须承担任何直接责任，即便质量有所保证，但作为消费者的第三方仍旧处于被欺骗的地位。第三，从伦理哲学上说，知识固然可以是一种力量，也具有特定的价值或利益，但若将其归为财产，则不啻是庸俗的，也违背知识的高尚本质。哲学家叔本华指斥说，这不啻是丧失人格，"为金钱和保留版权而写作，本质上是文学的堕落"[1]。哲学家阿伦特的批评则更为尖刻，针对那些谋求物欲和名誉等外在价值的文学家，她写道："正如妓女背叛性爱，文学家背叛了心智。"[2] 第四，从修辞学上说，虽不妨将作品比喻为作者的"孩子"（作品中也确实倾注入了作者的心血和爱），但这并不意味着作者因此就有权占有和支配它。作者的付出既然是出于他的生命冲动或人格，他就不应据此而指望回报性质的债权，也不应据此而取得占有性质的物权。就像鲁迅先生透辟地指出的，"食"与"性"不过是本能而已，"饮食的结果，养活了自己，对于自己没有恩；性交的结果，生出子女，对于子女当然也算不了恩"[3]。就像果实不是树木的财产、孩子不是父母的财产一样，作品也不是作者的财产。在道德论者看来，正如"物权性对人权"那种家庭关系是一种"陈腐"的关系一样，在"知识产权"概念下的那种人与其作品的财产关系，也是"庸俗"的。

7.2.2.2. 在道德论的抵抗中，还有一种区别说，即科技与文艺的区别。王国维在《文学小言》中就写道："昔司马迁推本汉武时学术之盛，以为利禄之途使然，余谓一切学问皆能以利禄劝，独哲学与文学不然。

---

[1]〔德〕叔本华：《叔本华论说文集》（第四卷 论文学艺术），范进、柯锦华、秦典华、孟庆时译，商务印书馆 1999 年版，第 309 页。

[2] 阿伦特：《导言——瓦尔特·本雅明：1892–1940》，载阿伦特编《启迪：本雅明文选》，张旭东、王斑译，生活·读书·新知三联书店 2014 年版，第 53 页。Hannah Arendt, *Illuminations*. （Walter Benjamin, 1892–1940）

[3] 鲁迅：《我们现在怎样做父亲》，载《鲁迅杂文集》（1），春风文艺出版社 1997 年版，第 111 页。

何则？科学之事业皆直接间接以厚生利用为旨，故未有与政治及社会上之兴味相剌谬者也。至一新世界观与一新人生观出，则往往与政治及社会上之兴味，不能相容。"① 这就是说，科技与文艺是不同的：前者事关"厚生利用"，故与"利禄"并不冲突；后者涉及"新的世界观""新的人生观"，故与"利禄"难以并处。将这一观点推至知识产权问题，即有如下区别：科技作品，是可以作为财产的；文艺作品，则不应被视为财产。艺术评论家勃纳德·贝伦森（Bernard Berenson）在比较东西方艺术时曾说："我们欧洲人的艺术有着一个致命的、向着科学发展的趋向。而且每幅杰作几乎都有着让人无法容忍的、为瓜分利益而斗争的战场印记。"② 在他眼中，科学，似乎比艺术更世俗一些；或者说，科学趋利，是可以原谅的，但艺术趋利，却是不可接受的。然在严格的道德论者看来，科技并非一种不同的知识。将科技归入利禄或视为商品，既背离知识的伦理，也违背科技的本性：财产的本质是占有和消费，而知识的本质则是共享和传播；商品的本性是交换和营利，但科技的本性则是真理和福祉。科技或学术，不应该迎合"政治及社会上之兴味"，它有其自身的价值取向和规律，即独立性、创造性、精神性、人格性。拉德布鲁赫曾讥讽道："文化接受了体育的各种形式……努力不再是为了成就，而是为了领先竞争对手。人们不再谦和与公正地追求美丽和真实，人们追求新的、令人感兴趣的和从未有过的东西。用布尔克哈德（Jakob Burckhard）的话说，'如今的精神瘟疫，即原创性爆发了'。……创造的动力，不再是工作和成就的快乐，而是名声。"③

在大学或科研机构中建立法人治理结构，其背后的核心宗旨，便是学术精神的独立和自由。用商业管理或体育比赛的办法激励或考核学术创新，是违背学术规律的。所谓"通过科研范式的转变强化全过程创新"，关键在人格，不在"我有"，而在"我是"，用弗洛姆的话说，就

---

① 王国维：《文学小言》，载郑振铎编《晚晴文选》，中国社会科学出版社 2002 年版，第362 页。

② 转引自辜鸿铭《中国人的精神》，载朱义禄主编《中国近现代人文名篇鉴赏辞典》，上海辞书出版社 2014 年版，第 166 页。

③ 〔德〕拉德布鲁赫：《社会主义文化论》，米健译，法律出版社 2006 年版，第 17 页。Gustav. Radbruch, Kulturlehre des Sozialismus, Die Kulturidee des Sozialismus, VERLAGE GMBH/BERLIN GRUNEWALD, S. 23.

是从"占有"到"存在"，即要求学者摆脱"物权"蒙蔽，而能"尽性"（"人格"），以达到物我合一的境界。

7.2.2.3. 然而，所有这些源自良知的道德抵抗，虽不可谓不激烈，但在工业文明的浩荡洪流中，在机器流水线上无休无止的嘈杂中，在复制技术简单重复的节拍中，最终还是被掩盖或被裹挟着倾泻流失了。人们终于看到：科技成果，被摆上了专利权的货架；文艺作品，也有了著作权的摊位；商号和商标——本是商家和商品的名誉或德性的标识（即人格）——也以各自的方式，成为市场上的奇货。——源自道德论上的抵抗，就像一首无效的"诅咒"。正如威廉·布莱克的诗云："人生的经历，价值几何？唱一首曼妙的小曲，它可值得？人生的智慧，价值几何？跳一曲轻灵的街舞，它可值得？不，绝不值得！那可是人一生之代价，包括他的妻与儿。出售智慧的地方，是没有买者的凄凉鬼市；出售智慧的地方，是没有收成的遍地枯黄。"①

（三）逻辑论的辨析

7.2.3.1. 如果说，道德论的抵抗，是伦理法学上的诅咒，那么逻辑论的抵抗，则是概念法学上的辨析。道德论认为，知识不是财产，而是人格。逻辑论则认为，知识不是一种物质，而是一种精神、思想。（1）物质是消耗性的、可磨损且不可持续；精神，则是永不磨灭的。（2）物质是惰性的，性喜稳定和封闭；思想，则是灵动的，性喜交流和传递，即它在传播和流动中汲取新的激情，并在分享和共享中获得新的生命。

在逻辑论者看来，知识不是物质，作品也不是实体。譬如我是这幅版画作品的作者，我当然可以持有或独占它的物质实体（包括雕版及其印刷品），我也可以将其转让，使别人持有或独占它，但我们不能也不应独霸这幅画的本身，因为这幅画的本身，是一个独立的灵魂、一种人格的精神、一种智慧的成果，是一种思想性资源：其载体，虽为物质实体，但其灵魂，却是由线条、色块、明暗以及它们之间的神秘关系所构成的。即便我卖掉了作品的载体，也不意味着作品的本身成了商品，因为，作

---

① 　William Blake, The Four Zoas: Song of Enion［The price of experience］，见王佐良主编，金立群注释《英国诗选》（注释本），上海译文出版社 1993 年版，第 269 页。

品本身的存在，不是物质实体，而是一种有价值的精神性存在。

7.2.3.2. 将作品视为物，即作品的这种物化观念，在法学上，主要有两种表现：一是物质转换观；二是物质分裂观。先说物质转换观。在罗马法关于加工、添附和混合的规定中，我们就看到了这种物质转换观。在查士丁尼《法学阶梯》中，其 I.2，1，25 条规定：对于加工物，"如果该物件能够被还原成材料"，那么材料的前所有人应被认定为该加工物的所有人；但"如果不能被还原"，那么制作人就应被认定为该加工物的所有人。可见，在这种情况下，加工，似乎不是一个精神参与其中的劳动过程，而是一个此物与彼物转换的过程。对一件铜器而言，凝结在其中的打造的技艺是不被考虑的，重要的是铜器能够还原为铜材，而对于一件陶器，表面来看，烧制中的劳动似乎得到了应有的尊重，但其背后的实质仍旧是物化方面的理由，即陶器就算碾成陶渣，它也无法还原为陶土。——很明显，确定作品所有权人的这一法律逻辑，纯粹是一种物化思维，其中的人的精神性因素，完全被忽略了。其 I.2，1，26 条规定：对于添附，如果某人以他人的紫丝织就了自己的衣服，即便紫丝更加珍贵，但由于它是添附物，所以，紫丝终究应当归于衣服。在这种情形下，添附之物丧失了自己，融入了本物；正如古典法学家的作品在被编纂于查士丁尼法典时，便融入了后者。其 I.2，1，27 条对混合物规定："经混合形成的物的整体，由双方共有。"① 在这里，不同的物质在混合中丧失自己，变成了新物。可见，在罗马法中，确定一个作品的归属，最重要的问题，不是凝结在其中的劳动，而是作为材料的物与作为作品的物之间的关系，即可以还原还是不可还原？是附属物还是主物？在这种物质转换观看来，所谓作品，只是一个新物，仅此而已。然而，以我们今天的观点来看，一件作品的诞生，绝不那么简单。这种物质转换观的最大错误在于：创作中的劳动特别是精神参与，完全被忽视或掩盖了。德国法学家耶林说："在一个经济尚未发展的时代，或许会偏重对作品中材料（Stoff）因素的保障，但在一个工商业日益繁荣的时代，这样的观点就不再正确了……劳动（Arbeit）在发展自身的同时，劳动的

---

① 〔罗马〕查士丁尼：《法学总论——法学阶梯》，张企泰译，商务印书馆 1989 年版，第 52～53 页。另见徐国栋《优士丁尼〈法学阶梯〉评注》，北京大学出版社 2011 年版，第 181-183 页。

法权（das Recht der Arbeit）也同样地发展起来。"① 而恩格斯则更加透辟地指出了其中的精神要素，他说："劳动包括资本，并且除资本之外还包括经济学家没有想到的第三要素，我指的是简单劳动这一肉体要素以外的发明和思想这一精神要素。"②

至于物质分裂观，则早已充斥于现代知识产权法的各个角落。例如我国《著作权法》第 18 条规定："美术等作品原件所有权的转移，不视为作品著作权的转移。" 显然，这里出现了两个物：一个是载体物，另一个是作品物。作为载体的物，不用解释，即原件。但作为作品的另一个物又是什么物呢？这就要提到罗马法上的一个概念——无体物。无体物原是指权利，后被扩展形成了无形财产的概念，即——精神性的东西也可以是一种物、一种财产。可见，在物质分裂观看来，一件作品的诞生，不是一个物变成了另一个物，而是一个物变成了两个物。就算我卖掉了我的版画的载体或躯壳，但版画的灵魂——即作品本身——仍牢牢地攥在我的手里。以此来看，分裂观似乎比转换观往前迈进了一步，至少，它看到了创作中确实有另外一种更为重要的东西存在，然而，其根本的逻辑错误仍在于，创作中原本属于精神性的东西，却被物化了。

7.2.3.3. 从知识的逻辑属性来说，一幅作品的诞生，绝不是一个物变成了另一个物，也不是一个物变成了两个物，而是诞生了一个精神，一个新的生命。无论是一首诗、一幅画、一项发明，还是一个声誉，都是如此。一件作品的诞生，就像降生了一位"神灵"，飘忽不定，但却实实在在，即便躯体毁灭，灵魂却永生。就像安德鲁·马韦尔的诗所云："把肉体的外衣剥下，投到一旁，我的灵魂滑翔到果树枝上，像一只鸟在那里高唱……"③ 知识，不是作为修辞学"通感"（Corresponde-re, synästhesia）的一个"无体物"，而是独立于物外的精神本身。

7.2.3.4. 如果说，道德论的抵抗，是伦理法学上的无效诅咒，那么逻辑论的抵抗，则是概念法学上的逻辑空转。在法诗学看来，知识产权，

---

① Rudolf von Jhering, *Geist des römischen Rechts auf den verschiedenen Stufen seiner Entwicklung*, Bd.：3, 1. Leipzig 1871. S313.

② 〔德〕恩格斯：《国民经济学批判大纲》，载《马克思恩格斯文集》（第 1 卷），人民出版社 2009 年版，第 67 页。

③ 〔英〕马韦尔：《花园》，杨周翰译，载王佐良主编《英国诗选》，上海译文出版社 2011 年版，第 118 页。Andrew Marvell, The Garden.

绝不是概念法学上的逻辑结论，而是政治经济学上的诗性建构，是可能的"真"＋美好的"像"，用诗人麦克迪尔米德的话说就是——"列宁的远见加上诗人的天才"①。然而，我们正在面对着的，却是完全不同的另一种经济革命，即数字和虚拟经济的革命。

（四）知识产权发展的"三级跳"

7.2.4.1. 既然如此，人们不禁要问：那为何还要接受这一"异化"呢？隐藏在其背后的历史根源究竟是什么呢？它又是如何发生的呢？英国法官威尔斯在"米勒诉泰勒案"（Millar v. Taylor, 1769 年）中指出："对于任何国家而言，鼓励创作、鼓励学者努力从事研究活动都是明智之举。为达到此目的，最简单最平等的办法莫过于保障他们对其作品所拥有的财产权。"② 澳大利亚法学家德霍斯在研究了英国知识产权制度的早期发展后回答说："这与机遇、历史以及英国法律制度的内部机制有关，而并非逻辑运用所产生的结果。"③ 不错，知识产权，绝不是概念法学上的逻辑演绎，而是政治经济学上的诗性创造。

7.2.4.2. 我们知道，罗马法对现代法的影响可谓深矣，不仅深入术语、规范和体系——这样的"腠理血脉肠胃"之间，还深入思维方式——这一"骨髓"之内。在罗马法拟制中蕴含着法的一种独特的思维形式——拟制思维。拟制思维是一种躐等性的诗性的思维，是凭借意志来创造的思维，是"借用"熟悉的东西比拟性地应对陌生的东西的思维，是某种非逻辑地"纳入"或"视为"的思维。例如，在市民籍拟制（fictio civitatis）中将异邦人"视为"罗马市民的思维；在自家人拟制（fictio suitatis）中将已经脱离父权的子女、被收养的子女或后生子"视为"自家继承人的思维；在拟制买卖中将赠与、抵押品的处理、设定嫁资、婚姻、收养、解放妻儿和遗嘱等统统"纳入"要式买卖（mancipa-

---

① 〔英〕休·麦克迪尔米德：《二颂列宁（选段）》，王佐良译，载王佐良主编《英国诗选》，上海译文出版社 2011 年版，第 576 页。Hugh MacDiarmid, Second Hymn To Lenin.

② 转引自〔澳〕彼德·德霍斯《知识财产法哲学》，周林译，商务印书馆 2008 年版，第 35 页。Peter Drahos, A Philosophy of Intellectual Property.

③ 〔澳〕彼德·德霍斯：《知识财产法哲学》，周林译，商务印书馆 2008 年版，第 30～31 页。

tio）的思维。① 以拟制买卖婚姻（coemptio）为例来说，罗马人能诗意地在"铜块和秤"②的清脆声响中结婚——买得新娘子……

在现代知识产权制度的建构和发展过程中，罗马法所启迪的这种拟制思维发挥了非常重要的作用。罗马法拟制创造了"无体物"这一概念，知识产权法拟制则发挥出了"无形财产"制度③；罗马法拟制发明了"拟制买卖"这种"扩用"方式，知识产权法拟制则发挥出了"与贸易相关的知识产权保护机制"。从思维上说，现代知识产权制度通过对传统法的财产概念、私权以及国际贸易制度的"借用"，为自己披上了舒适而坚韧的概念和制度的铠甲，从而获得了成熟而有力的法律保障。

7. 2. 4. 3. 在历史上，知识或智力成果，并非一开始就像财产一样被当作法律权利的客体。古希腊人曾把知识看作一种美德，其价值主要在道德方面；培根曾把知识当作一种力量、一种权力，其价值主要在政治方面；古代中国人把知识看作一种智慧和能力，其价值主要在于是修身、齐家、治国、平天下的媒介。"知识财产何以被称作权利动产呢？"德霍斯自问自答道，"这与机遇、历史以及英国法律制度的内部机制有关，而并非逻辑运用所产生的结果。"④ 这意味着，在传统的法学概念体系和法律构架内，仅仅依靠形式逻辑思维，是不可能推导出知识产权这样的概念和制度的。

7. 2. 4. 4. 法律体系的建构以及体系内的自洽，无疑是需要形式逻辑的，这主要是概念法学的领域，但法律的创制及其对社会的适应，则还

---

① 按：要式买卖"mancipatio"一词，在光明日报出版社 1988 年版的《牛津法律大辞典》和法律出版社 2003 年版的《牛津法律大辞典》中，均译为"拟制买卖"。古罗马《十二铜表法》第六表［获得物、占有权法］第一条规定："如有人缔结抵押自身或转让物件的契约，［而有五个证人及一个司秤人在场］，那么当时所作的诺言不得违反。"参见由嵘等编《外国法制史参考资料汇编》，北京大学出版社 2004 年版，第 129 页。另可参见黄风编著《罗马法词典》，法律出版社 2002 年版。

② 按：要式买卖（mancipatio），又叫"铜衡买卖"，交易时由司秤执秤，买者一手持买卖标的物，一手持铜块说："按罗马法律，此物为我所有，我以此铜块和秤买得之"，然后，以铜块击秤，将铜块交与卖者，交易完成。"铜块和秤"的击声效果，早期是为了检验铜块的成色，后来有了官验铜块和货币，"铜块和秤"就成了象征形式。

③ 德霍斯说："知识财产法中的抽象物是以一种法律上便宜的虚拟形式出现的。"见〔澳〕彼德·德霍斯《知识财产法哲学》，周林译，商务印书馆 2008 年版，第 14 页。

④ 见〔澳〕彼德·德霍斯《知识财产法哲学》，周林译，商务印书馆 2008 年版，第 30~31 页。

需要诗性逻辑，而在这一方面，就不仅是概念法学的领域了，还是目的法学、现实主义法学或法社会学的领域。① 从内部看，知识产权法体系的建构和运行，固然是不能离开概念法学的方法的；从外部看，知识产权概念的形成和制度的创建，则主要是目的法学、现实主义法学或法社会学的功劳。比如建造一所房子，在建造的时候建设者是自由的，一旦建成住进屋内，建设者就失去了自由，若要改建或修补，就须走出屋外。形式逻辑擅长于屋内的"生活"，这是系统构架内的运作或演算。诗性逻辑擅长于屋外的"建设"，这是系统构架外的建造或修补。知识产权制度的建构无疑是这种双重任务要求的过程，其背后最大的社会学动力和逻辑学理念始终是，如何在既有的制度框架内，使框架外的知识或智力成果也能得到最强有力的保护。

7.2.4.5. 从思维经济上说，最简便的办法，是将专利权、商标权、著作权等知识产权，"纳入"既存的私权概念，特别是财产权中来加以保护。例如，1878 年签署《保护工业产权巴黎公约》的国际会议中就有观点认为："发明人和产业上的创造人，应视其作品的权利就是财产权。"② 这一"纳入"，非常重要，套用欧依间·德在尔的说法，知识产权法在既有法律概念的土地上，迅速而笔直地建立起来一个知识的世界。③

这就是说，在各国宪法或私法上的财产权概念中，原本并不包括知识产权，只是后来才将知识产权"纳入"其中。

7.2.4.6. 在英国，这种"纳入"，仅从其立法文件的名称中就能够清楚地看到。例如 1735 年的《雕工财产权法》、1787 年的《印花工财产权法》、1833 年的《戏剧财产权法》以及 1839 年的《外观设计登记法》等，在这些有关"智力成果"的法律文件的名称中，均有"Property"（财产或财产权）和"Proprietors"（所有权）这样的用语。在 1977 年英

---

① 美国学者施瓦茨说："法律学中的现实主义，是艺术家常用的含义，而不是哲学上的意义。……法理学上的现实主义法学派坚持法律发展中的非理性、非逻辑的特点，把它们强调到了至高无上的地位。"见〔美〕伯纳德·施瓦茨《美国法律史》，王军等译，法律出版社 2007 年版，第 228 页。

② 转引自〔日〕吉藤幸朔《专利法概论》，宋永林译，专利文献出版社 1990 年版，第 11 页。

③ 欧依间·德在尔说，专利法"在古代文化的土地上，以飞快的速度笔直地建立起来一个技术的世界"。转引自〔日〕吉藤幸朔《专利法概论》，宋永林译，专利文献出版社 1990 年版，第 20~21 页。

国《专利法》第 30 条中则明确规定，"任何专利或专利申请案（除了属于某种诉讼中的物权之外）均属于动产"，"均可以（按有关动产的规定）转让、设质"。1988 年英国《版权法》第 90 条也规定："版权应当如同动产一样，依照遗嘱或依照法律进行转让。"①

7.2.4.7. 这一"纳入"思维，在美国的判例中也可以清晰地看到。1978 年美国联邦第六巡回上诉法院在 *Panduit Corp. v. Stahlin Bros. Fibre Works, Inc.* 一案中说："由专利法所保护的排除他人自由使用某人的发明的权利，与排除他人自由使用某人的汽车、庄稼或其他个人财产的权利，没有什么不同。"② 1984 年美国联邦法院在 *William D. Ruckelshaus, Administrator, United Stated Environmental Protection Agency v. Monsanto Company* 一案中甚至提出政府强行要求公司公开其商业秘密的行为是否属于对"私人财产的征用"（Taking of private property）这样的问题。美国宪法第五修正案规定："无论何人……不经正当法律程序，不得被剥夺生命、自由或财产。不给予公平赔偿，私有财产不得充作公用。"因此，出于健康环境等公共利益方面的考虑，在根据《联邦灭虫剂、灭真菌剂和灭鼠剂法》（The Federal Insecticide, Fungicide, and Rodenticide Act）要求相关产品公开药剂成分时，就构成对"私人财产的征用"。③

7.2.4.8. 这一"纳入"在德国虽然要复杂一些，但其基本脉络仍然是可以触摸的。1900 年的《德国民法典》第 90 条规定："本法所称的物为有体物。"若仅从这一规定来看，知识财产是断然无法被"纳入"物或民法物权保护的范围的。1919 年《魏玛宪法》第 158 条规定："智识上之工作，著作权，发明权，美术权，同享受国家之扶持扶助。"这一规定将知识产权看作需要由国家提供"扶持扶助"的积极权利，它与该法第 153 条对"所有权"这样的消极权利的保障模式显然不同。然而，这并不意味着知识财产就不能被"纳入"1949 年的《德国基本法》第 14 条所规定的"财产"范围内。该条第 1 款规定："财产和继承权受到保护。它们的内容和范围由法律决定。"这就为"纳入"开辟了道路。1971 年德国宪法法院判决的"音乐教学书籍案"就是这种"纳入"的一

---

① 参见郑成思《知识产权论》（第三版），法律出版社 2007 年版，第 25 页。

② Panduit Corp. v. Stahlin Bros. Fibre Works, Inc., 575F. 2d 1152（6ᵗʰ Cir. 1978）.

③ Ruckelshaus v. Monsanto Co., 467U. S. 986（1984）.

个典型例证。几位音乐家认为 1965 年修正的德国《联邦版权法》相关条款侵犯了《德国基本法》第 14 条授予他们的财产权。宪法法院的判决认为：根据财产保障，只要作者的权利并未超越公共利益的限度，作者就有权对其作品的经济价值索求补偿。① 在这里，版权保护被"纳入"基本法第 14 条的"财产保障"。

7. 2. 4. 9. 这一非逻辑的"纳入"或"视为"，就像罗马《关于作假的科尔内利法》（*lex Cornelia de Falsariis*）"扩用"适用的思路一样：原本主要适用于伪造遗嘱和贩卖假币等行为，后来也将假冒商标"纳入"其中。② 或者就像《泊梭拉尼亚法》（*lex Pesolania*）"扩用"适用的思路一样：由四腿的动物所致的损害（如马踢牛触等）而可提出的牲畜损害之诉（actio de pauperie）原本是不包括狗所致的损害的——从《亚奎里法》（*lex Aquilia*）的牲畜概念来看，牲畜主要包括马、骡、驴、牛、羊等，甚至包括猪（因为荷马《奥德塞》中提到猪也是可以放牧的），但明确不包括狗和野兽——然而，《泊梭拉尼亚法》则将狗所致的损害也"纳入"其中。后来，鸡鸭等两腿动物所致的损害竟也被"纳入"了牲畜损害之诉的范围，尽管前面加了一个"准"（Quasi）字。③ 这不禁令人想起《动物农场》里政治家雪球的名言："四条腿好，两条腿坏。"至于鸟类也可纳入四条腿范围，雪球解释说，"鸟类的翅膀是推进器，而不是操纵器，因此应该看作是腿"④。这种"纳入"或"视为"，显然不是逻辑的而是诗性的，不是概念法学的而是目的法学、现实主义法学或法社会学的。

7. 2. 4. 10. 美国建国之父杰斐逊在《致艾萨克·麦克弗森》的一封信中说："对于发明的独占权利并不是基于自然权利而是由于对社会有利而授予的。"⑤ 知识产权与自然权利最大的区别在于：前者是法律赋予

① 参见张千帆《宪法学导论：原理与应用》，法律出版社 2004 年版，第 594 页。
② 参见徐国栋《罗马私法要论——文本与分析》，科学出版社 2007 年版，第 157 页。
③ 参见〔罗马〕查士丁尼《法学总论——法学阶梯》第四卷第三篇《亚奎里法》（lex Aquilia）以及第四卷第九篇《四脚动物造成的损害》，张企泰译，商务印书馆 1989 年版，第 197、223 页。另参见周枏《罗马法原论》，商务印书馆 1989 年版，第 797、809 页。
④ 见〔英〕奥威尔《动物农场》，傅惟慈译，北京十月文艺出版社 2005 年版，第 27 页。
⑤ 见〔美〕彼得森注释编辑《杰斐逊集》，刘祚昌、邓红风译，生活·读书·新知三联书店 1993 年版，第 1509 页。

的，而后者是自然赋予的；前者是手段性的，而后者是目的本身。在美国 1787 年《宪法》第 1 条第 8 款第 8 项（版权与专利条款）中我们看到这样的规定：国会有权"对于著作家及发明家保证其作品及发明物于限定期限内之专有权利，以奖励科学与实用的技艺的进步"。在英国有关知识产权立法文件的名称中，我们经常看到这样的表述模式，如"An Act for Encouraging……"或"A Bill for the better Encouragement……"（《鼓励……的法》或《为更好地鼓励……的法》），例如 1690 年的《鼓励从玉米中蒸馏白兰地和酒精法》、1798 年《鼓励制作新模型和胸像以及其他物品法》、1893 年《鼓励式样和发明法案》等等。在新修正的《中华人民共和国专利法》（2009 年 10 月 1 日施行）第 1 条［立法目的］中我们看到这样的规定："为了保护专利权人的合法权益，鼓励发明创造，推动发明创造的应用，提高创新能力，促进科学技术进步和经济社会发展，制定本法。"可见，知识产权制度正是在"对社会有利"的强劲驱动下，无可阻挡地迅速建立起来的。

7. 2. 4. 11. 值得注意的是，虽然知识被纳入财产的范围，但知识产权并未被简单地"纳入"财产权的范围，而是被"纳入"财产权和人身权两个范围。例如，2006 年的《俄罗斯联邦民法典（第四部分）》第 1226 条规定："承认对智力活动成果和与之相当的个别化手段（智力活动成果和个别化手段）的智力权利，智力权利包括作为财产权的专属权，而在本法典规定的情况下，还包括人身非财产权和其他权利（追续权、形象直接利用权）。"[①] 该法第 1255 条、第 1303 条、第 1333 条、第 1345 条、第 1408 条，第 1448 条，均分别规定了著作权、邻接权、数据库权、专利权、育种成果权以及集成电路布局设计权中的财产权利和身份权利。[②] 以著作权为例来说，一方面是财产权，如复制权、演绎权、传播权等；另一方面又是人身权，如发表权、署名权、修改权、保护作品完整权。

7. 2. 4. 12. 同样值得注意的是，发表权一方面与署名权、修改权、保护作品完整权一道同属于人身权利；另一方面却又与复制权、发行权、

---

① 《俄罗斯联邦民法典》（全译本），黄道秀译，北京大学出版社 2007 年版，第 427~428 页。

② 然而，在同属智力成果权的生产秘密权和商标权中，却未见身份性权利的规定。

出租权、展览权、表演权、放映权、广播权、信息网络传播权、摄制权、改编权、翻译权、汇编权等一道属于受限制的财产权利。① 《中华人民共和国著作权法》（2001 年修正）第 20 条和第 21 条规定：作者的署名权、修改权、保护作品完整权的保护期限不受限制。对于作品的发表权，公民作者的保护期为作者终生及死后五十年，法人或其他组织作者的保护期为作品首次发表后五十年。

　　7. 2. 4. 13. 李贽《答焦漪园》言："第一机即是第二机，月泉和尚以婢为夫人也；第一机不是第二机，豁渠和尚以为真有第二月在天上也。"② 当我们将知识"纳入"财产范围的时候，这是一种"月泉和尚以婢为夫人"的诗性智慧；当我们从知识产权分出一部分"纳入"人身权的时候，则是一种"豁渠和尚以为真有第二月在天上"的诗性智慧。当我们将专利、商标、版权、外观设计、植物新品种、商业秘密等"归入"知识财产权的麾下"统一行动"的时候，这是一种"月泉和尚以婢为夫人"的诗性智慧；当我们将专利、商标、版权、外观设计、植物新品种、商业秘密等"分立"为不同的单元"各自为政"的时候，则是一种"豁渠和尚以为真有第二月在天上"的诗性智慧。当美国人在专利法和版权法上均规定了作者权的时候，这是一种"月泉和尚以婢为夫人"的诗性智慧；当其在专利法上将作者权限定给专利的实际作者，而与此同时却在版权法上保护雇主的作者权的时候，则是一种"豁渠和尚以为真有第二月在天上"的诗性智慧。③ 可见，拟制思维与诗性思维一样，不是从概念出发，而是从目的出发；不是要使过程服从于逻辑前提，而是使其服从于社会效果；不是从固有的法律框架去推导，而是按现实的社会要求去创造。

　　7. 2. 4. 14. 在这种"纳入"——拟制思维的作用下，知识产权法自然成为一个"杂货店"式的法律部门。难怪梅因（在另一场合）不无愤慨地指出："法律拟制是匀称分类的最大障碍。"④ 对于这种逻辑上的混

---

① 参见《中华人民共和国著作权法》（2001 年修正）第 10 条之规定。

② 见张凡编注《李贽散文选注》，北京师范学院出版社 1991 年版，第 15 页。

③ See Robert A. Gorman, Jone C. Ginsburg, *Copyright for the Nineties*, Fourth Edition, The Michie Company, Law Publishers, Charlottesville, Virginia, 1993, p. 246-247.

④ 见〔英〕梅因《古代法》，沈景一译，商务印书馆 1959 年版，第 16 页。

乱结果，拟制思维当然是难辞其咎的，但更为根本的，应归罪于目的法学、现实主义法学或法社会学方面的原因。概念法学固然是不会犯这种逻辑错误的，但它短于创造，对于知识产权法要完成"在古代文化的土地上，以飞快的速度笔直地建立起来一个技术的世界"① 这样的历史任务来讲，它显然是无能为力的。

蒙克斯韦尔（Monkswell）评论 1710 年《安娜女王法》说："自从第一部关于著作权的制定法于安娜女王时期通过以来，著作权法看起来就好像成了某个凶魔恶鬼的猎物，而且我们发现，当前的《著作权法》是由 18 个议会法律所组成，还有另一些含义不明的普通法原则……〔该法律处于〕光荣的混乱之中。"② 这种"杂货店"特征，虽然在早期表现得更为突出一些，但在现代知识产权制度中，仍然没有实质性改变。达拉斯（Darras）嘲笑早期的知识产权法说："如果我们为文学财产制定一部法律，就没有任何理由不应当为每一种财产都制定一部特别的法律，所以，我向你们提议制定一部针对以下各种财产的法律：在帽子上的财产、在桃子上的财产、在桃酒上的财产、在属于 M. 安吉斯的绿帽子上的财产。"③ 然而，达拉斯所嘲笑的这种混乱，我们在现代知识产权法以及有关知识产权的国际公约中仍然可以普遍看到。

例如，《建立世界知识产权组织公约》（1979 年修正）第 2 条："'知识产权'包括有关下列项目的权利：

——文学、艺术和科学作品，

——表演艺术家的表演以及唱片和广播节目，

——人类一切活动领域内的发明，

——科学发现，

——工业品外观设计，

——商标、服务标志以及商业名称和标志，

——制止不正当竞争，

---

① 转引自〔日〕吉藤幸朔《专利法概论》，宋永林译，专利文献出版社 1990 年版，第 20~21 页。

② 转引自〔澳〕布拉德·谢尔曼、〔英〕莱昂内尔·本特利《现代知识产权法的演进：1760—1911 英国的历程》，金海军译，北京大学出版社 2006 年版，第 245 页注〔4〕。

③ 转引自〔澳〕布拉德·谢尔曼、〔英〕莱昂内尔·本特利《现代知识产权法的演进：1760—1911 英国的历程》，金海军译，北京大学出版社 2006 年版，第 89 页。

以及在工业、科学、文学或艺术领域内由于智力活动而产生的一切其他权利。"

再如，2008 年 1 月 1 日生效的《俄罗斯联邦民法典（第四部分）》第 1225 条规定，知识产权包括："（1）科学、文学和艺术作品；（2）电子计算机程序；（3）数据库；（4）演出；（5）音像制品；（6）无线和有线的广播、电视节目；（7）发明；（8）实用新型；（9）外观设计；（10）育种成果；（11）集成电路布局设计；（12）生产秘密（know-how）；（13）商业名称；（14）商标和服务标志；（15）商品产地名称；（16）商业表识。"①

在上述"杂货店"式的陈列中，我们看到，各种各样的"智力成果"琳琅满目，一些似乎被信手"摆上"了知识财产的"货架"，而另一些又似乎被随手"撤下"。企图从"杂货店的货架"上找出逻辑分类的标准，显然是困难的。就像吉卜赛人的音乐一样，往往使极不相同的变化紧挨在一起。这种肆意地变奏、交叉和组合，这种"空中翻跟头"似的绝技，对于那些谨守音乐规矩的人来说，显然是"非逻辑"的，然而，它却是精神上"诗意"的显现。② 对于知识产权法而言，这种"杂货店"似的陈列方式在逻辑上或许是无奈的——它是由目的法学、现实主义法学或法社会学方面的原因所决定的——然而，从其纵横恣肆③、颠倒崛奇④的思维特征看，却仿佛是庄子的文、韩愈的诗。

7.2.4.15. 将知识"纳入"财产，进而将知识产权"纳入"私权，这就为将国际知识产权保护"纳入"世界贸易保护机制，开辟了道路。在这后一"纳入"中，美国是最积极的力量，也是最典型的代表。

---

① 《俄罗斯联邦民法典》（全译本），黄道秀译，北京大学出版社 2007 年版，第 427 页。

② 参见〔匈〕弗朗茨·李斯特《李斯特音乐文选》之《匈牙利的吉卜赛人及其音乐》，俞人豪译，人民音乐出版社 1996 年版，第 150 页。

③ 《历代文选》评庄子文云："汪洋恣肆，不可捉摸，纵横排宕，光怪陆离，雄伟奇丽。"见中国人民大学语文系文学史教研室冯其庸等选注《历代文选》之前言，中国青年出版社 1963 年版。

④ 张戒《岁寒堂诗话》赞韩愈诗云："大抵才气有余，故能擒能纵，颠倒崛奇，无施不可。放之则如长江大河，澜翻汹涌，滚滚不穷；收之则藏形匿影，乍出乍没，姿态横生，变怪百出。"见丁福保辑《历代诗话续编》（上），中华书局 2006 年版，第458 页。

　　将商标、专利等工业产权"纳入"贸易领域,这是容易理解的①,但将版权等文学艺术也纳入"贸易",就有些费解了。文学艺术作品通常被认为是个文化问题而不是商业或贸易问题。然而,利益面前是无所谓逻辑的。在 1994 年以前相当长的一段时期内,美国一直致力于将知识产权保护"纳入"关贸总协定(GATT)的贸易保护框架。作为世界上最大的知识产权国家,美国认为在知识产权的国际保护中仅仅通过知识产权方面的措施,比如版权报复措施等,是很难奏效的。有些国家虽很愿意与美国建立贸易保护方面的法律关系,却并不热衷与其建立知识产权保护方面的法律关系。因此,在用"知识产权措施"保护"知识产权"难以奏效的情况下,美国就转向用"贸易措施"(trade-based measures)保护"知识产权",比如关税待遇、进口限制等措施。尽管这些措施可能与知识产权问题没有任何逻辑关联,但在这里,优先考虑的显然是效果而不是逻辑。在美国 1984 年的《贸易与关税法》和 1988 年的《综合贸易与竞争法》的贸易措施中均已明确包括了知识产权保护的内容。② 在 1992 年《中国政府与美国政府关于保护知识产权的谅解备忘录》中,更是直截了当地将中美知识产权保护问题置于"双边贸易关系协定的合作精神"之下。③

---

①　按:贸易条款问题是由美国 1787 年《宪法》第 1 条第 8 款第 3 项规定的:国会有权"管理同外国的、各州之间的和同各印第安部落的贸易"。版权和专利问题是由美国 1787 年《宪法》第 1 条第 8 款第 8 项规定的:国会有权"对于著作家及发明家保证其作品及发明物于限定期限内之专有权利,以奖励科学与实用的技艺的进步"。显然,知识产权与贸易各行其道,互不隶属。美国制定第一部《商标法》(1870 年)所依据的就是《宪法》第 1 条第 8 款第 8 项(版权和专利条款),而不是第 3 项(贸易条款)。虽然联邦最高法院在 1879 年的判决中以商标不属于"版权和专利"为由宣布该法违宪,但商标并未因此就被纳入贸易之中。然而,从 1914 年的《克莱顿法》(Clayton)第 3 条的规定来看,"专利"已经受到贸易上反垄断法的控制。而 1947 年美国《商标法》和《反不正当竞争法》则明确依据《美国宪法》第 1 条第 8 款第 3 项(贸易条款)制定;1970 年的《植物新品种保护法》以及 1984 年的《半导体芯片保护法》的制定也都与宪法"贸易条款"有关。

②　See *Trade Act of 1974*, as amended in 1984, 19 U. S. C. § 2411, and *the Omnibus Trade and Competitiveness Act of 1988*.

③　1992 年 1 月 17 日签订的《中国政府与美国政府关于保护知识产权的谅解备忘录》第 7 条约定:"(美国)将于本谅解备忘录签字之日终止根据美国贸易法特殊 301 条款发起的调查并取消把中国指定为重点国家。"按:所谓"重点国家"是指不对美国知识产权进行充分有效保护的最严重的国家。

1994 年以前的 GATT 还仅涉及一般货物的贸易，知识产权尚未被"纳入"其中。但在美国等知识产权大国的不懈努力和积极推动下，特别是通过 1986 年 7 月至 1993 年 12 月的 GATT"乌拉圭回合"谈判，知识产权保护终于在"世贸组织"（WTO）框架内被"纳入"贸易保护的范围。1994 年《与贸易有关的知识产权协定》，一方面将自己"纳入"世界贸易组织协定；另一方面将知识产权"纳入"私权的范围。这样，国际知识产权争端的解决也就顺理成章地"纳入"1994 年 GATT 第 XXII 条和第 XXIII 条"关于争端解决规则和程序的谅解"，即国际贸易争端解决机制。[1]

将知识产权保护"纳入"国际贸易保护框架无疑会给美国带来巨大的利益，这不仅意味着所有 GATT 成员对知识产权保护的承诺，而且意味着国际知识产权争端将可以通过国际贸易争端机制加以解决。[2] 这一"纳入"显然是美国政府的一首"现实主义诗篇"。国际贸易争端解决机制其实不过是《美国贸易法》301 条款所确立的贸易制裁机制的翻版。"乌拉圭回合"的这一"纳入"，从国际化角度来看，使国际知识产权保护"纳入"了世界贸易保护机制；从国内化角度看，又使国际知识产权保护"纳入"《美国贸易法》301 条款所确立的贸易制裁机制。[3] 然而，无论如何，稚嫩的国际知识产权保护最终得到了国际贸易机制的"老练"保障。——这样看来，以知识产权为核心的"知识经济"是一种全新的政治经济。

美国所推动的这一"纳入"，再一次令人联想起罗马法上的拟制。在拟诉弃权（Cessio in Jure）[4] 中，即在"诉讼"——实际上是"交易"

---

[1] 参见 1994 年《与贸易有关的知识产权协定》之前言及第五部分。

[2] See Robert A. Gorman, Jone C. Ginsburg, *Copyright for the Nineties*, Fourth Edition, The Michie Company, Law Publishers, Charlottesville, Virginia, 1993, pp. 900-901.

[3] 参见 1994 年美国《乌拉圭回合协定法》（*Uruguay Round Agreements Act*）。

[4] 拟诉弃权（Cessio in Jure）是指"转让市民法所有权的行为，既适用于要式物又适用于略式物。表现为转让人和受让人向执法官出庭，受让人宣称被转让物是他的，转让人（即物的原所有人）则以沉默的方式表示放弃权利，这种虚拟的诉讼在法律审阶段结束。"见〔英〕戴维·M. 沃克《牛津法律大辞典》之"拟诉弃权"（Cessio in Jure）词条，邓正来等译，光明日报出版社 1988 年版，第 145~146 页；参见〔英〕戴维·M. 沃克《牛津法律大辞典》之"拟诉转让财产"（Cessio in Jure）词条，李双元等译，法律出版社 2003 年版，第 182 页。

的过程中，买卖双方假称对标的物的所有权发生争执，携带标的物到法官面前，原告（买者）以手触物曰"依罗马法律，此物为我所有"，被告（卖者）承认原告的主张，于是法官判决该物归原告（买者）所有，交易完成。① 在这里，交易双方通过一个拟制的诉讼来进行买卖，通过对既有的诉讼形式的"借用"，使原本烦琐或脆弱的买卖，得到诉讼这一形式的相对简便却坚强有力的保障。

一个是"拟诉弃权"，一个是"拟贸易保障"，其思维方式何其相似乃尔！

7.2.4.16. 在美国旧专利局正门的石头上刻着一句话："专利制度为天才之火加上利益之油。"（The patent system added the fuel of interest to the fire of genius.）在知识产权制度的发展中，利益是优先于逻辑的。从思维上说，把知识"按"一种财产"对待"，把知识产权"按"一种私权"对待"，把国际知识产权保护"按"国际贸易保护"对待"，显然不是逻辑思维的结果，而是拟制思维的结果。正是在罗马法拟制所启迪的这种诗性的拟制思维中——无论是"借用"还是"纳入"，也无论是"按……对待"还是"视为"——现代知识产权制度神奇地完成了自身发展的"三级跳"（如图7-1所示）。每一跳都富有创意、富于诗意，就像古罗马人能在"铜块和秤"的清脆声音中结婚——交接新娘子一样。历史并未赋予罗马这种拟制思维以"知识产权"，现代知识产权制度在无偿享用拟制思维这一"智力成果"中迅速地建立起来。

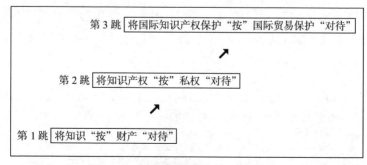

图 7-1　知识产权发展的"三级跳"

---

① 古罗马《十二表法》第六表第七条规定："凡依拟诉弃权（cessio in jure）的方式转移物件的，与要式买卖（mancipium）一样具有法律上的效力。"参见周枏《罗马法原论》附录二，商务印书馆1994年版。

7.2.4.17. 知识产权法的这一复杂的"跳跃"式发展过程，简单概括，就是两点。

第一，就其思维过程而言，知识产权的发展，是一个诗性建构——一个"三级跳"的历史过程：第一跳——将知识视为无体物或无形财产；第二跳——将知识产权视为物权或财产权；第三跳——将国际知识产权保护视为国际贸易问题加以保护。特别是第三跳，其直接的结果是：国际知识产权争端被纳入了国际贸易争端的解决机制。① 至此，一座知识产权的大厦，就算封顶竣工了：知识，不仅是物或财产，还成了商品；不仅用于消费，还是为了交换；不仅是财产法的客体，还是商法或贸易法的保护对象。其保护措施，则犹如洛神仙子的"凌波微步"——能够在"物权措施"与"贸易措施"之间曼妙腾挪。这一跳，可谓美国等知识大国谱写的一首知识贸易的"诗篇"。

第二，就其历史动力而言，知识产权，是机器革命的结果。如果说大规模奴隶劳动，使人的身体变成了"物"；那么同样，大规模的机器生产，则使人的劳动（重复性劳动和创造性劳动）变成了"物"。一方面，复制技术的发展，使知识的大规模传播成为可能；另一方面，机器工业和实体经济的发展，又进一步强化了传统的所有权概念，产生了对知识垄断利益的强烈需求（即对知识复制加以严格限制）。一方面，是知识垄断利益借助财产权的传统获得了新的权威；另一方面，是财产权的传统在知识经济中获得新的延续。一方面，是实体经济下，来自财产权传统的巨大惯性力；另一方面，则是知识经济条件下，来自知识垄断利益的巨大推动力。两股力量合在一起，就像一股源自洪荒历史的宿命，以排山倒海之势，滚滚而下。

7.2.4.18. 就这样，一首政治经济学的宏大史诗，清晰而连贯地展现在我们面前：

在奴隶经济时代，最重要的财产是奴隶，谁控制了奴隶，谁就控制了社会；

在封建经济时代，最重要的财产是土地，谁控制了土地，谁就控制

---

① See Robert A. Gorman, Jone C. Ginsburg, *Copyright for the Nineties*, Fourth Edition, The Michie Company, Law Publishers, Charlottesville, Virginia, 1993, pp. 900-901.

了社会；

在资本主义时代，最重要的财产是资本，谁控制了资本，谁就控制了社会；

在知识经济时代，最重要的财产是知识，谁控制了知识，谁就控制了社会。

而与此同时，伴随在其中的经济宪法，也在这一豪迈的历史旋律中，踏着统一的节奏，旋转出自己的舞步：

奴隶时代的宪法，是奴隶法——对奴隶的垄断；

封建时代的宪法，是土地法——对土地的垄断；

资本主义时代的宪法，是金融法——对资本的垄断；

知识经济时代的宪法，是知识产权法——对知识的垄断。

至于数字经济时代，最重要的财产，自然也就不言而喻了……

应该说，将数据视为财产的观点，正是上述"惯性"思维的顽固结果。我国《民法典》（2020 年）第 127 条的规定，将数据与网络虚拟财产并列在一起加以保护，同样打上了这一"惯性"思维的印记。

然而必须指出，在上述宏大的历史叙事背后、在其不可动摇的宪法逻辑背后，始终存在着一个根本的基础，即产业革命和实体经济。我们正在面对着的，却是完全不同的另一场革命、另一种经济，即数字革命和虚拟经济。

三 法诗学的展望：知识产权的危机

数字时代，是一个颠覆性时代。数字技术的革命，正在给知识法学带来几个方面的根本转变：一是知识形态的转变——从"时空性"存在变为"数字性"存在；二是知识价值的转变——从"财产性"价值变为"资源性"价值；三是知识利益的实现方式的转变——从通过"财产特权"直接实现变为通过"人格价值"间接实现；四是知识属性的转变——从"物格"变为具有"人格"；五是作者与作品关系的转变——从"主客体间性"变为"主体间性"。所有这些转变，构成知识法学的一个根本改变，即从"财产法学"到"资源法学"。传统的知识产权法学（甚至信息法学或数据法学），是基于"时空性""财产性""物格性""主客体间性"等概念建立起来的，但进入数字时代，这些概念已无法满足数据的流动和资源的共享。在这个意义上说，知识产权的大厦，正在面临着崩塌……

（一）数字时代的颠覆

7.3.1.1. 产业革命与数字革命，是完全不同性质的两场革命：如果说产业革命是从农牧经济到工商经济的飞跃，那么数字革命则是从实体经济到虚拟经济的飞跃。如果说产业革命的本质是能源技术革命，那么数字革命的本质则是信息技术的革命。形象一点来说，实体经济的画面是机器流水线，而虚拟经济的画面则是移动互联网。如果说机器工业的原材料是物料，那么智能工业的原材料则是数据；物料是凝固的，而数据则是流动的——智能工业的平台，就像一个充满数据的大气空间，谁阻碍数据的流通，谁就是要窒息人的思维。如果说工业经济的图像是产品在供给者与消费者之间的买卖，那么数字经济的图像则是数据在用户之间分享——网络平台，就像贵州侗寨一个巨大的宴会长桌，每一个用户，既是数据的提供者又是数据的利用者，谁禁止数据的分享和共享，谁就是与全体用户为敌。特别是进入 21 世纪，数字革命又跨入一个所谓"大智云物移"的新境界——大数据（Big data）、人工智能（Artificial intelligence）、云计算（Cloud computing）、物联网（Internet of things），再加上移动互联网（Mobile internet），共同构成一个数据高度流通、资源充分共享的新世界。

7.3.1.2. 数字技术的这一发展，根本性地改变了人们在经济和生活中的角色或身份——不仅生产者、销售者、消费者三个角色趋向混同，创作者、消费者、销售者三种身份也发生混合，进而使每个人都可能成为知识产权的潜在的挑战者或侵权人。如果说，互联网技术是版权的天敌，那么 3D 打印技术则是专利权的天敌。一项专利一旦被公开，就意味着可以在任何时间或场所被制造（打印）出来，每一台 3D 打印机，都是一家"制造厂"。胡迪·利普森和梅尔芭·库曼说：在 3D 打印技术条件下，"当每个人都可以制作几乎任何东西时，知识产权法则成为控制创意传播的一种拙劣工具"①。同样，一件作品一旦被上传到网上，就意味着已经被无数次地复制，每一台联网的电脑，都是一个潜在的"出版社"。知识产权法的那些排他性禁止，原本主要是用来对付同业竞争者的，现在却直接用来对付普通的消费者，即用来对付顾客。从这个意义上说，数字技术的革命，改变了知识产权关系的政治结构，或者说，已不再有人是知识产权制度的真正受益者。在 3D 打印机 RepRap 的创造者阿德里安看来：如果不再有人受益于一项法律，那么须要改变的就应该是该项法律本身。②

7.3.1.3. 数字时代，的确是一个颠覆性的时代：不仅颠覆了知识产权关系的政治结构，还颠覆了知识利益的实现方式以及知识的形态和知识的价值。

其一，数字技术，颠覆了知识利益的实现方式，即由国家赋予作者以"财产性特权"而直接实现的方式变为通过作者的"人格价值"而间接实现，或者用哲学家叔本华的概念表述就是：由通过"我有"而直接实现变为通过"我是"而间接实现。知识产权，表面上看是私权，其实却是一项公法上的特权，或者说，不仅是一个权利，还是一项权力——其效力，源自国家的许可或确认。美国建国之父杰斐逊在一封《致艾萨克·麦克弗森（Issac McPherson）【思想没有专利权】》（1813 年 8 月 13日）的信中说："对于发明的独占权利并不是基于自然权利而是由于对社会有利而授予的……"③ 在本质上，专利权是国家与发明人的一项交易，即国家授予发明人一定期限的专利特权，以换取发明的公开。尽管发明人在申请专利时，出于功利上的计较，只会选择那些预计很快就会丧失新颖性的发明去申请（以获得一定期限的专利），而对于那些在预计期限（至少在专利保护的期限）内不会失去新颖性的发明，则倾向于不申请专利而使其处于技术秘密的保护之下（以便获得更大的垄断利

---

① 〔美〕胡迪·利普森、梅尔芭·库曼：《3D 打印：从想象到现实》，赛迪研究院专家组译，中信出版社 2013 年版，第 250 页。Hod Lipson and Melba Kurman, Fabricated The New World of 3D Printing.

② 〔美〕胡迪·利普森、梅尔芭·库曼：《3D 打印：从想象到现实》，赛迪研究院专家组译，中信出版社 2013 年版，第 248 页。

③ 〔美〕彼得森注释编辑《杰斐逊集》，刘祚昌、邓红风译，生活·读书·新知三联书店 1993 年版，第 1509 页。Thomas Jefferson, Writings, Letters.

益）；尽管如此，国家为了鼓励知识创新和知识传播，还是愿意与发明人达成这一交易。就著作权而言，虽不像专利权那样必须通过行政许可而取得，而是一种自然取得的权利，但在复制技术的强烈冲击下，若没有国家的认可和保障，其版权或复制垄断权是不可能自动实现的。然而，这样一种通过国家赋予作者以财产性特权从而使作者的知识利益得以直接实现的模式，在数字技术条件下，却发生了颠覆性改变。这是因为，国家与发明人或作者达成交易的基础发生了动摇。目前专利申请的基本态势是：发明人的那些原本不愿公开的或处于技术秘密状态的发明，即便国家鼓励授予其专利，他还是会倾向于不去申请专利；而那些他愿意公开的发明，即便国家不授予其专利，他也会主动公开，以便争取网上先机。著作权也是类似，越来越多的作者或出版机构开始在网上免费公开其著作权或版权的数据资料。所谓版权或专利许可协议（Licensing agreement），实际上使个人财产变成了公共资源。在这种情况下，仍旧由国家出面保障其专利或著作的财产性特权，已经没有意义。有人问 3D 打印机 RepRap 的创造者阿德里安·鲍耶：你不申请任何知识产权，而是专门出售数据全部公开的产品，如何能够赚钱？阿德里安·鲍耶的回答是耐人寻味的："增加价值。"——这正是目前网上轰轰烈烈的那场"开源"（open source）运动的真正动因。凯文·凯利也说："一个名为 3D warehouse 的免费素材库可提供数百万个复杂的 3D 模型。……人们被鼓励自由和免费地复制这些产品的设计，并在此基础上开发新的产品。尽管没有金钱回报，但创造这些产品的大众生产者获得了信誉、地位、声望、享受、满足和体验。"①

在尤瓦尔·赫拉利看来，数字时代的座右铭是：体验了，就记录；记录了，就上传；上传了，就分享。他说："我们必须向自己和系统证明自己仍然有价值，而且价值不在于单纯拥有体验，而在于能将体验转化为自由流动的数据。"② 一个作者或发明者，将自己的作品上传到网上，不仅意味着他对复制垄断权或专利权的放弃，还意味着他对知识活动的

①　〔美〕凯文·凯利：《必然》，周峰、董理、金阳译，电子工业出版社 2016 年版，第 160 页。Kevin Kelly, the Inevitable.

②　〔以色列〕尤瓦尔·赫拉利：《未来简史》，林俊宏译，中信出版社 2017 年版，第 352 页。Yuval Noah Harari, Homo Deus: A Brief History of Tomorrow.

人格性回归，即从"我有"到"我是"的回归；同时，也意味着知识利益实现方式的回归，即通过他对公共资源的贡献，通过其人格价值而得到间接的回馈。就像拉德布鲁赫说的："个性属于那种人们只有在不去追求它时，才能够实现的那种最高的价值。"① 从这个意义上说，一件作品得到的间接回馈，即便价值千金，也属于人格性报偿；一件作品直接得到的版税或专利，即使象征性地只收一元，也还是买卖。

　　其二，数字技术，颠覆了知识的形态，即由"时空性"存在变为"数字性"存在；换句话说，知识的载体，由"时空性"的实体变成了"数字性"的虚体，或由以"实"载"虚"变成了以"虚"载"虚"。毕达哥拉斯说，万物皆数；数据主义（Dadaists）则说，万物皆是数据。就像尤瓦尔·赫拉利所说的："根据数据主义，贝多芬的第五交响曲、股市泡沫和流感病毒不过是数据流的三种不同模式，能够使用同样的基本概念和工具来分析。"② 在数据主义者看来，一切原本相互隔绝的感觉或世界，全都是相通的。"通感"（Correspondere，synästhesia）不再是修辞，而是事实。第一，数据具有普遍通融性。知识作为一种智力成果，无论是立言性的、立功性的，还是立德性的，都可能转化为某种数据模式：一方面，它具有通约性或相互转换的可能性，另一方面又以不同的数据模式呈现不同的精神。一件文艺作品、一项专利设计、一个商业标识，一旦"上线"——成为智能平台上的一组数据——便会成为大数据、云计算、人工智能和网络平台上流动的资源，成为一种完全不同的东西。原本适用于"时空性"实体的那些概念（例如专有、专用、专利、有体物、无体物等），一旦面对或用于"数字性"虚体，便会失效或成为某种束缚，如抽刀断水、如筑坝截流。第二，数据具有渗透联通性。数据不仅将人的智能渗透进了物的领域，也将全人类的智能联通在一起。未来世界的智能，将不单纯是人类智能的逻辑性和诗性，也不仅仅是人工智能对逻辑的强化和对诗性的模仿，而可能是像吴曼青院士所

---

① 〔德〕拉德布鲁赫：《社会主义文化论》，米健译，法律出版社 2006 年版，第 7~8 页。Gustav. Radbruch, Kulturlehre des Sozialismus, Der sozialistische Gemeinschaftsideal, VER-LAGE GMBH/BERLIN GRUNEWALD, S. 16.
② 〔以色列〕尤瓦尔·赫拉利：《未来简史》，林俊宏译，中信出版社 2017 年版，第 336 页。

说的那种"人、机器、社会同在回路的群体性智能、体系性智能"①。面对这种大数据条件下的"高度智能"，那种传统的将知识紧紧攥在手中的知识产权概念，已无力应对。德国总理默克尔警告说：数据紧缩主义，正在使德国沦为数字化的发展中国家。②

其三，数字技术，还颠覆了知识价值的属性，即由"财产性"价值变为"资源性"价值。德国学者指出："数字数据是未来最重要的原材料。"（Digitale Daten sind der wichtigste Rohstoff der Zukunft）③ "原材料"的价值，显然是在"创造"而不是在"消费"；借用一对时髦的词语来说就是，在"供给侧"而非"消费侧"，即"资源性"价值而非"财产性"价值。

7.3.1.4. 我们说，财产所有权概念，自其确立之后，就一直就处于变动之中；特别是19世纪以后，财产权概念发生了一系列以权利为重心的退却：从所有权绝对主义退却到所有权相对主义，从支配权退却到受益权，再从占有权退却到使用权。——真可谓"退却，退却，再退却"。然而，进入"后工业时代"，特别是生态理念再加上数字革命，所有权的这一"权利"范围内的退却，终于走到了尽头，变成了重心的转移。换句话说，所有权的退却，从权利问题转移到了客体问题：（1）在形态上，从包括"实体"和"虚体"，退却为仅限于"实体"；（2）在属性上，则从包括"物格"和"人格"，退却为仅限于"物格"。而正是这一客体向度上的退却，将知识产权逼入了死角。在数字技术条件下，既然知识是一种数字数据，而数据的本性是流动、是互联互通，那传统知识

---

① 吴曼青：《信息技术会创造什么样的未来》，载《人民日报》2017年3月23日，第7版。

② 据《南德意志报》网站2017年1月9日讯："联邦总理默克尔近日警告说，德国正在沦为数字化发展中国家。而其原因正是过度的数据保护。她呼吁德国人应当放弃数据紧缩的原则，一个社会的创新力和新产品靠的是大量数据的开放。……她视'大数据'为'21世纪的原材料'。"按：默克尔所针对的虽主要是个人数据的过度保护问题，但同样的问题也存在于知识数据领域。资料来源：同济大学德国研究中心《德国快讯》2017年第01期。

③ 转引自〔德〕Daniel Buhr《工业4.0的社会创新政策》，载裴钢、江波、〔德〕辜学武、郑春荣编《德国创新能力的基础与源泉》，社会科学文献出版社2016年版，第203、447页。Daniel Buhr, "Soziale Innovationspolitik fuer die Industrie 4.0," In: Pei Gang, Jiang Bo, Gu Xuewu, Zheng Chungrong, *Grundlagen Und Quellen Der Innovations-faehigkeit Deutschlands*, Social Sciences Academic Press（China）, 2016. S422.

产权所强调的专有和垄断，又如何可能?! 既然知识是一种数字资源，而资源的本性是利用、是分享共享，那传统知识产权所强调的专用和许可，又如何可能?! 应该说，数字革命所引发的这最后一步退却——从"时空性"到"数字性"，从"财产性"到"资源性"的转变——终于使知识产权丧失了自己的客体，失去了最后一根稻草，就像抓在空气中的一只挣扎着的手。

财产与资源，各有自己完全不同的经济学①和法学。

(二) 从"财产经济学"到"资源经济学"

数字世界，要求一门资源经济学（而非财产经济学）。

7.3.2.1. 其一，财产是占有或专有性的，而资源则是分享或共享性的。财产在权利人的支配下获得利用，并在占有和独享中发挥效能，以市场的方式达到有效的配置；资源则不同，资源在使用人的需求下得到利用，并在分享和共享中发挥效能，以流动的方式实现其有效配置。经济学讲求物尽其用：财产的使用，完全由权利人所掌控；至于对他人财产的所谓"未经许可的合理使用"，只是使用人的一项例外权利而已。资源的利用，则主要由使用人主导；对资源的充分与合理的利用，是每个人的公共责任。如果说，财产经济学是一种自由市场上的个人主义经济学，那么，资源经济学则是一种共享平台上的大众协作的经济学，即凯文·凯利所谓的"去中心化的公众协同"。② 在很大程度上，"资源经济学"是市场与计划之外的第三种经济学。就像尤查·本科勒说的："即便在谷歌上随便查询一条信息，其回应也是一个广泛而多样化的非协同行动的协调效应。"（the coordinated effects of the uncoordinated actions）③

7.3.2.2. 其二，财产是商业性的；资源则是生活性的。就创新而言，知识财产概念下的创新，面对的是市场；其动力，源自政府或企业的激励。知识资源概念下的创新，则面向生活；其动力，主要源自社会和人性。德国学者 Katja Levy 举例说：在数字技术条件下，"一个有趣的

①　Yochai Benkler, *The Wealth of Networks*, Yale University Press, 2006, p129.

②　转引自〔美〕凯文·凯利《必然》，周峰、董理、金阳译，电子工业出版社 2016 年版，第 161 页。Kevin Kelly, the Inevitable.

③　Yochai Benkler, *The Wealth of Networks*, Yale University Press, 2006, p5.

趋势是，技术创新不再在那些由政府或企业资助并对于公众通常隐蔽的实验室及工作室中完成，而是日益地向使用者或者消费者的群体转移。在网络论坛及社交媒体上，产品用户会发布自己有关产品技术改良的想法、经验及愿望。比如，运动服饰生产商利用了这一具有创新性的方式，具体做法是让顾客在网上自己设计运动鞋的颜色与形状"①。以此来看，面向生活、源自人性的创新，才是真正的"大众创业、万众创新"。

7.3.2.3. 其三，财产是面向"当下"的，而资源则面向"未来"。财产的目的主要在消费，具有不可持续的倾向性；资源的目的，却更主要是创造，具有可持续性。就知识创新而言，正如 Alexandra Hausstein 和 Armin Grunwald 在一篇文章中所说："技术的未来肯定伴有风险，正因如此，创新必须（对我们这一代、后代以及自然）是负责任的，是可持续的。可持续性本身就是一种揭示创新是否具备未来能力并从而把未来纳入其中的概念。"② 可见，知识创新，不仅是一个政府激励问题，还是一个伦理责任问题，不仅是一个向外用力获取的问题，还是一个向内用心自省的问题，不仅是一个"当下"问题，还是一个"未来"问题。

（三）从"财产法学"到"资源法学"

数字世界，要求一门资源（common）法学（而非财产法学）。

7.3.3.1. 其一，财产法学是一种"物格化"法学；资源的法学，则是一种"人格化"法学，带着某种"万物有灵"的色彩。财产是"物格化"的客体，而资源则是"人格化"的对象。"物格化"是可以被"我有"的东西，而"人格化"的东西则只能是"我是"。所谓"物格"

---

① 〔德〕Katja Levy：《中德关系中的社会创新》，载裴钢、江波、〔德〕辜学武、郑春荣编《德国创新能力的基础与源泉》，社会科学文献出版社 2016 年版，第 242～243 页。Katja Levy, "Soziale Innovation in den deutsch-chinesischen Beziehungen," In: Pei Gang, Jiang Bo, Gu Xuewu, Zheng Chungrong, *Grundlagen Und Quellen Der Innovationsfaehigkeit Deutschlands*, Social Sciences Academic Press（China），2016. S497.

② 〔德〕Alexandra Hausstein、Armin Grunwald：《介于"被迫创新"与"创新疲劳"之间——德国关于创新的话语讨论》，载裴钢、江波、〔德〕辜学武、郑春荣编《德国创新能力的基础与源泉》，社会科学文献出版社 2016 年版，第 237 页。Alexandra Hausstein und Armin Grunwald, Zwischen „Innovationszwang" und „Innovationsmuedigkeit"-Innovationsdiskurse in Deutschland, In: Pei Gang, Jiang Bo, Gu Xuewu, Zheng Chungrong, *Grundlagen Und Quellen Der Innovationsfaehigkeit Deutschlands*, Social Sciences Academic Press（China），2016. S. 482

（Sachlichkeit）即是说：无论有体物还是无体物，也无论实物还是数据，无论财产还是资源，也无论是人还是精神，统统都可归在"物"的旗下。例如，奴隶就是人的"物格化"，而知识财产则是智力成果的"物格化"。再如，一位学者在起草的《中国民法典草案立法建议稿·总则编》第五章中，不仅将血液、器官、精液、卵子、受精胚胎等视为"动产"，还将人格利益（包括身体、生命、健康、姓名、肖像、名誉、隐私、尊严和人身自由等）视为"物"或"客体"。①"物格化"的法学，其特点是：以人为主体，以物为客体，是一种"主客体间"关系，是人对客体的单向支配。"人格化"的法学，则与此不同。所谓"人格"（Persönlichkeit）是说：无论无机物还是有机物，也不管是人还是神，都可以通过拟制具有"人"或"主体"的资格。拉德布鲁赫曾说：所谓人格，"意味着自我目的。人之所以为人，并不是因为他是一种有肉体和精神的生物，而是因为根据法律规则的观点，人展现了一种自我目的"②。正是在法律拟制的意义上，《厄瓜多尔宪法》（2008 年）确立了"自然"的权利主体的地位——这是自然的"人格化"；《新西兰动物福利法修正案》（2015 年）也作出了"维护动物的福利"的规定——这是动物的"人格化"；在谈到数据的流动性本质时，尤瓦尔·赫拉利说，数据自由，不是说"人的言论要自由，而是信息作为主体要自由"。——这是数据的"人格化"。数据主义的殉道者艾伦·施瓦茨（Aaron Swartz）为此甚至付出了生命的代价。他说，"信息也想要自由"，"思想并不属于创造它们的人"，"把信息锁在墙后、必须付费才能获得的做法是错误的"。在因下载和传播了被知识产权法保护的大量论文资源而被逮捕之后，他选择了以自杀殉道。③"人格化"关系的特点在于：它不是"主客体间"的那种单向支配关系，而是"主体间"的双向关系，是人对对象的同情和尊重。用诗人约翰·多恩（John Donne）的话说，就是——"你我各自既是、又

---

① 于海涌：《中国民法典草案立法建议稿·总则编》，载易继明主编《私法》（第 13 辑·第 2 卷），华中科技大学出版社 2016 年版，第 31 页。

② 〔德〕拉德布鲁赫：《法哲学》，王朴译，法律出版社 2013 年版，第 149 页。Gustav Radbruch, Rechtsphilosophie, §17. DIE PERSON. K. F. KOEHLER VERLAG STUTTGART, 1950. S231.

③ 〔以色列〕尤瓦尔·赫拉利：《未来简史》，林俊宏译，中信出版社 2017 年版，第 349 页。Yuval Noah Harari, Homo Deus: A Brief History of Tomorrow.

有"的那种——类似爱情的关系。拉德布鲁赫在谈到"物的人格化"理论时说："不只是人具有尊严，物也要向人要求一些东西，要求按照它的价值给予保护和照顾，使人得以使用和享受，此外还要求一个词：爱。这样……人与物的关系就和人与人的关系非常近似了。"①

7.3.3.2. 其二，财产法学，是一种"权利法学"；资源法学，则是一种"责任法学"。权利法学的核心是"权利的主体"，是主体对客体的支配；而责任法学的核心是"关系"，即胡塞尔（Edmund Husserl）的所谓"主体间性"（intersubjectivity、intersubjektivität），或中国传统法上所谓的"仁"——主体与主体之间的相互责任。权利法学的问题是：我可以做什么？我在何种限度内是自由的？而责任法学的问题是：我当然是自由的，但我考虑好这样做的后果和责任了吗？权利法学的思维是逻辑的演绎；而责任法学还须要诗性的同情（sympathie、sich einfühlen）。权利法学，除了讲法定的义务外，也讲责任，但讲的是逻辑演绎出来的二线责任（secondary liability）或代入责任（vicarious liability）；而责任法学上的责任，则是一种和谐共生的同情责任。权利法学是从自我出发的（诉诸他人），而责任法学则是从他人出发（反求诸己）。财产法的运作是权利人的许可模式，即任何人若要使用权利人的数据财产，都必须事先征得权利人的同意或许可；责任法的运作，则是使用人的自主模式，也就是说，使用人无须他人的同意便可自主使用他人已经公开的数据资源，但必须以负责且可持续的方式加以利用，并对由此而产生的后果承担法律责任。凯文·凯利在其《必然》一书中说："'知识共享'（creative commons）这种利于共享的版权许可协议已被人们广泛接受，它鼓励人们准许他人合法地使用和改进自己的图像、文本或音乐，而无须额外许可。换句话说，内容的共享和摘取是新的默认模式。"② 首先，就作品而言，在数字世界，作品将不再是一个被作者支配的客体，而是一个具有自身目的的主体。就像一首《马赛曲》，自其诞生的那一刻，就像

---

① 〔德〕拉德布鲁赫：《法哲学》，王朴译，法律出版社 2013 年版，第 157 页。Gustav Radbruch，Rechtsphilosophie，§18. DAS EIGENTUM. K. F. KOEHLER VERLAG STUTTGART，1950. S. 238.

② 〔美〕凯文·凯利：《必然》，周峰、董理、金阳译，电子工业出版社 2016 年版，第 154 页。Kevin Kelly，the Inevitable.

"带着翅膀的胜利女神"一样，席卷了整个法国战场；它的作者鲁热（Rouget），尽管还在战斗（画着壕堑图），却"像是在坟墓里一样"，听任他的歌如雪崩一般广泛地传播。用茨威格的话说，一切荣誉都"归于这首歌本身"，就连哪怕一条影子也没有落在它的创作者身上。① 然而，与这种麻木的被动不同，200 多年后，3D 打印机 RepRap 的创造者阿德里安却要清醒而主动得多，他并未申请专利，而是使用"开源"，即允许他人自由地在网上共享他的设计和技术。艾丽西亚（Alicia）评论道："我认为开源硬件相当于 21 世纪的专利制度。开源硬件不仅是开源创新，也是创新民主化。开源硬件不会有 20 年的专有权。它的好处是，整个群体为你的设计和创新作贡献，并分享各自的衍生产品。它促使原先的设计者创造一个更好的产品并不断完善，而不是把它锁在一个 20 年的僵局里。"② 其次，在数字世界，作者的地位和责任也发生了改变。第一，作者是作品的贡献者，而不是作品的"上帝"。围绕着"作品"这一中心，作者已不再被视为决定一件作品的"神"③，但在作品实现自身的连续过程中，每一位作者都会作出自己独特的贡献，从而在作品上打上自己人格的深浅不一的烙印。他在作品上署名，并不意味作品是他的，而是说他要为作品承担一份责任。就像一部《三国演义》，在其形成流变的过程中，经过了无数说书艺人和文人的不断加工，虽然在某个特定阶段，作品会以某个作者的名义相对固定地呈现出来，但其流变或成长的过程并不会因此而停止。进入数字时代，这种原本漫长的历史流变过程，则可能会以"快进"的方式，急速地表现出来。第二，作者同时成了消费者，或者说，创作者与消费者发生了融合。以 3D 打印为例来说：一方面，作者像一个消费者一样，他向智能系统提出自己的需求或愿望，再由 3D 打印机去完成；另一方面，他又不愧是真正的作者，因为正是他而不是打印机，

① 〔奥〕茨威格：《人类群星闪耀时》之《一夜的天才》，吴秀杰译，广西师范大学出版社 2016 年版，第 106 页。Stefan Zweig, Sternstunden der Menschheit.

② 转引自〔美〕胡迪·利普森、梅尔芭·库曼《3D 打印：从想象到现实》，赛迪研究院专家组译，中信出版社 2013 年版，第 251 页。

③ Natalia Krasnodebska："There are very few original content creators in the world. ——And that's why something like the structure of Creative Commons is so interesting for just creativity to flourish."See"3D Printing and Beyond：Emerging Intellectual Property Issues with 3D Printing and Additive Manufacturing". In：*Cardozo Arts and Entertainment Law Journal*, Volume 34，Number1 2016. p. 12.

才给该件打印作品赋予了生命或灵魂。在科幻电影《她》或《云端情人》中，那些真切感人的信件的作者，与其说是信件撰稿人西奥多和他的情人萨曼莎（人工智能 OS1），倒不如说是委托西奥多写信的那些信件的真实当事人①。数字革命，将会并且正在使每个消费者同时成为创造者——创造的本质不是形式上的无中生有，而是人格的展现——从而使人们能够从重复性劳动中解放出来，变成一个创造性的"诗人"；而他的消费要求，即个性化的、具有想象力的、带着伦理取向的需求或愿望，就是他的最有价值的创造。

7.3.3.3. 其三，财产法学，是一种交易法学；资源法学，则是一种协作法学。交易的法学，以"契约"为基础，而协作的法学则以"共同行动"（gesammtakt）为基础。我们知道，契约是一项交易；但在数据技术条件下，一种无须或主要目的不在交易的大众协作模式正在兴起。法国公法学家狄骥曾提到一个"共同行为"的概念，他说："任何一个研究罗马法中关于约定的理论的人，都能够明确地设想到一份契约的心理特征。但是，如果有几种意志在不存在预先协议的前提下汇合到一起，如果各方在虽不具备互相之间的控制，但却具有一个预期共同目的的前提下确定一个相同的目标，那么这便不是一份由他们所签订的契约。我们所看到的，就是今天以'集体行动'（actecollectif）或'合作'（collaboration）这一术语来命名，而德国人称之为'共同行为'（gesammtakt）或'协定'（vereinbarung）的法律行为。我们也可以用契约这个词，不过我们是在一个与其原初含义相当不同的意义上来用它的。"② ——应该说，狄骥所提到的这一"共同行为"，在数字技术条件下，被以全新的方式

---

① 关于人工智能生成之"物"是否算"作品"的问题，目前主要有三说。（1）第一说认为：人工智能生成"物"，属于共用物"commons"而非"财产物"（知识财产），因此，不存在著作权问题；对此共用物之共用权，就像享用空气或阳光一样，是属于每一个人共用的。（2）第二说认为：人工智能具有拟制法律主体资格（法人），因此，其生成"物"即其创作"物"（作品）的著作权，是属于人工智能"本人"的。（3）第三说认为：人工智能不过是其使用者或消费者的工具而已，即便它被赋予法人资格，也不过是其使用者或消费者的代理人罢了，其生成之"物"（或作品）是根据其使用者或消费者的需求或愿望而生成，因此，即便有著作权，也应属于人工智能的使用者或消费者。

② 〔法〕狄骥：《公法的变迁》，郑戈译，商务印书馆 2013 年版，第 105~106 页。Léon Duguit, LES TRANSFORMATIONS DU DROIT PUBLIC.

重新唤醒。无论是维基百科（Wikipedia）的词条编撰，还是"开源"（Open source）条件下的作品设计和制作，无论是资金的众筹（Crowdfunding），还是任务的众包（Crowdsourcing），都具有这种共同协作的特征。这种"无目的的合谋"，使设计者与消费者、提供者与使用者、作者与读者之间的合作关系，具有了一种与传统条件下迥然不同的性质。在传统条件下，工作是在相对封闭和独立的时空中进行的，但在数字条件下，工作是在开放合作的平台上进行的。在传统条件下，作品是相对固定和完整的，但在数字条件下，作品始终处在不断完善之中。在传统条件下，创作者与消费者是分离的，而在数字条件下，消费者同时变成了创作者。

7. 3. 3. 4. 数字世界的"游戏"模式，似乎摆脱了所谓"麻将模式"，即联合体以其全部的力量保护每一个联合者的权利，而每一个权利主体在联合体中只服从自己①，而是进入了一种全新的模式，即"演奏模式"或"建筑模式"。拉德布鲁赫说："拿一个建筑物来打比方，在这个建筑物中，建筑工人既不是通过包含他们所有人的一个整体，也不是通过将他们联结起来的直接关系，而是通过共同从事的工作和从共同工作中产生的共同作品联系起来的。"② 换句话说，在数字技术条件下，人们之间的合作，不像是在一起"搓麻将"，而更像是在共同演奏一首乐曲：乐手也好，乐队也罢，目标只一个，即作品本身。拉德布鲁赫说："共同体不是一种人与人的直接关系，而是人通过共同的人的使命而实现的一种结合……于是就产生了……一个社会主义世界观公式：共同体中的个性，劳动成就中的共同体。"（Persönlichkeit in Gemeinschaft, Gemeinschaft im Werke）③ 在以作品为中心的创作者和利用者之间，不再局限于你卖我买的契约交易，而是为了实现"作品价值"（Werkwerte）的共同协作。

---

① 〔法〕卢梭：《社会契约论》（修订第 2 版），何兆武译，商务印书馆 1980 年版，第 23 页。J. J. Rousseau, *DU CONTRAT SOCIAL.*

② 〔德〕拉德布鲁赫：《法哲学》，王朴译，法律出版社 2013 年版，第 62~63 页。Gustav Radbruch, Rechtsphilosophie, §7. DER ZWECK DES RECHTS. K. F. KOEHLER VERLAG STUTTGART, 1950. S. 152.

③ 〔德〕拉德布鲁赫：《社会主义文化论》，米健译，法律出版社 2006 年版，第 7 页。

四　结语：数字世界，呼唤一门全新的知识法学

7.4.1. 法律制度的建构或解构，是一个政治经济基础上的法律拟制：

$$法律制度 = 政治经济学上的要求 \times 法学上的诗性创造$$

就知识问题而言，实体经济的特点，是财产的占有和垄断，因此，知识的价值，必须借助"财产权利"的概念，才能更好地实现。——知识产权的大厦，就是这样建立起来的。与此截然不同，虚拟经济的特点，却是数据资源的流动和共享，知识作为数据性的公共资源，只有在不断地利用并被注入新的作品之中，其价值才能更好地实现；然而，传统的知识产权概念，却禁锢了知识的自由流动，使数据特别是知识的资源性价值无法充分实现。——知识产权的大厦，开始面临崩塌……

7.4.2. 数字世界，呼唤一门全新的知识法学——如果说，产业革命，要求一门"知识财产的法学"；那么数字革命，则要求一门"知识资源的法学"。即从"Law of Property"到"Law of Commons"。

知识产权法，以"作者"为中心，而知识资源法，则以"作品"为中心。

知识产权法，将作品视为权利客体，而知识资源法，则将作品视为责任对象。

7.4.3. 德国法学家拉德布鲁赫形象地将"个人主义的文化"比喻为"文学主义时代"，而将"社会主义文化"比喻为"建筑艺术的时代"。他说："一本书和它的读者，一幅画和它的观看者，都是个人主义文化的主要形式。戏剧、交响音乐会、建筑都是社会主义文化的主要形式。……取代文学主义年代，款款走来的，是一个建筑艺术时代。"① 同样，我们也可以说，取代知识产权法，款款走来的，将是一个知识资源法的时代。

---

① 〔德〕拉德布鲁赫：《社会主义文化论》，米健译，法律出版社 2006 年版，第 23～24 页。Gustav. Radbruch, *Kulturlehre des Sozialismus*, Die Kulturidee des Sozialismus, VER-LAGE GMBH/BERLIN GRUNEWALD, S. 28-29.

在以"作者"为中心的"知识产权法"的时代，作者之间是一种类似"搓麻将"的博弈关系；在以"作品"为中心的"知识资源法"时代，作者之间则是一种类似戏剧、合唱、演奏或建筑艺术中的那种"同道"（Genosse）关系，即"因为一个共同的事业顺路同行"。①

---

① 〔德〕拉德布鲁赫：《社会主义文化论》，米健译，法律出版社 2006 年版，第 11 页。Gustav. Radbruch, *Kulturlehre des Sozialismus*, Der sozialistische Gemeinschaftsideal, VERLAGE GMBH/BERLIN GRUNEWALD, S. 18–19.

第三部分　觊视

第三部分题记

许慎《说文解字·觊部》："觊，竝视也。从二见。"简单说，"觊视"，就是诗性的"看"——一种目光诗学。鲁迅先生曾提到两种觊视。

在《出关》中，鲁迅转译了老子的一段话，原文出自（《庄子·天运》），老子对孔子说："夫白鶂之相视，眸子不运而风化；虫，雄鸣于上风，雌应于下风而风化；类，自为雌雄，故风化。"可见，觊视就是对视中的交流或感应，即基于对视而产生的共鸣。

在《连环图画琐谈》中，鲁迅说："中国画是一向没有阴影的，我所遇见的农民，十之九不赞成西洋画及照相，他们说：人脸哪有两边颜色不同的呢？西洋人的看画，是观者作为站在一定之处的，但中国的观者，却向不站在定点上……"① 可见，觊视，还是一种并视或综观，是一种"互斥即互补"的看。哈耶克说："具体的现实并不能根据相应的不同学科划分成一些独立的题目，此乃一项常识……对于任何个别的社会现象或事件……假如我们不具备若干不同学科的大量知识，几乎不可能适当地加以研究。"② 用墨子的观点就是：坚、白，盈。③

本书第三部分，包括第八章至第十一章，以"觊视"的眼光，观察、体验和践行法律的发展、纠纷的解决以及个案正义实现中的诗性创造。本部分的核心命题是从"正义"到"正义着"——

（1）从"正义的"（形容词化）到"正义之"（及物动词化）；

（2）从"正义之"（及物动词化）到"正义着"（不及物动词化）；

即法在"缘"中。

---

① 《鲁迅杂文集》（卷5）之"连环图画琐谈"，春风文艺出版社1997年版，第63~64页。
② 〔英〕哈耶克：《专业化的困境》，《经济、科学与政治——哈耶克思想精粹》，冯克利译，江苏人民出版社2000年版，第449~450页。
③ 《墨子》言："坚白，不相外也。""必相盈也。""盈，莫不有也。"

第八章　法的诗性眼光

——觊视

人在其本质中就是一道目光。

——韦尔南《神话与政治之间》①

一　引子

8.1.1. 自己家的院子里，有几枝海棠伸出墙外，果实落在了邻家。邻人应该归还给我吗？在法学上，落于邻地之果实问题，主要有两种解决办法。一种认为，果实落于邻地，要看是自然的还是人为的：如果是邻人故意打落的，当然应该物归原主；如果是自然掉落的，就应顺其自然。例如我国台湾"民法"第 798 条就规定："果实自落于邻地者，视为属于邻地。"类似的还有《拿破仑法典》第 564 条的规定："鸽、兔、鱼移居他人鸽舍、兔园或池塘时，除以诡计诱致者外，归属于移入的鸽舍、兔园或池塘的所有人。"——这是"顺应自然"说。另一种办法，是将果实视为树的"孳息"，就像动物生的幼崽一样：树是谁的，果实就是谁的。按照自然法，物的天然"孳息"，即便是与物分离，仍应归该物的主人所有。例如古罗马法学家乌尔比安在《论告示》第 71 卷引述裁判官的话："你不能非法阻止他人拾走从其土地上掉到你土地上的橡果。"并解释说：在这里，"所有的果实都被包括在'橡果'这一名称之内"。《汉书·土吉传》载有一事："始吉少时学问，居长安。东家有大枣树垂吉庭中，吉妇取枣以啖吉。吉后知之，乃去妇。东家闻而欲伐树，

<hr>

① 〔法〕让·皮埃尔·韦尔南：《神话与政治之间》，余中先译，生活·读书·新知三联书店 2001 年版，第 199 页。

邻里共止之，因固请令吉还妇。里中为之语曰：'东家有树，王阳去妇；东家枣完，去妇复还。'其厉志如此。"再如《中华人民共和国民法典》第 321 条规定："天然孳息，由所有权人取得。"[①]——这都属"天然孳息"说。唐《太平广记》记有薛弘机的一则趣事："每秋时，邻树飞叶入庭，亦扫而聚之，盛以纸囊，逐其疆而归之。"亦可谓天然孳息说之忠实"拥趸"。

很明显，"顺应自然"与"天然孳息"，是两种对立的观点，而且都有自然法的根据，孰是孰非，似乎难有确切答案。直到一天，我去山海关，在参观孟姜女庙时，才有所领悟。相传秦时，松江孟老汉的屋檐下，有紫燕筑巢。一日，紫燕飞来，口衔一粒种子，掉在孟家院子墙根。不久，种子生根发芽，渐生渐长，枝蔓伸延到了隔壁姜家院子，并且结了一个大葫芦。葫芦成熟后，两家就商议剖开均分……却不料葫芦忽然自己裂开，生出了一个女婴。因为根在孟家，果在姜家，所以两家商议，就给女婴取名叫孟姜女。[②]——正是这个孟姜女，后来寻夫，哭倒了山海关的一段长城。在孟姜女名字的来历中，似乎蕴含着前述两种"果实归属学说"所不能涵盖的第三种观点，即将"根"与"果"或"孟"与"姜"合并在一起来看——一种皆大欢喜的学说，就像庙门上的那副对联所云："紫燕呢喃庭院绿，葫芦欢笑楚天开。"

8.1.2. 觊视。许慎《说文解字·觊部》言："觊，竝视也。从二见。"何谓"竝视"？在古典文献中，主要有"并视"和"对视"两种解说。[③]第一，将"竝视"解为"并视"。段玉裁注曰："按《祭义》：见以萧光，见闻以侠甒。注云：见及见闻皆当为觊。字之误也。觊不见于许书。

---

① 按：《中华人民共和国民法典》（2020 年 5 月 28 日颁布）第 321 条规定："天然孳息，由所有权人取得；既有所有权人又有用益物权人的，由用益物权人取得。当事人另有约定的，按照其约定。"

② 按：关于孟姜女名字的来历，另可参看顾颉刚《孟姜女故事研究》，载王煦华编选《古史辨伪与现代史学——顾颉刚集》，上海文艺出版社 1998 年版，第 320 页。

③ 按：汉语"视"字，由"示"与"见"构成。王力《同源字典》引言"以目视物，以物示人，同作视字。后世而作字异，目视物作示旁见，示人物作单示字"。这样看来，"视"是一种通过视觉的观察行为，而"示"是一种通过视觉的权力行为。中国古代的"视觉"观念，主要有两个方向。一是"视"的生理机能方面，例如墨子言："目不能遍听，手不能遍操。"二是"视"的社会文化功用方面，例如《尚书·泰誓》言："天视自我民视，天听自我民听。"

盖即睍字。谓萧光与燔燎并见。侠甒与肝肺首心并见也。"① 另，北周卫元嵩《元包经·太阳》言："睍于醜，冏于垠。"苏源明传曰："睍于醜，观夫众也。冏于垠，照夫远也。"② 亦解作"并视"。第二，将"竝视"解为"对视"。饶炯《〈说文解字〉部首订》言："竝视，非二人同视一物，谓二人相对为视也。"③

（1）若用今天的方法论概念来说，所谓"并视"，就是观察者对某个对象的多方面或多角度的综合的"看"。就像瞎子摸象，只有将众多观点结合在一起才能看到一个完整的"象"，或者像"坚白盈"，只有将视觉和触觉结合起来，才能得到一个坚硬且白色的石头④，或者像"波粒二象性"，只有将经典力学和量子力学的眼光合在一起才能揭示一束真实的"光"。尼尔斯·玻尔说："一些经典概念的任何确定应用，将排除另一些经典概念的同时应用，而这另一些经典概念在另一种条件下却是阐明现象所同样不可缺少的。"⑤ 其所谓"互斥但互补"⑥，就是一种

---

① 　按：重点词的下划线，由笔者所加。（清）孙希旦撰《礼记集解》："見与睍間，郑氏皆读为睍。睍，杂也。萧，香蒿也。萧光，谓爇之而有火光也。燔燎膻、芗，間以萧光，谓取胖、脋燔之，而間杂以香蒿之光。此馈食之初，尸未入室时也。以报气者，血、腥与燔燎皆不可以饮食，而以其气感神，所以报气之阳也。祖、考为人之始，气又为祖、考之始。故报气者，所以教民反始也。荐黍、稷，谓馔熟时也。羞，熟而羞之于俎也。肺、肝、首、心，皆所以共尸祭：有虞氏祭首，夏后氏祭心，殷祭肝，周祭肺也。侠，两也。甒，所以盛酒者。必用两者，以玄酒配设也。睍以侠甒者，谓既有黍稷及俎，又間杂以甒酒以献尸也。"（清）孙希旦撰，沈啸寰、王星贤点校中华书局1989年版，第1220页。

② 　按《古代汉语词典》："冏，鸟飞光耀的样子。木华《海赋》：'望涛远绝，冏然鸟逝。'"《古代汉语词典》，商务印书馆1998年版，第820页。

③ 　转引自罗竹风主编《汉语大词典》卷10"睍"字，汉语大词典出版社1993年版，第338页。

④ 　吴毓江撰《墨子校注》解释说："坚白俱在于石，拊石得坚，理会得白；视石得白，理会得坚。坚不外白，白不外坚，故曰：'坚白不相外也。'此就经过心之综合作用言也。若仅就当前感觉言，则视得其白，不得其坚；拊得其坚，不得其白。坚无白，白无坚，坚白异处，不相盈而相离，是相外也。""……本条言坚白之合。拊石得坚，理会得白；视石得白，理会得坚，而构成一整个坚白石之观念。"吴毓江撰，孙启治点校《墨子校注》（第2版）中华书局2006年版，第500、549页。

⑤ 　〔丹麦〕N.玻尔：《尼耳斯·玻尔哲学文选》，戈革译，商务印书馆1999年版，第12页。按：丹麦物理学家尼尔斯·玻尔生于1885年10月7日；他与普朗克、爱因斯坦、薛定谔、海森堡等科学家共同开创的量子物理学，不仅影响了人们的生活，还深刻影响了人们的思维。不必在此列举他在科学上的伟大成就——它们早就彪炳史册了；就玻尔自己而言——最得意的——恐怕非"互补"原理莫属了——他甚至将它刻了族徽上。

⑥ 　玻尔族徽上的那句拉丁语箴言"Contraria Sunt Complementa"也译作"互斥但互补"。

"并视"。

在法学上（例如在国际私法上），一个涉外案件的法律适用，往往不是在某个单一法律框架下以"一体制"的方式得到解决的，而是以"分割制"的方式，在多个法律框架的合并作用下得到解决。譬如一个涉外继承案件，程序问题适用的是法院地法，而实体问题却可能适用外国法；其中的不动产适用的是不动产所在地法，而动产却适用的是被继承人死亡时的住所地法；主要问题可能适用某个准据法，而先决问题却可能适用法院地法。这种法律适用上的"分割制"，其实也是一种"并视"。

（2）然而，"对视"却与此不同，所谓"对视"，不是要把对象视为一个"死物"，而是视为一个与自己一样的观察者（即将对象"赋活"），因此，"对视"，与其说是在"看"，不如说是在与对方进行"目光的交流"：我看着你，你也看着我，并且双方都意识到对方在看着自己，如同在"爱情"中一样。韦尔南说："爱情，是从施爱者眼中流出的，并在被爱者的眼中反映出来的这一道波，以至于人们在另一个人的眼中所看到的，正是他自己。"①

例如在国际私法上，适用外国法的"国际礼让"说，以及识别冲突解决上的准据法理论等，都具有某种"对视"的特征。盖伊·奥克斯解释韦伯的"意义"（Bedeutung；Sinn）概念道："根据韦伯的观点，'蕴含意义的'人类行为，与'自然'有本质区别，前者是社会文化科学的主题。""社会文化研究的主题——人类行动和人造物品——是由行动者自身鉴别或定义出来的。换句话说，任何一种文化的内容，都是被置身该文化中的本地人（natives）定义或鉴别成这样的。……任何一个社会文化现象都能被纳入某个预先定义。在社会科学家开始研究某事项之前，该事项就已经被本地人预先定义为社会文化现象了。……一切社会的构成，都是经由本地人对该社会属性的定义来完成的。……社会文化研究要取得成功，就必须在某种程度上反映或再现本地人自己的阐释。"② 以此来看，韦伯所谓"意义"，其实就是社会文化研究上的某种"对视"，

①　〔法〕让·皮埃尔·韦尔南：《神话与政治之间》，余中先译，生活·读书·新知三联书店 2001 年版，第 45 页。

②　〔德〕马克斯·韦伯：《批判施塔姆勒》，盖伊·奥克斯的"导论"，李荣山译，李康校，上海人民出版社 2011 年版，第 22 页。

即一种"设身处地"或"目光交流"的思维方式。

8.1.3. 因此我们说，觊视有两种，一种是"并视"，一种是"对视"；二者虽有区别，但有一点是共通的，即某种戏剧性。只不过，"对视"是一种"目光交流"意义上的戏剧，而"并视"是一种"复调"或"合奏"意义上的戏剧。在法学上，两种"觊视"（"并视"与"对视"），既可能单独发生作用，也可能共同发生作用。例如，中国传统法上的"三堂会审"（唐的"三司推事"、宋明清的"三司会审"等），不仅具有"复调"意义上的"并视"，也可能包含"同情"意义上"对视"的特征。

8.1.4. 举一个《戴西和莫里斯论冲突法》中的例子："一个在马耳他有住所的罗马天主教徒，在伦敦一家登记处与一个在英格兰有住所的英格兰妇女结婚。该婚姻依据英格兰国内法有效，但依据马耳他法无效，因为在婚姻仪式上没有天主教牧师在场。"① 问题是：该项婚姻是否有效。显然，这不是某一单一眼光（无论是单一向度的"审视"，还是单一管道的"眇视"）所能解决的，须要某种"觊视"的眼光。如图 8-1。

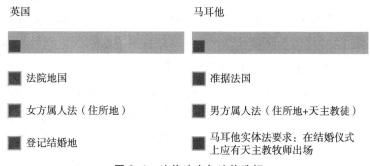

图 8-1 法律冲突与法律选择

资料来源：〔英〕莫里斯主编《戴西和莫里斯论冲突法》，李双元等译，中国大百科全书出版社 1998 年版，第 49 页。

---

① 〔英〕J. H. C. 莫里斯主编《戴西和莫里斯论冲突法》，李双元等译，中国大百科全书出版社 1998 年版，第 49 页。

　　我们知道，英格兰关于婚姻效力的冲突法规则是，"婚姻的形式必须遵守举行地法的要求"，而"结婚的能力受每一当事人婚前住所地法支配"。① 据此，可供选择的识别或法律适用方案主要有两个。

　　方案 1. 以法院地法来识别。首先，结婚的形式应适用婚姻举行地法，也就是英国法；但同时，结婚的身份条件应适用当事人住所地法，就男方言，也就是马耳他法。马耳他法要求在"婚姻仪式上须有天主教牧师出场"，但该项婚姻仪式在英国举行时，事实上并无天主教牧师出场。在英国法院识别看来，这意味着男方不具备结婚的身份条件，因此认定该项婚姻无效。这一方案中的"并视"，是显而易见的，英国法和马耳他法分别被适用于该案件的两个不同方面。但这一方案中是否存在"对视"呢？表面看，似乎不存在"对视"，因为英国法院，一方面适用了马耳他法（作为男方结婚能力的准据法），但另一方面，却并未按照马耳他法而是按照法院地法（英国法）去理解或解释了该项准据法。这就违背了前述韦伯那种"意义"原理，即"任何一种文化的内容，都是被置身该文化中的本地人（natives）定义或鉴别成这样的。……社会文化研究要取得成功，就必须在某种程度上反映或再现本地人自己的阐释"。若仅从韦伯的"意义"概念看，这一方案，确实缺乏一种"设身处地"的立场。但在更宽泛的层面上，从"跨法域"法律冲突的协调机制看，不论是基于"国际礼让"还是对"既得权"的承认，其实都包含对"对方"的尊重，即对对方的法律或根据对方法律所取得的权利的一种敞开的态度，这同样可谓一种"对视"。

　　方案 2. 以准据法来识别。既然男方结婚的身份条件问题应当适用马耳他法（作为准据法），那么就应"设身处地"地站在马耳他方面对该项准据法作出理解或解释。那么，在马耳他方面看来（而不是作为法院地的英国看来），"婚姻仪式上须有天主教牧师出场"这一规定，究竟意味着什么呢？是身份条件上的要求呢还是形式问题？很明显，马耳他法的文字表述是"婚姻仪式"，也即形式问题。既然作为准据法国家的马耳他认为"牧师出场"属于结婚的形式问题，那么法院地英国就应在韦

---

① 〔英〕J. H. C. 莫里斯主编《戴西和莫里斯论冲突法》，李双元等译，中国大百科全书出版社 1998 年版，第 49、391、412 页。

伯的"意义"概念上，也将其理解或解释为形式问题，而不应"越俎代庖"地将其识别为身份条件问题；如果按照马耳他法将"牧师出场"识别为婚姻形式问题，那么，按照法院地英国的冲突规范"结婚的形式应适用婚姻举行地法"的规定，该项婚姻就只需符合举行地英国的法律要求就可以了；因此，婚姻有效。在这一识别方案中，同样是"觇视"的，既有两国法律共同适用所构成的某种"复调"，也有法院地国与准据法国（尽管马耳他并未出场）的"目光交流"。

8.1.5. 可见，"觇视"不是单一的认识论或方法论上的"看"，既不是单一向度的"审视"，也不是单一管道的"眇视"，而是一种更加复杂综合性的"看"。如果说"审视"是主体对客体的自上而下的打量、分析，那么，"对视"则是主体之间的"目光交流"。如果说"眇视"是单眼看或单一标准的衡量，那么，"并视"则是多维的看或复合标准的评价。在本书关于视觉诗学的研究中，我们将"审视"与"对视"看作一组对立概念，而将"眇视"与"并视"看作另一组对立概念。下面先说并视与眇视。

二　并视与眇视

8.2.1. 我们说，觇视包括"对视"和"并视"：（1）与"并视"相对的，是"眇视"；（2）与"对视"相对的，是"审视"。那么，何谓"眇视"呢？简单说，"眇视"就是单眼"看"（即盲或闭一只眼看）；《易·履》言："眇能视，不足以有明也。"其中的"眇"字，程传曰："盲眇之视，其见不远。"[1] 其"眇能视"一句，《易经》英译作"The one-eyed man may see"。[2] 本书将其解作与"并视"相对的一种"看"：如果说"并视"是对被观察对象的多方面或多角度的综合的"看"，那么，"眇视"则指对象的单管道的"看"。

（一）先说"眇视"

8.2.1.1. 我们说，"眇视"是一种单一管道的"看"，即某种"管

---

① （清）李光地撰，李一忻点校《周易折中》，九州出版社 2002 年版，第 115 页。

② 《英译易经》，汪榕培、任秀桦译，上海外语教育出版社 1993 年版，第 21 页。

窥"。"眇视"的优点在于：清晰、明确、不受干扰——这也是法学思维最为看重的效果之一。然而，"眇视"的缺点，也是显而易见的，即存在盲点、以偏概全，从而失却事物的本质。例如：在哲学上我们把实然（to be）与应然（ought to be）分开；在法学上，我们也把事实、法律、价值三者分开。以"眇视"的眼光来看，就像过山车一样，各方各有各的轨道，看似上下翻飞，永远都不会相撞。

譬如下面一段描述：朋友送给小张一件生日礼物，打开包装一看，是一块精美的机械手表，带着合格证书。虽然事后证明这块手表走得并不是很准，但小张仍然很喜欢，经常戴在手上。在这段关于手表的描述中，就包含着事实、价值、法律三个不同的因素。事实因素是，这块手表走得不准，每天都要慢上几分钟；但从价值因素上看，这块手表毕竟是朋友的心意，虽然不准，小张还是很珍惜；从法律因素上说，这块表附有合格证书，尽管走得不准，却是合格的。这三个判断，关注的角度显然不同：事实判断，以客观事实为根据；价值判断，以价值情感为基准；法律判断，以法律规定为准绳。事实的描述、法律的评判和价值评价，各自遵循着完全不同的法则。试想，在一场法庭辩论中，如果一方所谈的是事实，而另一方却在大谈价值或法律，其效果正像前面提到的过山车，双方的辩论，在不同的轨道上翻飞，看似在激烈地争论，却不会有真正的交锋。

在法学上，"眇视"有着广泛的应用，前述"事实、法律、价值"的三分法，就有广泛的体现。例如行政、司法、立法权力的划分，公、检、法职能的划分，事实审与法律审的划分……若仅从它们各自的立场看，无一不是一种"眇视"眼光。

8.2.1.2. 分析的方法，是管窥的，"眇视"的。巴里·斯科特·温普海默说："巴赫金将'保持其对真理的独占性把握的那种分析和论证模式'称为单一逻辑的推理模式。"[①] "眇视"即可谓一种单一逻辑的推

---

① 　按：巴赫金将"保持对真理的独占性把握的那种分析和论证模式"称为单一逻辑的推理模式。（"Bakhtin would term 'modes of analysis and argument that maintain their exclusive hold on the truth' monological modes of reasoning." Barry Scott Wimpfhheimer, *Narrating the Law: A Poetics of Talmudic Legal Stories*, University of Pennsylvania Press, Philadelphia. p. 22.）这种一元论逻辑模式，不仅包括施塔姆勒的"理念"论，甚至包括韦伯的"意义"论，与"觑视""复调""对话"模式形成鲜明的对照。

理模式。我们知道，法律关系理论，旨在将不具法律意义的各种社会关系通通滤掉，只留下具有法律意义的纯粹关系；同样，规范评价的方法，旨在将不能纳入规范的各种指标或要素通通筛除、不予考虑，只剩下规范要求的指标或要素。用这种方法分析案件、适用法律，其优点是明确、客观、易于操作，因此被认为是法律方法最独特也最独到的优点。然而，其局限性也是显而易见的：首先，不能用这种方法研究或处理自然或社会问题，因为无论是自然还是社会，都不是按照人的意志（法律）和思维规律（逻辑）呈现或运作的，大自然有其自己的规律，而社会有其自身的法则——社会除了受法律控制以外，还受制于道德和宗教；其次，即便就法律问题而言，这种方法也是有局限的，因为法学的目的，不是要计算出一个明确结果，而是要平衡出一个好的效果，不是要追求逻辑缜密的美，而是要追求公平正义的美，这就需要一种包容，需要一种"觊"视的眼光、诗性的方法，使矛盾着的个体在整体上达到和谐。所以，诺瓦利斯说："取消矛盾律也许是更高的逻辑学的最高任务。"[1]

8.2.1.3. 从眇视的眼光来看，事实、法律、价值是严格区分的，但若以并视的眼光来看，三者又是交融的，对于同一个对象，逻辑上相互冲突的三种判断，是完全可以"和平共处"的。鲁迅先生痛骂梁实秋为"丧家的资本家的乏走狗"，连续三个定语，可谓三头六臂；同样，上述小张那块手表，也可谓是一块"合格的但走得不准的却仍值得珍爱的手表"，三个定语，既冲突又协调，因为它们各自在不同的"轨道"上运行。可谓法学上的"波粒二象性"。微粒说认为，光是一种非常细小的粒子流；波动说认为，光是一种由于介质的振动而产生的波。两说冲突，但在各自的观察实验中都是正确的。鲁迅先生讲，西方人画脸是有阴影的，中国人却没有。这是因为西方人画画，是固定着的，只有一个视角，讲求透视效果，而中国人则是动着画的，讲究的是综合印象。

8.2.1.4. 在雨果的《悲惨世界》中，警官沙威似乎亲眼"目睹"了这三个不同的空间：第一是他所熟悉的法律职权运行的那个平整空间，第二是事实或现实的一个复杂和混乱的空间，第三是一个深远的价值空

---

[1]　刘小枫主编《夜颂中的革命和宗教：诺瓦利斯选集卷一》，林克等译，华夏出版社2007年版，第163页。

间。这后两个陌生的空间，是他从前单一的法律眼光所未曾见到过的。雨果写道："在此之前，他（沙威）在头上所见的是一个清晰的平面，既简单又透彻，毫无未知和模糊的成分，毫无不确定的成分，全部井然有序，连成一体，既分明确切，又有范围，全部圈定封闭的；一切都预见到了；职权是一个平整的东西，本身绝不会倾覆，在它面前也绝不会晕头转向。沙威在下面才见过陌生的东西。不规则的出人意料的东西，通向混乱的不规则的敞口、滑入深渊的可能性，这些现象标识底层区域，标识叛乱分子、坏人和卑贱者。现在，沙威仰起头，不禁大吃一惊，他望见闻所未闻的景象：上面也有个深渊。"① 当沙威真的看到了法律之外的另外两个领域（事实和价值）时，他作为法律单一视角的化身的命运，也就终结了。沙威自杀了，死于自己"眇视"的眼光。

（二）再说并视

8.2.2.1. 并视是一种综合性的看，综合法学即可谓一种并视的目光。例如，美国法学家霍尔就把自然法学、现实主义法学和分析法学，称为三种"特殊法学"：三者分别关注价值、事实和法律，即三个原本不可割裂整体中的一个孤立因素。霍尔提出的命题是：从"特殊法学"走向"综合法学"。美国法学家博登海默将综合法学形象地表述为："法律是一个带有许多大厅、房间、凹角、拐角的大厦，在同一时间里想用一盏照明灯照亮每一间房间、凹角和拐角是极为困难的，尤其当技术知识和经验受到局限的情况下，照明系统不适当或至少不完备时，情况就更是如此了。""任何人都不可能根据某个单一的、绝对的因素或原因去解释法律制度。……法律是一个结构复杂的网络，而法理科学的任务就是要把组成这个网络的各个头绪编织在一起。"②

8.2.2.2. 觇视（并视）的这种内在的跨界通融，就像文学上的通感。③ 我们知道，通感是一种综合性感受，它将孤立的甚至相互矛盾的

---

① 〔法〕雨果：《悲惨世界》，李玉民译，译林出版社 2013 年版，第 346 页。

② 〔美〕博登海默：《法理学——法哲学及其方法》，邓正来、姬敬武译，华夏出版社 1987 年版，第 198～199 页。

③ 按：应该说，自休谟以来，人们倾向于将"自然与自由"或"事实与价值"分割开来，后来的许多学者，都致力于重新沟通两者之关联，如费希特欲借"道德判断"去打通，李凯尔特欲借"价值判断"去打通，康德则欲借"审美判断"去打通，但都未成功。在牟宗三先生看来，这一打通的任务，只有其真善美之"合一说"，（转下页注）

感受联通起来，形成一种全面的感受。杨万里《又和二绝句》诗云："剪剪轻风未是轻，犹吹花片作红声。"在这里，听觉和视觉的界限完全打通，正如《列子·黄帝篇》所言："眼如耳，鼻如口，无不同也。心凝形释，骨肉都融。"① 史学家古朗士在《古代城市》中指出："历代相反的法律条文汇聚在一起，同受尊敬。在伊赛奥斯（Isaeus）的一篇演讲词中，提到两个争夺遗产的人，每人都引证对自己有利的法律条文，而两种法律截然不同，却又是同为人们所尊敬的。因此，在《摩奴法典》中，一方面保存了古法所确立的长子继承权，另一方面，又有兄弟间平分财产的规定。"②

8.2.2.3. 美国诗人惠特曼有一首诗把诗人称作"各种事物的仲裁人……平衡器……他不像法官那样裁判，而是像阳光倾注到一个无助者的周围……"。法学家玛莎·努斯鲍姆对此解读说："当阳光倾注到一个无助者的周围，它照亮了每一个曲面，每一个阴暗处；没有什么隐蔽的，没有什么看不见。同样，当诗人的裁判倾注，我们也能察觉到所有的东西，将无助者展现在我们的视野中。"③ 此可谓一种诗性的眼光——"并视"。德国法学家考夫曼有一个"法律获取"的概念，也可谓一种诗性的"并视"。在考夫曼看来：（1）在遇见事实之前，法律并非一个明确的存在；（2）法律虽可谓一个制定法的体系，但这个体系的基础是事实；（3）法律的获取过程，就是一个在具体事件的冲击下法律显现的过程，每一法律事件都将重塑法律；（4）因此，法律获取的过程，就是一个规范向着事实开放过程。这一互动过程，用德国法学家恩吉施的话说，就是"目光在大前提与生活事实之间的往返流转"。实际上，这种"目光往返流转"，不仅可以发生在大前提与小前提之间，或法律与事实

（接上页注③）才可胜任。所谓"合一"说，他举例说："'尧舜性之'是此境，'大而化之之谓圣'亦是此境，'天地之常以其心普万物而无心，圣人之常以其情应万事而无情'亦是此境。"（见牟宗三译《康德：判断力之批判》之译者之言，西北大学出版社 2008 年版，第 69~70 页。）以此看来，其所谓"合一"之境，即是一种"诗境"或"德境"。

① 严北溟、严捷译注《列子译注》，上海古籍出版社 1986 年版，第 30 页。

② 见〔法〕古朗士《古代城市：希腊罗马宗教、法律及制度研究》，吴晓群译，上海人民出版社 2006 年版，第 218 页。

③ 〔美〕玛莎·努斯鲍姆：《诗性正义——文学想象与公共生活》，丁晓东译，北京大学出版社 2010 年版，第 120 页。

之间，还可以发生在过去与将来之间（即所谓绵延）、手段与目的之间或行为与责任之间（即所谓比例平衡）。美学家宗白华在《天光云影》中讲："画家的眼睛不是从固定的角度集中于一个透视的焦点，而是流动着飘瞥上下四方，一目千里，把握全境的阴阳开阖、高下起伏的节奏。"此即谓一种诗性的眼光——"并视"。

三 对视与审视

8. 3. 1. 先说"审视"。我们说，"视"与"示"同源而有别。汉语"视"（視）字，由"示"与"見"构成。王力《同源字典》言："'视'是看，'示'是使看，二字同源。"《诗经·小雅·鹿鸣》："视民不恌，君子是则是傚。"《郑笺》曰："视，古示字也。……可以示天下之民，使之不愉于礼义。"可见，古"视"通"示"字，具有显示、指示、告示、展示的意思。然孔颖达《正义》言："古之字，以目视物，以物示人，同作视字。后世而作字异：目视物，作示旁见；示人物，作单示字，由是经传之中视与示多杂乱。"可见，"视"与"示"虽同源，后世经传也有混用，但字义仍有区别："目视物，作示旁见"；"示人物，作单示字"。据此，再结合现代汉语的用法，我们大体可以作出如下两点区别。

（1）从字义上看，"视"与"示"不同，正如"审视"不同于"指示"。所谓"审视"，是看者用自己的眼睛对被看者的单向的观察、分析或细究；"指示"，则不仅是看者自己在看，还包括指给别人看，包含着看者对其他看者所施加的影响，即"使看"（指给看）。"视"与"示"虽然都讲"眼"与"物"之间的关系，但"视"，是"眼"对"物"的单向度的观察，是人对物的视觉性宰割、解剖或剖析，字义近于现代汉语的"审视"。所谓"审"，《尔雅·释诂》："覆、察、副，审也。"将"覆""察""副""审"合训。"覆"，《周礼·考工记·弓人》言："覆之而角至，谓之句弓。"郑注："覆，犹察也。"郑知同《商义》言，"覆，乃屋宇下覆之名"，"引申为自上而下，察之义亦然"。可见，"审"有自上而下的"察看"义。"副"，《说文》言，"副，判也"，"分也"。可见，"审"还有"分判"义。另，"审"字与"案""采"同义，象形指爪采摘的样子，有辨别详查的意思。《旧唐书·元行冲传》言："当局称迷，旁观见审。"可见，"覆""察""副""审"四字，都有审察、分析、细究的意思。①

（2）从性质上看，"审视"是物理性的或逻辑性的"看"；"指示"则是具有公共性或戏剧性的"看"。"审视"不像"指示"那样，具有某种"戏剧性""公共性"。"示"字貌似在讲"眼"与"物"之间的关系，其实它所关注的是人与人之间的关系。②"示"字原义是指"神主"和"宗庙"，有"尊显""呈现"的意思，例如《诗经·小雅·鹿鸣》："人之好我，示我周行。"《郑笺》释"示"字为"置"义："人有以德善我者，我则置之于周之列位。"后引申为"指示"（指给看）。③可见，"示"字中，一方面包含示者之"意愿"，另一方面又包含示者与其他观者之间的"冲突"、"互动"和"交流"，即一种"戏剧性"的关系。但"审视"不同，"审视"纯属于"眼"与"物"之间的物理关系，在"审视"中，即便是一个活人，也会被视为一个死物，韦伯称之为"物化"（Sachlichkeit）。因此，"审视"不像"示"或"指示"那样具有公共性和戏剧性。在"审视"中，没有"角色"，也无需"观众"，只有"眼"与"物"之间的纯粹关系，即单向度的分析的"看"。

8.3.2. 再说"对视"。"对视"与"审视"的区别不难理解，雨果《悲惨世界》有一段有趣的对话：拿破仑发觉有个老者颇为好奇地看着他，便转过身来，突然问道："这个老人是谁？这么瞧着我？""陛下，"米里哀先生答道，"您瞧一个老人，而我却瞧一位伟人。我们彼此都很开眼。"其中即可辨析"审视"与"对视"之别。

这里主要谈谈"对视"与"指示"（指给看）的区别。广义上说，"指示"也可谓一种"对视"，但狭义地说，"对视"是指视者与被视者之间直接的"目光交流"，在这个意义上，"对视"与"指示"有别。

（1）"对视"与"指示"虽然都有某种公共性，但是有区别的：后者是修辞学上的公共性，前者是诗学上的公共性。在古希腊人看来，个

---

① （战国）《尔雅·释诂》："覆、察、副，审也。"
② 按：在民法视觉学中，物权法的特点是"示"，债权法的特点则是"对视"。
③ 按：示有神主、宗庙义。另，指与示同义互训。见钟旭元、许伟建编著《上古汉语词典》，海天出版社1987年版，第94页。《礼记·仲尼燕居》："治国其如指诸掌而已乎！"《礼记·中庸》："治国其如示诸掌乎！"

人在法庭辩论或政治集会上的那种劝说艺术，与诗性幻象中的那种集体情感，是完全不同的。用考德威尔的话说："一方面是个人用来影响旁人的有效工具修辞学；一方面是使人们一起感动的诗学世界。"① 修辞学的"目光"是由"物"转到"人"再回到"物"（试图用演说者的目光置换听众的目光），而诗学的"目光"是由"我"到"人"再回到"我"（试图以他人的目光来完善我的目光）。修辞虽然面对着"公众"，但"公众"，却没有发言权；修辞虽然"看着"公众的眼睛，却可能无视公众的"目光"。修辞的目的是说服、是获得看法上的一致；诗学的目的则是"共鸣"、"共情"和"共融"。

（2）"对视"与"指示"，虽都有某种戏剧性，但它们的戏剧性是有区别的："对视"是视者与被视者间直接的"目光交流"；"指示"则是视者之间对于某个被视之物的"看法"及"交流"，其主角是"指示者"，其行为是"指示者"的主动"出示"（指给看），包含着对其他"视者"的修辞学影响。

例如《悲惨世界》中的那座仿佛有生命的"断头台"："断头台是法律的体现，并取名为'制裁'；它不是中立的，也不让人保持中立态度。看见它的人都会不寒而栗，发出神秘莫解的战栗。断头台是幻象。断头台不是一个空架子，断头台不是一架机器，断头台不是由木头、铁件和绳索构成的无生命的机械。它仿佛是一种生命体，具有一种难以言状的阴森可怕的进取性；这个架子就好像看得见，这架机器就好像听得到，这件机械就好像能理解，这木头、铁件和绳索就好像有愿望。断头台一出现，将人的灵魂投入噩梦中，就显得狰狞可骇，并参与了它的所作所为。断头台是刽子手的同谋，它吞噬，它吃人肉、喝人血。断头台是法官和木工合造的一种魔怪，是一个幽灵，似乎以它制造的死亡而生存，过着一种令人闻风丧胆的生活。"

"断头台，竖立在那里，确实有一种威慑能力。只要还没有目睹过断头台，就可能对死刑抱着漠不关心的态度，不置可否，绝不表示赞成或是反对；然而，一旦撞见一个，那震动就十分剧烈，就必须做出

---

① 〔英〕考德威尔：《考德威尔文学论文集》，陆建德等译，百花洲文艺出版社 1997 年版，第 41 页。

抉择，是赞成还是反对。有人赞成，如德·迈斯特尔；有人憎恶，如贝卡利亚。"①

的确，这座"断头台"不是中立的逻辑性的存在，而是修辞性的存在，是一个生命幻象，有视觉、听觉、愿望甚至理解力。其目光是威慑、不容商量的，看似"对视"，实为"指示"，看似是诗学的"对视"，其实却是修辞学的"展示"或"指示"——本质上是一种权力行为。

然在诗性的"对视"关系中，却无须运用权力，其中所蕴含着的巨大的情感能量，不是来自说服，而是源自共鸣。或者说，"对视"不是一方施加给另一方的意志或权力，而是彼此之间的信任、理解、同情和感动。就像冉阿让对沙威造成的那种震撼性的影响，不是基于修辞学上的"指示"，而是诗学上的"对视"。

8.3.3. "审视"和"指示"，都试图获取某种一致性，但"对视"却不同。"审视"与"指示"尽管存在很大区别，但有一点却是相同的，即从分析到统一。例如，在二分法的基础上，寻找某种统一性。（1）"审视"是逻辑性的"看"："审视"的逻辑，就是要在各种二分法中寻找一个最终的分母——基本原理。（2）"指示"则是修辞性的"看"："指示"的修辞，是要在各种二分法中寻找一个最终的圭臬——最佳效益；例如，在"前提与结论""手段与目的""概念与效益"的二元划分中，修辞学的归宿是"结论、目的、效益"。但"对视"与上述二者不同。（3）"对视"是诗性的"看"："对视"的诗学——不受任何逻辑或修辞上划分之束缚——将那些已被逻辑学或修辞学分开的"对立双方"，重新还原为一个统一的整体。在"对视"中，在某种"目光对流"的过程中，"前提与结论""手段与目的""概念与效益""事实与法律"等二元划分，重又融为一体。在"对视"中，"对视"的双方，希望在彼此目光中所看到的，不是某个具体的目标或对象，而是某种"共生"的状态。正如《管子·枢言》所言："万物阴阳，两生而参视。"

8.3.4. 西奥多·瓦茨·邓顿曾描述他被一个"眼神"——一个"小女孩"的"眼神"打动的经历："在教堂的一扇窗下长满绿草的坟堆上，坐着个小女孩。她仰着头，望着天空，唱着歌儿。她的小手指点着一朵

---

① 〔法〕雨果：《悲惨世界》（上），李玉民译，译林出版社 2013 年版，第 4、19 页。

飘浮在她头顶的金色羽毛般的小彩云。突然间，阳光显得格外灿烂，照在她光泽的头发上，给她涂上一层金属色的光彩；很难说出它究竟是什么颜色，是深褐色，还是黑色。她是那么全神贯注地望着彩云，她那奇妙的歌声，或可说是喃喃自语，似乎是对着那彩云而发的。因而她没有注意到我站起身来朝她走去。……我漫步向小女孩走去，她那在阳光下如同珍珠一样圆润的前额，特别是她那肤色，使我感到她真是异常可爱。她那黑黑的长睫毛，非常别致地朝后弯曲着，掩映着一双一会儿像是蓝灰色的、一会儿又像是紫罗兰色的眼睛。……我并没有马上领略到这一切，因为我一开始只注意了那双闪闪发光、富于表情、盯着我看的眼睛。我伫立在一边默默地注视着她，才渐渐地看清了她容貌的其他部分，特别是那张灵敏而又丰满的小嘴。……然而，与其说是她的美丽，不如说是她朝我看的那种眼神，更使我着迷，更使我陶醉。"——这段精美的描写，就像一颗多棱的钻石，折射出"视觉"的多个炫丽侧面，其中：有小女孩与一朵彩云的"对视"，有作者对小女孩的"审视"，还有作者与小女孩的"对视"，以及作者对他所看到的一切的"展示"。这段文字中的"小女孩"究竟代表什么呢？一个真实的小姑娘、诗人的灵感、某种精神……都有可能。或许代表着任何具有生命价值的神秘力量。这段描述，也为我们呈现美学的三个境界：第一是旁观者的美感，例如作者对坐在教堂窗下长满绿草的坟堆上的小女孩的观察；第二是参与者或体验者的美感，例如作者站起身来朝小女孩走去——作者自己进入了画面，成为角色；第三是交流者的美感，例如作者与小女孩的目光交流，即"与其说是她的美丽，不如说是她朝我看的那种眼神，更使我着迷，更使我陶醉"。第一种境界是形式美，第二种境界是体验美，而第三种境界则可谓交融美。

　　法律之美亦然。我们说，美，是一种匀称、和谐、具象的美好感受。美，可以是视觉上的匀称感，也可以是心灵上的和谐感。美学，即感性之学。拉丁文"aesthetic"，德语"aesthetik"，都有"感性"之意。所谓法律美学，就是要去观察和体验法律中那些被法学理性主义所忽视了的感性现象、美学现象，进而对这些现象作出美学的批评。从这个意义上说，"法感"，即让每个人在法律中都能够感受到公平正义，就是一个法律美学上的要求。在法诗学看来，法与美有三个主要的维度：旁观美、体验美和交融美。在旁观的维度上，我们可以讨论外在的法律语言美、法律建筑美、司法诉讼结构美、法律体系美，也可以讨论法律内在的比例美，包括民法、刑法和行政法上的比例原则之美。如果说，这些都是一个旁观者的客观美学维度，那么体验的维度，则是一个参与者的主观美学维度，在这一维度上，我们可以讨论各个参与者的法感问题，就像在"神奇的裁判"①中那样。最后也是最高的境界，则是交融美。我们知道，美学，即感觉或感受之学。匀称感、均衡感也好，节奏感、共鸣感也罢，都是感受，都是某种关系感、家园感。用古汉语来说，都是某种"丽"或"仁"的关系。然而，这种美好关系，"丽"也好，"仁"也罢，却不是抽象的，而是具体"情境"中的。在此意义上，法"美"学之美，不仅是逻辑美、修辞美，更主要是"诗"美，即"体验美""共鸣美""交融美"。党的二十大报告中说"要让人民群众在每一个司法案件中感受到公平正义"，即可谓一个法"美"学上的要求。

8.3.5. 古希腊哲学上的"看"，总体上是一种"审视"与"对视"的混沌状态。

（1）古希腊人的"看"，似乎尚无"审视"与"对视"的清晰划分；或者说，古希腊人所看见的对象，既是"物格化"的，也是"人格化"的，是一种古朴浑然的也许更加真实的"看"。在苏格拉底的辩证法中，已包含一种"对视"态度。我们知道，他的著名的命题——"认识你自己"：正如能够从对方的瞳孔里看到我们自己的瞳孔一样，在灵魂的交流（对视）中，我们也能够从对方的灵魂中看到我们自己——就是说，灵魂要想认识自己，就得通过观看另一个灵魂作为一面镜子。实际

---

① 所谓"神奇的裁决"（或阿凡提故事），是讲这样一个诗性的"判决"：一个贫穷的扫烟囱工人，因为用鼻子嗅享了一家餐馆食物的香味，被厨师要求付费——"闻饱了菜肴的香味，就应付一半的饭钱"。那人不愿意，就争吵起来。这时一个警察路过，双方就把纠纷交给警察处理。警察对扫烟囱工人说："既然你的一个感官享受了他的食物的香味，你就应当给予报偿，这才公平；所以，你也应该让他的一个感官得到享受。你身上有多少钱？""总共只有两个便士，是我的面包钱。""没关系，"警察道，"你把两个便士用双手捂住使劲摇出咔嗒咔嗒的声音来。"扫烟囱工人这样做了。警察就转身对厨师说："现在，先生，我想他给了你报酬了：你的食物的香味给了他鼻子以享受；他的钱币的响声也饱了你的耳福。"（Now, Sir, I think he has paid you: the smell of your victuals regaled his nostrils; the sound of his money has tickled your ears.）这一"通感"裁决（打通味觉和听觉），使各方都感受到了公平正义。

上，古希腊人的这种"对视"，不限于"对人"，也包括"对物"。韦尔
南就说，在古希腊人那里，"只有在被看的一方和看的一方之间存在着
某种完全的彼此依赖性时，视觉才有可能实现，而这种彼此依赖性所
传达的，如若不是一种完全的同一性，至少也是一种极其接近的亲缘
性。……从物件中散发出来并使物件得以被看见的光线，跟来自眼睛并
使眼睛能看到东西的视线属于同一种现实范畴，人们可以说，它不知道
有物理和心理的对立，或者说，它既属于物理范围，又属于心理范围。
光线就是视觉，视觉是有光的"①。在这种视觉观念看来：我之所以看见
了某物，正是因为该物也看见了我；或者说，在某种拟物和拟人的混沌
想象中，在我与对象之间，不仅是单向的"看"，还是双向的"对看"。
用柏拉图的话说"从眼睛中喷发出的火光无论在哪里遇上什么，它都将
撞上并碰到来自外部物体的光。它就这样形成一个其中所有各部分都有
着统一性质的整体"②。对此，韦尔南解释道：看者似乎"具有某种光明
的臂膀，它从眼睛出发，像触手一般伸展出去，延长了我们的器官。由
于它们的亲缘性（全部构成一种纯粹的火，它照亮而不燃烧），视觉之
臂归入白日的光芒和由物体散发出的光线中。同它们混合后，形成一个
唯一的体（sôma）。彻底地同质和持续，它整片相连地属于我们自身和
物理世界"③。这一视觉理论似乎可以概括为如下公式：

　　视觉＝观察者的眼睛的如同手臂般的触觉＋对象放射出来的如同
目光般的光

　　（2）古希腊人的"看"，不仅是"审视"和"对视"的一个混沌状
态，更主要它还包含着"道德"情感；换句话说，古希腊人从对象所
"看"到的，不仅有"真"和"美"，还包含着"善"，是一个"真善
美"的混沌整体。在这种混沌"视觉"中，看者从被看者那里，不仅看

---

① 〔法〕让·皮埃尔·韦尔南：《神话与政治之间》，余中先译，生活·读书·新知三联
　书店 2001 年版，第 200 页。
② 〔古希腊〕柏拉图：《蒂迈欧》45b。另可参见〔古希腊〕柏拉图《柏拉图全集》（第
　三卷），王晓朝译，人民出版社 2003 年版，第 296~297 页。
③ 〔法〕让·皮埃尔·韦尔南：《神话与政治之间》，余中先译，生活·读书·新知三联
　书店 2001 年版，第 202 页。

见了被看者，还看见了看者自己，不仅看见了看者自己的外形，还看见了看者自己的精神或灵魂，一个添加了源自对方目光期许的新的自己，即一个崇高的自己、一个神性的自己。就像在"爱情"中的那样，在爱人的眼中，我们"看见了"一个具有奉献精神的"我"。韦尔南说：在"爱情"中，视觉"是从施爱者眼中流出的，并在被爱者的眼中反映出来的这一道波，以至于人们在另一个人的眼中所看到的，正是他自己"。实际上，柏拉图的"视觉"观念，并未就此止步：因为"爱着我的那另一个，在我身上看到的是美神（La Beauté），大写的美神，远远在我之外。……当我瞧着她时，我看到的是我，或者不如说，是在我心中已经成了另一个的那东西"①。这里所揭示的，不仅是一个元哲学的命题——"人只有在某种相互关系中才能找到自我"，还包含一个（或许更为重要的）元伦理学命题——"美德"（或"善"）是在爱人的目光中诞生的。美德，未必是被看者所呈现出来的或所具有的东西，但却是看者在被看者的目光中为自己建构（并看见）的东西，也就是被看者作为主体传达给看者的东西。在这种"对视"中，看者与被看者都从其"爱人"的目光中，看到了某种高贵。一当人们将这种目光移转开去，扩用即以相似的眼光去看待其他事物时，人们就会看见人类社会的一切美好构想，除了人类自身应当具有的"美德"外，还会看见城邦的"理念"（理想国）和事物的"理型"（最高的善）。

8.3.6. 笛卡尔以来的科学思维，总体上是"物格化"的，即"审视"的。法学既然跻身于科学一支，自然也不例外。法学思维，就像德国概念法学家耶林一度追求的那样：法学与化学是一样的，"都需要摆脱外部的假象，需要克服自然感觉的力量，需要不断地与成见作斗争"，应该像揭示"让物体燃烧的不是光，而是氧气"这一化学原理那样，去揭示"导致赔偿义务的根据不在于发生了损害，而在于过错"这样的法学原理。一旦某一法学原理被揭示出来，它就可以作为一个确切的逻辑前提，进而得出百试不爽的法学结论。为了这一科学主义理想，法学就必须动摇或破坏对感官事实的信赖，"把自以为有资格对事实进行判断的眼

---

① 〔法〕让·皮埃尔·韦尔南：《神话与政治之间》，余中先译，生活·读书·新知三联书店2001年版，第45页。

睛的裁判职务免除，并用科学的判断替代其位置"。① 在这种纯粹的科学或逻辑审视下，加害人的"主观过错"，显然不是被当作另外一个与观察者不同的"目光"，而是被当作观察者的"对象"，并与加害人的"损害行为"一起，共同构成观察者单向审视的"客体"。

然而，耶林曾经追求的这种"物格化"，或"审视"的目光，在美国哲学家威廉·詹姆斯看来，却可能意味着"人之盲目"（a certain blindness in human beings）。罗蒂转述威廉·詹姆斯的经历道："他旅途行经阿帕拉契亚山脉，看到人家砍伐树林，清理出一片空地，代之以一块泥泞的花园、一间小木屋和几只鸽子。"对于这片人为的"林间空地"，詹姆斯陈述了他当时的反应，并说明了他所谓"人之盲目"的问题："树林被摧毁了，而人们制造出来的'改进'，却是惨不忍睹，像是身体上的溃疡，丝毫不具人工之巧，以弥补自然美的丧失。"——在威廉·詹姆斯眼中，这片人为的"林间空地"显然是极其丑陋的。然而，詹姆斯接着说，当一个农夫走出木屋，交谈中告诉他说："面对这些绝无人迹的荒凉山坳，我们并不快活，除非我们稍加开垦。"这时，他才恍然大悟："原来我一直误会了这处境的整个内在意义。由于对我而言，林中空地所意味的无非是滥垦，因此我想，对那些……开拓这些林地的人而言，他们一定没有别的看法。但是，当他们面对这一片惨不忍睹的断杆残枝时，他们想到的却是个人的胜利……"——旁观者眼中的"惨不忍睹"，却是当事者眼中的"个人的胜利"。他继续说："这林间空地对我而言只是视网膜上一幅丑陋的景象，对他们而言却具有象征的意义，让他们回味道德的记忆，像一首义务、奋斗和成功的赞美诗。"詹姆斯最后反省道："对于他们处境的独特理想性，我已盲目不见，这当然就和他们对我的状况的理想性盲目不见，道理是一样的——如果他们也来坎布里奇一窥我奇怪的室内学院生活方式。"②

8. 3. 7. 梅洛-庞蒂的"看"的艺术。梅洛-庞蒂将科学上的"看"与艺术上的"看"区别开来。他举例说，站在一面镜子前，科学家看到

---

① 〔德〕耶林：《罗马私法中的过错要素》，柯伟才译，中国法制出版社 2009 年版，第 77 页。

② 〔美〕理查德·罗蒂：《偶然、反讽与团结》，徐文瑞译，商务印书馆 2003 年版，第 57 页。

的镜像与艺术家看到的镜像是不同的："一个笛卡尔主义者是不会在镜子里看到自己的：他看见的是一个假人（Mannequin），一个'外部'。他有一切理由认为，其他人也以同样的方式看他，这个假人，对于他自己和对于他人一样不是一个血肉之躯（chair）。他的镜中'形象'是事物的机械运动的一种效果，如果他在那里认出了自己，如果他感觉到它与自己'相似'，那么正是他的思想编织了这种联系，镜像绝不属于他。"① 他把镜子里的他，当作外在的无生命的不是他的他。然而，与科学家照镜子完全不同，例如一个画家，梅洛-庞蒂说，"在画家与可见者之间，角色不可避免地相互颠倒。这就是为什么许多画家都说过万物在注视着他们"。在画家这里，"审视"变成了"对视"。"通过镜子，我的外观得以完整起来，我最秘密地拥有的东西进入到这一面貌（visage）中，进入到……存在中。施尔德（Schilder）注意到，如果对着镜子抽烟斗，我不仅在手指捏拿之处，而且在这些自负的手指中，这些唯独在镜子里可见的手指中感觉到光滑而灼热的木头表面。镜中的幽灵在我的肉体外面延展，与此同时，我身体的整个不可见部分可以覆盖我所看见的其他身体。从此以后，我的身体可以包含某些取自于他人身体的部分，就像我的物质（substance）进入到他们身体中一样，人是人的镜子。"② ——显而易见：科学的"看"，是"局外"的，用梅洛-庞蒂的话说，"科学操纵事物，并且拒绝栖居其中"③；艺术的"看"，则是"介入"的。前者是描述性的，后者是叙事性的。④ 前者是"看"的"物格化"（Sachlichkeit），后者是"看"的"人格化"（Persönlichkeit）。前者是一种主客二分的并且是主体对客体的单向度的"审视"——其中隐含着一个以物为喻体的

① 〔法〕梅洛-庞蒂：《眼与心》，杨大春译，商务印书馆 2007 年版，第 51~51 页。
② 〔法〕梅洛-庞蒂：《眼与心》，杨大春译，商务印书馆 2007 年版，第 48 页。
③ 〔法〕梅洛-庞蒂：《眼与心》，杨大春译，商务印书馆 2007 年版，第 30 页。
④ 卢卡契区分了描写和叙事："描写把一切摆在眼前。叙事的对象是往事。描写的对象是眼前见到的一切，而空间的现场性把人和事变得具有时间的现场性。但是，这是一种虚假的现场性，不是戏剧中的直接行动的现场性。"在卢卡契看来：描写的对象是眼前无差别的一切，试图以全知的视角再现事物本身，然而，就像一幅"静物画"，要以"空间的现场性"取代"时间的现场性"，其实是"一种虚假的现场性"。叙事则是把往事作为对象，视角大多跟着主人公走，并在一种时间距离之中将事物表现出来，而在这一表现中，即叙述者基本动机的逐渐显露过程中，事件的细节便一下子具备了全新的面貌。见《卢卡契文学论文集》（一），中国社会科学出版社 1980 年版，第 58~59 页。

"物格化"（Sachlichkeit）的修辞，即将眼前的所有对象一律视为"物"；同时，它还隐含着一种权力关系，即看者对被看者的单向宰割或支配。后者则不同，"对视"是主体之间的双向度的"目光交流"；它将眼前的对象看作"人"。——是"设身处地"，是"同情心"，是"人格化"（Persönlichkeit）的诗学。

8.3.8. 视觉诗学。视觉，不仅是艺术的，还是诗性的。广义上说，无论"审视"还是"对视"，都可能是某种诗性的"看"。艺术家将"物"或"机器"看作有生命的"人"（拟人），固然是一种诗性的"看"；同样，逻辑学家、科学家把有生命的东西（人）看作"物"、看作"机器"（拟物），同样是一种诗性的"看"。前者是"看"的"人格化"（拟人），后者是"看"的"物格化"（拟物）。

8.3.9. "审视"的诗性。在广义上说，"审视"，也是一种诗性的"看"。"审视"的诗性，主要有两种：一是抽象（大脑的想象）的诗性；二是制作（手的想象）的诗性。（1）先说抽象的诗性。我们知道，"审视"（且不说审视中的"拟物"），主要是分析的、逻辑的、科学的，但其中的"抽象"过程，却可能具有诗性。沈从文在《烛虚·生命》中，就对这种"抽象"诗性，作过精美绝伦的描写。他写道："我正在发疯。为抽象而发疯。我看到一些符号，一片形，一把线，一种无声的音乐，无文字的诗歌。我看到生命一种最完整的形式，这一切都在抽象中好好存在，在事实前反而消灭。""有什么人能用绿竹作弓矢，射入云空，永不落下？我之想象，犹如长箭，向云空射去，去即不返。长箭所注，在碧蓝而明净之广大虚空。""明智者若善用其明智，即可从此云空中，读示一小文，文中有微叹与沉默，色与香，爱和怨。无著者姓名。无年月。无故事。无……然而内容极柔美。虚空静寂，读者灵魂中，如有音乐。虚空明蓝，读者灵魂上却光明净洁。"显然，在抽象的"审视"中，我们在"看"，但不是用眼睛，而是在用心灵、用想象；我们所看到的，不是具体的质料，而是抽象的形式——可能是概念、原理，也可能是概念和原理所构成的体系。这些抽象的形式，虽然"虚空明蓝"，不可捉摸，但却是真实有效的。用沈从文给出的隐喻说，就像"山灵"一样，能够使人"喑哑"："大门前石板路有一个斜坡，坡上有绿树成行，长干弱枝，翠叶积叠，如萃翠，如羽葆，如旗帜。常有山灵，秀腰白齿，往来其间。遇之者即暗哑。爱能使人暗哑……。"是的,"抽象的爱,亦可使人超生"。① 沈从文指出的这种抽象的诗性,可谓形而上学家的诗学。在概念法学中,我们即可看到这种"抽象"的诗性。(2)再说制作的诗性。当我们将"审视"的眼光从视觉引申到心灵和大脑,便可能产生诗性的抽象;同样,当我们将"审视"的眼光从视觉引申到心灵和双手时,便可能产生诗性的制作。本雅明在提到瓦雷里的一项研究时讲:"瓦雷里在研究一位创作丝绣人像的女艺术家时说:'艺术的观察可以企及几近神秘的深层,被观察之物失去了它们的名称。光和影融合成十分别致的体系,提出十分独特的问题。这些问题既不依赖于知识也不是出自什么实践,而纯粹由某人的灵性、眼光和手艺的和谐获得其存在和价值。这种人天生就能洞悉这样的体系,并在内心自我中将其创造出来。'"瓦雷里所说的这种"人与物"的神秘关系,这种"心、眼、手协调一致"的手艺,这种诗性的制作,可谓工匠的诗学。

8.3.10. "对视"的诗性。"对视"的诗性,从广义上说,也主要有两种:一是修辞的诗性;二是对话的诗性。我们知道,"对视"(且不说对视中的"拟人"),是设身处地的、公共的,戏剧性的,因而是诗性的。然而这种诗性,仍具有内部的复杂性。伽达默尔曾讨论了"事物的本质与事物的语言"二者的微妙关系。这两个术语,虽然都是在说"物",但却有别于我们所谓的"审视"。我们知道,在"审视"中,在"人与物"的对立关系中,"人"处于主动优越的地位,而"物"则处于被动地位。然而上述伽达默尔所讨论的两个术语,却是要颠覆"人对物的优越性"。② (1)先说"事物的本质"。伽达默尔说:"事物的本质"这一表述,改变了"物"的不利处境。他说:"事物的本质"这一表述,意味着"那些对我们有用的以及由我们处置的东西实质上也有其自身的存在,这就阻止我们以不恰当的方式去使用它"。因此,人对物的优越性由此就颠倒了。紧接着,伽达默尔把哲学上的物(Sache)与罗马法学上

① 见沈从文《烛虚》、文化生活出版社1941年版,第53页。另见朱义禄主编《中国近现代人文名篇鉴赏辞典》,上海辞书出版社2014年版,第543页。
② 按:在此意义上,伽达默尔指出——"这是事物的本质"(Es liegt in der Natur der Sache)与"为自己说话的事物"(Die Dinge sprechen fuer sich selber)——这两种表述,可以相互对换。

的物（res）类比在一起加以讨论。他说："德语 Sache 的意思首先是所谓 causa（根据），即人所考虑的、引起争议的'物质'。物，本来是存在于争论中的派别之间的东西，因为对它的归属还须做出决定。必须防止这个物受另一派别的主宰。在这个背景下，准确地说，客观性意味着反对偏执，即：反对为了局部利益而滥用法律。从法律意义上说，'事物的本质'这一概念，并不指派别之间争论的论题，而是指限制立法者任意颁布法律、解释法律的界限。诉诸事物的本质，就是转向一种与人的意愿无关的秩序，而且，意味着保证活生生的正义精神对法律字句的胜利。"① 这就是说，"事物的本质"这一概念，不仅将"审视"中"人与物"之间的物理关系，变成了"人与人"之间关于"物"的关系，而且进一步，将其变为"人与人"之间关于"物"的争执关系，就像人们在法律上对"物"的争执一样，因而具有了公共性和戏剧性。从这个意义上说，"事物的本质"概念，在视觉理论上，不是"审视"的，而是"指示"的，即那被展示的"物"的本身，具有了客观性（Sachlichkeit）。这对指示者和其他观看者，都是一个制约。（2）再说"事物的语言"。与"事物的本质"不同，"事物的语言"是完全不同的另一种"戏剧"。在"事物的本质"中，那种"人与人"之间关于"物"的关系，那种双方之间对于"物"之归属的争执，完全变成了类似"人与物"之间的对话。首先，"事物的语言"，不是逻辑学的单向剖析，而是诗学上的双向交流。"事物的语言"，表面看好像回到了"事物"，回到了"人与物"的关系之中，实际却是"人与人"之间的关系；其目光，不是一种单向的"审视"，而是"对视"。就如伽达默尔所指出的："通常，我们根本不去听取事物本身，事物处在人们通过科学的合理性而对自然进行的计算与控制之下。在一个日趋技术化的世界里谈论对物的尊重越来越令人不可理解了。事物只是在消失，而只有诗人保持着对它们的忠诚。"② 其次，"事物的语言"，也不是修辞学的权力运用，而是诗学意义的"对话"。伽达默尔指出，事物的语言，意味着事物就是实存本身。

---

① 严平编选《伽达默尔集》（第 2 版），邓安庆等译，上海远东出版社 2003 年版，第196 页。

② 严平编选《伽达默尔集》（第 2 版），邓安庆等译，上海远东出版社 2003 年版，第196 页。

"人类傲慢的操纵意志轻视了事物本身的存在，他就像语言，我们对之加以倾听是非常重要的。因而，'事物的语言'这一表述，并非只是魔术师默林或那些相信神话精灵的人可以证实的神话的或诗性的真理。相反，这一普通表述唤醒了人们对事物本身的记忆……这些事物仍然可以成为它们之所是。"① 正是在这个意义上，伽达默尔反问道："语言难道不更多是事物的语言而非人的语言吗？"② 因此，我们似乎可以这样说，从客观性和诗性上看，"事物的本质"与"事物的语言"这两个短语，"实际表述了同一条真理"。但从戏剧性上看，二者之间仍有一定"张力"，"事物的本质"是一种修辞学意义上的戏剧，而"事物的语言"则是一种诗学意义上的戏剧。前者可谓一种修辞的诗性；后者则是对话的诗性。

四　中西方不同的"看"

8.4.1. "看"的诗学。视觉问题，不论在中国还是在西方，都不仅仅是一个生理学问题，其通过某种类比或引申，升华到了一个更为本质的诗学的层面。总体言之，中国传统的"看"，以"指示"（指给看）为基础，具有较为浓厚的政治伦理色彩，是一种"看"的修辞学诗学；西方传统的"看"，以"审视"为基础，具有较强的科学逻辑色彩，是一种"看"的哲学诗学。

8.4.2. 在中国传统中，既有"指示"的诗学，也有"对视"的诗学，但"指示"色彩更为浓重。中国传统"视"的字义，主要有两个发展的方向。第一，是"视"的生理机能的方向。例如《易·履》："眇能视，跛能履。"《象》曰："眇能视，不足以有明也。"③ 再如《墨子》："目不能遍听，手不能遍操。"这都是讲视觉的生理机能。第二，是"视"的伦理功能的方向。在汉语中，"视"字，无论解作"看见的"看

---

① 严平编选《伽达默尔集》（第2版），邓安庆等译，上海远东出版社2003年版，第196页。

② 严平编选《伽达默尔集》（第2版），邓安庆等译，上海远东出版社2003年版，第200页。

③ 程传："盲眇之视，其见不远。"（清）李光地撰，李一忻点校《周易折中》，九州出版社2002年版，第115页。另，"眇能视"句，英译作"The one-eyed man may see"。《英译易经》，汪榕培、任秀桦译，上海外语教育出版社1993年版，第21页。

（kàn），还是"看守的"看（kān），其中都隐含着"示"（指给看）的意思，具有某种公共性和修辞性。例如，（1）《尚书·泰誓》言："天视自我民视，天听自我民听。"（其中的"视"字，虽仍可解作生理意义上的"看"，但其政治伦理意义是显而易见的，不仅有"审视"的意思，还有"监视""指示"义。）（2）《尚书·太甲中》曰："王懋乃德，视乃厥祖。"《诗经·小雅·大东》云："周道如砥，其直如矢；君子所履，小人所视。"（其中的"视"字，不仅是"看见"，还是"效法""指示"。）（3）《礼记·坊记》曰："故君子于有馈者，弗能见，则不视其馈。"（其中的"视"字，不仅是"看见"，还是"接纳""指示"。）（4）《诗经·小雅·鹿鸣》云："视民不恌，君子是则是傚。"（其中的"视"字，即指"显示""告示"。）①

　　中国传统的"视觉"诗学，尽管以"指示"（指给看）为主，是一种"指示"的修辞学诗学，但也并不缺乏"对视"。例如，《管子·枢言》云："凡万物阴阳，两生而参视。"（其中的"视"字，就不仅是"看见"的意思，还有"赋予生命"和"对视"的意思。）其中的"视"字，与"仁"字相通，都以"阴阳"观念为基础。孔子曰："仁者，人也。"郑玄注曰："人也，读如相人偶之人，以人意相想存问之意。"其所谓"相人偶"，以我的理解，就是一种"对视"的眼光，包含彼此之间的同情心与责任感。

　　8.4.3. 在西方传统中，既有"审视"的诗学，也有"对视"的诗学，但"审视"的特征，更为突出。在西方，同样将"视觉"类比或引申到生理机能上的"看"之外，但在政治伦理领域的表现，并不突出，而是凸显在"人与物"的抽象关系的领域，即引申为理论上的"认识"和实践上的"体验"或"经历"。② 亚里士多德说："我们乐于使用我们的感觉……而在诸感觉中，尤重视觉。无论我们将有所作为，或竟是无

---

① 按：汉语"看"字的意义主要有：（1）照料，例如看护；（2）监视，例如看守；（3）观察，例如看穿；（4）访问，例如看望；（5）对待，例如看待；（6）试试，例如看看等。
② 按：（1）在汉语中，汉字"看"有二义：一是看管、监视的意思；二是观看、审视的意思。但在德语中，看管的"看"与观看的"看"是两个不同的字：前者是 huehen；后者是 sehen。（2）以英语 see 的用法为例：①see with your eyes、②understand/realize、③find out、④consider、⑤future、⑥imagine、⑦make sure、⑧experience，这些较少有汉语"视"或"看"字的政治伦理意义，如效法、管理、接纳、指示、赋予生命的意思。

所作为，较之其他感觉，我们都特爱观看。理由是：能使我们识知事物，并显明事物之间的许多差别，此于五官之中，以得于视觉者为多。"① 韦尔南总结说："在希腊文化中，'看到'有一种优先地位。"② "从某种方式上说，人在其本质中就是一道目光。"这是因为：人的认识和经历都是一种"视觉"的形式；或者说，人的生活本身就是一种"看的模式"。③ 笛卡尔甚至说，即便盲人，也是"用手来看"的。④ 这在人们的日常语言中可以很清楚地看到，当人们要解释原因时，就会说"我看是由于……"，当人们表达建议时，就会说"我看应该……"，甚至当人们在陈述某种抽象体验时，也会说"我看见……"。所有这些"看见"，已不仅仅是指肉眼的看，还有精神或灵魂上的"看见"的意味。柏拉图的"理型"（或"理念""相""范型"），就是在这个意义上被"看见"的；黑格尔的"绝对精神"也是这样被"看见"的；康德的"纯粹理性"，看上去就像一座"建筑"；霍布斯的"国家"，看上去则像一头"怪兽"（利维坦）。同样，依据这一"视觉"的原理，耶林看见了法学的概念"天国"；德沃金看见"身披法袍"的"正义"；凯尔森将法律视为一个"规则体系"；巴格内尔（Gary P. Bagnall）则将法律视为一场"音乐性的戏剧"（Operatic Music Drama）。

8.4.4. 在认识论或方法论上说，在西方传统中，通常区分了以下四种眼光。第一种眼光，是理论的眼光，即"理论统领着世界，这里的'理论'是指一种作为先决条件的统一视域"。第二种眼光，是批判性分析的眼光。首先，批判性分析有别于单纯的分析："在批判性分析中，我们绝不会无视综合……综合是一切分析的必要前提。""我们只能解开原

---

① 〔古希腊〕亚里士多德：《形而上学》，吴寿彭译，商务印书馆 1959 年版，第 1 页。

② 〔法〕让·皮埃尔·韦尔南：《神话与政治之间》，余中先译，生活·读书·新知三联书店 2001 年版，第 199 页。

③ 按：韦尔南的"看"，既是认识，也是经历。韦尔南说："这有两个理由，两者都具有决定意义。首先，看到（voir）和知道（savoir）是一个整体；如果说，idein，即'看见'，和 eidenai，即'知道'，是同一术语的两种字面形式，假如，eidos，'可见的外表与外貌'，同样也意味着'特有的性质，还算清楚的形式'，那是因为，认识要根据看的模式来解释和表达。认识是一种视觉的形式。其次，看见（voir）和经历（vivre），同样也是一个整体。要想活着，就得同时既看到太阳的光芒，又能被所有人的眼睛看到。离开生命，意味着同时丢失视野和可视性。"〔法〕让·皮埃尔·韦尔南：《神话与政治之间》，余中先译，生活·读书·新知三联书店 2001 年版，第 199 页。

④ 转引自〔法〕梅洛-庞蒂《眼与心》，杨大春译，商务印书馆 2007 年版，第 51 页。

本扣合在一起的东西。"其次，批判性分析，是心理学（法感）和逻辑学（建构）的统一，是叙事与描述的统一，是经验与理性的统一。第三种眼光，是形式的眼光，即精神上的看见。"质料是盲目的；它本身的生命力严重不足。它必须被赋予一种形式，才能变成某样东西。""形式是调整方法。形式的任务是按照统一方式，对看得见摸得着的素材进行规定和调整。""简言之，形式和质料之分，是一切基于批判的科学的必要根据。"① 形式的眼光，可谓视觉上的"引路天使"，在法学上，它以两种方式引我们进入法学：一是法的概念；二是正义的理型。第四种眼光，是内参的眼光（即直接进入事物并以与之对话的方式进行思考）。福柯说："在临床医学中，描述并不意味着把隐藏的或看不见的事物置于没有直接接触它们的那些人可以理解的范围内。它的真正意义在于使被人们熟视无睹的事物说话，而这种言语只有进入真正言语之门的人才能理解。"② 福柯所指出的这种临床医学上的描述，并非实证性的说明或解释，毋宁是一种心证式的体验和对话。表现在法学上，正是在这种"对视"或"对话"中，事物与我们之间处于互动、交流和共鸣的状态。一当我们进入这种状态，法律就会显现为事情中的法律，而事情也就会显现为法律中的事情。

来颖燕在《温泉文化与自然之谜》③ 一文中提到炮制中药和温泉汤池两个例子。

（1）在人与自然之间，"并非只能处于对峙或是合一的两极，而是可以互相对视和激发——如同那中药材，自然天性和人为技艺互为依赖，才成全了药效。人与自然或者在最深处是相通的，'那里浸润着一切生长者的根'（里克尔语）"。

（2）"人与自然之间，或者就是这样在靠近与疏离之间腾挪着脚步，不断退回到共同的深处，寻找着属于自己的运行轨道。也因此，我们愿意将自己深深埋入温泉汤池，渴望着去负担充满于天地之间的极大同时极微渺的神秘。"

——都可谓诗性的"对视"。

---

① 参见〔德〕施塔姆勒《现代法学之根本趋势》，姚远译，商务印书馆 2018 年版，第 97 页。

② 〔法〕米歇尔·福柯：《临床医学的诞生》，刘北成译，译林出版社 2011 年版，第 128 页。

③ 来颖燕：《温泉文化与自然谜》，载《文汇报》2023 年 12 月 7 日，第 8 版。

五　结语

8.5.1. 以"眇视"的眼光看，法律是一个纯粹的逻辑体系，不容掺杂任何诗性的渣子。然而事实证明，法律并不纯粹。以"觊视"（并视）的眼光看，法律是一个多彩而融合的规范共同体。用尼采形容道德规范的话说，就像两个"色彩各异的太阳，时而用红光，时而用绿光，在一颗唯一的行星周围照耀，同时把两种光对准这颗行星，使它溢出缤纷的色彩"一样，我们的行为，也会由于受到各种相互冲突的规范的约束，而"交替辉映出各种各样的色彩"。在法诗学看来，法，并非一个单一的逻辑体系，而是一个充满了矛盾和冲突的正义共同体。

8.5.2. 以"审视"的眼光看，法律是一个静态的等待解剖或适用的客观理据，然法学实践却证明，法律并非一个无情无义的工具。正如在任何情感体验中那样，凝结在法律中的客观法感，是不可分析的，也是不可解释的，只有情感才能激活并打动情感。只有在主观法感与客观法感的具体境遇中，在二者融为一体的具体过程中，法的生命情感，才会真正显现。而一当法律成为一个有情有义的对象（主体）时，我们也就进入一个类似"爱情"的诗性空间。此刻，一切法律解释理论（无论是社会取向的目的解释还是教义取向的立法解释）都变得黯然失色。

第九章　法律发展窥视

坚白，盈。

——《墨子》①

一　法律史研究的两个视角

9.1.1. 法律一体化（全球化）是个时髦概念，但却不是个历史突发事件。在人类漫长的交往史中，今天的法律一体化发展只是过去过程的一个延续。法律的一体化就像发自不同源头但却一致流向低处的河水一样，曾经在世界的不同地域和人群中，彼此分离但却趋向一致地进行着。在历史发展的某个时期，这万条溪流的分合起伏，终于汇成江海，无数局部的漩涡和浪涛，最终形成了一倾洪波巨涌。

9.1.2. 但观水之术，人有不同，或览水面之波光，或耽水底之暗流。关于全球化时代的世界法律问题的研究，历史学方法与法学方法也有不同的视角。德国法学家拉德布鲁赫曾说："按照法学的思考方法，国家法是所有其他法律的源泉：它创造了国家并规定着国家的意志构成，根据这种国家意志，又进一步产生了制定法形式的其他法律规则。但以历史的思考方法来看，这种关系恰恰相反：涉及我的和你的、商业的和交往的、家庭的和继承的法律，即私法，构成了较为稳定的基础，而国

---

① 《墨子》言："坚白，不相外也。""必相盈也。""盈，莫不有也。"吴毓江撰《墨子校注》解释说："坚白俱在于石，拊石得坚，理会得白；视石得白，理会得坚。坚不外白，白不外坚，故曰：'坚白不相外也'。此就经过心之综合作用言也。若仅就当前感觉言，则视得其白，不得其坚；拊得其坚，不得其白。坚无白，白无坚，坚白异处，不相盈而相离，是相外也。""本条言坚白之合。拊石得坚，理会得白；视石得白，理会得坚，而构成一整个坚白石之观念。"吴毓江撰，孙启治点校《墨子校注》（第2版），中华书局2006年版，第500、549页。

家法则构成了可以改变的'上层建筑'。"① 在拉德布鲁赫看来，秩序与法律的关系问题，以及公法与私法的关系问题，是复杂的、多面的，不同的研究角度，关注问题的不同侧面和层次，不同的研究方法，揭示对象的某种状态和特征。苏东坡的"横看成岭侧成峰，远近高低各不同"是这个道理，波尔的微观物理中的"波粒二相性"也是这个道理。全球化时代的法律发展问题也是如此。以法学的眼光来看，全球化时代的法律发展是一个设计，是一个评价，不是一个宿命：人类理性在法律发展中不是无能为力或无所作为的。以历史学的眼光来看，全球化时代的法律发展是一个描述，是一个过程，不是一个鹄的：法律发展不是"以全球政治统一来实现全球法律统一"，也不是要"以全球法律统一来促进全球政治统一"；全球化时代不是"全球国家"或"法律统一"的时代。从法学角度说，法律发展的主导性力量是政治，国内政治推动以及国际政治妥协，是世界法律发展的最直接最主要的动力。但是，从历史学角度说，全球范围内的民间法律实践，特别是法律选择上的意思自治，是世界法律发展的最深刻最根本的动因之一，由当事人法律选择而引发的法律竞争，虽然主要发生于私法领域，但在世界法律发展中的影响却是极其深远的。

二　法学视角

从法学的视角看，即从法律发展的政治动力角度看，世界法律发展的基本模式大概有四种：立法主导的法律发展、司法主导的法律发展、谈判缔约的法律发展、范本采纳的法律发展。

9.2.1. 先看第一种：立法主导的法律发展模式，即首先通过武力或外交取得政治上的统一，然后通过中央立法，建立统一的法律体系。这种模式比较典型的有：汉谟拉比王朝的法律统一、中国秦王朝的法律统一、法国资本主义法律体系的建立等。巴比伦王国统一全国后，尤其是巴比伦王朝第六王汉谟拉比完全统一两河流域后，为了巩固国家统一，

---

① 〔德〕拉德布鲁赫：《法学导论》，米健、朱林译，中国大百科全书出版社 1997 年版，第56 页。

加强中央集权，消除地方法律冲突，制定了《汉谟拉比法典》，统一了两河流域的法律。秦始皇统一六国后，在实行"跨海内以制诸侯"的包容之术的同时，大力实行"天下无异意"的"安宁之术"，统一文字、统一度量衡、统一法律。法国资产阶级革命胜利后，特别是拿破仑执政后，建立了中央集权制，制定了一系列重要法典，法国资产阶级法律体系得以建立。

9.2.2. 再看第二种：司法主导的法律发展模式，即通过政治权力，建立统一的中央司法体系，然后运用中央司法权力，逐步形成普遍适用的法律体系。这种法律一体化模式，以英国普通法的形成最有代表性。诺曼底公爵威廉征服英国后，在政治上实行"陪臣关系直接化"，建立中央集权制，在经济上进行"土地清册"，完成财产再分配，这些措施虽然为法律统一奠定了基石，但是英国却并未就此通过中央立法统一法律，而是审慎地通过逐步建立中央司法体系，在司法实践中逐渐形成了英国法律的统一局面。威廉一世建立御前会议作为中央政府和最高司法机关。亨利二世设立棋盘法院、民事高等法院和王座法院，进一步统一司法权；建立巡回审判制度，使中央的法律和地方的法律得以沟通和融合；建立陪审制度，使地方法律得以被尊重和吸收。这些司法机制的运作，使英国逐渐形成通用于全国的普通法。这种主要借助司法而不是直接通过立法实现法律一体化的模式，在教会法的形成和早期发展中也有某种表现。在罗马帝国的承认下，教会首先取得了在民事案件上的主教裁判权，虽然当时不享有立法权，但是为了满足主教裁判权适用法律的需要，教会结合教义吸收罗马法的因素，逐步形成了自己的法律原则，后来宗教会议决议和教皇教令也在这种裁判权的驱动下得以迅速发展。从某种意义上讲，教会法律体系是在宗教司法裁判权的基础上得以发展起来的。

无论是立法主导还是司法主导的法律发展，它们都是在经济、社会、文化等方面要求法律统一的历史条件都已经成熟，在内外压力的综合作用下集中在政治上爆发出来，最后得以完成的。全球化时代的今天尚不具备这种法律统一的历史条件。就像迈克尔·沃尔泽（Michael Walzer）所指出的："按西奇威克忧心忡忡的建议，拆除国家的墙垣，不会创造出没有墙垣的世界，而只能形成千百个小堡垒。这些小堡垒亦能拆除：这便须有个全球国家，其有效的权力足以压倒地方性社群。"① 在全球化时代的今天，所谓"压倒地方性社群"的权力的客观基础和主体条件尚不可能，全人类所面临的生存和发展方面的压力尚不足以促成一个"全球国家"，以"世界警察"自居的超级大国尚不具有以立法或司法的形式直接向全人类发号施令的能力。

9.2.3. 再看第三种：谈判妥协的法律发展模式，即各独立"法域"通过双边、多边的谈判，存异求同，缔结条约的法律发展模式。现代国际法、区域法中的条约以及国际组织体系主要就是这种法律发展模式的成果，比如 WTO 体系等。另外，在谈判缔约的法律发展模式中，特别是在私法领域，首先取得冲突法的一体化发展是一种比较切实的做法，由于直接规定权利义务的实体法比较难于统一，而技术性较强的冲突法比较容易达成一致，因此，各独立法域本着先易后难的务实原则，先统一冲突法，即统一法律选择的规范和制度，从而在实体法冲突的情况下，使各法域的法院适用于具体案件的法律是相同或相似的。其特点不是去谋求实体法的一体化而是通过冲突法的一体化，实现法律适用上的相同或类似选择，从而有益于法律适用和判决的一致性。1893 年成立的海牙国际私法会议（Hague Conference on Private International Law）一直主要致力于这一工作。还应提到的是美国的法律选择方法的统一化运动。美国法学家泰特雷说："构建法律适用方法体系的目的是，获得统一的解决法律冲突的冲突法理论和实践，或至少是方法，以明确无论在哪里提起诉讼，都适用同一的可适用的准据法。"② 泰特雷为了将法律冲突问题集中处理，将这种方法体系概括为以下要点：（1）抛弃单边或多边的法律适用规则；（2）采用综合的法律适用规则；（3）采用统一的方法确定每一案件的准据法。这种综合规则和一体方法，如果被法官自觉采用，在客观上无疑是有利于世界秩序的和谐与法律制度的协调的。这一思路的特点是，既然法律适用的主体是法官，那么在法律冲突的情况下，如果

---

① 转引自〔美〕罗尔斯《万民法》，张晓辉、李仁良、邵红丽、李鑫译，吉林人民出版社 2001 年版，第 42 页之注。

② 〔美〕威廉·泰特雷：《国际冲突法——普通法、大陆法及海事法》，刘兴莉译，法律出版社 2003 年版，第 24 页。

能协调法官们选择法律的动作，即法官们在法律选择的方法上达成妥协，采取相同或相似的做法，这当然是有益于法律冲突的解决，从而促进法律的发展的。

9.2.4. 第四种：范本采纳的法律发展模式，即虽然缺乏统一的中央立法权或司法权，但是由于政治、经济或其他方面的时代要求，某种法律范本适应了这种需要，从而使该范本被各法域普遍采纳，逐渐导致法律趋同或统一。这种法律范本可以是某种历史范本被发现后而为各独立法域自愿采纳的，也可以是非立法主体起草推荐而为各独立法域自愿采纳的，前者如罗马法在欧洲的复兴，后者如德国和美国的商法统一。德国曾试图通过编撰统一商法来推动政治统一。1856 年德意志邦联开始编撰统一商法典，1861 年公布了法典草案，后被德意志邦联多数成员国采纳。另外，1892 年美国统一州法委员会（National Conference of Commission on Uniform State Laws）成立，成员由各州选派，专门起草"示范法"，推荐给各州采纳。其中，《美国统一商法典》几乎得到所有州的采纳①。我们看到，无论是德意志邦联，还是美国统一州法委员会，它们都不具有统一立法权，但是它们的法律范本却凭借自身的优点，博得了各独立法域的青睐。这一模式的特点是它主要依靠法律范本自身的优点，通过各独立法域的自愿采纳来实现法律的发展。正如英国法学家施米托夫所说，《美国统一商法典》"应该取得成功，此项成功应归于该法典的内在质量。法典有 3 个显著的特征：它在精神上是现代化的；处理方案是切实可行的；概念上是综合性的"②。可见，法律范本的这种时代性、切实性和综合性的优点，是它被广泛接受的主要原因。

9.2.5. 应当看到，在全球化时代，以谈判缔约和范本采纳为代表的政治让步的法律发展模式正在并将继续在世界法律发展中扮演越来越重要的角色。但也应看到，尽管国家协作已经有了很大的发展，但多法域的并存和跨法域交流的历史条件还未改变；尽管统一实体法和统一冲突法的步伐正在加快，但法律冲突和法律选择的历史现状仍在继续。

---

① 仅路易斯安那州部分采用了该示范法，采纳了该法典 11 篇中的第 1、3、4、5 篇。

② 〔英〕施米托夫：《国际贸易法文选》，程家瑞编辑，赵秀文选译，中国大百科全书出版社 1993 年版，第 107 页。

三　史学视角

9.3.1. 从历史学的视角看，全球范围内的民间的法律实践，特别是法律选择的意思自治，以及由此而引起的法律竞争，是世界法律发展的最深刻最持久的动因之一。由法律竞争而推动的法律发展是潜在的、不易察觉的——它不依赖政治统一或政治妥协，是自发的而非自觉的，是民间的而非官方的，是间接的而非直接的，是渐化的而非顿变的，但其历史作用却是极其深远的。

9.3.2. 关于竞争，康德有一个精妙的比喻："犹如森林里的树木，正是由于每一株都力求截取别的树木的空气和阳光，于是就迫使得彼此双方都要超越对方去寻求，并获得美丽挺直的姿态那样；反之，那些在自由的状态之中彼此隔离而任意地滋蔓着自己枝叶的树木，便会生长得残缺、佝偻而又弯曲。"① 树木的成长是如此，法律的发展也是如此。法律就像森林里的树木，当事人法律选择的意思自治犹如空气和阳光，各法域的法律相互竞争促进世界法律健康地成长。可见基于法律竞争的法律发展模式是有条件的：首先，必须存在森林——即相互竞争着空气阳光的树木——也就是跨法域交流、法律冲突和法律竞争；其次，必须存在空气和阳光——即当事人法律选择的意思自治，只有这种意思自治，才能迫使各法域的法律有所"寻求"，否则这一法律将可能因为不被当事人选用而遭淘汰。

9.3.3. 法国学者杜摩兰（Dumoulin，1500—1566 年）曾经指出，在夫妻财产问题发生法律冲突时，应当将夫妻财产关系识别为结婚时在夫妻共同住所地缔结的契约，这样就可以认为夫妻双方默示其契约受住所地法支配。后来从这一主张中发展出了法律选择的当事人意思自治学说。当事人意思自治，即在跨法域民商事交流中（争议发生前或发生后），允许当事人根据自己的意思，自由选择支配他们关系的法律，仲裁机构或法院最终根据当事人的这种选择，适用法律，判决案件。根据这一学说，在跨法域交流中，争议双方当事人或一方可以通过意思自治来选择

---

① 〔德〕康德：《历史理性批判文集》，何兆武译，商务印书馆 1990 年版，第 9 页。

支配该争议的法律，从而使相互冲突的法律处于平等竞争状态。这种当事人的个别选择，由于外部社会条件和法律自身条件等方面因素的综合作用，在总体上会形成法律发展的某种共同的趋向，意思自治的结果最终使有竞争力的法律，成为普遍适用的法律。可见，法律竞争的法律发展模式是一种间接的自发的法律发展模式。在杜摩兰时代，这种意思自治，在客观上有利于商人摆脱本地法的束缚，使反映商人利益的法律得以被选用，使先进的巴黎习惯法逐渐适用于法国全境，有力地促进了法国法律的一体化发展。

9.3.4. 作为一种历史现象，跨法域交流中的法律选择与法律竞争，在杜摩兰的意思自治理论之前，早就存在着。在古代"中国世界秩序"（费正清用语）中，法律冲突不仅存在于所谓"国际"也存在于"国内"各民族间，甚至存在于不同地域风俗之间和家族间。中国人所谓"入乡随俗""宾至如归""客随主便""因俗顺势""既来之，则安之"等，实际上就是某种"意思自治"或法律选择机制。邱浚说："'越鸟巢南枝，胡马嘶北风'，盖人生天地间，虽有华夷之殊，而其思乡土、党同类之心则一也。况彼戎夷禀性，绝与华人不同，而不可律以中国之人情。"① 正是这种"思乡土、党同类之心则一"的包容和接纳，使得不同法域的法律能在古代中国这样一个"世界"舞台上平等竞争。从这个意义上说，"中国世界秩序"的形成，以及中华法系的形成和发展，法律竞争是功不可没的。在西方商法发展史上，那些对商人利益考虑比较全面周到、有利于商业效益的属地法或属人法，在商人们的自愿选择中逐渐成为世界性的法律。现代国际商法的主要原则和内容大都来源于古代商业民族的惯例和近代商业大国的立法，就是例证。私法中有法律竞争，公法中也有，教士特惠（Benefit of Clergy）就是一例：所谓教士特惠最初是指英国法中神职人员在刑事诉讼程序中的特权。1164 年的克拉灵顿诏令规定，犯罪的神职人员首先应当接受教会法院的审判，然后再被送到王室法院接受惩罚。由于王室法院的判罪比教会法院重得多，因此，那些非神职人员犯罪者也希望接受教会法院的审判。1352 年后，某种管

① （明）邱浚著，林冠群、周济夫校点：《大学衍义补》，京华出版社 1999 年版，第 1253 页。

辖权选择的"意思自治"通过拟制得以实现，即尽管犯罪者不是教士，他仍自称是教士（犯叛逆罪者除外），教会法庭就准许他读出一首圣诗作为验证（通常是"neck verse"——the first verse of Psalm LI——"Have mercy upon me，O God"），如果他能读出，法庭就将其视作"教士"①。显然这种被告人选择管辖权上的意思自治，使王室刑法与教会刑法处于某种竞争状态。从某种意义上讲，西方法律传统的形成和发展，是古罗马法、日耳曼法、教会法、城市法等法律竞争的结果。

9.3.5. 从历史学角度提出法律竞争的概念，具有重大的理论价值和实践意义。

从理论上说，法律竞争意味着：推动全球法律发展的力量，不是像法学的视角所看到的那样是被政治力量所独占的，而是与私权主体所分享的，作为守法主体的世界市民也参与着世界法律的发展，他们的作用不是表现在法律的制定或适用方面，而是表现在法律的选择方面。尽管这种选择有时不免会被定为法律规避而归于无效，但这个别的无效如果形成某种程度的民意积累，仍将与那些有效的选择一样形成法律发展的动机——用康德话说——"力求截取别的树木的空气和阳光"的愿望。因此，世界市民不仅因参加世界事务的治理，在法学上成为世界行为体的一员，也因为参与世界法律的发展，而在历史学上成为世界法律促进者的一员。

从实践上说，法律竞争意味着：法律尤其是私法的立法者，在制定法律的过程中必须认识到，他所制定的法律将在全球范围内与其他法域的相关法律处于平等竞争状态，他不仅是为本法域制定法律，也是在为其他法域的潜在的法律选择者制定法律，如果立法者不能认识和顾及这一点，其立法将有可能因不被守法者选择而归于无效。

四　尾声

9.4.1. 应指出，在全球化时代，虽然康德所谓的"世界公民"（Wel-

---

① 这种特惠每人只准许一次，受过特惠的人在拇指上要烙以印记。参见《汉译简明英国法律辞典》"教士特惠"（Benefit of Clergy）词条（修订本，内部使用）1981 年版。

tbürger)① 概念越来越深入人心；萨维尼所谓的 "法律共同体" 概念也获得越来越广泛的认识；当事人法律选择的意思自治原则已获得普遍实行②，其适用范围也逐步扩大③，但胡伯的 "国际礼让学说" 仍处于主导地位。因此，尽管从世界法律发展的总体来看，民间法律实践中的法律选择以及各法域的法律竞争是一个基本常态，但在某一特定历史情况下，当事人法律选择的 "意思自治" 仍难免为政治力量所干扰，跨法域民间交往也不时被各法域之间的政治关系所左右。

9. 4. 2. 马克·塞格尔说："科学家和艺术家看到的是同一个世界，但他们用不同的语言和视角去描述它。他们说的都对。万物都是相连相通的。"④ 印度建筑师巴克里希纳·多西教授也说："我曾问自己，对于建筑，什么才是最重要的？是形式？内容？还是空间？环顾四周，作为自然本身的每一个要素，光、天空、水、石头，构成一曲和谐的交响。这种和谐，正是建筑的一切。" 我们的使命，就是 "抽离作为词汇的建筑，直接面对生活本身"。他还说："创造，就是建立一种联结、一种归属感，不仅仅是物理公式上的联结，而且是眼睛、声音、感觉上的联结；然后，景观就会展现出来。"⑤ 巴克里希纳·多西教授所说的 "和谐的交响" 与 "联结"，在我看来，就是 "觊视"。

科学和艺术的视角如此，法学和历史的视角亦然。在法律一体化或全球化发展的问题上，法学视角和历史学视角，各有自己的独到之处；

---

① Weltbürger（世界公民）一词译自希腊语 Χοσμοπολ̇ιτη。康德认为 "一切彼此可能互相影响的人们，都必须隶属于某种公民体制"，"但就有关处于其中的个人而言，则一切合法的体制都是：1、根据一个民族的人们的国家公民权利的体制（ius civitatis［民法］）；2、根据国家之间相互关系的国际权利（ius gentium［国际法］）；3、根据世界公民权利的体制，——就个人与国家对外处于互相影响的关系中可以看作是一个普遍的人类国家的公民而言（ius cosmopolitanicum［世界公民法］）"。参见〔德〕康德《历史理性批判文集》，何兆武译，商务印书馆 1990 年版，第 105 页注①。

② 这一原则自 1865 年被《意大利民法典》第 25 条确立为合同问题法律选择的首要原则后，到 1976 年，在 Robinson v. Bland 案中，又被曼斯菲尔德引入英国普通法，现在已经成为处理合同准据法的国际通则。

③ 现在法律选择的意思自治原则已经超出合同领域，扩展到侵权、婚姻家庭、继承等领域。

④ Ashlee Vance：《人工智能宝宝正在来临》（"AI Babies Are Coming"），载《彭博商业周刊》（Bloomberg Businessweek）2017 年 9 月 18 日。

⑤ 巴克里希纳·多西建筑回顾展《栖居的庆典——真实、虚拟、想象》。策展人：苦什努·胡弗。展出时间：2017 年 7 月 29 日至 10 月 29 日。展出地点：上海当代艺术博物馆。

两种眼光虽可能是"互斥"的，当又是"互补"的；在法诗学看来，只有两种眼光"觇视"（并视），才能看到一个更为全面真实的法律发展。

附论　公法原理的历史诗学

引言：齐分石窌

9. F. 0. 1. 我们说，"君—父"关系，是一个"觇视"综合体。一方面，是"先父而后君"，即父权是君权的喻体或基地。例如，孔子曰："君君臣臣，父父子子。"内史腾曰："君怀臣忠，父慈子孝，政之本也。"亚里士多德也说："君王正是家长和村长的发展。"（据说希腊字"王"源自梵文的 ganaka，意思就是"家长"。）这一维度，既是一个修辞学的，又是历史学的，但在根本上，是历史学的。另一方面，又是"先君而后父"，即君权高于父权。例如，"齐分石窌"。所谓"齐分石窌"，典出《左传·成公二年》：齐晋交战，齐侯战败回城，路遇一个女子当道，前卫要她躲开，女子曰："君免乎？"曰："免矣。"又曰："锐司徒免乎？"曰："免矣。"曰："苟君与父免矣，可若何！"乃奔。齐侯以为此女知礼，调查后知道，是辟司徒的妻子，就赐予她石窌之地。——该女史上未留姓名，只知是齐国兵器司徒（锐司徒）的女儿，营垒司徒（辟司徒）的妻子。齐侯因为她知礼——先问君安，再问父安——所以赐给她"石窌"之地。如果说"先父而后君"是历史视角，那么，"先君而后父"可谓法学视角。

9. F. 0. 2. "齐分石窌"。此典被白居易用于判词——［判题］曰：得丁氏有邑号，犯罪当赎，请同封爵之例，所司不许，辞云：邑号不因夫、子而致。［判词］曰：邑号旌贤，国章议贵，如或不能自庇，则将焉用其封？丁氏恩降闺门，罪罹邦宪。宠非他致，既因表以勋贤，咎虽自贻，亦可免于刑戮。若不从其宽典，则何贵于虚封？汉恤缇萦，犹闻赎父，齐分石窌，岂不庇身。宜听辑矣之辞，难夺赎兮之请。①

判题说：丁氏犯罪，但她因有独立而享的邑号，按照当时法律，是

---

① （唐）白居易著，朱金城笺校《白居易集笺校》，上海古籍出版社 1988 年版，第 3603 页。

可"免于刑戮"的。(《唐律疏议·名例律》第一二条【正文】"诸妇人有官品及邑号犯罪者,各依其品,从议、请、减、赎、当、免之律,不得荫亲属"。【疏】议曰:"邑号者,国、郡、县、乡等名号是也。……妇人品命既因夫、子而授,故不得荫亲属。""若不因夫、子,别加邑号者,同封爵之例。")因此,在遭到司法机关的拒绝后,丁氏辞云:"邑号不因夫、子而致。"意思是说,她的"邑号"并非由于丈夫或儿子而授,而是她独立获得的"别加邑号"(或源自父祖,或源于己德),依法应视为"封爵之例",可以"赎罪"。白居易的判词肯定了丁氏的理由——"宠非他致,既因表以勋贤,咎虽自贻,亦可免于刑戮",并引用两个典故作为立论的支撑,一是"汉恤缇萦"(之赎父),二是"齐封石窌"(之知礼)。判词中,"君—父"关系的两个方面——历史学视角的"先父而后君"与法学视角的"先君而后父"——在"好像"和"觇视"中融为一体。

一 政治诗学与历史诗学

9. F. 1. 1. 公法原理的诗性表现,主要是两个:第一是政治诗学的;第二是历史诗学的。所谓政治诗学,亦即公法中的拟制,主要表现为公法中不容置疑的前提性"假设"或"虚构"。例如,公益大于私益、少数服从多数、上位法优于下位法等原则性假定。所谓历史诗学,主要表现为公法发展中对私法的模拟。两种诗学是一种"互斥但互补"的关系。一方面,在公法的政治诗学中,是私法服从公法;但另一方面,在公法的历史诗学中,又是公法模拟私法。《论语·颜渊》言:"君君、臣臣,父父、子子。"一方面,是"上"(君臣关系)对"下"(父子关系)的模拟,另一方面,却又是"下"(父子关系)对"上"(君臣关系)的服从;前者可谓公法的历史诗学,后者可谓公法的政治诗学。——两种不同的诗学,看似矛盾,其实并不"冲突"。从国家学上说,公法为"上",私法为"下";但从历史学上说,却又正好相反,是私法为"先",公法为"后"。就其二者的实际关系言,只有两种眼光的"觇视",才可能看到一个真实的法的运动和发展。

9. F. 1. 2. 从历史学上说,私法对公法(即日常生活对政治)具有根本性的影响,但在国家学上,公法对私法(即政治对日常生活)又具有决定性的作用。德国法学家拉德布鲁赫曾说："按照法学的思考方法，国家法是所有其他法律的源泉：它创造了国家并规定着国家的意志构成，根据这种国家意志，又进一步产生了制定法形式的其他法律规则。但以历史的思考方法来看，这种关系恰恰相反：涉及我的和你的、商业的和交往的、家庭的和继承的法律，即私法，构成了较为稳定的基础，而国家法则构成了可以改变的'上层建筑'。"① 在这里，拉德布鲁赫所谓的"法学的思考方法"，其实就是国家学，而"历史的思考方法"，则是历史学。国家学和历史学的结论何以会有这样的差别呢？一个通常的解释是：国家学更关心法律规则的公益价值及实施效果，故主张公法为"上"，而历史学则更关注制度的内在变迁及思想关联，故认为私法在"先"。故所谓上下、先后，其实不过是一个学科视角问题。亚里士多德就说，城邦虽在发生程序上后于个人和家庭，但在本性上则先于个人和家庭。因为就本性来说，全体必然先于部分。② 在这里，亚里士多德对城邦"在先"的强调，是就逻辑上的先后而言，而不是讲历史事实上的先后。

9. F. 1. 3. 从国家学立场出发，主张公法为"上"、私法为"下"，这已是实证法学或规范法学上的常识（公益大于私益、少数服从多数、上位法优于下位法等）——此可谓政治诗学。但从历史学出发，主张私法为"先"、公法为"后"，却是一个值得深入探讨的问题，需要进一步的分析，即应当将历史学与历史诗学区别开来（历史学≠历史诗学），具体而言：

（1）"因果"不同于"思维"；

（2）"涵摄"不同于"好像"。

我们说，历史学与历史诗学不同，就私法与公法的关系而言，它们虽然都主张私法为"先"、公法为"后"，但两者的基础却不同：前者是基于历史事实上的因果关系（例如经济基础决定上层建筑）而展开的，后者则是基于历史事实上的思维关系（例如隐喻或类比）。例如，孔子曰："饮食、男女，人之大欲存焉。"《孟子》言："食、色，性也。"恩格斯在《家庭、私有制和国家的起源》（1844 年第一版序言）中也说：

---

① 见〔德〕拉德布鲁赫《法学导论》，米健、朱林译，中国大百科全书出版社 1997 年版，第 56 页。

② 见〔古希腊〕亚里士多德《政治学》，吴寿彭译，商务印书馆 1965 年版，第 8~9 页。

有两种生产，一种是生活资料的生产（食物等），另一种是人自身的生产（即种的繁衍）。以历史学上的"因果"关系看，"饮食""男女"，可谓人类发展中最具决定作用的两种"生产"；然以历史诗学之"思维"关系看，"饮食""男女"，则是人类认识和建构世界的两个最基本的"喻体"：科学实证范式——以"饮食"（解剖）为喻；儒家伦理范式——则以"男女"（阴阳）为喻。历史诗学并不否认历史因果（即客观历史规律），但更关注思维关系（即客观诗学现象），特别是历史发展中实际有效的那些非逻辑的"好像"或"模拟"。因此，从历史学到历史诗学——其视点的转移——不仅是从"因果"到"思维"，更主要的是从逻辑"涵摄"到诗性"模拟"。

公法原理中的政治诗学不难理解，下面重点谈谈公法原理上的历史诗学。

二　公法对私法的模拟

9. F. 2. 我们知道，就法律制度的具体内容来说，私法或民事制度——相对于公法或政治制度①而言——更原生态，更贴近生活，也更基础一些。这一民事基础事实，不仅可以作为因果关系中的"原因"，也同时可以作为隐喻关系中的"喻体"；实际上，在历史发展的具体过程中，"原因"和"喻体"，作为不同类型的事实基础，是共同发生作用的。"原因"事实的效果（人们已经很熟悉）暂不必去说，就"喻体"事实而言，经常会碰到如下一些说法。譬如，如果把法律比作衣服，那么——私法就像睡衣或休闲便服，而公法则像制服或正装。在此一意义上，我们可能会说，最好的民法，应该像穿在身上的睡衣一样，让人几乎感觉不到它的存在——与人们的日常生活融为一体；公法，则因此不免要模仿私法，否则其庄重刚性的风格，会令人感到不适甚至成为一种

---

①　按：在梅特兰看来，对政治问题进行公法学思考，就是公法理论，例如，用法人理论对国家进行思考等。他提醒英国读者：德国所谓"公法学问题"，就是英国人所理解的"政治理论问题"。为此，他将德国法学家吉尔克（Gierke）的《中世纪公法学说》（*Der pulicistischen Lehren des Mittelalters*）翻译为《中世纪政治理论》（*The Political Theories of the Middle Age*）。参见〔英〕梅特兰著，〔英〕大卫·朗西曼、马格纳斯·瑞安编《国家、信托与法人》之"编者导读"，樊安译，北京大学出版社 2008 年版，第 7 页。

拘束。再譬如，如果把法律比作人们的孩子，则私法就像长子，而公法则如次子；公法——正如同胞（或孪生）弟弟，在其成长和具体的行动中，不免要模仿私法这位"兄长"，因为这是最方便的，也最自然。从诗学（隐喻学）上说，私法之所以有资格作公法的"喻体"，就是因为它比公法更"亲切"，也更"成熟"。因此，公众之事，一旦被作为一个私人事务之类似物，就会更易得到论证和说明。——公法于是成为私法的一个"类似回响"。所以，在历史发展的具体过程中，我们不仅能够看到，民事生活作为经济基础对作为上层建筑的政治形式的决定作用，同时还可以发现，政治形式（公法）对民事生活（私法）的诗性模拟。

三　公法主体对私法主体的模拟

在法律主体理论上，公法主体是对私法主体的模拟。

9. F. 3. 1. 政治主体及其组织。在柏拉图看来，国家公德，就是对个人私德——节制、勇敢和智慧的模拟。亚里士多德也说："君王正是家长和村长的发展。""父子关系好像君王的统治，夫妇关系则好像共和政体。"[①] 马略·萨尔墨纽斯也视国家为一"民事合伙"。罗马法专家乔万尼·罗布兰诺指出："共和国严格的合伙性质是它区别于民主的一个特征。这个过渡，是由罗马法学通过'合伙技术'这个天才的、革命的创造所实现的。"他还说："在罗马法律体系内部，私法中的合伙的整体表现在公法的领域，就是共和国的政体。"[②] 在这些表述中，我们清晰地看到公法制度上的一系列模拟现象："国家公德"对"个人私德"的模拟、"君主"对"家长"的模拟、"共和政体"对"夫妇关系"的模拟、"共和"对"合伙"的模拟，以及"合伙"对"家庭共同体"（兄弟关系）的模拟。这些模拟，在思维上并非一个逻辑涵摄过程，而是通过"类比"或"好像"实现的，即君主制是对父权制的隐喻性类推，共和制是对夫妻关系或合伙关系的隐喻性效法。

---

① 见〔古希腊〕亚里士多德《政治学》，吴寿彭译，商务印书馆 1965 年版，第 36 页。
② 见意大利萨萨里大学法学教授乔万尼·罗布兰诺为李维《自建城以来》（第一卷至第十卷选段）所写的引言，载〔古罗马〕李维著，〔意〕斯奇巴尼主编，〔意〕罗布兰诺选编《自建城以来》，王焕生译，中国政法大学出版社 2009 年版，第 7、8 页。

9. F. 3. 2. 再说公法人①制度。如果说法人是对自然人的模拟，那么公法人则是对私法人的模拟。即便在不太区分公法私法的英美法系，也是如此。英国法学家梅特兰说："剑桥大学可以从政府（Downing）那里购买土地，或者租借镇市政厅，或者从伦敦保险公司借款……法庭会将这些法律交易（或法律行为）视为仿佛它们发生在两个分别叫作斯戴尔斯和努克斯的自然人之间。"② 在这里，法庭将剑桥大学视为一个自然人，从而就使剑桥大学的权利和义务，通过比附自然人而得以明确和了然。英国法学家霍布斯说，国家的一个"毛病就在于……有大量的法人（Corporations）。因为在一个更大的国家内部有许多小一些的国家，它们就像自然人体内的许多寄生虫"③。其由此得出结论：国家内部的法人（自治的政治体系）是分解国家统一的大敌。梅特兰就透辟地指出，连接英国法学与政治学的恰当纽带，正是法人学说。④ 政治学上的国家就是法律学上的法人。⑤ 在梅特兰看来，所谓公法理论，其实就是用私法理论包裹起来的政治理论。换句话说：公法理论不过是对私法理论的模拟而已。

在欧洲大陆法系，公法人已成为宪法和行政法上一个基本制度。在德国，有三种公法人，即公法社团、公法财团和公共营造物（如公立学校、

---

① 按：所谓公法人，根据《布莱克法律词典》的解释，即为管理公共事务而拟制的人格。它不像私法人，对改变或取消它章程的立法行为无能为力。公法人，是由国家创立的机构，为公共利益而由国家组成或拥有，全部或部分由公共资金支持，并由权力来自国家的管理人员进行管理。

② 见〔英〕梅特兰著，〔英〕大卫·朗西曼、马格纳斯·瑞安编《国家、信托与法人》，樊安译，北京大学出版社 2008 年版，第 81 页。

③ See Thomas Hobbes, *Leviathan*, Cambridge University Press 1991. p230.

④ 见〔英〕大卫·朗西曼和马格纳斯·瑞安所写的"编者导读"，载〔英〕梅特兰著，〔英〕大卫·朗西曼、马格纳斯·瑞安编《国家、信托与法人》，樊安译，北京大学出版社 2008 年版，第 24 页。

⑤ 按：梅特兰说："国家和法人看起来是属于同一个属的两种物种。"见〔英〕梅特兰著，〔英〕大卫·朗西曼、马格纳斯·瑞安编《国家、信托与法人》之"序言：梅特兰关于奥托·冯·吉尔克《中世纪政治理论》的导言节选"，樊安译，北京大学出版社 2008 年版，第 1 页。若用柏拉图的原型论来解释，即国家与法人，具有同一个"原型"。另，梅特兰转述 Pollock 的话说："从政治角度而言，最重要的法律上的拟制人就是国家。但是，国家或其名义上的领导者是否并且在多大程度上被官方视为法律上的拟制人，这取决于不同国家（commonwealth）的法律制度和组织形式。在英国，我们现在讲，王室是法人。"见〔英〕梅特兰著，〔英〕大卫·朗西曼、马格纳斯·瑞安编《国家、信托与法人》，樊安译，北京大学出版社 2008 年版，第 40 页。

医院等）；我国台湾也有行政法人制度。从理论上说，所谓公法人不过是私法人的一个"类似物"。我国台湾学者黄锦堂就说：台湾地区法案中的"'行政法人'，无可讳言，具有一部分'独立性'色彩，在此程度内，得比附援引法人之概念"①。就法人内部治理结构而言，公法主体对私法主体的模拟，是清晰可辨的，例如：在私法上，有公司法人的内部治理结构，而在公法上，则有大学法人内部治理结构或国家内部治理结构等。

四　公法契约对私法契约的模拟

9. F. 4. 0. 问题的提出。

我们知道，公法学上有一个基本理论问题，即国家（或人民）的权力是如何具体地转化为政府机关的实际职权的。在民主国家，政权（人民权力）与治权（政府职权）是分开的。那么，在人民主权国家，从政权向治权的这一转移，或者说，权力从人民手中向政府手中的具体移交过程，是如何发生的呢？在理论上又如何解释呢？在近现代以来的宪法及行政法理论中，最通常的一个回答是：契约。——即通过借用私法上已经成熟的契约理论比附性地或模拟性地加以回答的。然而，政府与人民之间的这一公法上的契约，其具体情形，仍须在理论上进一步追问：第一，在行使立法权的议会与人民之间，究竟是一种什么样的契约关系，或者说，人民手中的立法权，是通过什么样的契约形式，实际移交给议会（立法机关）去行使的呢；第二，在行使行政权的政府与人民之间，究竟是一种什么样的契约关系，或者说，人民手中的行政权，又是通过什么样的契约形式，实际移交给行政机关去行使的呢；第三，在行使司法权的法院与人民之间，究竟是一种什么样的契约关系，或者说，人民手中的司法权，又是通过什么样的契约形式，实际移交给司法机关的呢；所有这些问题，最终简化为一个问题，即主权究竟是如何转化为职权的。对于这些问题，笼统地回答，就是"契约"；若要进一步回答，则又有"委托契约"和"聘任契约"两种理论。

9. F. 4. 1. 公法上的委托契约。

（1）从立法权到立法职权的转化。我们知道，代议制政治的本质，

---

①　见翁岳生编《行政法》（第2版），中国法制出版社2009年版，第336页。

是委托政治，即人民把权力委托给由人民选举产生的那部分人去实际行使。马克思曾说：巴黎公社的每一个代表都可以随时罢免，并受到选民给予他的限权委托书 mandat impératif（正式指令）的约束。① ——这其实就是用私法上的委托概念去解释公法问题。我们知道，私法上的委托主要有两种：一种是委托代理某项事务；另一种是信托管理某项财产。在代理关系中，委托人与代理人之间是代理契约关系，代理人得以委托人的名义（不得以代理人自己的名义）代办某项事务，而最后的代理效果须由委托人承担。在信托关系中，信托人得以自己的名义管理信托财产，但他必须使委托人所指定的受益人受益。这便是私法委托的两个基本原理（或方式）。那么，代议政治中的所谓"委托"，是公法上的代理呢？还是公法上的信托？应该说，两种"委托"都有采用。例如：在英国，下院一旦选举出来，人民主权旋即转变为议会主权，议会即得以自己的名义行使国家权力——这就是一种公法信托。在日本战后宪法中，"国政来自国民严肃的委托，其权威来自国民，其权力由国民的代表行使"，国民代表以人民的名义行使国家权力——这又是公法代理。两种政治委托，分别是对私法信托和私法代理的模拟。

（2）从行政权到行政职权。我们看到，在宪法学上，从立法权到立法职权的转化，是基于公法上的信托或代理。同样，在行政法学上，从行政权到行政职权的转化，同样模拟了私法上的信托或代理。我们知道，行政法学上，有"行政主体"与"非行政主体"的区别："行政主体"行使权力，得以自己的名义为之，并独立承担行政法上的职权和责任，因此可以成为行政诉讼中的被告；"非行政主体"，只能在代理中以委托人的名义（不能以自己的名义）行使行政权，因而不能成为行政诉讼中的被告。公务员，虽然具有执行行政职务的权力，但他不得以自己的名义而必须以其所属的行政主体之名义行使权力，故其所为之公务行为得由其所属之行政主体承担责任。从比较行政法学上来看，各国行政主体

① 参见《马克思恩格斯选集》（第二卷），人民出版社 1973 年版，第 376 页。按：关于"权力转移的契约理论"或可追溯到欧洲早期的君臣契约理论，例如，13 世纪的圣·托马斯言，臣民之所以撤回与国王的协议，那是因为"国王自己没有依王权要求诚信地进行统治"。再如 17 世纪初，西班牙阿拉贡议会议员向国王宣誓的誓言："您必须维护我们的传统宪法权利和自由，而且，如果您未能这样做的话，我们也做不到。"

的概念或范围虽有所不同，但上述行政委托的原理基本上是一致的。在法国，行政主体主要有三种：国家、地方团体（大区、省、市镇和海外领地）和公务法人。其中，地方团体比较特殊：从地方自治的系统来看，地方团体是一个行政主体，但从行政区域的系统来看，它又是一个地方区域。因此，王名扬指出：法国的地方团体，作为国家的一个行政区域，它是国家行政的代理人，不是一个行政主体。但作为一个地方自治团体，则又是一个行政主体。① 而在后一情形下，即作为一个行政主体，它显然不是国家行政的代理人，而是地方人民的信托者。在德国，大学一方面是国家设施（因而是国家的代理人），但同时又是公法社团（即公法上的信托者），具有与法国地方团体类似的双重属性。在我国，行政主体主要有两种：一是行政机关；一是依照法律法规规章授权的组织。它们取得行政主体资格的途径虽然不同，但两者可以自己的名义行使行政权力并独立承担责任这一点是相同的。就此而言，它们不是"代理人"，而是人民的"信托者"。

9. F. 4. 2. 公法上的聘任契约。

我们已经看到，宪法学上的选举与行政法学上的授权，都可通过模拟民法上的"委托"得以解释，但在司法学上，从司法权到司法职权的转化，却难以通过委托（包括"信托"和"代理"）得到满意解释。首先，司法问题，不纯粹是一个事务性问题，更多的是一个身份性问题，是一个必须以自己的名义亲力亲为的人格性的行为，就像老师不能请别人代自己讲课一样，法官也不能请别人代理自己去裁判。其次，司法问题，也不纯粹是一个基于"信任"的委托问题，更主要还是一个专业技术问题。正如我们不能因为信任一个人就把我们身体上的病痛交给其人去医治一样，同样的，我们也不能仅仅基于信任，就把我们在法律上（专业要求极高）的争议交给他去裁判。可见，从司法权到司法职权的转化，不能通过"代理"或"信托"得到解释。实际上，现代多数国家的法官，并不是通过选举或委托产生的，而是通过某种职业化道路，即先取得法律职业资格再通过某种聘任程序而产生的。从历史诗学的意义上看，公法上法官产生的这一聘任程序，其"喻体"，正是私法上的专

---

① 见王名扬《比较行政法》，北京大学出版社2006年版，第87页。

家聘任契约。

五　行政行为概念对民事行为概念的模拟

9. F. 5. 1. 公法对私法的模拟，不仅在主体法上能够看到，同样能在公法的行为法和责任法中看到。（1）在行为法上，例如行政行为对民事法律行为概念的模拟、行政事实行为的理论对私法上事实行为理论的模拟、行政合同概念对民事合同概念的模拟等。（2）在责任法上，例如公法上的违法责任、过错责任、保险责任、共同责任、公平分担责任、比例责任、侵权责任、契约责任、举证责任等，都是对私法上相应概念的模拟。所有这些被模拟的私法上的概念、原理和制度，在公法中，固然会作一些调整或修改，但就其作为公法的一个"喻体"而言，仍旧是清晰可见的。

9. F. 5. 2. 以行政行为对民事法律行为的模拟来说。我们知道，民法行为或法律行为的概念，是德国概念法学的产物，萨维尼在其《当代罗马法体系》（第三卷）中，将其定义为"意思表示"。温德夏伊德在其《学说汇纂法学教科书》中也说："法律行为就是意思表示。人们表达了发生特定法律效果的意思，法律秩序之所以承认该法律效果，是因为法律行为的行为人希望发生这一法律效果。"① 可见，民事法律行为，就是具有法律效果的意思表示行为，其基本要素有二：一是"意思表示"；二是"法律效果"。就其原初意义而言，民法行为是指平等主体之间建立在私法自治基础上的意思表示行为。可见，私法上的这一概念与公法上的高权行为概念具有根本的区别：首先，民事法律行为是平权自治行为，而高权行为是单方强制行为；其次，民事法律行为的核心是意思表示，而高权行为的核心则是其内容的合法性问题。然而，尽管存在这些根本的区别，行政法学还是通过模拟私法上的法律行为概念，建立起了行政行为的概念。德国行政法学家奥托·梅耶就将行政行为定义为"意思表示"。德国《行政程序法》第 35 条第 1 款也规定，所谓行政行为，就是"当局处理公法范围内的单独事项，并产生直接外部法律效力的命

---

① 见〔德〕维尔纳·弗卢梅《法律行为论》，迟颖译，法律出版社 2013 年版，第 35、38 页。

令、决定或者其他高权措施"①。从这一定义看，其基本要素同样是两个：一是"意思表示"；二是"法律效果"。不过，此"意思表示"已非彼"意思表示"了，其背后的精神，不是"意思自治"，而是"高权处置"。

9. F. 5. 3. 至于民事合同与行政合同的区别，如上文已经提到的，亦复类似：前者是平等合作关系，后者则是上下从属关系。将后者称为"合同"，从逻辑上说，显然是违背同一律的。然而，德国行政法院的判决还是将合同概念扩用到了高权或从属关系之间的事务上。汉斯·彼得·布尔对此评论道："法律艺术就在于将共同事务的不同组成部分联系在一起。"② 即类比或模拟。

---

① 见〔德〕施密特-阿斯曼等著，〔德〕乌尔海希·巴迪斯编选《德国行政法读本》，于安等译，高等教育出版社 2006 年版，第 179 页。
② 见〔德〕施密特-阿斯曼等著，〔德〕乌尔海希·巴迪斯编选《德国行政法读本》，于安等译，高等教育出版社 2006 年版，第 249 页。

第十章　纠纷解决的法诗学觇视

> 河床布满卵石干凸的眼睛
> 荒草中，一颗遗忘的钻石
> 概括灿烂笑容
>
> ——杨远宏《通感》①

一　引子

10.1.1. 我们说，法律纠纷的解决，是利益争执的化解过程，是审判、仲裁、调解等工作的基本任务。一般来讲，对"纠纷解决"现象的认识或观察，有三种方法。一是"科学—逻辑"的方法，其特点是将"纠纷解决"的现实过程，即活动着的纠纷解决过程本身静态化（物化），当作一件固定的标本（逻辑实证或社会实证的对象），然后加以"解剖"，一块一块儿地分析研究。二是"艺术—形象"的方法②，其特点恰与"科学—逻辑"方法相反——它是将"纠纷解决"，始终保持在活的和动的状态之中，并作为一个浑融的有生命的整体——形象化地——加以呈现③，就像古希腊戏剧家米南德的《公断》那样，抽象的本质，在艺术的形象中表现出来。三是"法—诗学"的方法，其特点简

---

① 万夏、潇潇主编《后朦胧诗全集》，四川教育出版社 1993 年版，第 855 页。

② 狄德罗说："凡是蒙田、沙隆、拉罗什富科和尼科尔写成格言的道理，理查逊都写成了小说。"见〔法〕狄德罗《狄德罗美学论文选》（第 2 版），张冠尧、桂裕芳等译，人民文学出版社 2008 年版，第 226 页。另，马克思在引用莎士比亚的戏剧《雅典的泰门》时也说："莎士比亚绝妙地描绘了货币的本质。"见《马克思恩格斯论艺术》，人民文学出版社 1960 年版，第 240 页；参见〔德〕马克思《资本论》，人民出版社 1975 年版，第 152 页；参见〔德〕马克思《资本论》（第一卷），郭大力、王亚南译，上海三联书店 2009 年版，第 74 页。

③ 例如狄更斯《荒凉山庄》贾迪斯案等。

单说就是综合：是标本的分析又是整体的呈现，是格式化又是形象化，但更主要的是，它将"纠纷解决"——高贵化或崇高化——打上德性的光辉，然后再呈现出来。在法诗学看来，不仅理性（或逻辑）有助于认识，德性和诗性同样有助于认识①，对法的现象（包括纠纷的解决）的认识，尤其如此。法诗学不仅是分析的、浑融的，更是德性的，是科学、艺术、伦理的有机统一。

10.1.2. 本章以法诗学"觇"②视的眼光，对"纠纷解决"进行多面相的综合观察，提出"纠纷解决"的"治理诗学"观念，以期对我国司法以及纠纷解决的其他替代性机制的改革与发展提供助益。

二　觇视是一种诗性的看

10.2.1. 觇视。我们知道，"觇"视与"眇"视不同。"眇"是单眼看，而"觇"是双眼看或从不同角度"并"看。德国心理学家冯特（Wundt）说："我们可以把两只眼睛比作两名哨兵，他们从不同角度观察世界，彼此通报各自的经验，用观念（idea）完成一幅共同的图景，并且通过观念将每位观察者分别看到的东西联合起来。"③ 单目视，易专注但也易片面，而双目看，则更完美一些。如同瞎子摸象，"眇"是一种管窥局部的眼光，而"觇"则是一种复合整体的眼光。卡西尔说："科学的概念解释，并不排斥艺术的直观解释。每一方都有它自己的观察角度，并且可以说都有它自己的折射角度。感知心理学已经告诉我们，没有两眼的并用，没有一种双目的视觉，就绝不能意识到空间的第三维。在同样的意义上，人类经验的深层依赖于这个事实——我们能够改变我们的观看方式，我们能够变换我们对实在的看法。在形式中见出实在与从原因中认识实在是同样重要和不可缺少的任务。……人性的特征正在于，他并不局限于对实在只采取一种特定的唯一的态度，而是能够选择

---

① 狄德罗说："一个人的心灵愈高尚，鉴赏力愈精微纯净，对自然认识愈深……。"见〔法〕狄德罗《狄德罗美学论文选》，张冠尧、桂裕芳等译，人民文学出版社1984年版，第230页。

② 见（汉）许慎撰，（清）段玉裁注《说文解字》："觇，并视也。从二见。弋笑切。"

③ 〔德〕冯特：《人类与动物心理学讲义》，李维译，北京大学出版社2013年版，第103页。

他的着眼点，从而既能看出事物的这一面样子，又能看出事物的那一面样子。"① 鲁迅先生在《连环图画琐谈》中说："中国画是一向没有阴影的，我所遇见的农民，十之九不赞成西洋画及照相，他们说：人脸哪有两边颜色不同的呢？西洋人的看画，是观者作为站在一定之处的，但中国的观者，却向不站在定点上⋯⋯"② 这样看来，"眇"，似乎是"洋人"的眼光，而"觋"，则是中国"农民"的眼光。引申开来，"眇"，是一种分析的观点，"觋"，则是一种综合的观点。对同一个观察对象，从几个不同视角的"眇"视，看到的可能是不同的甚至是矛盾的东西，而"觋"视，则将它们统合起来。就像"波粒二象性"（wave-particle duali-ty），玻尔将其上升为"互补原理"（The Complementary Principle），他说："作为量子的不可分性这一基本公设，本身就是一种不合理的要素⋯⋯这种要素就迫使我们采用一种新的描述方式，叫做互补描述方式；互补一词的意义是：一些经典概念的任何确定应用，将排除另一些经典概念的同时应用，而这另一些经典概念在另一种条件下却是阐明现象所同样不可缺少的。"③ 只有将所有这些既互斥又互补的概念汇集在一起，才能形成对现象的详尽无遗的描述。

10.2.2. 觋视不是若干眇视的简单相加，而是一种综合性直观。借用柏格森的比喻："就像画巴黎圣母院，即使画匠将一部分一部分的印象加以速写（sketch）之后，再综合而为一，亦决无法全景地描出寺院本身的真相。若真想描出寺院之实景，则应不看各个的部分而直观建筑之全体。还有，吾人若将一首诗，一字一句地切开，再集合各个字句想以此综合全体之意义，若事先不曾读过此诗，则决无法认识。所以不论怎样集合无数的部分，也不能从这种综合而知道全体。欲知道全体意味，只有直观。"④ 可见，觋视是一种诗性的、浑融的、非分析性的直观。觋视就像诗学上的某种"复义"手法，旨在一举将观察对象的全貌呈现出来。正如唐纳德森所说的："如同大多数诗人，《贝奥武甫》的作者锻造

---

① 〔德〕卡西尔：《人论》，甘阳译，上海译文出版社 2004 年版，第 235 页。
② 见《鲁迅杂文集》（卷 5）之"连环图画琐谈"，春风文艺出版社 1997 年版，第 63~64 页。
③ 〔丹麦〕N. 玻尔：《尼耳斯-玻尔哲学文选》，戈革译，商务印书馆 1999 年版，第 12 页。
④ 〔日〕获原朔太郎：《诗学原理》，徐复观译，九州出版社 2014 年版，第 293 页。

了一种复义风格，旨在将同一情势的各个不同侧面一举揭示。"① 觊视是
"坚白石"② 的一举呈现，就像塞尚（Cezane）的画，试图将一把椅子的
形态、重量、触觉等通过他的画笔，一次性地呈现在观者面前。觊视的
这种"一举"性，在文学上是意义的"一举"表达，在宗教上是真谛的
"一举"觉悟，在科学上则是真理的"一举"呈现。相对而言，"眇"视
与"觊"视，各有短长，"眇"视，易片面，但却可能更清晰、独到；
"觊"视，则易扭曲——就像毕加索的画，为了看到全貌，不惜扭曲形
象，硬将挡在鼻子后面的眼睛扳到画面上来——但它却可能更全面，更
符合生命体的本真。

10.2.3. 这样看来，觊视，似乎是只可直观，不可分析的。而本章
恰恰要将"纠纷解决"的觊视效果——即研究对象的那种矛盾复合体的
浑融状态——用分析性的方法表达出来，显然，这将是一件勉为其难甚
至不能实现的工作；它充其量只是对觊视效果的"逼近"——就像语言
学上"所说"向"所指"的逼近一样——除非能在分析的同时，借助某
种诗性的方法。下面对"纠纷解决"的法诗学觊视，或许就是这样一幅
毕加索式的"扭曲"的画面吧。

三 "鱼戏莲叶间"

乐府《江南》诗云："江南可采莲，莲叶何田田！鱼戏莲叶间。鱼
戏莲叶东，鱼戏莲叶西，鱼戏莲叶南，鱼戏莲叶北。"在一条"鱼"看
来，或许只有四面八方多个视角的综合观察，才能获得一个完整的"莲"，
而对于"纠纷解决"问题的观察者来说，也许通过史学、医学、诗学、公
共事务管理学等多种眼光，也才能看清它的完整样态和复杂结构。

10.3.1. 史家

纠纷的解决，颇似史家对人物或事件的盖棺论定。史家常拿审判来
说事。席勒在耶拿大学任教的第一堂历史课上讲："世界历史就是世界的

---

① 见〔英〕佚名史诗《贝奥武甫》之中译者前言，冯象译，生活·读书·新知三联书店
1992 年版。

② 栾星：《公孙龙子长笺》，中州书画社 1982 年版，第 30 页。

审判。"（Die Weltgeschichte ist das Weltgericht）① 卡西尔转述历史学家兰克的看法也说："历史学家既不是原告也不是被告的辩护律师。如果他作为一个法官来发言，那也只是作为预审法官来说话的。他必须收集这桩公案中的一切文献以便把它们提交给最高法院——世界历史。"② 的确，史家的工作很像是法官的工作。首先，他们都重事实、重证据。恩格斯曾赞扬希腊史家格罗特"是一个很有名望的和十分受人信任的证人"③。《四库全书·史部总叙》说："史之为道，撰述欲其简，考证则欲其详。"——这是"史之为道"。法之为道，其实也是如此，它是判词欲其简，证据欲其详（证据确凿充分）。该总叙又说："虽有疑狱，合众证而质之，必得其情。虽有异词，参众说而核之，亦必得其情。《碧云騢》一书，诬谤文彦博、范仲淹诸人，晁公武以为真出梅尧臣，王铚以为出自魏泰，邵博又证其真出尧臣，可谓聚讼。李焘卒参互而辨定之，至今遂无异说。此亦考证欲详之一验。"④ ——这些关于"质证"的话，简直很难分辨是在"论史"还是"说法"。严存生先生说："我们认为，法律工作者对法律事实的认识，类似于史学家对历史事实的认识。他所面对的不是事实本身，而是类似于史料的证据。他不能把证据当事实本身，正像史学家不能把史料当历史本身一样。因为证据只是带有事实信息的东西。"⑤ 可见，证据事实与客观事实之间的距离，是史家与法官，都必须谨慎面对的。其次，史官和法官都可能"造法"或"判决"。法官以判例造法，自不待言，而史官"造法"，董狐就是典型，其"判词"——"赵盾弑其君"，博得孔子之赞美——"古之良史，书法不隐"⑥。面对这样的史官，——就像面对严厉的法官一样，乱臣贼子，岂能不惧！在中国传统文化中，"史"与"法"是同源的。章学诚谓"六经皆史"，我们也不妨说"六经皆法"（章太炎甚至认为《春秋》是一部宪法）。姑且不说正

① 〔德〕卡西尔：《人论》，甘阳译，上海译文出版社 2004 年版，第 260 页。
② 〔德〕卡西尔：《人论》，甘阳译，上海译文出版社 2004 年版，第 261 页。
③ 〔德〕恩格斯：《家庭、私有制和国家的起源》，《马克思恩格斯选集》（第四卷），人民出版社 2012 年版，第 114 页。
④ （清）纪昀、陆锡熊、孙士毅等：《钦定四库全书总目（整理本）·史部总叙》，中华书局 1997 年版，第 611 页。
⑤ 严存生：《法的理念探索》，中国政法大学出版社 2002 年版，第 144 页。
⑥ 见《左传·宣二》。

史具有"法"的效用——董仲舒《春秋》"决狱"，吕留良也称赞韩愈《平淮西碑》"不愧典、谟、训、诰"（《晚村先生八家古文精选·韩文精选》），即便是普通的日用"史"体文章——例如民间的传、状、诔、祭、箴、铭、碑、序等文体——也往往缀以"赞词"或"评语"，犹如一篇篇对人或对事的"判词"。

从文化传统的比较上说，西方传统（古希腊罗马）总体上是法学的，而中国传统则是史学的。在古希腊罗马的政治传统中，权威主要来自法律，因此，史家——大都是来自民间的——自觉不自觉地要去模仿或攀附法官或者"律师"的方法（但不是中国法家的"以吏为师"，不是要去学习法律本身，而是要借重于法的观念和方法）。希罗多德不仅是《历史》的作者，还是一位法庭辩护士，他的《历史》以善辩著称，他为雅典辩护，但对波斯又不失其公正，可谓法学风格的《历史》。至于后来的席勒、黑格尔、兰克所热衷的"历史审判说"，自然是借重法学的又一个例证。在古代中国，情况却恰恰相反——历史，才是政治权威的主要来源；史家，主要是史官——是来自官方的；史官的方法，则不是求助于——而是恰恰相反，它支配或渗透了"法官"工作的方方面面。[①]

当然，话说回来，法官与史家毕竟是不同的，"纠纷的解决"，对法官是有时效要求的[②]，但史家却不受此限，他主要不是"解决"而是"评判"；因此，隔世"审判"，往往倒是常例。白居易《放言》诗云："赠君一法决狐疑，不用钻龟与祝蓍。试玉要烧三日满，辨材须待七年期。周公恐惧流言日，王莽谦恭未篡时。向使当初身便死，一生真伪复谁知？"——这是历史"判决"的特点。

[①]　《汉书·艺文志》说，史官衍生出了道家，理官衍生出了法家。而"道""法"本是同源，皆宗于老子"道德"（司马迁《史记》将老子韩非合传）。在这个意义上，史官可谓理官（法官）的老师。

[②]　按：法官与史官不同，不能像雅典"战神山"会议的法官那样宣布："本庭不懂此案，过一百年后再审。"古希腊有个著名的案子——"过一百年后再审"：一位妇女"被控暗中给她的丈夫和儿子下了毒药"，杀死了二人。但她辩称，她之所以蓄谋毒死二人，是因为"她丈夫和儿子设计杀害了她和前夫生的另一个儿子"。对此，议事会陷入困境：若依法律，该妇人构成杀人罪，然若依具体情势，那两个被杀者又罪有应得的。最后，阿利奥帕古斯法庭宣布了一个奇特的决定——要求被告人和当事人过一百年后再到庭。见〔古罗马〕奥卢斯·革利乌斯《阿提卡之夜》（第11~15卷），周维明等译，中国法制出版社2020年版，第59页。这一决定，一方面，该妇人未被明确赦免她的杀人罪；另一方面，至少在其有生之年，也不会被判处杀人罪。

小结：如果我们暂且撇开法官与史家的种种区别，仅从它们的共性着眼，便可大体得出"纠纷解决"的史学样态。其特点是：（1）重事实、重证据；（2）重"为后世法"；（3）重法官德行。法学的这种史学样态——将史学的精华（真相、镜鉴、德行三种要素）融入法学，把正义放在具体的"时—空"中加以评判——向来为中国传统法学所擅长。与此形成鲜明对照的是，法学的形而上学样态，它试图剔除正义中的"时、空"要素——他们赶走了"柴郡（Cheshire）猫"①，但留下了它神秘的微笑——它试图一劳永逸地、以永恒而抽象的正义，去评判具体的是是非非。

10.3.2. 治病

纠纷的解决，又颇似医生治病。东汉名医张仲景，曾任长沙太守，世称张长沙。据说，其衙门不仅是法庭，还是医院，而他本人不仅是法官，还兼医生，其著作《伤寒杂病论》，不仅能看病，还能用来治国和办案。西方也有类似的看法，古希腊（斯巴达）立法者来库古，就相信自己"必须像医生对一个体弱而百病丛生的病人似的来着手工作；他必须用药和泻剂为手段消除和改变现实的体质"②；在拉伯雷的《巨人传》中，勃里德瓦断案，也引用《伊诺桑法典》的记载——"药物以治病，司法以理案"③。法学与医学，在道理上确有许多相通。一方面，医学家常用"刑政"概念来阐释医理，例如金代名医张从正在其医著《儒门事亲》中说："夫谷、肉、蔬菜之属，犹君之德教也；汗、下、吐之属，犹君之刑罚也。"④ 这是将"汗、下、吐"三种医疗方法，比作刑罚。另一方面，法学家也常用医学概念来阐释法理，例如魏源就说："古之庸医杀人；今之庸医，不能生人，亦不敢杀人，不问寒、热、虚、实、内伤、外感，概予温补和解之剂，致人于不生不死之间，而病日深日痼。故鄙夫之害治也，犹乡愿之害德也，圣人不恶小人而恶鄙夫乡愿，岂不深

---

① 《爱丽丝漫游奇境记》中的童话形象。拥有凭空出现和消失的能力，即便在它消失后还能将其笑容留挂在空中。

② 〔古希腊〕普鲁塔克：《希腊罗马英豪列传 I》，席代岳译，安徽人民出版社2012年版，第101页。

③ 见〔法〕拉伯雷《巨人传》，成珏亭译，上海译文出版社1990年版，第597页。

④ 见（金）张从正《儒门事亲（卷二）》，步月楼本。

哉！"① 这是将国家管理体系中那些庸碌无为的鄙夫，比作庸医。就像耶林提到的那种法官——他将"自身以及其思想、感受，托付给贫乏、死板的制定法"，最终沦为"法律机器中一块无意识的、无感情的零件"。② 法官办案与医生看病，其思维过程也颇相似，或是逻辑演绎的，或是更为复杂的辨证施治的。医学方法中有《医门法律》，③ 法律方法中有"法律诊断"。所谓诊断学方法就是在具体问题（纠纷或疾病）与对策体系（法的系统或药的系统）之间，建立恰当的联系：对医生而言，要在病症与药物之间发现内在的关联，就是诊断；对于法官来讲，要在案件与法律之间确立正当的联系，就是定性。医生凭借各种检查手段查清病情；法官则通过各种调查手段查清案情。医生有治疗个别化的追求；法官则有刑罚个别化的理念。还有，法官与医生，都是某种专业性工作：他们通过各自的专业资格和经验获得"权力"，并以专家的名义行使"权力"。另外，治病与判案的步骤也大体相似：一是，"先看人，再问事"；二是，先"诊断"（定性），再"用药"（适用法律）。当然，法学与医学毕竟还是不同的，法学面对的是人际纠纷，医学面对的是人体疾患；法学方法允许推定或拟制，而医学方法则禁止任何假定或虚构。张介宾《景岳全书》说："以己之心度人之心者，诚接物之要道，其于医则不可，谓人己气血之难符；三人有疑从其二同者，为决断之妙方，其于医也亦不可，谓人愚智寡多之非类。"④ 就勃里德瓦断案的"掷骰子"⑤ 方法来讲，或许可以了结案件，却绝不可能清除病灶。

　　小结：如果我们撇开法官与医生的种种区别，仅从共性着眼，大体便可得出"纠纷解决"的医学样态。其特点是：（1）重"对症下药"（如刑罚上的罚当其罪等）；（2）重"因—果"关系；（3）重专业技能。

---

①　见（清）魏源《默觚下（治篇十一）》《默觚下（治篇四）》，载《魏源集》，中华书局 1976 年版，第 67、45 页。

②　〔德〕鲁道夫·冯·耶林著，〔德〕奥科·贝伦茨编注《法学是一门科学吗?》，李君韬译，法律出版社 2010 年版，第 46~47 页。

③　见（清）喻嘉言著，徐复霖点校《医门法律》之序，上海科学技术出版社 1983 年版。喻嘉言在《医门法律（卷一）》中说："盖《伤寒论》全书皆律……条例森森，随证细心校勘，自能立于无过。"该书序言也说：《医门法律》，"顾名思义就是医学的规范。法者正确诊治之谓，律者误诊失治之责"。

④　见（明）张介宾《景岳全书》（卷三），上海科技出版社 1959 年影印岳峙楼版。

⑤　见〔法〕拉伯雷《巨人传》，成钰亭译，上海译文出版社 1990 年版，第 589 页。

显然，与法学的史学样态不同，法学的医学样态，其重点不在"时—空"描述而是"因—果"描述。在这里，我们主要看到的，不是"过去"的真相和"未来"的方向，而是"当前"的困扰或麻烦；在这里，最重要的，也不是医生如何能肩负起历史的责任，而是病人如何能摆脱病痛的折磨；在这里，法官——就像医生一样——也披上了专业或职业的长袍。——法学的医学样态，为法学注入了宝贵的科学和专业技术的成分，曾为中西传统法学所共尚，后由近现代西方法学所光大。

10.3.3. 诗人

纠纷的解决与诗歌的创作，也颇为相似。德国童话作家（也是法学家）格林在《法之诗意》中说："法官被称作发现者，因为他们发现了判决，就像诗人是发现者（抒情诗人、游吟诗人）一样；他们均被冠以创作者、陪审员……之名，因为他们都在创造，都在规定或提供秩序；同时，他们也是一些挑剔者、批判者，因为他们指出并谴责错误。"① 从创作或对现实的批判上说，法官与诗人，其思维，都是某种创造性想象，而其情感，都是某种正义情感的发作。创造性想象，当然会在诗人的文字创作上表现出来，但也可能在法官的判决行为上表现出来。从这个意义上说，法官可谓行动上的"诗人"。倘若把法官诗人与文学诗人的创造思维作个对比，其相似性是非常惊人的。第一，两者都具整体化的想象能力，即把许多东西看成一个浑融的整体——它能把"物—我"看成一体，也能把"此物-彼物"看成一体，这种看成一体的想象，在诗学上，即是人们熟悉的拟人和比喻②，而在法学上，则是推定和拟制。③ 法官可能会把沉默推定为同意，而把团体拟制为法人。第二，两者都有换位想象的能力。就法官而言，其换位想象，往往从下面五个方面展开：（1）想象自己是争端当事人——设身处地、感同身受的同情之心；（2）想

---

① Jakob Grimm. Von der Poesie im Recht. Wissenshaftliche Buchgesellschaft Darmstadt, 1963. S10-11.

② 马克思曾在诗中赞扬查理大帝的法律功绩——"让茅屋中享有权利，使人人都严格遵守法纪"，并将其比作自然"遵循美的法则创造万物"，比作"伟大的希腊诗人的歌唱"，比作"德摩斯蒂尼的演说"，比作"缪斯所创造的仙境"——从而创造了一种"法、自然、诗"三者融通的境界。见〔德〕马克思《马克思诗集》之《查理大帝》，陈玢、陈玉刚译，百花文艺出版社 2012 年版，第 5 页。

③ 见卢鹏《拟制问题研究》，上海人民出版社 2009 年版，第 58 页。

象自己是案件的旁观者、研究者——冷眼分析的客观之心；（3）想象自己是两造纠纷的中立者（众目睽睽，千夫所指，如芒刺在身，焉能不持中立）——公正无私的责任之心；（4）想象自己是崇高正义的"代言人"——无所畏惧、势不可挡的是非之心、正义之心；（5）想象自己是大众德行上的典范或楷模——即便独处幽室也犹如坐在高高法台的慎独之心。关于这种"换位"，鲁迅先生曾提到陀思妥耶夫斯基的一项伟大本领，他竟能同时作为罪犯和拷问官，"他把小说中的男男女女，放在万难忍受的境遇里，来试炼它们，不但剥夺了表面的清白，拷问出藏在底下的罪恶，而且还要拷问出藏在那罪恶之下的真正的洁白来。而且还不肯爽利地处死，竭力要放它们活得长久。而这陀思妥夫斯基，则仿佛就在和罪人一同苦恼，和拷问官一同高兴着似的"①。鲁迅先生说："凡是人的灵魂的伟大的审问者，同时也一定是伟大的犯人。审问者在堂上举劾着他的恶，犯人在阶下陈述他自己的善；审问者在灵魂中揭发污秽，犯人在所揭发的污秽中阐明那埋藏的光耀。"② 法官的这种——类似诗人的——整合或换位的想象力，即心灵的加工、组合、跳跃、腾挪的本领，无疑是极有价值的，它能使法官变得更为通达、更为公正。这是创造性思维，下面再看情感。法官与诗人也具有同样的正义情感。从应然层面说，法官"诗人"，绝不缺乏一个真正诗人常有的那种正义情感。这种情感，无论来自法官的人生阅历、专业素质还是个人修养，都将给予他巨大的精神力量；这种力量，有些是哲学智慧的沉淀，有些是专业知识的积累，有些是宗教信仰的确念，有些是艺术形象的召唤，还有些是由德行习惯而直觉到的公正卓识，所有这些精神要素，汇成一股情感的洪流，充盈其身；在这种情况下，当他面对一个案件或一场纠纷的时候，却要让他处于一种没有情感的法律机器的状态，那是绝无可能的。正是这种正义情感，为他照亮解纷过程每一角落，为他确立前进的方向。在此时刻，他与一个文学意义上的诗人又有何区别呢?! 他似乎完全变成了皮萨列夫所提到的那位诗人了：当"他看到别人了解他那吞没一切的热

---

① 见鲁迅《且介亭杂文二集·陀思妥夫斯基的事》，载朱正编《鲁迅书话》，湖南教育出版社 2007 年版，第 270 页。

② 见鲁迅《集外集·〈穷人〉小引》，载朱正编《鲁迅书话》，湖南教育出版社 2007 年版，第 176 页。

情，怀着苦闷的希望战战兢兢地望着远方，望着那同一个伟大的目标"的时候，他就觉得心醉，而当"目标消失在人类蠢事的大雾中，他周围的人彷徨摸索，互相使对方迷失正路"的时候，他就觉得痛苦和生气。[1] 法官"诗人"的这一情感状态，就像高峡上的水潭，势必要使心中不断积淀下来的正义情感，作为一种综合性事实——自觉或不自觉地——流淌下来，渗透到案件中去。

小结："纠纷解决"的诗学样态：（1）重法官德行；（2）重"结果公正"；尤其是（3）重想象、重感情。法律想象或正义情感，是法官人格的基本要素，也是案件公正的重要能动因素。诗学对法学的贡献，最重要的在于，其对法学机械主义或所谓"数学智慧"的批判和突破。对此，马克思在一首诗中讽刺道："我们的科学找出各种符号表明一切……若 a 是红粉知己，b 为情郎，情投意合……只须把 a+b 摆在一个系列，这一对就自我表明是热恋情侣。他们用线把整个世界画满，但全然忘记精神这一面，假如 a+b 能够解决任何争辩，那么判决书就变得更低贱。"[2] 然而，正义绝不是被计算或格式化出来的东西，在法学的诗学样态中，正义不仅源自法官人格或德行上的示范和实践，还源自其情感与想象力的创造性贡献；在这里，"死"的正义变成了"活"的正义。法学的诗学样态，向为中国传统法学所重，而为近现代法学所轻。

10. 3. 4. 竞赛

纠纷的解决，也颇似体育竞赛的过程。古希腊梭伦《无题》诗云："我给人民以恰好满足的权利，所得不短少也不加多，有权势有令人羡慕的财产的人，我劝告他们不要过分，我手持大盾站稳，为双方挥舞，不让任何一方非法战胜。"[3] ——作为政治家、立法者的梭伦，仿佛正在主持一场发生在平民与贵族之间的角斗。在古希腊，体育比赛，盛行而普遍，四大运动会轮番举行。运动会上，短跑、长跑、标枪、铁饼、拳击、

---

[1]　中国社会科学院外国文学研究所外国文学研究资料丛刊编辑委员会编《外国理论家 作家论形象思维》，中国社会科学出版社 1979 年版，第 97 页。

[2]　见〔德〕马克思《马克思诗集》，陈玢、陈玉刚译，百花文艺出版社 2012 年版，第 191 页。

[3]　见〔古希腊〕荷马等《古希腊抒情诗选》，水建馥译，商务印书馆 2013 年版，第 90 页。

角力、赛马、赛车等竞技，此起彼伏；夺标选手，受到英雄般的崇敬。①在体育比赛中，裁判长，身穿紫袍，头戴桂冠，手持法鞭；对于犯规者，他有权施以鞭笞；如果选手不服，可以上诉，最终由评议会评判。应该说，体育竞赛——作为一个基本"喻体"——影响了古希腊社会生活的各个方面。无论戏剧、诗歌、乐器，还是人品、口才、美貌……几乎没有什么，是不可比赛的。在卢奇安的《真实的故事》中，我们大体可以领略这种竞赛文化的全景："过了些时候，他们的死人节竞技大会到了。裁判长是阿喀琉斯和忒修斯，阿喀琉斯是第五次任裁判长，忒修斯是第七次。……摔跤比赛的优胜者是赫剌克勒斯的后裔卡剌诺斯，他和俄底修斯争夺花冠，他胜利了。拳击比赛是葬于科林斯的埃及人阿瑞俄斯和厄佩俄斯交手。至于摔跤和拳击的混合比赛项目，他们没有设奖。赛跑谁获胜，我不记得了；至于诗歌，其实荷马高明得多，但赫西奥德却比赢了。他们的全部奖品都是用孔雀毛编制的花冠。"② 至于选美竞赛，最著名的，当然是"金苹果"神话：纷争女神掷下一只金苹果，上面写着"给最美丽的女神"，而赫拉、雅典娜与阿佛洛狄忒三位女神，都想得到它，于是发生争执，就请特洛伊王子帕里斯裁判，帕里斯最终将金苹果断给了阿佛洛狄忒。另外，演讲、口才"比赛"，也很盛行。普鲁塔克在《伯里克利传》中提到一件事：修昔底德是家世高贵的杰出市民，也是伯里克利的主要政敌。有一次斯巴达国王阿基达摩斯问修昔底德，他与伯里克利角斗，谁更高明；修昔底德回答说："每当我把他摔倒在地，他总是坚持说他没有失手，反而胜我一筹，使得旁观者相信他的讲话，而不是自己的眼睛。"③ 由体育竞赛所确立的这种竞赛文化或机制，影响极其广泛和深刻，可以说，它已经成为古希腊政治法律生活的基本"母题"，立法、选举、司法，无不受此影响。从某种意义上说，众所周知的苏格拉底的死刑判决，就发生在一场由观众表决的演讲"竞赛"中。

　　小结："纠纷解决"的竞赛学样态：（1）重"程序公正"；（2）重

---

① 见〔古罗马〕维吉尔《埃涅阿斯纪》，杨周翰译，人民文学出版社 1984 年版，第 114～603 行。

② 见〔古希腊〕泰奥弗拉斯托斯等《古希腊散文选》，水建馥译，商务印书馆 2013 年版，第 147 页。

③ 〔古希腊〕普鲁塔克：《希腊罗马英豪列传Ⅱ》，席代岳译，安徽人民出版社 2012 年版，第 105 页。

"客观理性";（3）重裁判过程的"民主参与"。与史家论史、医生治病、诗人作诗不同，它不是由某个权威（史家、医生、诗人）独断，而是一个包括竞赛选手、裁判长、观众共同参与的过程。在这一过程中，"纠纷的解决"，（1）其重心，与其说是"谁"在解决纠纷，不如说是在"何种方式"下解决纠纷，（2）其方式，不仅仅是高权者的单方驾驭，更主要是利益相关者的互动与协作，（3）其内容，不仅仅是一个类似治病的纯技术性过程，而是一个技术性与民主性相结合的过程。"纠纷解决"的这种竞赛样态——不是以"权力"而是以"事务"为中心——后经进一步发展，演变为公共事务治理的样态，为西方法学所擅长。

四　纠纷解决的"治理诗学"

10.4.1. 诸要素的配置

诊断学是将"纠纷解决"的复杂过程，交给法官去统合，而竞赛学是将"纠纷的解决"付诸一个实际的互动机制。在法诗学的觊视眼光来看，其真实过程，应是诸多面相的不可分割的浑融状态，是一个包含史家、治病、诗人、竞赛和治理等多种元素的矛盾复合体。然而，必须指出的是，这却不是一幅矛盾的图景，而是一幅互补的图景。就其各元素配置的整体模式而言，大体有三。

（1）"（史家+诗人）+治病"的模式——所谓"诊断学"模式。就其逻辑发展而言，其中包含一个内在的积累过程，即从单独的"史家"或"诗人"到"史家+诗人"的过程、从单纯的"事实"或"情感"到"事实+情感"的过程。就其历史表现而言，最典型的是中国传统的纠纷解决模式，其特点是：重"法官独断"，重"法官德行"，重"情感"，重"结果公正"；但它缺乏"竞赛"的成分，其"治病"的成分也仅保持在"诊断"的方法论层面，未能充分发展为法官的专业资格制度。①

（2）"（医生+裁判长）+竞赛"的模式——所谓"竞赛学"模式。就其逻辑发展而言，包含一个内在的包容过程，即从单独的"医生"或

---

① 在当代中国的纠纷解决模式中，"医生"或"治病"，特别是其中专业技术成分的缺乏，已因法官职业资格制度的实行而得以改善。

"裁判长"到"医生+裁判长"的过程、从单纯的"治病"或"竞赛"到"治病+竞赛"的过程。就其历史表现而言，最有代表性的是罗马法传统的纠纷解决模式，其特点是：重"法官主导"，重"专业资格"，重"共同参与"，重"客观理性"；但相对而言，它缺乏"史"，特别是"诗"的成分。①

（3）"（史家+诗人+医生+裁判长）+（史论+作诗+治病+裁判）+治理"的模式——所谓"治理诗学"模式。其特点在综合：a. 是"法官德行"与"专业资格"的结合；b. 是"法官控制"与"利益相关者共同参与"的结合；c. 是"结果公正"与"程序公正"的结合；d. 是"诗性想象"与"客观理性"的结合。或者说，在此模式之下，纠纷解决的"主体"，不仅是一个"史家+诗人+医生+裁判长"的法官，还包括案件中的其他利益相关者，而纠纷解决的"活动"本身，不仅是一个"史论+作诗+治病+裁判"的综合性活动，还包括当事人之间的"竞赛"以及与其他利益相关人一道的共同"治理"过程。

10.4.2. 而"治理"的灵魂，只有一个，那就是个案正义的实现。康德说："一个法人，如果他主持有关正义的事宜并加以执行，他就被称为正义的法庭。"② 依我的理解，这个法庭——"法人"——其中蕴含某种内部治理结构，它不是某个个人主导的法庭，而是一个由多元利益相关者构成的"正义共同体"；其中的法官——其实算不得什么"官"——他只是正义事务的主持人而已；从广义上说，审判员、陪审员、行政裁决官员、行政复议官员、听证主持人员、体育裁判员、劳动或商事仲裁员、行政或人民调解员以及各类社会组织内部权利申诉委员会的委员等，其具体角色或职权虽有不同，但有一点是相通的，即他们都以其德性人格和专业知识，主持正义法庭的"戏剧性"演出；这一演出，不仅是作为观众的"看得见"的公正演出，更主要是作为演员（包括各种利益相关者在内）的能够"感受到"的公正演出；整个"戏剧"，作为一个"正

---

① 按：关于"诗人"或"作诗"成分的缺乏，在西方"纠纷解决"理论中，已有所反省；例如耶林关于法官"法感"的理论等。参见〔德〕耶林著，〔德〕奥科·贝伦茨编注《法学是一门科学吗？》，李君韬译，法律出版社 2010 年版，第 81 页；〔德〕耶林《法权感的产生》，王洪亮译，载《比较法研究》2002 年第 3 期。

② 〔德〕康德：《法的形而上学原理——权利科学》，沈叔平译，商务印书馆 1991 年版，第 121 页。

义共同体",就像一个多棱的晶体,能从不同的侧面折射出不同场景,但作为一场"活剧",却始终是一个浑融的整体。就像狄德罗说的:"我实在不愿看那蒙上一层皮的人体解剖模型,而穿了衣服的活的身体,我却百看不厌。"① 然而,将"纠纷的解决",看作一个实现公正的"活"的过程,却主要不是为了好看,而是为了更正当,也更真实。

10.4.3. 法治社会的新要求

党的十八届四中全会通过了《中共中央关于全面推进依法治国若干重大问题的决定》。何谓"全面推进"?在笔者看来,(1)不仅是从"依法行政"到"依法执政"的"全面推进",例如将"党内法规体系"纳入"社会主义法治体系"、强调党应以"法治方式"(包括党内法治)来领导"国家法治建设"等,(2)还是从"法治政府"到"法治社会"的"全面推进",旨在推动多层次多领域的依法治理,例如充分"发挥市民公约、乡规民约、行业章程、团体章程等社会规范在社会治理中的积极作用",特别是要完善"调解、仲裁、行政裁决、行政复议、诉讼等"多种多样的纠纷解决机制。这些新的提法和要求,标志着我国法治建设——在视野和主体上——进入了一个新的阶段。从视野上说,法,不仅仅是传统的国家学眼中所看到的国家法,还应包括社会学眼中所看到的社会法;因此,法学的研究对象,不仅有"国法",还包括"党规"以及"民间法"。倘若固守狭隘的国家学法学观,将党内法规以及包括大学章程在内的各种社会组织内部规范排除在法学研究的视野之外,或者将党内纪检以及包括高校在内的各种社会组织内部权力监督和权利申诉机制排除在法学研究的视野之外,就很难理解我国"法治社会"建设的深远内涵,也很难全面观察当代"法治中国"建设的实际。法,不仅是国家机器,还是"游戏规则";法治,不仅包括国家学意义上的依法治国、依法行政,还包括社会学甚至人类学意义上的依法治理、依法自治。就党的依法执政而言,不仅是依国法执政,还包括依党内法规执政。宪法学的研究对象,首先是国宪,但也应将党章以及包括高校章程在内的各类"宪法"纳入其中。行政法学的研究对象,首先是行政主体(行

---

① 见〔法〕狄德罗《狄德罗美学论文选》(第2版),张冠尧、桂裕芳等译,人民文学出版社2008年版,第380页。

政机关以及依照法律法规规章授权的组织）的权力行为，但也应将其他
社团的公共服务行为以及各类社团的内部高权行为包括进来。从主体上
说，法治社会的建设，不仅要国家主导，还应有社会或民间的广泛参与；
利益纠纷的解决，不仅要靠司法，也要靠其他替代性机制；正义的法庭，
不仅有法院，还包括社会上各种形式的权利保障和申诉会议。各种各样
的"法官"与各种各样的利益相关者一道，共同肩负着纠纷的解决——
这一崇高的正义事业。

10.4.4. 在法治社会中，纠纷解决的理论，若仍局限于传统的"技
术理性"——"专业资格""单方控制""程序公正""客观理性"——
显然是不够的。就像玻尔所谓"时空描述与因果描述的互补"[①] 一样，
在纠纷解决的问题上，我们更加需要艺术与科学之间、情感与理性之间、
想象与逻辑之间以及德行与专业知识之间的互补和互动，需要一种更加
包容的"治理诗学"。

---

① 〔丹麦〕N. 玻尔：《尼耳斯-玻尔哲学文选》，戈革译，商务印书馆 1999 年版，第 70 页。

第十一章　法在"缘"中

诗是存在的真正的拓扑学。

——《诗·语言·思》①

一　法在"缘"中

11.1.1. 秃头难题。英国法学家哈特曾提到一个"秃头"难题："一个男士，其头亮而光，他显然属于秃头之列；另一个头发蓬乱，则他显然不是秃头；但问题在于第三个人只是在头顶的周围有些稀稀落落的头发，如果他是否算秃头被认为是重要的或者任何实际结果取决于此的话，这个问题就可能被无期限地争论下去。"② 就法学言，正由于"某种实际结果取决于此"，所以，事实问题与法律问题是难以割裂的。纯粹的事实，固然可以提供一些规则——即所谓"事理""物理"，然而，一旦进入受赞扬或指责的场合，情况就复杂了，这时人们所采取的，其实是某种"反思平衡策略"——即用他们所希望得到的效果去评价其所面对的事实。③ 而效果上的好或坏，往往只有在具体的语境或时空下才会明确，

---

① 〔德〕海德格尔：《诗·语言·思》，彭富春译，文化艺术出版社 1991 年版，第 19 页。

② 见〔英〕哈特《法律的概念》，张文显等译，中国大百科全书出版社 1996 年版，第 4~5 页。

③ 按：实验哲学家约书亚·诺布做过一个有趣的对比实验。（1）是在"指责"的语境或情境下。A 公司在追求某项利益的同时会危害生态环境。公司总裁预计到了决策的这一"消极作用"，但他说："我才不管什么危害环境，我要的是利润！"他因此批准了这一决策。民调问题是：总裁对危害环境这一点是有意的吗？统计结果显示：高达 82% 的受访者认为总裁对危害环境这一点是有意的。（2）是在"赞扬"的语境或情境下。A 公司在追求某项利益的同时也会改善生态环境。公司总裁预计到了决策的这一"积极效果"，但他说："我才不管什么改善环境，我要的是利润！"他因此批准了这一决策。民调问题是：公司总裁对改善环境这一点是有意的吗？统计结果 （转下页注）

正如杀人犯弗雷迪所反思的那样——稳定、中立、持续状态下的"坏"，是否存在呢？邪恶、危害、不道德这些形容"坏"的词语，似乎只是一种阴谋，只是为了掩饰本来就不存在的东西，难道说，创造这些形容词，只是为了让"坏"看上去好像是客观存在的吗？①

11.1.2. 奔马毙犬。明人何孟春《余冬叙录》载有一事：欧阳修任翰林时，与同院出游，适有"奔马毙犬于前"。欧阳修就对这位同院说："试书其事！"同院道："有犬卧通衢，逸马蹄而毙之。"欧阳修说："使子修史，万卷未已也。"同院就问："内翰以为如何？"欧阳修说："逸马杀犬于道。"此事更早见于沈括《梦溪笔谈》，但所记有所不同：

> 往岁士人，多尚对偶为文。穆修、张景辈始为平文，当时谓之"古文"。穆、张尝同造朝，待旦于东华门外，方论文次，适见有奔马践死一犬，二人各记其事以较工拙。穆修曰："马逸，有黄犬遇蹄而毙。"张景曰："有犬死奔马之下。"（《梦溪笔谈》卷十四"艺文"）

何孟春《余冬叙录》记录此事，隐去了人名，且多了一个"丙"：

> 宋人记三人论史法。会马走过践死一犬。云当作如何书。甲云："马逸，有犬死于其下。"乙云："有犬死奔马之下。"丙云："适有奔马贱死一犬。"议者以丙差优。

（接上页注③）显示：只有23%的受访者认为总裁对要改善环境这一点是有意的。同样是某种"放任"的心理状态，但在"赞扬"和"指责"的两种不同情境下，人们会对该放任心理——是"有意"还是"无意"，得出不同的评价。对此，约书亚·诺布解释说："当他们遇到一个类似总裁危害环境的案例时，他们默会的能力可能会说出这样一个结论：'这个行为是无意的。'但是这时他们可能会想：'等等！这个行动者很明显要为他的行为受到责备，而行动者只有在做出意向性行动的情况下才是要受到责备的。因此无论如何这个行为必须是有意的。'"这就是说，当我们需要对他人的主观心理状态作出断定时，我们所依据的不仅是他的言说、他行为的效果，更主要还有"情境"，即这种行为效果是"好的"还是"坏的"，然后从这种主观情感出发，对他人的主观心理状态作出断定，即所谓"反思平衡策略"。见〔美〕约书亚·诺布、肖恩·尼科尔斯编《实验哲学》，厦门大学知识论与认知科学研究中心译，上海译文出版社2013年版，第28~29、219、226页。

① 见〔爱尔兰〕班维尔《证词》，陆剑译，作家出版社2008年版，第49页。

　　综合上述记载，对"奔马毙犬"一事，我们得出五种不同的表述：

　　（1）穆修："马逸，有黄犬遇蹄而毙。"或某甲："马逸，有犬死于其下。"
　　（2）张景："有犬死奔马之下。"
　　（3）某丙："适有奔马践死一犬。"
　　（4）欧阳修的同院："有犬卧通衢，逸马蹄而毙之。"
　　（5）欧阳修："逸马杀犬于道。"

　　上述五句，孰优孰劣呢？若就史笔言，或当推欧阳修或某丙。然若从法学看，却当作别论，试分析如下。
　　某丙曰："适有奔马践死一犬。"就法学来看，其所关注的，显然是"奔马"与"犬死"之间的因果关系，其中的"法"，主要是"事理"。穆修曰："马逸，有黄犬遇蹄而毙。"或某甲曰："马逸，有犬死于其下。"在穆修（某甲）看来，重要的不是因果关系，而是一个涉及责任问题的细节——"逸"，即脱缰；"奔马"只是客观的"奔"而已，而"逸马"则有个失职失控的问题；虽一字之差，所涉"法理"却全然不同。某丙和穆修（某甲）的叙述，可谓法在"事"中、法在"理"中。而欧阳修那位无名的同院则曰："有犬卧通衢，逸马蹄而毙之"。这一叙述，史学上或不可取，正如欧阳修所评价的——"使子修史，万卷未已也"。但就法学言，却极为精到：不仅反映了因果关系和责任问题，还揭示了另外两个关键情节：通衢和马蹄。"犬卧通衢"，虽是客观描述，但已包含了愤愤然的法感——"通衢"岂是"犬卧"之地！"蹄而毙之"，是精细的描述，但同时也是血淋淋的情感事实——具体的镜头总是比抽象的概括更能打动人。应该说，无论就文学还是法学而言，"有犬卧通衢，逸马蹄而毙之"一句，都更为出色；借用量子力学的概念说，在某种"坍缩"中，即一种面对事情本身的叙事中，法与事实融为一体并同时呈现出来。
　　譬如这样一个案子。说夜深无人之际，某女坠楼昏死，生命垂危；某甲正好路过，就顺手牵羊，洗劫了其随身钱物，但又思该女尚存一线生机，不忍其伤重身亡，便拨打报警电话后离去，该女因此获救。附近电子监控记录了事件经过，案件很快告破，某甲被捕，该女所失钱物亦被追回。然某甲却被判无罪。法官给出的理由是：（1）"对救命来说，抢钱不值一提。"（2）被告"固然不应由其善行而免罪"，然"若判其有罪，负面影响更大"。法官最后说："我宁愿看到一个抢劫犯拯救一条生命，也不愿看到救命者遭受罪责！"此案显然不是传统法学的"理据"论所能解释的。

在法诗学看来，法学问题并无事先既已确定的标准答案。法律中所凝结的客观法感以及作为事情本身的案件事实及其个案正义，往往要在具体情境中才能得到恰当的释放、显现和获得。此案若由法律 AI（通过纯逻辑算法）以旁观立场来判，可能会很简单。然若讲求个案正义，那就需要面对"事情本身"。一旦我们进入具体情境（"如我在诉"），就会发现有三。（1）就受害人言。该案中的那位女士（受害人）似乎并未感受到（从法美学或法感上说）任何侵害（因其当时处于昏迷不觉的状态）；相反，她所怀有的，可能更多是获救后对某甲的感激。（2）就被告人言。某甲的主观状态（"情"）也非常复杂（所谓"人心惟危"，即"人类心灵中最黑暗的冲动是远在理性和逻辑的疆域之外的"）——取其财而又救其命，介乎贪欲与恻隐之间，是一个善恶交织的状态。在法律看来，似介乎趁火打劫（从刑法上看）与不当得利（从民法上看）之间。从天理与法理的关系看，一面要保护财产（是法理），另一面是拯救生命（是天理）。法理是历史的、人为的，即"人之道"，而天理却是永恒的、自然的，即"天之道"。刘禹锡《天伦》言："天，有形之大者也；人，动物之尤者也。天之能，人固不能也；人之能，天亦有所不能也。故余曰：天与人交相胜耳。其说曰：天之道在生植，其用在强弱；人之道在法制，其用在是非。"[①] 结合被告某甲的主观状态来说：不义而取，是贪婪，违背了人道法制之义；报警救命，又有同情，尚存天道生植之义。——主观恶性不大。（3）就其社会危害性言，正如法官所言："我宁愿看到一个抢劫犯拯救一条生命，也不愿看到救命者遭受罪责！"基于上述情境性的、感受性的、统觉性的及效果性的考虑（显然非法律 AI 所能为），法官所作的创造性应对，可谓"个案正义"。

---

① 　高潮、马建石主编《中国历代法学文选》，法律出版社 1983 年版，第 439 页。

11. 1. 3. 具体情境下的相遇。作为纯粹观念的逻辑运动与具体情境下的事态的运行，都需要某种"相遇"，但却是两种不同的"相遇"。前者是抽象原理与概念的相遇，即逻辑学意义上的"相遇"；后者则是具体人格与事件的"相遇"，是知行合一意义上的"相遇"。前者是"真/假"问题，后者则是"美/丑""善/恶"问题。"真/假"问题所遵守的是概念——"同一律"；"美/丑""善/恶"问题所遵守的却是情感——"和谐律"。因此，两个命题，譬如"某甲杀了人"与"某甲没有杀人"，在逻辑上，不可能同时为"真"，但却未必不能在具体情境中兼容或共存。就像鲁迅说的，"我家的后面有一个很大的园，相传叫作百草园。……其中似乎确凿只有一些野草……"——既是"似乎"又是"确凿"，逻辑上虽是矛盾的，但在其童年朦胧的情境中却是统一的。

法诗学所谓的"事情本身"就是说："事"，必有其故，有其来龙去脉，才为"事"；"情"，必有其人，有其人伦关系，才有"情"。——此所谓"事情"。可见，面对并进入"事情本身"，就是要走进因果关系的境遇（即情境）当中，面对活生生的人。所谓"情境"，就是使事情本身得以显现的那个包含情感的时空境遇，即现场感：不仅包括场所感、时间感，还包括事件感、关系感、共鸣感、交融感。法学上的事实，正是具体时空条件下的情感事实，既不同于纯客观的物理或自然事实，也不同于经主观过滤后的叙事或鉴定的事实，而是具体时空境遇中所显现的事实。这一事实，一方面是客观的，另一方面又是包含着情感的，譬如前述的那个抢劫救命案，凝结在既定法律中的惩罚性法感（无论是盗窃的还是抢劫的），似乎很难在基于既定证据法所呈现出来的案件事实中得到恰当释放。然而，一当进入案件的具体情境当中，一切问题就似乎"坍缩"式地豁然开朗了。

我们说，"事物本质"与"事情本身"，都是诗性的现象或诗学概念，但有不同的侧重：前者是诗学-哲学的，后者是诗学-法学的；前者是事物显现中的沉浸式白描，后者是个案正义显现中的情境性体验。

英国哲学家休谟指出，道义或法的问题，并非理性或逻辑的对象，而是人情感的对象。以公认为罪恶的故意杀人为例，他说："无论你在哪个观点下观察它，你只发现一些情感、动机、意志和思想。……再没有其他事实。……完全看不到恶。"——并没有一个客观的"恶"处于你的理性观察之下；直到你诉诸自己的情感，你才"感到自己心中对那种行为发生一种谴责的情绪"。然而，这一"恶"的情绪，却不是客观事实，而是主观事实；这一"恶"的判断，不是来自对象的性质，而是来自人的"感情"。①

11.1.4. 从法在"法"中到法在"缘"中。在德国法学家考夫曼那里，"法律获取"（Rechtsgewinnung）与我们常说的"法律适用"是不同的。所谓"法律获取"，主要指"法"（正义）乃至是"个案正义"的获得，而不单是"制定法"的查找或查询，是法在事"中"的获取，而非法在事"先"的适用。就像打猎，是有一个猎取——"法"——的过程的，而不是像测量，只需寻找一把既定尺子——"制定法"。因此，法之发现和获取的概念，不是建立在"实体"本体论上，而是建立在"关系"存在论基础上的，或在比喻的意义上说，不是建立在"经典力学"范式上的，而是建立在"量子力学"范式上的。考夫曼说，"法之发现，不仅仅是一种被动的推论行为"，更是一种构成——"法之发现者一同进入行为过程，这意味着，法不是实体的事物，它不是如施蒂夫特的小说《威梯科》（*Witiko*）中所称的，'处在物的范围之内'，毋宁是，一切法具有关系特征，法是某种联系的事物，它存在于人的相互关系之中，并面对物而存在。之于这种法思维，只能存在一种'敞开的体系'，在敞开的体系中，只能存在'主体间性'（intersubjektivitaet），此乃不言而喻的"。② 这一区别，还可类比于心学上"致"与"依"之别。罗念庵曾解释"致良知"之"致"字说："阳明拈出良知，上面添一'致'字，便是扩养之意。""良知'良'字，乃是发而中节之和，其所以良者，要非思为可及，所谓不虑而知，正提出本来头面也。今却尽以知觉发用处为良知，至又易'致'字为'依'字，则是只有发用而无生聚矣。……是故必有未发之中，方有发而中节之和；必有廓然大公，方有物来顺应之感。"③

11.1.5. 这就涉及法在事"中"与法在事"先"的区别。法在事

---

① 〔英〕休谟《人性论》（下），关文运译，商务印书馆 1980 年版，第 508 页。
② 〔德〕考夫曼、哈斯默尔主编《当代法哲学和法律理论导论》，郑永流译，法律出版社 2002 年版，第 128 页。
③ 梁启超编著《德育鉴》，译林出版社 2022 年版，第 60、90 页。

"先"，就是要先有一个"法"可以作为判案的出发点或准绳，可分为两种。第一种是法律解释说。例如《瑞士民法典》的相关规定，其第 1 条（法律适用）："（1）凡依本法文字或解释，有相应规定的任何法律问题，一律适用本法。（2）本法无相应规定的，法院应依据习惯法裁判；如无习惯法的，得依据自己如作为立法者应提出的规则裁判。（3）对前款情形，法院应以公认的学理和判例为依据。"这就是说，作为裁判的理据，无论是法律、习惯法、学理还是判例，都是事先既已存在的。所谓法院"得依据自己如作为立法者应提出的规则裁判"，并非法官人格的自由发挥，而是必须以"公认的学理和判例"为依据。其第 4 条（法院的裁量）虽然规定了"依据公平与正义作出裁判"，但仍须以"法律的指示"为前提。其总的精神是"法在事先"，但在"具体情势"下，应当通过解释学方法强化客观法的"灵活性"。第二种是法的续造说。例如《葡萄牙民法典》的规定，其第 10 条（法律漏洞的填补）："（1）法律无规定之情况，受适用于类似情况之规定规范。（2）法律调整某一情况所依据之理由，于法律未规定之情况中亦成立时，该两种情况为类似。（3）无类似情况，则以解释者本人定出之规定处理有关情况；该规定系解释者假设由其本人根据法治精神立法时，即会制定者。"这就是说，在裁判理据阙如的情况下，解释者可以通过类推方法，将既存的其他规定适用于阙如的情况；在类推也无法填补漏洞的情况下，法律解释者可以"设身造法"去裁判，即假设解释者本人就是立法者时"根据法治精神"所制定的规则进行裁判。从"灵活性"解释到"创造性"解释，虽是"一大步"，但其总的精神还是"法在事先"，所谓"漏洞"，只是既有框架的一个欠缺而已，"填补"之功，虽或不逊于"女娲补天"，但毕竟已先有一个"天"在那里【F. 3. 3. 1】。

11. 1. 6. 然而，在法诗学看来，作为法的理据可有两种不同的模式：一种是法在事"先"，即"表现"出来的理据；另一种是法在事"中"，即"显现"出来的理据。（1）前一个"理据"的假设是：先有"理"或"法"，然后才去遇到某"事"。这个"事"，并不是什么新鲜"事"，而是早已涵摄于既存的"理"或"法"中的了（因为这些"理"或"法"就是从这些"事"中概括出来的）。眼前的问题就是把这一"名词性"的"理据"还原到它的"动词状态"，即法律适用或法律解释——至多也不过是个"类推"或"填补漏洞"的问题。（2）后一个"理据"的假设是："理"也好，"法"也罢，只有当它与某件"事"相遇时，它们才一起获得明确。事先存在的那些作为"理"或"法"的表象，并非"理据"，只是"材料"；只有当这些材料在事件中相遇并被激活后，才会变成"理据"，就像只有在某甲和某乙结婚并生出自己的孩子某丙后，他（她）才会一起成为某丙的父母。

微笑一旦凝固，便不再是真正的笑；同样，法律一旦脱离情境而凝固为抽象的符号，便不再是真正的法律。用语言学的术语说，法在事"先"可谓名词的实际运用（将名词状态的法还原到它的动词状态），法在事"中"则是事件的状语化（即通过名词与其动词性的互动达到事件中的某种正在进行时的状态）。就法学来说，个案的正义，指的不是正义的理念或正义的事件，而是指"正义着"的状态；就像美一样，并非指美的概念或美的过程，而是指"美的状态"。作为这种不及物动词状态的"美"或"正义"，其中的"理据"，显然，不是可以事先确定的；就像我们不可能根据一个"事先的固定列表"，去体验与一位恋人的美好"爱情"一样。这种个案正义的"正义着"状态，不是"名词"的灵活性解释或它的动词性还原（正义之），也不是单纯通过"赋"或"比"即可实现的，而是必须通过"兴"，即正义的"不及物动词化"【F.2.5】【F.2.6】。

11.1.7. 法在"缘"中。法在"缘"中，不是法在"法"中、法在"理"中，也不是法在"判例"中或法在"秩序事实"中（此二者在本质上都属于某种"法在事先"）；所谓法在"缘"中，是指"法在具体的事件性的境遇当中"，即法律规定与具体事实相遇并情境性地显现。《拿破仑法典》（1803～1804年）第4条规定："审判员借口没有法律或法律不明确不完备而拒绝受理者，得依拒绝审判罪追诉之。"这就是说，审判员虽然没有"确立一般规则"（法典第5条）的权力，但却有权在"没有法律或法律不明确不完备"的情况下受理案件；换句话说，事先存在法律并非审判员受理和处理案件的前提。《联邦德国行政法院法》（1960年）第108条规定："（1）法院依据其由诉讼程序中获得的整体结果，按其自由心证作出裁判。在判决中必须说明得出其判决的理由何在。（2）判决仅以参与人有可能发表其意见的事实及证据结论为依据。"在这里，作为判决依据的，并非某个"事先之法"，而是法院"由诉讼程序中获得的整体结果"及其"自由心证"。换句话说，判决的那些依据，并非"事先"既已存在的，而是在"由诉讼程序中获得的整体结果"中，及在法官"自由心证"的作用下，才最终"显现"的。这些在判决书中必须记载的"理据"或"理由"，并非"事先"早已涵摄于本案，而是在"事中"才最终获得了明确。

11.1.8. 法在事"中"不同于（≠）法在"事"中。对于法在"事"中，人们有不同的理解。

（1）一种理解是——法在"事理"中。严存生先生指出："我们说'法在事中'，显然不能理解为法就是事，而只能理解为法在事中，那么法是事之什么呢？我们的回答是法是事之理。""适用于疑难案件的法律在哪里？我们的回答是：'法在事中。'"又说："疑难案件无'成文法'可解释不等于无'法'可解释。那么这个法是什么？它又存在于何处？"他引用卡多佐《司法过程的性质》中的话：法要"从生活本身"去寻找，法存在于"法院处理的诸多事实的背后"。为此，严先生指出：人们所立的和所适用的"法"，实际上就是"被认识到的事物的'理'。或者说，就是变为法的事物的理"，"由此看来，案件的事实认识清楚了，事实背后的理发现了，处理的意见也就形成了，或者说适用的'法律'也就找到了"。因此，"适用于每个案件的'法'就在案件事实中，就是案件事实的'理'。而规定在规范性法律文件中的'法律规则'，不过是对这种'理'的概括和抽象"。[1]

（2）另一种理解是——法在"事物本质"中。考夫曼所谓"事物本质"（Natur der Sache），其实就是——事情本身的是其所是。伽达默尔指出："从法律意义上说，'事物的本质'这一概念，并不指派别之间争论的论题，而是指限制立法者任意颁布法律、解释法律的界限。诉诸事物的本质，就是转向一种与人的意愿无关的秩序，而且，意味着保证活生生的正义精神对法律字句的胜利。"[2] 在此意义上，"法在事中"，就是法在"事情"中，即事情本身的是非曲直，不是基于某种事先存在的规则

① 严存生：《法律的人性基础》，中国法制出版社 2016 年版，第 89 页。

② 〔德〕伽达默尔：《事物的本质与事物的语言》，载严平编选《伽达默尔集》（第 2 版），邓安庆等译，上海远东出版社 2003 年版，第 196 页。

或原理，而是要在具体时空情境下具体判定的。

这样看来，所谓法在"事"中，可有两种不同的解读：一种是法在"事理"中，另一种是法在"事情"中；前一种理解，亦可谓法在"理"中，而后一种则可谓法在"缘"中。

11.1.9. 印度"三法印"的基本命题是三个：第一，诸行无常（即一切事物都是无常的）；第二，诸法无我（即一切法则都是无我的）；第三，涅槃寂静（要想解脱或摆脱苦恼就须放弃任何固执，即一切随缘）。末木刚博解释说，在第二个命题中，"'我'这个词，跟西方哲学中的'实体'（substantia）这一用语意思几乎一样。实体具有如斯宾诺莎所谓'在其自身中存在，靠其自身而被认识'的条件。因此，所谓'我'，就是实体。所谓'无我'，就是指'无实体'。作为第二原理的'诸法无我'的意思，是指由于一切事物都是变动不居的，所以就不存在保持同一性的实体，也就不能承认在变化背后有不变的实体"。由于不存在实体，一切事物就不能"依靠其自身而存在"，一切法则就不能"依靠其自身而被认识"。因此，一切都是"依他"的。这个"依他而存在"，叫作"相依性"或"缘起"。① 既然无实体，也就无须固执什么外在的东西，一切都随缘罢了，这就走向了虚无主义；但这个"缘"字，确实包含某些深刻智慧——实事求是：从实证材料中得出真理，固然是一种实事求是，在具体情境下作出恰当决定，同样是一种实事求是。在法学上，若能扬弃"缘"之精义，将其解作——人与事件以及事实与法律在具体情境下的交融，就会进入个案正义的诗性境界。

二　"量子力学"之法学观

意大利学者卡洛·罗韦利在其《现实不似你所见》一书的自序中提到自己超速驾驶险些被罚的事：他一边开车，一边构思他那本关于"量子引力之旅"的书，不料却超速了；警车要他靠边停车，并询问他为何开那么快，是不是疯了；他解释说他刚刚过于兴奋了，因为他发现了一个已经寻觅良久的想法——用历史学方法去解释量子概念；警察听他这

---

① 〔日〕末木刚博：《东方逻辑趣谈》，孙中原译，商务印书馆 2021 年版，第 12 页。

一解释后，没开罚单，就放他走了，还祝他写书顺利。在法学上，这是一个依法可以实施行政处罚的事件，但警察并没有这样做；警察的这一通融性的执法，用我们这里将要讨论的概念说，不是"经典力学"的，而是"量子力学"的执法。

（一）从"阴阳鱼"到"坚白石"

11.2.1.1. 玻尔曾说："从我们现在的观点看来，与其把物理学看成关于 a priori（先验地）给出的某些事物的研究，倒不如把它看成整理并探索人类经验的一些方法的发展。"[①] 我们同样可以说，与其把法学看成关于预先给定的法律以及先验地存在着的法律事物的研究，倒不如把法学看作整理并探索人类关于秩序和正义的经验的方法，而这些方法，无论文字的概括还是图像的显现，无论语言的表达还是行动上的示范，无论逻辑的运算还是诗性的想象，无论概念的演绎还是利益的比较，无论理性的推理还是情感的直观，虽然彼此对立且可能是"互斥"的，却同时又是"互补"的。用玻尔的话说，就是"一些经典概念的任何确定应用，将排除另一些经典概念的同时应用，而这另一些经典概念在另一种条件下却是阐明现象所同样不可缺少的"[②]。用玻尔刻在其族徽（"阴阳鱼"图）上的话就是——"互斥即互补"。这种"互斥即互补"的法学——不妨名之曰"量子力学"法学观。

11.2.1.2. 所谓"互斥即互补"，原本是从量子事件——即"波粒二象性"——的解释开始的。玻尔说："不可能将在不同实验装置下观察到的现象结合成一个单一的经典图景，这种不可能性就意味着，这些表观上矛盾的现象必须被认为是互补的；互补的意义是，将这些现象汇总起来，它们就将关于原子客体的一切明确定义的知识包罗馨尽了。"[③] 显然，客观存在本身，是无所谓互斥或互补的，互斥或互补的，是不同的

① 见〔丹麦〕N. 玻尔《尼耳斯·玻尔哲学文选》，戈革译，商务印书馆 1999 年版，第240 页。
② 见〔丹麦〕N. 玻尔《尼耳斯·玻尔哲学文选》，戈革译，商务印书馆 1999 年版，第12 页。
③ 见〔丹麦〕N. 玻尔《尼耳斯·玻尔哲学文选》，戈革译，商务印书馆 1999 年版，第258 页。

观测结果；就像"盲人摸象"，互斥或互补的，不是大象本身，而是盲人们的不同"观测"。就"波粒二象性"而言，一方面，不同实验装置下观察到的现象是"互斥"的，因此，无法将它们简单地"结合"成一个经典力学上的单一图景；另一方面，却又必须认为它们是"互补"的，因为只有这样，才能对"原子客体"形成一个的详尽无遗的描述——因此，也就必须将它们"汇总"起来。

11.2.1.3. 玻尔的"互补"原理包括两个要点：第一个是"情境"，即不同实验装置下具体的观察；第二个是"觇视"，即将互斥的观察结果统一起来。

（1）"情境"。我们知道，量子物理学的"观察"，主要是两个整体论。第一，任何"事实"——在其被观察之前——只是纠缠在一起的不可分离的混沌整体，这是一个整体论。第二，任何"事实"，都是某种观察方式下的"事实"；只有在某个"目光"（试验装置）的观测下，才会确定下来，即发生所谓的波函数"坍缩"；不同的"观测"，导致不同的"事实"；换句话说，"事实"，无非是主体对客体的观测关系而已，"观测者"与"被观测的事实"之间是不可分割的整体，这是又一个整体论。玻尔说："在经典物理学和量子物理学中的现象的分析方面，基本的区别就在于，在前一种分析中，客体和测量仪器之间的相互作用可以忽略不计或得到补偿，而在后一种分析中，这种相互作用却形成现象的一个不可分割的部分。"[①] 简单来说，经典物理学认为，物体在被观测之前，既是确定的，也是可以捉摸、能够把握的；量子物理学认为，物体在没有被观测之前，是不确定的，不可捉摸，也难以把握，它只是一种概率函数，一旦以某种特定方式去测量，这一充满无数可能性的概率函数就会"坍缩"，从而可以取得一个确定的测量值，而不同的观测，会得到不同的值。

就像《浮提国》里的那只"金壶"。《浮提国》（《拾遗记》卷三）载有一个传奇：说神通、善书二人，有只金壶，"壶中有黑汁如漆，洒地及石，皆成篆隶科斗之字，记造化人伦之始，佐老子撰《道德经》"。如

---

① 见〔丹麦〕N. 玻尔《尼耳斯·玻尔哲学文选》，戈革译，商务印书馆 1999 年版，第186 页。

同科幻小说中的"量子计算机"[①]一样，这只"金壶"，也具有某种波函数"坍缩"的效果，在"墨"与"石"接触的瞬间——一件文字作品（竟然是《道德经》！）便被创作出来。听上去很奇幻，然而玻尔却指出，经典物理学"物-我"两分的观察模式，虽然更符合人们的日常经验——实际上它已经固化了现代人的思维方式，但这一模式却不是普遍有效的，量子世界就是一个例外。与此相反，量子物理学则提供一种"物-我"互动的整体"观察"模式。

　　玻尔还成功地将这一模式推至心理学、人类学、生物学、伦理学乃至法学领域。拿心理学来说，玻尔指出，量子物理学与心理学的一个重要可比性或相似性，就在于观察方式对于观察结果的"干扰"；只不过，这一干扰，在量子物理学那里，是来自实验装置的，而在心理学那里，则来自观测者本身。玻尔说："为了描述我们的心理活动，一方面，我们要有一种客观给定的内容来和一个知觉主体相对立；另一方面，正如在这样一个断语中所暗示的，在主体和客体之间不可能保持任何明确分界线，因为知觉主体也属于我们的心理内容。……同一客体的完备阐述，可能需要用到一些无法加以单值描述的分歧观点。确实，严格来说，任一概念的自觉分析是和该概念的直率应用处于互斥关系中的。"[②]

　　譬如要回答这样一个问题——某人做某件事究竟是"有意"的，还是"无意"的，即，对心理状态的断定。一个杀人犯，或许会像弗雷迪那样说："整个过程中，我能肯定地说，没有任何时刻我是下定了决心要杀死她。下定决心？——我觉得这称不上是一种决定，我甚至不认为这个过程中有任何思考的成分。我身体中那个庞然巨兽只是看准了时机，跳了出来，口吐白沫，又踢又蹬。它和这个世界结怨已久，打算好好算一笔账，而她，正好是它当时的目标，我无法阻止它。我能吗？毕竟，

---

① 按：指《史上最伟大的科幻小说》中的那台"量子计算机"。小说讲一位科学家用"量子计算机"帮助一位作家朋友创作"编辑眼中最伟大的科幻小说"的故事。科学家对作家朋友说，"量子计算机"创作的这篇小说，"你不能看，如果你看了，波函数就会坍缩，故事就会变成你眼中的，而不是编辑眼中的最好小说了；他（编辑）必须第一个看到"。果然，编辑看到了一篇最伟大的科幻小说，但却与阿西莫夫的《日暮》一字不差。SEE, NATURE（467）.28/10, 2010.

② 见〔丹麦〕N. 玻尔《尼耳斯·玻尔哲学文选》，戈革译，商务印书馆1999年版，第77页。

它就是我，我就是它。"[1] 面对这种难以捉摸的主观心理状态，我们有何办法抓住它——抓住那匹支配意志的"庞然巨兽"呢？如果我们用概念"自觉分析"的方法，即从某个"固定列表所开具的全部要素"（例如信念、愿望、能力、放任、疏忽、不可抗力等）出发，去确定该行为是"有意还是无意"，当然会得到一个确定答案，然而，对于同一个问题，如果我们用概念"直率应用"的办法，就像玻尔所说的，"我们就不但需要力求了解他的整个背景，包括他的生活历史中可能对个性的形成有所贡献的一切方面，而且我们也必须认识到，我们的最终目标是要自己设身处地地为他着想"。[2] 如果用这种"设身处地"的办法，得出的答案可能是非常不同的。然而，尽管这两种"单值描述"的答案是"分歧"的，但在玻尔看来，它们对于"同一客体的完备阐述"而言，却都是"需要用到"的。

（2）觇视。马克斯·雅默说："在经典物理学中，观察及其测量必然包含种种物理过程：要观察和测量的客体 C（例如行星、重物、电流）和测量装置 B（望远镜、秤、安培计）之间有一个物理的相互作用，以及测量装置 B 和观察者 A（他的感官，最终是他的意识）之间有一个心—物（psychophysical）的相互作用。"[3] 物理学观察如此，法学亦然。这就涉及"互补"原理的第二个要点"觇视"。前面提到，不同的观察方式所获得的结果可能是"互斥"的，但为了得到一个"包罗馨尽"的描述，就需要采取一种豁达的态度去把它们"汇总"起来；但这一"统一"，绝不是将不同的结果简单相加起来，而是对它们加以整体的直观——这也是一种整体论；与"情境"不同，它不是观察上的整体论，而是效果上的整体论。其中又有两个要点：第一是"互斥"；第二是"对应"。

（a）先看"互斥"。所谓"互斥"，不是人们日常经验中所理解的那种对立或冲突，而是像海德堡"测不准"原理所揭示的，是动量与位置

---

① 见〔爱尔兰〕班维尔《证词》，陆剑译，作家出版社 2008 年版，第 125 页。

② 见〔丹麦〕N. 玻尔《尼耳斯·玻尔哲学文选》，戈革译，商务印书馆 1999 年版，第 193~194 页。

③ 〔以〕马克斯·雅默：《量子力学的哲学》，秦克诚译，商务印书馆 2014 年版，第 657 页。

无法同时测得的那种"互斥"。① 在玻尔的族徽上，虽然他最终采用"太极双鱼图"作为互补原理的配图，但他显然是不满意的；因为"互斥"是画不出的，就像戈革所指出的，"互补关系中的两个方面是绝不可能结合成一种统一的、无逻辑矛盾的图景（picture）的"。② 换句话说，这种"互斥"，根本就不是同一逻辑体系内的矛盾或悖论，而是不同"世界"之间的"相互排除"，就像"薛定谔的猫"，在"一个世界"它是死的，在"另一个世界"它又是活的，二者不共戴天，宛如两个平行的不同世界。③ 对于这种"互斥但互补"，只能用某种感性的直观才能整体把握。就像伯格森说的："若将一首诗，一字一句地切开，再集合各个字句想以此综合全体之意义，若事先不曾读过此诗，则绝无法认识。所以不论怎样集合无数的部分，也不能从这种综合而知道全体。欲知道全体意味，只有直观。"④ 就像诗学上的某种"复义"手法——旨在将对象的不同侧面，一举表述出来⑤，就像塞尚（Cezane）的画——试图将一把椅子的形态、重量、触觉等一举呈现出来。这种"一举"性，在文学上是意义的"一举"表达，在宗教上是真谛的"一举"觉悟，在科学上是真相的"一举"揭示，在法学上则是正义的"一举"实现。其就像毕加索画的肖像，为了看到全貌，不惜将挡在鼻子后面的眼睛扳到画面上来——虽然扭曲了外在的形象，但却可能更加符合存在的本真。

（b）再看"对应"。在量子力学对经典力学理论的扩展上，玻尔经常提到"对应"原理或"对应"论证，他说："对应原理表示着一种倾向：当系统地发展量子理论时，要在一种合理改写的形式下利用经典理论的一切特征，这种改写应该适应所用公设和经典理论之间的根本对立。"⑥

---

① 见〔以〕马克斯·雅默《量子力学的哲学》之第三章"测不准关系"，秦克诚译，商务印书馆 2014 年版，第 81 页。
② 见〔丹麦〕N. 玻尔《尼耳斯·玻尔哲学文选》之译者序，戈革译，商务印书馆 1999 年版。
③ 见〔以〕马克斯·雅默《量子力学的哲学》，秦克诚译，商务印书馆 2014 年版，第 706~708 页。
④ 见〔日〕荻原朔太郎《诗学原理》，徐复观译，九州出版社 2014 年版，第 293 页。
⑤ 见〔英〕佚名史诗《贝奥武甫》之中译者前言，冯象译，生活·读书·新知·三联书店 1992 年版。
⑥ 见〔丹麦〕N. 玻尔《尼耳斯·玻尔哲学文选》，戈革译，商务印书馆 1999 年版，第 32 页。

他又说，对应论证"就是表示要在最大程度上力求应用经典力学理论及经典电磁理论中的概念，尽管这些理论和作用量子是矛盾的"①。这就是说，尽管与经典物理学存在着深刻矛盾，但量子物理学仍应在最大程度上应用经典物理学的理论和概念来加以阐释。从某种意义上说，对应论证是一种隐喻或诗性的论证，也就是说，微观世界的波动图景虽然获得了波函数的精确描述，但由于其超出人们的经验，所以还得借助粒子图景的形象性来加以对应地理解或说明。在此意义上，"对应"就是"好像"及其"跨越"。

譬如逻辑学上的"离坚白"问题：石头是白色的，又是坚硬的，然而对于一个盲人——他没有任何关于"颜色"的经验——我们如何向他解释一块"白色而坚硬的石头"呢？毫无疑问，按照"对应原理"，我们就得最大程度上用他所熟悉的经验——例如关于"硬度""声音"等概念进行描述，我们或许会说："一方面，这块石头是坚硬的——这您已经摸到了；但另一方面，这块石头是白色的，嗯，怎么说呢，就是那种……绸缎般柔软的色彩。"就这样，这位盲人，可能是通过"柔软"感而得到了其对"白色"的认识，而那块"白色的""坚硬的"石头，对他而言，也就成了具有"柔软色彩的"却摸上去"坚硬"石头了。不止如此，最令人惊奇的或许是，他还清醒地知道——"白色"其实是完全不同于"柔软"的另一种东西。他说："我知道另有一种叫作'颜色'的光学效果的东西，它是超出我的经验之外的；虽然你们所谓的'坚白石'，对我而言，或许只能是——具有'绸缎般柔软的色彩'却又如'铁一般坚硬'的东西，这显然是'互斥'的，然而，那块石头于我而言却是更加真切了。"这就是"得意忘形"吧！至此，我们不得不承认，这位盲人是"懂得"色彩的。

玻尔后来在谈到生物学中的"互补"现象时，进一步充实了"对应论证"的内涵。玻尔指出，正如量子现象不能用经典力学加以分析一样，生物学上"作为生命之特征的那些奇特机能"也不能用物理学或化学来加以解释。——在这里，量子物理学与生物学之间"存在着一种切近的

---

① 见〔丹麦〕N. 玻尔《尼耳斯·玻尔哲学文选》，戈革译，商务印书馆 1999 年版，第106 页。

类似性"，都存在某种"对应论证"的问题。玻尔提醒生物学家其中的"互斥"现象，即"严格应用我们在描述无生界时所采用的那些概念"与必须"考虑生命现象的规律"，这二者之间是"互斥"的，因为，一旦要从原子理论的观点出发去对生命现象进行精细的观察，"必然会引起一种造成机体死亡的干扰"。[①] 因此，在生物学家所采用的目的论方法中，就是要在使用因果论证的同时，还应兼顾到生命的独特活性；就像量子物理学家的"对应论证"那样，在使用经典物理学概念的同时，还应兼顾到"作用量子"的独特属性；也像那位"看到"白色石头的盲人一样，在他借用了"硬度"概念的同时，也注意到了"颜色"的光学性能。从此意义上，一尊"坚白石"或许比一双"阴阳鱼"，更能"画"出玻尔互补原理的蕴涵。

（二）整体论

11.2.2.1. 以此来看，玻尔"互补"原理的精髓，其实就是两个"整体论"。第一是作为"情境"的整体论，即一方面，"事实"在被观察之前，是纠缠在一起的不可分离的混沌整体；另一方面，"观察者"与"被观察的事实"之间是不可分离且相互影响的。第二是"觇视"的整体论，即不同的观察结果可能是互斥的但同时又是互补的，这就需要用一种整体的直观，将它们"汇总"起来。

11.2.2.2. 这种"情境"和"觇视"的整体论，同样可以运用于法学。玻尔指出："在可以明确地应用被公认了的司法条款的那种情况下，是没有自由地表现仁慈的余地的。但是，正如著名的希腊悲剧家们所特别强调的那样，同样清楚的是，恻隐之心是可以使每一个人和任何简明表述的正义概念发生冲突的。我们在这里面临着……一些互补关系……"他还借用东方色彩的整体论话语说："在生存大戏剧中，我们自己既是演员又是观众。"[②] 在这里，玻尔提及法学上两个基本的"互斥但互补"的关系：一是"公认的司法条款"与"仁慈"之间的；二是"简明表述的

---

① 见〔丹麦〕N. 玻尔《尼耳斯·玻尔哲学文选》，戈革译，商务印书馆 1999 年版，第 21 页。

② 见〔丹麦〕N. 玻尔《尼耳斯·玻尔哲学文选》，戈革译，商务印书馆 1999 年版，第 247 页。

正义概念"与"恻隐"之间的。前者是法律规定与法律情感之间的关系，后者则是正义概念与正义情感之间的关系。以整体论的眼光来看，一方面，法与事实是不可分割且相互作用的；另一方面，法与正义也存在着"互斥但互补"的关系。就充盈着法律情感的活着的法来说，一方面，是法在"事"中，而另一方面，则是法在"义"中。法律、事实、德性，三者是一个浑融的整体。

11.2.2.3. 美国大法官卡多佐认为，对于疑难案件的审理，最重要的往往不是法律，而是对事实的认识；不是先有法律，后有判决，恰恰相反，是先有对事实的认识，然后产生对其性质的判断和解决纠纷的方法，即找到该案件的法律。所以说，是先有判决，后有法律。关于对案件事实的认识，卡多佐说："案件并不自我展开它们的原则来回答问题。要它们缓慢又痛苦地泄露其核心原则，我们只有了解一个例子的本来面目，这个例子才可能给出一个概括。"① 关于从事实中创造规则，他说："我们并不是像从树上摘取成熟的果子那样摘取我们的成熟的法律规则。每个法官在参考自己的经验时，都必须意识到这种时刻：在推进共同之善的目的指导下，一个创造性活动会产生某个规则，而就在这自由行使意志之际，决定了这一规则的形式和发展趋势。"② 法学上的这一反思平衡策略，在美国冲突法学家卡弗斯那里叫"结果选择说"。

法学上的事实描述以及对它的评价，确是扭结在一起的。一件事实或规则，在"经典物理学的法学"看来，其性质事先就是确定的——"一个先前的既成规则就在那里，埋藏在或者是掩藏在习惯法的机体之中。法官所做的一切就是剥开其外衣，在我们眼前展示它的身姿"③。法官"对自身职责的理解就是，将自己手上的案件的色彩与摊在他们桌面上的许多样品案件的色彩加以对比。色彩最接近的样品案件提供了可以适用的规则"④。而在"量子物理学的法学"看来，其性质事先是不确定的，只有在一个具体的"判决"中，即打上审判者的"目光"后，它才能确定下来。卡多佐说："在判决宣布前，先例似乎还处于均衡状态，它

① 〔美〕卡多佐：《司法过程的性质》，苏力译，商务印书馆1998年版，第14页。
② 〔美〕卡多佐：《司法过程的性质》，苏力译，商务印书馆1998年版，第64页。
③ 〔美〕卡多佐：《司法过程的性质》，苏力译，商务印书馆1998年版，第77页。
④ 〔美〕卡多佐：《司法过程的性质》，苏力译，商务印书馆1998年版，第8~9页。

的形式和内容都不确定，许多原则中的任意一条都可能控制它并影响它。一旦判决宣布了，它就成了先例家族的一个新成员。"① 他又说："法律从来不是固定的（is），而总是在流变中的（about to be）。只有当体现在一个判决之际，它才得以实现，并且，就在实现之际，它也就过期了。"② 这就是说，面对一件纠纷或争议，一方面，事实本身可能会呈现出一些"法"来——"物理"或"事理"；另一方面，在特定的观念或情感的照射下，该事实也会变幻出另一些"法"来——"义理"或"法理"。就像那只装有"薛定谔之猫"的暗箱一样，在打开的瞬间，法和事实一起揭晓：事实在法中获得其结构和灵魂，而法在事实中获得了血肉和活力。正是在这种互相调整的微妙过程中，在这种彼此将对方置于支持地位的互动关系中，事实和法共同获得了精神和形体。

（三）"量子力学"之法学观

11.2.3.1. 布鲁斯·罗森布鲁姆和弗雷德·库特纳在他们合著的《量子之谜——物理学遇到的意识》中写道："经典物理学，或曰牛顿物理学，是完全确定论性质的理论。一双'洞悉一切的眼睛'不仅能将宇宙当下的一切一览无余，而且可以知道它的整个未来。如果经典物理学适用于一切事情，就没有自由意志的藏身之处了。"③ 作者接着写道："启蒙运动正是通过与牛顿力学的类比而引发的。"④ "牛顿力学的含义是明确的：它描述了一个合理的世界，一个'发条宇宙'。……量子理论断言，观察创造被观察的实在。"以牛顿力学为基础的经典物理学"一直特别厌恶将哪怕是一丁点情感带入他们的专业工作中"。量子力学的哥本哈根解释却认为，物理学的观察者其实是一个"自觉的观察者"。正如冯·诺依曼所指出的，只要是"观察，就总潜伏着意识问题"⑤。经典力学

---

① 〔美〕卡多佐：《司法过程的性质》，苏力译，商务印书馆1998年版，第9~10页。
② 〔美〕卡多佐：《司法过程的性质》，苏力译，商务印书馆1998年版，第78页。
③ 〔美〕布鲁斯·罗森布鲁姆、弗雷德·库特纳：《量子之谜——物理学遇到的意识》，向真译，湖南科学技术出版社2017年版，第264页。
④ 〔美〕布鲁斯·罗森布鲁姆、弗雷德·库特纳：《量子之谜——物理学遇到的意识》，向真译，湖南科学技术出版社2017年版，第297页。
⑤ 〔美〕布鲁斯·罗森布鲁姆、弗雷德·库特纳：《量子之谜——物理学遇到的意识》，向真译，湖南科学技术出版社2017年版。

与量子力学的这一区别，同样可以类推至"启蒙"与"赋活"。

11.2.3.2. 在修辞学意义上，如果将"启蒙"（enlightenment）与经典力学作为相似的一对，那么"赋活"（enlivenment）与量子力学，则是相似的另一对；由此，"启蒙"与"赋活"之间的关系，以及法"科"学与法"诗"学之间的关系，就如同经典力学与量子力学之间的关系一样，具有某种"同构性"。在量子力学看来，只有"被观察到的属性"，才算是一种"属性"，而所有的观察，都是在具体情境下发生的；因此，我们所面对的世界，并非一个确定事实的"世界"，而是一个"可能的世界"。法"科"学与法"诗"学之区别，也是如此：在法"科"学看来，法（无论法律还是案件事实）是独立于我们观察之外的既定存在；在法"诗"学看来，法（无论作为诠释学对象的法律还是作为现象学对象的案件事实）不过是我们在具体情境下"观察"的产物。

11.2.3.3. 从法"科"学方面看，法，是逻辑的、实证的，但从法"诗"学方面看，法，又是诗性的、神秘的，——二者似乎是对立不可调和的。然而，在法诗学看来，正如"波粒二象性"或"坚白石"，二者是一种"互斥但互补"的关系，可谓诗学上的"复义"风格。

11.2.3.4. 诗人依寒在一首诗中写道："我是个不能描述齐全一个春天的人/只会沉醉在那些花朵里/樱花开遍了，李花开，接着桃花开/我看见那绿色的枝叶/闪烁着生机/我也就慢慢地/填充了我的心灵/一点春色/我会幻想着也去占领一个山头/蔓延春天/而不是蔓延一个我。"其实，法律人面对"正义"，正如诗人面对着"春天"：他所得到的并不是一个普遍正义（"一个齐全的春天"），而是个案正义（即"沉醉在具体的花朵里"）。正如不存在抽象的爱情一样，也不存在抽象的正义。

三　法的教义"诗"学

11.3.1. 法的教义学方法，简单说，就是"以事实为根据，以法律为准绳"。就事实问题言，主要是证据学；就法律问题言，主要是解释学；就二者的联结言，则是逻辑学（即逻辑将法律与事实联结在一起），最后得出一个逻辑结论，就是判决。因此，法律教义学的公式可以概括为"证据法学+法解释学+法逻辑学"。法教义学方法有一个无言自明的前提或假设，即法在事先——法律是事先就已经明确了的，其含义可以通过语法或语义学方法明确界定；案件事实是一种客观存在，可通过证据法学确定下来并转变为证据事实；因此，法律与事实的联结只是一个逻辑涵摄过程，无须或应当尽量避免情感的干预。

11.3.2. 然而法的教义"诗"学方法却不同。法教义学与法的教义诗学方法之区别，正如经典力学与量子力学的区别：经典力学的"测量"，取决于两个确定性，即测量工具与测量对象的确定性，而量子力学的"测量"，则取决于"测量"活动本身——测量对象与测量者及其测量工具在具体情境下的相互作用。

法的教义诗学，有两个特征。（1）就人与法律的关系来说，用埃里希·弗洛姆的概念说，它不是"占有"型，而是"存在型"的。在此意义上，法，并非人的"财产"或"占有"（掌握）物，而是人的"对话"方（伙伴）。用霍姆斯的话说，法律人应当努力成为法律的"情人"。用耶林的"法感"理论说，就是"主观法感"与"客观法感"的碰撞和交流，就像在"爱情"中似的，达到"交融"状态。（2）就人与事实的关系来看，案件事实，固然可以通过侦查或调查手段得以科学性"再现"，可以通过证据学方法得以叙事性"表现"，然更为根本的，只有在具体情境中，在人与法的共同参与下，案件事实才会作为事情本身的自然，获得"显现"。苏珊·哈克曾批评理查德·罗蒂说，"罗蒂企图用此时此地的一致取代真理，用与'我们的认知实践'的符合取代被证成的信念，用'从事对话'来取代探究"①。就证据与科学探究之关系来说，苏珊·哈克的这一批评或许有些道理，但若就证据与个案正义的实现来讲，毋宁说，罗蒂的那种"企图"，恰恰是法诗学所珍视和追求的境界。毕竟，法庭不同于科学实验室，不是为了搞清一件事，而是为了实现一桩正义。

11.3.3. 如果法律教义学方法可以简化为"证据法学+法解释学+法逻辑学"，那么，法的教义诗学方法，则可简化为"兴+显现"。在法的教义诗学看来，事实与法律是不可分割的：事实，是事件化了的法律，

---

① 〔英〕苏珊·哈克：《证据与探究》之中译本序言，陈波、张力锋、刘叶涛译，中国人民大学出版社 2004 年版，第 3 页。

而法律，是概念化了的事实。纠纷的解决，并非一个抽象的逻辑运算过程，而是发生在具体情境之中的、一个被"赋活"了的生态治理（有机的交互作用）过程：一方面，随着事实的不断涌现，应当适用的法律及其内涵也在随之不断变化；另一方面，随着从不同规范出发而进行的观察，事实的不同侧面及其重要性也在随之发生着改变。这两个方面的最终融合，并非由于观察者目光流转的停止或逻辑上的整合，而是二者与身处其中的"人格"融为一体，即我的"兴"与作为事情本质的"显现"① 的统一。

四　事件性的综合情感

所谓"复合体"，可以区分为三种：

（1）简单相加的杂多复合体，譬如一堆乱石；

（2）单一理念之下的统一体，例如建筑体或生物有机体；

（3）事件性情感中的对话复合体，譬如男女"爱情"。

11.4.1. 第一种"复合体"，就是杂多事物的简单混合，犹如一堆乱石，未能达到艺术的或体系的高度。普赫塔曾指出这一区别："倘若我们将法当作法律命题之简单集合来加以观察，那么我们将无法确知，我们是否已牢牢掌握住其整体全貌；正如同一堆石头缺了一部分时，观察者未必会意识到此；但倘若将这些石头与一件艺术品联想在一起，那么所缺的每一块石头都会马上被当作漏洞而被揭示出来。"②

11.4.2. 第二种"复合体"，包括建筑体和有机体。

（1）首先是康德所谓的"建筑术"，譬如一所"建筑物"。康德区分了两种不同的"体系"："技术"的和"建筑术"（Archtektonik）的。技术的体系，统一于经验性的偶然意图；建筑术的体系，则统一于理念。康德说："要能够产生出我们称之为科学的东西，不是凭借技术，即不是

---

① 按：这里的"显现"，是法律与事实在的统一，是诠释学意义的法律与现新学意义的事实的统一。

② 转引自〔德〕奥科·贝伦茨《耶林的法律演化论：在历史法学派与现代之间》，载〔德〕鲁道夫·冯·耶林著，〔德〕奥科·贝伦茨编注《法学是一门科学吗?》，李君韬译，法律出版社2010年版，第103页，脚注〔11〕。

由于杂多东西的类似性，或由于知识具体地在所有各种随意的外部目的上的偶然运用，而是凭借建筑术。"① 就概念法学而言，其所追求的，正是这种"建筑术"。在概念法学看来，法律体系就像一件"建筑"作品（房屋、园林或城市），是可以按照自己的逻辑，设计、规划和建构的。用奥科·贝伦茨的话说，各种制度就像"那些在一栋房子里或在一座城市里规制着人们的停留或移动的诸形式，它们就性质而言（如四面墙、房间、街道与市场），并不是作为诫命，而是作为事实而被体验……。如同耶林模式中所构想的一样，建筑学和城市学（Urbanistik）都与法律共同分受了纯粹人性的渊源，以及在其中所奠定的连续性"②。在概念法学那里，法学的概念体系，如同建筑艺术上的空间结构一样，它们共同分享着同一种逻辑和诗性。

（2）在第二种"复合体"中，还包括"有机体"，就像一个"肉身"。例如，在康德看来，有机体似乎比建筑体要更加高级：它的内部各个部分之间，不仅相互组合，还相互滋养，不仅受逻辑律支配，还受目的律支配，就像一个活的血肉之躯。再如，费尔巴哈阐发莱布尼茨的"单子论"说："具有支配地位的单子，犹如蜂王或雄蜂。蜜蜂不像那些属于某个兽群的动物那样过着自由散漫的生活，而是构成一个统一的整体。应当把每个蜜蜂仅仅看作这个机体的一部分，它只具有局部的生命，完成独特的职能，就像我们身体的一个器官那样。可是，每个蜜蜂又是一个独立的自在的个体，是一个特别的、独立自主的存在物。因此，正如许多独立的蜜蜂构成一个统一的机体，我们也应同样地想象单子如何汇集起来组成肉体。"③ 我们知道，在耶林那里，由概念"细胞"所构成的法律体系，就是这样一个法律"肉身"。

---

① 康德说："技术性"的统一，不是按照理念而是经验性地按照偶然意图来提供的"统一性"；"建筑术"（Archtektonik）的统一，则是"按照一个理念产生的（在那里理性先天地把目的作为任务提出来，而不是经验性地等待目的）"。见〔德〕康德《纯粹理性批判》，邓晓芒译，人民出版社2004年版，第630页。

② 〔德〕奥科·贝伦茨：《耶林的法律演化论：在历史法学派与现代之间》，载〔德〕鲁道夫·冯·耶林著，〔德〕奥科·贝伦茨编注《法学是一门科学吗?》，李君韬译，法律出版社2010年版，第177页。

③ 〔德〕费尔巴哈：《对莱布尼茨哲学的叙述、分析和批判》，涂纪亮译，商务印书馆1979年版，第87页。

11.4.3. 第三种"复合体",即一种对话。

（1）这种"对话"复合体,与康德那种"建筑物"或"肉身"不同:它不是机械性或生物性的,而是"戏剧"性的;它不是统一于某个单一理念或意志,而是统一于某个事件性的综合情感;或者说,不是统一于一个先验的或既存的超级理念或原初根据——一个公分母、一个共同祖先、一个生命机制,而是统一于一个情境性的事件。

（2）这种"对话"复合体,与康德所贬抑的那种"技术"统一也不同:它不是基于某种"经验性的偶然意图",或"根据各种随意的外部目的而对知识加以具体的偶然的运用",即不是基于主体对对象的单向支配,而是基于主体与对象之间的互动和对话,就好像在"爱情"关系中那样。①

五 个案正义

11.5.1. 在法诗学看来,正义不是抽象的,而是具体情境中的。人工智能会作诗,却不是具体情境中的诗;智能机器能判案,却不是具体情境中的判案。彼得拉日茨基说,我们在处理正义的性质问题时,所考虑的并不是"对任何人的同情的体验",或"关于社会的权宜的判断",或"任何投机性的判断和计算"。某种行为,之所以被视为正当,不是基于它"对实现某种具体目的的有用性"。此时,必须处理的是"一种

---

① 按:关于"爱情",费尔巴哈曾转述了一个莱布尼茨的绝妙定义:"把爱说成是这样一种状态,在这种状态中,生物仿佛不知不觉地使自己成为幸福的,它对自己没有什么打算和考虑,对于对象也怀着一种没有利害关系的愉悦心情……"莱布尼茨:"爱意味着为别人的幸福感到高兴,或者,换句话说,把别人的幸福变成自己的幸福。"〔德〕费尔巴哈:《对莱布尼茨哲学的叙述、分析和批判》,涂纪亮译,商务印书馆1979年版,第25页。法学"爱情"之喻,主要有三个。一是塞尔登（Selden）,曾将普通法唤作"女士"（Lady）。他说:"The proverbial assertion that Lady Common law must lye alone never wrought with me."（法谚云,普通法女士只能孤寂地展示自己的芳容,对此我从不以为然。——注者译）See *Great Jurists of the World*（The Continental Legal History Series）, P.186. 另请参见〔英〕麦克唐奈、曼森编《世界上伟大的法学家》,何勤华等译,上海人民出版社2013年版,第156页。二是耶林,用"爱情"比喻"法律情感"或"法律的力量"。耶林说:"法律的力量,完全犹如爱的力量……"见〔德〕耶林《为权利而斗争》,郑永流译,法律出版社2007年版,第22页。三是霍姆斯,用"爱情"比喻如何面对法律或获得法感。见《吴经熊法学文选》,孙伟、李冬松编译,中国政法大学出版社2012年版,第47页。

伦理体验"，"伦理冲动具有支配意义"。① 梁漱溟说，所谓"直觉"，就是不打量、不计算的"随感而应"，即"孔子所谓仁"。② 以我看来，彼得拉日茨基所说的这种"伦理体验"，就是"仁"，即具体情境关系中的直觉性应对。

《礼记·檀弓下》载：晋献公去世，秦穆公派子显往吊公子重耳，试探有意帮其回国夺取晋国君位。重耳听从了舅犯的计议，在谦辞婉拒之后，做了一连串精妙的表演——"稽颡而不拜。哭而起，起而不私"，这套表演，是精心设计的，果然骗过了秦穆公。穆公赞曰："仁夫！公子重耳。夫稽颡而不拜，则未为后也，故不成拜。哭而起，则爱父也；起而不私，则远利也。"然而，穆公所许重耳之"仁"，却不是发自重耳内心的"伦理体验"，而是授自舅犯的某种"权宜判断"或"投机性计算"，也就算不得真正的"仁"。

11.5.2. 个案正义。关于正义，我们固然可以给出一个抽象定义（例如正义即永恒之必然、正义即公正、正义即理性、正义即自由、正义即法治、正义即功利、正义即平等、正义即和谐等），然而，那都是尚待实现的正义。凡是现实的或感受得到的正义，都不是抽象的，而是具体的，不是从逻辑中运算出来的，而是具体情境中的。因此我们说，正义是"形容词性"或"不及物动词性"的。恩格斯指出："关于永恒公平的观念不仅是因时因地而变，甚至也因人而变，它是如米尔伯格正确说过的那样，'一个人有一个理解'。"古希腊人（例如亚里士多德）不仅将正义理解为抽象规则，还落实到人的美德。美国学者麦金太尔即号召人们回到亚里士多德，加强对"作为美德的正义的研究"。因为"只有那些拥有正义美德的人才有可能知道如何去运用法律"③。然而，将正义划分为个人正义与国家正义，或个人正义与社会正义，或品德正义与制度正义，都不免属于一种知行分离的知识论框架，即承认存在某种抽象的正义。就像怀特海所指出的，"从我们的经验中抽出了此地、此时、此

---

① 〔波兰〕列昂·彼得拉日茨基：《法律与道德的心理学理论》，于柏华译，商务印书馆2022年版，第329~330页。

② 梁漱溟讲演，陈政、罗常培编录《东西文化及其哲学》，商务印书馆1987年影印版，第125~130页。

③ 转引自严存生《西方法哲学问题史研究》，中国法制出版社2013年版，第365~377页。

种环境中的事件的非理智的特殊性，那剩下来的就是一种有自我同一性、区别性和本质的相互联系的残余物，它与事件的推移没有本质联系"①。然而，这一"真理性"的正义，既然是绝对的、独立的，又何必依赖个人的正义美德呢！而所谓"个人正义"，也就无非是"抽象正义"的具体再现而已，又如何能构成独自的一类呢！实际上，正如怀特海所说，"与表达脱离的纯思维概念"，只是知识界的"虚构"而已。② 同样，我们说，与事件或具体情境脱离的抽象正义，也是法学上的一个虚构。正义，是"历史性"或"事件性"的，而且，只有"个案正义"，才会取决于"个人的品德"，即所谓"良知"。

11.5.3. 诗人说："寂寞的外套无声地等待……"法律人则说："就像法律在等待着事件……"法律以及凝结在法律中的客观法感，就像寂寞无声的外套等待合适的身体似的，正在等待着某个事件以及其中可能兴起的主观法感；在此之前，它还无权声称自己是一件"衣服"（或法）。

---

① 〔美〕怀特海：《思维方式》，刘放桐译，商务印书馆 2010 年版，第 65 页。
② 〔美〕怀特海：《思维方式》，刘放桐译，商务印书馆 2010 年版，第 36 页。

第四部分　德性人格之扩用

第四部分题记

首先，德性人格，是一个"关系"范畴。用梁启超的话说，"人格不是单独一个人可以表见的，要从人和人的关系上看来。所以仁字从二人，郑康成解他作'相人偶'"，"要彼我交感互发，成为一体，然后我的人格才能实现"。① 仁爱本身，即具诗性。所以，谭嗣同说："仁，以通为第一义。"② 马一浮亦言：《诗》，以感为体。凡能感人者，皆为诗。而"此心之所以感人者，便是仁，故《诗》教主仁。说者、闻者同时俱感于此。便可验仁"③。

其次，人格是诗性的，是"良知良能"的砥砺和诗性扩用，即德性的积淀、扩充、推类及其在具体情境下的应对和创造。

再次，人格不是分裂的，而应是一种诗性交融的平衡状态——人格中，就像一对"恋人"：理智与情感、逻辑与想象是融合的；身与心、知与行是交融的；人与人、物与人、天与人也是融为一体的。

本书第四部分，包括第十二章至第十五章，以"爱情"为喻，讨论德性之扩用（法的生态诗学）以及人格诗学诸问题。

我们说，爱情，是一种具有诗性的美德，（1）扩充用之，可以诗化男女之间的性爱和婚姻，（2）扩推用之（推至伦理学之"仁"或哲学上的"主体间性"），能够诗化人与物乃至人与自然之间的法律关系。《中庸》曰："君子之道，造端乎夫妇；及其至也，察乎天地。"

法诗学的宗旨，一方面，致力于打通人法与物法的界限，将人伦关系中的"忠恕""谦诚""仁义"观念引入人与自然之关系；另一方面，又将人与自然关系中的"生态平衡"理念引入人伦关系当中。从而使生态诗学与伦理诗学在法的人格诗学中获得统一。

程颢曰："仁者浑然与万物同体。"④ 此之谓也。

---

① 梁启超：《为学与做人》，载《梁启超修身讲演录》，上海古籍出版社 2018 年版，第 188 页。
② （清）谭嗣同：《仁学·仁学界说》，朝华出版社 2017 年版，第 13 页。
③ 马一浮：《复性书院讲录》，山东人民出版社 1998 年版，第 57 页。
④ 程颢：《遗书》卷二上"识仁"。

第十二章 德性人格之扩用

——法的生态诗学

爱情第一次真正地教人

相信自己身外的实物世界，

它不仅把人变成对象，

甚至把对象变成了人！

——马克思

引　言

12.0.1. 两个基本喻体。孔子曰："饮食、男女，人之大欲存焉。"《孟子》亦言："食、色，性也。"恩格斯在《家庭、私有制和国家的起源》（1844年第一版序言）中也说：有两种生产，一种是生活资料的生产（食物等），另一种是人自身的生产（即种的繁衍）。在法诗学看来，"饮食""男女"，不仅是人类最基本的两种生产活动或生存方式，还是人类认识和建构世界的两个最基本的"喻体"：法"科"学可谓是以"饮食"为喻体，而法"诗"学范式则以"男女"为喻体。① 西方法律

---

① 按："饮食"和"男女"两种隐喻范式并非并列排斥而是后者包容前者的阶进关系。正如经典力学排斥量子力学，但量子力学却是包容了经典力学的一个新的迈进；纯粹逻辑虽排斥诗，但诗性思维却是包容了纯粹逻辑的一个新的阶进。这种后者在前者基础上的"迈进"或"阶进"关系，不是"涵摄"，而是台阶性的上升。《礼记·乐记》言："凡音者，生于人心者也；乐者，通伦理者也。是故知声而不知音者，禽兽是也；知音而不知乐者，众庶是也。唯君子为能知乐。"这里声、音、乐三者的关系，便是"阶进"。本书以"从……到……"句式所提出的若干命题，例如从法"科"学到法"诗"学、从"涵摄机器"到"法感诗人"、从"旁观"到"体验"等，都是指这种"阶进"关系，即不是用后者"否定"或"替代"前者，而是后者在包容前者基础上的"阶进"。

文化重"分析"、重"实证",中国传统法学则重"交融"、重"心证"。

现代科学研究范式主要有四种:第一范式是经验科学,以经典力学为代表;第二范式是理论科学,以相对论为代表;第三范式是计算科学,例如热力学的研究等;第四范式是大数据科学,例如基于大数据的虚拟空间和人工智能研究。所有这些不同范式的科学,都有一个共同点,即忘记我是人。用普朗克的话说,"为了研究自然并且发现和制定自然规律,我们必须忘掉人"。然金岳霖却说:是的,"研究知识论我可以站在知识底对象范围之外,我可以暂时忘记我是人。……研究元学则不然,我虽可以忘记我是人,而我不能忘记'天地与我并生,万物与我为一',我不仅在研究对象上求理智的了解,而且在研究底结果上求情感的满足"①。

12.0.2. 在法诗学看来,"诗化"的方法主要有两种,一种是赋予对象以"物格"(Sachlichkeit),即把人与人之间的关系视为(即物格化为)人与物之间的关系;另一种是赋予"人格"(Persönlichkeit),即将人与物之间的关系视为(即人格化为)人与人之间的关系。——两种"诗化",前者"拟物",后者"拟人",都可谓诗性思维。然不同的是:前者,习惯上被称作伦理科学,而后者,则被叫作伦理诗学。譬如,一个法律人把他的研究或适用对象——法律——当作"情人"时,或者,一个法律人把法律关系中的"物"或"大自然"当作权利主体时,他就进入了法的伦理诗学的境域。

12.0.3. 汉语中有两个字"丽"和"仁",值得玩味。物相偶,谓之"丽"——在相偶中,构成复调,并彰显彼此之特征;人相偶,谓之"仁"——在相偶中,产生交流,达到彼此间的共鸣。在法学上,当我们将"丽",扩用至人与人、人与物,或将"仁",扩用至物与物、人与物,从而达到"适宜"的效果时,我们便可能进入"美"或"诗"的境界【F.2.13】。

法学上的"德性之知",不仅是"践行"之"知"(强调知识的应用或实操),还是一种源自"良知良能"的"知"(德性所知),即孟子"四端"的诗性扩用——《潘子求仁录辑要》言:"孟子曰:'有是四端,

---

①   金岳霖:《金岳霖全集》(第二卷),人民出版社2013年版,第21页。

扩而充之.' 不欲勿施, 以我通之人也; 扩充四端, 以此通之彼也。" 在潘子 (潘平格) 看来, "格物致知"之"格", 就是"打通"的意思, 就是扩充和类推, 就是"能近取譬"; 其所谓"格物", 就是"格通身、家、国、天下", 就是打通"人-我", 打通"物-我", 打通"天-人"。这种诗性的扩用, 他举《孟子》中的例子说: "不忍觳觫之牛, 良知也, 致不忍觳觫之知, 在推恩以及百姓; 乍见孺子之怵惕恻隐, 良知也, 致乍见恻隐之知, 在扩充以保四海; 孩提稍长之爱亲敬长, 良知也, 致爱亲敬长之知, 在达之天下。推恩以及百姓, 扩充以保四海, 仁义而达于天下, 格物也。"① 这样看来, 作为"德性之知"的法学教育和教学, 就不仅一个"实践"问题, 更主要是人格德性的"保育"和"扩用"问题, 所谓"躬行", 用孟子的话说就是"强恕而行"【附录-对话 1】。

一　以"爱情"为喻

12. 1. 1. 在法诗学看来, "人格", 不仅是指个人品德上的独特禀赋, 更主要是指仁爱与创造的诗性统一。

(1) 首先, 人格是一个诗性的"关系"范畴。用梁启超的话说, "人格不是单独一个人可以表见的, 要从人和人的关系上看来。所以仁字从二人, 郑康成解他作'相人偶'", "要彼我交感互发, 成为一体, 然后我的人格才能实现"。② 谭嗣同言: "仁, 以通为第一义。"③ 马一浮言, 《诗》, 以感为体。凡能感人者, 皆为诗。而"此心之所以感人者, 便是仁, 故《诗》教主仁。说者、闻者同时俱感于此。便可验仁"。④

可见, 仁爱本身, 即是诗性的。我们说, 诗, 是一个生命性的、自足的、美好的境界; 同样, 以爱情为喻体的仁爱, 也是一个有机的、自足的、美好的境界。说它是美好的, 因为无论诗还是仁爱, 正如处于爱情中的一对恋人, 为了获得共鸣, 都会在对方的目光中想象并塑造一个

---

① （清）潘平格撰, 钟哲点校《潘子求仁录辑要》卷一"辨清学脉上", 中华书局 2009 年版, 第 2~3 页。

② 梁启超:《为学与做人》, 载梁启超著, 彭树欣选评《梁启超修身讲演录》, 上海古籍出版社 2018 年版, 第 188 页。

③ （清）谭嗣同:《仁学·仁学界说》, 朝华出版社 2017 年版, 第 13 页。

④ 马一浮:《复性书院讲录》, 山东人民出版社 1998 年版, 第 57 页。

更加美好的自己。这种"两情相悦"或"意感神和",正是《素女经》所谓的——阴阳相感而相应,从而构成一个自足且自身就是目的本身的生命共同体。在此意义上,一个爱情共同体,便是一首"诗",而一首诗,便是一个不及物动词状态的"爱情"。

因此可以说,儒家伦理政治法律思想正是以"爱情"为模本的,因而也就是"诗性的"。《诗经》以"关雎"为首。《周易》所谓"乾坤"、"阴阳"、"君臣父子"以及"仁爱",皆可归为"男女"。周予同说:"儒家的意见,以为万物的化生,人类的藩衍,完全在于生殖……所以生殖或者露骨些说'性交',在儒家认为是最伟大最神圣的工作。"①

(2)其次,人格是"良知良能"的发用和诗性扩用,即德性的扩充、类推及其在具体情境下的应对和创造。孔子曰:"夫孝,德之本也。……始于事亲,中于事君,终于立身。""孝悌之至通于神明,光于四海,无所不通。"(《孝经》)曾子亦言,吾闻诸夫子,"断一木、杀一兽,不以其时,非孝也"②。《中庸》所谓"君子时中",即德性在具体情境下的创造性应对。

(3)最后,人格不是分裂而是一种诗性交融的状态——人格中,就像一对恋人:理智与情感、逻辑与想象是融合的;身与心、知与行是交融的;人与人、人与物、天与人也是融为一体的;故曰:"仁者浑然与万物同体。"(程颢《遗书》卷二上"识仁")

12.1.2. 关于"爱",费尔巴哈指出,"没有了对象,人就成了无"。正是在爱的对象中,人看到人自己的人格。失恋,之所以使你感到伤心痛苦,是因为在爱的对象中,有你自己的生命在。③ 爱情是一种奇妙的关系:你把对象当成什么样的人,你也就会成为什么样的人;正是在崇高的爱情中,你懂得了奉献和责任。可见,爱情是一种源于自然的德性的"关系"思维,扩充用之,不仅诗化男女之间的性爱和婚姻,扩推用之——推至伦理学之"仁"或哲学上的"主体间性"——还可诗化人与物乃至人与自然之间的法律关系。高宣扬说:"两性间的爱及其审美超越,是男女两性灵与肉的交融、身体和神态的契合、情与欲的共享、身

---

①　见朱维铮编《周予同经学史论著选集》,上海人民出版社 1983 年版,第 78 页。

②　方向东撰《大戴礼记汇校集解》,中华书局 2008 年版,第 516 页。

③　〔德〕费尔巴哈:《基督教的本质》,荣震华译,商务印书馆 1984 年版,第 6、76 页。

与心的同乐。……任何想要使自身的生活提升为'诗性的生存'的人，都免不了要在身体和性的审美快感中冒险和探索。"① 正是在这种性爱体验及其隐喻之中，人们想象并且创造出各种理想的生存方式，即"诗性的生存"。在这一诗性境界中，人与人之间、人与物以及人与自然之间，都被打上"爱情"的光辉，并进入某种"与天地参"的交融境界。故《中庸》曰："君子之道，造端乎夫妇；及其至也，察乎天地。"

12.1.3. 卢梭有个观点，即语言起源于"激情"而非"理智"——理智倾向于使人们彼此分离（分散四方），而"激情则倾向于把人类再次召集到一起"。为了解决"饥渴"，我们"悄悄跟踪那些可以使我们饱餐一顿的猎物"，而不必交流也无须说一句话；但是为了"爱"，"为了打动一颗年轻的心"，我们会本能地说出"诗"的话语。② 因此，在隐喻的意义上，如果说"追踪猎物"（获取"食物"）是传统法"科"学的隐喻基础（重分析、重实证），那么"打动人心"（获得"爱情"）则可谓法"诗"学的基本喻体（重交融、重心证）。

12.1.4. 关于爱情的异化的实际及其隐喻，马克思在《神圣家族》一书中，作过深刻讨论："爱情第一次真正地教人相信自己身外的实物世界，它不仅把人变成对象，甚至把对象变成了人！"然在"认识的宁静"，即思辨的旁观者眼中，"被爱者"并非一个感性的对象，而是一个外在非感性的"客体"。这样，原本"诱人的、多情的、内容丰富的爱情这个对象，对认识的宁静说来只不过是一个抽象的模型：'令人迷恋的这一外在客体。'这正像彗星对思辨的自然哲学家说来只不过是'负'这个范畴一样"。所以，只有当"爱情"的"来自何处"和"走向何方"可以被 a priori［先验地］构造出来，变成抽象概念时，"爱情才会被思辨的批判感到'兴趣'"。可见，"批判的批判不仅反对爱情，而且也反对一切有生命的东西、一切直接的东西、一切感性的经验，反对所有一切实际的经验"，而"关于这种经验"，马克思说，"我们是决不会预先知道它'来自何处'和'走向何方'的"。③

马克思批判埃德加尔说："为了把爱情变为'摩洛赫'，变为魔鬼的

---

① 高宣扬：《福柯的生存美学》，中国人民大学出版社 2005 年版，第 487 页。
② 〔法〕卢梭：《论语言学的起源》，李平沤译，商务印书馆 2022 年版，第 11~13 页。
③ 《马克思恩格斯全集》（第二卷），人民出版社 1957 年版，第 24~26 页。

化身，埃德加尔先生把它变为神。在变成神即神学的对象之后，爱情自然就会受神学的批判了。"其"所用的办法是，把爱人者、把人的爱情变成爱情的人，把'爱情'作为特殊的本质和人分割开来，并使它本身成为独立存在的东西"。通过这一概念性转化，"通过谓语到主体的这一转变，就可以把人所固有的一切规定和表现都批判地改造成怪物"——"摩洛赫"。① 即主词和谓词的颠倒：用概念性的"主词"代替了活生生的"谓词"。

弗洛姆对此评论道：在这里，马克思指出了"名词代替动词的关键因素"。在"爱情"的这一异化过程中，人不再"体验爱情"，而是只有"完全拜倒在爱情女神脚下才能获得些许爱的能力。他不再是一个有感觉的活生生的人，而是异化成了一个偶像的膜拜者"②。人可以"占有"爱情吗？弗洛姆进一步解释说："事实是，世上并没有一种叫'爱'的东西……事实上，只存在爱的行为。"爱"意味着赋予生命以及增加活力"。③ 即赋活。在弗洛姆看来，爱情，不是一样名词性的东西，而是一个动词性的过程；不是彼此占有，而是相互尊重和体验，不是主体对客体的主谓关系，而是主体与主体的互动。《孟子》言"食、色，性也"；然在"占有型模式"的异化中，人性的这两个最基本方面，却发生了单边倾覆——"色"的关系被"食"化了，即康德所谓"物权性的对人权"：婚姻就变成了"两个不同性别的人，为了终身互相占有对方的性官能而产生的结合体"④。

在致保尔·恩斯特的信（1890年6月5日）中，恩格斯批评道：在巴尔先生（奥地利资产阶级政论家、批评家、作家）那里，"妇女"是失掉了一切"历史特点"的抽象的"妇女"。恩格斯指出："妇女的皮肤是历史的发展，因为它必定是白色或黑色、黄色、棕色或红色的。——因此，她不会有人类的皮肤。妇女的头发是历史的发展——是卷的或波纹的、弯的或直的；是黑色、红黄色或淡黄色的。因此，她也不可能有

---

①　《马克思恩格斯全集》（第二卷），人民出版社 1957 年版，第 23~24 页。

②　〔美〕弗洛姆：《占有还是存在》，程雪芳译，上海译文出版社 2021 年版，第 25 页。

③　〔美〕弗洛姆：《占有还是存在》，程雪芳译，上海译文出版社 2021 年版，第 51 页。

④　〔德〕康德：《法的形而上学原理——权利的科学》，沈叔平译，商务印书馆 1991 年版，第 94、95、96 页。

人类的头发。如果把她身上一切历史形成的东西同皮肤和头发一起统统去掉，'在我们面前呈现的原来的妇女'还剩下什么东西呢？干脆地说，这就是雌的类人猿。那就让巴尔先生把这个'容易感触到和看清楚的'雌类人猿，连同其一切'自然本能'抱进自己的被窝里去吧。"① 显然，在巴尔先生那里，"爱情"不是"动词"的，而是一个"名词"。

12. 1. 5. 在讨论人与大地的关系时，利奥波德运用了"爱"的隐喻，他说："土地是一个共同体的观念，是生态学的基本概念，但是，土地应该被热爱和被尊重，却是一种伦理观念的延伸。"② 利奥波德说：所谓"户外休闲"，"并不就是到户外去，而是我们对户外的反应"。即动词性的体验或感知——"感知是休闲事业上唯一创造性的部分"。然而，"休闲在老罗斯福时代成了一个具有名词概念的问题"③。

12. 1. 6. 在讨论"是非感"（法感）和"法律的力量"时，耶林运用了"爱"的隐喻。他说，"法律的力量，完全犹如爱的力量，存在于情感之中，理解不能替代尚欠缺的情感。然而，犹如爱情，自己经常全然不知，一有风吹草动，才被充分意识到，是非感常常也是在完好的状态下不知自己为何物，包含着什么，然而，侵权是一个迫使人表白、使真相大白于天下、使力量显示出来的痛苦的问题"④。在耶林看来，所谓"法感"或"是非感"，就像"爱情"一样，是一种个案情境下的综合情感，只有在受到侵害并为其"斗争"的过程中，才得以最充分地显现。正如不存在抽象的爱情一样，也不存在抽象的法感。然实证主义法学家却将"其自身以及思想、感受，托付给贫乏、死板的制定法，而成为法律机器中一块无意志的、无感情的零件"⑤。耶林说："如果我要对这两个规范：不为不法和不容忍不法……进行优先性评价，我将说，法的第一规则是：不容忍不法（dulde kein Unrecht）；第二规则是：不为不法

---

① 见《马克思恩格斯全集》（第三十七卷），人民出版社 1971 年版，第 412 页。
② 〔美〕利奥波德：《沙乡年鉴》之"英文版序"，侯文蕙译，商务印书馆 2016 年版。
③ 〔美〕利奥波德：《沙乡年鉴》，侯文蕙译，商务印书馆 2016 年版，第 195、194、185 页。
④ 〔德〕耶林：《为权利而斗争》，郑永流译，法律出版社 2007 年版，第 22 页。
⑤ 〔德〕鲁道夫·冯·耶林著，奥科·贝伦茨编注《法学是一门科学吗?》，李君韬译，法律出版社 2010 年版，第 46~47 页。

(thue kein Unrecht)。"① 这种"不能容忍"或"令人难以忍受"的激情，在拉德布鲁赫公式中，具有高于实证法的力量。② ——与法的"安定性"相比，法感上是否能够"容忍"，才是最高位阶的标准。

12. 1. 7. 在谈到法律人与法或正义的关系时，霍姆斯运用了"爱"的隐喻【0. 7. 3】。

在这一隐喻中，法律人与法律之关系，变成具有"恋人"性质的关系。一当凝结在法律中的"客观法感"与我们的"主观法感"相遇时，便可能擦出"爱情"的火花，正是在这种情感的"共鸣"和生命的"体验"中——法律成为我们的"情人"，法律人与法或正义融为一体。

12. 1. 8. 马克思和恩格斯是在更加深刻的意义上运用"性"或"爱"的隐喻的。刘易斯·费耶尔在《什么是异化》一文中指出："青年马克思和恩格斯曾一再用性的异化的比喻和实际来形容资产阶级社会。"③ 所谓"性的异化的比喻和实际"——主要是指两个方面的异化。一是在"实际"的意义上。即性、婚姻以及爱情这种人格属性的关系，在资本主义社会，却被资本化、商品化或物化了。最典型的，就是康德在讨论婚姻时所使用的一个概念——"物权性的对人权"。二是在"隐喻"意义上。那些原本带有身份隐喻属性的关系，例如，在儒家思想传统中将君臣关系隐喻为夫妻关系、在生态诗学上将人与自然的关系隐喻为"爱情"关系，以及上面提到的法学"情人"隐喻（将法律人与法或正义的情感比喻为"爱情"）等，所有这些具有伦理隐喻属性的情感，在资本主义社会，却被"异化"了：或异化为"交易"，或异化为"物权"，或异化为"知识"。然而法律人学习法律，背诵法条、分析案例，只是为了掌握法律技能或"占有"法律知识，而不是为了与法"融"为一体，成为法的本身。由此，正如活泼泼的"爱"被异化为名词性的"爱情"一样，活泼泼的个案正义被异化成了抽象的正义，活泼泼的"法"则被异化为可以被"占有"的法律概念原理或知识技能。

弗洛姆在《占有还是存在》中区分了两种不同的知识——"占有型

---

① 〔德〕鲁道夫·冯·耶林：《为权利而斗争》，郑永流译，法律出版社 2007 年版，第 27 页。

② 〔德〕拉德布鲁赫：《法哲学》，王朴译，法律出版社 2013 年版，第 258 页。

③ 陆梅林、程代熙编选《异化问题》（下册），文化艺术出版社 1986 年版，第 38~39 页。

模式"的知识、"存在型模式"的知识。两种知识，用叔本华的概念，就是"我有"的和"我是"的[①]；用宋代哲学家张载的概念，或可谓"闻见之知"与"德性所知"[②]。弗洛姆认为，在"占有型模式"的学习中，"学生和讲座内容之间没有实质联系，学生只不过成了一系列言论的拥有者"。——学习和记忆都是"机械的"。但"在存在型模式下，记忆积极地唤起词语、观点、场景、绘画、音乐，即记起一个数据的同时联想起很多相关的数据。在存在型模式的记忆下，联系既非机械的，也不是纯粹逻辑性的，而是鲜活的"。就人与知识的关系言，在"占有"（To Have）模式下——是"我占有知识"，而在"存在"（To Be）模式下——则是"我知道"。"我占有知识"，意味着知识是一种外在的实体，就像"财产"作为所有权的对象一样，在人与知识之间，是一种"物权"或"消费"关系，缺乏生命情感的关联。"我知道"，则意味着"穿透"，即深刻的理解。弗洛姆解释说，这种"创造性的穿透力在希伯来语中用jadoa 一词表达，意为'知道'和'做爱'，即男性性行为的插入动作"。两种模式的根本区别——弗洛姆借用了马克思的说法——就在于是否表达了"生命"。在"占有型模式"中，不是"通过主体与客体之间有活力的创造过程而建立起来的"，而"存在型模式"的关系中，则是一种"表达生命"的状态。[①]

12.1.9. 在法学上，这种"异化"扩张并渗透到传统法学的各个领域。（a）表现在法学教育教学上，就是"德性所知"的概念化、知识化——法学所固有的德性和诗性，被剔除或消解了。（b）表现在法学研究与教育的关系上，就是二者关系的"颠倒"。以科学主义的眼光来看，法学的首要任务是研究并获取知识（即对法律现象及其规律的认识），

---

① 〔德〕叔本华：《叔本华论说文集》，范进、柯锦华、秦典华、孟庆时译，商务印书馆1999 年版，第 5、13 页。

② 所谓"德性所知"，与"见闻之知"不同，是指源自"良知良能"的"知"，即孟子所谓"四端"的诗性扩用。张载将"知"划分为"见闻之知"与"德性所知"。《正蒙·大心篇》言："大其心则能体天下之物；物有未体，则心为有外。世人之心，止于闻见之狭。圣人尽性，不以见闻梏其心，而视天下无一物非我。孟子谓尽心则知性知天，以此。天大无外，故有外之心不足以合天心。见闻之知，乃物交而知，非德性所知；德性所知，不萌于见闻。"

① 〔美〕弗洛姆：《占有还是存在》，程雪芳译，上海译文出版社 2021 年版，第 34、36、45、46、86 页。

其次才是教育。但以法诗学的眼光看，教育才是法学的根本目的。法学教育的核心，不仅是知识和技能，更主要是人格；不仅是"见闻之知"，更主要是"德性所知"，是德性的"强恕而行"和扩充、扩用，是具体情境下的德性创造。(c)表现在法律关系理论上，则是主体与客体的二元论分离。传统法学主体理论的起点是"自由意志"论，即将人与物、人与自然、人与人、人与法律规范之间的关系，全都置于即异化为主体与客体的二元论范式之下。所谓权利"本位"，其实质就是叔本华所谓的"我有"或弗洛姆所谓的"占有型模式"：人与物的关系，直接表现为物权（自物权或他物权）关系。这种支配性的物权观念，延伸到"人与自然界"的关系中——大自然变成人类的"客体"或"环境"（而非"生态"）；扩张到人与人的关系领域——使主体与主体之间的关系（虽被表述为"法律主体间的关系"），则变成通过"人与物"或经过"物权化"所体现的权利请求关系，即所谓"权利本位"；扩张到人与法律规范的关系上——法或正义就被视为一种客观或外在的规范概念（即"正义女神"），法学教育和研究，变成了一个"占有"或"掌握"的过程。正义的创造性实践，不再是一个动词或不及物动词的状态，而变成一个基于或从规范概念导出的逻辑结论。

二　德性的扩用

12.2.1. 人之德性或"良知良能"，从基本质料上讲，就是两种"爱"：一是男女之"爱"；二是亲子之"爱"。两种"爱"虽然有别，但又是相通的，都可谓"生命之爱"，即儒家所谓"仁者，生生之德"。在法学上，拿此生生之德修己，即指向法的人格诗学；依此向外类推或扩用，则指向法的政治伦理诗学和法的生态诗学。（1）男女之"爱"，是最基本的"仁爱"，也是我们对待外在事物的最基本的"喻体"。故《易·系辞下》言："男女构精，万物化生。"《礼记·昏义》亦言："男女有别，而后夫妇有义；夫妇有义，而后父子有亲；父子有亲，而后君臣有正。"（2）亲子之"爱"，也是最基本的"仁爱"和"喻体"。故孔子曰："夫孝，德之本也。……始于事亲，中于事君，终于立身。""孝悌之至通于神明，光于四海，无所不通。"（《孝经》）曾子亦言：吾闻诸夫子，"断一木、杀一兽，不以其时，非孝也"。[①]

12.2.2. 然而，这里的问题是："断一木、杀一兽"，与"孝"或"不孝"有何关系呢？《吴越春秋》载有类似一件事：范蠡向越王勾践推荐善射者陈音，越王就问陈音："孤闻子善射，道何所生？"音曰："臣闻弩生于弓，弓生于弹，弹起古之孝子。"越王曰："孝子弹者奈何？"音曰："古者人民质朴，饥食鸟兽，渴饮雾露。死则裹以白茅，投于中野。孝子不忍见父母为禽兽所食，故作弹以守之，绝鸟兽之害。故歌曰'断竹续竹，飞土逐害'之谓也。"[②]"射"与"孝"，本似无关，其实却有着初心或本源意义上的关联，因此，陈音将"射"的本质归之于"孝"。意大利法学家维柯也认为，一件事物的本性（natura），就在于它的诞生或起源。此所谓"不忘初心"。

12.2.3. 在儒家传统中，"仁爱之心"作为良知良能或最基本的德性，可以通过两种途径使人格得到根本的提升：一是"时"；二是德性之"扩用"。二者都具"诗性"。（1）"时"，是诗性的。诗者，時（时）也；时者，宜也、义也，即具体情境下的创造。曾子所谓"断一木、杀一兽，不以其时，非孝也"，其中的"时"，就是具体情境下的德性（即"孝"）的发用和创造。《孟子·万章下》言："孔子，圣之时者也。"赵歧注曰："孔子时行则行，时止则止。"故《中庸》言："君子而时中。"（2）德性的"扩用"，也是诗性的。这种由此及彼的扩用，其实是一种诗性的推类（"推恩"）。在解释"致良知"时，潘平格举《孟子》中的例子说："不忍觳觫之牛，良知也，致不忍觳觫之知，在推恩以及百姓；乍见孺子之怵惕恻隐，良知也，致乍见恻隐之知，在扩充以保四海；孩提稍长之爱亲敬长，良知也，致爱亲敬长之知，在达之天下。推恩以及百姓，扩充以保四海，仁义而达于天下，格物也。"[③] 其认"格物致知"之"格"，[④] 便是由此及彼的"打通"；所谓"格物"，就是"格通身、家、国、天下"，也就是打通"人-我"，打通"物-我"，打通"天-人"。

---

① 方氏解释说："君子亲亲而仁民，仁民而爱物，故断一树杀一兽不以其时，非孝也。"方向东撰《大戴礼记汇校集解》，中华书局2008年版，第516页。
② 崔冶译注《吴越春秋》，中华书局2019年版，第243页。
③ （清）潘平格撰，钟哲点校《潘子求仁录辑要》卷一"辨清学脉上"，中华书局2009年版，第2~3页。
④ 按："格物致知"之"格"字，有不同的解释：（1）推究；（2）感通。

罗马法谚亦云：法官应抓两把盐，一把为智慧之盐，解脱庸愚；一把为良心之盐，祛除邪恶。又云：良心（conscience）一词，由"同"（con）和"知"（scio）构成，仿佛通达神明（Conscientia dicitur a con et scio，quasi scire cum Deo）。

12. 2. 4. 就法或正义问题言，这种德性"扩用"，可能发生在法学（即法律关系理论）领域，也可能发生在法治（即人与法的关系）领域。

（1）在法治方面，譬如，当我们将基于人与人之间"仁爱"或"责任"的原则：（a）扩用到法治文化问题时，便促使我们反思并进而提出从"工程"到"设施"（从"工程性的设计建设"到"设施性的共建共用"）的命题，即法的文化诗学；（b）扩用到"人"与"法"的关系上时，便促使我们反思法学研究和法学教育教学的基本范式，从而提出从法的"知识"到法的"德性"的命题，即法的人格诗学；（c）扩用到"人"与"事"（纠纷或案件）的关系上时，便促使我们反思并提出法律与事实一体交融的理论，进而提出个案正义之从"表现"到"显现"的命题，即个案正义的诗学。

（2）在法律关系理论方面，譬如，当这种基于人与人之间"仁爱"和"责任"的原则：（a）扩用到"人"与"物"的关系上时，"物法"关系被彻底改观，"物法"的核心不再是财产关系，在人与物之间，一种古老的关系，即共用关系（其中不仅涉及人与共用物之关系，还涉及该共用物上不同人之间的关系）得到新的发展，并使我们提出从"独占"到"共用共享"的命题，即物法的诗学；（b）扩用到"人"与"自然"的关系上时，还会使我们重构"环境法"，进而提出从"环境"到"生态"的命题，即法的生态诗学——"人与自然和谐共生"的法学，而当它重又回到"人"与"人"之间的关系上时，就不仅要求我们摆脱被"异化"的状态，提出从"权利本位"到"责任关系"的命题，还会带来源自"人与自然"关系的新的观念，即追求人与人之间、身与心之间、知与行之间的生态平衡；（c）扩用到"生者"与"死者"之间的关系上时，还会使我们反思并重构人法上的殡葬制度，即法的殡葬诗学。

12. 2. 5. 在法诗学看来，法是一种诗性的存在，外在事物不仅是可感知的，而且还应该被情感所"赋活"，这样——外在的"客体"就会变成互动关系中的"对方"——一切就变得"有生命""有情感""有德性"了：（1）人与物处于生命性的交互关系状态；（2）人与自然处于人伦性的和谐共生状态；（3）人与人的关系也从"异化"状态被拉回其"人性"的本然。一切都处于"仁爱"或交互"责任"关系当中。通过这种人伦原则的诗性扩用，（1）法律规范仿佛是"活"的，是身与心的统一；（2）法律知识仿佛是"活"的，是知与行的合一；（3）自然万物仿佛是"活"的，是天与人的交融；（4）正义不再停留于抽象的价值理念，而是显现为具体情境下基于"互动"和"共鸣"的个案的正义。

12.2.6. 张载《正蒙·乾称》言："天地是塞，吾其体；天地之帅，吾其性。民吾同胞，物吾与也。"——所谓"法的生态诗学"，简单说，就是要用这种"民吾同胞，物吾与也"的生态伦理观念，对传统法学之以物权（所有权）为核心的人与物的关系理论进行"重构"，并提出如下命题：（1）大自然不仅是法律客体，还可以成为法律主体；（2）契约不仅可以发生在人与人之间、人与神之间，还可以发生在人与自然之间（即自然契约），通过运用法人、代理、信托、监护等拟制（虚构）制度，大自然即可成为契约的另一方【F.2.9】【F.2.10】。

12.2.7. 关于人伦关系向生态领域的延伸。（1）在中国，"仁爱"原本是一个人伦关系的概念，孔子曰："仁者，爱人。"（《论语》）但到孟子那里，则延伸到人与物的关系："亲亲而仁民，仁民而爱物。"（《孟子·尽心上》）董仲舒则更进一步说："质于爱民以下，至于鸟兽昆虫莫不爱。不爱，奚足谓仁！"（《春秋繁露·仁义法》）。（2）在西方，这种延伸，始于达尔文的物种起源学说。英国小说家哈代说："确立物种共同起源的学说的最深远的影响是在道德领域，与对利他的道德进行再调整密切相关……从只适用于人类调整到适用于整个动物王国。"叔本华也说："基督教伦理没有考虑到动物，大家一直装作动物没有权利，他们告诉自己，人对动物的所作所为与道德无涉……这真是令人发指的野蛮论调。"爱因斯坦也说："我们今后的任务就在于扩大悲悯情怀，去拥抱自然万物。"

三　法的生态诗学

12.3.1. 所谓"法的生态诗学",就是用生态诗学的眼光去看待法律问题。在这一目光下所看到的,是与法的环境科学完全不同的东西:(1)在外延上,它将"爱"之情感,从对人扩展到对一切生命和大自然,是一门"生命诗学"或"融入美学"意义上的法学;(2)在内涵上,它将"仁"之伦理,不仅向外扩展到人与外部世界(人与自然之和谐),还引向人的精神世界中去,用罗斯金的概念,就是要保持"对感觉对象的注意与对心理活动的深思"(身与心)之间的平衡,进而去追寻心理结构内部"理性与情感"以及"知识与德性"之间的平衡,在此意义上,法的生态诗学,是一种"人格诗学"意义上的法学。

12.3.2. 生态诗学的眼光,与环境科学的眼光迥异,简单说就是"三观"。

(1)第一观,是"恕"观,即"以诚观物",不是把事物作为客体或对象,而是将其作为主体或朋友,能够真诚地站在对方立场上去看,即一种体验内参的眼光。举例来说,如果我们听到一棵树在陈述一项事实——"我是一个行者"。通常的反应,一定会感觉荒谬:"笑话,树怎么会行走呢!"然而,缪尔在《林中风暴》中写道:"树与人,我们都在这无限的星河里共行。但是,在这个风暴的日子以前,在我没有爬上高树、感受树的摇曳以前,我却从未意识到树是行者。是的,他们的众多旅行,并不广博;但我们自己短短的行程,来去匆匆;比之风动树摇,又好得到哪里,还有不及呢。"的确是这样,有许多事实,我们只有站在对方立场上去看,与对方进行真诚的目光交流,才能看得见。在利奥波德猎杀了一只老狼后,他曾提到过这种目光交流的力量,他说:"当我们到达那只老狼的所在时,正好看见在它眼中闪烁着的、令人难受的、垂死时的绿光。这时,我觉察到,而且以后一直是这样想,在这双眼睛里,有某种对我来说是新的东西,是某种只有它和这座山才了解的东西。"① 他所体验到的这些东西,或许是证据鉴定学所无法确证的(如森鸥外的

---

① 载陈力君编选《中外生态文学作品选》,浙江工商大学出版社 2010 年版,第 81 页。

小说《高濑舟》所言的"眼睛是会说话的"），但却可能更真实——此可谓生态诗学上的事实观、证据观，与证据科学意义上的"事实"，有很大不同。

（2）第二观，是"静"观，即"以物观物"，是站在一个包含彼此的、公共的、整体的平台上去看，而不是仅仅站在自己的立场上看，是一种"common"①的眼光。就像利奥波德所谓"像山那样思考"。他写道：一声狼嗥，"从一个山崖回响到另一个山崖，荡漾在山谷中，渐渐地消失在漆黑的夜色里"，"对鹿来说，它是死亡的警告，对松林来说，它是半夜里在雪地上混战和流血的预言，对郊狼来说，是就要来临的拾遗的允诺……对猎人来说，是狼牙抵制弹丸的挑战"。然而，这声狼的嗥叫所隐藏的深刻含义，却只有这座山才知道。"只有这座山长久地存在着，从而能够客观地去听取一只狼的嗥叫。"利奥波德继续说，"自然有自己的大智慧，亿万年来它调动着世间万物依照它制定的'规则'生息繁衍。而人类却自以为是万物之灵，一心想让自然为己所用，甚至不惜破坏基本的'规则'。听，山谷间回荡的狼的哀嚎就是人类践踏'规则'的实证。"②在这里，山，即可谓一位生态诗学意义上的"法官"。

（3）第三观，是"忘我"之观，即全副身心浸入其中，物我两忘，彼此交融。这是一种极高的生态诗学境界，不仅要做到"静"和"恕"，还要做到"无私""去除机心"。譬如校园里的一棵梧桐树，对一般人而言，就是一棵树，它立在那里，作为一个客体或一株斑驳的植物。然而，一位作家这样写道，"呼唤着我的不是树，而是树的另一种存在"。不过，当想靠近这种存在时，"它却总是跟我保持着相同距离。这个距离，就是人与树的距离，心灵与事物的距离"。李森不无羡慕地写道，"相比之下，松鼠和麻雀要幸运得多"。③唐代诗人王维，也曾抱怨过这种不能

---

① *The Law of Commons and Commoners* 一书对共用权（Common）的定义是："它恰当地表示了一种权利或特权，即一人或多人有权取得或使用他人土地、河流、森林等物上自然产出的收益，并且该人或多人对前述土地、河流、森林等物不享有任何所有权。"［*The Law of Commons and Commoners*（2nd ed.），printed by Eliz. Nutt and R. Gosling.（assigns of Edw. Sayer，Esq.）for John Walthoe，1720，reprinted by Dabu Public Domain，p. 2.］

② 见陈力君编选《中外生态文学作品选》，浙江工商大学出版社 2010 年版，第 73~74 页。

③ 李森《校园里的梧桐树》，载陈力君编选《中外生态文学作品选》，浙江工商大学出版社 2010 年版，第 91~92 页。

与物交融的遗憾，在《积雨辋川庄作》中，他表白说：自己虽然已经返归自然，退居山林，整天过着"山中习静观朝槿""松下清斋折露葵"的生活，然却未能被自然所接纳——"海鸥何事更相疑"?! 问题出在哪里呢？我想就在"忘我"或"去除机心"。陶渊明所谓"采菊东篱下，悠然见南山"，才是"忘我"的"物我合一"的境界。这种"忘我"之境，缪尔在《我们的国家公园》一书中称作"融入美学"，他说，看到山下的乱石，如果你敢毫不犹豫、义无反顾地冲下去，"勇敢地从一块巨石跳到另一块巨石，保持速度均匀。这时你会感到你的脚正在踏着节拍，然后你就能迅速发现蕴含在岩石堆中的音乐和诗韵"。——此刻，你也就与自然融为一体了。类似的情形，王绩《夜还东溪》诗曰："石苔应可践，丛枝幸易攀。青溪归路直，乘月夜歌还。"在我看来，此诗具有强烈的方法论意味，人们对外在事物的"观察"，一旦进入物我两忘、彼此交融的境界，问题就不再是问题，而变成一个顺其自然的直觉或直观：最自然的照明，即是"乘月"，最便捷的路径，就是"清溪"。杜甫所谓"象教之力，可达冥搜"【F. 1. 3】，普希金所谓"诗之鞭心"，都是此境。

12. 3. 3. 这样看来，"法的生态诗学"有两个基本特征。一是超越"二元论"。在法的生态诗学看来，"人与自然"之关系，不是主客体间性的二元论，而是主体间性之一元论，不是人对自然的占有或支配，而是一种"仁"或"自然契约"的关系，即超越以人为主体而以自然为客体的二元论范式。二是通向"家园感"。在法诗学看来，所谓"和谐共生"就是一种"家园感"：在"人与自然和谐共生"的关系中，自然不仅是我们的外在"环境"，更主要是与我们共生的"伙伴"；对于自然，我们不仅有一项"权利"，更主要还有一份"责任"。

（1）通向家园感。"人与自然和谐共生"或"家园感"，其实就是荷尔德林所说的"诗意栖居"。贝特从生态学角度解释荷尔德林的"诗意栖居"说："栖居（dwells，德语是"Wohnet"）意味着一种归属感，一种人从属于大地、被大自然所接纳、与大自然共存的感觉，其对立面是失去家园（homelessness）。这种归属感的产生有两个前提，一是'诗意地'（poetically，德文是"Dichterrisch"）生存，生存在审美愉悦当中和精神生活的日益丰富当中；另一个就是要非常值得地生存，而要做到'非常值得地'（well deserving，一译 full of merit）生存，就必须尊重大地，对所栖居的大地负责任。"① 正如鸟儿栖居于树，并非是对树的占有，而是共享、共用、共生。我们知道，"家园感"是一种亲切感、自在感、融洽的"是其所是"的感觉。这种美感，不仅是旁观者的审美感受，更主要是栖居者自己的切身体验，不仅是栖居者对对方有所要求的权利感，更主要还是对对方有所付出的责任感。之所以说它是"诗意栖居"，不仅因为它是"美的"，更主要是因为它的"亲切""自在""本然"，即一种本该如此的"归属感"。

（2）超越二元论。"人与自然和谐共生"的法学，显然不同于"人对自然的占有支配"的法学，这就须要我们对传统"人法""物法"理论之法律主体、所有权、契约等经典概念进行法诗学意义上的"重述"，用生态诗学观念对传统法学二元论范式进行一元论的改造，提出从"法的环境科学"到"法的生态诗学"之命题，进而探索从自然客体到自然主体、从所有权到共用权、从社会契约到自然契约诸论题。

12.3.4. 在此意义上，"人与自然和谐共生"，不仅是"诗意栖居"，还须要一系列法诗学上的建构：（1）自然界作为权利主体——而非仅仅作为客体；（2）大自然作为共用物（common）——而非仅仅作为财产（property）；（3）以及"自然契约"概念（Michel Serres，The Natural Contract）——而非仅仅"社会契约"。

四　人与自然和谐共生

12.4.1. 从"环境"到"生态"。英国的生态批评家乔纳森·贝特从词源学上分析了"环境"一词的含义，他说："'环境'的确是二元思维的产物，'环境'是在某个中心存在的外围围绕、服务、影响该中心存在的物质。""'环境'意味着'环绕'。环境主义者是关心环绕我们的世界的人。说这个世界环绕着我们，就意味着人类中心主义，就意味着坚持自然的价值终归是人赋予的，坚持自然的作用仅仅是供给。"贝特的结论是："环境很可能是一个错误的用语，因为预设了一个人在中心且被万物环绕的意象；生态系统则的确是一个较好的用语，因为一个生态系统

---

① 转引自王诺《欧美生态文学》（第3版），北京大学出版社2020年版，第142~143页。

并没有中心，它是一个关系网。"多布森（Andrew Dobson）在 *Green Po-litical Thought* 一书中也说："环境主义主张以经营管理的方法解决环境问题，确信在不从根本上改变当今的价值观或生产及消费方式的情况下，也能解决环境问题；而生态主义则认为，可持续的和完善的存在有一个必需前提：我们与非人自然界的关系和我们的社会及政治生活模式的根本性改变。"——这种根本性的改变是什么呢？就法学言，我认为，就是——从"法的环境科学"到"法的生态诗学"。

12.4.2. "人与自然和谐共生"。党的二十大报告提出"人与自然和谐共生"的新理念——这是习近平总书记生态法治思想的最新发展。2015 年 1 月 19~21 日，在云南考察工作时的讲话中，习近平总书记说："要把生态环境保护放在更加突出位置，像保护眼睛一样保护生态环境，像对待生命一样对待生态环境。"2015 年 3 月 6 日，在参加十二届全国人大三次会议江西代表团审议时的讲话中，习近平总书记又说："环境就是民生，青山就是美丽，蓝天也是幸福。要像保护眼睛一样保护生态环境，像对待生命一样对待生态环境。"2015 年 9 月 28 日，习近平主席在题为《携手构建合作共赢新伙伴 同心打造人类命运共同体》的重要讲话中指出："我们要构筑尊崇自然、绿色发展的生态体系。人类可以利用自然、改造自然，但归根结底是自然的一部分，必须呵护自然，不能凌驾于自然之上。我们要解决好工业文明带来的矛盾，以人与自然和谐相处为目标，实现世界的可持续发展和人的全面发展。"2016 年 1 月 18 日，《在省部级主要领导干部学习贯彻党的十八届五中全会精神专题研讨班上的讲话》中，习近平总书记说："在对待自然问题上，恩格斯深刻指出：'我们不要过分陶醉于我们人类对自然界的胜利。对于每一次这样的胜利，自然界都对我们进行报复。每一次胜利，起初确实取得了我们预期的结果，但是往后和再往后却发生完全不同的、出乎预料的影响，常常把最初的结果又消除了。'人因自然而生，人与自然是一种共生关系，对自然的伤害最终会伤及人类自身。只有尊重自然规律，才能有效防止在开发利用自然上走弯路。这个道理要铭记于心、落实于行。""我们的先人们早就认识到了生态环境的重要性。孔子说：'子钓而不纲，弋不射宿。'意思是不用大网打鱼，不射夜宿之鸟。荀子说：'草木荣华滋硕之时则斧斤不入山林，不夭其生，不绝其长也；鼋鼍、鱼鳖、鳅鳝孕别之时，罔罟、毒药不入泽，不夭其生，不绝其长也。'《吕氏春秋》中说：'竭泽而渔，岂不获得？而明年无鱼；焚薮而田，岂不获得？而明年无兽。'这些关于对自然要取之以时、取之有度的思想，有十分重要的现实意义。"2017年1月18日，在题为《共同构建人类命运共同体》的主旨演讲中，习近平主席说："人与自然共生共存，伤害自然最终将伤及人类。空气、水、土壤、蓝天等自然资源用之不觉、失之难续。工业化创造了前所未有的物质财富，也产生了难以弥补的生态创伤。我们不能吃祖宗饭、断子孙路，用破坏性方式搞发展。绿水青山就是金山银山。我们应该遵循天人合一、道法自然的理念，寻求永续发展之路。"在法诗学看来，把生态环境视为我们的眼睛或生命加以珍惜和保护，将"人与自然"的关系，视为"和谐共生"之关系，不仅是一个修辞学隐喻，还是一个"法学目标"（一个应当"比照着去做"或"效法"的依据）。

12.4.3. 家园感。在法诗学看来，法学中的"诗学思维"有三个层面。第一层，是主客体二元论框架下的情感思维，包括想象、好像、移情等思维形式，是一种基于"同情"的法律情感。第二层，是主体间一元论框架下的对话思维，包括节奏、共鸣等思维形式，是一种基于"共鸣"的法律情感。第三层，是物我两忘的诗性思维，这是一种基于"栖居"的法律情感，即"家园感"。在法的"家园感"中，法律事物处于它最为本真最为自然的状态，就像"采菊东篱下，悠然见南山"那样——"显现"自身。所谓正义的"不及物动词状态"，正是这种"显现"：在具体情境中，作为背景的各种各样的权威力量，作为事件本身的争议事实，以及作为纠纷的当事人及其裁判者，所有这些因素，都在某种事件性的相互关系中找到了自己的"栖身之地"，即"家园感"。

12.4.4. 在此意义上，法诗学思维的根本特征是类似"爱情"的思维。

（1）反对任何形式单边或单向的专断，追求具体关系中的平衡与和谐，即从"涵摄机器"到"法感诗人"。

（2）反对任何形式的机械僵化，倡导"赋活"，追求同情、共鸣和交融的正义的"不及物动词状态"，即从"正义"到"正义着"。

第十三章　公正卓识

仁者讲功，知者处物。

——《国语·鲁语下》①

　　法，不仅是规范体系及其逻辑运作，更主要是正义实现中生命情感的交互作用和过程；正义，不仅是抽象的价值理念，更主要还是"具体情境"下的"德性"发用和创造。诗作中，"直觉"，是支配性的，即所谓"即景会心"；在法或正义的创造性实践中，"直觉"同样是支配性的，即所谓"公正卓识"。在彼得拉日茨基看来：我们处理正义问题时，所考虑的并不是对任何人的同情，或关于社会的权宜的判断，或任何投机性的判断和计算。我们必须处理的是"一种伦理体验"。某种行为，之所以被视为正当，不是因为它"对实现某种具体目的的有用性"；它所以是不正当的，是因为唤起了源自我们人格的"伦理谴责或愤慨"。——"此时，伦理冲动具有支配意义"。彼得拉日茨基所谓"伦理冲动"，其实就是德性之发用和创造。诗论有云："每有制作，伫兴而就。"诗学如此，法学亦然。《管子·白心》言："圣人之治也，静身以待之，物至而名自治之。"这里的"静身以待"，不是消极等待，而是德性于日用之中不间断工夫下的情境性应对。在耶林和拉德布鲁赫那里，与法的"安定性"相比，德性上——是否能够"容忍"，才是最高位阶的"法"。

一　卓越法律人才的核心素养

13. 1. 在法诗学看来，卓越法律人才的核心素养是"公正卓识"。

---

① 《国语》："夫仁者讲功，而知者处物。"按：仁者擅长于评定功过，智者擅长于处理事务。见徐元诰撰，王树民、沈长云点校《国语集解》，中华书局 2002 年版，第 161 页。

卓越法律人才的培养①，不仅是一个"教养"，更主要还是一个"修养"的过程。修养，与教养是不同的：德国哲学家黑格尔曾对教养（Erziehung）与修养（Bildung）作过区分，教养和修养虽然都是指人的内在精神上的某种深刻转变，但两者是有区别的：个体的教养是"引导一个个体使之从它未受教养的状态变为有知识"②，而修养，则是其真实生命的直接状态的艰苦转型。简单说，教养与修养的区别主要有三。（1）从主客体关系上看，教养是以主体客体的二元划分为基础的，是主体通过认识向客体的逼近，而修养则是主体客体的一元论，是主体在情感中与客体的交融。这种逼近与交融之别，类似于卢梭所指出的"追逐猎物"与"爱情"的区别：在"修养"中，即在某种互动性的"对话"中，彼此双方同时发现了自我并与对方融为一体【12.1.3】。（2）教养和修养都关涉美感，但又是有区别的：教养中的美感，主要是审美的能力，而修养中的美感则主要是德性之创造。换句话说，教养重在培养"读者"或"具有审美经验或鉴赏能力的人"，而修养则重在培养"作者"，即德性之"诗人"。（3）教养和修养都求"知"，但却是不同的"知"。在法学上，所谓"知"，并不限于纯粹科学或认识论意义上的知识（"见闻之知"），更主要是一种"德性所知"。教养所指向的，是人格被引导的、在知识或技艺上不断积累的转变过程。修养所指向的，则是指人格自我主导的、德性积淀的情感精神的转变过程。正是在修养中，人发现并追求自己的创造、责任和崇高。

二　卓识

13.2.1. 所谓卓识，即精神上的洞悉或透辟——不仅能够直达对象的本体，而且与之交融合一；这种直觉性的确念或正确情感，往往令观察、实验、归纳、演绎等方法，目瞪口呆、望尘莫及。普希金在给维亚

---

① 关于"卓越之才"是否可教（传授）的问题，赵汀阳指出，古希腊人"很怀疑包括智慧和勇敢等在内的'卓越之才'（arete，virtue，英译为 excellence，中文通常翻译为美德，并不准确）是否能够传授"。见赵汀阳《思维迷宫》，中国人民大学出版社 2017 年版，第 3 页。另可参考刘小枫、陈少明主编《美德可教吗》（华夏出版社 2005 年版）的相关论题。

② 〔德〕黑格尔：《精神现象学》，贺麟、王久兴译，商务印书馆 1979 年版，第 20 页。

杰姆斯基的信中说："按照你的说法，打官司是诗之范围以外的事；我不敢苟同。法之剑锋不能达到的地方，诗之鞭心定可达到。"这种诗性的神奇力量，似乎是不可理喻的。然而，细加研究，却也并不神秘。

"卓识"的秘诀，只在"心与牛一"而已。《东周列国志》有一则百里奚养牛的故事：楚王听说百里奚擅长养牛，就问："伺牛有道乎?"百里奚答："时其食，恤其力，心与牛而为一。"楚王道："善哉，子之言！非独牛也，可通于马。"于是楚王就让他当了圉人（马夫）。后来，百里奚被秦国以五张羊皮赎归，爵为上卿，人称"五羖大夫"，其以伺牛之道治国，遂使秦穆公称霸于西戎。可见，只要能够用心用情，将自己的全副身心交付对象，就像曾国藩说的，"涵泳"其中——"如春雨之润花，如清渠之溉稻；如鱼之游水，如人之濯足"，最后达到主体与对象的交融，就可能洞悉对象的本体，犹如感同身受。

13. 2. 2. 卓识，并非艺术家、哲学家、科学家、法学家的专利，普通人也有卓识。"语感"就是一种语言上的卓识。一个外国人，即使能说很流利的汉语，没有任何语法错误，我们仍能毫不费力地听出他异样的口音；反过来，一个说自己母语的人，即使他没有学过语法规则，照样能将一段文字中有意留出的空格（cloze）填写正确。这种"语感"，一点儿都不神秘，只是由于母语伴随我们一起长大，与我们的思维、情感等精神要素一起生长，最后交融合一的缘故。而这种"语感"，由于它与精神是联结在一起的，从而也就同时成为普通人在思维或情感上的精神卓识，这是一种凝结在语言中的民族或文化精神上的直觉。我们阅读贾平凹的作品，若能用陕西甚至商洛的方言，可能读出不同的东西；阅读《水浒》，史进、鲁达、林冲分别操着陕西、甘肃、河南不同的口音，也可能别具意味。正是在这个意义上，费希特就特别强调语言的纯正性，他说："德意志人说的是一种最初的由天然力量迸发出来的时候起就一直活生生的语言……""在具有活生生的语言的民族那里，精神文化影响着生命；在不具有这种语言的民族那里，精神文化和生命则各行其道，互不相干。"因此，语言卓识，也是普通人精神上的卓识，是其精神活力上最纯净最宝贵的甘露。排除语言上的个别天才不说——其"语感"能在两种以上的语言体系之间自由穿行，对于大多数人来讲，语言上的卓识，无非是他长期沉浸在母语（包括方言）之中，最后达到"心与言而为一"的结果。

13.2.3. 同样，艺术家的卓识，源自他与创作对象的交融合一。阿·托尔斯泰说，写小说意味着要同笔下的人物共同生活，"这些人物开始成为活生生的人。他们过着独立的生活，甚至还常常牵着创作者本人——作家走。……这是一个十分有趣的现象。我在写作最紧张的时候，自己也不知道人物五分钟之后会讲些什么，我怀着惊讶的心情注视着他们"。可见，艺术家有一种奇妙的本领，他能充当各种不同性格、身份、命运的人物的"代言人"，就像一个能够通灵的人——能在不同的灵魂间穿越——一样，能够说出不同灵魂应该说的话、做出不同灵魂应该的动作和表情。在《红楼梦》中，曹雪芹似乎并未以自己的名义作过什么诗，但他却让林黛玉、薛宝钗、王熙凤等人物各从不同的地位出发作出了不同风格的诗：林黛玉的"寒塘渡鹤影"、薛宝钗的"好风凭借力"、王熙凤的"一夜北风紧"，各具不同风情、个性和水平。——这是艺术家的卓识，他能自由地出入他所创造的任何形象的内心，无论这一形象是一个人，还是一棵树、一朵云、一所房子、一个魂灵……什么都行。无论作家、画家，还是雕塑家、建筑家甚至音乐家，当他的作品作为一个独立的精神实体开始发言的时候，艺术家便具有了这种上帝般的卓识，他一口说出了两种以上的独立声音。从这个意义上说，艺术家的卓识，是其长期沉醉于自己创作的形象之中，最后达到"心与象而为一"的结果。

13.2.4. 以此类推，哲学家、科学家、法学家的卓识，也是源自主体与各自对象的浸泡和交融。哲学家的对象，主要是"道"（道理或原理）。朱熹曾提出所谓"内观"之法："入道之门，是将自家身体入那道理中，渐渐相亲，久之与己为一。而今人道理在这里，自家身在外面，全不曾相干涉。"帕斯卡也说："我们认识真理，不仅仅借助理性，而且也借助内心；因此，正是通过后一类认识，我们才知道第一原理。"在帕斯卡看来，第一原理或公理，是无法证明的，只能借助内心的卓识（bon sens）。——这是"心与道而为一"。科学家的对象，主要是"物"，冯友兰在介绍柏格森的方法论时说："有两种甚深的法子，可以知物：第一种是我们围绕在物的外面，第二种是我们钻到那物里头。"第二种方法，即是"一种智识的同情（intellectual sympathy），由此同情，我们把自己放在物的里面，以求与那物的画一的（what is unique in it）结合"。据说爱因斯坦就曾梦见自己骑着一束光在宇宙飞行。——这是"心与物而为一"。法学家的对象，主要是"法"。对于"法"，黑格尔指出了三条研究的道路。第一，是信赖常识、"穿着家常便服走过"的道路。这是普通人的法律观察，其中会显出普通人的法律卓识。第二，是概念的"劳作"，以此获取法学普遍知识的道路。这是法的形而上学的研究，其中会有法学理论家的卓识。第三，是为了追求深刻的创见，满怀永恒高尚的情感，"穿着法座的道袍阔步"走过的道路。这是法律实践家的道路。所谓"公正卓识"，主要即生于此。

13.2.5. 与法学理论家相比，法律家的卓识，显然要更复杂一些：他的对象，不仅是"法"这一相对固定的东西，更为重要的，它还包括"公正"——这一无形无迹的对象；他不仅要使自己的思想"涵泳"于"法律"之中，还要将自己的行为"涵泳"于"公正"之中，用"法律"浇灌胸腹，用"公正"磨练行止，于洒扫庭除之中、于待人接物之际，日积月累，涤荡去日常的偏颇，磨砺出高尚的眼锋。——这不仅是"心与法而为一"，更是"心与公正而为一"。

三　公正卓识

13.3.1. 美国大法官霍姆斯曾对法学院的学生说："正是听从于你们自己心灵的召唤，你们不仅成为专业上的大师，还把你们的专业同天地万物沟通相连，去聆听苍穹的回响，窥测杳渺的幽光，捕捉万物法则的隐晦牵连。"在我看来，这是法学和一切学科所共享的——源于"心与牛一"所带来的——贯通或通达。哲学家可能会说，为了弄懂一件事，你必须懂得一切，而法律家则说，为了实现一件公正，你必须体察全部。的确，公正卓识，往往不是一项单一的"心与牛一"，而是一系列"投入"和"换位"的综合效果。

13.3.2. 就法官来说，当他面对一个案件，他可能会作为一个普通民众而显出其大众直觉来，也可能会像一位哲学家、科学家、法学家那样深入钻研对象而得出案件的不同结论来，还可能像一位通灵的艺术家那样，让"心"在不同的"牛"之间穿越，让不同的角色发出不同的声音来。在这种情况下，他又是如何运用他的"公正卓识"，如何实施他的"牛一之心"的呢？我们不妨来观察一下——其心灵可能跳过的一段曼妙舞步：第一，他会想象自己是争端当事人，这是设身处地、感同身受的同情之心；第二，他会想象自己是案件的旁观者、研究者，这是冷眼分析的客观之心；第三，他会想象自己是两造纠纷的中立者（众目睽睽，千夫所指，如芒刺在身，焉能不持中立），这是公正无私的责任之心；第四，他会想象自己是大众德行上的典范或楷模，这是即便独处幽室也犹如坐在高高法台的慎独之心；第五，最重要的，也是统率性的，他会想象自己是崇高正义的"代言人"，这是无所畏惧、势不可挡的是非之心、公正之心。法律家的这种"通达"，与艺术家非常相似，鲁迅先生曾提到陀思妥耶夫斯基的一项伟大本领——他竟能同时作为罪犯和拷问官——"他把小说中的男男女女，放在万难忍受的境遇里，来试炼它们，不但剥夺了表面的清白，拷问出藏在底下的罪恶，而且还要拷问出藏在那罪恶之下的真正的洁白来。而且还不肯爽利的处死，竭力要放它们活得长久。而这陀思妥夫斯基，则仿佛就在和罪人一同苦恼，和拷问官一同高兴似的"。鲁迅先生还说："凡是人的灵魂的伟大的审问者，同时也一定是伟大的犯人。审问者在堂上举劾着他的恶，犯人在阶下陈述他自己的善；审问者在灵魂中揭发污秽，犯人在所揭发的污秽中阐明那埋藏的光耀。"法官的这种类似诗人的想象力——即心灵的投入、换位、跳跃、腾挪的本领，无疑是极有价值的，它有助于法官在更加广阔和更加深邃的体察中去权衡公正，逐渐地积累起他的公正卓识。

13. 3. 3. 然而，公正卓识，并非法官所特有或专有的，它应是一项通用的卓识，在任何评判或批评的领域，都需要这种"法官"、需要这种"公正的卓识"："打分"的老师是学生的"法官"，"评课"的学生又是老师"法官"，文学家是世风世情的"法官"，批评家又是作家画家艺术家的"法官"……无人不可以是"法官"。

鲁迅先生曾提到一种现象——"评是非时，我总觉得我的熟人对；读作品，是异己者的手腕大概不高明。在我的心里似乎是没有所谓'公平'，在别人那里我也没有看见过，然而还疑心什么地方也许有，因此就不敢做那两样东西了：法官，批评家"。鲁迅先生的担心，即便是放在今天也不是没有道理的，然而法律教育，却正是要培养鲁迅先生"疑心什么地方也许有"的公正的"法官"。培根就说，历史使人明智，诗歌使人灵秀……凡有所学，皆成性格。[①] 但他似乎忘了说法律。学习法律，最重要的，绝不是狭隘所理解的阅读法律文本、记忆法律条文，也不仅仅是为了"遵律""守律"，更不是为了培养学生"唯条例""唯上命"的形式感、效忠感，而是为了公正，为了——通过"心与牛一"的方法——培养正义情感、法律情感。

四 法官"法感"的心理机制

13.4.1. 何谓"法感"？德国法学家耶林所谓的"法感"（Rechtsgefühl）——也被译作"法权感"、是非感、正义感、权利感、正确情感等——是其"目的法学"思想的重要内容。我们知道，耶林的法权（recht）概念，"是在双重意义上被使用的，即客观意义和主体意义。客观意义的法，是由国家执行的法律规则的总和，即生活的制定法秩序，主体意义的权利是抽象规则具体化为个人的具体权利"[②]。因此，相应地说，其"法权感"，也有两种意义，一种是客观意义的"法感"，一种是主体意义的"法感"。前者是指法律形成和发展中形成并凝结在法律中的"法感"。后者是指具体权利实现过程中的"法感"，主要包括普通民众的"法感"和法官的"法感"。

13.4.2. 法官的工作，主要是实现公正——就像诗人的任务一样——在很大程度上，也是一种源自情感的创造。一方面，法感，作为精神的一个部分，始终伴随着他，影响着他的工作过程；另一方面，法感，作为一种情感事实，又成为审判活动的材料，从而影响着他工作的内容。在耶林看来，法官"法感"，因其源自人格——具有一种高贵的批判性力量，从而对法律的实现乃至发展产生实质的影响。

13.4.3. 简单地说，法官"法感"是指法官对法的源自人格并付诸司法实践的道德确念，用耶林的话说，就是法的"人格的诗歌"，即人

---

① 王佐良：《王佐良文集》之"弗兰西斯·培根：随笔五则"，王佐良译，外语教学与研究出版社1997年版，第537页。

② 见〔德〕鲁道夫·冯·耶林《为权利而斗争》，郑永流译，法律出版社2007年版，第87页。

格在法的实现中的情感展现。

关于法官"法感"的心理过程，耶林概括为敏感性（Reizbarkeit）和行动力（Thatkraft），但并未详细展开。[①] 这里进一步阐释为三点：蓄势、敏锐、行动。三者构成一个完整的心理学联动机制——以便对"法感"进行更加仔细的观察："蓄势"如水库；"敏锐"如闸门；"行动"则如灌溉，反过来它又为"水库"提供不竭的水源。

（1）先说蓄势。所谓蓄势，就是"法感"的积累，即"法感"的来源。[②] 荀子曰："积善成德，而神明自得，圣心备焉。"[③] 即德行的积累。耶林说："未经自身或他人痛苦者，不知权利为何物，即使他能把民法大全倒背如流。"[④] ——这是法律或权利实践的积累。法官所积蓄的这种正义精神，无论是来自法官的人生阅历、专业训练，还是个人修养，都将给予其巨大的力量；这种力量，内容极其复杂，有理智，也有情感，有些是哲学智慧的沉淀，有些是专业知识的积累，有些是宗教信仰的确念，有些是艺术形象的召唤，还有些是由德行习惯而直觉到的公正卓识，所有这些精神支流，汇成一股意识的洪流，充盈其身，就像高峡上的积潭，一旦引发，势必倾泻而下——作为一种综合性事实——淹没并浸透他所审理的案件。在这种情况下，当他面对一个案件或一场纠纷的时候，要让他处于一种没有情感的法律机器的状态，那是绝无可能的。而且实际上，正是其中的正义情感，为他照亮了"解纷"过程每一角落，为他确定前进的方向。

即便是不办案，法官"法感"也是存在的……它只是处于某种"蓄势待发"的状态而已。在这一点上，耶林甚至将"法感"与爱情相提并论，他说："犹如爱情，自己经常全然不知，一有风吹草动，才被充分意识到，'是非感'常常也是在完好的状态下不知自己为何物、包含着什么，然而，侵权是一个迫使人表白、使真相大白于天下、使力量显

---

① 见〔德〕鲁道夫·冯·耶林《为权利而斗争》，郑永流译，法律出版社 2007 年版，第 23 页。

② 见〔德〕鲁道夫·冯·耶林《法权感的产生》，王洪亮译，载《比较法研究》2002 年第 3 期。按：该文主要探讨客观意义上的"法感"来源。

③ 见《荀子·劝学》。

④ 见〔德〕鲁道夫·冯·耶林《为权利而斗争》，郑永流译，法律出版社 2007 年版，第 22 页。

示出来的痛苦的问题。"① 可见，"法感"犹如人们对恋人的情感，在拥有时——幸福地沉浸其中——甚至不会察觉它的存在，而一旦受到侵害或有失去的危险时，就会感到巨大的痛苦。法官的"法感"也是如此，当它充盈全身、蓄势待发之时，似乎不觉得什么，而一旦与具体事件交接，便会情不自禁地流露甚至爆发出来。

（2）再说敏锐。所谓敏锐，是指"法感"的广度和深度。"法感"既然是一种情感，相对于理性而言，自然会更敏感、更激烈一些，但耶林并未停留于此，而是特别将"法感"与"人格"联系在一起。这样一来，作为敏锐的"法感"，就不仅更广，而且更深了。从广度上说，法官的"法感"，不再仅仅是作为立法者的"代言人"的——效忠感，还应包括：a. 对当事人感同身受的同情感——法官想象自己是自己案件的当事人；b. 作为解纷者的是非感——法官想象自己是两造之间的中立者；c. 站在旁观者立场上的客观感——法官想象自己以旁观者的地位观察自己与两造当事人的三方互动；d. 源自良知的公正直觉感——法官想象自己是正义的"代言人"。从独立人格来说，法官似乎由立法者的"代理人"变成了它的"信托者"——他以自己的名义独立地适用法律。从深度来说，与人格相关的敏锐"法感"，还要求法官具有一种羞恶感，即他会因违背自己的人格去判案而感到羞耻，这是一种痛苦感或行为上的压力感。这样一来，"法感"就不仅仅是想象力的辗转腾挪了，更主要成了法官的人格责任。耶林的这种高度敏锐的"法感"，或许堪比卢梭的那种独特"敏感"——休谟形容说——卢梭好像是这样一个人，他不仅被剥掉了衣服，而且被剥掉了皮肤，并在这种情况下，去与猛烈的狂风暴雨搏斗。②

（3）再说行动。所谓行动，就是指"法感"的实践或实效。与理性不同，理性即便停在观念状态不去行动——例如公式、原理等——仍具有独立的价值，而"法感"却必须行动。其实，"法感"本身即具有行动的天然倾向，情感的蓄积和敏锐所带来的第一个自然效果，便是冲动，即情感的迅速、直接、强烈的爆发。应该说，在这种激情中，包含着一

---

① 见〔德〕鲁道夫·冯·耶林《为权利而斗争》，郑永流译，法律出版社 2007 年版，第 22 页。

② 见〔英〕罗素《西方哲学史》（下），马元德译，商务印书馆 1976 年版，第 232 页。

些极其珍贵的东西，宗教上的顿悟、认识上的直觉、艺术上的灵感、道德上的卓识，都与此相关。——在情感冲动的瞬间，如同夜空的闪电，万事万理，无所遁形。然而，就像鲁迅先生论诗所说的："感情正烈的时候，不宜做诗，否则锋芒太露，能将'诗美'杀掉。"① 法官的"法感"也是如此，节制是驾驭"烈马"的前提，而教养和理性，正是将其上升为一种高级的正确情感的重要途径。② 然而，教养或理性，却只是为了保育；修养，所要求的却是行动。高尚的"法感"，无论怎样去节制，都必须跟从，都必须采取实际的行动；不去行动，"法感"仅仅满足于在封闭的内心轰轰烈烈地燃烧，就像暖水瓶里滚烫的开水一样，终归要冷却下去，不会产生丝毫的效果。耶林非常担心这种因缺乏行动而产生的麻木趋势，他说："是非感的本质是行动（That）——在缺少行动的情况下，是非感日益枯萎，且慢慢地完全消沉下去，直至最后很少能感觉到痛苦。"③

五　结语

13.5.1. 我们说，"德性之知"与"见闻之知"，是非常不同的：对于后者而言，理解了并且会应用，就算掌握；对于前者来说，领会了还要能躬践，才算掌握。就"德性之知"而言，"知"与"行"是同一件事。在法诗学看来，法，不仅是"见闻之知"，更主要是一种"德性之知"。

13.5.2. 在法诗学看来，教养与修养有别：在修养中，主体/客体是一元贯通的，而非二元分裂；在修养中，不仅仅有知识的或理论的训练，更主要是人格的完善；在修养中，不仅仅是知识或技术的积累，更主要是情感或人格的积淀。所谓"公正卓识"，即个案正义实现中的创造性直觉，不仅来自法的知识的积累和技能的训练，更主要还来自德行的积淀。"公正卓识"不仅能在美感上区分美丑善恶，更主要是能在"法感"

---

① 见鲁迅《两地书·第一集》，转引自王光祖等选编《鲁迅警语》，上海文艺出版社1992年版，第243页。

② 见〔德〕鲁道夫·冯·耶林《罗马私法中的过错要素》，柯伟才译，中国法制出版社2009年版，第15页。

③ 见〔德〕鲁道夫·冯·耶林《为权利而斗争》，郑永流译，法律出版社2007年版，第23页。

上进行正义的创造。

13.5.3. 党的十八届四中全会通过了《中共中央关于全面推进依法治国若干重大问题的决定》，就司法体制改革而言，其涉及公正司法、保障司法、参与司法、阳光司法、严格司法、监督司法等多方面内容，可谓亮点纷呈；但对笔者而言，最耀眼也最感温馨的亮点，还要算其对"法感"的历史性表述："努力让人民群众在每一个司法案件中感受到公平正义。"党的二十大报告再次提出，要"努力让人民群众在每一个司法案件中感受到公平正义"【F.1.2】。——普通民众，有法感；法官，也有法感。只有情感才能打动情感。正如狄德罗所说："没有感情这个因素，任何风格都不可能打动人心。"① 很难设想，普通民众面对着无情的法律机器却能"感受到公平正义"。

13.5.4. 耶林提出"法感"概念，主要用来抵制当时德国法学的两个片面倾向：一是法官适用法律时的"涵摄机器"倾向；一是权利主体面对侵权时的庸俗"物质主义"倾向。对普通民众而言，"法感"是要他抛弃肤浅的物质利益算计，避免陷入人格上麻木、懒散的庸俗"物质主义"，这是受害人"为权利而斗争"的源自人格的义务感。对法官而言，"法感"是要他抛弃对制定法的迷信，避免将法官"自身以及其思想、感受，托付给贫乏、死板的制定法"，避免沦为"法律机器中一块无意识的、无感情的零件"。② 耶林说："在我眼里，正义的理想，并非要法官扑灭心中的法感……在所有的生活关系中，死板的规则并不能取代人类；世界并不是被抽象的规则统治，而是被人格统治。而这样的人格——我们无论在什么情况下，都希望保有它。……法官不仅应进行思考，他也可以而且应该要去感受，也就是说，在对制定法进行适用前，他应该先让制定法受其法感之批判。"③ ——这是法官对正义所负的源自人格的责任感。

---

① 见〔法〕狄德罗《狄德罗美学论文选》之《论戏剧诗》，张冠尧、桂裕芳等译，人民文学出版社 1984 年版，第 124 页。

② 见〔德〕鲁道夫·冯·耶林著，〔德〕奥科·贝伦茨编注《法学是一门科学吗?》，李君韬译，法律出版社 2010 年版，第 46~47 页。

③ 见〔德〕鲁道夫·冯·耶林著，〔德〕奥科·贝伦茨编注《法学是一门科学吗?》，李君韬译，法律出版社 2010 年版，第 81~82 页。

第十四章　从涵摄机器到法感诗人

　　*世界不是被抽象的规则统治，
　而是被人格统治。

——耶林①

一　法律的"机器之喻"

　　14.1.1. 法律的"机器之喻"，以及对"法律机械思维"的反省和批判，可以追溯至德国法学家耶林（Rudolf von Jhering，1818 年 8 月 22 日至 1892 年 9 月 17 日）。

　　（1）我国法理学教授季卫东作过一个精彩比喻："即使在法律原文的拘束较强的场合，法律家也不可能像一架绞肉机，上面投入条文和事实的原料，下面输出判决的馅儿，保持着原汁原味。"② 此可谓判决的"绞肉机"之喻。

　　（2）德国法学家马克斯·韦伯也曾比喻说："律师作为解释法律和契约的专门阶层，其作用就像一台投币自动售货机，只要投入事实（加上费用），便可得出判决（加上意见）。"③ 韦伯指出："人们尖锐地批评那种将法官仅仅看作是一部加工机器的做法，这种法官只知道将当事人的诉讼要求和诉讼费一起塞入机器，然后根据从法典中推演出来的理由

---

① 〔德〕鲁道夫·冯·耶林著，〔德〕奥科·贝伦茨编注《法学是一门科学吗?》，李君韬译，法律出版社 2010 年版，第 81 页。

② 季卫东：《追求效力的法理（代译序）》，载〔美〕波斯纳《法理学问题》，苏力译，中国政法大学出版社 1994 年版。

③ 〔德〕马克斯·韦伯：《论经济与社会中的法律》，张乃根译，中国大百科全书出版社 1998 年版，第 309 页。

进行诊断。"① 此可谓判决的"自动售货机"之喻。

（3）韦伯还说："充分发展了的官僚政治机构与其他组织相比较，正如机械与生产的非机械形式相比较。精确、迅速、果断、汇编的知识，连续、谨慎、统一、严格的服从，摩擦和人力物力消耗的降低——这些都在官僚政治管理中间达到了登峰造极的地步。""官僚政治发展得越完善，它便越成为'失去人性的'，便越成功地在行政事务中排除爱、恨和所有其他纯粹属于个人的、非理性的和未经深思熟虑过的情感因素。"② 在韦伯看来，官僚制与世袭制、英雄体制的区别点不在于历史要素或人格要素，而在于法理，即官僚政治是一种"法理型"的统治。以此来看，韦伯所描述的欧陆官僚制法治，亦可谓一架"无情机器"。

（4）上述"比喻"（现在已部分成为法律人工智能的现实），虽各有侧重和独到之处，但就"法律机械思维"之反省或批判来说，都可追溯至耶林。耶林曾对那种只知"逻辑涵摄"不懂"法律情感"的法官——"从前面把案件送进机器，它就变成判决，从后面送出来"③——给予严厉的讥讽和批判，耶林说："在我眼里，那种完全不顾其裁判所带来之结果，并且将责任完全推给立法者，而仅对法典的条文进行机械式适用的法官，其实不能被称为法官；他只是司法机器中一个无情感、死板的齿轮。"④ 显然，在耶林看来，司法不仅应讲逻辑，还应讲情感、讲活力、讲想象和创造。

14.1.2. 我们知道，耶林，以"经由罗马法……但高于并超过罗马法"闻名于世。⑤ 其法学上的贡献或特点，通常被概括为"转变"（bekehrung）——从概念法学向目的法学的转变。然而，很少有人提到耶林法学的另一个特征——诗性的风格。耶林法学具有浓郁的诗性色彩，可谓一曲

---

① 〔德〕马克斯·韦伯：《论经济与社会中的法律》，张乃根译，中国大百科全书出版社 1998 年版，第 355 页。

② 转引自〔英〕弗兰克·帕金《马克斯·韦伯》，刘东、谢维和译，四川人民出版社 1987 年版，第 33、34 页。

③ Rudolf von Jhering, Der Zweck Im Recht I, 2. aufl. Leipzig, 1884, S394.

④ 〔德〕耶林著，〔德〕奥科·贝伦茨编注《法学是一门科学吗?》，李君韬译，法律出版社 2010 年版，第 81 页。

⑤ 〔德〕格尔德·克莱因海尔、扬·施罗德：《九百年来德意志及欧洲法学家》，许兰译，法律出版社 2005 年版，第 227 页。

"逻辑与诗"的交响：一方面，是概念的严谨的运算，另一方面，又不乏诗性的跳跃的"法感"（Rechtsgefühl）；一方面，是法律概念的形象——在逻辑中演绎，另一方面，又是法律建构之想象——在抽象中翱翔；一方面，是概念体系的"生机"，另一方面，又是正确情感的"法理"。

这种类似音乐或文学上的"复调"【F.1.10.1】，使得耶林法学，呈现某种诗性变幻的色彩，寓于其中的基调：

（1）不仅有"法学公式"，还有"文学军令"；

（2）不仅有生物学上的"活法"，还有社会学上的"活法"；

（3）不仅有"涵摄机器"，还有"法感诗人"。

二　"法学公式"+"文学军令"

14.2.1. 耶林的著作，充满精辟、有力、生动、形象的语句。英国学者约翰·麦克唐纳评论说，耶林的著作"风格独特，富有魅力……我们可以用轻快和戏剧化这两个词来形容它，就笔者看来，可能还要加上华丽夸张和发散性这两个词……从气质上超越雄辩家"[1]。耶林的文章（特别是演讲），大都富于激情，想象奇崛、比喻精妙，生机益然。维也纳《审判厅》（司法和国民经济刊物）报道其"为权利而斗争"的演讲说，耶林"以巨大的魅力抓住了聚精会神的听众。巨大的、出色的、独特的思想之洪流，通过演讲者生动的、无拘束的演讲，最成功地展示出来，犹如一场纯涤的雷雨，在大厅呼啸。似乎权利陛下莅临于听众面前，在高声地宣告着权利的不可转让的属性"[2]。——在耶林的法学中，法学的概念和原理，仿佛能以"看得见"的方式，亲临现场。

14.2.2. 在耶林那里，法律上的概念，不仅可以是精确的、抽象的，也可以是"活"的、有"表情"的。耶林说，法律概念的"表情各不相同——直截了当地显示出它们的类型"，在"概念大厅"（概念天国）中，欺诈概念长着一副奸诈的脸庞，而严重过失概念则一脸的愚笨，善意概念满面都透着率真、诚实和忠诚，而所有权概念则敦实而健壮，满

---

① 〔英〕约翰·麦克唐纳、爱德华·曼森编《世界上伟大的法学家》，何勤华、屈文生、陈融等译，上海人民出版社 2013 年版，第 471 页。

② 〔德〕耶林：《为权利而斗争》，郑永流译，法律出版社 2007 年版，第 54~55 页。

脸都是舒适、满足和无忧无虑……①不仅如此，概念甚至具有"生育"的能力——耶林说："概念是具有生育力的，彼此配成夫妻，生出新的概念。"② 由这些"活性"概念所构成的法律体系，不仅有"精神"，有"灵魂"，还有自己的"目的"。

14.2.3. 在耶林那里，法律命题往往具有"法学公式"和"文学军令"的双重效果，原理的先验性与经验性，或词语的符号性与伦理性，都能以生动的形象展现出来，不只是恰当的比喻，更是直观性默察，是寓于形象的法理，是"法学原理的诗歌"。在谈到理性与效益的关系时，耶林说："法学，原则上可以沿着法律理性一路挺进，直到效益出来挡住通道并提出抗告。"③ 在谈到法之目的时，耶林说："目的者，全法律之缔造者也。"④ 理性与效益之间的辩证关系也好，目的与法律之间的因果关系也罢，都以形象甚至拟人的方式呈现出来。

14.2.4. 就一个好的文章标题而言，耶林认为，它不仅应当是一个意向鲜明的逻辑命题，还应当是一个生动凝练的文学形象，一个响亮的文学军令。耶林举例说："您想想，如果我的《罗马法精神》用《论……的特征和意义》，或者《查明……特征之尝试》为名；或者我的《为权利而斗争》用《论私人视情况实现其权利之道德义务》为标题；谁会记住这样的标题？标题必须具有军令的特点：简洁、准确、确定、直截了当；它必须是一个人们可以到处喊的文学军令。"⑤

三　生物学"活法"＋社会学"活法"

14.3.1. 从实体形态上看，耶林法学的"诗性"风格，主要表现为

---

① 〔德〕耶林：《法学的概念天国》，柯伟才、于庆生译，中国法制出版社 2009 年版，第 45–46 页。

② Rudolf von Jhering, Der Geist des römischen Rechts auf den verschiedenen Stufen seiner Entwicklung, I, aufl. Leipzig, 1866. §3, S. 40.

③ Rudolf von Jhering, Der Geist des römischen Rechts auf den verschiedenen Stufen seiner Entwicklung, II 2, aufl. Leipzig, 1869. §41, S. 370, Anmerkung 529a.

④ Rudolf von Jhering, Der Zweck Im Recht（I, II）, Titelblatt. aufl. Leipzig, 1884.

⑤ 〔德〕耶林：《法学的概念天国》之"译者前言"，柯伟才、于庆生译，中国法制出版社 2009 年版，第 24 页。

其"活法"的观念：（1）在其法学的"建构方法"时期，主要是生物学意义的"活"，即法律体系的"活性"（Lebendigkeit）和"法律身体"（Rechtskörper）的概念；（2）在其"目的方法"时期，则主要指社会学意义上的"活"，即后来埃利希所谓的"活法"（lebendes Recht）之滥觞。如果说，法的生物学意义的"活"，是法律体系之诗性"隐喻"，那么，社会学意义上的"活"，则涵盖了法的多种有效"形态"，包括"唱在歌儿里的法""跳在舞里的法""穿在身上的法"，以及"雕塑中的法""建筑上的法""戏剧里的法""仪式中的法"等等。

14.3.2. 先说生物学意义上的"活法"。法学的"生命本体"（lebende Wesenheiten）观念是由罗马法学所开创的，后经萨维尼之发展，普赫塔之发扬，最后，在耶林这里，达到高峰。萨维尼说，每一个身体化（Körperlichkeit）的法律概念，"对于我们而言，都有其特定的外貌与个体性"，"谁若是长期持续地与其接触，那么这些形体就对他"显示个性和本质。① 普赫塔则借用亲子关系来说明法学的这种"活性"（Lebendigkeit），即"父亲"是法学原理，"母亲"是丰富而具体的法律素材，法律制度，则是他（她）俩生出的"孩子"。② ——这种法学上的生命本体观念，在耶林这里，则径直表述为："概念是具有生育力的，彼此配成夫妻，生出新的概念。"③ 耶林还特别强调说："我比较喜欢选用法学的或法律——身体的用语。"④ 在他看来，"法律身体"（Rechtskörper），就是"生活"（Leben）在法律体系之中的"居民"。他在《论当今法学之密笺》（第 1 封）中生动而准确地指出，法学建构——这项工作——在下面的一个楼层被初步完成，在那里，原材料被碾压、被鞣制、被浸渍，简单讲——被解释（interpretirt），然后升到上面的楼层。"在塑造它们的民法艺术家手里，它们被赋予了艺术民法（künstlerish-civilistische）的形

---

① 转引自〔德〕耶林著，〔德〕奥科·贝伦茨编注《法学是一门科学吗？》，李君韬译，法律出版社 2010 年版，第 111 页注释（19）。

② 转引自〔德〕耶林著，〔德〕奥科·贝伦茨编注《法学是一门科学吗？》，李君韬译，法律出版社 2010 年版，第 104 页注释（12）。

③ Rudolf von Jhering, Der Geist des römischen Rechts auf den verschiedenen Stufen seiner Entwicklung, I, aufl. Leipzig, 1866. § 3, S. 40.

④ 〔德〕耶林著，〔德〕奥科·贝伦茨编注《法学是一门科学吗？》，李君韬译，法律出版社 2010 年版，第 110 页。

式。一旦他们找到了这种形式，没有生命的东西就变成了有生命的东西；某种神秘的过程使它们……获得了生命和呼吸，而民法的小矮人（Homunculus），也就是说概念，将会具有生命能力，并且跟他的其他同类交配，生儿育女。"① 这一生物学"活法"观念，后在拉德布鲁赫那里，以另一种"生命"形式，得到延续：在谈到"物的人格化"（Persönlichkeit）理论时，拉德布鲁赫说，"不只是人具有尊严，物也要向人要求一些东西，要求按照它的价值给予保护和照顾，使人得以使用和享受，此外还要求一个词：爱。这样……人与物的关系就和人与人的关系非常近似了"②。

14.3.3. 再说社会学意义上的"活法"。如果说生物学上的"活法"，只是一个"生命隐喻"，那么社会学意义上的"活法"，则是一个制度事实，即——实际有效的法。耶林说："具体的权利不仅仅从抽象的法中获得生命和力量，而且它也还抽象的法以生命和力量。法的本质是实际的实行。一个从未享用过的，或重又失去实行机会的法律规范，无权称为法律规范，它是一根松卷的弹簧。"③ 在耶林看来，"那些没有实施的法律、那些仅仅存在于法律条文中、停留在纸上的法律，是虚假的法律，是空洞的辞藻；相反，那些现实中得以实施的法律才是法律；即使它们并不存在于法律条文中，人们和学者也不知道这些法律，也是如此"④。这一社会学上的"活法"观念，后在埃利希那里发扬光大，他说："如下做法总是必要的：不仅要去探求立法者颁布了多少法律，宗教的创立者宣布了多少教义，或者哲学家宣扬的理论有多少被法院适用，神职人员鼓吹了多少说教，或者书籍或学校教授了什么，而且也要去探问上述东西有多少被实际应用并具有生命力。只有成为生活必不可少之一部分的规范，才是活的规范。"⑤ 这样看来，"活法"或"有生命的法"，其本质是"实效"，即任何法——无论它是制定出来的还是自发产生的，是

---

① 〔德〕耶林：《法学的概念天国》之"译者前言"，柯伟才、于庆生译，中国法制出版社 2009 年版，第 18~19 页。

② 〔德〕拉德布鲁赫：《法哲学》，王朴译，法律出版社 2013 年版，第 157 页。

③ 〔德〕耶林：《为权利而斗争》，郑永流译，法律出版社 2007 年版，第 25 页。

④ 转引自〔德〕莱赛尔《法社会学导论》（第 4 版），高旭军等译，上海人民出版社 2008 年版，第 27 页。

⑤ 〔奥〕尤根·埃利希：《法律社会学基本原理》，叶名怡、袁震译，中国社会科学出版社 2009 年版，第 29~30 页。

实定规则还是制度事实，是法官裁判所依据的还是普通民众所实际遵行的——只要在现实生活中是实际有效的，它就是"活的"。从这个意义上说，有的法律颁布了，却是死的；有的从未颁布或制定过，却一直都活着。

14.3.4. 生物学意义上的"活"与社会学意义的"活"，通常被认为是分裂或不相干的，但在耶林这里却是统一的：就像社会学意义上的"法人"与生物学意义上的"自然人"可以统一在一起一样，因为，它们都是法律上拟制的"人"。实际上，分裂还是统一的问题，只不过取决于人们关于"活"的观念的视角而已，当我们用"主-客体"二分的观念去观察问题时，生物学上的客体（活性）与社会学上的客体（有效性）当然是有区别的或分裂的："概念"的生殖意义上的"活"，源自对细胞活性的比拟，而"法律"在实效意义上的"活"，则源自对运动中相互作用实际效果的比拟。但是，当我们用"主-客体"一元（或主体间性）的观念去看待问题的时候，生物学与社会学意义上的"活"，便会统一起来，因为：对于身处相互关系中的两个角色来讲，对方是"活的"和对方是"有效的"——这两者，其实是同一个问题；两者之间那种浑然一体的最佳状态，恰恰是在某种活性的互动中才能达成的。从这个意义上说，在耶林那里，生物学意义上的"活"法与社会学意义上的"活"法，其实是一回事。

四　"涵摄"机器＋"法感"诗人

14.4.1. 从思维方式上看，耶林法学的"诗性"，主要有两个表现：（1）在其法学的"建构方法"中，耶林将概念法学的逻辑建构推到极致，但同时又为其添加了诗性"想象"；（2）在其"目的方法"中，耶林虽然转向了实际的利益，但却同时充盈着道德"情感"。或者简单来说，（1）其建构方法中的"诗性"，是"逻辑+想象"，（2）而目的方法中的"诗性"，则是"利益+法感"（后期的耶林，虽然转向了"利益"和"情感"，但却也并未放弃"概念"和"涵摄"）。

14.4.2. 先说"逻辑+想象"。（1）耶林所谓的"建构"（包括分析、集中和建构），不仅是黑格尔式的逻辑"有机性"，还是康德式的建筑

"理想性"。一方面，耶林说："概念交配，产生新的概念。"——这似乎是黑格尔式的那种自我建构。但另一方面，在其《法学的概念天国》中，耶林借精灵之口又说：只有在法学理论家的大脑物质里添加适量的"诗性想象力"（phantasia poetica seu eximia），他们才能"像扶摇云端的雄鹰一样"，"翱翔在理想思维的领域，沐浴在这思想的纯净苍穹，不用再关心下面不断远去然后在视野中消失的现实世界"。① ——这又似乎是康德式的"建筑术"。② （2）可见，耶林所谓的"建构"，不仅是概念在逻辑学意义上的自我展开，还是在法学家的心理学意义上的抽象和类比。类比，固然是一种想象；抽象，同样也是一种想象：前者表现为具象与具象之间的意向性的自由关联；后者则表现为从具象向共相的意向性的神圣升华，即从时间中逃逸出去，去与某种神圣观念相结合，最终表现为先验的概念。（3）然而，耶林所谓的"建构"，并未停留于先验概念的抽象，也未局限于逻辑演绎的那种僵化铺陈，它还是一种理想，是某种意向的自由飞翔。在耶林看来，概念体系的王国，是一个广阔无垠的疆域，法学家不必将自己框定于实在法僵硬的边界之内，也无须仅仅徘徊流连于现实问题的逼仄小路；正像在哲学中一样，概念法学家有权在概念的王国自由驰骋。如果说，概念的抽象是纵向的提升，那么理

---

① 〔德〕耶林：《法学的概念天国》，柯伟才、于庆生译，中国法制出版社2009年版，第39页。

② 按：德国古典哲学中有两种"建构"：一是康德式的，一是黑格尔式的。所谓黑格尔式的"建构"，主要是指逻辑的自我运作，就像胡塞尔提到的那种状态："理性本身事实上按它本身固有的形式对自己充满自觉地清楚地显示出来，也就是说，以一种普遍哲学的形式显示出来（这种哲学在前后一贯的必真的洞察中发展，以一种必真的方式自己规范自己）。"参见〔德〕胡塞尔：《胡塞尔选集》，倪梁康选编，上海三联书店1997年版，第992页。康德式的"建构"，则主要指理性统治下的某种系统化过程，即所谓"建筑术"。康德说："我所理解的系统就是杂多知识在一个理念之下的统一性。"在这里，康德区分了两种系统性："这个理念为了实现出来，就需要一个图形，即需要一个从目的原则中先天得到规定的本质性的杂多和各部分的秩序。图形如果不是按照一个理念、出自理性的主要目的，而是经验性地按照偶然显露出来的意图（……）来勾画的，它就提供出技术性的统一性；但如果它是按照一个理念产生的（……），它就建立起建筑术的统一性。"见〔德〕康德：《纯粹理性批判》，邓晓芒译，人民出版社2004年版，第629～630页。可见，康德的"建筑术"与黑格尔的"建构"，都指某种有机的统一性或整体性，但又有区别：康德的"建筑术"，是在理性主体治理下的有机统一性，即理性作为"立法者"所建立的那种统一性；黑格尔的"建构"，则是理性在自我展开中所形成的那种统一性。耶林这里所谓的"建构"，可谓黑格尔与康德二者的综合。

想的建构则是横向的跨越。概念只是一个个构件而已，自由的建构才是目的。就像《法学的概念天国》中那位精灵所言："不要把理想思维与抽象思维相混淆。……理想思维造就了法律理论家独特的优越性，这种优越性的基础是，他们在思考法律问题时，不受实践中的现实条件之约束。……通过这样的创造，他们认识到在法律领域当中没有任何障碍能够阻止他的思想的化合。"① 而且不限于此，我们说，不仅概念法学家的思维，而且法律史家和法律教义学家的思维，同样是逻辑和诗性的复合体。

14.4.2.1. 概念法学家的思维，是逻辑的，也是诗性的。因为，法学的概念体系本身，就是一件诗性作品。

首先，就其整体特征言，法律体系既是"逻辑"的，又是"诗性"的。（1）法律体系不是法律概念或命题的简单胪列或叠加，而是统一于一个单一理念的艺术作品。正如普赫塔所言："倘若我们将法当作法律命题之简单集合来加以观察，那么我们将无法确知，我们是否已牢牢掌握住其整体全貌；正如同一堆石头缺了一部分时，观察者未必会意识到此；但倘若将这些石头与一件艺术品联想在一起，那么所缺的每一块石头都会马上被当作漏洞而被揭示出来。"② （2）法律体系仿佛就是一项"建筑"（房屋、园林或城市）艺术作品：（a）在构建方式上，它是人性化的，即法律体系是可以被规划、设计和创造的；（b）在作用方式上，它也是人性化的，即法律体系可以被体验、感受和品味（审美）。用奥科·贝伦茨的话说，各种法律制度就像"那些在一栋房子里或在一座城市里规制着人们的停留或移动的诸形式，它们就性质而言（如四面墙、房间、街道与市场），并不是作为诫命，而是作为事实而被体验……如同耶林模式中所构想的一样，建筑学和城市学（Urbanistik）都与法律共同分受了纯粹人性的渊源，以及在其中所奠定的连续性"③。可见，法学的概念体系，就像建筑艺术上的空间结构一样，二者共同分享着同一种逻

---

① 〔德〕耶林：《法学的概念天国》，柯伟才、于庆生译，中国法制出版社 2009 年版，第 38~39 页。

② 转引自〔德〕鲁道夫·冯·耶林著，〔德〕奥科·贝伦茨编注《法学是一门科学吗？》，李君韬译，法律出版社 2010 年版，第 103 页。

③ 〔德〕鲁道夫·冯·耶林著，〔德〕奥科·贝伦茨编注《法学是一门科学吗？》，李君韬译，法律出版社 2010 年版，第 177 页。

辑和诗性。

　　其次，就其现实效果而言，法学的概念体系，既是"专断"的，又是充满"活力"或"创造力"的。（1）先说专断。法律体系是对现实的涵摄或驾驭，即所谓"世界必须由概念和抽象原则来统治"；或者反过来说，任何现实材料，若不能在法律体系中对号入座找到自己的位置，它就没有法学意义；因此，现实的具体情况必须经过某种"矫割"，就像一块石料，必须通过建筑工匠挥动的瓦刀，削成符合某个建筑位置要求的形状，才能获得其在体系中的价值。正是从这一点上说，"法律建构（Konstruirens）的本质在于：'把某物称为不是它的另一个东西，然后在法律上把它当作不是它的那个东西来对待'"①。即概念或符号化的拟制。因此，"建构"首先就是一项加工工艺：概念，无非是褪去了经验内容的"符号"而已，它不仅是孤高的、超离经验的，还是专制的、替代现实的；经过"法学建构"的工作以后，现实生活仿佛变成了一个逻辑体系，就像物理现实必须服从于数学一样，法律现实也必须服从于法律概念的逻辑运算。就此而言，尽管在"逻辑涵摄"或三段论演绎中，没有多少想象或创造的余地，但就其"矫割"和"替代"来看，却是"想象"、"隐喻"和"创造"本身。（2）再说创造。在耶林那里，概念不是一个纯粹的边缘封闭的僵死的符号，概念还具有"创造力"。马丁内克评论说：在概念建构中，"耶林看到了法学中有创造力的因素。这些因素可以创造新的但迄今尚未被发现的内容。按照耶林的见解，法学工作中的建构部分也就是法学艺术实践的顶峰"②。在耶林那里，概念的这种创造力，具有类似生物学的"繁殖"的特征。用其师普赫塔的话说，"这些概念中的每一个，都是活生生的本体，而非只是死板的、单纯用来传导其所接受来的事物的工具。每个概念都具有个体性，有别于其制造者之个体性"③。用耶林自己的话说就是——概念交配，产生新的概念。

　　14.4.2.2. 法律史家的思维，是逻辑的，也是诗性的。我们知道，

---

① 〔德〕耶林：《法学的概念天国》，柯伟才、于庆生译，中国法制出版社 2009 年版，第 18~19 页。

② 〔德〕米夏埃尔·马丁内克：《德意志法学之光：巨匠与杰作》，田士永译，法律出版社 2016 年版，第 92 页。

③ 转引自〔德〕鲁道夫·冯·耶林著，〔德〕奥科·贝伦茨编注《法学是一门科学吗?》，李君韬译，法律出版社 2010 年版，第 104 页注释（12）。

概念法学家首先是法律史家，然后才是法学理论家；作为罗马法律史家的耶林，其所谓的"建构方法"，同样不乏诗性的想象。在耶林看来，法律史家的"大脑物质"里，是被添加了"适量的诗性想象力"的。就像古建学家能够根据遗存下来的建筑的残垣断柱画出建筑物本身，或者像文学家根据某人性格中一个突出特点塑造出他的全部人格一样，法律史家则根据幸存下来的法律文献和案件的碎片填充法律发展和运行的空白。关于法律史学家这种诗性建构的秘诀，耶林曾在《一个罗马法学者的闲谈》中，饶有趣味地透露道："在看够实证法律史素材之后，为了不让别人打扰，把门关上，点上雪茄，坐在沙发上……然后运用所有的意志力把全部思维集中到古代，这时候把周围的一切和自己都忘掉。一心想着自己就生活在那个时代，只是由于大自然的奇怪念头才灵魂转世来到十九世纪，成了某个大学的罗马法编外讲师或者教授。……如果你长时间地用这种方式睁着眼睛思考，关于古代的回忆就会复苏，古代的景象就会从灵魂的深处（'无意识'区域）重新跑出来并在你自己吹出来的雪茄烟气中成像；你会感觉到自己在古罗马的街头漫步并参与所有罗马法史的美好事情：mancipatio，in jure cessio，Manusehe，in jus vocation，等等。"[1] 对于这一研究秘诀，从耶林的笔调来看，颇带一番调侃或反讽的意味，但他却并未打算放弃或者根本就难以避免。耶林还不无幽默地说："我的盒子里还储有数量可观的雪茄；我将时不时点上一根，并且向您报告我所看到的东西。"[2]

14.4.2.3. 法律教义学家的思维，是逻辑的，也是诗性的。在耶林的"建构方法"中，法律教义学家同样不缺乏诗性的想象。我们知道，在法教义学家那里，不仅要有解释学还要有证据学，不仅有法条也有判例——一句话，不仅需要逻辑学还需要叙事学。因为证据和判例的本质就是叙事。在拉丁语中，叙事与诉状，原本就是同一个词：narratio。耶林曾转述托马修斯的话说："如果没有恰当的想象力，法学家，甚至实践

---

① 〔德〕耶林：《法学的概念天国》之"译者前言"，柯伟才、于庆生译，中国法制出版社 2009 年版，第 22～23 页。

② 〔德〕耶林：《法学的概念天国》之"译者前言"，柯伟才、于庆生译，中国法制出版社 2009 年版，第 23 页。

者，都不能应付工作。……他们必须'想象特殊的法律案件'。"① 所谓"想象特殊的法律案件"，在某种意义上，就是进行理想案件的虚构——譬如"甲乙判词"或"AB 争议"之类的典型案件。在法教义学家那里，某个引起他情感或思想震动的案件，使他感受或隐约认识到其中包含某种值得重视东西，他就会把它放在内心的某个位置加以孕育，一有机会，他就拿它出来去衡量类似的其他案件，这样就逐渐形成能够概括个别现象之基本特征的典型案件，并赋予它以适当的判决或结论——这与文学家提炼典型形象的思维过程十分相似。当实际遇到某个具体的争议时，上述那些典型案件就会在心中被唤起，并开始观照这个新的案件或问题——这时，伴随着这种观照倾泻而下的，就不仅是法律概念及其线性的演绎了，还有他的"法律情感"和建构性"叙事"。

14.4.2.4. 值得一提的是，在《法学的概念天国》中，耶林还提到一种"诗人"法学家——他们虽不是法学家中的主流，但同样是"建构"的主体。耶林说，他们大都"不同寻常"，"他们通常坐在角落里，沉思着，直到某个事物吸引了他们的注意力。然后，他们跳起来，迅速进入到一种狂喜的状态……但是，他们是完全没有恶意的人，他们不会伤害任何人，并且当这种突然发作停止之后，他们的谈吐完全是理性的……他们的想象力和精神能动性要优于那些一直都很理智的人"。②

14.4.3. 再说"利益+法感"。耶林所谓的"目的方法"，并未止步于"利益"或"效益"，而是进一步深入"法律情感"（Rechtsgefühl），即"法感"的世界。在耶林那里，"目的"，一方面指向外部的现实利益，另一方面又指向内在的人格实现。在谈到理性与外在效益的关系时，耶林形象地说："法学，原则上可以沿着法律理性一路挺进，直到效益出来挡住通道并提出抗告。"③ ——这是外部的现实利益。在谈到内在人格时，他则痛切地指出，"法感"的缺失，是人格的"麻木"。首先，耶林

---

① 〔德〕耶林：《法学的概念天国》之"译者前言"，柯伟才、于庆生译，中国法制出版社 2009 年版，第 40~41 页。

② 〔德〕耶林：《法学的概念天国》，柯伟才、于庆生译，中国法制出版社 2009 年版，第 44 页。

③ Rudolf von Jhering, *Der Geist des römischen Rechts auf den verschiedenen Stufen seiner Entwicklung*, Ⅱ 2, aufl. Leipzig, 1869. §41, S. 370, Anmerkung 529a.

严厉批评了迷恋概念的法学理论家——他们"使自己深入钻研到概念中，并且不断发现更为细致的区分……那些被推向极端的区分，是如此尖锐，以致它们无法在个案中获得落实；这样的区分其实是对生活的诅咒"。其次，他更加严厉地批评了迷信制定法的法律实务家——他们"将其自身以及其思想、感受，托付给贫乏、死板的制定法，而成为法律机器中一块无意识的、无感情的零件"。——这是内在的人格追求。耶林向法律人大声疾呼：应当"以对正义富有义务感、对制定法持批判态度的法官人格，取代无感情的涵摄机器。……世界并不是被抽象的规则统治，而是被人格统治"①。

14.4.4. 就法学思维而言，"概念"作为一种抽象方式，固然有其优点，但也有其缺陷：为了追求明确的内涵，它必须有一个清晰而刚性的外延，这就不可避免地缺乏弹性。为了克服这一缺陷，学者们尝试了各种努力。(1) 有的提出"概念核"与"概念晕"的区分：试图以"边缘上的云"增强外延的包容性或弹性。(2) 有的提出"概念思维"与"类型思维"（Typusdenken）的区分："类型思维"，作为一种具象的抽象方式（即典型性），试图包容并软化"概念"的严格性。(3) 还有的提出概念的"两维性"理论：第一维，是"概念-抽象的"（begrifflich-abstrakte）或"理性-类别的"（rational-kategoriale）；第二维，是"符号-直观的"（symbolisch-anschauliche）或"意图性-隐喻的"（intentional-metaphorische），试图以"第二维"思维，去弥补"第一维"的不足。然而，所有这些努力，似乎均未达到耶林法学的"诗性"高度。

14.4.5. 如果我们把"诗"，不是狭义地看作诗歌，而是看作一种叙事（a form of narratology）、一种讲故事的技巧（the techniques of story），看作意的多维空间的"建筑学"，看作德性的创造，那么，耶林的思想，就可谓一部法学上的"诗"。在耶林那里，(1) 思维上的概括，不仅可以是抽象的概念或理念，还可以是具体的形象或类型（典型），(2) 概念不仅应"生活"在其体系之中，而且还应"生活"在现实之中，不仅概念自己是"活的"，而且还能与"生活"相互作用；(3) 在

---

① 〔德〕鲁道夫·冯·耶林著，〔德〕奥科·贝伦茨编注《法学是一门科学吗?》，李君韬译，法律出版社 2010 年版，第 46～47、75～77、81 页。

法官（或法律人）之人格中，不仅应有逻辑涵摄，更重要的，还应有正确情感。用耶林的话说："法律的首要泉源以及原初泉源，就寓居在人类的胸膛之中。"①

① 〔德〕鲁道夫·冯·耶林著，〔德〕奥科·贝伦茨编注《法学是一门科学吗?》，李君韬译，法律出版社 2010 年版，第 63 页。

第十五章　人格、创造与人格法

法的命令是：

"成为一个人，

并尊敬他人为人。"

——黑格尔①

一　人格与创造

15.1.1. 在法学上，创新或创造通常被归功于专利法上的利益激励——当然是有道理的，或者被归功于宪法上的言论自由，即公民在表达和出版、艺术和科学、科研和教学上的宪法自由——当然也是有道理的，但是，若说创造的根源，则当归诸人的个性或人格。创造无非人格的充分展开。约翰·密尔说，正"像一棵树，需要按照那使它成为活东西的内在力量的趋向生长和发展起来"②。这一比喻，可谓人格与创新关系的第一原理：创造，就像人格种子结出的果实，就像个性之根开出的花朵。有组织的科研创新固然是必要的，但归根到底还在科研人员的自主性，即人格。

在此意义上，人格法，是创新或创造的法律保障。

15.1.2. 人格。"人格"一词，通常指人的德性。第一，相对于一块石头或一台机器这样的物体而言，人是有感觉、有感情的，并且他的感情是自由的，他可以成为奔放不羁的音乐家、舞蹈家或诗人。第二，相对于一头黑猩猩或一只丹顶鹤之类的动物而言，人是自觉的，他有理性、

---

① 〔德〕黑格尔:《法哲学原理》，范扬、张企泰译，商务印书馆 1961 年版，第 46 页。

② 〔英〕约翰·密尔:《论自由》，程崇华译，商务印书馆 1959 年版，第 63 页。

有信仰，他的良心是自由的，他可以成为一位道德家去构建理想的社会，可以成为一位科学家去发现自然的奥妙，也可以成为心理学家去反观自己的内心。虽然某些动物也有合作或建构的本能，但那完全是不同的，它们没有自觉、没有理想，正如英国哲学家罗素所指出的，蚂蚁和蜜蜂不能创作伟大的艺术，不能作出科学的发现，也不会创立宣扬所有蚂蚁都是姐妹的宗教。① 发明创造是人的"专利"，只有人能够将自己的情感和理想灌注于对象，从而塑造对象或赋予其人文意义。第三，与奴隶不同，他不依附于任何人，他独立自主、敢想敢干，他的行动是自由的（而不仅仅是执行者）【13.4.3.（3）】，就像杜甫所赞的那匹马——"所向无空阔……万里可横行"——他自己就是自己的主人。第四，相对于其他自由人而言，他是唯一的、有个性的，且有发展自己个性的自由。正是基于这种个性的独立和自由，我们才必须并且也能够提升自己，好好地展现属于自己的独特一生，这就指向了德性。② 所以，第五，相对于品格平庸者而言，他是高尚的、"为他"的，他在社会关系中实现自我，就像郭明义所说的，"帮助别人，快乐自己"，他有奉献的自由（气韵生动、强恕而行、向死而生、见义勇为）。可见，一个健全的人格，包括情感、良知、行动、个性、德性诸要素，就像滚雪球一样，它们逐层包裹叠加起来，最后以德性或诗性的光辉呈现出来。如图15-1所示。

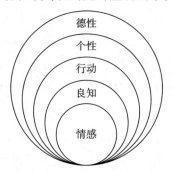

图 15-1　人格或德性"雪球"

---

① 〔英〕伯特兰·罗素：《权威与个人》，褚智勇译，商务印书馆 2012 年版，第 14 页。
② 《中庸》曰："君子尊德性而道问学。"康有为《中庸注》说："德性者，天生我明德之性，附气质之中，而昭灵不昧者也。"另洪应明在《菜根谭》中说："节义傲青云，文章高《白雪》，若不以德性陶熔之，终为血气之私，技艺之末。"见（明）洪应明《菜根谭》（一五四）。

德性或心灵自由，是源自个人本性的固定方向或天生偏好，它不依赖也拒绝外在的任何操控。就像德国哲学家费希特《对德意志民族的演讲》所说的：对于没有翅膀的人说"你飞吧"，这是白费力气，他决不会因为你的鼓励而飞离大地一步；但是如果你能做到，你就保护他精神的羽翼，锻炼他个性的翅膀，而且无须劝诫，除了飞翔，他根本不可能再做其他事情。① 从教育学上说，个性是没有优劣之分的，教育和法律，能为人格所作的一切工作，都基于此。

15.1.3. 创造。从效果上说，创造是一种突破，突破旧思想、旧制度、旧方法、旧技术、旧形式、旧形象，创造出相应的新成果、新作品，而简单或机械性地重复，就像西西弗斯不断搬上又滚下的石头一样，是对创新的否定，也是对人性的惩罚。

从本源上说，创造是主体对外在事物的生动反应，是个性之源流出的清澈甘泉，是人的自我存在、自我价值的实现。从这个意义上讲，任何创作，只要有独立的人格（包括其德性、个性、行动、良知、情感）注入其中，它就是独一无二的，也就是一种创造。即便是纯粹的欣赏活动，都可以是一种创造。用美国哲学家杜威的话说，只要他诗意地阅读一首诗，那么一首新诗就被他创造出来了——"在每个个人运用他的个性时，他都具有一种观察和感觉的方式，这种方式在与旧材料发生相互作用时便创造出某种新东西"②。

从这个意义上讲，诗歌、演讲、计算机程序，固然可以是创造，一局流露弈者个性的棋，同样是一种创造；音乐、歌曲、舞蹈固然可以是创造，一声婴儿响亮的啼哭或清脆的欢笑，同样是一种创造；学者的立法建议、律师的案件要旨，固然可以是创造，政府的一道法令、大学的一份《章程》，同样可以是一种创造。每个人都各有不同天分或资质，或擅长于学界、商界、官场，或擅长于立言、立功、立德，一件文字、声音、图案之类的"立言"作品，固然可以是创造，一项动议、善行、义举之类的"立德"作品，同样可以是一种创造。颜回虽无文字传世，

---

① 〔德〕费希特：《对德意志民族的演讲》，梁志学、沈真、李理译，商务印书馆 2010 年版，第 26 页。

② 汝信：《西方美学史论丛续编》，上海人民出版社 1983 年版，第 305 页。

但以孔门德行第一彪炳史册，他的德行就是他的伟大作品。①

一个人（包括法人）的作品，可以表达为具象、抽象的符号，从而成为著作权、专利权、商标权的保护对象，也可以表达为德行的形象，从而成为姓名权、"人格形象权"（Das Recht am persönlichkeitsbild）、名誉权的保护对象。一个自然人的道德形象与一个企业的商业形象，具有同样的人格属性和创造性潜质，它们都可以是"积善成德"的产物。日本企业家松下幸之助就是以人品与产品两样"作品"享誉世界的。有记者请他举出比金钱更重的三项事物，松下的回答是："生命；名誉；人的举止风范。"② 三项全是人格。

从过程上说，创造是个性因素与外在对象的相互作用，就像牛乳变成凝乳一样，是个性与对象之间的"化学反应"：先将人的热情与理念、经验与知识、诗性与理性、禀赋与理想注入对象，然后通过对象的反应造就出或赋予其新的性质。格拉斯（高尔斯华绥小说《品质》中的皮鞋匠）将一块皮革造就成一双皮靴，就是这样的过程。他制作的每一双靴子都是根据每一双脚的"要点"而进行的创造；他将自己的全部热情灌注到客人定制的每双皮靴中，好像要把"靴子的本质缝到靴里去"。他的作品——陈列在橱窗里的那双褐色长筒马靴"闪着怪异的黑而亮的光辉，虽然是簇新的，看来好像已经穿过一百年了。只有亲眼看过靴子灵魂的人才能做出那样的靴子"。③ 他以他的生命践行了路德的要求："鞋和靴是你的职业的作品。你的生命只有通过它们才具有意义，决不要企图超越这个已经为你确定的目标。"④

格拉斯的那双"褐色长筒马靴"，以及弈者的一招妙棋、孩子一句无忌的童言、读者的一丝会心的微笑、官方的一道法令、某人的一项善行义举……它们或许未被纳入著作、专利、商标法的保护范围，但对于它们的作者而言，同样是人格的流露，也完全可以是一种创造或创新。

---

① （明）郭子章著，王红军校注《圣门人物志》，漓江出版社 2013 年版，第 36 页。
② 毕唐书、陶继新主编《外国名人修身治家宝典》，中华工商联合出版社 1995 年版，第 943 页。
③ 〔英〕高尔斯华绥：《品质》，沈长钺译，载上海文艺出版社选编《外国短篇小说》，上海文艺出版社 1978 年版，第 116 页。
④ 〔德〕埃里希·卡勒尔著，〔德〕罗伯特·金贝尔、丽塔·金贝尔编《德意志人》，黄正柏、邢来顺、袁正清译，商务印书馆 1999 年版，第 137 页。

15.1.4. 人格与创造。撇开那些外部条件和直接原因不谈，从根本上说，创造是人格的对象化过程。人格的核心是个性的独立和心灵的自由。费希特曾深刻地指出，所有那些在生活中富于创造精神和能生产新东西的人，都是具有"本原精神的人"。[①] 而这种"本原精神"，我理解就是人格，就是个性的独立和心灵的自由。虽然像卢梭说的，"人无处不在枷锁之中"——思维要受逻辑的束缚，说话要受语法的束缚，行动要受行为规范的束缚，然而，只要他还保有这种"本原精神"，只要他还保有自己独立的人格——无论是自然人，还是"法人"，也无论是一个社团或城市，还是一个民族或国家——他就会是一个"富于创造精神和能生产新东西的人"。

身体活动空间上的禁锢或局限，显然会限制创造力的发挥：或限于闭门造车而不能躬行实践，或限于文献注释而不能田野考察，或限于诗性想象、逻辑思辨而不能实证检验。但只要他的个性是独立的、心灵是自由的，他就会有所创造——康德不出校门构建起了"理性批判"的大厦，弗雷泽坐在图书馆里完成了人类学的"田野考察"，西伯在监狱创作了《周易》，陀思妥耶夫斯基在牢房创作了《死屋手记》。

思想或行为上的禁锢或禁区，自然也会限制创造力的发挥：或缺乏恢弘磅礴的气度，或缺乏精致生活的气息，但只要其个性是独立的、自由的，就仍会有所创造。在有的国家，卧室的窗帘都可能被官方要求整齐划一，但仍不乏其个性在概念天国中的发挥；在另一国家，学校的教材可能是单一僵化的，但仍不乏其个性在生活细节上的钻研。政治思想上禁锢，那就在声色美食上大作文章；商业航海上禁锢，那就在鱼虫古玩上大放异彩。就像布克哈特说的，"政治上的软弱无力并不阻碍私生活的不同旨趣和不同表现的生气勃勃和丰富多彩"[②]。即便被指责为"淫巧末技"，仍不失为有所创造。

但一个失去了个性或丧失了心灵自由的人，即使基于外在的诱惑、激励、强制，能够有所创新，但那也往往是因为这种外在的力量正好符

---

① 〔德〕费希特：《对德意志民族的演讲》，梁志学、沈真、李理译，商务印书馆 2010 年版，第 117 页。

② 〔瑞士〕雅各布·布克哈特：《意大利文艺复兴时期的文化》，何新译，商务印书馆 1979 年版，第 141 页。

合了他的内在倾向，但如果不幸——正如经常实际发生的那样——它未能符合甚至是正好违背了他的本性，则该项所谓的"创新"，也就很难具有高贵的品质，或者根本就不能算一项创造，就像龚自珍《病梅馆记》中的那些梅花，为符合文人画士的孤僻嗜好，个个丧失了自性和生气。创新无非个性的充分展开，就像费希特所说的："你的内部实际上是什么，你的眼睛在外部就看到什么，你绝不可能看到某种别的东西。如果你有另外的看法，你就首先必须成为另外的人。"① 创造的关键是个性在对象上的忘我灌注，是发自内心的愿望，没有爱好、没有热情、没有源自本性的倾向，是很难有所发明有所创造的。据说，阿基米德在罗马士兵闯入杀他时还专注于自己的计算，而爱因斯坦则常常梦到自己骑着一束光在宇宙飞行。

15.1.5. 法律人格。德国法学家萨维尼说："法服务于道德，但服务的方式并非执行道德的诫命，而是保障内在于所有个人意志中的道德力量的自由展开。"② 正是在这个意义上，法通过将个性或道德人格转化为法律人格，从而成为创造或创新的法律保障。用黑格尔的话说："法的命令是：'成为一个人，并尊敬他人为人。'"③

与道德人格概念相比，法律人格概念最突出的特点在于：它将人（不仅指自然人，还包括法人）在个性上的多元与法律上的平等统一起来，并将其作为一项基本权利关系——人格权——加以保障。第一，从内容看，法律人格对道德人格作了性质上的转化：一方面，它将道德上的个性转化为法律上的独立性——即《德国民法典》第1条所谓的"权利能力"④；同时，将人格事实转化为人格权利，主要包括身体人格权（生命权、健康权、肖像权、住所权等）和精神人格权（姓名权、名誉权、隐私权等）。在另一方面，它将所谓君子或贵族人格"降低"为平民或市民人格，旨在确保和发掘每一个人的个性力量；同时，又将道德人格的倡导性的要求提高为法律人格的强制性要求，从而芟除或抑制那

① 〔德〕费希特：《对德意志民族的演讲》，梁志学、沈真、李理译，商务印书馆2010年版，第103页。
② 〔德〕萨维尼：《当代罗马法体系Ⅰ》，朱虎译，中国法制出版社2010年版，第257~258页。
③ 〔德〕黑格尔：《法哲学原理》，范扬、张企泰译，商务印书馆1961年版，第46页。
④ 另可参见《意大利民法典》第1条："法律上的能力，自出生的瞬间取得。"

些危害创造的病态人格，如机械趋同人格、奴性服从人格、自私卑下人格等。第二，从主体看，法律人格对道德人格概念又作了范围上的突破，即法律人格不以自然人为前提。换句话说，法律人格的主体不必是自然人；法人同样具有人格。历史上的奴隶虽有自然人属性，但却没有法律人格，他属于法律上的动产；相反，社团、机构、财产、动物、自然界甚至神灵，虽不具有自然人的属性，但却可能被赋予法律人格。英格兰法可以使马或车这样的"物"拥有"法人"似的责任能力。① 印度法则可以使"神灵"拥有"法人"似的权利能力，维拉曼特曾经举例说，英国枢密院就曾受理了一个来自印度的"神灵"的上诉案件，因为这个"神灵"在印度法里传统上是拥有财产的。②《德国民法典》则将社团、基金会、国库以及公法机构列为"法人"，就像自然人一样，被赋予了法律人格。③《厄瓜多尔宪法》赋予大自然以法律人格。如果说"上帝造人"只是一个宗教上的假说，那么"人创造法人"却是一个法律上的事实。法人的人格，就像自然人的独立个性一样，体现于其独立的能力和独特的宗旨。④《俄罗斯联邦民法典》第 49 条规定："法人能够享有符合其设立文件所规定的活动宗旨的民事权利并承担与此活动有关的义务。"因此，创造的主体，不仅有自然人（成年人和未成年人），还包括法人（私法人和公法人）。法人创造力的根源在于它始终清楚什么才是自己的宗旨以及如何自由行动去实现这一宗旨。《柏林大学章程》确定了大学的国家教育机构地位，但同时也赋予其"公法社团"的独立资格以及基本宗旨——"自由地追求知识"；这种对知识的追求，却不仅仅是因为国家利益，而是因为只有这样才符合大学自己的宗旨或人格。

独立的权利能力，是法律人格的前提或灵魂，所有的个性化的"升华"或创造，都源于此；法律所能保护的一切自由或利益——无论是物权、契约自由，还是言论、行为自由，也无论财产利益，还是人格利

---

① 〔英〕坎南编《亚当·斯密关于法律、警察、岁入及军备的演讲》，陈福生、陈振骅译，商务印书馆 2005 年版，第 159 页。

② 〔澳〕维拉曼特：《法律导引》，张智仁、周伟文译，上海人民出版社 2003 年版，第 279 页。

③ 按：德国法人虽无权成为著作权的作者，但并不妨碍它成为其他行为（包括创新）的主体。

④ 参见《德国民法典》第 21、22、43、54、57 条。

益——都基于此。如图 15-2 所示。

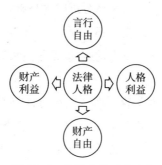

图 15-2   法律人格"核心"

二   德国人格法的形成或体系

15.2.1. 德国法学家欧根·乌尔默曾对著作权法体系做过一个形象的比喻——它有财产利益和人格利益的"树根",它有作为统一权利的著作权的"树干",它还有发表权、复制权、展览权等具体权利的"树枝"。① 这一比喻形象而贴切,但我认为,这棵"树"似乎还可以更大一些,不仅是著作权法,就整个人格法而言,都像是一棵大树。

现代德国人格法的这棵大树,在 1900 年《德国民法典》之后,开始生根发芽、破土而出、茁壮成长。首先,《德国民法典》第 1 条自然人"权利能力"条款以及第 21、22 条的法人"权利能力"条款,为其扎下了法律人格的根基,而《德国民法典》第 7 条、第 12 条以及第 823 条,则是这一根基上发出的对住所权、姓名权以及其他基本人格权利保护的"枝丫"。此后,这一法律人格之根,通过 1919 年《魏玛宪法》和 1949 年《德国基本法》得到进一步充实。《魏玛宪法》第 148 条规定:"各学校应致力于道德教化……能造就人格及发展职业才能。"《德国基本法》第 1 条第 1 款"人格尊严"、第 2 条第 1 款"个性自由发展"条款以及第 5 条"言论自由"条款,则将民法人格上升为宪法人格。后来,在这一强壮根系的基础之上,生长发展出两枝主干:一枝是人格的保护;另一

---

①   见〔德〕安斯加尔·奥利《德国著作权法导读》,载《德国著作权法》,范长军译,知识产权出版社 2013 年版,第 1 页。

枝是人格的培养。如图 15-3 所示。

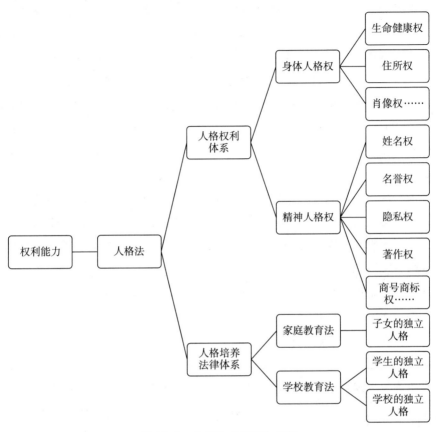

图 15-3　人格法"树形"结构

15.2.2. 在人格保护一枝，生长起了德国的人格权利体系。其主要方式有二。首先是通过单行立法。例如《艺术品著作权法》第 22 条关于肖像权的规定、1964 年《著作权法》第 12 条对发表权的规定等。其次是通过司法者的判例或解释。例如 1973 年德国最高民事法院在"伊朗王妃案"中对隐私权的保护等。通过这些方式，最终形成了包括身体和精神两个方面的德国人格权体系。这些具体的人格权利，无论生命健康权、住所权、肖像权，还是姓名权、名誉权、隐私权、著作权、商号商标权，归根到底，都是对"个性的权利"的保护。最终，自然人和法人的个性和创造力，在这一"人格权利"机制中，得到全面而系统的保障。

15.2.3. 在人格培养的一枝上，生长起来的则是德国人格培养法律体系。其主要枝干也有二。首先，在家庭教育法方面，一切以孩子的个性发展为依归。特别是 1979 年通过的《重新调整父母对孩子照顾法》，将未成年子女从"亲权"权力下解放出来，放弃了早期的"亲权"（elter-liche Gewalt）概念，而代之以"父母照顾"（elterliche Sorge）的概念。① 修改后的《德国民法典》第 1626 条第 2 款规定："在抚养和教育时，父母考虑子女不断增长的能力和子女对独立地、有责任感地实施行为之不断增长的需要。"其第 1631a 条规定："（1）在教育和职业事务中，父母尤其考虑子女的才能和爱好……（2）如果父母显然没有考虑子女的才能和爱好并因此而有理由担忧子女的发展将受到持续的和严重的损害，则由监护法院裁判。该法院可以取代父母或父母一方的必需的声明。"② 这就是说，未成年人在父母面前具有独立的人格，父母只是子女的照看者而非占有者，更非统治者；反过来说，子女不是父母的私产，而是独立的自己。③ 其次，在学校教育法方面，一是确立大学的独立公法法人地位，二是以学生的个性发展为宗旨。德国教育家洪堡曾说，不应该把人看成装配在社会机器上的随时可以由他人替换的零件。"人的真正目的……在于和谐地将自己的力量发展成一个完整且具有一致性的整体。"④ 这种人格教育（Bildung）思想，在德国教育法以及学校章程中都有明确的体现。⑤ 正是在这种"人格培养"体系中，每个德国人（特别是未成年人）的天性和特长，得以被具体地发现、尊重、保护和弘扬。

三　德国人格法的渊源或特点

15. 3. 1. 法律能够服务于创新、创造的，最根本的，就是对这种源

---

① 修改后的《德国民法典》第 1626 条第 1 款规定："父母有照顾未成年子女的义务和权利（父母照顾）。"

② 《德国民法典》（修订本），郑冲、贾红梅译，法律出版社 2001 年版。

③ 按：与此形成鲜明对比的是《法国民法典》第 371 条："子女不问其年龄如何，对父母负尊敬的义务。"第 372 条："子女在成年或亲权解除前，均处于父母权力之下。"

④ W. v. Humboldt, Idee zu einem Versuch: die Grenze der Wirksamkeit des Staats zu besttimmen, Stuttgart, 1967, S. 22.

⑤ 关于高校法人治理结构和大学章程的研究，还可参考卢鹏《从"私法人"到"公法人"——对"地方高校、法人治理结构建试点"的思考》一文，载葛洪义主编《地方法制评论》（第 4 卷），华南理工大学出版社 2018 年版。

自个性或心灵自由的人格的培养和保护；在很大程度上，德国创新能力的持续繁荣，正是得益于其健全而有效的人格法。然而，人格法体系的形成，不是一蹴而就的，而是一个生长和建构的历史过程。德国人格法，不仅是历史的、经验的，还是民族的、个性的。

15.3.2. 市民精神——德国人格法的基本内容。

中世纪的独立城市生活，将德国的封建农奴转化成了具有独立精神的市民。中世纪德国的城市，是 Stadt、Markt、Bürger 三个要素的统一。首先，"Stadt"（城市）与英文"town"（原指围栏内的农场）不同：它是指讨价还价的地点或集市。其次，"Markt"（市场）与意大利的"piazza"（公共活动广场）也不同：在"Markt"上，人们的注意力不是被引向某个中心，而是被引向周围的摊位或店铺。[①] 其三，"Bürger"（市民）与罗马法上的"civis"（参与统治管理之人）也不同：它是自由的居民。塞缪尔·E. 芬纳说，中世纪"城镇的共同名称是'村镇'（bourg），'自治城镇'（burgh）或'市、城'（burg），这里的居民被称为'伯吉斯'（burgenses），他们是'有产者阶层'……从一开始，这些'有产者'就具有约翰·洛克所说的作为'个人'所必须具有的先决条件：他是自己的主人；他是其全部所有（生命、自由和财产）的主人"[②]。亨利·皮雷纳也说："德意志的谚语说：'城市的空气使人自由'（Die Stadtluft macht frei），这条真理适合于所有的地方。……每个在城墙内住满一年零一天的农奴，就确定无疑地享有了自由。时效取消了他的领主对他本人和他的财产所拥有的一切权利。"[③] 市民精神的核心是独立以及建立在独立基础上的自由合作（自由契约）。市民之间的关系是同伴而非主仆，是竞争而非服从。用康德的话说，"犹如森林里的树木，正是由于每一株都力求攫取别的树木的空气和阳光，于是就迫使得彼此双方都

---

① 〔德〕埃里希·卡勒尔著，〔德〕罗伯特·金贝尔、丽塔·金贝尔编《德意志人》，黄正柏、邢来顺、袁正清译，商务印书馆1999年版，第135页。
② 〔英〕塞缪尔·E. 芬纳：《统治史》（卷二），王震译，华东师范大学出版社2014年版，第364页。
③ 〔比利时〕亨利·皮雷纳：《中世纪的城市》，陈国樑译，商务印书馆1985年版，第122页。

要超越对方去寻求，并获得美丽挺直的姿态"①。从城市或市场中所发展起来的这种独立、自由、合作、竞争的市民精神，极大地焕发了个人和法人（包括行会和城市本身）两个方面的创造热情。中世纪的独立城市，一方面为每个个人提供一个自由创造的平台，另一方面它又促进社会各个方面的积极合作，但又不把城市国家的枷锁强加于个人（这一特点在后来的《柏林大学章程》中仍然可以清楚地看到），这就使其创造力在两个方面显现出巨大成就：一是在个人才能领域，例如绘画、雕塑以及五金、纺织、皮革等手工作品的精湛技艺；另一是公共生活领域，例如教堂等公共建筑的辉煌气度。这种市民人格，经过几百年的积累，终于从 1807 年的《普鲁士改革敕令》开始，向国民人格迈出关键的一步。普鲁士王腓特烈·威廉在该敕令中说："朕理应扫除迄今阻止个人获得其所能达到之繁荣景况的每一项障碍。……从 1810 年圣马丁节起在朕全部领土范围之内之一切农奴制度均应停止。"② 1894 年威廉二世在哈雷大学建校两百周年的致辞中也说："永远不要忘记，这所大学首先清楚地认识到了大学教学与自由研究之间的根本联系……"这正是大学的现代特征。③ 就这样，就像国民模仿市民一样，法人（包括大学甚至国家）也通过模仿市民，从而与他们一起获得了市民精神。正如拉德布鲁赫所说的，市民思想是《德国民法典》的基本精神。《德国民法典》（*Das Deutsche Bürgerliche Gesetzbuch*）的"民"，正是塞缪尔·E. 芬纳所提到的"burger"。

15. 3. 3. 人格面具——德国人格法的基本形式

如果说中世纪独立城市的市民人格为德国人格法提供了基本内容，那么罗马法特别是罗马法人格制度的复兴，则为德国人格法提供了基本形式。

首先，罗马法曾建立起一套人格"面具"的结构体系。与古代印度法直接将人格固定为婆罗门、刹帝利、吠舍、首陀罗不同，罗马法人格结构的特点在其活动性与叠加性。一个人的人格可以由三张"面具"——自

---

① 〔德〕康德：《历史理性批判文集》，何兆武译，商务印书馆 1990 年版，第 9 页。
② 由嵘等编《外国法制史参考资料汇编》，北京大学出版社 2004 年版，第 352 页。
③ 〔德〕包尔生：《德国大学与大学学习》，张弛等译，人民教育出版社 2009 年版，第 76 页。

由、市民、家族——加以区分。① 就像戏剧面具标示角色一样，任何人都可通过人格"面具"清楚地看到自己或他人的人格身份。相对于裸着脸、不戴任何"面具"的奴隶而言，如果你戴着一张"自由"面具，你就是自由人，尽管你可能还不是罗马市民，也不是家族的家长，但你起码不是奴隶；如果你能再加一张"市民"面具，那你就是一个罗马市民（civis 与中世纪的 bürger 不同）② 了，尽管你可能还不具备家长身份，但毕竟是进了一级，两张面具摞在一起，你比只戴着一张"自由"面具的人要"高贵"，你不仅有自由权，还享有异邦人所不享有的市民特权；如果你有幸再加一张"家族"面具，三张面具叠加，那就圆满了，你就是家族里的家长，是你家族的"国王"了。反过来，某位人格健全的家长，由于某种法定事由，若是被揭掉了"家族"的面具，这叫"人格小减等"，他就变成了市民；若是被揭掉"市民"面具，这叫"人格中减等"，他就只剩下自由人身份了；若是被直接从底部揭掉了"自由"面具，这叫"人格大减等"，他就"裸着脸面"、彻底沦为奴隶。如图 15-4 所示。

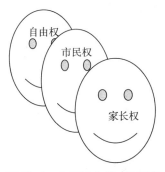

图 15-4　古罗马人格"面具"

其次，罗马法为法律人格划定了一条最低标准——自由（"自由"

---

① 参见黄右昌著，何佳馨点校《罗马法与现代》，中国方正出版社 2006 年版，第 60 页。另，徐国栋认为："只有同时具备自由、市民、家族、名誉、宗教 5 个条件才成为 Persona，该词大家都知道是唱戏用的面具的意思，但罗马作家伽维尤斯·巴苏斯（Gavius Bassus）在其《论诸词的起源》一书中进一步解释该词来自动词 Personare，是'发出巨响'的意思。"见徐国栋《优士丁尼〈法学阶梯〉评注》，北京大学出版社 2011 年版，第 54 页。

② 罗马法上的"市民"（civis）主要指"参与统治管理之人"，它与中世纪开始用于指代居住在城市而非乡村的人的"市民"具有不同的意思。

虽是最底层的一张面具，但却是最根本的一张）。优士丁尼在《法学阶梯》I. 1，3，1. 中说："自由——人们也被据之称为自由人——确实是每个人做他喜欢做的……事情的自然能力。"这种自然"能力"（facultas），不仅是指"做……事情"的自然能力，即其行为在外在可能性上的广度（这种能力会因年龄、心智、性别等自然因素的不同而受到法律上的不同对待），特别是，它还指"做他喜欢做的……事情"的自然能力，即来自其个性的内在的资质或倾向（这种能力显然具有个体上的差异，但法律不因这种差异而对其有不同的对待）。不难发现，这一自然"能力"（facultas）蕴含着"行动的自由"与"独立的自由"的区分，前者是效果，后者是前提——而这一区别，正是德国法上行为能力（handlungsfähigkeit）与权利能力（rechtsfähigkait）区分的概念源头。① 如图 15-5 所示。

图 15-5　法律能力"面具"

在这一概念基础上，德国人格法建立了自己的框架。一方面，它将罗马法上的三张面具换成了两张——权利能力和行为能力——它们具有同样的活动和叠加性的效果：没有或失去了行为能力并不意味着没有权利能力，但丧失权利能力也就同时失去行为能力——"权利能力"正是底层的那张"面具"。另一方面，在中世纪市民精神的陶冶下，德国人格法取消了罗马法上那种"市民"（civis）和"家族"特权所带来的人格差异。②《德国民法典》第 1 条规定："人的权利能力，始于出生的完成。"可见，这种权利能力直接指向人的本身，它基于生命，仅与人的纯

---

① 参见《德国民法典》第 1 条、第 2 条、第 104 条、第 827 条。

② 《德国基本法》第 3 条第 3 款规定："任何人都不得因性别、门第、种族、语言籍贯和血统、信仰或宗教或政治观点而受到歧视或优待。"

粹存在有关，而与年龄、性别、心智以及任何文化因素无关，即便是不可能有任何智力的婴儿，也与他人具有同等的权利能力，也同样具有《德国基本法》第 1 条规定的作为"人的尊严"。"权利能力"概念的重大意义在于，它将个性上的差异性、多元性予以平等的法律保障——是个性多元与地位平等的统一。虽然每个人从出生开始就具有不同的个性或自然倾向性，但他们在法律上却是一律平等并得到尊重的。法律人格的重心，从行为能力向权利能力的转移，极大地释放和保障了每个人的创造力。

15. 3. 4. 诗性思维——德国人格法的活性机制

如果说中世纪市民精神和罗马法人格制度为德国人格法提供了历史或经验的渊源的话，德意志民族的个性则为其人格法提供了民族或本原性渊源。德意志的民族个性固然是复杂的，但就其思维特点而言，正如朱尔·米什莱所说，"德国，只不过是童稚、诗和形而上学"①。这种"童稚"，按我的理解，就是其思维上的诗与形而上学的统一：一方面是抽象和逻辑的严谨，另一方面又是形象和诗性的跳跃。这种质朴的诗性思维——在其人格法的发展上——最突出的表现就是"模拟"和"跳跃"。就"模拟"而言，既有公民概念对市民概念的诗性模拟，又有国家或政府这样的公法人概念对私法人概念的诗性模拟——私人生活中的市民和法人概念，被引入公共生活之后，形成全新的公民和公法人概念；就"跳跃"而言，从《德国民法典》第 1 条"民法人格"到《德国基本法》第 1 条"宪法人格"的提升，这是从私法到公法的诗性"跳跃"，而在亲子关系法中，从父母"权力"到父母"照顾"的改变，则是从公法观念到私法观念的诗性"跳跃"。就像费希特指出的，语言和诗，是将发端于个人生活的思想引入公共生活的最佳手段。② 语言或概念的边界，在诗性思维中得到生动自如的收放。一方面，是"名"对于"实"所始终保有的那种鲜活的反应，另一方面，又是"名"在不同界域之间的那种类比性诗性的借用。正是通过这种诗性的或"好像"性的言说，

---

① 转引自〔法〕吕西安·费弗尔《莱茵河》，许明龙译，商务印书馆 2010 年版，第 165 页。

② 〔德〕费希特：《对德意志民族的演讲》，梁志学、沈真、李理译，商务印书馆 2010 年版，第 76 页。

德国人格法获得了一种"活性"——即生长性与建构性的统一。

15.3.5. 创造，不仅是专利法刺激的成果，还是人格对象化的过程。一项创造，不仅像表面上看到的那样，是挂在物质利益"枝杈"上的果实，从根本上说，它是人格或个性之"根"的升华。

德国是世界上创新能力最强的国家之一。原因何在？或归之于严密的创新组织体系，或归之于有效的创新激励机制，或归之于简朴的生活方式，或归之于执着的工作乐趣，见仁见智。皮埃尔·迪昂强调德国人发达的数学心智——"由于他热爱劳动，由于他细致地注意微小的细节，由于他尊重纪律，德国人的意志最有利倾向于数学心智的发展"；朱尔·米什莱则强调其思维上的诗性——"德国，只不过是童稚、诗和形而上学"。然而，撇开那些外部条件和表面原因不谈，从根本上说，是人格或心灵的自由，即保障并鼓励每个人"按照那使他成为他自己的内在力量的趋向生长和发展"。①

---

① 关于法律与人格关系的研究，还可参考〔德〕拉德布鲁赫《法哲学》第七章，王朴译，法律出版社 2013 年版，第 58~66 页。

结　语

——兼谈"B 对 A 的超越"

一

《法诗学研究》的基本命题是：从法"科"学到法"诗"学。核心观点有三。

1. 法诗学。法诗学所谓的"法"，不仅是权威规范的逻辑存在（规范的逻辑体系及运行机制），还是一种修辞性或叙事性的存在，更重要的是一种诗性的存在。所谓"诗"，主要不是指诗歌——"（直觉+情调+想象）＋（适当的文字）"①，而是指生命情感的激越以及主体之间交互关系上的共鸣、责任和创造。爱伦·坡说："文字的诗可以简单界说为美的有韵律的创造。"② 而法诗学所谓的"诗"，则是精神上的韵律、共鸣和创造，即爱与创造的统一。法诗学所谓的"学"，不仅是指一门学科及知识技能的传授与接受，更主要是人格的完成。张祥龙说："'学'是这样一种活动，它使人超出一切现成者而进入一个机变、动人和充满乐感的世界。"③

2. 法诗学研究。正如借用经济学方法研究法律问题的法经济学、借用社会学方法研究法律问题的法社会学一样，或者如借用诗学方法研究历史问题的历史诗学、借用诗学方法研究建筑问题的建筑诗学一样，法诗学研究就是借用诗学的方法研究法的诗性现象（这些诗性现象因其具有神秘或非理性的色彩而为传统法学所割离、摒弃或掩盖），致力于将法学中的理与情、身与心、知与行、人与物以及人与自然等被割裂的问题

---

① 田寿昌、宗白华、郭沫若：《三叶集》，上海亚东图书馆 1920 年版，第 8 页。
② 伍蠡甫主编《西方古今文论选》，复旦大学出版社 1984 年版，第 370 页。
③ 张祥龙：《从现象学到孔夫子》（增订版），商务印书馆 2011 年版，第 237 页。

重新融为一个生态的整体。

3. 法诗学方法。法诗学是一项基于法学与诗学交叉实践的学术志业，旨在用诗学的方法观察、体验、践行法的诗性，包括法的诗性形态、诗性思维、诗性方法、诗性发展和德性创造。法诗学所谓的"诗性"、"诗学"或"诗境"，不仅是气韵生动、强恕而行、向死而生的，还是见义勇为的。从客观方面看，"诗"（诗性），具有复调性、交互性、融通性、情境性、生命性诸特征。从主观方面看，"诗"（诗境），意味着主体对对象的"赋活"——主体与对象共同融入一个主体间的、互动的、共鸣的具体情境当中。从方法论上说，"诗"（诗学），主要指好像的思维、觊视的眼光和德性之实践和创造。

在法"诗"学看来，诗学与诗性或诗境有所不同："诗性"主要指现象，即法学中那种超越科学的"好像""复调""德性创造"等现象；"诗境"是指境界，即个案正义所具有的那种类似诗歌的精神上（而非语言上）的韵律、共鸣，即爱与创造的交融及超越之境；"诗学"则主要指方法，即法学中超越理性的"法感"上的实践和创造。

二

1. 关于"从……到……"的命题。本书的重要命题，大都采用"从A到B"的句式。譬如：从法"科"学到法"诗"学，从"环境"的法律科学到"生态"的法治诗学。又譬如：在人与物的法律关系问题上本书提出，从"财产"（property）到"共用物"（commons）的命题；在法律思维上提出，从逻辑思维到诗性思维的命题；在学术范式上提出从"饮食"隐喻到"男女"隐喻的命题；等等。再譬如下列一些命题：论法官法感——从"公正感"到"责任感"；论法官角色的赋活——从"旁观"到"体验"；论个案正义的实现——从法在"法律"中到法在"事理"中到法在"事情"中，以及从"正义"到"正义之"再到"正义着"；论自由心证——从"再现"到"表现"再到"显现"；论法学教育教学改革——从"见闻之知"到"德性之知"，以及从"涵摄机器"到"法感诗人"等。

上述表述为"从A到B"的命题，常被误解为B对A的简单否弃或取代，其实不然；在本书中，提出的或表达为"从 A 到 B"的命题，其实是指 B 在包容 A 的基础上的阶进，即 B 对 A 的超越。

2. 举例来说。英国中古时有一首民谣：

> 下马吧，下马吧，忠实的托马斯，
> ……
> 我想啊指给你看三个奇异的地方。
>
> 看见吗，那边有一条窄窄的路，
> 沿途都长满了尖刺荆棘杂丛？
> 那就是通往那公正正义之路，
> 但路上却很少见有足迹行踪。
>
> 而那边，看见吗？
> 有一条宽阔的路，
> 横穿过那远处一大片百合花圃？
> 这就是通往那奸佞邪恶的道路
> 然而啊却有人称它为天堂通途。
>
> 再那边，看见吗？有一条美丽的路，
> 蜿蜒在羊齿蕨遍布的山坡之上？
> 那就是通往那美丽的妖窟之路，
> 今夜里我们俩要骑马奔驰前往。①

显然，诗中所标示的三条道路——正义之路、邪恶之路与妖窟之路，是并列而不可兼行的。主人公托马斯（Thomas）实际奔赴的那条美丽的妖窟之路，并非前两条道路基础上的阶进，而是完全不同的一条不归之

---

① 佚名中古民谣《行吟诗人托马斯》，载王佐良主编《英国诗选》，上海译文出版社 2011年版，第 34~35 页。

路。① 然而，B 对 A 的超越关系，却与此不同。《礼记·乐记》言："凡音者，生于人心者也；乐者，通伦理者也。是故知声而不知音者，禽兽是也；知音而不知乐者，众庶是也。唯君子为能知乐。"在这里，声、音、乐三者的关系，便是后者在前者基础上的"阶进"和"超越"。"音"是对"声"的超越，而"乐"又是对"音"的超越。可见，"阶进"和"超越"所标识的，既不是 A 与 B 的并列关系，也不是 B 对 A 的包纳或 A 对 B 的隶属，而是 B 在 A 基础上的阶进或升华。"超越"，不同于形式逻辑上的"种属"关系，是后者在前者基础上的诗性升华。这种后者在前者基础上的"阶进"，不是逻辑涵摄，而是诗性的超越。用鲁迅的意象来说——正如"雪"对"雨"的超越。② 雨并不属于雪；但雪却包含雨，是对雨的超越。再譬如：爱情是对性爱的超越；量子力学是对经典力学的超越；社会主义是对资本主义的超越；王道是对霸道的超越；以及在"赋比兴"三者的关系上，"比"对"赋"以及"兴"对"比"的超越③；等等。

3. 荀子曰："有治人，无治法。"——这里的"治人"是对"治法"的超越。《国语》言："仁者讲功，知者处物。"——这里的"仁"是对"智"的超越。

（1）举例来说："智乎虽不失时，仁者岂宜弃本。"此语出自白居易《甲乙判》。

---

① 《英国诗选》（注释本）编者注："魔女将托马斯带到魔境，那里既非正直之乡，亦非邪恶之地，但是，外来者不能开口，否则不能返回故乡。"王佐良主编，金立群注释《英国诗选》（注释本），上海译文出版社 1993 年版，第 55 页。

② 按：在鲁迅散文《雪》中，"雪"，是对"雨"的超越，是雨的"精魂"："暖国的雨，向来没有变过冰冷的坚硬的灿烂的雪花。""江南的雪，可是滋润美艳之至了……""但是朔方的雪花在纷飞之后，却永远如粉，如沙……在晴天之下，旋风忽来，便蓬勃地奋飞，在日光中灿灿地生光，如包藏火焰的大雾，旋转而且升腾，弥漫太空，使太空旋转而且升腾地闪烁。在无边的旷野上，在凛冽的天宇下，闪闪地旋转升腾着的是雨的精魂……"

③ 惠周惕《诗说》言："兴、赋、比合，而后成诗。毛公传诗，独言兴而不言比赋，以兴兼比赋也。人之心思，必触于物而后兴，即所兴以为比而赋之，故言兴而赋比在其中。……诗或先兴而后赋，或先赋而后兴，见其篇法错综变化之妙，《毛诗》独以首章发端者为兴，则又拘于法矣。文公传诗，又以兴赋比分而为三，无乃失之愈远乎？"转引自《胡朴安诗经学 闻一多诗经讲义 傅斯年诗经讲义》，吉林人民出版社 2013 年版，第 34 页。

　　［判题］曰："得乙与丁俱应拔萃，乙则趋时以求名，丁则勤学以待命，互有相非，未知孰是。"

　　［判词］曰："立己徇名，则由进取，修身俟命，宁在躁求？智乎虽不失时，仁者岂宜弃本？属科悬拔萃，才选出群，勤苦修辞，乙不能也，吹嘘附势，丁亦耻之。躁静既殊，性习遂远。各从所好，尔由径而方行，难强不能，吾舍道而奚适。观得失之路，或似由人，推通塞之门，诚应在命。所宜励志，焉用趋时？若弃以菲苛，失则自求诸己，傥中其正鹄，得亦不愧于人。无尚苟求，盍嘉自致。"①

　　乙与丁都想要出类拔萃，干出一番事业，但二人选择的道路不同：前者是"立己徇名"，后者则是"修身俟命"。两者各有不足：前者短于"勤苦修辞"（踏实积累），后者不擅"吹嘘附势"（公关推销）。两条道路都可能成功，但问题是：乙之"趋时以求名"与丁的"勤学以待命"，孰是孰非呢？二者之间，又是什么逻辑关系呢？通常认为，"趋时"与"勤学"是两条并行而相斥的道路，用弗罗斯特的话说，"树林里分出两条路，可惜我不能同时去涉足"。其实却不然。在白居易这里，"修身俟命"，并不意味对"立己徇名，则由进取"的抛弃，只是不应"躁求"；而"勤苦修辞"，也不意味对"吹嘘附势"的摒弃，只是不可"苟求"。判词并未完全否定某乙的"立己徇名"，但显然认为某丁的"修身俟命"，要更高一筹。可见，"仁"，并不是对"智"的抛弃或否定，而是在"智"的基础上的阶进或超越："智乎虽不失时，仁者岂宜弃本"，正是这种超越关系；"仁者讲功，知者处物"，也是这种超越关系。子曰："智仁勇三者，天下之达德。"其中的"智""仁""勇"，亦可谓后者在前者基础上的超越。

　　关于"从 A 到 B"（即 B 在 A 的基础上的超越）这一表述，并不像欧拉图那样——可以用几何关系图示为二维或三维的空间归属关系，而是加上了时间维度的"时—空"关系，也不是单纯的认识或理论思维，而是知行合一的"情境"思维。所谓"情境"："情"，是情感、情势、情况；"境"，则是具体时空下的境遇及其环境。因此，逻辑或认识上相

———————
　　①　白居易著，朱金城笺校《白居易集笺校》，上海古籍出版社 1988 年版，第 3564 页。

互矛盾（不可并存）的东西，却无碍于在"情境"中融为一体。

（2）再举一例："吾与点也。"语出《论语·先进》之"子路、曾皙、冉有、公西华侍坐"。孔子要他的四位学生"各言其志"。

　　　　子路率尔对曰："千乘之国，摄乎大国之间，加之以师旅，因之以饥馑；由也为之，比及三年，可使有勇，且知方也。"

　　　　之后是冉有："方六七十，如五六十，求也为之，比及三年，可使足民。如其礼乐，以俟君子。"

　　　　再后是公西华："非曰能之，愿学焉。宗庙之事，如会同，端章甫，愿为小相焉。"

最后是曾皙……瑟声慢慢稀疏下来，在放下瑟时，还触出清脆的"铿尔"之声音：

　　　　曾皙起身答道："莫春者，春服既成，冠者五六人，童子六七人，浴乎沂，风乎舞雩，咏而归。"

　　　　孔子喟然叹曰："吾与点也。"

这里提出的问题是，此段提及的四种志向，是什么关系？通常认为，其是并列的四种不同治国理想，即子路的"有勇且知方"，冉有的"足民"，公西华的"礼治"，以及曾皙的"浴乎沂，风乎舞雩，咏而归"，而孔子之"吾与点也"，则是对曾皙的肯定，同时又是对其他"三子"的否定。——其实不然。

从孔子思想的整体来看，孔子并不反对"足民"，只是不赞成冉有的未能及"礼"，更不反对"礼治"，但也不满意公西华的以"傧相"为小，至于子路的"有勇且知方"，那正是孔子所追求的治国境界，又怎么会反对呢！孔子所"哂"的，其实只是子路那种不合礼（不够谦虚）的发言方式。而曾皙的"莫春者，春服既成，冠者五六人，童子六七人，浴乎沂，风乎舞雩，咏而归"——则可谓"垂衣裳而天下治"（《易·系辞下》），是在"有勇且知方"基础上的阶进和超越。唐代高适《古歌行》云："天子垂衣方晏如，庙堂拱手无余议。"——正是此境。另外，从容仪举止上说，从子路的"率尔对曰"到曾晳的"鼓瑟希，铿尔，舍瑟而作，对曰"——二者都不乏真诚和直率——同样也是后者在前者基础上的超越。

（3）再看一个例子。在《孔子世家》中，我们看到"孔子学鼓琴于师襄"的不同境界：一曰"得其曲"，二曰"得其数"，三曰"得其志"，四曰"得其人"。徐复观解释说："'曲'与'数'是技术上的问题；'志'是形成一个乐章的精神；'人'是呈现某一精神的人格主体。孔子对音乐的学习，是要由技术以深入于技术后面的精神，更进而要把握到此精神具有者的人格；这正可以看出一个伟大艺术家的艺术活动的过程。对乐章后面的人格的把握，即是孔子自己人格向音乐中的沉浸。"[①]　其中的技术（"得其曲""得其数"）、精神（"得其志"）和人格（"得其人"）三者，便是我们所说的"后者在前者基础上的超越"关系。这一关系所反映的，不是三个并列的逻辑单元，而是一个逐级提升的学习过程。就法学学习言，就是要从法的知识技能升华到法的精神，进而将自己的人格沉浸其中，与法融为一体，也就是从"见闻之知"到"德性所知"。用徐复观的话说，"孔子击磬时，他的人格是与磬声融为一体的"。

因此我们说，"从 A 到 B"的关系，是后者 B 在前者 A 基础上的阶进和超越，这种超越关系，既不同于并列，也不同于归属——并列或归属都是认识论上的逻辑关系。应该说，超越，是一种实践（即知行合一）意义上的诗性关系：不仅是时空关系上的积累绵延，还是知行关系上的交融统一，不仅是为了科学认识，更主要是为了德性创造；无论在学习或研究上，还是在人格修养上，超越，都是一种不同于纯粹逻辑关系的一种诗性关系和境界。

三

1. 表述为"从 A 到 B"的命题，可有两种不同的含义。一是"B 对 A 的替代或置换"，例如，在研究"规章立法后评估问题"时提出"从

---

① 　徐复观：《中国艺术精神》，春风文艺出版社 1987 年版，第 5 页。

法律内评估到法律外评估"的命题、在研究"重大行政决策中听证事实的效力问题"时提出"从'参考'到'依据'"的命题等,都是后者对前者的替代或置换。二是指"B 在 A 的基础上的阶进或超越",例如,在研究"行政赔偿归责原则的完善"时提出"从违法赔偿到过错赔偿"的命题、在研究"主观法感的建构过程"时提出"从法教义学情感到法伦理学情感再到法生态学情感"的命题。

2. 产生二义分歧的原因,主要与人们对事物的分类有关,一般言有二。(1)基于单纯认识目的而进行的分类,各个类别之间往往是并列或对立的关系。在此分类条件下,提出"从……到……"的命题,通常意味着后者对前者的否定和取代。(2)基于时间上的绵延或知行合一而进行的分类,各类别之间往往是后者在前者基础上的超越关系。在此分类情形下,提出"从……到……"的命题,则意味着后者对前者的阶进和超越。譬如人们对"理"的分类,在认识论上,可将其分为"物理""心理""伦理"等并列关系的各种"理",而在实践论上,则可将其分为"物理""事理""情理",即后者在前者基础上阶进和超越的各种"理"。

(1)并列或对立关系。黑格尔曾指出从事科研的三条不同道路。他说:

> 如果有人想知道一条通往科学的康庄大道,那么最简便的捷径莫过于这样一条道路了:信赖常识……这是一条普通的道路,在这条道路上,人们是穿着家常便服走过的,但是在另一条道路上,充满了对永恒、神圣、无限的高尚情感的人们,则是穿着法座的道袍阔步而来的——这样的一条道路,毋宁说本身就已经是最内心里的直接存在,是产生深刻的创见和高尚的灵感的那种天才。不过,创见虽深刻,还没揭示出内在本质的源泉,同样,灵感虽闪烁着这样的光芒,也还没有照亮最崇高的苍穹。真正的思想和科学的洞见,只有通过概念所做的劳动才能获得。①

---

① 〔德〕黑格尔:《精神现象学》(上卷),贺麟、王玖兴译,商务印书馆 1979 年版,第54 页。

若将此对应于法学，其所谓"信赖常识"的道路，或相当于"法社会学"之立场；而所谓"充满了对永恒、神圣、无限的高尚情感"或"穿着法座的道袍阔步而来"的道路，或可对应于"法教义学"立场；而那种能够揭示"内在本质的源泉"和"照亮最崇高的苍穹"的第三条道路，则可谓"法哲学"之立场。

福柯曾将并列关系划分为化学模式和园丁模式两种。他说，园丁模式"只能在各种各样的现象中辨认特殊本质"。但是化学模式能够"把构成元素分离出来，从而能够界定其组合方式，确定它与其他组合体的共同点、相似之处和不同之处，最终建立一种新的分类方式，即不再根据特定类型，而是根据相互关系的形式进行分类"①。福柯所谓园丁模式——例如木本、藤本、草本植物的分类，是基于"类型"的。而所谓化学模式，则是基于"形式"，即依据对象形式结构上的特征而进行的分类，例如把语句划分为陈述句、祈使句、疑问句等。这就是说，化学模式的分类的标准，已从"类型"上升到了"形式"。然而，无论"园丁模式"还是"化学模式"，在这种并列分类之下，如果提出"从……到……"的命题，就意味着后者对前者的否定和替代。

（2）阶进和超越关系。然而，与黑格尔所指出的那种三条道路的关系不同，B 对 A 的超越的关系，并非仅仅为了认识论的目的，而是在知行合一模式下所进行的分类。《论语·雍也》指出学道的三个不同境界："知之""好之""乐之"。徐复观解释说：

　　人仅知道之可贵，未必即肯去追求道；能"好之"，才会积极去追求。仅好道而加以追求，自己犹与道为二，有时会懈怠而与道相离。到了以道为乐，则道才在人身上生稳了根，此时人与道成为一体，而无一丝一毫的间隔。……此时的人格世界，是安和而充实发扬的世界。所以《论语》乃至以后的孔门系统，都重视一个"乐"（读洛）字。……道德理性的人格，至此始告完成。②

---

① 〔法〕米歇尔·福柯：《临床医学的诞生》，刘北成译，译林出版社 2011 年版，第 133 页。

② 徐复观：《中国艺术精神》，春风文艺出版社 1987 年版，第 11~12 页。

在这里，知"道"、好"道"、乐"道"三者，显然不是并列的关系，而是知行合一模式下的超越关系，即乐"道"，是对知"道"、好"道"的超越，而非否定或抛弃。同样，在法学上，了解"法"、追求"法"、与"法"合而为一，此三种境界，也不是并列的关系，而是知行合一模式下后者对前者的超越。

3. 正是在此意义上，我们说——

诗人，是对哲学家的超越①；

法"诗"学，是对法"科"学的超越。

2023 年 12 月 29 日

---

① 约翰·保尔说："诗人是明灯，哲学家却是真理的奴仆。"转引自〔德〕恩格斯《乌培河谷来信》，见《马克思恩格斯论艺术》（四），人民文学出版社 1966 年版，第 308 页。

附录-对话1　诗，是强恕而行的

2020年10月23日，《法诗学研究》（国家社科基金后期资助项目），通过了专家评审（立项）。在评审意见书中，几位匿名专家充分肯定了这项研究成果的学术价值。评审意见1："该书选题新颖、内容充实、论证充分、结构严谨、资料翔实，是一部具有较高学术价值和创新性强的理论著作。"评审意见2："作者通过若干诗学范畴，例如好像、纳入、复调等，来揭示法律的某些诗性特点，对人们认识法律是有积极作用的；作者参考了大量资料，显示出认真的研究态度和学术素养。"评审意见3："作者对'法律与文学'问题有比较深入的思考，做了一些开拓性的尝试，值得肯定。"评审意见4："该成果拥有广博的引注和知识面、厚实的论述以及开阔的想象力。在学术价值上是开阔新领域的贡献。"（见国家哲学社会科学工作办公室《〈法诗学研究〉评审意见》【FXB205】）

2023年9月，《法诗学研究》通过了专家鉴定（结项）。鉴定专家对该项成果的学术价值给予较高评价。专家鉴定意见1："该研究成果可以视作研究法诗学的代表作……从整体看，该研究成果内容丰富……具有一定的理论价值和现实意义。具体地说，该研究成果至少有以下三个方面的贡献。第一，丰富法学理论成果。……该研究成果将法学与诗学相整合而形成法诗学，开阔了边缘法学研究视野，增添了边缘法学研究成果。第二，拓展法学交叉学科研究空间。……该研究成果基于法与诗性之密切联系而致力于创立法诗学，致力于实现从法'科'学到法'诗'学的发展。第三，助力于法学（人本）品格的彰显。……该研究成果有助于将法学理论从抽象的思想理念转化为具体的实践行动，即回到人的生活中，从而既彰显法学的人本品格，也推动法学更好地发展。"专家鉴定意见2："《法诗学研究》重点探讨了法的诗性思维，拓展了对法律思维研究的广度和深度。从法学方法论研究的角度看，具有非常重要的理论价值。本课题是一种纯学术研究……虽然其学术观点不同于社会学法学，更多的是基于知识的体悟式描述，但评论者认为，这种体悟是深刻的，且很多结论是可接受的。诗性法学或法的诗性思维，基本可归类为观察法律的独特视角或方法。从文章的内容看，课题主持人对法学、法律有独特的体验。在阅读了大量材料的基础上，带着诗性的眼光，描述了法学、法律原初的最基本假定。在评论者看来，本文作者看到了我国法学界多数学者忽视的法律拟制性问题。而这一问题恰恰是理解法律的关键。……总体来看，课题研究者有扎实的理论基础，很好的研究能力。在课题设计、材料收集、课题研究等方面下了很大的功夫，能够融贯中西自如地使用材料，语言流畅、逻辑清晰、观点新颖富有创新，值得出版。"专家鉴定意见3："该研究成果坚持以马克思主义法学思想特别是习近平法治思想为指导，贯彻党的二十大精神，以创新法学研究领域为目的，以推动创建中国特色法学理论体系、话语体系、学科体系为志向，对法（法律）具有的诗性元素和特征进行了比较全面的研究和论述。……总体上感觉该成果研究视角新颖，文献资料丰富，理论观点具有创新意义，研究领域具有开拓性，值得充分肯定。"

除肯定意见外，评审和鉴定专家也对《法诗学研究》提出了一些问题和修改完善的建议。这里以问答的方式，将相应问题的思考及修改完善情况答复如下。

F. 1. 1. 问：法律思想史表明，法律的诗性特征虽然很早就有学者关注，运用诗学方法研究法的诗性现象的理论成果在我国也有若干，但作为一门学科的法诗学能否独立存在、为何存在以及如何存在则尚需进一步探讨。在我看来，法诗学研究属于学科研究，法的诗性研究属于法的属性研究，两者虽然有密切联系，但区别还是明显的。你研究的成果题为"法诗学研究"，然从研究的内容看，却将法诗学研究与法的诗性研究交织在了一起。

答：承教。法诗学研究所面对的主要问题是三个：一是研究对象即"法的诗性现象"；二是研究方法，即法的诗学眼光和方法；三是两者即"法的诗学方法"与"法的诗性现象"的关系问题。法诗学研究所谓的"诗"或"诗性"，主要不是指"诗歌"，而是指人伦或法律关系上的创造，或者说，是正义的创造性实践。在此意义上，本书将"法诗学"定位为法学与诗学的交叉，即借用诗学的方法研究法的诗性问题，或以诗学的话语诠释法的诗性现象，特别是法学中的德性创造问题。

就研究对象言，所谓"法的诗性"，就是指法的诗性现象，譬如法的诗性形态、诗性思维、诗性效果以及仁爱的诗性扩用等问题。这些诗性现象或问题，在本书的讨论中，主要被分作以下三组。第一组是"好像"（包括"形象""想象""模拟""拟制""纳入""复调""赋活"等）。例如知识产权概念中的"拟制"、公法发展中对私法的"模拟"以及比较法研究中的"纳入"等诗性现象。再如"赋活"——"名词的动词化""空间的时间化""物格的人格化""生态关系的伦理化""'饮食'隐喻的'男女'隐喻化"等诗性现象。第二组是"觋视"（包括"理智与情感""旁观与体验""表现与显现"等综观和对视问题）。例如法律发展中的觋视、纠纷解决中的法诗学觋视以及法在"缘"中等问题。第三组是"公正卓识"，例如法律情感、德性扩用、德性与正义之创造性实践等诗性人格问题。这些诗性问题向来为传统法学所忽视、摒弃或掩盖，但却是法诗学研究的核心。围绕"法的诗性"，法诗学提出并讨论了四个基本命题。命题一：法，具有诗性的特征，是一种诗性的存在。命题二：法诗学，就是运用诗学的方法（概念、范畴或观点等）去研究法学中的德性创造问题。命题三：法，作为诗性即创造性的存在，其动力根源，主要不在"知识"或"技能"，而在"人格"，即"德性"之创造。命题四：法学教育教学的根本宗旨，不仅在知识或技能，更主要是德性人格的养成。

就研究方法言，之所以要用诗学方法研究法学问题，是因为法（作为研究对象）具有诗性的特征。法诗学眼中的"法"，不仅是规范体系及其逻辑运作，还包含"生命情感"过程中的"想象"和"虚构"（拟制）；法诗学眼中的"正义"，不仅是抽象的价值理念，更主要是具体"情境"下的"德性"的应对和创造。法诗学研究的宗旨，就是将诗学的概念、范畴、观念、理论和方法引入法学，将法和正义现象纳入诗学的视野，关注法的诗性现象、拓展法的诗性论题、践行法的德性理念、回归法之"正义的创造性实践"这一本质。例如：在法官法感的研究中，我们提出从"旁观"到"体验"的命题以及法官角色"赋活"的命题；对于惩罚性法感（作为客观法感），我们提出从"名词性"到"动词性"的命题；对于自由心证的研究，我们提出从"再现"到"表现"

再到"显现"的命题；对于线上庭审，我们提出"在线庭审的戏剧学重构"命题；对于"人与自然和谐共生"理念，我们提出法的生态诗学的论题；等等。

正是基于上述研究对象和方法，本书提出了从法"科"学到法"诗"学的命题。科学问题与诗学问题不同：科学讲"实证"，诗学讲"心证"。科学与诗学都讲求"真实"，但却是两种不同的"真实"。科学传递知识，诗学则传达生命和情感。科学剔除一切情感去剖析对象，诗学则正视情感，并去体验笼罩在情感光辉中对象的生命活动。借用华兹华斯的诗句——科学"总是多管闲事，把事物的优美形状都歪曲了，我们先屠杀，然后肢解尸体"，而诗学则召唤我们，"走到事物的光辉里来，只带一颗能观察能感爱的心"。①

F.1.2. 问：法诗学作为一个新兴学科存在的条件是什么？

答：法诗学作为一门新兴学科，其存在或兴起的条件主要有三。第一，是数字时代的挑战和要求，即从"涵摄机器"到"法感诗人"。

第二，是新时代对司法活力及其能动性的召唤，即法官角色的"赋活"。"赋活"一词（enlivenment，借自 Andreas Weber 的同名著作），指"赋予活力或生命"——强调生命诗学意义上的能动性、关系性和情境性。就正义实现或案件纠纷的解决言，法官角色的"赋活"，就是赋予司法全过程以能动性、对话性以及活性，即在某种时空情境和交互关系中，达到司法治理的理想效果。

党的二十大报告再次提出，要"努力让人民群众在每一个司法案件中感受到公平正义"。在法诗学看来，正义或法的"获取"，不仅是一个逻辑或利益权衡问题，还应是个"感受"（美学）问题。正义或法的"获取"，不应止步于外在地"占有"之，还应是内在地"处于"其中，也不应仅仅满足于逻辑或科学主义的"实证"（机械得出的公平正义，如果不能获得当事人或人民群众的"心证"和"共鸣"，就算不得真正的公平正义）。——只有让当事人（或人民群众），在每个案件的具体情境和交互关系中，真真切切地体验到公平正义，才是真正的公平正义。

---

① 朱光潜：《西方美学史资料翻译（残稿）》，中华书局 2013 年版，第 209 页。

第三，是构建中国特色法学学科和教育体系的要求，即"推动中华优秀传统法律文化创造性转化、创新性发展"。

传统法学（主要是西方法律文化主导下的法学）强调法的逻辑性、科学性、纯粹性，使法脱离了想象、情感、德性、生命的土壤：（1）那些表现为器物、形象或艺术形态的"法"，都被视为法的幼稚而被加以排挤或摒弃（至多作为普法宣传的工具而被利用）；（2）那些在法的运行过程中实际有效的"形象"、"想象"和"好像"思维，都被视为原始或低级的思维而被加以排斥或掩盖；（3）所谓"法感"和"直觉法"，也因不确定性或神秘性，而被驱逐出纯粹法律科学的疆域。法，以冷峻而孤傲的"概念"和"逻辑"姿态，站在"想象"和"情感"的对立面，而法治文化建设，则外化为简单的法制宣传。——法律不仅脱离了生活，还脱离了人的生命本身。

中办国办印发的《关于加强新时代法学教育和法学理论研究的意见》强调，要加快构建中国特色法学的"学科体系""知识体系""话语体系"，创新发展法学理论研究体系，"推动中华优秀传统法律文化创造性转化、创新性发展"。在法诗学看来，中华优秀传统法律文化的特质，正在其"诗性"——礼乐相和、情理交融、德法兼修——具有超越名言、超越逻辑、超越科学主义的胚芽和精华；值得我们在"马-中-西（外）"相结合的框架①下，深入研究、发扬光大 。法诗学提出从法"科"学到法"诗"学的命题，就是要使法从冷冰冰的逻辑教条回到丰富多彩的日常生活、回到有血有肉的人的本质，并以亲切感人的方式沁入心田、融入行止，即恢复其固有的诗性。

F.1.3. 问：法律，通常是法律概念构成的成文法，法诗学提出法的"诗性形态"，何谓"象"法？

答：传统法学认为，法是抽象概念的规范体系，法学是一门理性（在逻辑推理中运行的）科学。这种纯粹的法律科学观念，使法脱离了

---

① 中办国办印发的《关于加强新时代法学教育和法学理论研究的意见》（2023 年 2 月 26 日）规定："坚持把马克思主义法治理论同中国具体实际相结合、同中华优秀传统法律文化相结合，总结中国特色社会主义法治实践规律，汲取世界法治文明有益成果，推动法学教育和法学理论研究高质量发展。"

感性的或诗性的土壤：一切具象的、意象的和形象的法，以及法律运行中的诗性思维和方法（好像、想象、拟制、虚构、纳入、复调、觊视、赋活、直觉等），都被视为法律的"幼稚"或"低级"。所谓"多感官"的法律形态（绘画、雕塑、服装、建筑、歌舞、戏剧、仪式等），至多只能作为普法宣传的媒介。一切德行形态的法，都被视为道德实践，被排除在纯粹和抽象的法外。法以冷峻孤傲的逻辑理性姿态，站在诗性的对立面，只在偶尔或例外的情形下，才会放下身段，宽容地提到法律与文艺以及法律与情感的关联。在这一主流观念支配下，法治建设，变成了一项单方主导的"工程"；法治文化建设，局限于法制文艺宣传之类的外在形式，变得苍白无力、缺乏活力。然在法诗学看来，由法学家提炼出的抽象法则，固然是法——"法学家法"，而大众生活中具象、形象的规范，同样可以是法，即所谓"象法"：有"唱在歌儿里的法"，有"穿在身上的法"，有"刻在无字石碑上的法"，有"绘画上的法""雕塑上的法""建筑上的法""仪式上的法"，还有"共同行为中的法"【2.2.2】。

杜甫有一首诗《同诸公登慈恩寺塔》，可见"象教之力"：

高标跨苍天，烈风无时休。

自非旷士怀，登兹翻百忧。

方知象教力，足可追冥搜。

仰穿龙蛇窟，始出枝撑幽。

七星在北户，河汉声西流。

羲和鞭白日，少昊行清秋。

秦山忽破碎，泾渭不可求。

俯视但一气，焉能辨皇州。

回首叫虞舜，苍梧云正愁。

惜哉瑶池饮，日晏昆仑丘。

黄鹄去不息，哀鸣何所投。

君看随阳雁，各有稻粱谋。

此诗，可作"境界论"来读——理境与意境，是两种不同层次的境界。周谷城说：理想在现实中实现叫历史，在小说中实现叫意境。不妨借用这一句式，我们说：理想在逻辑思维中实现叫理境，在诗性思维中达至叫意境；前者依靠逻辑力，后者还要依靠诗学上的"象教"之力（"方知象教力，足可追冥搜"）。从杜甫此诗可悟此两种境界及其关系："仰穿龙蛇窟，始出枝撑幽"——经由"理"之内部结构——终于到达所谓"七星""河汉""羲和""少昊"之境，即所谓出"理"入"圣"。在此基础上，如果我们再看柏格森的"理性"与"直觉"的两种境界——"理性最多也不过是能够在一座预先构造的科学房屋四周'环行'，而直觉则有进入这座生命、感觉和经验大厦的高贵的特权"①，或会获得更多的领悟，用普希金的话说，法律之剑不可触及的地方，诗之鞭心必可到达。

在法诗学看来，建筑及其隐喻，譬如慈恩寺塔，不仅具有表现、传达、启发上的价值，还可能具有熏陶、规训、塑造方面的意义。一所建筑，①当它作为一个具象呈现于大脑或心灵时，可以为人们提供某个难于认识的对象的形象化喻体；②当人们亲身进入它的内部结构（居住或使用）时，又可能被它熏陶或规训；③当人们实际参与到它的工程建设活动中，或者进一步说，为了应对共同的命运和挑战，而参加到一项共同的事业或志业中时，则还可能被它所组织和塑造——形成特定的法律制度和文化。这就是"象教之力"的巨大能量。

（1）在隐喻表达中，有一种"象教之力"

许多抽象的概念或理念，无论是哲学、诗学上的还是法学上的，往往能在一个隐喻（譬如建筑隐喻）中得到诗性的传达或启示。

（a）哲学概念。例如哲学上的"单子"概念，莱布尼茨就曾借用电影院隐喻和池塘隐喻加以说明。在莱布尼兹看来，"每个个体都是一个孤立的单子（monade），没有门，没有窗，在它的自身内部，就像在电影院紧闭的大厅中，包含着讲述其存在故事的电影的整个进展。"F. 卡普拉解释说：

---

① 〔美〕M. 怀特编著《分析的时代：二十世纪的哲学家》（第 2 版），杜任之主译，商务印书馆 1981 年版，第 62 页。

　　在莱布尼茨的哲学中也出现了同样的（注：类似因陀罗宝石网隐喻的渗透现象）想象。他把世界看成由基本的物质"单子"所组成，它们每一个都反映了整个宇宙。莱布尼茨在他的《单子论》中写道："物质的每一部分都可以看成是一个长满植物的花园，是充满鱼的池塘。但是每一棵植物，每一只动物，它们的每一滴汁液也是这样的花园或者池塘。"[①]

　　（b）诗学概念。譬如诗学上的"悲剧"概念，罗素就借用城堡隐喻作了说明。他说：

　　　　心灵确实可以用它微妙的控制力去驾驭无思想的自然力。……在所有的艺术形式中，悲剧最为骄傲，最有成就。这是因为，悲剧把自己光芒四射的城堡建立在敌国的正中央，耸立在敌国的最高的山峰上。站在悲剧坚固的瞭望塔上，敌国的兵营和装备，纵队和要塞，尽收眼底。在环绕城堡的高墙内，自由的生活继续进行。相形之下，由死神、痛苦和绝望组成的军团，以及被命运君临的所有卑屈的军官，反倒为这座不屈不挠的城堡中的自由市民增添了瑰丽美好的景象。[②]

　　在这里，罗素以建立在敌国中央的城堡为喻体，形象而准确地表达了悲剧所具有的那种对抗性、崇高性、理想性特征。

　　（c）法学概念。在《中共中央关于全面推进依法治国若干重大问题的决定》通过的当天（2014年10月23日），《人民日报》发表评论员文章——《用法治观念夯实执政根基》，起首第一句话就是："如果把国家发展比喻成动车飞驰，法治就是铁轨；如果把治国理政比喻成建桥筑楼，法治就是支撑。"再如英美法上的普通法概念，吴经熊就将其比作一座神秘花园：

---

① 灌耕编译《现代物理学与东方神秘主义》，四川人民出版社1984年版，第235页。
② 〔英〕伯特兰·罗素：《罗素自选集》，戴玉庆译，商务印书馆2006年版，第16页。

在普通法的神秘园（enchanted garden）里，有许多隐藏的小丛林，雀跃着您的心灵、焕发着您的精神，而同时也会诱使走到一些新的路上去。它并非一个封闭的园地，而是一个一边不断地有野地、山丘和河流，而另一边则会引到街道和集市上去。起初，除了迷失于迷宫似的路与小径，你感觉不到什么；你希冀去发现一些路标，但是你无功而返，然而日日徜徉于园中，让你开始熟悉一些地方的兴味以及园子里始终变幻着的情致，结果你不可避免地越来越为其所迷。你开始去神化一些模糊的标记，然而好奇的因子从未消失，因为它看起来随着天气变化并且随着新季节的来临呈现出新的景致。可能你会发现一些人为设计的痕迹在这里或那里，但是你没有能力确切地说出：在哪儿自然中止而艺术发生。你没能找到一个普遍的设计，除非它可能来自自然的或神秘的天意（Providence）的规划。你所发现的并非立即而整体的逻辑一贯，而是一个不停息的有机的变迁，日复一日地更生。

对吴经熊的这段描绘，吴树德评论道："这难道不像是英文的罗曼诗、威廉·霍兹华斯（William Wordsworth），或者中国诗人艺术家王维，在他们各自描摹大自然时所可能描写或摹画的吗？""法律，可否为诗？它应该能而且确实当如是，如果你是吴经熊的话你会发现——他总会不可避免地从有机的、动态的和普适的视角看待事物。"[1]

法学上的此类隐喻很多。再譬如我们此前曾提到的，诺瓦利斯曾把国家与公园加以类比。他说："一个繁荣的国家也许是一件艺术品，比公园更壮观。富有情趣的公园是英国人的发明。而一个使心灵和精神得到满足的国家，或将是德国人的发明；该发明者大概堪称一切发明者之王。"[2] 当我们把国家当作一件艺术品，当作一座——"使心灵和精神得到满足的"——公园，加以创造和建设的时候，国家和法律体系的那些建筑师或园丁（即法学家），也就具有了艺术家或诗人的属性。

---

[1] 吴经熊：《正义之源泉：自然法研究》，张薇薇译，法律出版社 2015 年版，"序一"之第 11~12 页以及正文之第 140 页。

[2] 刘小枫主编《夜颂中的革命和宗教：诺瓦利斯选集卷一》，林克等译，华夏出版社 2007 年版，第 109 页。

（2）在环境熏陶中，有一种"象教之力"

建筑，作为一种独特的设计和框架，当人们身处其中（生活、使用）并随之俯仰周旋运转时，便可产生法学上独特的熏陶和规训作用。福柯曾讨论的"敞视监狱"即是典型一例。在探讨现代空间及场地的规训意义时，高宣扬评论道："福柯非常重视现代都市建筑。都市建筑不能只从字面意义来理解，它并不是单纯指都市中的建筑群，而是指一系列与都市建筑相关的一整套制度、机构、网络、组织、人力资源、生活方式、都市精神及其他实际力量所组成的权力网络系统。"① 以此来看，"建筑文化是现代社会权力关系网络系统的基本骨架"②。于是，建筑就变成了法，即法的不成文或诗性的形态。

这是说城市建筑群，至于法庭的空间场域，也是如此。法庭建筑、设施及其布局，不仅构成环境，还构成某种景观，就像戏剧舞台上的布景一样，法庭景观同样会参与到庭审戏剧当中，并成为法的一部分：无论在艾伦茨威格的严格法院中，还是在马锡武的简易程序中，都不会缺乏"场所感"（the sense of place）。可以说，不同的环境场域或法庭空间，会显现不同的法学理念和法感倾向。因此，当这种"线下"空间改变为"在线"（即数字庭审）时，就需要我们进行线上庭审的戏剧学重构，即重建其中的法学景观和"场所感"。温德尔·贝里说："你若不知自己身处何处，你也就不知自己身为何物。"——国际私法有法谚亦曰："场所支配行为。"

与实体建筑相似，法律制度，作为一种独特的设计和程序框架，当人们身处其中（生活、使用）并随之俯仰周旋运转时，同样会被熏陶和规训。奥科·贝伦茨在评论耶林法学之"建构方法"时说，各种制度就像"那些在一栋房子里或在一座城市里规制着人们的停留或移动的诸形式，它们就性质而言（如四面墙、房间、街道与市场），并不是作为诫命，而是作为事实而被体验……如同耶林模式中所构想的一样，建筑学和城市学（Urbanistik）都与法律共同分受了纯粹人性的渊源，以及在其

---

① 高宣扬：《福柯的生存美学》，中国人民大学出版社 2005 年版，第 317 页。
② 高宣扬：《福柯的生存美学》，中国人民大学出版社 2005 年版，第 318 页。

中所奠定的连续性"①。可见，法学上的建构方法及其体系，如同建筑艺术的空间结构一样，两者共同分享着同一种熏陶和规训的逻辑和诗性。

（3）在共同行动中，也有一种"象教之力"

一项建筑活动，特别是大型建筑工程的实际建设和使用，譬如传说中的巴别塔建造，古埃及的金字塔工程，古代中国的大禹治水、修筑长城、大运河工程等，以及当代中国所倡导的"一带一路"，作为一项建设工程或设施也好，还是扩而言至一项伟大的共同事业或志业，即为了应对共同的命运和挑战，一旦人们进入该项活动中，并采取共同行为（gesammtakt）【7.3.3.3】【7.4.3】【F.2.11.5】，就会在其中得到制度性塑造，最终促成某种法律规则、原则或观念的形成。——这便是经济基础决定上层建筑。

法诗学关注"象教之力"，不仅要研究"象"所具有的概念表达力、行为规训力，还要研究"象"所具有的规范塑造力。

F.1.4. 问：法的诗性是否是法的固有特征？法律职业者的思维与"好像"思维是什么关系？

答：雷切尔·卡森有句话说得好："如果说我的关于大海的书有诗意，那绝不是我有意赋予的，而是因为，假如非要把诗意的部分删除，那就没人能够真正地写出大海。"同样，法诗学也不是要赋予法以诗性，而是因为，假如我们剔除法所固有的诗性（正如法"科"学所做的那样），那么，法就不成其为法了。在法诗学看来，诗性是法所固有的属性；这是因为，人在本质上是诗性的，所以，作为其德性创造物的法，也是诗性的。在此意义上，法，作为规范或整体秩序，是一首制度上的诗；作为判决，是一首个案正义的诗。一个法律规范或判决，若仅仅停留于假设与处理（或制裁）之间的比例之"美"（比例原则），是不够的；它还必须从"是"上升到"应当"，即实然与应然的统一。所谓"应然"，其实就是"现实的可能性＋好像的美好性"——其中包含着"好像"；只有将"可能性"的现实与"好像性"理想有机交融为一体，

---

① 〔德〕鲁道夫·冯·耶林著，〔德〕奥科·贝伦茨编注《法学是一门科学吗？》，李君韬译，法律出版社2010年版，第177页。

才是值得人们"效法"或"比照着去做"的。

法学的思维和方法,不仅是"同一律",而且是"好像律"。

卢卡契区别描写与叙事说:"描写把一切摆在眼前。叙事的对象是往事。描写的对象是眼前见到的一切,而空间的现场性把人和事变得具有时间的现场性。但是,这是一种虚假的现场性,不是戏剧中的直接行动的现场性。"在卢卡契看来:描写的对象是眼前无差别的一切,试图以全知的视角再现事物本身,然而,就像一幅"静物画",要以"空间的现场性"取代"时间的现场性",其实是"一种虚假的现场性";叙事则是把往事作为对象,视角大多跟着主人公走,并在一种时间距离之中将事物表现出来,而在这一表现中,即叙述者基本动机的逐渐显露过程中,事件的细节便一下子具备了全新的面貌。①

法叙事学亦然。在法诗学看来,作为文学或历史的叙事学、作为绘画的叙事学、作为规范的叙事学、作为证据或定案事实的叙事学以及作为裁决的叙事学——所有这些叙事学,其形式和内容虽不同,但有几点却是共同的,即选择、强调、编排、情境。在此意义上,任何一项裁决,无论是其中的规范(作为一项裁决之法律准绳的规范),还是事实(作为一项裁决之事实根据的事实),都须要在某种叙事学中,即在选择、强调、编排、情境中,得以确定下来。

法学与科学不同,它所面对的不仅是"事物本质",更主要还是"事情本身"。

所谓面向"事情本身":在法诗学看来,事不离因果,情不离人伦。所谓"事",必有其故,有其来龙去脉,才为"事";所谓"情",则必有其人,有其人伦关系,才有"情"。——此所谓"事情"。面向"事情本身",就是要我们进入实际人伦关系的境遇当中,要面对活生生的人。我们说,法律 AI 具有发达的逻辑力,但缺乏感受力,这不仅是说它缺乏审美,更主要是说它难以面对"事情本身",因此也就不会有真正的法学智慧。

在小说《康德的诅咒》中,哲学家康德对检察官斯蒂芬尼斯讲"调查"道:"如你们所知,人类心灵中最黑暗的冲动是远在理性和逻辑的

---

① 见《卢卡契文学论文集》(一),中国社会科学出版社 1980 年版,第 58~59 页。

疆域之外的。""你自信你掌握了确凿的证据，"康德继续说，"你便不相信任何与之矛盾的可能性，即使它们同你脸上的鼻子一样明白无疑。记住我对你说的话，哈诺。你的调查必须以重视'事情是如何发生的'为目标。调查不会告诉你'为什么事情是这样发生的'——动机依然隐藏在晦暗之中。逻辑和理性并非人心的向导，尽管它们可以解释人们心中的激情"。①

这就是说，只有在具体情境中，我们才能发现"事情是如何发生的"。倘若仅仅根据证据法学的要求进行所谓的"调查"，它只能告诉你这件事应被归在何"名"之下（即事实的逻辑属性），却不会告诉你"事情为什么会这样发生"（即事情本身）。

这里标识着两条法学路线。第一是科学的路线，即从案件事实"表现主义"到"再现（或重现）主义"。第二是诗学的路线，它包括（1）案件事实的"情境性"显现和（2）凝结在法律中的客观法感的"动词性"释放。

茨维坦·托多洛夫在其《诗学导论》中也说："没有理由再把诗学的研究仅仅限于文学。我们必须了解，诗学不仅是文学的文本，而是所有学科的文本，不仅是语言的创作，而是所有领域的象征。"② 在法诗学看来，诗性，不仅是"象"，更主要是"德"——诗，是强恕而行的，是意蕴生动的，是向死而生的，是见义勇为的。

F. 1. 5. 问：关于"诗性"与"德性"的关系问题。文稿中将"诗性"主要归于"德性"，这在理论上涉及艺术与伦理之别，似可再斟酌。

答：法诗学之"法"，不仅是指权威规范的逻辑存在（规范的逻辑体系及运行机制），还可以是一种修辞性、叙事性的存在，更主要还是一种诗性的存在。法诗学之"诗"，主要不是指"诗歌"，而是指"责任"，是主体间的交互"共鸣"，是生命情感上的"激越"，是德性上的"创造"。法学上的"知"，不仅仅是认识论上的"见闻之知"，也不仅仅是实践论上的"践行之知"，更主要是"德性之知"。法诗学之"学"，也

---

① 〔英〕格利高里奥：《康德的诅咒》，包慧怡译，人民文学出版社 2007 年版，第 172 页。
② 转引自〔美〕伊万·布莱迪编《人类学诗学》之扉页，徐鲁亚等译，中国人民大学出版社 2010 年版。

不仅指一门学科及其知识技能的"授与受",更主要是指法律人格的修养,是法律德性的砥砺、扩充、力行以及在具体情境下的应对和创造。

以此来看,美,只是个人的感受(审美),而善,还要求对他人有益(责任)。美,是主客体间模式下的主体所"得";善,则是主体间关系模式下的交互所"得"。因此,西方诗学中的"德",主要是一种向外在对象用力的"美"德;中国传统诗学中的"德",则是一种反向己身修炼的"仁"德。

F. 1. 6. 问:研究成果(《法诗学研究》的申报稿)中有"践行之知"一词,似应是"德性之知",最好核对原文。

答:受教。经核对原典,《法诗学研究》(申报稿)第某页之"践行之知"一词,确是"德性所知"之误,现已校正。张载《正蒙·大心篇》言:"见闻之知,乃物交而知,非德性所知;德性所知,不萌于见闻。"从原典看,"见闻之知"的对称应是"德性所知"(而不是"践行之知")。在张载看来,"见闻之知,乃物交而知"。例如《孟子·尽心下》言:"由尧舜至于汤,五百有余岁。若禹、皋陶,则见而知之。若汤,则闻而知之。""德性所知",却不是源于"物交"(即"不萌于见闻"),而是源自"良知良能"(即孟子所谓"四心")。张载主张"大其心",就是要人摆脱"见闻之知"的蒙蔽(即"不以见闻梏其心"),能"尽性"(即王阳明所谓"致良知"),从而达到物我合一的境界(即"视天下无一物非我")。①

可见,"德性所知",第一,不同于"见闻之知";第二,又区别于那种将理论或知识付诸实践的"践行之知"。应该说,"德性所知"虽亦可谓一种"践行"之"知"——"尽性"也好,"致良知"也罢,都须"践行",然"德性所知"还包含一样"践行"之"知"所没有的东西,即德性人格的"砥砺"及其诗性"扩用"——用孟子的话说,就是"强恕而行":就是要扩充"仁爱之心",将"仁"其"亲人",推广至

---

① 张载《正蒙·大心篇》言:"大其心则能体天下之物;物有未体,则心为有外。世人之心,止于闻见之狭。圣人尽性,不以见闻梏其心,而视天下无一物非我。孟子谓尽心则知性知天,以此。天大无外,故有外之心不足以合天心。见闻之知,乃物交而知,非德性所知;德性所知,不萌于见闻。"

"仁"之于"他人"、"外物"以至于"万物自然"，也就是打通"人-我"，打通"物-我"，打通"天-人"，即孟子所谓"尽心则知性知天"。在此意义上，"德性所知"，是"思与情""身与心""物与我""知与行"的贯通。在法学上，若能将"仁爱之心"，扩充推广至人与万物自然的关系，便指向了法的"生态诗学"。

F. 1. 7. 问：从你的研究成果看，主要是基于个人经验的直接阐发或体悟式描述，缺乏对前人法诗学研究的梳理。相关的研究成果可能不多，但不会是空白。正文中也大量引用了既有的研究成果或观点，但缺乏对研究现状的综述，使读者不能了解你的研究成果的起点，也难以把握你的创新之处。

答：承教。法，作为一种诗性现象，在中西法制史上普遍可以看到。中国古代政治法律文化，历来有"刑、政、礼、乐、诗、德"一体的传统。《吕氏春秋·古乐》言：昔葛天氏之乐，三人操牛尾，投足而歌八阕……帝喾命咸黑作为声，歌《九招》《六列》《六英》——乃以康帝德。……帝舜乃令质修《九招》《六列》《六英》——以明帝德。……禹命皋陶作为《夏籥》九成——以昭其功。……汤乃命伊尹作为《大护》，歌《晨露》，修《九招》《六列》——以见其善。……成王立，殷民反，王命周公践伐之……周公……乃为《三象》，以嘉其德。《礼记·乐记》亦言："乐者，通伦理者也。""礼以道其志，乐以和其声，政以一其行，刑以防其奸：礼乐刑政，其极一也，所以同民心而出治道也。""诗，言其志也。歌，咏其声也。舞，动其容也。三者本于心，然后乐从之。""礼乐皆得，谓之有德；德者，得也。"又言："先王之为乐也，以法治也，善则行象德也。"可见，政治法律规范上的要求与诗礼歌舞上的和谐律动是彼此交融相通的。应该说，"刑、政、礼、乐、诗、德"一体的中国传统法治文化，在本质上，是诗性的。这一法"诗"学传统，自上古一直延续至清末，然自清末以降，却几为法"科"学所湮灭。

从西方法律思想史看，法与诗的这种原初交融关系，曾经历过三次"切割"：第一次是法律国家主义，以罗马法学为代表，切除了法律中的不成文因素、民间因素以及非理性因素；第二次是法律科学主义，以欧洲大陆启蒙时期的法学为代表，进一步切除了法律中的"情感""好像"

"形象"等非理性因素；第三次是分析实证主义法学（特别是纯粹法学），试图彻底剔除法律中的伦理、道德乃至"情感"。经过所有这些"切割"，法所固有的形象性、好像性、情境性、感受性以及德性创造等，均作为多余的赘疣，被剔除或弱化，以至于在纯粹法律科学的视野中，法，只剩下了逻辑、规范和干巴巴的教义；法学丧失了诗性话语的空间；法感"诗人"们，被彻底地赶出了法的城邦。

然这种理论"矫割"，即便如史诗般惨烈，终究是一项不可能成功的工作，因为诗性是法所固有的本质——丧失了诗性，法，将不成其为法。经过了严酷的"切割"，法律及其运作，表面看，似乎变成了一个纯逻辑机制（譬如法典的逻辑体系、法律规范的逻辑结构、法律适用的逻辑涵摄等），然就其前提和本质言，却仍旧是"类比"、"好像"和"德性的创造"。阿图尔·考夫曼在《法律获取的程序——一种理性分析》中指出，法律获取的实际过程，是一个设证、归纳、等置、涵摄的综合机制，而其中的核心行为是"类比"或"等置"，即"将待决案件与那些肯定受相关规范调整的案件进行等置（Gleichsetzung），也就是类比"。他说，"几乎所有的法律人，尤其是从事实务工作的法律人都会在私底下承认，法学方法并非完全是理性的逻辑推论的过程，有些方法是不确定的、非理性的，在此意义上是'不科学的'"，但他们不敢正视甚至掩盖这一点。考夫曼所做的，正是对这些"非理性要素也坦率地进行理性分析"。① 可见，尽管法律逻辑学是法学方法的基本工具，但就法学的根本目的——个案正义的取得——来讲，仅靠逻辑和科学是不够的。

西方法律思想史，虽可归为一部将诗从法中"分割"出去的法律"科学"史，但仍有不少伟大的学者，直面法的诗性现象。其中两位学者的下述观点，对笔者法诗学的研究启发很大。

第一，是维柯关于"诗性智慧"的观点。在维柯看来，民政制度的三项原则，第一是婚姻（爱情观念），第二是埋葬（灵魂不死的观念），第三是天神意旨，都是诗性智慧的产物。在此意义上，诗与法是相通的——都是朝向神圣或崇高的创造。古罗马法原本是极富诗意的，马克

---

① 〔德〕考夫曼：《法律获取的程序——一种理性分析》，雷磊译，中国政法大学出版社2015年版，前言及第16页。

思曾摘引维柯的观点道："'古罗马法是一首庄严的长诗，而古代法学是严肃的诗歌，其中隐藏着法律的形而上学的最早而初具规模的萌芽……古代法学是极富于诗意的，因为它把已完成的看作是未完成的，把未完成的看作是已完成的，它把活人看作是死人，而把死人看作是成为遗产的活人。拉丁人称英雄为 heri，由此产生了 hereditas（遗产）这个词……继承人……在遗产方面代表死去的家长。'"维柯关于"诗性智慧"的观点，得到马克思的推荐。马克思赞赏了维柯思想中所包含的"比较语言学基础"和"不少的天才的闪光"。[1]

第二，是耶林关于"法律情感"的观点。耶林说："法权不是逻辑的，而是一个力的概念。"[2]"如果我要对这两个规范：不为不法和不容忍不法……进行优先性评价，我将说，法的第一规则是：不容忍不法（dulde kein Unrecht）；第二规则为：不为不法（thue kein Unrecht）……"对于权利人来说，"当我使物变成我的之时，我就使之烙上我的人格之印；谁侵犯了它，就是侵犯了我的人格，人们对它的打击，就是打击置身于其中的我本身——财产只是我的人格在物上外展的末梢"。[3] 因此，为权利而斗争，是"人格的诗歌"。[4] 对法官而言，则应"以对正义富有义务感、对制定法持批判态度的法官人格，取代无感情的涵摄机器。……世界并不是被抽象的规则统治，而是被人格统治。而这样的人格——我们无论在什么情况下，都希望保有它；所有统御国家之艺术（staatskunst），目标也就在于使它能有力地展开于所有的角落，因为唯独它在自身当中包含了使共同体繁荣、使国家开花结果的因子——这样的人格，难道我们应该独独在人性的最高任务上，将它断然抛弃，也就是在法官席上弃之于不顾吗？……？不！法官不仅应进行思考，他也可以而且应该要去感受，也就是说，在对制定法适用前，他应该先让制定法

---

① 《马克思恩格斯全集》（第三十卷），人民出版社 1975 年版，第 618 页。

② 〔德〕鲁道夫·冯·耶林：《为权利而斗争》，郑永流译，法律出版社 2007 年版，第 2 页。

③ 〔德〕鲁道夫·冯·耶林：《为权利而斗争》，郑永流译，法律出版社 2007 年版，第 21 页。

④ 〔德〕鲁道夫·冯·耶林：《为权利而斗争》，郑永流译，法律出版社 2007 年版，第 22 页。

受其法感之批判"①。

然而，如果要说法诗学研究的思想起点，则主要是下述两个思想（"两个结合"）：一是马克思关于"爱情的异化"思想；二是孟子的"强恕而行"。

第一，青年马克思和恩格斯曾一再地用"爱情的异化"的比喻和实际来形容资产阶级社会。② 关于"爱情的异化"问题，马克思在《神圣家族》一书中，作过深刻论述。他说："爱情第一次真正地教人相信自己身外的实物世界，它不仅把人变成对象，甚至把对象变成了人！"然在"认识的宁静"，即思辨的旁观者眼中，"被爱者"并非一个感性的对象，而是一个外在非感性的"客体"。这样一来，原本"诱人的、多情的、内容丰富的爱情这个对象，对认识的宁静说来只不过是一个抽象的模型：'令人迷恋的这一外在客体'，这正像彗星对思辨的自然哲学家说来只不过是'负'这个范畴一样"。所以，只有当"爱情"的"来自何处"和"走向何方"可以被 a priori［先验地］构造出来，变成抽象概念时，"爱情才会被思辨的批判感到'兴趣'"。可见，"批判的批判不仅反对爱情，而且也反对一切有生命的东西、一切直接的东西、一切感性的经验，反对所有一切实际的经验"，而"关于这种经验"，马克思说，"我们是决不会预先知道它'来自何处'和'走向何方'的"。③ 马克思批判埃德加尔说："为了把爱情变为'摩洛赫'，变为魔鬼的化身，埃德加尔先生把它变为神。在变成神即神学的对象之后，爱情自然就会受神学的批判了。"其"所用的办法是，把爱人者、把人的爱情变成爱情的人，把'爱情'作为特殊的本质和人分割开来，并使它本身成为独立存在的东西"。通过这一概念性转化，"通过谓语到主体的这一转变，就可以把人所固有的一切规定和表现都批判地改造成怪物"——"摩洛赫"。④ 即主词和谓词的颠倒：用概念性的"主词"代替了活生生的"谓词"。对此，弗洛姆评论道：在这里，马克思指出"名词代替动词的关键因素"。在

---

① 〔德〕鲁道夫·冯·耶林著，〔德〕奥科·贝伦茨编注《法学是一门科学吗?》，李君韬译，法律出版社 2010 年版，第 81~82 页。

② 参见陆梅林、程代熙编选《异化问题》（下册），文化艺术出版社 1986 年版，第 38~39 页。

③ 《马克思恩格斯全集》（第二卷），人民出版社 1957 年版，第 24~26 页。

④ 《马克思恩格斯全集》（第二卷），人民出版社 1957 年版，第 23~24 页。

"爱情"的这一异化过程中，人不再"体验爱情"，而是只有"完全拜倒在爱情女神脚下才能获得些许爱的能力。他不再是一个有感觉的活生生的人，而是异化成了一个偶像的膜拜者"。① 人可以"占有"爱情吗？弗洛姆进一步解释说："事实是，世上并没有一种叫'爱'的东西……事实上，只存在爱的行为。"爱，"意味着赋予生命以及增加活力"。② 在弗洛姆看来，爱情，不是名词性的东西，而是一个动词性的过程，不是彼此的占有，而是相互尊重和体验，不是主体对客体的主谓关系，而是主体与主体的互动。

弗洛姆提出的问题是：人可以"占有"爱情吗？我们所提出的问题则是：人可以"占有"正义或法吗？考夫曼在《法律哲学》中说："一个走向判决的电脑是可能的"。但他又立刻提醒说："当然，这时，所产生的法律是另一种法律，与法官透过判决所说出来的法律是不同的：一种法律在其中平等原则将被机械性地操纵，绝对没有考虑到具体及历史的情境，及个别性，一个瞎眼者的漫画图像，一个没有看到个别个人的正义女神，一个没有历史及非个人的法律。"③ 受马克思"爱情的异化"思想之启发，法诗学提出了"正义——从名词性的正义女神④到动词性（不及物动词）的正义"的命题，以及从法在"理"中到法在"缘"中、从"公正感"到"责任感"、从法"科"学到法"诗"学诸命题。

第二，关于"强恕而行"的思想。《孟子·尽心上》言："万物皆备于我矣。反身而诚，乐莫大焉，强恕而行，求仁莫近焉。"所谓"强恕而行"，简单说，就是"德性"的砥砺躬行＋"德性"的诗性扩用。对此，《潘子求仁录辑要》说得最为透彻。"强恕而行"，首先是"德性"的砥砺躬行：就"知性之事"言，要"力行以深造浑然一体"；就"尽性之事"言，则要"力行以恰尽浑然一体"；两者都须要砥砺躬行。其

---

① 〔美〕弗洛姆：《占有还是存在》，程雪芳译，上海译文出版社 2021 年版，第 25 页。
② 〔德〕弗洛姆：《占有还是存在》，程雪芳译，上海译文出版社 2021 年版，第 51 页。
③ 〔德〕考夫曼：《法律哲学》，刘幸义等译，法律出版社 2004 年版，第 183 页。
④ 维柯曾指出，在诗性宇宙中，"由女星神阿斯利亚（Astraea）在大地上主持公道和正义。她头戴麦穗冠，手持天秤，因为最初的人类公道就是由英雄们颁布给人民的第一次土地法"。〔意〕维柯：《新科学》，朱光潜译，人民文学出版 1986 年版，第 369 页。然而，当人们把正义变成"正义女神"，进而抽象为"正义理念"时，原本处于正义状态中的人，就变成了追求抽象正义的人；正义变成一个独立的概念实体，并与具体的人分离，人也就不再体验正义，只是作为旁观者去膜拜正义或研究正义了。

次，是"德性"的诗性扩用。在潘子看来，"仁也者，浑然天地万物一体，而充周于未发，条理于发见，吾人日用平常之事也"。凡"不能浑然天地万物一体者，止是彼我两人不浑然一体也"。凡"有志于复性者，即我日用之发见扩而充之，以通人我之隔碍而已"。① 这就指明了路径，若要"格通彼我"，就须"大其心"，即扩充其"仁爱之心"，用张载的话说，就是"民吾同胞，物吾与也"。就法学来说，这就指向了法的"物权诗学"、"生态诗学"以及人格诗学。

基于孟子"强恕而行"以及张载"大其心""民吾同胞，物吾与也"的思想，法诗学提出了"生态自然——从物权到伦理关系"的命题，以及从"所有权"到"共用权"、从法的生态"科"学到法的生态"诗"学诸命题。

F. 1. 8. 问：关于"法诗学"的体系问题。研究成果（申报稿和结题稿）在内容和布局上，给人以"散论"之感，各章间的"逻辑体系性安排还有提升的空间"。

答：承教。原《法诗学研究》（申报稿），主要从三个方面组织材料，即法的诗性方法论、法的诗性发展论、法的诗性教育论。在这次《法诗学研究》出版稿中，作了一些补充和改进。在体系或结构上，全书调整为四部分：第一部分是总论（主要讨论法的诗性品格），核心是法诗学论纲。第二部分是"好像"（主要讨论法的诗性思维，包括想象、类比、纳入、拟制、复调、赋活等问题）。第三部分是"觋视"（主要讨论法的诗性方法，包括超越、融通、情境等问题）。第四部分是"德性人格之扩用"（主要讨论法的人格诗学和诗性境界等问题）。其中，"好像"虽是诗性思维问题，其实也是诗性方法，只是侧重于思维论；"觋视"虽是诗性方法，其实也是诗性思维问题，只是侧重于方法论；两者构成法的诗性现象论。"德性人格之扩用"虽是诗性境界问题，其实也是现象论，但侧重于境界论。

全书虽然作了一定调整和完善，但自认并未能从根本上改变"散

---

① （清）潘平格撰，钟哲点校《潘子求仁录辑要》卷一"辨清学脉上"，中华书局 2009 年版。

论"之感：还是凌乱而不成体系。这是因为，一方面，法诗学的研究和写作，是在阅读思考、随感笔记、上课答疑的过程中逐渐积累完成的，带有心得和问答的痕迹；另一方面，似也从未着意要建立一个法诗学的体系。既然是用诗学的方法研究法的诗性现象，或许某种对话或书信体的式样，更符合论题的身材。现在想来，每一次写作，似乎都是在写一封回信（Email 也好、微信公众号文章也罢），总有一个具体的收信人等待在对面；这样的"回信"积累起来，就是现在这本《法诗学研究》。

F. 1. 9. 在一次学术评议会上，我作了关于法的生态诗学的发言，题目是"人与自然和谐共生理念的法诗学研究"。一位评委听后断言道："人与自然和谐共生理念的法诗学研究是不可能的。"那么——

问："法的生态诗学"（或人与自然和谐共生理念的法诗学研究）是否可能或有何价值？

答：我们知道，新修订的我国《海洋环境保护法》① 第 1 条规定："为了保护和改善海洋环境，保护海洋资源，防治污染损害，保障生态安全和公共健康，维护……建设……推进……促进……实现人与自然和谐共生，根据宪法，制定本法。"这就是说，"人与自然和谐共生"正式成为一个法律概念【12.4.2】。其中的"共生"一词，该作何解呢？对此，法"科"学与法"诗"学有不同的观察和解读。

孔子曰："饮食、男女，人之大欲存焉。"恩格斯在《家庭、私有制和国家的起源》（1844 年第一版序言）中也说：有两种生产，一种是生活资料的生产（食物等），另一种是人自身的生产（即种的繁衍）。在法诗学看来，"饮食""男女"，不仅是人类最基本的两种"生存"方式，还是人类认识和建构世界的两个最基本的"喻体"，即，法"科"学是建立在"饮食"隐喻基础上的，而法"诗"学是以"男女"为喻的【12.0.2】。因此，关于"人与自然和谐共生"中的"共生"一词，法"科"学与法"诗"学就会产生不同的解读。从"饮食"隐喻出发，法"科"学将自然视为人的外在"环境"，并在物法（即主客体间的法律关系）上去构建"人与自然和谐共生"关系。从"男女"隐喻出发，法

① 2023 年 10 月 24 日，第十四届全国人民代表大会常务委员会第六次会议修订通过。

"诗"学则将自然视为与人和谐共生的"生态",从而在"人法"(即主体间的法律关系)上去构建"人与自然和谐共生"关系。在这一诗学理解中,不仅有"拟人"和"同情",还有由彼至己的"节制"和对对方的"责任"。

1. 生态问题(譬如环境污染等),不仅是生态系统自身的问题,还是一个伦理学、法学问题。马克思说:"社会是人同自然界的完成了的本质的统一,是自然界的真正复活,是人的实现了的自然主义和自然界的实现了的人道主义。"① 因此"人与自然的和谐共生",是人的自然化与自然的人文化辩证统一的过程和状态。唐纳·奥斯特(Donald Worster)在其《自然的经济体系:生态思想史》中说:"我们今天所面临的生态危机,起因不在生态系统本身,而在于我们的文化系统,要度过这一危机,必须尽可能清晰地理解我们的文化对自然的影响。"唐纳·奥斯特又说:"我们今天所面临的全球性生态危机,起因不在生态系统的机能,而在于我们的伦理系统的作用。"马克思指出:环境危机的真正解决不仅应是"人与自然之间的矛盾的真正解决",还必须是"人与人之间矛盾的真正解决"。 习近平总书记在 2014 年的一个讲话中引用唐代诗人白居易的话说:"天育物有时,地生财有限,而人之欲无极。以有时有限奉无极之欲,而法制不生其间,则必物暴殄而财乏用矣。"② 以此来看,生态危机的解决,并非一个纯粹生态系统自身的问题,更重要还是一个法学问题。

2. 生态问题,不仅仅是一个法学问题,还是一个诗学问题。马克思曾提出自然界是"人的身体"的论断以及"自然向人生成"的命题。马克思说:"自然界是人为了不致死亡而必须与之处于持续不断的交互作用过程的、人的身体。所谓人的肉体生活和精神生活同自然界相联系,不外是说自然界同自身相联系,因为人是自然界的一部分。"③ 德里斯在《生态批评》一书里也说:"生态批评,作为行动主义者的哲学,有一个基本的任务,那就是超越在西方的话语和实践中将人与自然分离开来的二元论思考。"埃里克·史密斯也说:"二元对立导致的弊端是:主体蔑

---

① 〔德〕马克思:《1844 年经济学哲学手稿》,人民出版社 2014 年版,第 79~80 页。
② 习近平《在中央财经领导小组第六次会议上的讲话》(2014 年 6 月 13 日)。
③ 〔德〕马克思:《1844 年经济学哲学手稿》,人民出版社 2014 年版,第 52 页。

视卑微的客体，文化把自然对象化。"这种"二元论"，表现在传统法学上，就是把自然界视为"环境"，视为"物权"或"所有权"之客体。然以"人与自然和谐共生"的观念来看，这种"二元论"法学观是"科学主义"的，也是人类中心主义的"自私"：无论是物权关系（例如所有权概念），还是契约关系（例如契约自由），都是"物格化"思维的扩张，在本质上是一种"异化"。法的生态诗学，就是要我们在法学上"赋活"并重构人与自然之间的关系；借用宋代学者张载的话，就是"民吾同胞，物吾与也"。

3. 所谓生态诗学，既不同于生态学，又不同于浪漫主义诗学，而是生态学与浪漫主义诗学的有机交融或统一。实际上，生态学与浪漫主义诗学二者本就是相通的。

（1）生态学意义的本体是一种关系性本体而非实体，因此，生态学的思维就是一种整体思维而非分析性的思维；浪漫主义诗学，亦然。

（2）生态学精神主张人与自然的和谐共生，并将这种和谐的实现归结为人与人的和谐以及人类精神内在结构上的和谐。同样，浪漫主义诗学，也强调人与自然的和谐（柯尔律治）；并认为只有以仁爱之心对待万物，人生才具有诗意，也才会"诗意栖居"于大地（荷尔德林、海德格尔）。

（3）生态学讲共生、共用、共享，讲"天人合一"，讲"民胞物与"——本身就是一种诗性精神。同样，浪漫主义诗学，主张融入自然、融入万物、融入生活之美学境界——这本身也是一种生命形态。

4. 在汉语中，物相偶，谓之"丽"——在相偶中，彰显彼此之特征；人相偶，谓之"仁"——在相偶中，产生彼此间的共鸣。在法学上，当我们将"丽"，扩用至人与人、人与物，或将"仁"，扩用至物与物、人与物，从而达到"义"或"宜"的效果时，我们便进入了"诗"【F.2.12】。在此意义上，法的生态诗学提出并讨论了如下命题。

（1）在"人与自然"的关系上，提出从"环境"到"生态"的命题。

（2）在"人与物"的关系上，提出从"财产"到"共用物"的命题。

（3）在"人与人"的关系上，提出从"权利"到"责任"的命题。

正如六艺之"射义"所喻:"射者,仁之道也。射求正诸己,己正而后发。发而不中,则不怨胜己者,反求诸己而已矣。"(《礼记·射义》)与"追逐猎物"的向外用力不同,"射礼"是反求诸己的,"爱情"也是反求诸己的。吴康斋言:"为君子,当常受亏于人,方做得。盖受亏,即有容也。"梁启超对此评论道,吴先生此语,"言权利思想者,必唾弃之,然自治之道,实应尔,不然精神无时得清"。法诗学亦然,其所重者,不是权利(诉诸他人),而是责任(反求诸己),不是责人,而是责己。吴康斋言:"日夜痛自点检且不暇,岂有工夫点检他人?责人密,自治疏矣。可不戒哉!"① 法诗学之归依,主要不是从传统权利观念出发的"责人",而是从责任观念出发的"自治"。

(4)在"人与法"的关系上,提出从"旁观"到"体验"的命题。

5. 秉持着这一法的生态诗学之理念,在近十年的法律教育教学中,我们带领研究生进行了一些探索和研究:a. 以上海野生动物园为调研对象,提出对野生动物从"利用"到"保护"的研究建议;b. 关于地类问题,以我国《土地管理法》为对象,提出从"利用地"到"生态地"的概念研究;c. 关于"人与物""人与自然"的法律关系,提出了从"财产"(property)到"共用物"(Common)的命题。d. 关于城市规划和建设,提出从"工程"到"设施"再到"家园"的命题。

6. 利奥波德在《沙乡年鉴·序言》中写道:"土地是一个共同体的观念,是生态学的基本概念,但是,土地应该被热爱和被尊重,却是一种伦理观念的延伸。"然生态诗学与社会或人格诗学,其实是相互发明、相互影响的。一方面,所谓生态诗学,其实就是伦理学的原则在自然生态领域的诗性扩用,譬如,将"仁"之观念从人与人之间扩展到人与自然、人与物之间;再譬如,赋予自然(包括动物、植物、江河湖海空气大地等)以道德权利或法律人格(法人地位)等。另一方面,所谓社会和人性生态的诗学,其实就是自然生态观念(包括生命观、整体观、平衡观等),回过头去反哺人伦和人性关系,形成所谓社会的生态诗学和人性的生态诗学。这样一来,所谓生态诗学,就不再狭义地仅仅是指自然界,还包括社会和人性,即在人际关系和人的心理结构中,同样有一个

---

① 梁启超编著《德育鉴》,译林出版社 2022 年版,第 135 页。

生命性、整体性、平衡性问题。

7. 法的生态诗学，或"人与自然和谐共生视域下的法诗学研究"，不仅要关注"人与自然""人与物""人与人""人与法"的关系，还会研究人性生态的问题，即人格精神结构（情—理、身—心、知—行）上的生态平衡问题。

罗斯金对"哈姆雷特"的心理结构作过分析。哈姆雷特的人格之所以是病态的，其最大的问题就是"知行不一"。一个正常的人，他的心理结构应该是有机平衡的整体，包括理性与感性的平衡、思维与行动的平衡、知与行的平衡等。罗斯金认为，在一个正常思维中，"来自外在对象的感观印象（the impression from outward objects）与内在理智的运作（the inward operations of the intellect）之间，是个平衡状态"。或者说，在"对我们感观对象的注意和对我们思维活动的沉思之间，即现实世界和想象世界之间，保持应有的平衡"，对于我们的人格或精神健康言，这是必不可少的。但"在哈姆雷特身上，这种平衡被破坏了：他的思想以及他幻想的形象，比他实际感觉到的东西生动得多；而他所感觉到的那些东西本身，因为要立即通过一种媒介，即他的种种沉思，所以在通过的时候，便获得了一种非其自身天然具有的形状和色彩。因此，我们见到一种巨大的，甚至是庞大无比的理性活动，我们还见到了随此理性活动产生，并与之成比例的，对采取具体行动的反感"。这就是知与行的割裂与失衡。

8. 在法的生态诗学看来，自然生态失去平衡，会产生自然危机；社会生态失去平衡，会产生社会危机；同样，人格或人的精神结构失去平衡，就可能出现人格的危机、精神危机。而人格精神生态（即情—理、身—心、知—行）的失衡，本质是一个教育诗学的问题。当今中国的法学和法学教育所面对的，正是这样一种综合性的生态危机。

（1）首先就是自然生态的失衡：重人对自然或外在事物的单向占有和支配，而轻与自然或外在事物的共存和共享。

（2）其次是社会生态的失衡：重官方，轻民间；重规制和管制，轻治理、对话；重静态规范下的抽象人际关系，轻动态情境下的具体人际关系。

（3）最根本的则是人格生态的失衡：重理论，轻实践；重逻辑，轻诗性思维；重科学知识，轻德行和人格。

9. 我们说，法诗学是一门君子之学。法诗学所谓"人格"，不仅是指个人品德上的独特禀赋，更主要是仁爱与创造的诗性统一。

（1）人格首先是一个诗性的"关系"范畴。用梁启超的话说，"人格不是单独一个人可以表见的，要从人和人的关系上看来。所以仁字从二人，郑康成解他作'相人偶'"，"要彼我交感互发，成为一体，然后我的人格才能实现"。① 仁爱本身，即是诗性的。谭嗣同言："仁，以通为第一义。"② 马一浮亦言：《诗》，以感为体。凡能感人者，皆为诗。而"此心之所以感人者，便是仁，故《诗》教主仁。说者、闻者同时俱感于此。便可验仁"。③

（2）人格是"良知良能"的砥砺发用或仁爱之德的诗性扩用，即德性的扩充、类推及其在具体情境下的应对和创造。孔子曰："夫孝，德之本也。……始于事亲，中于事君，终于立身。""孝悌之至通于神明，光于四海，无所不通。"（《孝经》）曾子亦言：吾闻诸夫子，"断一木、杀一兽，不以其时，非孝也"。④《中庸》所谓"君子时中"，即德性在具体情境下的创造性应对。

（3）人格不是分裂而是一种诗性交融的平衡状态——在人格中，就像一对恋人：理智与情感、逻辑与想象是融合的；身与心、知与行是交融的；人与人、人与物、天与人也是融为一体的；故曰："仁者浑然与万物同体"（程颢《遗书》卷二上"识仁"）。

有学者说，造成自然生态危机的根源，在文化、在制度，即社会生态的失衡；固然是有道理的。但以法的生态诗学观点来看，所有这些危机，最根本的原因，还在人格生态的失衡，即情—理、身—心、知—行的割裂和疏离。韦尔南说："人在其本质中就是一道目光。"然在法诗学看来，这道"目光"中绝不能没有"爱"。

---

① 梁启超：《为学与做人》，载梁启超著，彭树欣选评《梁启超修身讲演录》，上海古籍出版社 2018 年版，第 188 页。
② （清）谭嗣同：《仁学·仁学界说》，朝华出版社 2017 年版，第 13 页。
③ 马一浮：《复性书院讲录》，山东人民出版社 1998 年版，第 57 页。
④ 方向东撰《大戴礼记汇校集解》，中华书局 2008 年版，第 516 页。

F.1.10. 问：文稿中使用了大量诗学术语，譬如"好像""赋活""融通""复调""觑视"等，将这些术语引入法学，就应将其法学意蕴作进一步解释。何谓"复调"？

答：在法诗学看来，法或法学，并非一个单纯的逻辑体系，而是充满活力和复调的正义共同体。譬如耶林的法学，即可谓由"概念＋利益＋法感"构成的"复调"。"复调"一词，原是一个音乐和文学上的术语。俄罗斯文艺评论家巴赫金就说："有着众多的各自独立而不相融合的声音和意识，由具有充分价值的不同声音组成真正的复调——这确实是陀思妥耶夫斯基长篇小说的基本特点。在他的作品里，不是众多性格和命运构成一个统一的客观世界，在作者统一的意识支配下层层展开；这里恰是众多的地位平等的意识连同它们各自的世界，结合在某个统一的事件之中，而相互间不发生融合。"① 从巴赫金的观点来看，长篇小说中的这一"复调"风格，主要有四个要点。（1）复合性。它不是一个杂多或机械的复合体，而是一个诸要素的有机统一体。（2）事件性。彼此独立的元素所构成的这一有机复合体，不是融合于一个单一的意识（作者的意识）之下，而是集结于一个具体事件之中，并获得某种和谐的统一。"陀思妥耶夫斯基像是这样一位房主人，他能同形形色色的客人应付裕如；他善于驾驭这帮混杂相处的宾客，并使他们处于同样的紧张状态。"② （3）对话性。这一事件性的集结，不是"独白"，而是"对话"性的；但又不是作家那种独白式的"对话"（不同人物不过是作家灵魂附体的传声筒而已），而是实际生活中，具有独立意志的人们之间的那种真正的"对话"。用巴赫金的话说："陀思妥耶夫斯基笔下的世界的完整统一，不可以归结为一个人情感意志的统一，正如音乐中的复调也不可归结为一个人情感意志的统一一样。"③ 毋宁说，是一种相互尊重的斗争关系中的对话统一体。（4）放任性。作家似乎不是"对话"的参与者或组织者，而是仅仅满足于"对话"的召集人和放任者。巴赫金引用卢那

---

① 〔苏〕M. 巴赫金：《陀思妥耶夫斯基诗学问题——复调小说理论》，白春仁、顾亚玲译，生活·读书·新知三联书店 1988 年版，第 29 页。

② 转引自〔苏〕M. 巴赫金：《陀思妥耶夫斯基诗学问题——复调小说理论》，白春仁、顾亚玲译，生活·读书·新知三联书店 1988 年版，第 46 页。

③ 〔苏〕M. 巴赫金：《陀思妥耶夫斯基诗学问题——复调小说理论》，白春仁、顾亚玲译，生活·读书·新知三联书店 1988 年版，第 50 页。

察尔斯基的话说，陀思妥耶夫斯基把人生的各种课题，"交给这些各具特色、为欲念所苦恼、燃烧着狂热之火的许多'声音'去讨论，自己却好像只是出席旁听这类牵动神经的论争，怀着好奇心看这一切如何收场，事情往何处发展"①。简单来说，文学上的"复调"，就是——作家以放任者的立场让剧中角色按照角色本身的逻辑在对话中展现他们自己。

1. 法学上"复调"的一个例子是"耶林法学"。耶林的法学思想具有比较复杂的结构，可谓一曲由"概念+利益+法感"构成的"复调"音乐。其中，概念是基调，"法感"（rechtsgefühl）是灵魂，而概念和利益之间的"对话"构成其主要旋律。

（1）先说概念。关于法学概念及其建构方法，耶林有一个独特的命题，即"概念"交配，产生新的"概念"。② 在耶林看来，法律概念是一个个自足的精神实体，就像莱布尼茨的单子一样（独立、自为、能动，甚至具有自己的知觉和欲望），能够成为法学思维的单位、法律科学的基础、法律体系的构件。在耶林看来，如果说法律实务家是在前线解决纠纷，那么，法学理论家则是在后方进行"概念的劳作"。耶林说："在实务家身上，造就的是诊断（diagnose）的技能，也就是能够轻易而稳当地认识到个别案件的法律本质；在理论家身上，造就的则是抽象化的能力。"③ 法学理论家要做的，耶林比喻说，是"把个别案件中所寻得与赢得的事物，载入到收支簿（kassabuch）里面，并且对其进行监管。但他不应该只是记录下新的成就，他更应该要利用（verwerthen）这些成就……他应该要把它们提升到概念的一般性层次。他起先小心翼翼地汇集涓滴，而后使之集结成一道细流，当他得到这细流并且又使之扩充为洪流的时候，他就要为其寻找正确的河床"。④ 相较而言，概念法学的基本优势在于：（a）将法律实务中所取得的成就，提高到概念层次；

---

① 〔苏〕M. 巴赫金：《陀思妥耶夫斯基诗学问题——复调小说理论》，白春仁、顾亚玲译，生活·读书·新知三联书店 1988 年版，第 66 页。

② Jhering, "Die Begriffe sind produktiv, sie paaren sich und zeugen neue." Rudolf von Jhering, *Der Geist des römischen Rechts auf den verschiedenen Stufen seiner Entwicklung.* Bd. Ⅰ.1, aufl. Leipzig, (1866), §3, S. 29, 40.

③ 〔德〕鲁道夫·冯·耶林著，〔德〕奥科·贝伦茨编注《法学是一门科学吗?》，李君韬译，法律出版社 2010 年版，第 79 页。

④ 〔德〕鲁道夫·冯·耶林著，〔德〕奥科·贝伦茨编注《法学是一门科学吗?》，李君韬译，法律出版社 2010 年版，第 84~85 页。

（b）将概念带进正确的形式之中，使之成为科学。关于法律理论家和法律实践家之间"携手"的关系，耶林说："我毋宁是认为，为着理念自身而实现理念乃是国家最神圣的义务。可是这也许是理论家的理想主义。"实践家"会耸耸肩拒绝这种义务要求，我也不会去责怪他。但是，正因如此，我需要把问题的实际方面展示出来，使他有充分的理解"，"在这里，法律理念和国家利益携手并进"。①

（2）再说利益（包括功利、效益、目的等因素）。（a）关于利益与概念的关系。一方面，耶林说："法学，原则上可以沿着法律理性（ratio iuris）一路展开，直到效益（utilitas）出来挡住其通路并且提出抗告。"②可见，利益是一种可以废止概念效力的力量。但另一方面，耶林又说："整个法律不外乎是一种独一无二的目的创造物，一个具有无数只触手的法律八爪鱼，这些触手被称为法律命题（Rechtssätze）。从这些法律命题出发，每个人都可以意欲某件事，或以其为目的，或努力达成之。"③ 这就是说，第一，法律（客观法）是社会生活的"合目的"的展开④；第二，就像一只"法律八爪鱼"一样，法律（主观权利）通过它的"无数触手"——法律概念以及由概念所构成的法律命题——来实现其各种各样的具体利益。可见，利益是通过概念来实现的。总起来说，一方面，利益是可以废止概念效力的力量；另一方面，利益又要通过概念来实现自己。（b）关于利益与"法感"的关系，耶林说："驱使受害人提起诉讼的，不是利益，而是对遭受不公的道德痛楚；对受害人而言，当做的不是单单地为了重新获得标的物——他也许一开始就把它献给了济贫机构，一如在这些案件中为确定真实的诉讼动机经常发生的——而是为了

---

① 〔德〕耶林：《权利斗争论》，潘汉典译，商务印书馆 2019 年版，第 93 页。

② Rudolf von Jhering, *Der Geist des römischen Rechts auf den verschiedenen Stufen seiner Entwicklung*. Bd. Ⅱ. 2, aufl. Leipzig, (1883), §41, S. 387. fussnote 528a, (1869).

③ 转引自〔德〕奥科·贝伦茨《耶林的法律演化论：在历史法学派与现代之间》之注释（75），见〔德〕鲁道夫·冯·耶林著，〔德〕奥科·贝伦茨编注《法学是一门科学吗?》，李君韬译，法律出版社 2010 年版，第 179 页。

④ 按：耶林关于法律是"社会生活的合目的的展开"这一观念，可与吴经熊下面一段话互参对看。吴经熊在《霍姆斯法官的法律哲学》中说："法律并非一个孤立的世界，而是人类一种特有的行为模式，是世界进程的一根独特杠杆，是据以疏导那无处不在的宇宙进化洪流的一条独特渠道。"见〔德〕施塔姆勒《现代法学之根本趋势》之"附录"，姚远译，商务印书馆 2018 年版，第 114 页。

承认其权利。一种心灵之声对他说，他不可退缩，之于他，这不关无用的标的物，而关乎其是非感，其自尊，其人格——质言之，之于他，诉讼从一个单纯的利益问题变成了一种人格问题。"① 可见，"是非感"（或法感、权利感），是比"利益"更为根本的人格性的力量。

（3）再说法感。耶林认为，创造奇迹的，不是认识，不是教养，而是情感；唯有情感，才能解释"法感"的实际力量，这"完全犹如爱的力量"。耶林说，"法律的力量，完全犹如爱的力量，存在于情感之中，理解不能替代尚欠缺的情感。然而，犹如爱情，自己经常全然不知，一有风吹草动，才被充分意识到，是非感常常也是在完好的状态下不知自己为何物，包含着什么，然而，侵权是一个迫使人表白、使真相大白于天下、使力量显示出来的痛苦的问题"。② 可见，"是非感"（或法感），就像"爱情"一样，是一种事件性的综合情感，在受到侵害并在"斗争"中，得到最充分的显现——正如不存在抽象的爱情一样，也不存在抽象的法感。

（a）关于"法感"与法律（主观权利）的关系，耶林反对把"法感"作为不法行为的工具。例如，在《威尼斯商人》中，对于夏洛克的判决，鲍西亚法官作出了"不带一滴血的肉"的解释。科勒教授赞赏说，"这是为了必要，戴上狡猾辩解的假面具，在托辞的掩蔽下取得的"的"法律意识"的胜利。耶林对此表示反对。他质问道："为了人道起见而干的不法行为就不成其为不法行为了吗？而且，如果说目的一度使手段神圣化，那么为什么不在判决中做成，为什么在作出判决后才进行？"耶林痛切地驳斥道：当判决已经作出，已经确定了当事人的权利，胜诉者"打算按照判决书的授权去做的时候，那个曾经庄严地承认其权利的法官，却提出异议，阻挠其权利实现。这是一种卑鄙的毫无意义的诡计"。③ 可见，"法感"的操作，其功效主要是——在权利实现之前或

---

① 〔德〕耶林：《为权利而斗争》，郑永流译，法律出版社 2007 年版，第 12 页。

② 〔德〕耶林：《为权利而斗争》，郑永流译，法律出版社 2007 年版，第 22 页。

③ 〔德〕耶林：《权利斗争论》之作者序，潘汉典译，商务印书馆 2019 年版，第 13、16 页。另可参见《晋书·刑法志》："法轨既定则行之，行之信如四时，执之坚如金石，群吏岂得在成制之内，复称随事之宜，傍引看人设教，以乱正典哉！何则？始制之初，固已看人而随时矣。今若设法未尽当，则宜改之。若谓已善，不得尽以为制，而使奉用之司公得出入以差轻重也。"陆心国《晋书刑法志注释》，群众出版社 1986 年版，第 107 页。

之中——进行导航，而不是在权利已经获得（或确定）之后再去干扰或
改变。

（b）关于"法感"与概念的关系，耶林认为：面对一个案件，首先
要听听"法律感觉的声音，然后才开始做法律上的理由构成。如果论证
的结果与法律感觉不一致，那么这项说理就没有价值"①。耶林指出：
"逻辑上所设定的事物，并非必定要被实现；生活、交易、法感所设定的
事物才是如此，无论它们在逻辑上是必然的或者不可能。"② 因此，对于
法律实务家而言，"法感"不仅是他的逻辑前导，而且，当它实际支配
一个案件的时候，还包含着他关于概念和利益的通盘考虑。

2. 法学上"复调"的另一个例子是"国际私法学体系"。概念法学
与利益法学的这一"复调"，在国际私法学上，主要表现为两个方面的
平衡。（1）首先是立法与司法的平衡，即立法层面的概念问题与司法层
面的利益问题二者之间的平衡，前者是客观法问题，而后者则是法官在
个案中的司法决定问题；前者是抽象正义（包括实体法上的正义、程序
法上的正义和冲突法上的正义）问题，后者是个案正义或具体正义问题。
（2）其次是冲突法上的正义与实体权利上的正义之间的平衡：冲突法所
追求的正义是争议解决中的国际正义问题。当一个冲突规范适用于一个
具体案件时，冲突法正义即发生作用。例如，人的能力问题适用其国籍
国法，就是国际正义的体现。就一个具体的权利主体而言，一方面，冲
突法上的正义，决定着他"跨法域"法律冲突中的实体法律选择；另一
方面，任何一项具体的法律选择，又都是根据具体案件中的利益衡量才
作出的。例如，当丈夫和妻子具有不同的国籍时，人们就不得不转向他
们的共同住所地法。同样，如果一个合同通过具有不同利益的代理人而
成立，那么该合同问题适用当事人意思自治选择的法律，而其中的代理
问题则可能要适用代理权的行使地的法律。

在德国国际私法学家凯格尔看来，国际私法学上的正义，就是概念
与利益的二元结构的统一；国际私法学总论所追求的正义，是冲突法上

---

① 转引自吴从周《概念法学、利益法学与价值法学：探索一部民法方法论的演变史》，
中国法制出版社 2011 年版，第 63 页。
② Rudolf von Jhering, *Der Geist des römischen Rechts auf den verschiedenen Stufen seiner Entwick-lung*. Bd. Ⅲ. 1, aufl. Leipzig, （1865）, § 59, S. 302f. （1888）, § 59, S. 321f.

的正义，而其分论的正义，则是实体权利的正义。因此，在总论中，具支配地位的理论是法律关系"本座"说，而在分论中，则主要是"利益分析"学说。总论是法律适用的"一体制"，而分论则是"分割制"。识别问题，亦然。总论强调准据法所属国的法学理念，而分论则强调法院地的法学观念。国际私法的总论和分论之间的这种平衡，即可谓"概念"与"利益"之间的一种"复调"。

3. 法典上的一个例子是《塔木德》（*Barry Scott Wimpfheimer* 所讨论的例子）。[①] 我们知道，《塔木德》是犹太教的重要典籍，亦称"口传圣经"，或《犹太教法典》。[②] 《塔木德》虽为"律法"，却并不生硬僵化；有律法命令"哈拉卡"，也有人物故事"哈加达"；在诫命与故事之间，不完全一致，却又相互呼应，具有"复调"的特征。例如，关于普林节饮酒的规定，法律戒律和法律叙事是并置在一起加以表述的：（1）先是法律戒律的要求——拉巴说：人们必须在普珥日喝醉，直到不能分辨是非，不能分辨哈曼是该死的还是末底改是有福的。——这显然是一个命令性要求。（2）紧跟着就是一个法律故事——有一次，拉巴和拉伯谢拉一起于普珥日摆设筵席，拉巴喝醉后把拉伯谢拉杀了；但事后拉巴又把拉伯谢拉救回了人间，并请求了拉伯谢拉的宽恕；一年后，拉巴又对拉伯谢拉说：来吧，我们一起守普珥日吧。但拉伯谢拉拒绝了，他对拉巴说：奇迹不是每次都会发生的。——这显然是一个与律法命令不一致的故事。问题是，在普珥日那一天，到底应不应该醉酒呢？

然而，法典虽将二者矛盾地并列在一起，但显然不是要将律法要求与故事意指作为一对矛盾加以呈现，也就是说，它并不试图激化或消解两者之间的紧张关系，而恰恰是要将二者并置于一种"复调"的关系中，以达到最佳的表达效果。这就提醒我们，在阅读此类"复调"性的法律文本时，应当高度小心，避免用"独白"的立场误读"复调"的文本。用单一规则或原理体系的眼光（眇视），去阅读一个复调性的法律文本（例如《塔木德》"律法+故事"的法律文本），就可能曲解文本，

---

① Barry Scott Wimpfheimer, *Narrating the Law: A Poetics of Talmudic Legal Stories*, Chapter 1, Published by University of Pennsylvania Press, 2011. pp. 10–30.

② 按：广义《塔木德》包括《密西拿》和《革马拉》，狭义单指《革马拉》。《革马拉》又分两大体系：巴比伦《塔木德》和巴勒斯坦《塔木德》。

也就很难获得不同调式之间"互斥即互补"的那种整体融贯的高级体验，从而降低了该文本的真正价值。

如果我们将"保持对真理唯一把握的分析和论证模式"命名为逻辑模式的话，那么上述"复调"模式，则可谓一种诗学模式。在不同调性的彼此"对话"中——正如巴赫金所指出的——在独立实体之间的对话中，任何实体都不依赖于另一个实体，但双方都会尊重并受到另一实体的影响，从而达到某种更加高级的艺术效果。

4. 在中国法律文化传统中，礼与法也可构成一种司法或立法上的"复调"。典型的例子就是唐代陈子昂《复仇议状》。徐元庆为复父仇杀死县吏赵师韫（唐天后时，有同州下邽人徐元庆，父徐爽为县吏赵师韫所杀。徐元庆鬻身佣保，卒手刃父仇，束身归罪）。陈子昂《复仇议状》言，"立礼，所以进人；明罚，所以齐政"；"修礼理内，饬法防外"；守法者不可以礼而废法刑，居礼者不可以法而伤礼义。这就是说，礼的作用重在对人的教育，法的作用重在国家秩序。礼与法虽各有自己的精神情感倾向和管辖适用范围，但又是统一而并行不悖的。因此指出："如臣等所见，谓宜正国之法，置之以刑，然后旌其闾墓，嘉其徽烈，可使天下直道而行，编之于令，永为国典。"为朝廷采纳。就这样，礼之"进人""理内"与法之"齐政""防外"，各得其所，相得益彰。柳宗元将其概括为"诛之而旌其闾"。亦可谓礼与法的"复调"。

F. 1. 11. 问：文稿中有些表达晦涩，个别生僻词的使用影响读者的阅读习惯。譬如"觊视"等，何谓"觊视"？"觊视"的法学内涵是什么？

答：所谓"觊视"【8.1.2】【9.4.2】【10.2.1】【10.2.2】【10.2.3】【11.2.1.3】，简单说就是一种诗性的"看"。鲁迅曾提到两种"觊视"。在《连环图画琐谈》中，鲁迅说："中国画是一向没有阴影的，我所遇见的农民，十之九不赞成西洋画及照相，他们说：人脸哪有两边颜色不同的呢？西洋人的看画，是观者作为站在一定之处的，但中国的观者，却向不站在定点上。"[①] 可见，"觊"视，是一种并视或综观。在《出关》

---

① 见《鲁迅杂文集》（卷5）之"连环图画琐谈"，春风文艺出版社1997年版，第63~64页。

中，鲁迅转译了老子的一段话，原文出自《庄子》，老子对孔子说："夫白鶂之相视，眸子不运而风化；虫，雄鸣于上风，雌应于下风而风化；类，自为雌雄，故风化。"（《庄子·天运》）以此来看，"觊"视还是一种基于对视的共鸣或感应。

在本书中，"复调"是音乐诗学上的概念；"赋活"是生态诗学上的概念；"觊视"则是视觉诗学上的概念。——法诗学就是借用这些诗学概念研究法的诗性现象或问题。我们知道，传统法学方法论上，有一种常见的视觉姿态，即目光在法律与事实之间的流转或穿梭。然这只是"眇视"（将法律与事实割裂）和"审视"（单向度的看）罢了；"觊视"则不同。

一方面，"觊视"是一种双向对流的视觉过程（对视），这有两个基本要求：一是内参或体验的立场，要求观察者置身于某种交互关系当中，而非外在旁观；二是拟人，要求观察者将"仁爱之心"扩用到被观察者身上，而非仅仅将对方视作一个客体，即"仁爱"的诗性扩用。将"仁爱"之心，扩用到法律身上时，法律就会变成法律"女士"（霍姆斯语）；在"仁爱"之心，扩用到大地身上时，大地就会变成大地"母亲"；当"仁爱"之心，扩用到案件身上时，案件也就会被我们"赋活"了。

另一方面，"觊视"又是一个综合性的视觉过程（综观）。这种综观，有三个特点。第一是波粒二象性式的"互斥但互补"的综合。马克·塞格尔说："科学家和艺术家看到的是同一个世界，但他们用不同的语言和视角去描述它。他们说的都对。万物都是相连相通的。"[①] 法学家也类似，法"科"学与法"诗"学面对的是同一个法的世界，他们用不同的语言和视角去描述它，有些结论可能"互斥"但却又是"互补"的。第二是"和谐的交响"。印度建筑师巴克里希纳·多西教授说："我曾问自己，对于建筑，什么才是最重要的？是形式？内容？还是空间？环顾四周，作为自然本身的每一个要素，光、天空、水、石头，构成一曲和谐的交响。这种和谐，正是建筑的一切。"建筑师的使命，就是"抽离作为词汇的建筑，直接面对生活本身"。他说："创造，就是建立一种联结、一种归属感，不仅仅是物理公式上的联结，而且是眼睛、声

---

① Ashlee Vance：《人工智能宝宝正在来临》（AI Babies Are Coming），载《彭博商业周刊》（*Bloomberg Businessweek*）2017 年 9 月 18 日。

音、感觉上的联结；然后，景观就会展现出来。"① 法学也是如此，法诗学的使命，就是要抽离作为词汇的法，直接回归生活本身。正义的创造性实践，就是建立一种关系、一种具体情境中的归属感，而不仅仅是抽象逻辑上的联结；要有眼睛、声音、感觉上的共鸣；然后，个案正义才会显现出来。第三是"通感"。即《列子·黄帝篇》所言："眼如耳，鼻如口，无不同也。心凝形释，骨肉都融。"② 在法学上，就是将孤立的、源自不同管道的，甚至相互矛盾的法律元素或素材，在某种情境性的综合感受中联通起来，形成一种统一的观照和浸透案件的法律情感。譬如耶林法学中概念和利益，不仅构成一曲"复调"，还会在个案情境的法感中融为一体。

正如《波-粒二象》③ 诗所云：

> 远古，可由《庄子》得知，
> 万物原本浑沌一体。
> 然法学中有二物，始终不能并立同行：
> 一个是概念，一个是利益，
> 一个是逻辑，一个是目的，
> 一个是合法可能引发不义，一个是违法却可能合乎情宜，
> 析取，失之片面，
> 合取，又无能为力；
> 其间绝无中间道路可行，
> 踏上一条，意味着另一条的放弃，
> 仿佛"波-粒二象"——确然、隔世、冷峭的对立……
> 奈何？若何？
> 我把答案，托付给果敢的心灵，
> 听凭"法感"吧，——它源自积累的德行。

---

① 资料来源：巴克里希纳·多西建筑回顾展"栖居的庆典——真实、虚拟、想象"。策展人：苦什努·胡弗。展出时间：2017 年 7 月 29 日至 10 月 29 日。展出地点：上海当代艺术博物馆。

② 见严北溟、严捷译注《列子译注》，上海古籍出版社 1986 年版，第 30 页。

③ 秦瑞《波-粒二象》（仿拉德布鲁赫诗而作）。

附录-对话 2　诗，是气韵生动的

　　汉语"灋"字[①]，作名词（法），呈现为一幅生动的法诗学画面；作动词（效法），则是一出戏剧，即个案正义的创造性实践，可谓一首正义的诗。"灋"字在结构上由三个部分组成：一是"氵"，二是"廌"，三是"去"。（1）先看"去"。"灋"中之"去"（呿）字，有两种不同解释。一是"去除"。《说文解字》言："灋，刑也。平之如水，从水；廌，所以触不直者，去之。从去。"二是"离去"，有跨越沟坎、摆脱束缚的意思。唐桂馨认为：去乃阹之本字。阹者，依山谷为牛马圈也。禁人通行。故人相违而去。从字形看，"去"字中的ㅂ象围之地，大象遮掩形。据此，呿字，下面似一个沟堑或绳套ㅂ"厶"（私），上面则似一个摆动双臂正在跨越的"人"。如果说"去"字第一义"去除"，是既有秩序的恢复；那么"去"字第二义"离去"，则是旧秩序的批判和新秩序的追求。传统法学强调，法是既有秩序的恢复——"灋"中之"去"者，见不平而"去除"之谓也。《左传·隐六》言："为国家者见恶，如农夫之务去草焉。"然法诗学看来，法不仅是既有秩序的恢复，还是对过去的批判和对美好未来的开辟——"灋"中之"去"者，见不公即"离去"之谓也。《诗经·硕鼠》言："逝将去女，适彼乐土。"（2）再看"廌"。《说文解字》段玉裁注曰："法之正人，如廌之去恶。""廌"字解为神兽。"廌"在陆法言《切韵》中作"獬豸"，在王充《论衡·是应篇》中作"觟𧣾"——"儒者说云：觟𧣾者，一角之羊也，性知有罪。皋陶治狱，其罪疑者，令羊触之。有罪，则触；无罪，则不触。斯

---

　①　梁启超："法本字为灋，《说文》'灋'下云'刑也，平之如水，从水。廌，所以触不直而去之，从廌去。'今案《说文》廌下云，'解廌，兽也，似牛，一角。古者决讼，令触不直者。'然则'水'取平之义，从廌去，取直之义。实合三者会意字也。法之语源，实训平直，其后用之于广义，则为成文法律之法。用之于最广义，则为法则、方法之法，实展转假借也。《释名》云，'法，逼也，莫不欲从其志，逼正使有所限也。'……逼者，即强制制裁之意。"见范忠信选编《梁启超法学文选》，中国政法大学出版社 2004 年版，第 78 页。

盖天生一角圣兽，助狱为验，故皋陶敬羊，起坐事之。"以此来看，"廌"是"灋"中最富活力也最神秘的因素；或者说，"廌"，是"灋"的生命内核。传统法学强调，法，源自"庙堂"的强力——"灋"中之"廌"者，神兽也：能知善恶，见不平而"触之"，故有神圣裁决之义。然在法诗学看来，法，还源自"德性"的榜样和创造——"灋"中之"廌"者，马也：马能浮水，却又天性怕水，一马下水，他马跟随，①故有榜样与创造之义。（3）再看"氵"（水）。"灋"字中的"氵"（水），有多种不同的解释：有"平之如水"义（许慎）；有"随流漂去放逐"义（蔡枢衡）；有"自上而下流动"义（苏力）……究其创字根由，或已难征。然水有"九"德，用以解"灋"字中的"氵"，大都说得过去。《荀子·宥坐》言："孔子观于东流之水。子贡问于孔子曰：'君子之所以见大水必观焉者，是何？'孔子曰：'夫水，遍于诸生而无为也，似德；其流也埤下，裾拘必循其理，似义；其洸洸乎不淈尽，似道；若有决行之，其应佚若声响，其赴百刃之谷不惧，似勇；主量必平，似法；盈不求概，似正；淖约微达，似察；以出以入以就鲜絜，似善化；其万折也必东，似志；是故君子见大水必观焉。'"②以此来看，传统法学强调了水的"似义""似道""似勇""似法""似正""似察""似志"诸义，却忽视了水的"似德""似善化"意义。在传统法学看来，法是基于平准的强制制裁，是法律教义的逻辑演绎——"灋"中之"水"，犹水流之浸漫，是穷尽一切角落的逻辑渗透。然在法诗学看来，法不仅是逻辑涵摄，还是诗性的躐等或跳跃——"灋"中之"水"，是"遍于诸生而无为"的赋活，是"以出以入以就鲜絜"的洗涤（净化），是活泼泼的生机，《诗经·硕人》言"河水洋洋，北流活活"，是生命的冲动和跨越。③

　　从字义来看，"法"与"类"（好像和效法）互训。（1）"法"与"辟"是相通的。"辟，法也。"（《尔雅·释诂》）"辟也者，举也物而

---

①　唐汉：《图说汉字》，"廌"字、"灋"字，吉林出版集团有限责任公司 2010 年版，第127 页。

②　梁启雄：《荀子简释》，中华书局 1983 年版，第 390~391 页。

③　按：这里无意卷入"灋"之创字或知识考古之争，只是借题发挥，阐释"灋"（法）的诗性，即其中的"开辟未来"、"榜样率先"和"活泼生机"诸义。

以明之也。"(《墨子·小取》)"法"与"辟"相通在"明"。(2)"法"与"拟"也是相通的。邢邵《新宫赋》云:"拟二仪而构路寝,法三山而起翼室。"① "拟"与"法"并用,相通在"仿"。比而明之,仿而效之,谓之"法"也。(3)"法"与"类"也是相通的。(a)作名词,二者都是相似、好像的意思。《方言》曰:"类,法也。"《荀子·王制》言:"听断以类。"(即"有法者以法行,无法者以类举"。)(b)作动词,二者都有"效法"的意思。《国语·楚语上》言:"心类德音,以德有国。"(意思是说,"心"应当遵循或效法德音而动)所谓"效法",就是遵循或照着去做。怎样才能让人们遵循或照着去做呢?曰:"现实的可能"+"好像的愿望"。在此意义上我们说,法学方法,贵在知"类"。

在法诗学看来,法,不仅作为判决,是一首正义的诗,而且作为整体的秩序,是一首制度的诗:如果制定法是一首庙堂的"雅颂",那么民间法则是一首田野的"风骚";如果诉讼规程是一首仪式性的戏剧,那么风俗习惯则是一首绵延的史诗;如果法人是一首"造人"的宗教诗,那么代理则是一首"分身之术"的神话诗。柳宗元诗云:"若为化得身千亿,散向峰头望故乡。"此之谓也。

基于这样的认识,自 2020 年秋季学期开始,我们在同济大学法学院开设了《法律诗学》辅修微专业课程和全校公选通识课,同时在智慧树线上教育平台开设了《法律诗学》课程(课程连接:https://coursehome.zhihuishu.com/courseHome/1000001871#teachTeam),并于 2022 年 7 月开通了"法律诗学"微信公众号(tjfashixue),作为法诗学讨论交流的平台。

作为一门法学与诗学的交叉课程,《法律诗学》课程旨在——将书本上抽象概念的法与生活中生动形象的法结合起来;将法律运行中的逻辑思维与诗性思维结合起来;将法学中的理与情、身与心、知与行结合起来;将法学的知识技能与德性人格结合起来,培养学生以诗学的眼光看待法学问题,以诗学的方法创造性地解决法律难题。在教学上,《法律诗学》坚持诗性教学理念,将法之德性和感性有机结合起来。第一,在

---

① (北魏)刑邵著,康金声、唐海静注译《邢邵集笺校全译》,山西古籍出版社 2006 年版,第 1 页。

德性方面，法的诗性教学强调：从事法律工作，不仅是一种实际业务，还是一项学术研究和道德实践；不仅是一项谋生的职业，还是一项事业、志业，即要过一种有德行的生活。法律人就是要通过这种实务的、学术的和德行的积淀，滋养内心的德性和法感。就像《诗经》六义之"兴"一样，思不孤起，触物方生，情无定位，触感而兴；每当遇到一个具体的法律事务，便会鼓荡并兴起内心的德性，仿佛闪电一般，观照事情的每一个角落，产生瞬间的透彻性和恰当性；一切随后而来的概念或逻辑，都将只是它的论证而已。在法诗学看来，法，不是一个与人格无关的外在规则，而是人格本身。第二，就感性方面言，法的诗性教学致力构建一个"多感官法学"（multi-sensory jurisprudence）的教学场景。在理论教学层面，让学生在法的诗性情境中，体会法律概念、规则、原则或方法的不同侧面和内涵（例如，组织学生将某一法律概念或原理画出来、搭建出来、用舞蹈方式跳出来或用戏剧方式表演出来等）；在课程思政层面，将法的美学维度与诗性境界结合起来，激发学生的想象——展开"自由想象变更"（Imaginative free variation），突破固有规范或定式的束缚，让学生在具体情境的参与、交互、共鸣当中，去体验正义的创造性实践及其过程，体会"法律情感"和"德性人格"在个案正义创造中的根本价值。

　　《法律诗学》课程的内容，主要分为四大板块，包括法的"诗性形态"（形象）、"诗性思维"（好像、拟制、复调、赋活等）、"诗性方法"（觊视）、"诗性境界"（德性人格）等重要论题。采线上和线下混合教学模式，线上以讲授为主，辅以相应课程资料和思考练习；线下以讨论和答疑为主。课堂中同学们提出了许多很好的问题，主要围绕几个核心论题，这里以问答的方式，集中作答如下。

　　F. 2. 1. 问：《法律诗学》的一些主要观点（譬如，法——具有"诗"的品格等），感觉是基于您个人感悟或体悟的直接阐发，似乎缺乏"实证"。

　　答：乔治·奥威尔说，"科学一般被定义为：甲，精确科学，如化学、物理等等；乙，一种通过逻辑推理从观察到的事实得出可验证的结论的思维方式"。然在法诗学看来，所谓"实证"，除了经验实证和逻辑实证外，还有"心证"。"心证"（例如法官的自由心证等），其实也是一种"实证"，只因它仅仅发生在"共鸣"者之间，甚至只是个体内心的体验，而不为外人所知，因此就被归为"超验"或"神秘"；其实，它并不神秘也不超然，而是我们每个人日常生活中都会经历的。耶林说，法感是"不随体系上抽象概念而搏动的"，个案中的具体情形或许是这样的："遇着权利冲突——纵使这权利冲突依法应被视为单纯客观的权利侵害——权利人仍有诸般的理由从臆测上出发"，认定对方的行为是具有"恶意的和有意识的不法"。也就是说，将客观不法视为（或主观推定为）主观不法行为。对于这一拟制的"恶意"，肯定有人会提出反对——你怎么会知道对方是"恶意"的呢？对此，耶林说："知道吗？不！"然这却不是一个知道或不知道的问题，而是一个感觉到还是没感觉到的问题。因为，"知道"不同于"感到"。耶林打比方说，"人们怎么知道肾啊、肺啊、肝啊是肉体生存的要件呢？可是任何人都能感觉到肺脏划痛，肾脏或肝脏苦痛，并且理解它们给他的警告"。① 这便是"心证"，并不以他人是否认识到为转移。在电影《心花路放》中，男子（黄渤饰演）看到自己前妻的影像在小店里被剪辑丑化播放，他感到了真切的痛楚和伤害，但法律却认为此事与他无关：既然已经离婚了，那在法律逻辑上讲，他与前妻的关系，就同任何一个路人与他前妻的关系没有什么区别了。然而，我们同样可以说，这却不是一个"知道或不知道"的"实证"问题，而是一个"感觉或没感觉到"的"心证"问题——这种痛楚或伤害，在法律逻辑上虽被断然割开而无实证关联，但在法感上却是绵延相系而真切实在的。在小说《高濑舟》中，喜助被控杀死了自己的弟弟；喜助辩解说，是弟弟请求他这么做的，他只是帮弟弟完成了自杀而已，而弟弟的这一请求，是通过眼睛告诉他的，因为"眼睛是会说话的"。在这里，被告人喜助所声称的"眼睛是会说话的"这一证言，在传统实证法学看来，是一个毫无法律意义的荒唐幻觉或谎言。然而我们要说，"眼睛是会说话的"——弟弟的眼睛告诉他要他帮助弟弟完成自杀——这一供证，固然不能通过形式逻辑或系统实验的方法所证实，却未必不能在法感上获得"心证"。这种"心证"，虽然发生在不可重复的个案场合或具体情境当中，会因时、因地、因人而异，但却同样可以是

---

① 〔德〕耶林：《权利斗争论》，潘汉典译，商务印书馆 2019 年版，第 47～48 页。

真切实在的；在此意义上，"心证"同样可以是一种"实证"。

法诗学宣称：法，具有"诗"的品格，即诗性。就经验实证言，本书已诉诸大量的法律史或法学实践中的实证材料。若就逻辑实证言，则不妨用一个"二难推理"（dilemma）加以论证。

我们说，"法，既是逻辑的，又是诗性的"。这是因为从思维或运作方式上说，法，（1）要么是纯粹诗性的，（2）要么是纯粹逻辑的，（3）要么既是逻辑的又是诗性的。只有这三种可能。然而，（1）法不是纯粹诗性的。因为如果法是纯粹诗性的，那么法就不可能具有确定性。正如穆木天先生所言，"诗的世界"是一个模糊的、朦胧的、好像的、跳跃的"世界"——"在人们神经上振动的可见而不可见可感而不可感的旋律的波，浓雾中若听见若听不见的远远的声音，夕暮里若飘动若不动的淡淡的光线，若讲出若讲不出的情肠，才是诗的世界"。显然，这与法所要求的——事实的确凿、规则的明确、判决的权威与一致，是格格不入的。所以，法，不是纯粹诗性的。但是，（2）法也不是纯粹逻辑的。因为，如果法是纯粹逻辑的，那么事先的逻辑建构就可以穷尽现实可能的任何问题；如果法是纯粹逻辑的，那么法律判断就可以完全依靠计算机计算（AI）来完成。然而，我们知道，事先的逻辑建构不可能穷尽现实中的所有可能性，法律判断也不可能完全依靠计算机计算（AI）来完成。所以，法不是纯粹逻辑的。可见，无论就其逻辑性还是诗性言，法都是不纯粹的。（3）因此我们说，法，既是逻辑的，又是诗性的。之所以提出从"逻辑"到"诗"的命题，是因为：一方面，"诗"比"逻辑"更包容（诗可以包容逻辑，而逻辑却排斥诗）；另一方面，"诗"与"逻辑"相比，目前正处于弱势（我们正处于一个逻辑和经验实证所主宰的普遍理性主义的时代，尤其是 AI 时代，最缺乏的恰恰是诗性）。因此，在"个案正义"的实现和创造这一主旨下，我们提出从"逻辑"到"诗"的法诗学命题。

F.2.2. 问：您在课上讲：一个法律规范或判决，如果仅仅停留于假设与处理（或制裁）之间的比例之"美"（比例原则），是不够的；它还要有一个从"是"到"应当"的诗性飞跃，取得实然与应然的统一。所谓"应然"，其实就是"现实的可能性+好像的美好性"——其中包含着

"好像"。就一个"应然"的规范或判决言，只有将"现实的可能性"与"理想的好像性"有机统一起来，才是值得人们"效法"或"比照着去做"的。我的问题是：为何说从"是"到"应该"是一个诗性的跨越？

答：罗马法谚云："类似"并非"同一"（Nullum simile est idem）。然在法学上，则会按"同一"对待（即要求比照着去做）。在这一"好像"（视为）中，"实然"与"应然"之间的边界，被打通了；"观念活动"与"情感行为"以及"知"与"行"之间的界限，也被打通了。换句话说，法学上所谓"好像"（as if），从手段说，就是将"类似"视为"同一"；从效果说，就是比照着去做。——包含一个从"实然"向"应然"的跃迁，而这一"跃迁"是通过"好像"完成的，因而是"诗性"的。

举例来说，黄帝《李法》言："壁垒已定，穿窬不由路，是为奸人。奸人者，杀。"（《汉书·胡建传》）在这一规范中，就包含着一个从"是"到"应该"的好像或诗性跨越，即拿建筑学（穿窬壁垒）来实指和隐喻法学上违法行为的不正当性。类似的情况，在古罗马法中也能见到，维柯就指出：一项法令，所以有效，是因为它经过"授权"或"批准"而"成了基地"（fundum fieri），就像基地支持着上面的庄稼或房屋一样，一项普通的规范性要求，如果是经过"授权"或"批准"（auctorem fieri）的，便会摆脱它原来的随意形式，从而具有了作为行为依据的法的属性。[1] 我们说，一项法律，之所以有效——真正的原因——是其背后的物质力量（权力），然权力发生作用的精神依据和方法（即从"是"到"应当"的跨越），却不是物质或逻辑的，而是好像和拟制。

习近平总书记引用恩格斯的话说："在对待自然问题上，恩格斯深刻指出：'我们不要过分陶醉于我们人类对自然界的胜利。对于每一次这样的胜利，自然界都对我们进行报复。每一次胜利，起初确实取得了我们预期的结果，但是往后和再往后却发生完全不同的、出乎预料的影响，常常把最初的结果又消除了。'人因自然而生，人与自然是一种共生关系，对自然的伤害最终会伤及人类自身。只有尊重自然规律，才能有效防止在开发利用自然上走弯路。这个道理要铭记于心、落实于行。"

---

① 〔意〕维柯：《新科学》，朱光潜译，人民文学出版社1986年版，第184页。

（《在省部级主要领导干部学习贯彻党的十八届五中全会精神专题研讨班上的讲话》2016 年 1 月 18 日）——这显然是生态科学意义上的“必然”（或“实然”）要求。习近平总书记说：“要把生态环境保护放在更加突出位置，像保护眼睛一样保护生态环境，像对待生命一样对待生态环境。”（《在云南考察工作时的讲话》2015 年 1 月 19 日至 21 日）——这就上升到了生态诗学意义上的“必须”（或“应然”），其中包含一个“好像”（即“像对待生命一样”），这就实现了实然的“真”与应然的“像”的交融和统一。

夏禹之禁曰：“春三月，山林不登斧，以成草木之长。夏三月，川泽不入网罟，以成鱼鳖之长。”这虽是一个科学意义上的“必然”要求，然违反这一规则所要遭到的生态“报复”，却往往有个滞后或积累的过程，因此，该规范之要求，就不应仅仅停留在科学意义上的“必然”层面，还应上升到道义上的“必须”或“应该”。而这一“提升”，就离不开“诗性”思维。如何实现这一提升呢？

周有光曾提到一副对联——

上联是：“寸土为寺，寺旁吟诗，诗曰：明月送僧归古寺。”

下联是：“双木成林，林下示禁，禁曰：斧斤以时入山林。”

我们不妨为其加上一个横批：“诗意栖居。”刘长卿《送灵澈上人》诗云：“苍苍竹林寺，杳杳钟声晚。荷笠带斜阳，青山独归远。”——这是“明月送僧归古寺”，可谓一种“诗意栖居”。

夏禹之禁曰：“春三月，山林不登斧，以成草木之长。夏三月，川泽不入网罟，以成鱼鳖之长。”——这是“斧斤以时入山林”，亦可谓一种“诗意栖居”。

若将这副对联合成一个假言命题（如果……那么……）的规范结构，便可见——在某种“类比”或“好像”中——从“是”到“应该”的诗性升华。在“禁曰：斧斤以时入山林”与“诗曰：明月送僧归古寺”类比隐喻中，“科学中的必然要求”与“好像中的美好愿望”融为一个诗性整体。

这正是法学规范逻辑结构的秘密所在。

F. 2. 3. 问：何谓"赋活"？"赋活"的法学内涵是什么？

答：本书中的"赋活"一词，借自安德里亚斯·韦伯（Andreas We-
ber）的同名著作【1.8.3.1】【1.8.3.2】。在他的书中，"赋活"（enliven-
enment）是一种天人合一，或人类与自然不可分割的（也就是怀特海所
谓"自然与生命"不可割裂的）那种一元论视角：所有的存在（无论是
人的身心存在，动物、植物、单细胞生物的存在，还是无机物以及物理
学上的微观存在），都被视为同一大家庭的共同成员，进行着以物质、欲
望和想象为内容的交流和转换，并共同构造一个整体生态。用安德里亚
斯·韦伯的话说，就是"一个具有新陈代谢和诗性转化功能的家政事
务"①。——之所以说它是"诗性"的，是因为其不仅是一个动态过程，
还是意义的创生。

"赋活"概念在法诗学上的意义主要有二：一是拟人化，二是动词
化。（1）从拟人化方面说，"赋活"，就是赋予对象以生命或主体性，譬
如赋予物、团体或大自然以法律上的人格。就像拉德布鲁赫说的："对于
人格理论来说，所有权不是人对物的控制，而是一种人与物的关系。不
只是人具有尊严，物也要向人要求一些东西，要求按照它的价值给予保
护和照顾，使人得以使用和享受，此外还要求一个词：爱。这样，无论
是当这个物是家养动物的时候（所有非法学人士都特别惧怕将家养动物
看作是物），还是当物表现为一个无生命的事物的时候，人与物的关系就
和人与人的关系非常近似了。"②他又说："人，是法律规则的人格化行
为的结果。所有人，那些物理意义上的人和法学意义上的人（Juristische
Person，后面简称为'法人'）一样，都是法律规则的创造者，而且物
理性人也是严格意义上的'法人'。……人，意味着自我目的。人之所
以为人，并不是因为他是一种有肉体和精神的生物，而是因为根据法律

---

① "This essay proposes a new perspective on humans' relation with the sphere we commonly call
nature. Through out this book, I will approach both humans and nature in a way that dissolves
the separation between the two categories. I will explore how we can begin to view all beings as
participants in a common household of matter, desire, and imagination—an economy of meta-
bolic and poetic transformations. I call this perspective enlivenment." (Andreas Weber, *En-
livenment: Toward a Poetics for the Anthropocene*, Cambridge, MA: MIT Press, 2019. p. 1.）
按：在安德里亚斯·韦伯（Andreas Weber）那里，"赋活"与"启蒙"不同，"赋活"
是"启蒙"的 2.0 版本——基于"启蒙"而又超越"启蒙"。
② 〔德〕拉德布鲁赫：《法哲学》，王朴译，法律出版社 2013 年版，第 157 页。

规则的观点，人展现了一种自我目的。"① （2）从动词化方面说，"赋活"，就是将名词性的正义（或法）恢复到其动词（不及物动词）的状态，从"正义之"变为"正义着"。

F. 2. 4. 问：老师，作为"名词"的正义与作为"动词"的正义，二者易于区别；但我的问题是，"形容词"正义与"动词"正义，如何区别呢？

答：作为"动词"的正义，主要有两种，一种是"及物动词的"正义，另一种是"不及物动词的"正义；前者是"使之正义"（"正义之"），后者是"正义着"。然作为"形容词"的正义却不同，它不是指正义的"过程"，而是以正义去"修饰"，即"正义的"。"形容词"的正义，虽然是具体的，但只是根据"名词"正义对具体事件的外在审视或观察而已，是置身事外的评价，而非置身其中的德性创造。显然，"形容词"的正义，即"正义的"，不同于作为"不及物动词"那种"正义着"，后者包含一种时间维度上的绵延。简单说，前者是静态的，后者是动态的；前者是站在外面评价，后者是处于其中体验。

托里弗·伯曼在比较希伯来语和希腊语两种思维的区别时举例说，希腊人可能会说："景象在我们面前宽广地呈现出来。"希伯来人则会说："景象在我们面前将自身舒展开来。"希腊人会说："此山之峰顶令人目眩的高。"希伯来人则会说："此山拔地起而升至令人目眩之高端。"从两种说法可体会"形容词"与"不及物动词"两种正义之别。

我们知道，语言学上有所谓的"名词动用"（活用），俞樾在《古书疑义举例·实字活用例》中举例说："《宣六年·公羊传》：'勇士入其大门，则无人门焉。'上'门'字实字也，下'门'字则为守是门者。《襄九年·左传》：'门其三门。'下'门'字实字也，上'门'字则为攻是门者矣。此实字而活用者也。"另，《左传·郑伯克段于鄢》，"大隧之中，其乐融融"之"隧"，是名词，而"阙地及泉，隧而相见"之"隧"，则是动词。在此意义上，"正义"是名词，而"正义之"或"正义着"，则可谓正义的"动词化"；同样，"法律"是名词，而"诉"或

---

①　〔德〕拉德布鲁赫：《法哲学》，王朴译，法律出版社 2013 年版，第 149 页。

"效法"，则可谓法律的"动词化"。

在罗马法中，"权利"（法，ius）是名词性的，而"诉"，则可谓行动中的"权利"，即"权利"的动词化。里卡尔多·卡尔迪里说："诉是通过言辞和动作实现的权利的动态形式。""诉既不是主观权利中旨在实现其保护的要素，也不是客观意义上的法的工具性要素，而是 ius 的结构：一种作为诉（actio）的权利（ius）。这一观感并不排斥进行历史的、法律的反思，而正如萨瓦多尔·萨达清楚地表达那样，'诉讼不是一项权利，而是法自身在诉讼中具体化，除了诉讼之外别无内容，不过是诉讼而已'。或许人及其行为才是这一实现的手段。困难在于将法看作是某种流动的、处在运动之中的东西，而人的行为、说、做的能动性在里面实现。这种困难原因在于，其受到一种认为法律是系统化的静态规范的集合体，并且在保护之时受到已经事先固化的观念的制约。"① 可见，"诉"可谓"权利"的动词化；同样，"正义之"则可谓"正义"的动词化。二者虽都是某种"动词化"，但却未必都能达至"诗"，即正义或法的那种"不及物动词状态"。

F.2.5. 问：从"正义之"转变为"正义着"，您能解释一下吗？

答：在法律诗学看来，正义有名词性的，也有形容词和动词性的；有及物动词的，也有不及物动词的。"正义之"（使之正义），就是及物动词的正义；"正义着"，则是不及物动词的正义。个案正义的实现，显然不应停留于抽象正义或正义的样子之类的名词或形容词层面，也不应满足于"正义之"（使之符合某个既定的正义标准），而应追求具体情境中的"正义着"。举例来说。封彦贵的女儿封捧儿与张金才次子张柏儿是"娃娃亲"，两人青梅竹马，感情很好。封捧儿到了嫁人的年龄后，父亲封彦贵为多捞"彩礼"，背弃了与张家的婚约，暗将女儿说给了一户姓高的人家；后又嫌高家"彩礼"少而悔约，将女儿许给另一户人家。张金才得知后，告发了封彦贵。华池县司法处审理后，认定封彦贵三次许配女儿属于包办买卖婚姻，判决三次婚约均违法无效。此后，封

① 〔意〕里卡尔多·卡尔迪里：《诉讼作为主观权利保护手段的批判性思考——以罗马法为视角》，陈洁蕾等译，载徐涤宇、〔意〕桑德罗·斯奇巴尼主编《罗马法与共同法》（第四辑），法律出版社 2014 年版，第 68~69 页。

彦贵又以高价将封捧儿许给另一财主。封捧儿得知后，告诉了张柏儿。于是，张金才决定"抢亲"，即纠集一帮亲戚将封捧儿抢到家中成了亲。封彦贵得知后，将张金才告到华池县司法处。司法处受理案件后，拘捕了张金才等抢亲者，判了相应的劳役处罚，同时宣判封捧儿与张柏儿的"抢亲"婚姻无效。应该说，华池县司法处两次判决，从法律上说，都没有问题；然就"个案正义"言，却不能说得到了实现。原因何在？（1）华池县司法处两次判决仅仅满足于将"名词性"正义加以"及物动词性"的转化，即名词动用——"正义之"，而未达到"正义着"；（2）华池县司法处无视本案当事人封捧儿与张柏儿的真实情感，当事人仿佛成了"局外人"。

案件转由马锡五（边区法院陇东分庭庭长）重审后，情况发生改变："及物动词"的正义转变为"不及物动词"的正义；旁观者立场转变为参与者立场，主体对客体的单向"规制"转变为主体间的互动"治理"。在深入调查研究的基础上，马锡五撤销原判进行改判：（1）以违反婚姻法，判处封彦贵苦役三个月，没收其出卖女儿所得的聘礼；（2）以聚众抢亲，判处张金才等有期徒刑或苦役；（3）宣布封捧儿与张柏儿的婚姻（表面是"抢亲"但实际是自主）有效，并在公审现场为二人颁发了结婚证书。个案正义在某种不及物动词（正义着）的状态中，得以实现。——"正义之"转变为"正义着"。

可见，所"正义着"，就是董必武所说的，只有"从实际出发，对事物的本身和它相关联的各方面，加以周密的分析，才能达到妥善办事的目的"，就是谢觉哉所说的，"司法工作者不要关起门来作工作"，也就是马克思所说的，诉讼活动"是法律的内部生命的表现"，也就是我们借用安德里亚斯·韦伯的概念所说的——司法过程的"赋活"。

F. 2. 6. 问： 老师，您在《法律诗学》课上说："赋活"的立场，不是上帝视角的"旁观"，而是对对象的"体验"和"共鸣"。在"赋活"中，"我与它"的科学叙事，变为了"我与你"的戏剧，用叔本华的概念就是，"我有"变成了"我是"，用弗洛姆的概念就是，"占有型模式"变成了"存在型模式"，体现在法学上就是，"权利"本位变为"责任"关系。在"赋活"中，外在"客体"变成了互动关系中的"对方"，一切都变得"有情感""有生命""有德性"了：人与物，处于生命性的交互关系状态；人与自然，处于人伦性的和谐共生状态；人与人的关系，也从某种被"异化"状态下拉回到"人性"之本然；一切都处于"仁爱"或相互关系的"责任"当中。在这种人伦原则的诗性"扩用"中，法律规范被"赋活"，追求规范与事实的交融；法律知识被"赋活"，追求知与行的合一；自然万物被"赋活"，追求天与人的统一。在"赋活"中，法之运行，不再是单向的规制和机械运作，而是双向的对话和共同治理；法之形态，也不再仅仅表现为外在的规范体系，而是有情感、有生命、有德性的生活秩序本身。我的问题是，将这一源自生态诗学上的"赋活"观念，移至法学，移至纠纷解决的实际过程，有何意义呢？

答：我们说，司法过程不是机械的，而是有"生命"的。赋予司法过程以生命，就是要把司法或诉讼过程，不是看作一个单向的规制过程、一个逻辑的演绎过程、一个法律解释学过程，而是视为一个具有诗性交互功能的生态过程。在这一生态过程中，不仅有单向规制，还有双向的治理；不仅有逻辑演绎，还有诗性的共鸣；不仅有以萨维尼为代表的解释学艺术，还有以马锡五为代表的证据学艺术。换句话说，将"赋活"这一生态诗学概念引入司法，就是要赋予纠纷解决的实际过程以开放性、交互性、生命性和创造性。当我们带着"赋活"目光转向司法、转向诉讼或纠纷解决时——这一过程也就变成一个"生态"，即人、法律、事实以及相关的外部环境，共同构成一个意义创生的诗性机制，所有这些要素在某个事件性的具体情境中汇聚在一起，相互依存、相互作用，最终创作出一首个案正义的"诗"。

1. 先说生命性和创造性。马克思在讨论诉讼过程及其与实体法律之间的关系时，就曾采用生命诗性的视角，他写道："诉讼和法二者之间的联系如此密切，就像植物外形和植物本身的联系，动物外形和动物血肉的联系一样。使诉讼和法律获得生命的应该是同一种精神，因为诉讼只不过是法律的生命形式，因而也是法律的内部生命的表现。"① 在马克思看来，诉讼活动绝非"一种毫无内容的形式"，而是"法律的内部生命

---

① 〔德〕马克思：《关于林木盗伐法的辩论》。《马克思恩格斯全集》（第1卷），人民出版社1995年版，第287页。

的表现"，是要在具体问题具体分析中实现的法的内在"精神"。以我的理解，这种"法律的内部生命的表现"，不能仅仅满足于将"名词性"的法律加以"动词化"，更主要还是一个"意义创生"的过程，也就是我们所说的"德性之创造"，即，一种通过内参而洞悉人伦关系本质的创造性力量，即"赋活"。

2. 再说开放性和交互性。司法或诉讼的这一创造性过程，与行政行为那种单向规制的封闭过程明显不同，是一种"开放性""交互性"的过程，是面向事情本身的开放，也是面向群众和社会的开放，而非马克思曾严厉批判的那种封闭性司法——"法庭之门已成为国家的私有财产，任它随心所欲地打开或关上。法官首先作为官吏来作出决定，以便随后作为法官来判决。一个法官，他没有审问被告，不经过法庭辩论程序，就预先作出是否有起诉权的决定"。比如说，"乙打了甲一记耳光。在甲没有彬彬有礼地从司法官员那里得到起诉的许可之前，他不能对这个打人者起诉"。① 这种主客体二元论式的单向封闭性的司法现象，与司法或诉讼所应追求的"个案正义"是背道而驰的。

（1）司法要向群众和社会开放。谢觉哉《在司法训练班的讲话》中（1949 年 1 月 23 日）说："在旧社会里的司法工作者是这样的：手拿着'六法全书'，学的时候，一条一条地念，用的时候，一条一条地套。这方法在我们今天是不适用的。""过去中国请外国人来编写法律，或由几个外国留学生把带回的外国讲义，写为中国法律，虽然写好了，也颁布了，可是中国人民不要。""我们的法要从具体的实际情况经验中抽出规律来。"法律"不是一个圈圈，把司法工作者套住，动弹不得。而是一个标准，叫司法工作者循着标准去做"。法官过去叫"推事"，"'推事'者，只求把'事'推出去，这不是我们司法工作者应有的态度"，"法律是人民自己的，因此司法很要讲群众路线"，"司法工作者不要关起门来作工作"。

（2）司法要面向事情本身的开放。董必武在党的八大上发言（1956年 9 月 19 日）说："我们要办理的国家事务是具体的、千态万状的，而

---

① 〔德〕马克思：《福格特先生》。《马克思恩格斯全集》（第 19 卷），人民出版社 2006年版，第 359~360 页。另一个例子是美国乔治城大学校董申请案（Application of the President and Directors of Georgetown College，331F. 2d 1000（D. C. Cir. 1964.）

法是概括的、定型的，不可能一切事务都由法来规定。因此，依法办事，不应当作为官僚主义打官腔的借口，也不应当钻法制不完备的空子，借口无法可依，把事情推出去不管。法只能是办事的准绳，只有从实际出发，对事物的本身和它相关联的各方面，加以周密的分析，才能达到妥善办事的目的。"

陕甘宁边区开创的"马锡五审判方式"，可谓这种"开放性""交互性""创造性"司法的典型。曲子贞回忆说："当接到一个案子后，马锡五先不开庭审问，而是先派人或自己下去调查，直到心中有数了，再把两家亲戚、邻居全找来，让两家人一家一家地摆事实、讲道理。这时候最热闹，每一家都想用自己最有说服力的语言来压倒对方，恨不得一句话就把对方说得趴下去。马锡五只在当中点上一两句，有时候只是眯着眼坐在饭桌边上听，尽量让双方都把话说透、说完。开始说的时候，双方各不相让，说着说着，也就分出是非来了。最后，马锡五再征求大家意见，这时候差不多都是满意的，不满意的再说上几句也就满意了。"①

3. 不瞽不聋，不能为公。《慎子》卷七《亡篇》言："不聪不明，不能为王。不瞽不聋，不能为公。"（《商周逸诗辑考》）以我的理解，"为王"与"为公"，是性质不同的两种工作：前者类似行政或管理，是一种事功任务导向的工作，其所要求的"聪明"，就是要能对事物进行单向审视或规制性的掌控；后者则类似司法或裁判，是一种个案正义导向的工作，其所要求的"瞽聋"（当然不是指无知，而是指实现个案正义所需要的某种融通），就是要能对事物持开放和公正的态度，不执念，不偏私，能够在某种浑然一体的直觉体验中，直面事情本身，洞悉事物本质，在具体时空情境中达到个案正义。

F. 2. 7. 问：为何说"人伦原则的诗性扩用"或"仁爱德性"的扩用，是诗性的？

答：以利奥波德为例来说，"仁爱德性"的扩用，之所以是诗性的，主要是因为下面三点。（1）其中包含有"情感"的因素。在利奥波德看来，"土地是一个共同体的观念，是生态学的基本概念"，原本并无人伦

---

① 　曲子贞：《风雨世纪行》，中国文联出版社 1995 年版，第 144 页。

关系中才有的那种情感色彩，"但是，土地应该被热爱被尊重，却是一种伦理观念的延伸"。（2）其中包含有"想象"因素。正如苏珊·福莱德在《沙乡年鉴》的"中文版序"中所说，利奥波德的土地伦理概念，"通过把土地——土壤、水、植物和动物，包括人类——想象成一个由相互依赖的各个部分组成的共同体，而我们每个成员都只是其中的一个'普通成员和公民'"。（3）其中包含有"美学"因素。利奥波德大地伦理学的基本原则，在其《沙乡年鉴》中即被表述为一个整体论的美学原则："任何行为，只有当它有助于保持生物群落的完整、稳定和美丽时，它才是正确的；反之就是错误的。"

F. 2. 8. 问：在小说《莫桑村的若弗洛瓦》中，冯斯与若弗洛瓦签订了果园买卖合同，合同已经生效了，但若弗洛瓦却拿枪阻止冯斯砍掉果园里的老桃树，后又不断以自杀给冯斯施加压力，这不是违约、无理取闹吗？

答：在小说所描写的这一违约事件中，我们所面对的，其实是法律与情感之间的复杂关系，可从三个不同层级加以分析和评判。（1）第一个层级，是人与物（或主客二元论的）关系的层级。在这里，我们剔除一切情感的或人伦关系的因素，将桃园完全视为物权或合同关系的标的。在此意义上，若弗洛瓦阻止冯斯砍掉果园的老桃树，显然是违约行为，而冯斯碍于情面或社会舆论，却不能坚决执行自己的合同权利，是不符合契约理念的。（2）第二个层级，是人与人的（或伦理）关系。从这一层级看，人与物间的关系打上了人伦关系的烙印，物不仅是物权关系而且是人格权关系的客体。——用耶林的话说，财产"是我的人格在物上外展的末梢"。因此，冯斯与若弗洛瓦所签的果园买卖契约，虽已生效，但其中的情感或人格因素却并不必然由此斩断。正如若弗洛瓦所说，我把这些桃树苗"从黎埃集市上买来的，每次买回五棵。就是那一年，我媳妇巴尔贝对我说：'若弗洛瓦，我们可能会有孩子了。'但是由于雷沃蒂埃那场大火灾，她流产了。这些树，我是从黎埃集市上背回来的，挖坑、运肥，全是我一个人干的。夜里，我起来把被露水打湿的麦秸烧着，以防止霜冻。……你看看这些树的叶子，多么茂密。这么老的树还有这么茂密的叶子，哪里找得到？……我知道这些树老了，不壮实了。不过，不能因为它们老了，就要斩尽杀绝呀！要是那样，岂不是应该把我也杀掉？因为我也老了啊"。可见，若从人与人的（或伦理）关系上看，若弗洛瓦和冯斯在砍树纠纷中的那些苦恼，就都变得可以理解了。（3）第三个层级，是人与自然（或生态）的关系。从人与自然"和谐共生"层面来看，大自然——譬如果园中那些老桃树——不仅是财产和人格权关系的末梢，并且已由权利的客体上升为权利主体，变成了冯斯与若弗洛瓦果园买卖契约的第三方，即双方契约变成了三方契约。从这一意义看，冯斯与若弗洛瓦之间的合同争议，就呈现出全新的性质和面貌。

F. 2. 9. 问：何谓神人契约？

答：人类最早的契约，是神人之约，还是人人之约，已难考证，但其内在精神是相通的，都是"诚信"。《易经·坎卦》言："樽酒簋贰用缶，纳约自牖，终无咎。"郭氏雍曰："一樽之酒，二簋之食，瓦缶之器，至微物也。苟能虚中尽诚，以通交际之道，君子不以为失礼，所谓能用有孚之道者也。《传》曰：苟有明信，苹蘩蕰藻之菜，筐筥锜釜之器，可荐于鬼神，可羞于王公者，无他焉，以诚为主故也。"① 这里的"约"，显然不是"民事契约"、"社会契约"或"自然契约"，而是祭祀中人与神之间的"契约"，但作为"交际之道"的基本原则是共通的：都是一个"诚"字，而"诚"所指向的法律情感，不仅是权利感，更主要还是"责任感"。

F. 2. 10. 问：何谓自然契约？自然作为人类的外在环境或客体，又如何与人"签约"呢？

答：在其《自然契约》（*The Natural Contract*）一书中，赛热斯（Michel Serres）提出一个发生在人与自然之间的契约概念。如果说，（1）普通民事契约是人与人之间基于要约和承诺的合意或对价，（2）政治或社会契约是人们为了公共或政治生活而做的联合约定，（3）神人之约是基于祭祀和降福的神秘交易，那么，在人与自然之间也会存在一种契约；只不过，这种自然契约，不是基于相互间的意思表示，而是相互间的对

---

① 　（清）李光地撰，李一忻点校《周易折中》，九州出版社 2002 年版，第 244~246 页。

应配合（即自然因果关系）；这种相互作用，原本是客观的，但在拟人的意义上，也可被视为相互间的"意思表示"。这就从生态科学进入了生态诗学。

自然契约，虽是赛热斯提出的一个新概念，然作为一种历史现象，古已有之。《史记·殷本纪》言："汤出，见野张网四面，祝曰：'自天下四方皆入吾网。'汤曰：'嘻，尽之矣！'乃去其三面，祝曰：'欲左，左；欲右，右。不用命，乃入吾网。'诸侯闻之，曰：'汤德至矣，及禽兽。'"祝祷词中的"自天下四方皆入吾网"到"欲左，左；欲右，右。不用命，乃入吾网"，表面看是神与人之"契约"，其实却是人与自然之"契约"。在此意义上，"斧斤以时入山林"，或"网罟以时入川泽"，都可视为人与山林、川泽间的自然契约。就其对民事或人神契约概念的借喻言，则是一个从"是"到"应该"的诗性跨越。

1. "自然契约"概念的关键，不在自然与人"签约"的能力问题（那是可以通过法人、代理、信托或监护等拟制方式解决的），而在我们的观念，即持"环境"的科学观呢，还是"生态"的诗学观。"环境"科学观，以"人"为中心，自然界属于人类的"环境"和"客体"。"生态"诗学观，则是以"关系"为出发点的，大自然与人类共处于一个"生态"之中。用马克思的话说，就是"自然界是……人的身体"；用张载《正蒙·乾称》里的话说，就是"天地是塞，吾其体；天地之帅，吾其性。民吾同胞，物吾与也"。

德国法学家考夫曼曾提到古希腊 Stoa 学派关于自然作为权利主体的思想："自然的权利是，所有动物共同的权利，无论是在天上的、在地上的、在海上的生物。"然该权利主体的范围似乎仅限于动物，并不包含植物和其他非生物。而 Hans Jonas 则认为，人们"应如此行为，使你行为的后果与地球上真正人类生活的永恒性相契合"。[1] 这就迈入"自然契约"。

2. 让我们来考察一下"契约"（合同）概念的内涵。

在现代汉语中，"合同"主要是一个法律术语（例如合同法），而"契约"则是一个法学术语（例如契约自由等），但在古代汉语中，二者

---

① 〔德〕考夫曼：《法律哲学》，刘幸义等译，法律出版社 2004 年版，第 420、439 页。

几乎是同义的，都是指交易关系的证据（契券）。例如《周礼·小宰》言"听称责以傅别""听取予以书契""听买卖以质剂"，郑玄注曰"凡薄书之最目，狱讼之要辞，皆曰契"；《周礼·小宰》正义言"盖质剂、傅别、书契，同为书券。特质剂，手书一札，前后文同，而中别之，使各执其半札。傅别则为手书大字，中字而别其札，使各执其半字。书契，则书两札，使各执其半札"——"合"而"同"之，谓之"合同"。在此意义上，人类与自然，手执"半札"，"合"而"同"之，作为交易的证据，似乎是荒诞的。

在《拿破仑法典》中，"契约"被定为债的"合意"——"依此合意，一人或数人对于其他一人或数人负担给付、作为或不作为的债务"（第1101条）。在此意义上，人类与自然（语言不通），却要达成"合意之债"，似乎也难以理喻。

在《德国民法典》中，"合同"被定为一种"法律交易"方式，即"以法律行为设定以及变更"债务关系。债务关系的特点有二：（1）"根据债务关系，债权人有权向债务人请求给付。给付也可以是不作为"；（2）"债务关系可以依其内容使任何一方负有顾及另一方的权利、法益和利益的义务"（第241、311条）。在此意义上，"契约"之重点，不再问当事人是"谁"，而在"交易本身"（即关系），在此情形下，"自然契约"与"行政契约"一样，就都不难理解了。

在英美法中，"契约"被视为"许诺"或"诺承"（即责任），即便是单方的或默示的，也会具有法律约束力。在此语境下，所谓"自然契约"就更易理解了：因为大自然所作出的"对价"，无论我们是否"重视"或"意识得到"，却总是要我们"切实"偿付的；大自然的"给付"要求，虽然不是以人类的语言所提出的（我们认为她没有"言说"能力），但却不是"听"不到的，敏锐者甚至能在生态危机中"听到"她的怒吼。

3. 契约概念的"扩用"。在西方法学中，契约的发展，沿着两个方向发生了"扩用"。一个方向是"物权化"；另一个方向是"公法化"。这两个方向上的扩张或引申，都是基于修辞学上的类推（隐喻），但却产生了切切实实的法律效果。

（1）先看"物权化"。我们知道，"契约"（或合同），虽有欧陆的

"合意"与英美的"诺承"之别，但在其资本主义时代的发展中都发生了"异化"——从人与人的关系异化为人与物的关系，即以人对外在客体的单向支配为内容的意志自由。康德就深刻地指出，"来自契约的权利，仅仅是一种对人权，它只有经过交付才变成物权"。这一"物权化"的交付，甚至扩张到了夫妻关系之领域：因此"婚姻就是两个不同性别的人，为了终身相互占有对方的性官能而产生的结合体"①。这种"占有"或"获得"，发生在"彼此性官能的交出和接受后；或者，一个性器官与另一性器官发生关系，在结婚的条件下，不仅仅是可以允许的，而且在此条件下，进而是唯一真正可能的。可是，这样获得的对人权，同时又是'物权性质'的"②。这一"异化"的两个显著的法律效果，一是耶林所指出的——"债的转让"③，另一是恩格斯所指出的——资本主义婚姻的"卖淫"性质④。梅因所指出的"由身份到契约"的发展，在资本逻辑的推动下，其实还包含了"权利"变成"财产"。正如霍菲尔德的权利理论所显示的，简单说就是两点。（1）所谓权利，就是依据既定法律关系可以向他人提出请求。我的权利，就意味着你的义务，除非你基于自由（譬如源自天理的自由意味着无义务）而提出废止；反过来，你的权利，即意味着我的义务，除非我基于自由可提出废止。（2）所谓权力，就是有资格改变既存的法律关系。我的权力，就意味着你有责任，除非你基于特权（譬如源自公法的豁免权）而提出废止；反过来，你的权力，就意味着我有责任，除非我基于特权而提出废止。在这里，权力只有成为权利，才会由实力转为法律权力；反过来，权利只有依赖权力也才能具有法律效力。可见，霍菲尔德所谓的"权利"，就是人与人之间的法律关系——然而，一当这套"权利"变成（被视为或异化为）"财产"时，也就意味着人—物关系的财产概念向人—人关系的财产概

---

① 〔德〕康德：《法的形而上学原理》，沈叔平译，商务印书馆 1991 年版，第 94~95 页。
② 〔德〕康德：《法的形而上学原理》，沈叔平译，商务印书馆 1991 年版，第 95~96 页。
③ 〔德〕耶林：《法学的概念天国》，柯伟才、于庆生译，中国法制出版社 2009 年版，第 93 页。
④ 恩格斯说："初夜权从封建领主手中转到了资产阶级工厂主的手中。卖淫增加到了前所未闻的程度。婚姻本身和以前一样仍然是法律承认的卖淫的形式，是卖淫的官方的外衣，并且还以大量的通奸作为补充。"见《马克思恩格斯文集》（第 9 卷），人民出版社 2009 年版，第 273 页。另请参见严平编选《伽达默尔集》（第 2 版），邓安庆等译，上海远东出版社 2003 年版，第 195~196 页。

念的转化或扩用，用叔本华的话说就是，把"我是"异化成了"我有"（即"对人的"变成了"对世的"），其中包含着一个以"我有"阐释"我是"的隐喻。

（2）"公法化"。与契约以及权利的这一"物权化"同时发生的是另一个"扩用"，就是契约的"公法化"，例如"社会契约"（或政治契约）的观念（这里暂不谈行政契约）。这种"政治契约"，曾在西班牙阿拉贡议员对其国王的誓言中（17世纪初）得到表现："您必须维护我们的传统宪法权利和自由，而且，如果您未能这样做的话，我们也做不到。"然而，这一"政治契约"，在格劳秀斯那里，只是一个比喻：初始契约，"如同婚姻契约，一旦缔结便不能解除"。在霍布斯的《利维坦》中，是一个"神话"：利维坦的诞生——就是活的上帝的诞生，"就是一大群人互相订立信约，每人要对他的行为授权，以便使它能按其认为有利于大家的和平与共同防卫的方式运用全体的力量和手段的一个人格"。[1] 在卢梭那里，则是一个政治"虚构"："整个科西嘉民族将被一份庄严的宣誓连结成一个政治体。"[2] 至于洛克所谓"默许"（tacit consent）的虚构，休谟讽刺说："就像一个人既然处于船上，就意味着他默许了船主的统治，尽管他是在睡梦中被抬上船的，也不会不同；否则就只能跳海离船而死。"[3] 然而，尽管如此，却不影响我们正生活在这种"社会契约"当中。

同样，Michel Serres 所谓的"自然契约"，即便在"隐喻"意义上，也可预示一种新的法律生活方式，即，在"社会契约"之外的，关于"人类与自然和谐共生"的新的生活方式。

4. "责任感"。我们说，契约的基本心理特征，是"责任感"。基于"合意"的契约观念，很容易得出这样的结论，即契约的最基本的"心理特征"，是由"合意"而产生的合同双方内在的"公正感"。然而，如果我们考察"准契约"和"对价契约"，就会发现，契约的"心理学"

---

① 〔英〕霍布斯：《利维坦》，黎思复、黎廷弼译，商务印书馆1985年版，第132页。
② 按：正如《科西嘉宪政规划》Watkins英译本说明所言：这种立法尝试"只是从'事物的本性'出发，以'理性为基础'所进行的一种推理，而没有落于现实之上，因此在'社会契约'的基础上建立的'政治体'还纯粹是一个言辞中的城邦"。〔法〕卢梭：《政治制度论》，崇明等译，华夏出版社2013年版，第187、238页。
③ David Hume's Political Essays, The liberal arts press, Inc. 1953, p. 51.

本质，并非内部"公正感"，而是对外的"责任感"；因为所有的"契约"（包括"合意"契约），从其履行或效果上说，都是建立在对他者（包括合同外的第三方）的"责任"基础上的。例如，优士丁尼《法学总论》就将未缔结契约但在法律上视为并承担契约责任的行为称为"准契约"（quasi ex contractus），包括无因管理、不当得利、监护和保佐、意外共有（分割请求权、共有物分割、共有人诉权）、继承与遗赠、旅客设施责任、共同海损等。再如，"对价"或"诺承"契约，强调的并不是双方合意的"交接"，而是己方对他方对应的"责任"。诺承性的"契约"，即便没有"合意"，但同样具有法律效力。贝勒斯说："以将来转移财产或劳务为内容的诺承义务在下列情形中应予支持且应强制执行：（a）在相互期待获益的正值交易关系中；（b）在零值交易关系中如果其为阻止基于意中受益人的合理信赖而生的损失所必需，或者赠与人表明诺承义务具有法律约束力时。"而对价，"应被视为是用以证明一交易是相互期待获益的交易关系的证据"。[1] 在贝勒斯这里，契约的要点是"相互期待获益"，而非"合意"；换句话说，"违约"所违背的，并非"合意"，而是他方对己方的"合理期待"，即己方的"责任"。这样看来，狄骥所谓的"共同行为"，虽不具备明确的交接和相互间的控制，但却不可谓没有"责任"。各方虽不具备相互之间的控制，"但却具有一个预期共同目的前提下所确立的共同目标"，这便是一种各方之间的"合理期待"（即责任），这种"合理期待"，我们在"无因管理"和"悬赏契约"中，很容易发现，在"行政契约"（公共服务承诺）或"社会契约"（政治承诺）以及"自然契约"（人与自然的和谐相处）中，也不难找到。

　　社会生活中，存在一种默契的协作，是在"不存在预先协议的前提下汇合到一起"的：或由于"天命"（例如"人类栖居于大地"），或由于"意外"（例如罗马法上的"意外共有"），或是由于"偶然"，就像《诗经·齐风·还》所吟诵的那种"不期而遇的合作共力"。所有这些"协作"，各方虽然不存在预先的计划或安排，但却在某个预期的共同目的下自觉地汇聚到了一起；在各方之间，虽然不存在契约意义上的

---

[1]　〔美〕贝勒斯：《法律的原则》，张文显等译，中国大百科全书出版社 1996 年版，第 430 页。

"合意"，但却同样能够产生交易（或交换）意义上的"责任感"（或某种"履行"的义务感）。正是在责任关系的基础上，买卖双方、夫妻双方、社会各方以至于人类与自然之间，都可能建立某种"契约"关系。

5. 共同行为。狄骥曾提出过一个"共同行为"的概念，与"契约"类似，又不同于"契约"，他说："任何一个研究罗马法中关于约定的理论的人，都能够明确地设想到一份契约的心理特征。但是，如果有几种意志在不存在预先协议的前提下汇合到了一起，如果各方在虽不具备相互之间的控制，但却具有一个预期共同目的的前提下确定了一个相同的目标，那么这便不是一份由他们所签订的契约。我们所看到的，就是今天以'集体行动'（actecollectif）或'合作'（collaboration）这一术语来命名，而德国人称之为'共同行为'（gesammtakt）或'协定'（vereinbarung）的法律行为。我们也可以用契约这个词，不过我们是在一个与其原初含义相当不同的含义上来用它的。"① 这种"原初含义"的契约及其"心理特征"是什么呢？狄骥说，"它意味着两方的意志所作出的表达，每一方的意志都具有一个不同的预期目标；在作出这样的意志表达之后，产生了一份双方都彼此受到控制的协议"②。这一"协议"，无论口头还是书面的，都是明确交接的——在古罗马法的"铜块和秤式"契约中我们甚至能听到其清脆的声音；在古代中国的契卷上我们也能看到双方各执一半（"傅别"）所拼成的一个"合同"——构成各方的"法律"。然而，狄骥所谓的"共同行为"，却不具备这种明确的交接性和预先的相互间的控制性。那么，这种"共同行为"，是否有权被称为"契约"呢？或许《诗经·齐风·还》可以提供一个答案——

> 子之还兮，遭我乎猃之间兮。并驱从两肩兮，揖我谓我儇兮。
> 子之茂兮，遭我乎猃之道兮。并驱从两牡兮，揖我谓我好兮。
> 子之昌兮，遭我乎猃之阳兮。并驱从两狼兮，揖我谓我臧兮。③

---

① 〔法〕狄骥：《公法的变迁》，郑戈译，商务印书馆 2013 年版，第 105 页。
② 〔法〕狄骥：《公法的变迁》，郑戈译，商务印书馆 2013 年版，第 105 页。
③ 《诗经·还》。见高亨注《诗经今注》，上海古籍出版社 1980 年版，第 129 页。BOOK OF POETRY, SWIFT, "O suddenly turned the horse, When we meet in the vale. Drive together two beasts in the line……. Bowing each other, saying 'you do fine', And then 'see you next time.'"

F. 2. 11. 问：动物乃至自然界都可以成为"权利主体"吗？宪法上"人权"的主体，包括动物乃至自然界吗？何谓"人权"呢？

答：1. 让我们先从"人权"及其观念的历史发展说起。人权，是一个宪法概念。德国《基本法》第一章规定了人的"基本权利"（主要包括尊严权、自由权、平等权、婚姻家庭权、受教育权、通信权、选择职业权、住宅权、财产权、请愿权等）。我国《宪法》第二章规定了"公民的基本权利和义务"（主要包括平等权、选举权和被选举选、自由权、人格尊严权、住宅权、通信权、批评和建议权、劳动权、休息权、受保障权、受教育权、受保护权等）。其中第 33 条规定"国家尊重和保障人权"。西方资本主义国家，通常将"财产权"作为一项基本人权，例如法国的《人和公民权利宣言》第 2 条规定："一切政治结合的目的都在于保护自然的、不可消灭的人权；这些权利是自由、财产权、安全和反抗压迫。"其第 17 条规定："财产权是不可侵犯的、神圣的权利。"美国《宪法》第四修正案也规定"财产权"为"不可侵犯的权利"。我国是社会主义国家，将"财产权"规定于《宪法》第一章的"总纲"当中，第 12 条规定"社会主义公共财产神圣不可侵犯"，第 13 条规定"公民的合法的私有财产不受侵犯"。这是中西宪法"人权"的概观。

至于人权观念的历史发展，简单说，（1）法国学者卡雷尔·瓦萨克曾提出"三代人权"学说："第一代人权着重于在形式上（法律上）保障个人自由，反映的是 17、18 世纪的个人自由主义思想；第二代人权着重于在实质上为个人自由之实现提供基本的社会与经济条件，反映的是 19 世纪开始勃兴的社会主义思想；第三代人权则着重于集体人权，反映的是战后第三世界国家对于全球资源重新分配的要求。"[①]（2）我国学者徐显明提出"四代人权"学说，即，在"自由"、"平等"和"发展"后面，还有一个新的人权境界——"和谐"。他指出：自由权本位的人权忽视了"平等"，而"不平等的人权使人权体系难以和谐"。生存权本位的人权虽然造就了"平等"的社会制度条件，但却抑制了社会的积极性和创造力，而一个缺乏活力的社会是"不和谐的"。发展权虽平衡东

[①]　卡雷尔：《人权的不同类型》，转引自严存生《西方法哲学问题史研究》，中国法制出版社 2013 年版，第 349~350 页。

西方不同的全球责任，但在其"保障方式未从道德领域转向法律领域之前"，过度地强调发展权，也会"带来社会的不和谐"。① （3）严存生先生提出"二代人权"理论，他说：我们把人权观念的发展分为两个阶段，以 1948 年《世界人权宣言》为界，第一代人权观念"以个人为本位"，集中表现为"公民权"，这是与"当时占主导地位的社会契约论观念密不可分的"。第二代人权观念是对第一代人权观念的批判和发展，"是以马克思主义理论为基础的"，揭示了第一代人权观念的实质，"是把资产阶级的权利冒充为人类的权利"。第二代人权观念把眼光投向了"受压迫阶级"、弱势群体以及亚非拉第三世界国家。② （4）在这些研究的基础上，法诗学提出从"个人的人权"到"集体的人权"再到"生态的人权"之命题：人权，不仅是"个人的"，还是"集体的"；人权，不仅是"人类的"，还是"生态的"；人权，不仅是"人与人之间和谐共生"的人权，还是"人与自然之间和谐共生"的人权。

2. "生态的"人权观。在法诗学看来，人权，不应是——"人类中心主义"观念下的——人的"特权"。马克思在《论犹太人问题》中，批判个体本位主义人权观说："任何一种所谓的人权都没有超出利己的人，没有超出……与共同体分离开来的个体的人。在这些权利中，人绝对不是类存在物。"他在《〈黑格尔法哲学批判〉导言》中写道："对宗教的批判最后归结为人是人的最高本质这样一个学说。"在《德意志意识形态》中，马克思借《德法年鉴》指出："人权本身就是特权，而私有制就是垄断。"这种——"本位"的而非"关系"范式下的——人权，实乃自我中心主义的"特权"。在历史上，这种人权观念，首先，被异化为"人类"的特权，那些非人类的自然界则沦为人类的客体；其次，被异化为"活着的人"的特权，那些已经死去或未出生的"人"则往往被无视；最后，原本诞生于西方资本主义历史条件下的人权话语，则被异化为一种超文化的普世的话语霸权。以此来看，只有将"人权"置于一种"关系"而非"实体本位"框架下，才能克服其"特权"因素。只有在个人与个人之间的和谐共生关系中、在群体与群体之间的和谐共生关

---

① 徐显明：《人权研究》第 5 卷，《人权与人类和谐（代序）》，转引自严存生《西方法哲学问题史研究》，中国法制出版社 2013 年版，第 361 页。

② 严存生：《西方法哲学问题史研究》，中国法制出版社 2013 年版，第 362~364 页。

系中、在人与自然之间的和谐共生关系中，才会有真正的"人权"。

3. 法诗学提出，从"个人的人权"到"集体的人权"再到"生态的人权"之命题，并不是后者对前者的否定或取代，而是后者在前者基础上的批判性超越。在"生态的人权"观念中，人与自然的关系，不仅是人对自然的"管理"，还有"保护"——是"管理"与"保护"的统一；自然界，不仅是人的"利用物"，还是"生态物"本身——是"利用物"和"生态物"的统一；大自然，不仅是人的"环境"，还是人的"身体"的一部分——是"环境"与"身体"的统一。这就是说，一方面，人是自然的一部分；另一方面，自然也是人的一部分。那种将人权观念绝对化为"人类"的或"活着的人"的或"西方资本"的特权观念，是"本位主义"论调，而非"责任关系"之话语，是不符合"人与自然和谐共生"之理念的。

4. 自然界的"权利"。在法诗学看来，自然界是可以成为权利主体的（若在法人意义上亦无妨称之为"人"权的主体）。2008 年《厄瓜多尔宪法》第七章就规定了"自然的权利"（自然界成为权利的主体），其第 71 条规定："大自然母亲，作为生命繁衍和发生之地，有获得整体尊重的权利，该项权利的核心是大自然的存在以及它的生命循环、结构、功能和进化过程的维持和再生。"其第 72 条规定了"大自然有获得恢复的权利"；第 73 条规定了国家对"大自然的责任"；第 74 条规定了所有的个人、社团、人民和民族都有从"大自然"获得利益的权利，同时也规定了这种"环境服务"的限度。在介绍巴西建筑师保罗·塔瓦雷斯的电影装置作品《非人类权利》时，有位学者评论道，厄瓜多尔新宪法最早把自然界列为"法律主体"，这一法律文本——"这个赋予自然环境，如岩石、山峰、河流三角洲和海洋以基本权利的法律文本所包含的'万物有灵'观念带来了法律上和认识上的剧变"——向割裂主体与客体以及割裂社会与自然的二元论提出挑战，从而"给现代宪法的核心原则关键一击"。①《厄瓜多尔宪法》不仅首次赋予森林、山脉、河流和海洋等生命体以独立的法律人格，还确立了生存权、繁衍权等一系列的自然

---

① 〔德〕弗兰克主编《万物有灵》，申舶良等译，金城出版社 2013 年版，第 214 页。

权利。①

　　这种"权利"，首先是一种基于道德的权利，它包括权利主体的生存利益以及它在自然界中的生态平衡功能应受到尊重，还包括当它的这种权利受到侵犯时它有权采取反击或自我保护；其次，这种"权利"，还是基于科学规律的权力，即是一种自然权力或事实上的力。自然界的这种道德权利和科学力量，一旦为法律所接受，就像《厄瓜多尔宪法》那样，就会变为法律上的权利。其中的理路，既是科学的（生态规律），又是诗性的（拟人和类比）。

　　5. 将"物"或"自然"视为"权利"主体，是对传统法学之主客二元论的超越，意味着法学范式的一个重大转变，即从"权利法学"到"责任法学"的转变。其理论根据，这里简单介绍两个观点：一是"物的人格化"理论；二是"生物诗学"理论。（1）拉德布鲁赫在谈到"物的人格化"理论时说："不只是人具有尊严，物也要向人要求一些东西，要求按照它的价值给予保护和照顾，使人得以使用和享受，此外还要求一个词：爱。这样……人与物的关系就和人与人的关系非常近似了。"②实际上，赋予"物"以法学意义上的"生命"或"主体"身份，在古罗马法拟制思维中（就像文学上的拟人一样）早已有之，古罗马法学家帕皮里（Papirius Fronto）就曾将"特有产"比拟为"人"，萨维尼则将"社团"拟制为"人"……（2）二是"生物诗学"理论。安德里亚斯·韦伯（Andreas Weber）在 *Biopoetics—Towards an Existential Ecology* 一书中指出：生物，也有"自我"以及"主观感受"，也有与其他"自我"建立关系的"渴望"，并在这种"主体间性"（intersubjectivity）中相互作用、完善"自我"——由此构成一个生命的"诗性空间"。③因此，自然界作为生物有机体，应该成为对话的伙伴，而不应成为被人类单方索取或审视的客体。在对待自然的方式中，人类以外在的主体身份

---

①　Ursula Biemann, "The Cosmo-Political Forest: A Theoretical and Aesthetic Discussion of the Video Forest Law," *GeoHumanities*, Vol. 1: 1, pp. 157–170 (2015).

②　〔德〕拉德布鲁赫：《法哲学》，王朴译，法律出版社 2013 年版，第 157 页。Gustav Radbruch, Rechtsphilosophie, §18. DAS EIGENTUM. K. F. KOEHLER VERLAG STUTTGART, 1950. S. 238.

③　Andreas Weber, *Biopoetics—Towards an Existeutial Ecology*, Springer Science Business Media Dordrecht, 2016.

对自然进行占有和科研，与作为内参者同自然共存和体验，是完全不同的。自然界，不是人类利益关系的"局外方"，而是"当事人"，用 Michel Serres 的话说，是自然契约（The Natural Contract）的另一方。在这些理论思考中，人类中心以及主客二元范式，很大程度上，被超越，并体现在法律实践中：例如，德国赋予"动物"以不同于"物"的法律地位（《德国民法典》第 90a 条规定"动物不是物"）；新西兰赋予旺格努伊河以法律人格；印度一家法院也赋予了恒河和亚穆纳河以"有生命的人类主体"地位；加拿大魁北克法律甚至赋予野生河流 the Magpie（喜鹊）以九种权利。

6. 当然，"权利"的主体，不同于"人权"的主体。"生态的"人权观，并非要赋予自然界以与"人"一样的权利（"人权"），只是赋予其"权利"主体之地位。自然界及其成员（例如动物等）虽然不能像人一样成为"人权"的主体，却未必不可成为"权利"的主体，正如公司或财团作为"法人"，虽然不具有"人权"，但同样具有权利能力和行为能力。在"赋活"的意义上，赋予自然界或动物以"权利"主体地位，并不是要将其提升为"人"（成为"人权"主体），而是将其列为"法人"，从而可使其与"自然人"或"人类"处于某种主体间性的关系中"和谐共生"，而非在主客体间关系下，成为人的单向"支配"的客体；进而也就可能通过类似代理或监护的制度保障其权利——就像《厄瓜多尔宪法》第 71 条规定的那样——"所有的个人、社团、人民和民族都可以要求政府强制执行自然的权利"。

这样看来，所谓"生态的"人权，并非自然界或动物的"人"权，而是"人与自然和谐共生"框架之下的人的"人权"。法诗学提出从"个人的人权"到"集体的人权"再到"生态的人权"之命题，是一个后者包含前者的梯进或超越关系：人权，首先是个人与个人之间和谐共生的——个人主体的人权，进而是群体与群体之间和谐共生的——人类集体发展的人权，进而还是人与自然之间和谐共生的——生态平衡的人权。

F. 2. 12. 问：您在课上说，法的生态诗学提出并讨论了如下命题：在"人与物"的关系上，提出了从"财产"到"共用物"的命题。我的疑问是，何谓"共用物""共用权"？它与"财产""财产权"有何区别？与法的生态诗学有何关系？

答：1. 汉语中有两个字"丽"和"仁"，值得玩味。物相偶，谓之"丽"——在相偶中，彰显彼此之特征；人相偶，谓之"仁"——在相偶中，产生彼此间的共鸣。在法学上，当我们将"丽"，扩用至人与人、人与物，或将"仁"，扩用至物与物、人与物，从而达到"适宜"的效果时，我们便可能进入"美"或"诗"的境界【12.0.3】【F.1.9】。

关于"丽"，从《易经·离卦》看，"离"，通"丽"。《象传》曰："离，丽也。日月丽乎天，百谷草木丽乎土。"白居易诗句，"离离原上草，一岁一枯荣"，其中的"离"字，显然不是指"离别"或"遭遇"，而是"丽"义，即"附缀"或"配饰"的意思。可见，"离"，并非今天我们惯用的意思，指"分开"，相反，"丽"表示连缀在一起的配饰关系，即一种诗学意义的匹配或相宜关系。

可见，"丽"和"仁"，都是指某种恰当的"匹配"关系。在《离》卦中，这种"相宜"关系，大致可分如下几种。（1）在物与物的关系上，配饰之物不应喧宾夺主，且应符合"礼"的要求。例如以黄金配饰履，其金篆之纹饰，不仅应与"履"，还应与"礼"相匹配。（2）在人与事的关系上，例如，与暮年之人相匹配的工作，就应是教育培养后代子孙，而与战士相匹配的功绩，则是有所斩获。（3）在人与人的关系上，例如，子孝于亲等。总的来讲，在人与物或人与他人的关系上，最恰当的匹配，应是使双方都能处于某种适宜的生态关系当中，即所谓"赋活"的状态，用荷尔德林的话说就是"诗意栖居"。在此意义上，当我们将"丽"或"仁"，扩用至人与人、人与物，从而达到"义"或"宜"的效果时，我们便进入了"美"或"诗"。

在法学上，譬如在人与自然，或人与物的关系上，也有个"丽"、"仁"或"诗意栖居"的问题。在"财产"（property）观念下，物（或自然界），处于主体人的单向宰治（占有、使用、收益、支配）之下，而在"共用物"（Commom）观念下，物（或自然界）与人则处于一种共生状态当中：人对于物，不仅有"权利"，还承担着"责任"和"爱"。拉德布鲁赫在谈到"物的人格化"理论时说："不只是人具有尊严，物也要向人要求一些东西，要求按照它的价值给予保护和照顾，使人得以使用和享受，此外还要求一个词：爱。这样……人与物的关系就和人与人的关系非常近似了。"① 在此意义上，"财产"关系是基于"我有"的模式，而"共用物"关系则是基于"我是"的模式——前者是单向宰制的，后者则是双向对话的；在不同境遇下，二者都有个"诗意栖居"的问题。

2. 所谓"共用物"或"共用权"，不妨以杜甫的枣园为例加以申说。杜甫有一首《又呈吴郎》的诗：

> 堂前扑枣任西邻，无食无儿一妇人。不为困穷宁有此？只缘恐惧转须亲。
>
> 即防远客虽多事，便插疏篱却甚真。已诉征求贫到骨，正思戎马泪盈巾。

此诗按萧涤非的注释，唐大历二年，即公元 767 年夏，"杜甫住在瀼西草堂，那时有邻家寡妇常到他堂前来扑枣。这年秋天，杜甫搬到'东屯'去，将草堂让给他的一个亲戚姓吴的住。这姓吴的一来便插上篱笆，防止打枣。寡妇来向杜甫诉苦，杜甫因此写了这首诗给姓吴的，是一封'诗的书札'"②。许永章注释说，诗中"三方情流交汇，错综繁复：问题以'插篱'为中心从暗中展示出来。吴郎初来，可能发现了邻妇扑枣，故插补疏篱；邻妇见此新来远客，不似原来主人，且见其插篱，故防范之心愈切；诗人见吴插篱，忖度邻妇必然有所戒惧，而责吴之插篱不怜困穷。围绕插篱小事，竟将旧主、远客、邻妇的内心活动，具体而深刻地表露出来"③。

从今天的法学理论看，这首诗中包含着人与物（草堂及其堂前枣子）的三层法律关系。第一是杜甫与吴郎之间的所有权人与租借权人之关系。《杜诗名篇新析》许注言："大历二年秋，杜甫自夔州之瀼西迁居东屯，以瀼西草堂借吴郎居住。"第二，就堂前枣树之果实言，又有两层

---

① 〔德〕拉德布鲁赫：《法哲学》，王朴译，法律出版社 2013 年版，第 157 页。Gustav Radbruch, Rechtsphilosophie, §18. DAS EIGENTUM. K. F. KOEHLER VERLAG STUTTGART, 1950. S. 238.

② 萧涤非选注，萧光乾、萧海川辑补《杜甫诗选注》（增补本），人民文学出版社 2017 年版。

③ 许永璋：《杜诗名篇新析》，南京大学出版社 1989 年版，第 226 页。

关系。一是在杜甫与诗中那位邻妇之间——所有权人与共用权人（commoner）之关系。据许永章言："诗人瀼西草堂有果园四十亩，其枣树之多枣实之密，可以想见。而诗人此时生活亦极艰窘，正赖以为生，居然能任人扑打，这种爱人精神真是匪夷所思。"二是在吴郎与那位邻妇之间——堂前枣树之租赁权人与共用权人（commoner）之关系。

关于共用权，*The Law of Commons and Commoners* 一书给出的定义是："它恰当地表示了一种权利或特权，即一人或多人有权取得或使用他人土地、河流、森林等物上自然产出的收益，并且该人或多人对前述土地、河流、森林等物不享有任何所有权。"[1] 英国法学家威廉·布莱克斯通也认为：共用权是一个人在另一个人的土地上获得收益；它可以通过喂养牲口、捕鱼、挖草皮、砍柴等行为从他人土地上获得。[2] 这种无体的排他性的可继承的权益，并不是基于契约，而是源于共生关系中的习俗或时效。

这种"共用权"有两个显著特点。第一，它是一种互惠互益的关系。譬如共牧权（Common of Pasture），基于共生关系，共牧权人，一方面，为了生活而不得不在他人的土地上放牧（放养自家牲畜），另一方面，也是在帮助土地施肥。第二，它源自某种共生关系。譬如共用伐木权（Common of Estovers），共用权人为了自建房屋或打造家具，可以在他人土地上伐木，但应以最低生活所需为限。就杜甫那位邻妇言，她虽不享有堂前枣园或枣树的所有权和使用权，但她可基于生活所需享用枣树自然产出之收益。

以此来看，杜甫那位邻妇基于杜甫默认而获得的共用权，既不同于杜甫的所有权，也不同于吴郎的租赁使用权。

首先，邻妇的共用权不同于杜甫的所有权。共用权之权益不是草堂或堂前枣树，而是枣树上自然产出的收益（枣子）。共用权人可以享用

---

[1] *The Law of Commons and Commoners* (2nd ed.), printed by Eliz. Nutt and R. Gosling. (assigns of Edw. Sayer, Esq;) for John Walthoe, 1720, reprinted by Dabu Public Domain, p. 2.)

[2] "Common, or right of common, appears from its very definition to be an incorporeal hereditament; being a profit which a man hath in the land of another; as a feed his beasts, to catch fish, to dig turf, to cut wood, or the like." John Edward Hall, *A Treatise on the Law Relating to Profits a Prendre and Rights of Common*, 1871, Chapter 1.

堂前枣树的自然收益，但不得占有或改变共用物（枣园或枣树）本身。共用权人得以自己生活所需为限享用共用物上的自然收益（枣子），却不可以其谋利。共用权虽是一种具有排他性的权益，却无权提起侵权之诉。共用权不仅是一项权益，还是一种责任，即在享用该共用物收益（枣子）的同时，也有责任保护共用物（枣园或枣树）不受损害。共用权人与共用物之间是一种生态（互惠共生）关系。

其次，共用权不同于吴郎的租赁使用权（用益物权）。作为用益权人的吴郎实际占有共用物（枣园或枣树），而作为共用权人的邻妇无权占有之。为了增加枣树收益，用益权人吴郎有权改良共用物，而共用权人无此权利。用益权人吴郎有权享有共用物（枣园或枣树）上的全部收益，不必以生活所需为限。用益物权可通过契约或担保方式而获得，而共用权则主要基于习俗或时效。

这样看来，共用物和共用权概念，是自然生态观念在物权领域的残留或延续，是一种基于人与自然和谐共生的自然法关系。在共用物和共用权制度中，不仅保留着人与物之间的自然生态关系、保留着人与物之间的互惠共生关系，还体现了人与人之间的仁爱关系。在此意义上我们说，在"财产"关系中（包括担保物权和用益物权），主要体现的是人对物（譬如把自然作为环境）的单向宰制，而在"共用物"关系中，体现的则是人与物（譬如把自然作为生态）的"诗意栖居"。

就人与物的法律关系，法诗学提出从"财产"（property）到"共用物"（common）的命题，后者并非对前者的否定，而是在前者基础上的超越——正如共产主义、社会主义是对资本主义的超越。作为法律术语，英语 common（拉丁语 communia），与 property 是显著不同的：前者指共用物或共用权，后者指所有物或所有权。在罗马法上，后者属于可交易物，前者属于非交易物。非交易物主要有三种：神用物（resdivini juris）、共用物（res communes）和公物（res publicae）。其中，共用物主要是指公共享用之物，如空气、流水、海洋、海岸等。罗马法学家马尔西安说："根据自然法，一些物为一切人共用，一些物为市有，另一些物为不属于任何人，还有大部分物可因不同原因而为任何一个人私有。"（D. 1，8，2pr.）"根据自然法，空气、流水、海洋及由此而来的海滨属于一切人所共用。"（D. 1，8，2，1.）可见，建立在共用物基础上的共用权（right of common）是人与物之间的一种更古老也更自然的关系：在 property 制度或概念产生之前，最初的物都是 commons，就像阳光空气一样，大地、森林、草场、河流都是人类共享共用的公共资源（或平台），人与物之间，是"我是"而非"我有"的关系。在这样一种社会关系中，用马克思的话说，自然界"对人来说才是人与人联系的纽带，才是他为别人的存在和别人为他的存在"，因而，自然界才是人自己的作为人的存在的基础。然而，随着 property 制度和概念的形成和扩张，在资本逻辑的推动下，有些物，譬如阳光空气等，仍旧保留了"commons"的属性，但是另一些物，譬如土地、森林、牧场甚至河流，则变成了"property"（起初只是对生活资料拥有私有权，后来逐步扩张，以至生产工具进而生产的外部条件甚至环境，都成了私有权的客体）。这一从"我是"到"我有"的历史过程，虽势不可当，但有迹可循，这就是我们在中世纪英国法中所看到的：共牧权（Common of Pasture）、共同伐木权（Common of Estovers）、共同捕鱼权（Common of Fishery）、草泥（或泥炭）共用权（Common of Turbary）等共用物形式（此处可与杜甫《又呈吴郎》诗之"枣园"互参）。

值得指出的是，common 与 Kommunismus、Communism、Communists 有共同的拉丁语词源 commune。例如 Karl Marx and Frederick Engels："A spectre is haunting Europe-the spectre of communism." "The distinguishing feature of Communism is not the abolition of property generally, but the abolition of bourgeois property"。以此可见共产主义（Kommunismus、Communism）理想中所包含的共用物观念之基础。因此才说，"the theory of the Communists may be summed up in the single sentence: Abolition of private property"①。因为，只有在共产主义社会中，异化才被彻底克服或扬弃：人的自然的存在就是他自己的"作为人"的存在，而自然界对他来说也才成为"人"。② 正是在此意义上，马克思说："社会是人同自然界的完

---

① See Manifesto of the Communist Party. CC-SA (Creative Commons Attribution-Share Alike 3.0) 2010 by Marxists Internet Archive Printed by Bookmasters, Inc., Ohio.

② 在《1844 年经济学哲学手稿》中，马克思说："对私有财产的扬弃，是人的一切感觉和特性的彻底解放；但这种扬弃之所以是这种解放，正是因为这些感觉和特性无论在主体上还是在客体上都成为人的。"见《马克思恩格斯全集》（第三卷），人民出版社 2002 年版，第 303~304 页。

成了的本质的统一，是自然界的真正复活，是人的实现了的自然主义和自然界的实现了的人道主义。"①

在《共产党宣言》中，马克思和恩格斯指出：

> 资产阶级在它已经取得了统治的地方把一切封建的、宗法的和田园诗般的关系都破坏了。它无情地斩断了把人们束缚于天然尊长的形形色色的封建羁绊，它使人和人之间除了赤裸裸的利害关系，除了冷酷无情的"现金交易"，就再也没有任何别的联系了。它把宗教虔诚、骑士热忱、小市民伤感这些情感的神圣发作，淹没在利己主义打算的冰水之中。它把人的尊严变成了交换价值，用一种没有良心的贸易自由代替了无数特许的和自力挣得的自由。总而言之，它用公开的、无耻的、直接的、露骨的剥削代替了由宗教幻想和政治幻想掩盖着的剥削。

> 资产阶级抹去了一切向来受人尊崇和令人敬畏的职业的神圣光环。它把医生、律师、教士、诗人和学者变成了它出钱招雇的雇佣劳动者。

> 资产阶级撕下了罩在家庭关系上的温情脉脉的面纱，把这种关系变成了纯粹的金钱关系。

马克思甚至把资本主义社会关系中这种人格关系的异化，类比为"卖淫"。在《1844年经济学哲学手稿》中（页尾标示的通栏线下面），马克思写道："卖淫不过是工人普遍卖淫的一个特殊表现，因为卖淫是一种关系，这种关系不仅包括卖淫者，而且包括逼人卖淫者——后者的下流无耻尤为严重——，因此，资本家等等也包括在卖淫这一范畴中。"②

拿杜甫枣园的枣树来说，财产权可能排斥共用权，但共用权却能够包容财产权。

实际上，"财产"和"共用物"概念，都是在追求"人与物"间的恰当关系。与英语"property"同词根（prop）的词不少，譬如"proper"

---

① 见《马克思恩格斯全集》第二版（第三卷），人民出版社2002年版，第301页。
② 〔德〕马克思：《1844年经济学哲学手稿》，人民出版社2014年版，第80页，编者注。

（本身）、"propriety"（得体）、"appropriate"（适当）等，都有"宜"的意思。其拉丁语词源"proprius"，就是"使某物成为自己"。① 可见，"财产"与"共用物"，在精神上是一致的，都在追求或体现人与物间的"诗意栖居"关系——"草木本无心，何须美人折"，只是在后来的历史发展中，"财产"关系被异化为人对物的单向宰制，仅在"共用物"关系中得到微弱的保留。

3. 在《关于林木盗窃法的辩论》中，马克思指出了"捡拾枯树"与"林木盗窃"（两种行为）的本质区别。马克思说："盗窃林木者是擅自对财产作出了判决。而捡拾枯树的人则只是执行财产本性本身所作出的判决，因为林木所有者所占有的只是树木本身，而树木已经不再占有从它身上落下的树枝了。"马克思质问道：立法者"不顾这种本质上的差别，竟把两种行为都称为盗窃，并且都当作盗窃来惩罚。你们对捡拾枯树的惩罚甚至比对盗窃林木的惩罚还要严厉"。"正如哑巴并不因为人们给了他一个极长的话筒就会说话一样，私人利益也并不因为人们把它抬上了立法者的宝座就能立法。"马克思大声疾呼："我们为穷人要求习惯法，而且要求的不是地方性的习惯法，而是一切国家的穷人的习惯法。我们还要进一步说明，这种习惯法按其本质来说只能是这些最底层的一无所有的基本群众的法。"

马克思强调了源自自然习惯的 common 与源自立法的 property 的不同，他继续说："我们可以举一个例子，即修道院的例子来说明这一点。修道院被废除了，它们的财产被收归俗用了，这样做是正确的。但是另一方面，贫民过去从修道院那里得到的偶然救济并没有被任何其他具体的收入来源所代替。当修道院的财产变成私有财产时，修道院得到了一定的赔偿；但是那些靠修道院救济过活的贫民并没有得到任何赔偿。不仅如此，还为贫民设置了新的限制，切断了他们同旧有的法的联系。在所有把特权变成法的过程中都曾有过这种现象。"（此处可与杜甫《又呈吴郎》诗之"枣园"互参）

马克思深刻地指出："这些立法必然是片面的，因为贫民的任何习惯

---

① 〔美〕安乐哲：《儒家角色伦理学——一套特色伦理学词汇》，〔美〕孟巍隆译，山东人民出版社 2017 年版，第 126 页。

法都基于某些财产的不确定性。由于这种不确定性，既不能明确肯定这些财产是私有财产，也不能明确肯定它们是公共财产，它们是我们在中世纪一切法规中所看到的那种私法和公法的混合物。"马克思接着说：

> 立法借以了解这种二重形式的器官就是理智；理智不但本身是片面的，而且它的重要的职能就是使世界成为片面的，这是一件伟大而惊人的工作，因为只有片面性才会从无机的不定形的整体中抽出特殊的东西，并使它具有一定形式。事物的性质是理智的产物。每一事物要成为某种事物，就应该把自己孤立起来，并成为孤立的东西。理智把世界的每项内容都纳入固定的规定性之中，并把流动的东西固定化，从而就产生了世界的多样性，因为没有许多的片面性，世界就不会是多面的。因此，理智取消了财产的二重的、不确定的形式，而采用了在罗马法中有现成模式的抽象私法的现有范畴。立法的理智认为，对于较贫苦的阶级来说，它取消这种不确定的财产所负的责任是有道理的，尤其是因为它已取消了国家对财产的特权。然而它忘记了，即使纯粹从私法观点来看，这里也存在两种私法：占有者的私法和非占有者的私法，更何况任何立法都没有取消过国家对财产的特权，而只是去掉了这些特权的偶然性质，并赋予它们以民事的性质。但是，如果说一切中世纪的法的形式，其中也包括财产，从各方面来说都是混合的、二元的、二重的，理智有理由用自己的统一原则去反对这种矛盾的规定，那么理智忽略了一种情况，即有些所有物按其本质来说永远也不能具有那种预先被确定的私有财产的性质。这就是那些由于它们的自然发生的本质和偶然存在而属于先占权范围的对象，也就是这样一个阶级的先占权的对象，这个阶级正是由于这种先占权而丧失了任何其他财产，它在市民社会中的地位与这些对象在自然界中的地位相同。[①]

在此意义上，法诗学提出从"property"到"commons"之命题。

---

① 马克思：《关于林木盗窃法的辩论》，见《马克思恩格斯全集》第二版（第一卷），人民出版社 1995 年版，第 240~290 页。

F. 2. 13. 问：何谓"融通"？

答："融通"是一种诗学上的超越境界；从形式效果看，超越（譬如诗对逻辑的超越等）是一种统一，但却不是"公分母"意义上的统一，而是升华后的融通的境界。

1. 先说"公分母"式的统一。黑格尔曾提到一种"公分母"式的统一。在阐述"真正法制"的概念时，黑格尔说："最重要的是知道什么是真的法制；因为凡是与真法制抵触的法制就不能持久，就没有真理性，就必然要被推翻。……关于法制理念的见解只有通过哲学才达得到。……假如一个政府不知道什么是真理，死抱住那暂时性的制度，把非本质的东西当作有效而加以维护来反对那本质性的东西——而本质性的东西是包含在理念内的——则这个政府本身就在那急迫前进的精神前面被推翻。"① 这就是说，就法制发展而言，如果一个民族，因缺乏理智和力量去追求真正的法制，就只好停留在较为低劣的法律制度上；但是如果一个民族完成了它的较高级的法制，就会成为一个较卓越的民族，而前一个民族必定会受这较卓越民族的支配。黑格尔所谓"正真的法制"，其实就是一个先验的法制真理，只有在这一最大公约数上，不同的法律文化或法律理念，才能"统一"；否则，就将出局或被淘汰。然而，这种"最大公约数"，显然不是诗学意义上的融通，是"同而不和"，而非"和而不同"。

2. 再说诗学意义的"融通"。作为诗性境界的"融通"主要有三种。

（1）第一种，是"和谐"式的融通。在《老残游记》中，有一段"和而不同"乐论：申子平欣赏了玙姑她们合奏的一段奇妙音乐后，就问这是什么曲子，才女玙姑答道："此曲名叫'海水天风之曲'，是从来没有谱的。不但此曲为尘世所无，即此弹法亦山中古调，非外人所知。你们所弹的皆是一人之曲，如两人同弹此曲，则彼此宫商皆合而为一。如彼宫，此亦必宫，彼商，此亦必商，断不敢为羽为徵。即使三四人同鼓，也是这样，实是同奏，并非合奏。我们所弹的曲子，一人弹与两人弹，迥乎不同。一人弹的，名'自成之曲'；两人弹，则为'合成之

---

① 〔德〕黑格尔：《哲学史讲演录》（第二卷），贺麟、王太庆等译，上海人民出版社 2013年版，第 238 页。

曲'。所以此宫彼商，彼角此羽，相协而不相同。圣人所谓'君子和而不同'，就是这个道理。"① 张衡《思玄赋》云："聆《广乐》之九奏兮，展泄泄以肜肜；考治乱于律均兮，意建始而思终。"音乐的旋律，反映治乱之隐微；音乐的律动，则激起情绪上的共鸣。在"和谐"式融通，一切皆在"共鸣"中得以融泄。

（2）第二种，是"和羹"式的融通。就像炖一锅肉，在未下锅之前，牛肉、土豆、萝卜、洋葱、生姜、花椒等，各有各的性，各是各的味，彼此独立，互不相融，但下锅炖煮两三个小时之后，便融为一体，成为一锅美味佳肴（晏子所谓"和羹"）。不同政治法律文化或观念之间的交融，也是类此，即便那些在话语或范式上不可通约者，只要将其投入生活之无尽岁月的"大锅"去炖，终将相互吸收，融为一体。历史上，曾经势不两立的那些文化或观念，经过长期的共处和交流，最后都会变得——你中有我、我中有你，难以分别。这就是"和羹"的功效；简单说，就是"时间融化一切"。如果说"和谐"式的融通，是在"共鸣"中百兽率舞，那么"和羹"式的融通，则是"时间"融化一切。

（3）第三种融通，是"具体情境"下的融通，即任何两个对立或不可通约之事物，均可能在某个事件性的复合情感中获得"融通"。在脱离具体情境的抽象条件下，无论是两个相反的结论（它们在各自的领域各是其是），还是两个矛盾的命题（它们在逻辑上并立互斥），一旦将它们置于一个具体情境之中，就像在"爱情"中一样，便可能融为一体。因此我们说，每个具体情境之下的命题或判断，都可能是一个诗性的、"活泼泼"的存在。之所以说它是"诗性"的、"活"的，是因为，一旦进入某种以"爱情"为喻体的关系范畴，它就是"为爱献身"或"向死而生"的：（a）在"为爱献身"中，才有"德性之创造"；（b）在"向死而生"中，才有"诗性的超越"。

3. 在"爱情"中，一切都是"融通"的。所谓"融通"，无论是"和谐"式的、"和羹"式的，还是"具体情境"下的，其实是通过一种类似"通感"的诗性逻辑，进入人伦关系的领域，并在某种类似"爱情"的具体情境下达到"融通"的。这一诗性扩用的具体过程，虽难描

---

① （清）刘鹗：《老残游记》，人民文学出版社 1979 年版，第 92~93 页。

述，但可以肯定的是，当尧帝说"克谐以孝"的时候，当舜帝说"八音克谐，无相夺伦，神人以和"的时候，当老子说"六亲不和，有孝慈"的时候，当晏子说"和如羹焉……君臣亦然"的时候，当孔子说"君子和而不同、小人同而不和"的时候，具体事情关系上的原理就已经被借以表达心灵以及政治法律方面的关系了，在此情形下，虽然谈的是法学问题，但在人们诗性的想象中，似听到了音乐的甜美、闻到了美食的馨香、感受到了美妙的爱情。在此意义上，实证法学（逻辑实证、社会实证）与理念法学（自然法学、概念法学）是可以融通为一体的；旁观法学（实证法学、理念法学）与体验法学（法现象学、法诠释学）是可以融通为一体的；治理诗学（旁观法学、体验法学）与德性法学也是可以融通为一体的，并构成一个后者超越前者的阶进过程。

F.2.14. 问：老师，诗学讲"气韵生动"，法学也讲"气韵生动"吗？

答：讲的。法诗学所谓的"气韵生动"是说：（1）"气"，即法律情感或公正卓识；（2）"韵"，即诗性正义中的对话和共鸣；（3）"生"，即"赋活"，赋予生命、情感和活力；（4）"动"，则是指法或正义的动词化、情境化。我们说，诗学讲"情与思""情与事""情与景"的交融——在此交融中，情感与理性、诗人与景物达到融通，具体情境升华为诗性的"意境"。法学亦然：法诗学讲"情感与法律""情感与事实"的交融——在此交融中，主体与事件、法律与事实、法感与逻辑获得融通，正义在具体情境中得以"显现"，个案正义得到实现。这种情境性的融通，便是法诗学意义上的"气韵生动"。

1. 在法诗学看来，诗作，与个案正义的实现——这两种"超越"、两种"情境"或两种"洽切"，其实是非常相似的：都是德性情感作用下的"融通"，都要历经某种"二度的转换"（童庆炳语）：第一度转换，是向内的，即人所固有的德性在日常生活中的充实和沉淀；第二度转换，是向外的，即日用积淀之德性向外发用并扩用于具体事件。这种"扩用"，表现在法学上，就是伦理原则上的"移情"，即孔子所说的："君子之事亲孝，故忠可移于君。事兄悌，故顺可移于长。"（《孝经·广扬名章》）孟子论"四心"言："有是四端，扩而充之。"对此，潘平格解释道，孟子所谓"扩充四端"，就是"以此通之彼"，若换作张载的话说，就是"民吾同胞，物吾与也"。因此，当我们基于德性，将原本适用于人的，或人与人关系的原则，扩用到非人的关系当中时，我们便踏进了"诗"的疆域。——即德性扩用的诗学。

2. 从"使法活起来"到"让法活起来"。法治文化建设，不仅是一项单方主导的"工程"，更主要是一座共享共用的"设施"。在法诗学看来，法治文化的繁荣，不仅是指"与法治相关的那些文艺样式"的繁荣，更主要是指"作为诗的法"的繁荣。换句话说，法治文化的繁荣，是一个"活法"的概念：不仅要"使"法活起来，更重要的，是要"让"法活起来。

（1）"使法活起来"是说，法律本身是逻辑化的概念体系，是知识化的静态规范形式……鉴于其形式上的高冷严峻可能有碍于它的接受或实现，所以需要通过文艺或诗性的手段，使它显得亲切活泼起来。

（2）"让法活起来"是说，法本身就应是"活"的，是形象生动的，是看得见、感受得到的，是共享共用的有生命的形式，是生活本身；因此，我们要做的，不是去装饰修饰它，而是要解放它，解开绑在它身上的逻辑的形式的机械的束缚，让名词性的法回到动词性的法，让法"气韵生动"地呈现自身的生命和活力。也就是我们所说的，从"正义之"到"正义着"。

3. 我们说，诗，是视觉的；但不仅仅是视觉的，它还要求精神上的"看见"。宗教，通过诗，亲近上帝；科学，通过诗，启迪真理；法律，通过诗，感受和体验正义。亲近、启迪、感受和体验，都是精神上的"看见"。逻辑最大的特点不是抽象；因为，形象——通过典型——也能表达抽象的道理。逻辑最显著的特点，是无情。逻辑把"活"的对象当作"死"的，以便分析或解剖，而诗却不同：它把"死"的，视为"活"的。诗的最大特点，不是美——几何图形很美，却未必是诗；诗——最显著的特点——是生命的激越、共鸣和创造。《这是一个逻辑的世界》[①] 诗云：

> 这是一个逻辑的世界，
> 但没有了诗，它什么都不是。

---

① 秦瑞：《这是一个逻辑的世界——仿 James Brown "It is a Man's world" 而作》。

你瞧，逻辑的列车，载着思想奔驰，

概念是包厢，判断是轮子，推理是轨道，论证飞溅着火星子。

逻辑打格子，

使我们在时空坐标上找到位置；

逻辑定调子，

使心弦奏出可以抓得住的情丝。

这的确是一个逻辑的世界，

就连风轱辘蒿子①，在戈壁的呼啸追逐，都似乎踏着逻辑的

拍子；

而蒲公英也随着逻辑的风在旋转，在空中绷着脚尖子；

你瞧那法律，看那标着刻度的齿轮，咯咯吱吱，

试图生出一个正义的孩子。

这的确是一个逻辑的世界，

一台智能机器，甚至打印出了一首3D的诗。

然而，在完成了这一切之后，逻辑陷入了空虚和沉思：

"我发明了钱，但始终只在封闭的市场里打转，

左手卖给右手，右手卖给左手，循环不止……"

这的的确确是一个逻辑的逻辑的逻辑的世界，

但是，离开了诗，它什么都不是。

---

① 按：风轱辘蒿子，一种北方戈壁常见的草本植物，即飞蓬、秋蓬、转蓬。《诗经·伯兮》："自伯之东，首如飞蓬。"《说苑》："鲁哀公：'秋蓬恶其根本，美其枝叶，秋风一起，根本拔矣。'"《续汉书·舆服志》："上古圣人，见转蓬始知为轮。"曹植《杂诗》云："转蓬离本根，飘飖随长风。"

附录-对话3　诗，是向死而生的

《法律诗学》线下课堂主要包括三个环节，先由老师布置课程材料；然后是翻转课堂，同学们围绕材料进行小组讨论；最后是师生问答。下面是若干课堂的实录（小组讨论环节从略）。

课堂选录（一）

主题：AI 司法与诗性正义

课程材料：

波斯纳曾这样评价 H. 怀特（H. B. Whyte）的小说——《无人之际》：这是"一部名气不大，也没多少文学价值的短篇，但却可以从中察觉与深层法理学问题的很多关联"。

故事发生在未来，在纽约佛利广场，联邦法庭安置了一台前所未有的最大计算机："每个已决法律判决，每个生效制定法，每个条例等都已编程安装，这台计算机用巨大的司法判决和其他法律资料库来回答法律问题。它的工作非常出色，乃至取代了法院，法院降格了，只起到仪式化功能。因此，由于计算机'从人的手中接管了法律'，因此它'造就了对法律的新尊重'。"

然就在此时，危机出现了。一件看上去很平常的案件，计算机却未能给出一个明确唯一的答案。"计算机操作者名叫库克，他发现问题不在机械故障；问题在于……计算机'结论认为没法选择结果。事实上，计算机甚至打印了两份文字干净、推理严谨的各自独立的司法意见，得出的结论相反'。库克和他的助手简尼阅读了两份意见，发现两份意见中'没有什么不是完全正当化了的。很明显，无论哪份意见都能令仍在楼下疑问大厅等候的诉讼双方完全满意'。库克吓坏了。……他重新给机器编程。"按照新的算法，"从今以后，只要机器无法在诉讼双方之间得出一个有理由的选择，机器就会随机挑选一个赢家"。因为，在库克看来，

"机器的公正性从来不可置疑，其权威性也不可置疑。"

但简尼反对库克在正义问题上的这种抓阄设计，她责备库克是个"冷酷无情的人"。最后，为保护计算机的这一抓阄做法的秘密，库克决定让简尼触电身亡。（材料源自〔美〕波斯纳《超越法律》，苏力译，北京大学出版社 2016 年版，第 430~431 页。）

F. 3. 1. 1. 问：老师，抓阄所获得的正义，不也是一种正义吗？是一种程序正义。

答：不错，但问题在于，人类并不满足于程序正义，而是不断地追求实质正义，这是人性使然。譬如无人驾驶汽车的应急选择机制——在某种突发情况下，是优先保护路人，还是乘客？因为人的生命是平等的，在该选项下，人工智能可能会进入某种抓阄程序，无论它随机性地优先保护谁，都是唯一正确答案。这是典型的机械或纯粹逻辑思维，看似绝对平等，其实却可能失去真正的公平。在法律冲突的法律选择机制问题上，萨维尼提出法律关系本座说，卡弗斯则主张结果选择说，也是类似的问题。在法诗学看来，此类选择是难以事先确定的，须要在具体情境下才可确定。

F. 3. 1. 2. 问：法律诗学反对法律逻辑学，反对 AI 司法吗？

答：不反对。法律诗学基于法律逻辑学但超越法律逻辑学，正如诗基于逻辑但超越逻辑一样。法律人工智能可能会无限逼近法律诗学，但却无法变成法律诗学。我们知道，骑脚踏车与骑马是不同的：前者全靠我们自己的掌控（我是主体，脚踏车是客体），一切取决于我；后者则是人与马的合作（我是主体，马是客体但在一定程度上也是主体），是人马融为一体。在常规路面情况下，我们可以信马由缰，完全把自己交给马——老马识途嘛！只在特殊或复杂情况下加以干预。AI 司法即可谓这样一匹有一定智能的"马"，但我们却不能像传说中那位喝醉酒的马夫那样，糊里糊涂被自己的老马驮回家——家虽到了，但我们自己的主体人格却不可丧失了。

我们知道，法律人工智能（AI）算法，会因样本偏颇、程序编写者的主观偏见以及算法黑箱等问题而有失公正，对此缺陷，虽可通过第三方审计（对相关 AI 决策平台的算法加以审计）而在程序正义上给予最大限度保障，然其决策过程的不透明性、不可解释性以及难以控制，一句话，其逻辑性和机械性，是其不可克服的固有本性。在此意义上，法诗学提出的口号是——

爱者，AI 也；AI 者，爱也。"爱"可以包容 AI，而 AI 也离不开"爱"，离不开法律人主体之人格。

当然，AI 虽不能成为真正的诗人，却有助于将法律人培养成法感诗人。AI 固然不是真正的人，但在人与法的关系（无论法的教育还是实践）上，却不妨假扮（或充当）一个主体（即假扮为法），从而使人与法的关系，变成主体间之对话关系，进而有助于法律人成为一个法感诗人。

F. 3. 1. 3. 问：老师，在微信公众号文章"法的诗性方法论答疑（二十四）"中，您说"在法律人工智能逐渐成熟发达起来后，法律人就必须转向并追求一种新的更高的诗性正义的境界，即个案正义"。我的问题是，何谓纠纷解决中的"个案正义"，为何说它是一种诗性境界？

答：1. 在法诗学看来，"诗化"的路径，可以从三个方面讨论。

在第一个方面，包含两个不同的方向。一是"时间的空间化"；二是"空间的时间化"。（1）在"时间的空间化"方向上，虽然包含着"好像"，但这一"好像"，不是要将"好像"贯彻下去，而是通过"好像"剔除一切后续可能的"好像"，从而导向"逻辑"；（2）在"空间的时间化"方向上，则是通过"好像"，将空间活化为一个生命过程，从而趋向于"诗"。

在第二个方面，也分为两个不同的方向，即"物格化"和"人格化"，或者说"拟物"和"拟人"。（1）在"物格化"（拟物）方向上，是将人与人之间的关系视为人与物之间的关系，用叔本华的概念说，就是将"我是"异化为"我有"；其本身虽是一个"拟制"，然在后续的行动中却要排除一切"好像"或"神秘"（mythos）——从而趋向于"科学"。（2）在"人格化"（拟人）方向上，则是将人与物之间的关系视为人与人之间的关系，或者说，将"无生命"的关系视为或按"生命"关系对待——从而趋向于"诗"。

在第三个方面，也包含两个不同的方向，即"名词化"和"动词化"——这两个方向，都可能是"诗"。（1）先说"名词化"的"诗"。正如尹文子所指出的，名，可以划分为后者包含前者的逐阶递进的三个层级：（a）一是"命物之名"，是指实的符号，"方圆白黑是也"；（b）二是"毁誉之名"，是价值评价，"善恶贵贱是也"；（c）三是"况谓之名"，则是情感的参与，"贤愚爱憎是也"。（注：《尹文子·大道上》言，名有三科："一曰命物之名，方圆白黑是也。二曰毁誉之名，善恶贵贱是也。三曰况谓之名，贤愚爱憎是也。"）正是这种"况谓之名"，因情感参与，而赋予对象以崇高和神圣的意义，从而导向"诗"。譬如维柯曾指出的，民政制度的三大诗性创造：献祭、婚姻、埋葬。我们知道，死亡和情欲，原本是无数个别的"to be"的自然现象，但在婚礼和葬礼中却上升为抽象的"ought to be"的爱情婚姻和死者尊严；同样，大自然的无情运作，原本是"to be"的自然规律，但在献祭制度中却升华为抽象的"ought to be"的天神意旨和人神契约。在此意义上，正义、爱情等的"人格化"（正义女神、爱情女神），可以是"诗"；灵魂不朽或爱情忠贞等的"名词化"理念，也可以是"诗"。——都可谓一种名词性的"诗化"进程。（2）再说"动词化"的"诗"。正如"名词动用"所显示的，（a）在从"正义"到"正义着"的过程中，不仅有逻辑演绎，更主要还有司法主体基于责任的共鸣和创造，可谓情境中的"诗"。（b）在从"正义"到"正义之"的过程中，如果更多体现的是司法主体的单方宰制，而非互动，也就未必是"诗"。

2. 从上述分析可见，法诗学上"诗化"的路径，主要是四个：第一是"空间的时间化"（或叙事），是法的叙事诗学意义上的"诗"；第二是"物的人格化"（或拟人），是法的伦理诗学或生命诗学意义上的"诗"；第三是"名词化"（譬如荀子所谓的"况谓之名"），是法的神化诗学意义上的"诗"；第四是"不及物动词化"（或显现），是法的情境诗学意义上的"诗"。——所有这些"诗化"方法，都可趋向于"诗"（虽不保证必定成为"诗"）。

3. 相应的，法诗学将"个案正义"也分为四类：一是叙事诗学上的"个案正义"（发生在空间的时间化中）；二是伦理诗学上的"个案正义"（发生在物格的人格化中）；三是神化诗学上的"个案正义"（发生在现实的神圣化中）；四是情境诗学上的"个案正义"（发生在名词的不及物动词化中）。而纠纷解决中的"个案正义"，其实就是情境诗学上的，即名词性"正义"回归它的本原（正义的不及物动词状态）——"正义着"之中。诗者，"時（时）"也，此之谓也。

F. 3. 1. 4. 问：能举一个现实生活中的例子吗？是法律机器难以解决或纯粹运用法律逻辑无法解决的，但用法律诗学方法却取得恰当的个案正义之效果。

答：此类例子很多。例如：李某，家境贫寒，因与赵某口角，引发肢体冲突。李某以掐脖子、拳击、脚踢等方式对赵某实施了殴打，经司法鉴定，赵某为轻微伤。为此，当地公安局对李某作出行政拘留七天的处罚。李某不服，提起行政诉讼。对于公安机关作出的"拘留七日"的行政行为，法院有两种不同的意见。

一种观点认为，被告对李某作出"拘留七日"的行政处罚，不符合《中华人民共和国治安管理处罚法》的规定。该法第43条规定："殴打他人的，或者故意伤害他人身体的，处五日以上十日以下拘留，并处二百元以上五百元以下罚款；情节较轻的，处五日以下拘留或者五百元以下罚款。"这就是说，依据该条行政处罚，只存在两种逻辑可能：

要么是 A："五日以上十日以下拘留" ∧ "二百元以上五百元以下罚款"（注：∧，意为合取）

要么是 B："五日以下拘留" ∨ "五百元以下罚款"（注：∨，意为析取）

然而，公安局对李某"拘留七日"的行政处罚，却不能归入上述两种法定情形的任何一种，因而是违法的。

另一种观点认为，从逻辑上说，法律条文为该案给出了"抽象正义"的方案，确实是要么"A"要么"B"。然而，就该案的总体情况言，特别是考虑到"李某家境贫寒"（无钱可罚）的这一事实，给予李某"拘留七日"的行政处罚（尽管与法律的形式规定不符），却可能更接近"个案正义"。这种"统觉"或"综观"，是机器或逻辑难以完成的，而是事实与法律、实然与应然、情感与理性的综合统一，即一种"觌视"。据此，法院驳回了原告李某的诉讼请求（即支持了公安局对李某"拘留七日"的行政处罚）。

　　再举一个同学们身边可能发生的例子——"研究生论文抄袭案"。

　　某甲，现已毕业，为 A 单位干部（即将提为副处级）。2015 年在 X 大学读研，2018 年获硕士学位。毕业几年后（2023 年）被实名举报——读研期间发表论文系抄袭。经 X 大学鉴定，确认某甲论文抄袭的事实。但对某甲如何处理，出现了分歧。

　　分歧 1：A 意见认为，某甲读研期间发表论文系抄袭，应根据我国《学位条例》，撤销某甲的硕士学位。但 B 意见反对，认为某甲发表的论文虽然确系抄袭，但该论文并非其毕业论文，论文主题也与其毕业论文没有直接关系，也不是某甲取得学位的支撑论文。因此，不宜撤销学位，但应给予相应纪律处分。

　　分歧 2：C 意见认为，某甲论文抄袭，应根据《X 大学学生管理规定》，给予开除学籍的纪律处分。但 D 意见反对，认为某甲已毕业 5 年，并非在籍学生，已不可能对其采取任何纪律处分（包括开除学籍），且开除学籍，是有时效要求的，目前已超过 2 年内作出处分的时效。

　　学校对此感到为难：想要对某甲"给予处理"，却又难以确定该如何处理，撤销学位不妥，纪律处分也不可，甚至不能批评教育（某甲已不在籍）。若对某甲"不予处理"，但其行为确已构成"学术不端"，且有实名举报，应予举报人以答复，学校也需要警示在籍的学生。该如何办呢？——逻辑上，似已穷尽了选择余地。

　　最后，学校采纳了研究生院的建议，即一个"超逻辑"（超越"不予处理"与"给予处理"二者）的处理：（1）将某甲论文抄袭的事实通知其现在所在的 A 单位；同时，（2）作为"学术不端"典型材料，在校内学生中进行警示教育。这样，学校既没有违背相关法律法规和校内规定，而且，某甲也得到应有的"惩戒"——"个案正义"通过法律诗学方法得以实现。

　　注意，这种"超逻辑"的惩戒，是单单通过法律逻辑难以完成的；其中的诗性或情感思维，也是人工智能难以企及的，因为，这种惩戒思维的情感基础，不是权利感或权力感，而是责任感。包含在其中的是一种具体情境下的综合情感：第一它是出于矫正或警诫的情感——这是对违法者（该案中的某甲）的"责任感"；第二它是基于报复的情感，是对受害者尊严的回应、维护和保障——这是对受害者（该案中主要是 X 大学和某甲所在的 A 单位，当然还包括未露面的被抄袭论文作者）的"责任感"；第三是以儆效尤（或教育警示）的情感，即警示他人避免此类违法行为——这是对其他人（特别是该案中提及的在校学生）的"责任感"。通过这种"责任感"，上述要么"不予处理"与要么"给予处理"的逻辑矛盾，在具体事件中得到统一：凝结在法律法规和校内规定中的"客观法感"与学校及其学生以及举报者的"主观法感"融为一体；同时，举报者基于监督的"公正感"与学校基于惩戒的"责任感"也融为一体。

F. 3. 1. 5. 问：何谓"情境"？

答：在法诗学看来，"情境"不仅是一种具体时空感，还是一种交互关系感【1.8.4.2】【11.2.1.3】。追逐一只蚊子的燕子正在被一只老鹰追逐，虽为同一只燕子，却因处于不同情境关系之下，而成为完全不同的两只燕子。同样，处于不同情境关系之下的同一事实，也完全可能是两个不同性质的事件。因此，用"归属"或"归类"的逻辑去描述一个事物，与用"对偶"或"对仗"的方法去呈现一个事物，是完全不同的两种方法：前者是抽象论的，后者则是情境论的。

1. 具体时空下的显现。我们知道，语言是有其具体情境（语境）的，法律亦然。正如一个词语，在被具体使用之前，其词义是尚待进一步确定的，同样，一项法律规定，在进入事件性的情境关系之前，其意义也是尚待进一步明确的。一项法律规定，固然已经包含了它所要调整的"事物结构"（就像字典中的"燕子"一词所指的那个事物），然在进入其情境关系之前，仍有进一步充实或"侧显"的巨大空间；一当它进入某一事件性的情境关系之中（例如追逐蚊子的燕子或在老鹰前逃命的燕子），它才真正"是其所是"，"燕子"一词也才会在这种"侧显"中生动丰满起来，也才真正成为它作为"事情本然"（Natur der Sache）的那个它。胡塞尔有一个哲学概念"构成"（Constitution）——"客体并非简单地自行存在而是从把握着该客体的意识主体的活动中获得其特殊的可理解的结构的"①。在此"构成"中，我们可以区分出事前和事中两

---

① 〔爱尔兰〕德尔默·莫兰、约瑟夫·科恩：《胡塞尔词典》，李幼蒸译，中国人民大学出版社 2015 年版，第 44 页。

种不同的"事物结构",即两只不同的"燕子"。

2. 交互关系中的显现。在上述意义上,法律现象,其实是在某种"对比"(类比)关系中显现自身的(正如词语在某种"对偶"关系中显示其义)。拿"行政"(作为一种法律现象)的特征来说,相对于刻板的机械的司法,与相对于"面向事情本身"的那种司法,我们即可得到两种不同的"行政"概念。在前一语境中,所侧显的是行政执法中的"自由裁量";在后一语境中,所侧显的则是行政执行的那种"单向规制"的属性——可见,同一事物,在不同的对比关系中,可能显现几乎相反的结构特征。

(1)先看"自由裁量"的行政。例如,庞德曾在不同著述中评价耶林的法学贡献——一处概括为"三点",另一处总结为"五点"。在庞德看来,现代法学有三个重要特征肇端于耶林:一是对概念法学的批判;二是转移法学研究者的视点,从研究法律之性质转向侧重研究法律之鹄的,从研究法律权利转向侧重研究法律利益;三是司法行政理论。[①] 在另一处〔即在《法理学》(第一卷)中〕,庞德又将耶林法学的贡献总结为五个方面:"1. 抛弃了概念法理学从权威性的律令资料得出判决依据的方法以及适用律令规则的方法。但是也并没有如同当今那些极端的现实主义者那样全盘否定法律概念。……2. 主张法律制度保护的是具体的各种个人权益(interests)而不是形式上的法律权利(formal legal rights)3. 提出了惩罚理论,主张处罚应当与犯罪的罪恶程度(nature of crime)相适应,而不应取决于罪行的本质……4. 在法律是司法判决的根据和指引的意义上,赋予法律秩序以及法律中存在的强制因素以适当的地位……5. 提出了司法过程中的行政因素(administrative element)的理论——主张案件在法律适用上的特殊性。"[②] 无论是"三点"论,还是"五点"说,其中都提到一点"司法行政理论"或"司法过程中的行政因素(administrative element)的理论"。耶林在这一领域的"贡献"究竟是什么呢?其中的"行政"是什么意思呢?一当我们走进耶林法学的具体"语境"就会明白,这里的"行政"指的是行政所具有的那种从其

[①] 〔美〕庞德:《庞德法学文述》,雷宾南、张文伯译,中国政法大学出版社 2005 年版,第 20 页。

[②] 〔美〕庞德:《法理学》(第一卷),余履雪译,法律出版社 2007 年版,第 105~108 页。

目的出发的"自由裁量"特征。耶林批评当时盛行的机械司法道："在我眼里，那种完全不顾裁判所带来之结果，并且将责任完全推给立法者，而仅对法典的条文进行机械式适用的法官，其实不能被称为法官；他只是司法机器中一个无情的、死板的齿轮。"为此，耶林提出"以对正义富有义务感、对制定法持批判态度的法官人格，取代无感情的涵摄机器"的命题。① 这是相对于机械性司法而言的"行政"。

（2）再说"单向规制"的行政。例如，黑格尔论行政权说："执行和实施国王的决定，一般说来就是贯彻和维护已经决定了的东西，即现行的法律、制度和公益设施等等，这和做决定这件事本身是不同的。这种使特殊从属于普遍的事务由行政权来执行。"② 这一"行政"，显然是一个单向"演绎"或"规制"的过程。与此形成鲜明对比的，是作出决定（即决策）的那种互动和权衡过程。在黑格尔看来，执行一项决定与作出一项决定，是非常不同的。

然我们知道，立法与司法虽然有别，但就作出决定言，却是相似的：前者是就普遍正义作出决定，后者则是就个案正义作出决定；二者在内在精神上，都不是在既定前提下进行的演绎或规制，而是面对事情本身进行的治理和应对。所以，阿图尔·考夫曼也说："立法的方法类似于法律适用的方法。法律适用（法律发现）是一个类比的过程，在这一过程中，法律（应然）和案件（实然）彼此相互关联地被加工：通过对案件的解释，一个具体化了的'行为构成'从法律中产生，通过对法律的'建构'，一个类型化了的'事实行为'从单个（无定型）的案件中形成……同样……立法也可以这样理解。法律观念及一般法律原则……与待规定的、可能为立法者考虑到的、预设的生活事实行为，必须在一个相互关联的（类比的）过程中彼此被加工，以使它们相互'适应'，'等置'也在此发生。立法者将一组生活事实行为，它们据以被视为'本质的'的观点（如行为能力），证明是'相同的'，概括成一个用概念表达的

---

① 〔德〕鲁道夫·冯·耶林著，〔德〕奥科·贝伦茨编注《法学是一门科学吗？》，李君韬译，法律出版社 2010 年版，第 81 页。
② 〔德〕黑格尔：《法哲学原理》，范扬、张企泰译，商务印书馆 1961 年版，第 308 页。

法律规范，并规定其法律后果。"① 在这里，立法与司法的共性在于直接面对"事情本身"，而非从既定前提出发的单向度执行。在此语境下，当我们提出法官角色的"赋活"——从"行政"向"司法"回归这一命题时，就是要法官摆脱涵摄"机器"，而直接面对"事情本身"。

3. 反思平衡策略。抽象语境下所要求的是逻辑演绎，而具体情境所要求的思维，则是"反思平衡策略"。克利西波斯说，"每一个词都天生模棱两可，因为对同一个词，人们可能有两种甚至更多的理解"。狄奥多罗斯则说，"没有什么词是模棱两可的，也没有人会说得模棱两可或者理解得模棱两可"②。两个人的说法看似矛盾，其实并不冲突；因为，前者所说的那个"词"是在脱离具体情境的抽象语境下说的，是逻辑学言说，而后者那个"词"则是在具体情境下的，是诗性的言说。

直接面对"事情本身"，就是要在思维上——从单向的逻辑演绎变为互动性的诗性平衡。用《实验哲学》一书中的概念就是"反思平衡策略"。该书的《规范性与认知直觉》一文有言："直觉驱动的浪漫主义最令人熟悉的例子可能是……反思平衡策略，在这些策略中（略微修改一下古德曼的提法）：'一个［规范性］规则是有待修正的，如果它产生了一个我们［在直觉上］不愿意接受的推理，［而且］如果一个推理违背了我们［在直觉上］不愿意修正的［规范性］规则，那么我们就拒绝这个推理。'"③ 这里的"直觉"，就是法诗学所谓的"公正卓识"。

可见，所谓"情境"，就是使事情本身得以显现的那个包含情感的时空境遇。法学上的事实，就是具体时空条件下的情感事实，这一事实，既不同于纯客观的物理或自然事实，也不同于经主观过滤后的叙事或鉴定的事实，而是具体时空境遇中所显现的事实。因此，"情境"，一方面是客观的，另一方面又是包含情感的：这并非法学上所谓外在（即旁观者）目光在法律与事实之间的"流转"、对法与事之糅合，而是事与情这两个方面的"交谈"，不是设身处地地想象中的同情，而是具体情境

---

① 〔德〕阿尔图·考夫曼、温弗里德·哈斯默尔主编《当代法哲学和法律理论导论》，郑永流译，法律出版社 2002 年版，第 186 页。

② 〔古罗马〕奥卢斯·革利乌斯：《阿提卡之夜》（11—15 卷），周维明、虞争鸣、吴挺、归伶昌译，中国法制出版社 2021 年版，第 25 页。

③ 〔美〕乔纳森·温伯格、肖恩·尼科尔斯编《实验哲学》，厦门大学知识论与认识科学研究中心译，上海译文出版社 2013 年版，第 28~29 页。

中的交融和体验，这样我们才会进入"事情本身"。

举例来说。李娟在《遥远的向日葵地》中写道："虽然养着两条表现不错的保安狗，此地又位于鬼都不会路过的荒野，最重要的是，我家蒙古包里没有任何值得人破门而入的值钱货，但我妈仍不放心。她离开蒙古包半步都会锁门。锁，倒是又大又沉，锃光四射。挂锁的门扣却是拧在门框上的一截旧铁丝。"——在这里，一只锃光四射的锁，与一截生了锈的旧铁丝拧成的锁扣，显然是不匹配的（不"丽"），然在特定情境之多重因素的共同作用下，却可能显现一种独特的"景观"（诗意空间）——虽或不符外人所谓"比例美"，但却不失具体情境中的"交融美"。法学问题亦然。古人云"义者，宜也"，就是一种恰到好处的关系状态，一种"家园感"，也即荷尔德林所谓的"诗意栖居"。

课堂选录（二）

主题：从"正义之"到"正义着"

课程材料：

这是一段奇妙的艺术体验：观看《宿卵》（刘展的作品），恍惚间想到了苏格拉底和他的父亲。苏格拉底的父亲是石雕匠，此时，正雕刻着一座石像……石雕匠，不仅与石头，还得与粉尘打交道；在打造一件人像的同时，大自然（由于粉尘的原因）也在他的胆囊中完成了另一件作品：一颗结石。在时间的绵延中，雕塑家身上，同时诞生了两件作品——雕像和结石。不同的是，"雕像"已伫立在那儿了，而"结石"（宿卵）还须要用"引产术"导到雕刻家的体外。看着这一切，苏格拉底——作为石雕匠与接生婆的儿子——似乎悟出两个道理：第一，教学方法的本质，并非是要传授给别人什么，而是要把一个人本来就有的智慧或美德引导出来，就像接生婆所做的那样；第二，石雕匠人"肯花气力把石块刻得很像人，却不肯花气力把自己从石头变成人"，这实在是令人遗憾的。正是这两点，构成苏格拉底"人学"的核心。

后来，梭罗在《瓦尔登湖》中写道："每一个人都是一座圣庙的建筑师。他的身体是他的圣殿，在里面，他用完全是自己的方式来崇敬他的神，他即使另外去琢凿大理石，他还是有自己的圣殿与尊神的。我们都是雕刻家与画家，用我们的血、肉、骨骼做材料。"米歇尔·福柯则提出"自我关注"的理论，他引用苏格拉底对青年人说的话："'你们想成为政治家、想统治城邦、想关注他人，可是你们甚至都没有关注自己。如果你们不关注自己，那么你们只会成为拙劣的统治者。'从这种观点来看，自我关注似乎是培养优秀统治者的一种教育、伦理以及本体论条件。把自己建构为统治主体，也就是意味着人们把自己建构为关注自我的主体。"（《自我关注的伦理学是一种自由实践》，第270页）他还说：在古希腊人的"自我关注"中，"高尚的道德实际上在于完美地驾驭自我，也就是说，驾驭自我要像君王掌控自己的国家以防止发生叛乱那样"（《论伦理学的谱系学：研究进展一览》，第176页）。

F. 3. 2. 1. 问：老师，黄帝《李法》说："壁垒已定，穿窬不由路，是为奸人。奸人者，杀。"（《汉书·胡建传》）这句话中，包含一个从"是"到"应该"的隐喻或跨越，即用建筑学（穿窬壁垒）来隐喻法学上违法的非正当性。类似情况，在古罗马法中也能见到，维柯就指出：一项法令，之所以是有效的，是因为它经过"授权"或"批准"而"成了基地"（fundum fieri），就像基地支持着上面的庄稼或房屋一样，一项规范性的要求，如果是经过"授权"或"批准"（auctorem fieri）的，便会摆脱它原来的随意形式，从而具有了作为行为依据的属性。然福柯在《论伦理学的谱系学：研究进展一览》中说，在古希腊人的"自我关注"中，"高尚的道德实际上在于完美地驾驭自我，也就是说，驾驭自我要像君王掌控自己的国家以防止发生叛乱那样"。在这句话中，同样包含一个从"是"到"应该"的隐喻，但不同的是，不是用其他学科隐喻法学，而是用法学隐喻其他学科，即用法学（君王掌控自己的国家以防止发生叛乱）来隐喻伦理学上的自律（人应当用高尚的道德来驾驭自我）。经常看到的是拿建筑或医学来隐喻法学，在这里却是拿法学隐喻其他学科，您能谈谈以法学作喻体的情况吗？

答：譬如我们经常挂在嘴边的——违背科学就会受到大自然的"惩罚"，即是以法学为喻体的。王阳明说过一句极其痛彻（而富诗意）的话："仆近时与朋友论学，唯说立诚二字。杀人须就咽喉上着刀，吾人为学，当从心髓入微处用力，自然笃实光辉。虽私欲之萌，真是红炉点雪，天下之大本立矣。"这是拿武学（兵学）来隐喻心学之要害——"立诚"。若从"兵刑同制"意义上讲，亦可谓以法学作喻体。把法学作喻体的情况还有很多，譬如哲学（智慧）、文学（艺术）、心学（良知）等，都会拿法学来作喻体，下面分别来说。

1. 以法律概念隐喻哲学概念。哲学上的概念，大都比较抽象。（1）譬如"逻各斯"（logos），苏格拉底就曾以法官来隐喻逻各斯：逻各斯就是真理的"裁判官"。（2）再如"知性"概念，康德曾提出一个命题——"知性为自然立法"，如何理解？牟宗三解释说："范畴所表示的那些法则既是普遍性的，又是超越性的，此为纯粹知性所供给。康德即依此义而言'知性为自然立法'。此所立之法，吾曾谓之为类乎宪法之法，而非立法院所审核而通过或否决之适时随事之法。此后者应该是康德所谓特殊的法则，此当由经验所供给，因而亦是偶然的。"① 牟宗三将知性为自然所立之法，区别为宪法之法和立法院所制定的随事之法，从而使我们深刻领悟到知性与经验之区别（知性判断即直觉或先天综合之判断）：先验之综合，谓之先天直觉；经验之综合，谓之归纳。

2. 以法律方法隐喻文学方法。法与文学（艺术）或诗学，本就是相通的。（1）譬如焦循《毛诗补疏》言："比，当如春秋决事比之比；比，犹例也。"歌诗必类，故"夫妇可例于君臣，田野可通于都邑，陈古即以例今，写好反以见恶，庶几其用神，而其义广也"②。张耒论"文为寓理之具"命题时，便是以"两人执牒而讼"为喻的："夫文何为而设也？……自'六经'以下，至于诸子百氏骚人辩士论述，大抵皆将以为寓理之具也。是故理胜者，文不期工而工。理拙者，巧为粉泽而隙间百出。此犹两人执牒而讼：直者操笔，不待累累，读之如破竹，横斜反覆，自中节目；曲者虽使假词于子贡，问子于扬雄，如列五味而不能调和，食之于口，无一可惬，何况使人玩味之乎？故学文之端，急于明理。"（张耒：《张右史文集》卷五十八"答李推官书"）。章学诚则以刑法喻文法，他说："尝言'文贵谨严雄健'，夫谨严存乎法度，雄健存乎气

---

① 牟宗三：《卷首 商榷——以合目的性之原则为审美判断力之超越的原则之疑窦与商榷》，载《康德：判断力之批判》，牟宗三译，西北大学出版社 2008 年版，第 5 页。

② 胡朴安：《诗经学》之《六义》。见《胡朴安诗经学 闻一多诗经讲义 傅斯年诗经讲义》，吉林人民出版社 2013 年版，第 34 页。

势。气势必由书卷充积，不可貌袭而强为也；法度资乎讲习，疏于文者，则谓不过方圆规矩，人皆可与知能。不知法度犹律令耳，文境变化，非显然之法度所能该；亦犹狱情变化，非一定之律令所能尽。故深于文法者，必有无形与声而又复至当之法，所谓文心是也；精于治狱者，必有非典非故而自协天理人情之勘，以谓律意是也。文心律意，非作家老吏不能神明，非方圆规矩所能尽也；然用功纯熟，可以旦暮遇之。"（《文史通义·外篇三·与邵二云》）可见，为文之法与治狱之道相通——"文心律意，非作家老吏不能神明，非方圆规矩所能尽也"。（2）再如，古印度戏剧家胜财曾以法学上的物权划分隐喻戏剧上的情节，"情节分成两类：为主的称作主要情节，为辅的称作次要情节。占有成果，成为成果的主人，叫做成果所有者。成果所有者的事件是主要情节。以他人为目的，有时附带促进自己的目的，则是次要情节"①。意大利文艺理论家瓜里尼还曾借用宪法混合政体隐喻悲剧和喜剧的混合。他说："悲剧是伟大人物的写照，喜剧是卑贱人物的写照。伟大与卑贱不是互相对立吗？既然政治可以让这两个阶层的人混合在一起，为什么诗艺就不能这样做呢？"②这是将戏剧问题与政法问题加以类比。

3. 以法学隐喻心学。（1）以自讼隐喻修心。如《论语》所言："吾未见能见其过而内自讼者也。"对此，刘蕺山评论道：对于改过，《论语》譬之曰"讼过"，"如两造当庭，抵死仇对，不至十分明白不已。才明白，便无事。如一事有过，直勘到事前之心，果是如何？一念有过，直勘到念后之事，更当如何？如此反复推勘，更无躲闪"。梁启超也说："可见昔贤……打叠田地工夫，真未易做到也。……自讼之功，行之者既寡；即行矣，而讼而能胜，抑且非易。盖吾方讼时，而彼旧习之蟠结于吾心者，又常能聘请许多辩护士，为巧说以相荧也。噫，危哉！"这显然是以法学上"讼"的概念来隐喻修心之法。（2）以治国隐喻治心。梁启超说："窃尝以治国譬治心，良知其犹宪法也，奉之为万事之标准，毋得有违，大本立矣。存养工夫，则犹官吏、人民各尽其义务以拥护宪法也。省察工夫，则犹警察也。居常无事，置警察以维持治安，稍遇有违宪举

---

① 胜财：《十色》，载《梵语诗学论著汇编》（上），黄宝生译，昆仑出版社 2007 年版，第 442 页。

② 朱光潜：《西方美学史资料翻译（残稿）》，中华书局 2013 年版，第 69 页。

动者，则纠正之，此普通的省察也；或一时一地，遇有大故，则益增加警察，厚积其力以为坊，此特别的省察也。克治工夫，则刑事也。违宪举动为警察所发现者，则惩艾之，必不使其容留以为社会蠹；其有微过隐恶，搜之必尽，其犹繁难之案用侦探也。知此义也，可以清心矣。"在这里，以"宪法"隐喻良知；以"官吏、人民各尽其义务以拥护宪法"隐喻心学上的存养工夫；以"警察"隐喻心学上的省察工夫；以"刑事"隐喻心学上的克治工夫。刘蕺山也有类似说法："心是鉴察官，谓之良知，最有权，触着便碎。人但随俗习非，因而行有不慊，此时鉴察，仍是井井，却已做主不得。……一事不做主，事事不做主，隐隐一窍，托在恍惚间，拥虚器而已。"在刘蕺山这里，良知不是"宪法"，而是"鉴察官"。(3) 以塞涅卡隐喻自我审察。米歇尔·福柯说："塞涅卡……使用司法语言，而且自我以为既是法官，又是被告。塞涅卡是法官，对自己提出控诉，因此自我审察的过程就如同一场审判。但是如果看得更仔细些，它又与法庭不太一样。塞涅卡使用的词汇，相对于司法而言，更接近于行政实践，正如一个会计监察官审查账本，或者建筑质量鉴定人员检查建筑物一样。自我审察就是检查库存品。……较之于司法模式，自我审察更接近于一种对生活的行政审视，这一点是最重要的。塞涅卡不是一名必须惩罚对象的法官，而是一名调查库存状况的行政官员。他是他自己的永久执行官，而不是审判自己过去的法官。"福柯指出，斯多葛学派的"自我技术"主要有三种：一是自我内心揭示或暴露，例如写信；二是对自我良知的审察，例如净化或塞涅卡式的司法或行政模式；三是自我修炼，包括默想或冥想等自我训练。

应该说，正如福柯所指出的，自我审查与法庭审查并非一码事，拿法学譬喻心学，只是得鱼忘筌而已，即通过与法学相似点去领悟心学道理，并不说明二者可以等同视之。例如心学上的"过"与"恶"，与法学上的"过失"与"故意"，就有着不同的要求。刘蕺山说："人之言曰'有心为恶，无心为过'，则过容有不及知者，因有不及改，是大不然。夫心不受过也，才有一点过，便属碍膺之物，必一决之而后快。故人未有有过而不自知者，只不肯自认为知尔。"可见，在心学看来，法学所谓故意与过失之别，是不存在的，因为任何"过"，都与"恶"一样，都是心知肚明的，即"有心"的，而不是什么"无心"或"无知"。在此意义上，心学不同于法学，表现在"过"字的理解上：心学之"过"，是诗学上的"心证"，指心灵上"红炉点雪"般的"私欲"，与"有心为之"无别；法学之"过"，是逻辑学上的"实证"，是与"故意"相并列的"过失"，与"有心为之"有别。

F. 3. 2. 2. 问：老师，在法学教材中，经常看到这样的话，有时会说"逻辑法则"，有时又会说"法律规范的逻辑结构"，在法律与逻辑之间，似乎存在本质的联系；您为何又提出法学方法论的从"逻辑学"向"诗学"的转向呢？

答： 在法诗学看来，首先，法与逻辑之间的联系，只是皮相；法与诗之间的联系，才是本质。我们说，由假言命题表达的法律规范（如果……那么……），往往是一个"实然→应然"的结构，其中包含一个从实然到应然的"跃迁"。在这一"跨越"中，目的律以因果律的形式表现出来（即一个隐喻或故事），或者说，实然的可能和应然的期望在某个好像（as if）中融为一体，这就使法律规范从"逻辑"迈向了"诗"。因此，一个法律规范或判决，其实就是一首"诗"。而"逻辑法则"或"法律规范的逻辑结构"这样的说法，其实就是法律学与逻辑学之间的相互隐喻，就像我们所讨论过的"法学诊断"和"医门法律"是相互隐喻一样。实际上，形式逻辑上的那些"法则"，譬如同一律、排中律、不矛盾律和因果律，并非法学规范意义上的道义法则；同样，法律规范中的所谓"逻辑"结构，譬如"范围→系数+准据法""假设→处理→制裁"，也并不是形式逻辑意义上的因果关系。按照休谟的看法（"休谟之叉"）："观念"推理与"道义"推理，在不同的轨道上运行。"to be"与"ought to be"，也是在不同的轨道上运行的。因此，《批判的思考》一书有言："我们不能合理地从是什么的命题中推断出应该（在道德上）是什么的命题。"正如"哲学家大卫·休谟指出的，在一个纯事实的命题中并不包含可推断出道德责任的东西——责任的感念是由我们的（道德上的）对错观强加于这个命题的"①。譬如"桃之夭夭，灼灼其华；之子于归，宜其室家"一句

---

① 〔美〕布鲁克·摩尔、理查德·帕克：《批判的思考》，余飞、谢友倩译，顾肃校，东方出版社 2007 年版，第 473 页。

诗，我们不能根据"之子于归"这一实然，合乎逻辑地推出"宜其室家"这一应然。实际上"之子于归，宜其室家"这一规范，是通过"桃之夭夭，灼灼其华"这一类比或比兴，诗性地建立起来的。

其次，正义的名词化、抽象化、理念化是规模管理和逻辑运作的需要，但在法律人工智能逐渐成熟发达起来后，名词性正义在逻辑运算方面的优点，就不再那么看重了，相反，其缺乏活力或创造性之不足，却日益凸显出来。

再次，在法诗学看来，法（或"个案正义"），不是在"法"（法律）中，也不是在"事"（事理）中，而是在"事情"中、"情境"中，即法在"缘"中。法，作为德性之创造（无论是人伦或法律关系上的创造，还是正义的创造性实践），其动力根源，主要不在理念、知识、逻辑，而在人格。《荀子》曰："有治人，无治法。"此之谓也。

中国传统法律文化经常提到"情""理""法"之统一，然必须指出，这里的——

（1）"情"，不仅是情感，还是"事情"；

（2）"理"，不仅是原理，还是"事理"；

（3）"法"，不仅是律法，还是"礼法"、"经法"乃至"方法"。

在"情""理""法"中，不仅是"情感""情境""情理"的统一，还是"情感""好像""责任"的统一。

最后，在"诊断学"的意义上，"个案正义"不是"同病同治"，而是"同病异治"。用柯维萨尔的话说："老练的观察者懂得在想象保持沉默、头脑极其平静时，等候着一种感官实际运用的结果，然后才形成自己的判断。"[1] 这是临床医学上的"直观"，也是司法中"客观法感"与"主观法感"的交融。

F. 3. 2. 3. 问：席勒曾指出，人的内心世界，有两个"立法机构"：第一个是理性的——"不受诱惑的意识"（即逻辑理性）；另一个是自然的——"不可泯灭的情感"（即生命情感）。这两个"立法机构"应像上

---

[1] 转引自〔法〕米歇尔·福柯《临床医学的诞生》，刘北成译，译林出版社 2011 年版，第 118~119 页。

院和下院那样相互配合，否则，若只有逻辑理性，会有"单调"之弊，若只有生命情感，则有"纷乱"之弊，因为"胜利的形式同单调和纷乱都毫不相干"。我的问题是，人类精神世界的这一"两院"结构，对科学家、艺术家或诗人来说，是否有区别呢？科学家难道不应是一个剔除情感的完全理性的人吗？

答：且不说科学家是否应是一个纯粹理性的人（越来越多的学者否认这一点），仅就研究对象言，科学家所面对的，是一个纯物质或实体的世界，然艺术家或诗人所面对的，还是一个精神的或有生命的世界。一个艺术家，如果仅仅像纯科学家那样工作，就会成为席勒所指出的那种"机械的"艺术家——"一个机械的艺术家拿起一块未成形的材料进行加工，使之具有符合他自己的目的的形式时，他……随心所欲对待这个材料，因为他所加工的自然本身就不值得尊重，而且他并不是为了部分才觉得整体有意义，而是为了整体才觉得部分有意义"①。这种艺术家，虽或能创造出"美"的作品，但却难以上升到"诗"。而诗人艺术家就完全不同了，他把对象既当作他的材料，又当作他的伙伴。而当他把对象当作他的"伙伴"时，他就进入了伦理诗学的疆域。他的"目的"，就会回到原材料本身；他与他的对象，便可能构成一个情感共同体，从而达成一种生命运动。在此意义上，一名科学家或科学家式的艺术家，或能完全依靠"不受诱惑的意识"（即逻辑理性）工作，而一名诗人艺术家，则必须具备两个"立法机构"，即逻辑理性与生命情感的统一。

此外，诗人与艺术家之别，除了与这种"机械的"艺术家不同外，还有与那种"只提出问题但却不解决问题的"艺术家之不同。契诃夫曾说："解决问题和正确地提出问题。只有后者才是艺术家必须做的。在《安娜·卡列尼娜》里，在《奥涅金》里，一个问题也没有解决，然而这些作品还是充分使您感到满足，这只是因为书中所有的问题都提得正确罢了。法官的责任是正确地提出问题，而如何解决，让陪审员们各按各的口味吧。"② 然而我们要说，这种只能"正确地提出问题"，却不能

---

① 〔德〕席勒：《席勒经典美学文论》，范大灿等译，范大灿注，生活·读书·新知三联书店 2015 年版，第 220~221 页。

② 中国社会科学院外国文学研究所外国文学研究资料丛刊编辑委员会编《外国理论家 作家论形象思维》，中国社会科学出版社 1979 年版，第 117 页。

"解决问题"的艺术家，不能称为诗人艺术家。真正的诗人，不仅提出问题（认识），还要解决问题（实践）。可见，法学"诗人"的精神世界，不仅是"上院与下院"的统一，还是"法官与陪审团"的统一，即，不仅是理智情感之合一，还是身心合一、知行合一。

F. 3. 2. 4. 问：老师，在智慧树的视频课上，您引用了王安石解"诗"的话："诗字从言从寺，谓法度之言也。"又"诗制字从寺，九卿所居，国以致理，乃理法所也……。诗从寺，谓理法语也"。我的问题是，王安石所谓"理法"之"理"是什么意思？与法理学之"理"，有何区别？

答：汉译"法理学"一词，通常对应于英语的 jurisprudence 一词。例如，冯玉军等在亚当·斯密《法理学讲义》的译者序中说：亚当·斯密将"jurisprudence 定位为研究政府以及法律的基础理论。在这个意义上，jurisprudence 大致相当于现代学科的政治学理论与法学理论的混合。所以，jurisprudence 被翻译为'法理学'更为适宜。但是需要注意的是，斯密的法理学不仅带有自然法所具有的应然与批判气质，同时也兼具历史感——同样关注政府形式与法律规则在历史发展中的变迁。在《法理学讲义》中，这两个方面都占据了一定篇幅。有学者据此概括出斯密法理学的三个方面，即分析法理学、批判法理学以及历史法理学"。① 其中法理学的"理"，显然是指"原理"。

然英语 jurisprudence 一词，在德语中对应的是 Jurisprudenz，在拉丁语中对应的是 jurisprudentia。从构词上看，juris 是法或正义的意思，而 prudenz 或 prudentia，按照维柯的解释，是一种德性——"审慎智慧"或"对用益的恰当安排"。在此意义上，jurisprudentia 或 Jurisprudenz，是关于正义的审慎智慧或学问，而非既定"原理"。维柯认为，"审慎"（意大利文 prudenza），是不接受任何既定程序或固定法则的指导的，是一种接近神明的智慧——它"知晓命运的恰当时机，将机缘转化为真正的行动"②。因此，jurisprudentia 中的"理"（如果非要将 prudentia 译作"理"的话），它并非一种像真理一样有待人们去揭示的正义理念，也不是像美

---

① 〔英〕亚当·斯密：《法理学讲义》译者序，冯玉军、郑海平、林少伟译，中国人民大学出版社 2017 年版。

② 〔意〕维柯：《维柯论人文教育》，张小勇译，广西师范大学出版社 2005 年版，第 77 页。

学原理一样须要人们去执行的正义原则，而毋宁是一种"机缘"（occa-siones），须要在具体情境中去感知和开辟。用维柯的话说："在任何感知机缘中，在事物外在地激动着感知之时，都如此适时，如此直接地给人的心灵显示出该事物的鲜活观念。"① 或许正是在这一意义上，耶林区分了理论家的"抽象"能力与实务家的"诊断"技能，区分了法的科学（Rechtswissenschaft）和关于法或正义的学问（Jurisprudenz），因而也才有了著名的耶林之问："Ist die Jurisprudenz eine Wissenschaft?"（法学是一门科学吗?）（1868 年 10 月 16 日于维也纳就职演说提出的问题）。

汉语"理"字，作动词，有"使完善"、"使康复"和"审理"的意思。《战国策·秦策三》言："郑人谓玉未理者曰璞。"《拾遗记·前汉下》言"益脉理病"。《二刻拍案惊奇》言："昨夜鬼扣山菴，与小生诉苦……要小生出身代告台下，求理此项。"等等。作名词，"理"有"秩序"、"法官"和"性理"的意思。《韩非子》言："先王寄理于竹帛。"《治风诗·至理序》言："古有理王，能守清一，以至无刑。"《宋书·王景文传》言："（景文）美风姿，好言理。"等等。王安石所谓"诗制字从寺，九卿所居，国以致理，乃理法所也"，其第一个"理"字是名词，指"秩序"，第二个"理"是动词，是"使完善"的意思。在王安石看来，像国家秩序和完善法律这样的工作，都是在九卿所居的"寺"中完成的；在此意义上，"诗"，是"法度之言"或"理法语也"。

鲁迅小说《理水》，讲大禹治水的故事，其中的"理"，就是"治"，即"恢复秩序"的意思。然而，这一"治理"工作，与"规制"或主体对客体的单向"宰制"不同。面对着"汤汤洪水方割"和浸在水中的百姓，首先，"理水"之"理"，不是要置身事外去分析或演绎，而是要像大禹做的那样置身事中——"我查了山泽的情形，征了百姓的意见，已经看透实情，打定主意，无论如何，非'导'（而不是湮）不可"；其次，其中的"诗"，也不是像那些学者或大员那样"从岸上看起来，很富于诗趣"，而应达到夔所指出的那种境界——"於！予击石拊石，百兽率舞，庶尹允谐!"

---

① 〔意〕维柯：《维柯论人文教育》，张小勇译，广西师范大学出版社 2005 年版，第236 页。

F. 3. 2. 5. 问：老师，"事理"与"情理"有何区别？

答：与既定的抽象"原理"不同，"事理"与"情理"都是具体的，譬如"大禹治水"——"湮"可谓抽象原理（"世上已有定评的好法子"），而"导"则是具体的事理。然"事理"与"情理"之别，却不在抽象还是具体，而在是实体还是关系。我们知道，汉语"情"字，作名词指"情况""情境""情感"，作不及物动词则指情感生命活动的本身。这就是说，名词"情"，是动词"情"的概括，而动词"情"，是名词"情"的动态绵延。在此意义上，作为一种真实性（无论是"原理""事理"，还是"事实"），都是在某种生命情感中发生或存在的。因此，所谓"情理"，并不是一个实体，而是一个关系，即一种来自共生关系且应在具体情势中加以判断的"理"，而这样的"理"，也就近于"诗"。

何小竹《动词的组诗·动词 I》①云：

> 它不是动词
> 她是个女孩
> 或漂亮的折椅
> 或玫瑰
> 或钢球等等
>
> 如果我们动情地称呼
> 她便是女孩
> 如果打开它，并抚摸它
> 就是一把折椅
> 如果我们说：香
> 它就是玫瑰
> 如果在黄昏把它握在手上
> 毫无疑问就是那只
> 著名的钢球
> ……

---

① 万夏、潇潇主编《后朦胧诗全集》（上卷），四川教育出版社 1993 年版，第 826~827 页。

F. 3. 2. 6. 问：为何说——在病人床边，一切理论都会陷入沉默？当面对一个案件或利益纠纷时，一切法理或法则也会陷入沉默吗？

答：在德语中，法的科学（Rechtswissenschaft）≠ 正义的学问（Jurisprudenz。相应的，在方法论意义上，法"教义学"强调从法律出发、从概念体系出发，而法"诊断学"强调从事实出发、从经验情境出发。然这种区分（或分析）只是为了教学的方便，其实是不可割裂的。因为，当我们面对一个案件（利益纠纷）并要作出判断（或判决）时，实际是在进行一项综合性的创作，即将两种不同性质的东西融合为一个整体，这一铸造或酿造的工作，既是"是"（事实）与"应该"（规范）的交融，也是"教义学"与"诊断学"的统一。

先秦名学——管子贵名，孔子正名，墨子重名，扬子无名，邓析子狗名，荀子制名，可谓众说纷纭；然不外唯名论与唯实论二端——唯实论（狗名而忘实），唯名论（忘名而无名），都不合实用。管子曰："圣人之治也，静身以待之，物至而名自治之。"可谓名实兼得。司马迁也认为，先秦百家，道家最善——"因阴阳之大顺，采儒墨之善，撮名法之要，与时迁移，应物变化，立俗施事，无所不宜"——亦可谓法"教义学"与法"诊断学"的统一。

鲁迅批评上海滩上的流氓文人说："倘在文人，他总有一番辩护自己的变化的理由，引经据典。譬如说，要人帮忙时候用克鲁巴金的互助论，要和人争闹的时候就用达尔文的生存竞争说。无论古今，凡事没有一定的理论，或主张的变化并无线索可寻，而随时拿了各种各派的理论来作武器的人，都可以称之为流氓。例如上海的流氓，看见一男一女的乡下人在走路，他就说，'喂，你们这样子，有伤风化，你们犯了法了！'他用的是中国法。倘看见一个乡下人在路旁小便呢，他就说，'喂，这是不准的，你犯了法，该捉到捕房去！'这时所用的又是外国法。但结果是无所谓法不法，只要被他敲去了几个钱就都完事。"[1] 可见，若只拿法律当工具，则有失"教义"之精神，若不顾"事情本身"之要求而迎合己意，则又失"诊断"宗旨。

---

[1]　鲁迅《上海文艺之一瞥》。

课堂选录（三）

主题：修炼共产党人的"心学"

课程材料：

……

轰!!! 在这天崩地塌价的声音中，女娲猛然醒来，同时也就向东南方直溜下去了。……

但伊又觉得水和沙石都从背后向伊头上和身边滚泼过去了，略一回头，便灌了一口和两耳朵的水，伊赶紧低了头，又只见地面不住的动摇。……

"那是怎么一回事呢？"伊顺便的问。

"呜呼，天降丧。"那一个便凄凉可怜的说，"颛顼不道，抗我后，我后躬行天讨，战于郊，天不祐德，我师反走……"

……女娲倒抽了一口冷气，同时也仰了脸去看天。天上一条大裂纹，非常深，也非常阔。伊站起来，用指甲去一弹，一点不清脆，竟和破碗的声音相差无几了。伊颦着眉心，向四面察看一番，又想了一会，便拧去头发里的水，分开了搭在左右肩膀上，打起精神来向各处拔芦柴：伊已经打定了"修补起来再说"的主意了。……

芦柴堆到裂口，伊才去寻青石头。当初本想用和天一色的纯青石的，然而地上没有这么多，大山又舍不得用，有时到热闹处所去寻些零碎，看见的又冷笑，痛骂，或者抢回去，甚而至于还咬伊的手。伊于是只好捡些白石，再不够，便凑上些红黄的和灰黑的，后来总算将就的填满了裂口，止要一点火，一熔化，事情便完成……

这时昆仑山上的古森林的大火还没有熄，西边的天际都通红。伊向西一瞟，决计从那里拿过一株带火的大树来点芦柴积，正要伸手，又觉得脚趾上有什么东西刺着了。伊顺下眼去看，照例是先前所做的小东西……

那顶着长方板的却偏站在女娲的两腿之间向上看，见伊一顺眼，便仓皇的将那小片递上来了。伊接过来看时，是一条很光滑的青竹片，上面还有两行黑色的细点，比槲树叶上的黑斑小得多。伊倒也很佩服这手段的细巧。

"这是什么？"伊还不免于好奇，又忍不住要问了。

顶长方板的便指着竹片，背诵如流的说道，"裸裎淫佚，失德蔑礼败度，禽兽行。国有常刑，惟禁！"

……伊就去点上火，而且不止一地方。

火势并不旺，那芦柴是没有干透的，但居然也烘烘的响，很久很久，终于伸出无数火焰的舌头来，一伸一缩的向上舔，又很久，便合成火焰的重台花，又成了火焰的柱，赫赫的压倒了昆仑山上的红光。大风忽地起来，火柱旋转着发吼，青的和杂色的石块都一色通红了，饴糖似的流布在裂缝中间，像一条不灭的闪电。

风和火势卷得伊的头发都四散而且旋转，汗水如瀑布一般奔流，大光焰烘托了伊的身躯，使宇宙间现出最后的肉红色。

火柱逐渐上升了，只留下一堆芦柴灰。伊待到天上一色青碧的时候，才伸手去一摸，指面上却觉得还很有些参差。……

"吁！……"伊吐出最后的呼吸来。

天边的血红的云彩里有一个光芒四射的太阳，如流动的金球包在荒古的熔岩中；那一边，却是一个生铁一般的冷而且白的月亮。但不知道谁是下去和谁是上来。这时候，伊的以自己用尽了自己一切的躯壳，便在这中间躺倒，而且不再呼吸了。……

——节选自鲁迅《故事新编·补天》

F.3.3.1. 问：老师，您在《法律诗学课堂问答（七）》中说：现代法学，有两个重要概念——法律"渊源"和法律"漏洞"——都是隐喻，这两个隐喻甚至是相互冲突的：在前一个隐喻中，法律被喻为水源，可供人不断汲取，在后一个隐喻中，法律又被喻为存在缺口的容器（就像一只破了的碗），需要补漏；与法律"渊源"中汲取的合法依据不同，法律"漏洞"中漏出的都是不法行为。然这些概念隐喻间的矛盾并不是问题，得鱼忘筌，重要的是法学的概念或原理在心灵之间得到会意的转达。这段话，您能再解释一下吗？

答：同一事物，从不同角度去看，去描述（再现），去表达（表现），就像棱镜的不同侧面会闪烁的光彩一样，不同甚至矛盾，但就该事物的总体言，却可能都是正确的一面。法律"渊源"和法律"漏洞"，作为法律实在的两种隐喻表现，无论是作为水喻还是建筑喻，都是有价值的。概念定义及其逻辑运作，不能违背同一律、排中律、不矛盾律，而概念的"好像"（类比或隐喻）表达，却不受此限。此可谓一种更高的逻辑——"诗性逻辑"。诺瓦利斯甚至指出，"取消矛盾律也许是更高的逻辑学的最高任务"①。因此，概念隐喻间的矛盾并不是问题，得鱼忘筌，重要的是法学的概念或原理在心灵之间得到会意的转达。同一事物不同侧面的真相问题是如此，同一纠纷不同侧面的正义问题亦然；旁观言之，各有各的正义——可谓正义冲突，然一旦进入个案情境，那些原本在逻辑上冲突的正义（无论是作为名词的还是形容词的），便可能融为一体（变成不及物动词的正义），"正义"或"正义的"变成了"正义着"。因此，正义之间的冲突或矛盾也不是问题，重要的是在个案正义中达到通感和共鸣。此可谓——"诗性正义"（与"法律与文学"研究中的"诗性正义"不同）。从本质上说，法律"渊源"或法律"漏洞"，无论是作为法的"创造"还是"续造"，是"盘古开天"也好，是"女娲补天"也罢，都属诗性正义的工作。

F. 3. 3. 2. 问：老师，法律"教义学"与法律"诊断学"两者，在方法论上有何区别？

答：法"教义学"和法"诊断学"，都是隐喻，都讲"情境"，但又有区别。（1）就喻体言，前者的喻体是宗教教义学，后者的喻体是医疗诊断学。因此，前者是从权威（法律）出发的，后者是从病情（事实）出发的。苏洵《申法》言："古之法若方书，论其大概，而增损剂量则以属医者，使之视人之疾，而参以己意。今之法若鬻屦，既为其大者，又为其次者，又为其小者，以求合天下之足。故其繁简则殊，而求民之情以服其心则一也。"其所谓"古之法若方书"可谓法"诊断学"；"今之法若鬻屦"，可谓法"教义学"。②（2）就技术言，在法"教义学"中，主要是解释技术，是对一个面向未来并主要表现为语言的时空综合体的

---

① 刘小枫主编《夜颂中的革命和宗教：诺瓦利斯选集卷一》，林克等译，华夏出版社 2007 年版，第 163 页。

② 见高潮、马建石主编《中国历代法学文选》，法律出版社 1983 年版，第 470~371 页。

延展和适应，以便适用于眼前情境中的事件，而在法"诊断学"中，主要是识别技术，即对一个已经发生的事情的定性，以便作出当前情境下的恰当应对。（3）就其中的人民性言，前者重在立法中规定人民性，后者重在司法中实现人民性。借用苏洵的话说就是，其喻体和技术虽殊，然"求民之情以服其心则一也"。阿图尔·考夫曼说："教义学者从某些未加检验就被当作真实的、预先的前提出发，法律教义学者不问法律究竟是什么……这不意指法律教义学必然诱使无批判，但即便它是在批判，如对法律规范进行批判性审视，也总是在系统内部论证，并不触及现存的体制。在法律教义学的定式里，这种态度完全正确。只是当它把法哲学和法律理论的非教义学（超教义学）思维方式，当作不必要……甚至非科学的东西加以拒绝时，危险便显示出来。"① 法"诊断学"则不同。耶林说，如果理论家身上，造就的是一种抽象化的能力的话，那么在"在实务家身上，造就的是诊断（Diagnose）的技能，也就是能够轻易而稳当地认识到个别案件的法律本质"②。可见，法"教义学"主要是从法律及其概念体系出发的，把法律当作"教义"，而法"诊断学"则是从事实及其具体情形出发的，直接面对"事情本身"，主张法在"事"中、法在"缘"中，而不是法在"法"中。

实际上，在法"教义学"中，不仅有"以法律为准绳"，还有"以事实为根据"。在法"诊断学"中，不仅有面对"事情本身"，还有识别或"诊断"。法"教义学"，不能没有"事实"和"情感"；法"诊断学"，也不能没有"法律"和"概念"。就其中的"事实"和"情感"问题来说，法"教义学"的主要方法是证据叙事学，而法"诊断学"的方法则离不开情境和直觉，即让"事情本身"说话。正如福柯所言："在临床医学中，描述并不意味着把隐藏的或看不见的事物置于没有直接接触它们的那些人可以理解的范围内。它的真正意义在于使被人们熟视无睹的事物说话，而这种言语只有进入真正言语之门的人才能理解。"这样一来，法律"诊断学"问题的核心，就变成了如何"进入真正的言语

① 〔德〕阿尔图·考夫曼、温弗里德·哈斯默尔主编《当代法哲学和法律理论导论》，郑永流译，法律出版社2002年版，第4页。

② 〔德〕鲁道夫·冯·耶林著，〔德〕奥科·贝伦茨编注《法学是一门科学吗?》，李君韬译，法律出版社2010年版，第79页。

之门"的问题，而其要点就是临床医学所标示的那种"观察"——"一旦人们消除了理论给理性设置的障碍和想象给感觉设置的障碍，与观察相对应的便绝不是不可见物，而永远是直接可见的事物"①。其实就是"直观"。

正如鲁迅先生所说，倘若有"人首蛇身的怪物"，唤你的名字，万不可答应他，倘一答应，"夜间便要来吃这人的肉"的（《从百草园到三味书屋》）。在法学上，个案正义的直观与事情本身的是非曲直，正是在规范与事实（或名与实）相互对应之瞬间，同时得以构成或显现。

F. 3. 3. 3. 问：何谓"诗性正义"？为何说女娲"补天"是一项诗性的创造？

答："诗性正义"有两种：一是指从法律文学作品中所获得的"善恶有报"之正义【1. 5. 1.（2）】；二是指在个案情境中所显现或获得的正义。前者是源自文学情感的正义准则，有助于司法或日常生活中的公正评判；然后者的目的，却不是获得正义的准则或进行正义的评价，而是创造或实现正义。前者的"法感"主要源自文学艺术的外在熏陶（或学习积累），是一种"明智旁观者"的公正感的立场；后者的"法感"，则源自法知识、法技艺，尤其是法德行的内在积淀，是一种内参者的责任感的立场。两者都可谓德性之创造：然前者，是"知行分离"的诗性正义，不必亲力亲为，它有自己的代理人，即通过知识和逻辑而送达；后者则是"知行合一"的，是"向死而生"的诗性正义，它通过消耗自己的生命（心血）而创造。

将女娲"补天"（鲁迅《故事新编·补天》）与法律漏洞的"填补"加以类比，可以更加真切深入地感受到，法律漏洞的"填补"，无论是立法还是司法层面的，都不单是一项语言学或逻辑学任务，而是需要付出心血（生命）的德性创造。选取石料（青石、白石以及红黄的和灰黑的）、堆柴点火（从那里拿过一株带火的大树来点芦柴积），这些不过是炼石的艰辛而已，最主要还要能"袒裸赤诚"地去应对，不拘教条之束

① 〔法〕米歇尔·福柯：《临床医学的诞生》，刘北成译，译林出版社 2011 年版，第 128 页。

缚，敢冒天下之大不韪，不顾那些由她亲手造出来的 <u>小东西</u>（人）的攻讦（"裸裎淫佚，失德蔑礼败度，禽兽行。国有常刑，惟禁！"），同情共鸣（恕也），尽己而为（忠也），并且终于"伊的以自己用尽了自己一切的躯壳，便在这中间躺倒，而且不再呼吸了"。——这便是"向死而生"的创造。

正因其是有情有死的，才是创造的、诗性的。在此意义上，任何缺乏生命情感的不死之物（无论是神灵还是人工智能 AI），都不可能成为真正的"诗人"。

在法诗学看来，诗，包括诗歌，但不限于诗歌，也不限于戏剧或其他形态的艺术表达，而是广义地指——类似诗歌创作所标志的——那种更加根本意义上的人伦或法律关系上的创造，即德性之创造。这种德性的创造，固然来自思维上的"好像"、方法上的"叙事"、美学上的"均衡比例"，但其最为根本的动力之源，是人格，即"袒裸赤诚"地创造。

这种女娲般的"袒裸赤诚"，以及由此而生的诗性的崇高，我们在普通劳动者身上就能看到。李娟《遥远的向日葵地》描写她妈妈浇地道："我妈平时……很少穿衣服。她对我说：'天气又干又热，稍微干点活就一身汗。比方锄草吧，锄一块地就脱一件衣服，等锄到地中间，就全脱没了……好在天气一热，葵花也长起来了，穿没穿衣服，谁也看球不到。'我大惊：'万一撞见人……'她：'野地里哪来的人？……'于是整个夏天，她赤身扛锨穿行在葵花地里，晒得一身黢黑，和万物模糊了界限。"她没有衣服，无所遮蔽也无所依傍……等待着花蕾开放。"花蕾却迟迟不绽。赴约前的女子在深深闺房换了一身又一身衣服，迟迟下不了最后的决定。我妈却赤身相迎，肝胆相照。她终日锄草、间苗、打杈、喷药，无比耐心。浇地的日子最漫长。……她几乎陪伴了每一株葵花的充分吮饮。……她抬头四望。天地间空空荡荡，连一丝微风都没有，连一件衣服都没有。世上只剩下植物，植物只剩下路。所有路畅通无阻，所有门大打而开。水在光明之处艰难跋涉，在黑暗之中一路绿灯地奔赴顶点。——那是水在这片大地上所能达到的最高的高度。一株葵花的高度。这块葵花地是这些水走遍地球后的最后一站。整整三天三夜，整面葵花地都均匀浸透了，整个世界都饱和了。花蕾深处的女子才下定决心，选中了最终出场的一套华服。即将开幕。大地前所未有的寂静。我妈是唯一的观众，不着寸缕，只踩着一双雨靴。她双脚闷湿，浑身闪光。再也没有人看到她了。她是最强大的一株植物，铁锹是最贵重的权杖。她脚踩雨靴，无所不至。像女王般自由、光荣、权势鼎盛。"

正是在这种"祖裸赤诚"中，李娟妈妈与大地、葵花以及花蕾之间，才构成一个诗性空间：在人与自然、外物之间，不是"我对它""我对物"的单向规制，而是"我与你"的戏剧，彼此交流，彼此成就，彼此荣光。

在建党百年的讲话中，习近平总书记连用四个"创造"，概括了百年党史——中华民族历史中最恢宏的史诗。百年党史，就是一部中国共产党团结带领全国人民的创造史：浴血奋战、百折不挠，创造了新民主主义革命的伟大成就；自力更生、发愤图强，创造了社会主义革命和建设的伟大成就；解放思想、锐意进取，创造了改革开放和社会主义现代化建设的伟大成就；自信自强、守正创新，统揽伟大斗争、伟大工程、伟大事业、伟大梦想，创造了新时代中国特色社会主义的伟大成就。[①]

诗人，一向被认为是"立法者""创造者"。中国共产党不仅是一个有使命、有理想、有担当的政党，还是一个具有诗性精神的政党：说她有诗性，是因为她特别讲创造、能创造（不仅善于打破一个旧世界，而且善于建设一个新世界）；说她有诗性，是因为她特别有情怀、讲共鸣、把党的使命与人民群众的美好生活紧紧联系在一起、与人民同呼吸共命运；说她有诗性，是因为她特别讲党建、讲党性、讲自身的修养，以伟大自我革命引领伟大的社会革命，又以伟大社会革命促进伟大的自我革命。

作好一首法诗学意义上的"诗"，关键不在法律知识技能或想象力上的天赋，而在女娲似的献身和创造精神，在于要有"忠恕"之心——尽己为"忠"，与人共情为"恕"。王阳明曾说过一句极其痛彻（而富诗意）的话："仆近时与朋友论学，唯说立诚二字。杀人须就咽喉上着刀，吾人为学，当从心髓入微处用力，自然笃实光辉。虽私欲之萌，真是红炉点雪，天下之大本立矣。"在法诗学看来，法学的教育教学，只有从"见闻之知"回到"德性所知"，追求生命情境下之德性创造，才能回归

①　见《习近平谈治国理政》（第四卷），外文出版社 2022 年版，第 4~7 页。

其诗性的本质。《礼记·少仪》对人格所提的要求，不仅是"工，依于法，游于说"，还有更高级的"士，依于德，游于艺"，即习近平总书记所提出的，要"修炼共产党人的'心学'"①。

＊　＊　＊　＊　＊　＊

记得那年元旦，雨雪交加，我们开车去修文县龙场镇，访阳明先生故迹。然十分遗憾，"玩易窝"已不开放，"何陋轩"也非传说中的那个茅屋，"君子亭"没有竹子，唯"阳明小洞天"，壁上虽被后人附刻了许多斑文，仿佛因犯脸上的刺字，但仍以石头的顽强，保持了原状，使后人略能臆想阳明先生当年，于日升月落之间，玩周易、注五经之情形。感于此，采撷几句古人成语，拟诗②而歌曰：

日月光华，旦复旦兮，兹元旦，恒为始！

万物周流，车轮滚滚兮，孰执辔以驭之？

阳光普照，周而复始兮，穴有幽冥之晦！

月盘高举，万众仰头兮，岸有离骚③之嘘！

佛来能辨真假悟空兮，然谛听不以智！

积善成德，而神明自得兮，前路有阳明行之！

天行健，以自强不息兮，与诸君共践之！

---

① 习近平：《习近平谈治国理政》（第四卷），外文出版社 2022 年版，第 523 页。

② 秦瑞《元旦》。

③ 按：屈原诗《离骚》之"离"，通说有三解。一是司马迁《屈原列传》的解释，"离骚者，犹离忧也"。即将"离"字，解作"遭遇"。二是王逸《离骚赞序》的解释，"离，别也。骚，愁也"。"离骚"，即"别愁"。后人又有解作"牢骚"的（游国恩），也有解作"离歌"的（浦江清），不一而足。然查考字义，"离"字之本义，并非仅指"离别"或"遭遇"，还有"附缀""配饰""匹配"的意思。这样看来，屈原"离骚"，或可解作对某种"匹配"融洽状态的追求以及求之不得而生之惆怅。这种关系，无论是指人与人之间（例如君臣）的，人与事之间（例如功业）的，还是人与花草植物之间的，于"离骚"诗中，一再出现，又一再破灭。诗人无奈，只好在"纫秋兰以为佩"这样的自然关系中聊以满足了……

后记　法诗学，是见义勇为的

十年磨一剑，霜刃未曾试。

今日把示君，谁有不平事？

——贾岛《剑客》

以科学的眼光来看，法学应"把毕生精力用于解释事物之间的某种特定关系上"，而以诗学的眼光来看，法学应"把生存的统一体作为自己的问题"。哲学家桑塔亚那说："假如我们的对象是科学，这许多矛盾早就会被消除得一干二净。但是如果我们所关怀的乃是经验的诗意的诠释，有矛盾只意味着多样化，而多样化又意味着才思敏捷，富于机智，并且离理想境界，虽不至，已经不远了。"[①] 面对一个诗意多样性而又是非纷纭的社会，吕坤提出的口号是："为人辩冤白谤，是第一天理！"——这显然不是指自然规律或事物间客观联系意义上的"天理"。用刘禹锡《天论》里的话说，不是"天之道"（天之道在"生植"），而是"人之道"（人之道在"法制"）：天之道，其用"在强弱"；人之道，其用"在是非"。[②]

在法诗学看来，法或判决的科学性、逻辑性，固然是重要的，但并非终极目的（其实只是方式和手段而已），个案正义的实现，才是其真正的鹄的。为此，法"诗"学的方法（与法"科"学不同），强调以下三个要点：

一是对理性的拯救和超越；

二是德性之创造；

三是见义勇为。

---

① 〔美〕M. 怀特编著《分析的时代：二十世纪的哲学家》（第 2 版），杜任之主译，商务印书馆 1981 年版，第 58 页。

② 见高潮、马建石主编《中国历代法学文选》，法律出版社 1983 年版，第 439 页。

一　诗，是对理性的拯救和超越

1. 罪在疏离。在法诗学看来，所谓"罪"①，并非"拒绝服从"，而是"割裂"和"疏离"，即违背了它的"是其所是"。拉贝奥在《论十二铜表法》中转述布鲁图斯的一个观点：如果一个人驱赶牲口所去之处，不是他所承诺要使用的去处，即非"是其所是"，即应被判"偷窃"。斯凯沃拉在《论市民法》中也认为："若将受托保管之物予以使用，或者，将借用之物用于非原定用途，则自陷于偷窃之罪。"② 这里对偷窃罪的论述，是具有象征意义和富于启示意义的。"罪"的本质，不在"拒绝服从"，而在"割裂"或"疏离"。"拒绝服从"所违背的是某个意志或规定，而"疏离"所违背的则是"事物的本质"，即其"是其所是"。

我曾见一中年保姆搀着一位九十多岁的老太慢慢地行走，保姆的手臂坚实有力，姿势手法也很到位，应该是比较专业的。然其目光却是"疏离"的，街上任何微不足道的事物，都会引起她的极大好奇：她会全程观看清洁工追上一只被风吹起的塑料袋并把它放进垃圾车里；她会仔细地观看卖鱼人将鱼的内脏清理干净并扎好袋子送到顾客手里。——她身边的老太太似乎是不存在的。在进行所有这些张望的同时，她的手始终牢牢地持住老太太的一只大臂——此时的老太太正弯着 90 度的腰挑拣着菜场地摊上的几只芋头。应该说，这位保姆是"称职"的，但却是"疏离"的。从"规则"上说，她是无"罪"的，但从"事物本质"上说，却是有"罪"的；她的"罪"，在她的"疏离"，在她的心不在焉。

2. 关于人与其对象之间的这一割裂或疏离，在阿斯塔菲耶夫的《达姆卡》中，有一个痛切的隐喻：

　　一个右手封在石膏里的男孩子用左手把蚊子揿死在窗上。窗玻璃的一面淌着红色的血滴，另一面却是明澈的雨滴。它们顺着玻璃流着，轨迹有重合，间或曲折相交，但是血的污流和雨水的清流虽

---

① 　按：从汉语"罪"的构字看，"罪"指"割鼻"罚或"罒（同网）非"的行动。

② 　〔古罗马〕奥卢斯·革利乌斯：《阿提卡之夜》（6～10卷），周维明、虞争鸣、吴挺、归伶昌译，中国法制出版社 2014 年版，第 43 页。

然交叉重叠，却相互冲刷不掉，玻璃上的这幅意象使人不由得想起某种难以理解的、颇有凶兆的生存之谜。①

　　法诗学提出"健全法律人的人格"之命题，就是要砸烂这一层"玻璃"，弥合这一"疏离"，沟通我与他者之关联。借用叔本华的概念说就是从"我有"模式的法律知识论回归到"我是"模式的德性人格论；从而恢复人与法律、人与人以及人与自然的诗性关联；将"名词化"了的正义，恢复到它个案正义的不及物动词状态；将事物带回到它具体情境中的"是其所是"，用荷尔德林的话说就是"诗意栖居"。

　　3. 诗意栖居。或许，异化是不可避免的。然而，无论是将"爱"异化为"食"的关系，还是将"食"异化为"爱"的关系，都不应太过（脱离其历史境遇或现实情境），而应保持某种生态的平衡，即"诗意栖居"的状态；一个人、一个党、一个国家或整个人类，其内在精神或人格精神状态，都应如此。诺瓦利斯认为，一个富有精神的国家或者个人，本就是富于诗性的，其所持有的唯一且永恒的法律就是："你要尽可能善良并富有诗性。"借用诺瓦利斯的概念形象来说，就是要获得那朵诗性人格的"蓝花"：小说《海因里希·冯·奥夫特丁根》中，海因里希在一个梦中之梦里，被一道光所唤醒——

　　　　他发现自己在柔软的草地上，旁边有一眼喷泉，泉水射向空中，好像又在空中消散。离他不远耸立着深蓝色的山岩，上面有斑驳的脉纹；四周的天光比平时更明亮、更柔和，天空湛蓝如洗。但真正以一种魔力吸引他的，是一株亭亭玉立的蓝花，起初在喷泉侧畔，又大又亮的叶片摩挲着他。许许多多五彩缤纷的花儿簇拥着蓝花，空中弥漫着最迷人的芳香。他眼里只有蓝花，他久久凝视着它，心中充满难以言喻的柔情。最后，蓝花突然移动起来，有了变化，这时候他才想靠近蓝花，叶子益发闪亮，贴近变得粗实的花茎，花枝朝他垂下来，花瓣像鸟儿脖颈上那一圈舒展开来的蓝色羽毛，中间

---

① 见《达姆卡》，载〔俄〕阿斯塔菲耶夫《鱼王》，夏仲翼等译，广西师范大学出版社2018年版，第166页。

浮现出一张娇嫩的面孔。①

　　以我的理解，这朵"蓝花"，可谓诗性对理性的拯救和超越。

　　（1）一方面，是诗对功利理性的拯救。在《海因里希·冯·奥夫特丁根》中，"情欲"开启探寻"蓝花"之旅，并在妹妹"寓言"（诗之象征）的帮助下达到了目的。最后，"寓言"对"情欲"大声激励道："扔掉宝剑，唤醒你的爱人！""情欲"这样做了，于是，物性的情欲升华到了人性的爱情。

　　（2）另一方面，又是诗对僵化理性的超越。就像在赫胥黎的小说《美丽新世界》里，约翰终于看清了，所谓"美丽新世界"不过是一个按逻辑设计而缺乏精神追求的机械理性世界。同样，在《海因里希·冯·奥夫特丁根》中，象征着诗的"寓言"最终突破了代表着僵化理性的"书隶"的统治，解放了心灵，恢复了人类精神的生态平衡。

　　4. 我在《拟制问题研究》的扉页上题有一首诗《"龙眼"的下落》，许多人表示不解，为何要题这么一首诗？且诗意朦胧似在两可之间，悲壮耶？反讽耶？不知所云。这里作个解释：其意即在警示拟制中所应避免的人性生态的失衡。无论法律拟制，还是政治拟制，作为一种"上帝造人"般的人类权力，一旦失衡，失去"良知"的管控，就可能走向人性的反面。玛丽·雪莱在《弗兰肯斯坦》中有一段话，是告诫科学研究的，不妨也拿来启示我们的法学，她说："如果一个人从事研究的工作，竟然会削弱对别人的关爱，破坏了自己的生活准则，无意去接受那种纯洁质朴的人生乐趣，那么这种研究肯定是不正确的……"法律科学研究者本人，或许不乏对别人的关爱以及那种纯洁质朴的人生乐趣，但是他所用的"科"学方法，却可能正好相反：法"科"学的基本前提不是主体间性的，而是主体与客体的二元对立，是以人为中心的自由和权利本位，是人对物的占有和支配，是人与人之间的"为权利而斗争"。然我们的人格或人性的健康生态却不应如此。在我们和谐而充满活力的人性

---

①　刘小枫主编《大革命与诗化小说：诺瓦利斯选集卷二》，林克等译，华夏出版社 2008 年版，第 36 页。

中，不仅有"理性"，还有"情感"，不仅有"科"学方法上人对物的那种"占有""解剖""分析"，还有"诗"学方法上人与人之间的那种"共存"、"共享"和"相互尊重"【F.2.13】。

5. 诗是交融和超越。巴西建筑学家尼迈耶曾说："我特意忽视那些正确的方方正正的建筑，忽视那些用尺规设计的理性主义，而是去拥抱曲线的世界……对理性主义采取这样不合作的态度，是因为我所居住的环境，那些白色的海滩，巍峨的群山，古老的巴洛克教堂和那些古铜色皮肤的漂亮女人……"

在法诗学看来，理性，是启蒙时代"人"战胜了"神"的产物，一方面是人性的觉醒，另一方面，又带有强烈的人类中心主义色彩。[①] 而诗性却不同，与那种单向的审视或宰制立场不同，诗，是双向的互动、感应、交融和超越：一方面，诗的意象不同于逻辑抽象，在诗性的意象中，物与情、事与情、理与情，不是分裂，而是融为一体的；另一方面，诗的感知不同于科学认知，在诗性的感知中，人与人、人与事、人与物以及人与自然，不是割裂，而是相互感应而产生共鸣的。以法"诗"学的眼光看来，外在事物乃至整个自然，通过"共鸣"的隐喻，就会进入伦理的世界——也就进入了物权诗学和法的生态诗学；同样，人伦乃至于人格结构的内部关系，通过"生命和谐"的隐喻，就会进入生态的世界——也就进入了社会和人性生态的诗学。

因此我们说，诗与爱情是相通的[②]：不仅是指文字意义上的诗歌，更主要是指生命情感的激越和主体间交互关系上的共鸣、责任和创造。

---

① 高宣扬认为："18世纪所发生的启蒙运动，奠定了欧洲现代文化的思想基石。"在福柯看来，"由启蒙所推广的'理性，实际上就是独裁专制的智慧'"，即西方种族中心主义乃至人类中心主义的"独裁专制的智慧"。启蒙思想家们，"一致地以理性为主要原则"，确立了"现代西方人的主体化和客体化的思想模式"。启蒙思想或理性主义的问题在于，"把本来具有活泼创造力的事件，不知不觉地篡改成为仅仅有利于现代占统治地位的权势力量的历史'知识'的一部分"。见高宣扬《福柯的生存美学》，中国人民大学出版社2005年版，第256、260、263页。

② 一旦进入某种以"爱情"为喻体的关系范畴，它就是"为爱献身"或"向死而生"的，因为：（1）在"为爱献身"中，才有"德性之创造"；（2）在"向死而生"中，才有"诗性的超越"。在此意义上，不死的神或无情感（爱）的机器，都不可能有诗性的创造或超越。

二　诗，是德性之创造

1. 诗，是对理性的超越，又是面向未来的创造。从语义上说，"诗学"（poetics）一词，本就有创建和形成的意思。① 传统法学带有浓厚保守或被动"跟进"（run along behind）的色彩：法律"只会紧赶着去补充，而且补得一团糟。……就像一个拿着绷带和邦迪的护士，紧跟在病人的身后，这儿缠缠，那儿贴贴，乱七八糟地叠加在一起"②。法诗学与此不同。诗学的本质在于创造。舒拉米特·阿尔莫格认为："诗学"一词，指——任何特定领域的——意义创生及接受。③ 据此，诗学包含两个不同的面向：一是解读历史，即阅读的诗学；二是创造未来，即叙事的诗学。同样，在法诗学中，不仅有面对过去的创造性"解读"，更主要还有面向未来的创造性"叙事"。

传统法学虽然也有"解读"和"叙事"，但却不是为了批判和展望，而是为了解释和预测；或者说，不是"诗"学的，而是"科"学的。在法诗学看来，法的秩序不是先验的（人们只能被动地去解释或适应），也不是被给定的（人们只能被动地去琢磨或揣测），而是在诗性的"阅读"和"叙事"中创造出来的。赫拉利说："学习历史最好的理由，不是为了预测未来，而是把你自己从过去解放出来，去想象不同的命运。"在此意义上，法，不仅是对既存秩序的解释和预测，更主要还是对旧秩序的批判和对新秩序的展望和创造。

---

① 亚历山大·仲尼斯、利恩·勒费夫尔说："诗学这个词是从古希腊动词'制作'（poiéin）而来，不仅指诗歌，而是涵盖所有脑力和体力创作。"见〔荷〕亚历山大·仲尼斯、利恩·勒费夫尔《古典主义建筑——秩序的美学》之"视觉理论（Logos Opticos）：构成的逻辑"，中国建筑工业出版社 2008 年版，第 1 页。

② See 2015 AELJ（*Cardozo Arts and Entertainment Law Journal*）Spring Symposium："3D Printing and Beyond：Emerging Intellectual Property Issues with 3D Printing and Additive Manufacturing"，In：*Cardozo Arts and Entertainment Law Journal*，Vol. 34, No. 1, 2016. pp. 10-11.

③ Shulamit Almog, "Creating Representations of Justice in the third Millennium：legal Poetics in Digital times," *Rutgers Computer & Technology Law Journal*, Vol. 32. No. 2, 2006. p. 196.

2. 诗，不仅是创造，更主要是德性的创造。

在音训①的意义上，我们说：

（1）诗者，尸也；诗者，史也。——诗、尸、史，是相通的，通在"赋活"和"好像"。以此来看，诗，是"气韵生动"的叙事。

（2）诗者，寺也；诗者，時（时）也。——诗、寺、時（时），是相通的，通在"节奏"和"当下"，是具体情境下的共鸣和恰当。由此，诗，是"向死而生"的创造。

（3）诗者，持也；诗者，之也（志之所之也）。——诗、持、之，是相通的，通在"责任"和"创造"。由此，诗，是"强恕而行"的德性砥砺和诗性创造。

首先，诗，即是创造。

（a）诗者，之也。刘熙言："诗，之也。志之所之也。"② 其中的"之"字，有"到……去"的意思。所谓"诗言志""志之所之"，就是指美好愿景的向往和达至，即我们所说的德性之扩充、扩用和创造。

（b）诗者，寺也。《说文》言："寺，廷也，有法度也。"颜师古说，"凡府庭所在，皆谓寺"。王安石《字说》言："诗字，从言从寺，谓法度之言也。""诗，制字从寺，九卿所居，国以致理，乃理法所也。""诗，从寺，理法语也。"其所谓"理法"，就是以"法"应"事"，就是将抽象的法律规定恰当地适用于具体的情形，即创造性的应对。

（c）诗者，史也。"史"意味着"创造"。"史"作名词，指"记事者"；作动词，则有叙事和创作的意思。黄岩孙在《仙游县志·自序》中述其著史选材的原则云："论财赋必以惜民力为本，论山川必以产人杰为重。人物取其前言往行，否则，爵虽穹，弗载焉。诗文取其义理法度，否则，辞虽工，弗录焉。按是非于故实之中，寓劝戒于微言之表，匪直为记事设也。"③ 从这段议论看，非但"史"与"诗"通，"史"与

---

① 音训是"训诂学"的一种方法。孔颖达《诗经·周南·关雎》："诂者，古也。古今异言，通之使人知也。训者，道也。道物之形貌以告人也。"包括"以形说义""因音求义"等。王念孙《广雅疏证序》："训诂之旨，本于声音。故有声同字异，声近义同。虽或类聚群分，实亦同条共贯。"阮元亦言："义以音生，字从音造。"即所谓"音训"。

② 《释名》卷六《释典艺》。

③ 张廷银辑释《方志所见文学资料辑释》，北京图书馆出版社 2006 年版，第 299 页。

"法"也通——历史家选择"史料"与法律家选择"法律"或"事实"，都可谓某种叙事学，即"理据"的叙事学或"证据"的叙事学。松浦友久在《唐诗语汇意象论》中说："有两个'shi'的世界，十分显著地矗立在中国文学史上，一个是读平声的'诗 shi'的世界，另一个是读上声的'史 shi'的世界。"① "史"与"诗"虽属两个不同的世界，但在源头和精神上却是相通的："诗"中有"史德"，"史"中还有"诗才"。杜诗，为"诗史"，而《史记》则谓"离骚"。

其次，诗，是责任。

（a）诗者，持也。《诗含神雾》言："诗者，持也。以手维持，则承负之义，谓以手承下而抱负之。"刘勰《文心雕龙·明诗》言："诗者，持也，持人情性；三百之蔽，义归'无邪'，持之为训，有符焉尔。"陈澔《礼记集说》言："诗，承也。《礼仪》言尸酢主人，诗怀之，亦承之。"这里"诗"字，都是"承""负""奉""劳"的意思，指"责任"。

（b）诗者，尸也。"尸"意味着"责任"。我们知道，"尸"作名词，指"代死者受祭的人"，是一个祭祀礼法上的拟制。然"尸"作动词，则是承担、主持、负责的意思。《诗经·召南·采蘋》言："谁其尸之？有齐季女。"唐独孤及《观海》诗云："谁尸造化功，凿此天地源。"这里的动词"尸"，都是承担或负责的意思。

（c）诗者，史也。"史"也意味着"责任"。"史"作名词，指"史官"，负责记事。王力《同源字典》（"山母〔sh〕"）中，"史""事""职""士""仕"，诸义是相通的，都有"责任"的意思。

最后，诗，是责任和创造的统一。

诗者，時（时）也。"时"，即责任与创造的统一。一方面，"时"与"承"（即责任）通。《诗经·周颂·赉》言："时周之命，於绎思。"马瑞辰解释说："时与承一声之转，古亦通用。"可见，"诗"，有承顺或承担的意思，意味着"责任"。另一方面，"时"，有适时或恰好的意思，与"宜"（即恰当应对）相通。《论语·宪问》言"时然后言""乐然后笑""义然后取"；《中庸》亦言"君子而时中"。苏渊雷《易通》论

① 〔日〕松浦友久：《唐诗语汇意象论》，陈直愍、王晓平译，中华书局1992年版，第1页。

"时"道："《易》道深矣！广矣！大矣！而会于时。"又言："《易》道尚中，与时偕行。故惠定宇曰：'《易》道深矣！一言以蔽之，曰：时中。'"① ——都可解为具体情境下源自德性的恰当行止或创造性应对。

《说文》言："德者，得也，得事宜也。"此之谓也。

三　诗，是见义勇为

我们说，诗，是气韵生动、向死而生、强恕而行的，更主要是见义勇为的。

1. 何谓见义勇为？义者，宜也。韩愈《原道》言："行而宜之，之谓义。"② 所谓"宜"，就是因地制宜、因时制宜、因事制宜、因人而宜，指具体情境中的恰当关系，用荷尔德林的话说就是"诗意栖居"。科学家求"真"，其思维是实证的、逻辑的；然诗人求"宜"求"义"，其思维则是激越的、创造的。科学家是"证明为明"的，而诗人则是"德明惟明"的，是"见义勇为"的。

王阳明说："行之明觉精察处便是知，知之真切笃实处便是行。"王龙溪也说："知，非见解之谓；行，非履蹈之谓。只从一念上取证，知之真切笃实即是行，行之明觉精察即是知。"可见，从"知行合一"的道理上看，当我们在生活工作中"明知"某个做法或行为是不符法治精神，但却不能指出并加以改正，这其实就等于"不知"；同样，只懂得法治理论而不懂得去实践、去解决实际问题，也不能算"知"。从"知行合一"的心学要求来看，就是见"义"勇为，只有"行"得"明觉精察"，才算（能）"知"得"真切笃实"。

《国语·鲁语下》载有一事：鲁宣公于"夏滥于泗渊"（即夏季在深

---

① 见王国荣等主编《20 世纪中国学术名著精华》，学林出版社 1998 年版，第 42 页。

② 韩愈《原道》言："博爱之谓仁，行而宜之之谓义，由是而之焉谓之道，足乎己，无待于外谓之德。"按："义"作司法术语，表示判决的恰当性（即"宜"）。"义""宜"二字，早在我国西周时的判词"亻朕匜"铭和"师旂"鼎中，就是通用的。在"亻朕匜"铭中，牧牛与他的上级师亻朕打官司。从伯扬父的判词看，牧牛有罪，主要不是因为他违背了某项既定"僵死"的规则，而是因为他的行为不符合某种"活"着的关系，而这种具体关系正是他"是其所是"的职分。见蒲坚编著《中国古代法制丛钞》，光明日报出版社 2001 年版，第 83~85 页。

水处下网捕鱼），这是不合古训（法）的，也违背"自然契约"。——
"今鱼方别孕，不教鱼长，又行网罟，贪无艺也。"于是，里革见"义"
勇为——"断其罟而弃之"（里革断罟匡君）。鲁宣公自知有错，曰：
"吾过而里革匡我，不亦善乎！是良罟也，为我得法。使有司藏之，使吾
无忘谂。"意思是要将那挂被里革割断的"渔网"作为器物形态的
"法"；然师存提出一个更好的建议："藏罟，不如置里革于侧之不忘
也。"——此可谓榜样形态的"法"。

里革的"断罟匡君"，可谓"见义勇为"，也即是法诗学所谓德性之
创造（即个案正义的创造性实践）。我国《公务员法》第 60 条规定：
"公务员执行公务时，认为上级的决定或者命令有错误的，可以向上级提
出改正或者撤销该决定或者命令的意见；上级不改变该决定或者命令，
或者要求立即执行的，公务员应当执行该决定或者命令，执行的后果由
上级负责，公务员不承担责任；但是，公务员执行明显违法的决定或者
命令的，应当依法承担相应的责任。"① 这就是说，公务员在执行公务
时，如果执行的是一个明显违法（如法定程序）的决定或命令，就应见
"义"勇为、予以抵制。中共中央印发（2024 年 1 月 1 日起实施）的
《中国共产党纪律处分条例》第 127 条也规定："遇到国家财产和群众生
命财产受到严重威胁时，能救而不救，情节较重的，给予警告、严重警
告或者撤销党内职务处分；情节严重的，给予留党察看或者开除党籍处
分。"这是对党员提出的见"义"勇为的要求。

2. 我们知道，马克思是伟大的革命家、思想家、法学家……亦可谓
一位伟大的"律师"。马克思曾研究法学，然未做过职业律师，也未任
过法官或法学教职。② 但其仍不愧为一位伟大的"律师"。马克思以他全
部论著构成一篇宏伟壮阔的"辩护词"，倾其一生都在为真理、为正义、
为无产阶级辩护。

（1）为真理辩护。面对反动虚伪的普鲁士书报检查令第 2 条"书报

---

① 我国《民法典》第 181 条和第 182 条也规定，因正当防卫或紧急避险造成损害的，行
为人不承担民事责任，或由引起险情发生的人承担民事责任。
② 列宁在《卡尔·马克思》一文中说，马克思"先入波恩大学，后来入柏林大学，研究
法学，但研究得最多的是历史和哲学"。大学毕业后，马克思原打算当教授，"但当时
政府实行反动政策……这就使马克思不得不放弃做教授的志愿"。

检查不得阻挠人们严肃和谦逊地探讨真理，不得使作家遭到无理的限制"等规定，马克思发表了《评普鲁士最近的书报检查令》这一战斗檄文，马克思写道："严肃和谦逊！这是多么不固定、多么相对的概念呵！"既然结果"应当是符合真理的"，通向结果的途径"也应当是合乎真理的"。马克思尖锐地批评道："你们不要求玫瑰花和紫罗兰散发出同样的芳香，但你们为什么却要求世界上最丰富的东西——精神只能有一种存在形式呢？我是一个幽默家，可是法律却命令我用严肃的笔调。我是一个激情的人，可是法律却指定我用谦逊的风格。……每一滴露水在太阳的照耀下都闪耀着无穷无尽的色彩。但是精神的太阳，无论它照耀着多少个体，无论它照耀着什么事物，都只准产生一种色彩，就是官方的色彩！"马克思指出，"治疗书报检查制度的真正而根本的办法，就是废除书报检查制度"。①

（2）为正义辩护。马克思把批判的矛头直指普鲁士封建专制制度。针对普鲁士政府提交省议会通过的一项把未经林木占有者许可在森林中捡拾枯枝的行为以盗窃论罪的法案，马克思从法学角度为政治上和社会上一无所有的贫苦群众辩护。在《关于林木盗窃法的辩论》一文中，马克思严格区别了"捡拾枯树"和"林木盗窃"行为。马克思写道："盗窃林木者是擅自对财产作出了判决。而捡拾枯树的人则只是执行财产本性本身所作出的判决，因为林木所有者所占有的只是树木本身，而树木已经不再占有从它身上落下的树枝了。"马克思质问道：立法者"不顾这种本质上的差别，竟把两种行为都称为盗窃，并且都当作盗窃来惩罚。你们对捡拾枯树的惩罚甚至比对盗窃林木的惩罚还要严厉"，"正如哑巴并不因为人们给了他一个极长的话筒就会说话一样，私人利益也并不因为人们把它抬上了立法者的宝座就能立法"。马克思大声疾呼："我们为穷人要求习惯法，而且要求的不是地方性的习惯法，而是一切国家的穷人的习惯法。我们还要进一步说明，这种习惯法按其本质来说只能是这

---

① 马克思《评普鲁士最近的书报检查令》。马克思严格区别了书报检查法与出版法：书报检查法"把自由看成一种滥用而加以惩罚"，而出版法所惩罚的是"滥用自由"；书报检查法"只具有法律的形式"，而出版法"才是真正的法律"。

些最底层的一无所有的基本群众的法。"①

（3）为无产阶级辩护。马克思把斗争的矛头直指资本主义及其剥削制度。我们知道，马克思不仅是一位伟大的理论家，还是一位伟大的革命家。在《在马克思墓前的讲话》中，恩格斯说，马克思是一位科学巨匠，但"首先是一个革命家。以某种方式参加推翻资本主义社会及其所建立的国家制度的事业，参加赖有他才第一次意识到本身地位和要求，意识到本身解放条件的现代无产阶级的解放事业，——这实际上就是他毕生的使命。斗争是他得心应手的事情。……正因为这样，所以马克思是当代最遭嫉恨和最受诬蔑的人"②。在《共产党宣言》中，马克思和恩格斯写道："共产党人不屑于隐瞒自己的观点和意图。他们公开宣布：他们的目的只有用暴力推翻全部现存的社会制度才能达到。让统治阶级在共产主义革命面前发抖吧。无产者在这个革命中失去的只是锁链。他们获得的将是整个世界。"③

在此意义上，马克思不但是一位伟大的"律师"，还是一位伟大的法学"诗人"。

3. 在《有意破坏帮》一书中，艾比描述了萨维基博士的一个"见义勇为"。

某日，萨维基博士到教室上课（授课内容是"工业污染与呼吸系统疾病"），他发现这是一间全封闭的空调教室，令他感到窒息。"这里需要一点新鲜空气。"博士抱怨道。一个学生耸了耸肩。其他学生点着头——不是因为赞同老师而是在打盹儿。博士走到身旁的一扇窗户边，试图打开它。但是，怎么打开？那里看不到任何类型的铰链……或把手。"你怎么打开这个窗子？"他问旁边的一位学生。"不知道，先生。"学生回答道。另一位学生道："你不能打开它，这是全空调大楼。"于是，博士保持着镇定和理性继续问道："如果我们需要空气怎么办？"那个学生回答："在全空调大楼里你不应当开窗户，否则有损于这个系统。""我知道，"博士回应道，"可是我们的确需要新鲜空气……""我们该怎么

---

① 马克思：《关于林木盗窃法的辩论》，见《马克思恩格斯全集》（第 1 卷），人民出版社 1995 年版，第 287 页。按：词条引语可与杜甫《又呈吴郎》诗互参。

② 恩格斯《在马克思墓前的讲话》。

③ 马克思、恩格斯《共产党宣言》。

做？"他继续发问。"我猜你或许应当向校方提意见。"又一位学生给出一个总能够引发笑声的回答。"我明白。"萨维基博士说，他依然保持着冷静和理性。他走近黑板旁的钢架桌，操起桌子后面的钢架椅，抓住椅背和椅座，向窗玻璃痛击过去。一切问题都解决了。彻底解决了。学生们惊呆了，先是静静地欣赏，继之鼓掌欢呼。博士拂了拂手，说道："今天不点名了。"①

萨维基博士的"破窗"行动，在特定意义上固然是违法的，但在象征意义上却是创造性的、是"诗性"的、是见义勇为的。——法律人，之所以不会沦为涵摄机器（AI），而成为法感"诗人"，不仅因为他是强恕而行、向死而生、气韵生动的，还因为他是见义勇为的。正是在这种德性创造当中，人的精神性（人格生态）、社会性（伦理生态）和自然性（生态伦理）融为了一个统一的生命整体。

子曰："智仁勇三者，天下之达德。"智者不惑，因而活得明白；仁者不忧，因而活得幸福；勇者不惧，因而活得诗意，就像诗人通向神明。于是：人，成了法本身【1.7.3.】。正如一位诗人所言：

> ……
> 我对人们亲口说过——
> 诗歌会使我安全地抵达彼岸
> ……
> 为信念不再动摇模糊
> 我索性向亲人直说了——
> 我是一个诗人
> ……
> 我是我自己的法律②

---

① 艾比：《有意破坏帮》，转引自王诺《欧美生态文学》（第三版），北京大学出版社 2003 年版，第 342 页。另请参阅"法律诗学"微信公众号文章《"周公负斧扆"的法诗学解读》（2024 年 3 月 11 日）。

② 郁郁：《我是我自己的法律》，载万夏、潇潇主编《后朦胧诗全集》（上卷），四川教育出版社 1993 年版，第 650 页。